U0864430

庆元年鉴

（2022）

庆元县党史和地方志研究室（档案馆） 编

方志出版社
Publishing House of Local Records

图书在版编目（CIP）数据

庆元年鉴. 2022 / 庆元县党史和地方志研究室（档案馆）编. —北京 ： 方志出版社， 2022.12
ISBN 978-7-5144-5417-8

Ⅰ. ①庆… Ⅱ. ①庆… Ⅲ. ①庆元县－2022－年鉴
Ⅳ. ①Z525.54

中国版本图书馆 CIP 数据核字(2022)第 243104 号

责任编辑：刘方圆
责任校对：刘玉霞
责任印制：梅中英
出 版 者：方志出版社
地　　址：北京市朝阳区潘家园东里 9 号（国家方志馆 4 层）
邮　　编：100021
网　　址：http://www.zgfzcb.cn
发　　行：方志出版社图书营销中心（010-67110500）
印　　刷：丽水市旺盛印刷有限公司
开　　本：889 毫米×1194 毫米　1/16
印　　张：20.5 印张　　地图：1 幅
字　　数：572 千字
版　　次：2022 年 12 月第 1 版
印　　次：2022 年 12 月第 1 次印刷
定　　价：150.00 元

· 版权所有　侵权必究 ·

（如有印装质量问题，请与我社图书营销中心联系）

庆元县地方志编纂委员会

主　任：田健晖

副主任：佘晓君　姜　骏

委　员：王伟松　吴世鸿　柳林飞　陈定光　胡冬玲
姚增辉　余兆云　吴人豪　王丽青　方　军
胡金焕　陈文化　黄嗣进　陈肖波　周　峰
叶其娇　彭秋伟　吴传彪

办公室主任：王丽青（兼）

办公室副主任：吴传彪（兼）

《庆元年鉴》编纂人员

主　　编：王丽青

副 主 编：吴传彪　龚开坤

执行主编：吴　青

编　　辑：周明全　吴英妹

编　　务：刘　芬　雷丽丹

编辑说明

一、《庆元年鉴》是由中共庆元县委、庆元县人民政府主办，庆元县党史和地方志研究室（档案馆）编纂的年度资料性文献。2007 年开始编纂出版，《庆元年鉴（2022）》（简称本年鉴）为第 16 卷。

二、本年鉴以马克思列宁主义、毛泽东思想、邓小平理论、“三个代表”重要思想、科学发展观、习近平新时代中国特色社会主义思想为指导，坚持辩证唯物主义和历史唯物主义的立场、观点和方法，全面、客观、真实地记述 2021 年度庆元县政治、经济、文化、社会、生态文明建设的基本情况。

三、本年鉴采取分类编辑法，框架结构由卷首、百科、卷尾三个部分组成。全卷设：特载、特辑、大事记、总述、中国共产党庆元县委员会、庆元县人民代表大会、庆元县人民政府、政协庆元县委员会、中共庆元县纪律检查委员会·庆元县监察委员会、农业　农村、林业、工业、贸易、交通、邮政　电信、城建　城管　环保、财政　税务、金融、经济管理、群众团体、法治、军事、人力资源　社会保障、科技、教育、文化　旅游　媒体、卫生　健康、社会生活、乡镇（街道）、人物　名录、文选、附录。

四、本年鉴记述时限为 2021 年 1 月 1 日至 12 月 31 日，跨年的事物延长至截止期。

五、本年鉴收录的主要组织机构及负责人名录均系担任实职副科级以上领导干部。

六、本年鉴由有承编任务的县属机关和各乡（镇、街道）、单位供稿，《庆元年鉴》编辑部编辑，主编汇总审查。

七、本年鉴主要数据以县统计局为准，“统计资料”由县统计局发布。所用计量单位，以国家法定计量单位为准。

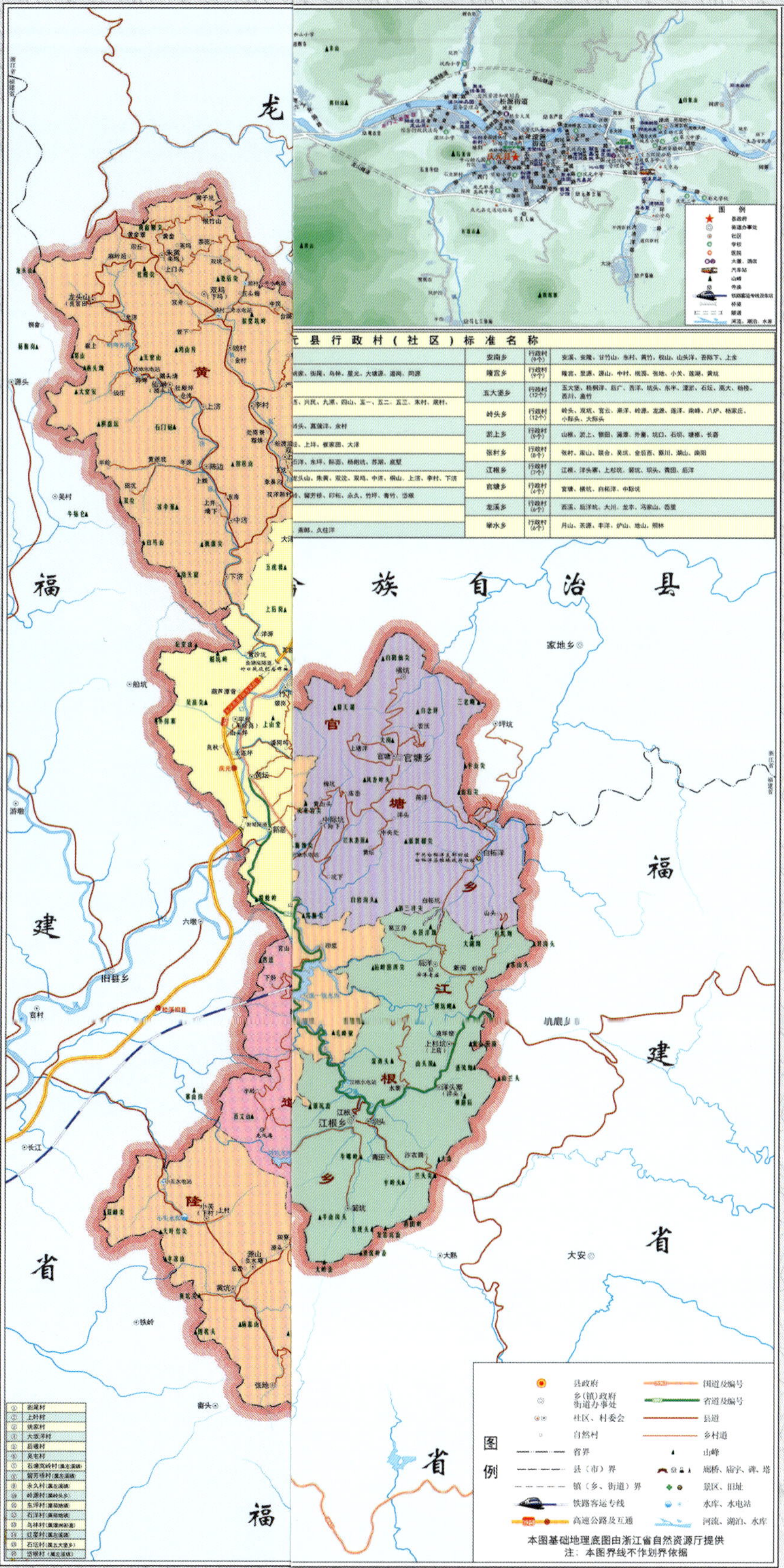

元 县 行 政 村 （ 社 区 ） 标 准 名 称

安南乡	行政村（9个）	安溪、安隆、甘竹山、东村、黄竹、枫山、山头洋、吾际下、上余
隆宫乡	行政村（9个）	隆宫、黄源、源山、中村、桃园、张地、小关、莲湖、黄坑
五大堡乡	行政村（12个）	五大堡、梧桐洋、后广、西洋、坑头、东岸、濛淤、石坛、高大、杨楼、西川、高竹
岭头乡	行政村（12个）	岭头、双坑、官云、莱洋、岭源、龙源、莲洋、南岭、八炉、杨家庄、小际头、大际头
淤上乡	行政村（9个）	山根、淤上、银田、濛滩、外巢、坑口、石坑、塘根、长蓠
张村乡	行政村（8个）	张村、库山、联合、吴坑、金岩西、藤川、湖山、南阳
江根乡	行政村（7个）	江根、洋头寨、上杉坑、箬坑、坝头、青田、后洋
官塘乡	行政村（4个）	官塘、横坑、白柘洋、中际坑
龙溪乡	行政村（6个）	西溪、后洋坑、大川、龙丰、冯家山、岙里
举水乡	行政村（6个）	月山、茶源、丰洋、炉山、地山、朗林

…家、张莲、乌林、星光、大塘源、道岗、同源

…、兴民、九源、四山、五一、五二、五三、东村、底村、

…岭头、黄蒲洋、余村

…、上坪、隔家田、大泽

…后洋、东坪、际面、杨树坑、苏湖、底墅

…龙头山、朱岗、双沈、双坞、中济、桐山、上济、李村、下济

…、留芳桥、印坑、永久、竹坪、青竹、峦根

…、高畈、久住洋

元县民政局 浙江煤炭测绘院有限公司 联合编制 地图审核号：浙丽S[2020]6号 二〇二〇年十二月

2021年6月25日，庆元县“奋斗百年路 启航新征程”“七个一百”系列活动启动仪式在市民广场举行

（县委宣传部 供）

2021年9月，百山祖镇斋郎战斗旧址创成第十二批省级爱国主义教育基地。图为斋郎村入口
（百山祖镇政府 供）

斋郎村俯瞰
（县文明办 供）

2021年11月2日，庆元举行“交通服务共同富裕”启动仪式暨庆景青公路万年隧道工程开工典礼 （练超凡 摄）

2021年11月25日，庆元县竹口镇首届甜桔柚文化季开幕式举行 （竹口镇政府 供）

2021年11月26日，省重点工程月山（银屏山）隧道贯通　　（举水乡政府 供）

2021年5月，兰溪桥水库开闸泄洪　　（吴怡庆 摄）

2021年，庆元县安隆市级水利风景区　　（吴倩倩　摄）

2021年，庆元县后广溪上榜2021年省级美丽河湖名单　　（县水利局　供）

2021年，松源溪北岸堤顶绿道　　（练超凡 摄）

2021年，松源溪北岸堤顶绿道夜景　　（练超凡 摄）

目　录

庆元县人民代表大会 ………………………83

庆元县人民政府 ……………………………89

特　载

担当作为　比拼争先
奋力推进跨越式高质量发展大跃升新突破

——2022 年 2 月 23 日在全县干部大会暨县委经济工作会议上的讲话

中共庆元县委书记　蔡　昉

今天的会议，是新一届县级领导班子换届后的第一次县委经济工作暨全县干部大会。今天，是我和健晖县长到庆元工作的第 92 天，是新提任县级领导到任的第 84 天。我们新一届班子肩负着组织的重托、群众的期望，三个多月来一边工作，一边调研，不敢有丝毫懈怠。在调研过程中，我们既看到庆元得天独厚的生态禀赋优势、历史人文优势、产业特色优势，但也感到这些优势还没有完全转化利用；既看到庆元长足发展的潜力，但也感到我们的一些干部对庆元跨越赶超的信心和底气不足，精气神和能动性没有得到充分激发；既看到庆元长期努力沉淀积累的发展成果，但也感到区域竞争日趋激烈的巨大压力。今天这个会，是一个提振信心，拉升标杆，担当作为，比拼争先的动员会、部署会、誓师会，目的就是要向大家传递一种强烈的忧患意识、实干意识、提速意识、争先意识，以全新的精神面貌、全新的工作作风投入庆元跨越赶超的宏伟事业中。

下面，我围绕“担当作为、比拼争先，奋力推进跨越赶超”这一主题，讲两方面意见。

一、冷静清醒分析问题，进一步坚定跨越赶超的信心和决心

县第十五次党代会提出，当前庆元的最大短板是发展不足，最大任务是加快发展，这一点得到全县上下的广泛认同。但问题还要更加具象化，只有把问题讲透、把困难讲清，才能找准比拼的方向、做好充足的思想准备，在解决问题中不断前行。对于发展差距的问题，我们可以从时间、空间和速度三个维度来进一步给庆元精准画像。

从时间维度看，改革开放以来，庆元 GDP 年均增长在 9%。1991 年总量占全市比重达到 9.1%，为历史最高；2000 年占比 6.2%；2021 年占比 5%。财政收入在全市的占比也同样，八九十年代基本在 7%左右，1995 年达到最高 7.4%。近

20年只占全市的3.5%左右，去年3%为最低。再看人均GDP，1991年庆元县人均GDP为1541元，排名全市第四，比全市平均水平高13.6%，之后逐步下降，近几年我们人均GDP绝对值都居全市末位，2020年低于全市平均水平10.1%。回顾过去的四十多年，站在丽水看庆元，发展犹如一条抛物线，在九十年代达到高点后，逐步下滑。

从空间维度看，庆元一直处于三个竞争梯队中。第一个是市内的云庆景，第二个是同在浙南闽北的松庆政，第三个是同为26个县的文庆泰。从云庆景三县来看，庆元经济总量在2002年之前，一直领先。2002年被云和反超，但差距不大。2014年到2017年我们追上，2018年再次被反超。近四年，云和增速均位列全市前三，2021年已经与庆元拉开13亿元的差距。而景宁同庆元的差距已从2015年的8.5亿元缩小到2021年的4.5亿元。从松庆政三县来看，2011年之前，庆元GDP一直高于松溪、政和，2011年之后逐渐被赶超，到2020年已有15亿元左右的差距。对比山区26个县，庆元与文成、泰顺的差距分别从2015年的16亿元和17亿元，拉大到2020年的33亿元和43亿元。环顾四周，竞争形势岌岌可危，庆元已经从小时候的“高个子”，变成长大后的“小矮子”。

从速度维度看，十三五时期，我县GDP、财政总收入平均增速为6.6%、7.8%，全省是6.5%、7.8%，全市是6.7%、9.6%，更小体量的我们，增速并没有快于全省、全市，甚至财政总收入增速远远落后于全市平均水平。2021年度9项主要经济指标中，6项增速排名处于全市后三位，其中GDP、农林牧渔业、农村居民收入增速位居全市倒数第一。在全省90个县市区2020年主要经济指标的增速来看，庆元除了出口总额，其他均排在后10位，其中财政收入增速倒数第一，GDP和农村人均收入增速倒数第二，第二产业增速倒数第三。而且税收收入两年平均负增长8%，去年是全省唯一负增长的县。再说人均可支配收入，从2015年到2020年，庆元县城镇居民收入与全市的差距从4421元扩大到5890元，与全省的差距从1.53万元扩大到1.75万元；农村居民收入与全市的差距从2027元扩大到3273元，与全省的差距从8152元扩大到9512元。这些说明，我们在努力往前跑的时候，很多地方是在“飞”，已经不在同一个赛道上。

通过这些数据的对比，大家心中要有所触动。当我们已经处于竞争末端的时候，再分析客观因素已经没有多大意义。难道泰顺、文成的交通区位会比我们好吗？难道景宁、云和这些地方没有被发达地区虹吸吗？难道松溪、政和的发展基础有我们好吗？以前是前有标兵、后有追兵，现在是标兵远去，没有追兵了，庆元已经到了退无可退、无路可退的境地。

我一直讲，发展的问题，归根到底还是人的问题、精气神的问题、斗志的问题、队伍的问题。发展任务再艰巨、竞争再激烈、条件再困难，都不可怕，可怕的是我们的干部没雄心、没斗志、没精气神，没有追求实现加快跨越式发展的意识、决心和胆魄。综合这些年巡视巡察、审计发现的问题，以及我到庆元工作后初步了解的情况看，有四类现象是比较明显的，甚至有些还比较严重。

首先是不担当。“怕担责任、怕有风险、怕惹麻烦”的“三怕”问题，在一些干部身上体现得尤其明显。特别是“11·6”案发生后，有的干部不从规矩意识淡薄、责任意识淡薄上找原因，而主观认为干事风险很大，在政策处理、项目审批、信访维稳等急难险重任务面前，更加不敢担当、瞻前顾后、畏首畏尾。有的不仅自己不担当，还到处充当人生导师，灌输“毒鸡汤”，阻碍他人干事。干部谈话中，很多人都反映，一些单位习惯问题上交，善于“踢皮球”“打太极”，很多事情不经过政府协调，没有会议纪要和抄告单就定不下来。甚至有些单位在“两办”协调后，还办不了，要领导签字，就是想把自己的责任撇得干干净净。

其次是不作为。具体表现为一些领导干部不争不抢，有项目不要，有资金不争取，多一事不如少一事；一些普通干部甘于躺平，饱食终日、无所事事，甚至把上班当作第二职业。单位之间表现为壁垒森严，你的、我的分得清清楚楚，对需要协调办理、联合处理的事项互相扯皮，不愿主动牵头、积极配合。不少同志反映，有的干部不比工作比待遇，不比奉献比享受，工作上的事最好不要烦他，待遇利益上的一点也不能少他；一些单位冗员现象严重，人数不少，干事的却不多，培养了一批"佛系干部""养生干部"，干事氛围极差。组织部门也反映，这两年领导干部不愿到重点部门的多了，想转到硬任务较少岗位的多了，想提前退休或退"二线"的多了；年轻干部选调也倾向于去清闲的部门。

第三是不适应。表现为进取意识不强，谋划工作不主动，安于现状。有的干部既看不到发展的差距，也找不准落后的原因，更提不出有效的对策，特别是抓产业、抓项目、抓招商引资能力不强、办法不多。有的墨守成规、视野不宽，不仅双脚被大山困住，思想也被大山困住，不愿看远一步、想深一层。有的不注重学习，对经济发展、项目招引等研究得不深不透，特别是对新经济、新模式、新产业、新业态一知半解，甚至是一无所知，一些创新举措和新生事物，明明上级有要求、外地有探索、庆元有需要，但就是"拿着鸡毛当令箭"，跳不出条条杠杠，这也不行、那也不行，拒之门外，一拖了事。

最后是不规矩。主要是规矩意识不强、自我约束不严。个别单位对县委、县政府决策部署不重视、行动不迅速，开个会、发个文，就算落实了。有的立场不坚定，对错误观点缺乏敏感性和鉴别力，喜欢到处传小道消息。有的圈子很多，今天喝你的，明天吃他的，沉迷于"觥筹交错、推杯换盏"的日子。有的胆子很大，毫无敬畏之心和底线意识，不守小节，优亲厚友，以权谋私，什么好处都敢捞，什么事情都敢答应。办公事胆小如鼠，办私事胆大包天。

上述四种现象，尽管是发生在少数人身上，但是一个人不干事，就会影响整个单位的氛围；一撮人不担当，就能阻碍重要工作的推进；一帮人不进取，就是贻误一个时期的发展。

讲差距、谈问题，并不是为了否定过去，相反，我认为，庆元的过去十分辉煌，极具辨识度和显示度。上个世纪90年代，我在松阳工作的时候，庆元在浙南闽北，在丽水九县市区都是独树一帜的存在。这里的宾馆全市最好，这里的发展全市最火热，这里的干部全市最能干。到庆元后，我通过翻县志、看年鉴，进一步了解历史，发现原来的认识还太浅薄。

历史上的庆元，是屡创奇迹的庆元。在825年的建县史中，庆元创造了多个世界第一、全国第一，不仅在浙江，在全国2000多个县中都是极为罕见的。现在我们讲青瓷虽然是"龙泉青瓷"，但庆元的青瓷产业在历史上曾具有极高的地位。庆元制瓷史从唐至清，历时1000多年没有中断，在鼎盛时期，从新窑到曹岭30多公里路上，就遍布了98个瓷窑，"三十六支窑同烧，十里烟火相望"，拿现在的话来讲，当时庆元已经拥有规模巨大的制瓷产业集群和瓷器工业园区。又比如古时候庆元的采矿业，淤上"苍岱一官山头"矿业遗迹点是浙西南最大的古矿硐群，自唐代就有开采，在明朝达到高峰。再比如明、清时期，庆元以毛竹为原料的造纸业就非常发达。可以讲，从宋至明清，庆元曾是浙江的工业大县、工业强县。并且是以产业集群、规模生产和工业园区为特征的工业大县、工业强县。再说近四十年，我们把"香菇的世界"变成"世界的香菇"，把"一双筷子，一支铅笔，一扇木门"做成在全国县至全球都有影响力的产业。这些都说明，庆元从来不是一个甘于沉寂的县域，从1197年建县之始，我们就样样工作争第一，始终勇立产业发展的潮头。

历史上的庆元，是开放大气的庆元。我们说庆元"偏远并不边缘"，历史上的庆元人就是这样实践的。县志记载，明末清初"庆邑之民，以制蕈为业，老者居家、壮者在外，川、陕、云、贵，无所不历"。民国时庆元仅8万人口，有四五万人候鸟式地全国各地种植香菇，"山上石头当凳坐，林中鸟儿当鸡啼"，吃苦耐劳的庆元人让制菇技术像香菇的孢子一样飘向世界各地。今天，我们还有1万多名"菇乡师傅"分散在全国20多个省和400

多个县。1197 年庆元置县那年，我们庆元的乡贤、大济村的松源崇岳禅师，当上了灵隐寺的方丈，他也是庆元人闯天下的代表。他的思想在中日佛教文化交流中占有重要地位。今天日本京都付京田边市的一休寺里，还悬挂着崇岳再传弟子一休和尚所作的崇岳禅师画像，并有亲笔题赞。现在日本很多著名寺院，都是松源崇岳法派的寺院。他的佛学思想，至今在日本占据重要地位。可以说，四海为家闯天下，自古就是我们庆元的生动名片。

历史上的庆元，是创新创造的庆元。香菇始祖吴三公，在 800 多年前就凭借农业技术的创新，开创了一个全新的产业，把创新的基因深深根植于我们这个县域。香菇文化、廊桥文化、瓷窑文化，每一种文化的背后，都是庆元人创新创造的生动实践。上世纪 90 年代，庆元远近闻名，客商络绎不绝，进入 21 世纪，三大传统产业逐步做到全国之最。还有习近平总书记点赞的技能型乡镇政府建设等等，都把庆元人善创新、敢创新的特质体现得淋漓尽致。

这些辉煌的历史虽然已经过去，但它证明了庆元人骨子里就有争先恐后的闯劲、争先比拼的干劲、争先创优的猛劲。站在新的历史拐点上，我们确实要自省，是否已经对庆元的发展形势有了清醒认识，是否已经树立起时不我待、加快发展的责任意识，是否已经具备担当作为、踏实干事的工作作风，是否已经凝聚起滚石上山、接续奋斗的发展力量。我们承认差距，但绝不甘心落后！今天我们开这个会，启动当猛虎、找蜗牛，全县干部技能大比拼，开展思想争先等“六争比拼”，就是要让每一名干部都对庆元极端严峻的发展现状进行深刻的反思，从灵魂深处拷问自己，通过自我拷问拿出拼的勇气、闯的劲头、争的意识，振奋精神、自加压力、负重前行，不断把内生动力激发出来、发展活力释放出来、自身潜力挖掘出来，全面激活全县上下开拓创新的巨大潜能，保持砥砺前行的奋进姿态，展现担当作为的时代气象，突出重围、凤凰涅槃。否则，我们还有继续掉队落伍的危险！

二、蹲身起跳比拼争先，开创轰轰烈烈的跨越赶超崭新局面

邓小平同志说，世界上的事都是干出来的，不干，半点马克思主义都没有。面对当前不进则退，慢进也是退的形势，我们毫无余地、毫无选择，只能义无反顾、甩开膀子干，干出一个思想解放的新庆元、干出一个永攀高峰的新庆元、干出一个激情燃烧的新庆元。

（一）敢教日月换新天，来一场深度的思想观念大争先。

解放思想的程度有多深，抢抓机遇的动力就有多强，跨越发展的潜力就有多大。在当前跨越发展的新要求面前，我们必须把提神醒脑作为打开发展新局面的金钥匙，出重拳、下猛药、动真格，以一次直击灵魂的思想大变革，真正推动干部理念大转变、工作思路大更新。

一要应变求变谋变。全力拥抱大变革时代，今后，庆元的干部步子扎在庆元，头脑沉在北京、上海、深圳，用北京的新思想、上海的新理念、深圳的新思维武装自己，不断提升思想层次。今年我们要开展思想争先比拼活动，重点是进一步组织干部外出交流学习，到发达地区去，学他们的先进思想和创新实践，到基础条件薄弱但仍然发展起来的地方去，学他们的破题解法，并且要边学习边思考，边考察边研究。学习期间就抓一件事，抓是不是学有所获。学习回来以后也就抓一件事，抓学以致用，用到加快发展、转型发展的主旋律中去，用到做强实体经济、工业经济的主渠道中去，用到招商引资、项目推进的主抓手中去。整个解放思想的工作，请显平部长牵头做好工作方案，力求实绩实效。

二要寻标对标提标。古人讲，“取法于上，仅得为中；取法于中，故为其下”，简单来讲就是确立什么样的标杆，决定着有什么样的成效。庆元发展要跨越，标杆树立首先要有跨越，决不能继续缩在“只求不倒数”的自我否定里，要走出舒适区，走进赛马场，与最强者比拼、与最快者赛跑、

与最优者对标。我们要立足丽水看庆元，把自身工作放到全县、全市去对标，破釜沉舟，背水一战。在量化确定年度任务时，要多制定一些“跳一跳才够得着”的目标。年终我们评判工作成绩，就是要看完成数据、要看工作排位、要看获得荣誉。还要跳出丽水看庆元，不能只满足于全市范围内比，而应该按照“走在前列”的更高定位，主动与全省、全国先进地区比。这段时间，我们都在抓一季度开门红，我说这个开门红不仅是今年的开门红，是五年的开门红，更是新一届党委政府的开门红，这个时候不把标杆树起来，更待何时？所以我们提出要“保三争二，必须前三”。在市里的赛场是这样，在26个县的比拼中更要这样，每个单位都要寻标对标提标，在优势指标上挑战最好，在弱势指标上不断超越，在潜力指标上穷尽办法，用一个全年红，为五年的气贯长虹奠定基础。这项工作，请李鹏常务、伟啸县长持续抓好。

*三要寻机抢机创机。*我刚到庆元的时候，就要求各单位梳理与省厅联系对接的思维导图，梳理出争取政策、资金、试点的情况，但是到目前为止，没有一个令我满意的。可见我们的部门对上级部门有多不熟悉，更别谈争取支持了。同志们，抓住一次机遇，实现一次跨越；失去一次机遇，错过一个时代。现在全省很多县都在羡慕山区26个县有这么多好的政策，形容我们集万千宠爱于一身。26个县中的其他兄弟县也都为我们七个重点县有更好的支持不服气，而我们却看着大好的机会不为所动，这绝不是加快发展该有的精神状态。我们要十分警醒，这是最好的机会，也许就是最后的机会，机遇给了，抓不住，我们就是历史的罪人！思想争先，就是要先打破不争不抢不要的萎靡状态，把向上争取资源要素的情况纳入比拼，半年度晒一次，特别是局长们，每年跑了几趟省厅？要了多少资源？都要下指标，要做统计。各个乡镇都有结对单位，给了我们哪些扶持支持，哪个地方争取的支持力度大，这个也要清清楚楚。这项工作也请李鹏常务牵头。

（二）越是艰险越向前，来一场深远的创先争优大比拼。

总书记在丽水调研时强调，“要跨越式，只能是抄近道，或者是跳跃，把人家几个周期要完成的事情，一个周期就要完成”。理解总书记的话，要实现跨越式发展，必须要有知难而进的勇气，横下一条心，见红旗就扛、有第一就争，成为一匹骏马、快马、黑马。

*一要勇争第一敢创唯一。*一颗小小甜橘柚能让黄坛村连续两年获得全国特色产业亿元村，相当了不起。我们的茶叶，规模虽然不大，但品质一流。民国时期的“银屏茶”1915年还获得过巴拿马国际金奖，后来的庆元百山红茶、绿茶也先后获得上海世博会金奖、米兰世博会金奖。这些都反映出，不仅是生态、香菇、廊桥，我们在很多领域都是有资源、有优势，也是有能力去走在前列的，关键在于下决心、肯挖掘、敢创新。面向未来，争第一创唯一，是我们战胜困难最好办法。这两年，我们的工业产业发展虽然很难，但去年却是标志性的一年，双枪、梦天两家庆元走出去的企业先后上市，这在全市都是少见的。这二十多年，三大传统产业从小到大，带动和支撑了全县经济二十多年的快速发展。今天，产业到了突破增长天花板的关键时候，我们依然要向当年一样，敢于打造唯一性、领先性、标志性的产业生态和创新生态。要放大优势、放飞想象，抓好领域升级、产品升级、技术升级和品牌升级，依托食用菌产业催生大健康产业、依托竹木产业催生新材料产业，依托铅笔产业催生化妆品等产业，用创新驱动和价值链提升去突破利润空间，用新的制造业增量去调整产业结构。要下定“再造一个屏都综合新区”的决心，加快推进屏都三期、竹口洋源、黄田双溪等区块开发，规划形成1.6万亩的工业大平台，今年要确保新增工业用地1500亩以上。争第一创唯一，是我们决胜竞争的最佳策略。工业要有领跑的雄心，其他产业更要有。庆元是中国生态环境第一县，是国家公园，这些顶格的生态荣誉都集中在我们这里。而且，我们老祖宗留下的这些文化资源，十分珍贵，极具魅力，我们必须在塑造独特价值上进一步思考，要集中精力干成几件凸显生态标识度、文化辨识度，又展现发

展引领力的大事，取得一批突破性的成果。发改局、文旅局、环保局、保护中心等部门在这些事上必须多做前瞻性的谋划，某种程度来讲，你们就是决定庆元未来的重要部门，大家要为县委、县政府当好参谋。

二要逢山开路遇水搭桥。敢于担当既是政治品格，也是从政本分。在一些工作上，我们庆元干部是有担当的，比如春节期间的疫情防控，集中隔离点的干部舍小家为大家，义无反顾坚守岗位，这就是敢于担当的体现。但我们也要反思，面对一些历史遗留问题，特别是涉及政策处理收尾、信访积案化解等工作时，是不是还存在怕决策失误，该决策不决策，该拍板不拍板的问题？是不是还存在不愿理旧账，靠时间消化矛盾的问题？是不是还存在碰到矛盾难题，习惯性地往上推，向组织提条件、说难处、卸责任的问题？庆元的发展没有局外人，千钧重的担子都要大家一起挑。这次我们开展六争比拼，就是要开展“难题争破比拼”，就是要解决一批历史遗留问题、政策处理、信访积案，突破发展难题、化解矛盾纠纷、促进社会稳定。总书记常说，心底无私天地宽，只要我们没有个人利益，就是为了老百姓、为了庆元干事，就没什么好怕的。在处理历史遗留问题上，我们就要拿出态度，不能搞时间换空间，不能把难题留给后人。有些问题是等不走、绕不过的，越早处理越主动，越晚解决越被动。现在一些疑难杂症拖了很久解决不了，都说是历史遗留问题。去年，梦天区块四年多的拆迁扫尾都清零了，兰溪桥大家认为最难的钉子户都签约了，事在人为！今年必须在三个事情上实现突破，一是要启动国企改革破冰行动，加快完成资产清理和证件补办，大家共同担当处理好各类难题，排除万难做大国有资产包。这件事请李鹏常务具体牵头。二是要开展信访积案清零行动，对此省里是有明确要求的，二十大召开前2年以上的积案要清零，这是硬性指标、是政治任务，决不能拖后腿。这件事请晓君书记具体牵头。三是扫除政策处理尾留。这件事请延洪县长具体牵头。三个事情都要建立清单销号管理、实施月度排名，全面扫除庆元发展道路上的隐患障碍。

三要突破常规超越自我。在跨越式高质量发展的轨道上，步子能迈多大就要迈多大，在坚守底线的前提下，发展能走多快就要走多快。面临激烈的竞争压力，庆元要想迈开步子、提升速度，就必须树立“一切围绕发展转”的工作导向。各部门要勇于突破常规。我们开展服务争效比拼，访企业促营商环境提升是重中之重。部门在服务市场主体上，要像优化生态环境一样去优化营商环境，坚持问题导向、效果导向和企业满意导向，把企业的事情当作自己的事情，把企业的困难当作自己的困难，把服务工作做在企业最关键、最急迫和最要紧环节。企业家是当今社会主要的稀缺资源，要像对待百山祖冷杉一样尊重我们的企业家。各部门特别是涉企部门，要深刻认识到，不能化解矛盾，就是最大的官僚主义；不能解决问题，就是最大的形式主义。接下来，凡是涉及审批的问题，“同意”要给领导批，“不同意”更要报领导审，要让局长、分管副局长去研究这个问题究竟行不行，不行的要说明原因。涉及重大问题协调不了的，还要报到县委县政府，不能因为科室的一句不行，就凉了一个企业的心。监管上，要柔性执法，梳理各类涉企检查，变更多的事后处罚为事前服务。条件一定程度上是人创造出来的，我们讲条件，但不能唯条件，一定要发挥人的主观能动性，才能抓好工作落实。乡镇要敢于超越自我。庆元最辉煌的时候，就是乡镇经济最发达的时候。20世纪90年代，香菇经济的繁荣就是从各个乡镇开始的。而且，我们也不要忘了，改革开放取得重大成就也是从乡镇企业起步的。虽然现在时代不同了，但是乡镇的地位依然举足轻重，各个乡镇千万不要妄自菲薄，要有成为先锋队、主力军的志气。我想今年要对乡镇实行三项改革。一是预算改革。要对乡镇（街道）财政实行“缺口预算、收入分成”，不全额排满财政预算，留一定的空间，让所有乡镇（街道）用贡献赢得财政收入、用发展赢得群众点赞。二是经济改革。要让乡镇成为产业发展的主战场。西部要在生态工业发展上当先锋，利用现有的工业平台，开展“二次创业”，立足铅笔、毛竹等产业链条，找到更大的突破空间。东部要立足传统特色，连片化、组团化发展生态农业，大力度实施“两进两回”，实现规模型的专业化生产和专业化经营，加快土地承包经营权流转，今年要新增土地预流转1万亩，实际流转3000亩，东部乡镇要承担一半以上的任务。三是工作改革。就是所有乡镇都要参与到全县的中心工作中来，尤其是东部乡镇，要有更多贡献。我们考虑要实施揭榜挂帅机制，把一些政策处理等难题拿来揭榜，敢于揭榜的首先给予鼓励，给予考核加分，让大家拿出真本事，用实绩来说话。

（三）咬定青山不放松，来一场深刻的实干实绩大比武。

发展面前，人人都要争当“实干家”，不讲条件、只讲成绩、只谈比拼，把新年奔跑的冲锋号从头吹到尾，全面比起来、干起来、热起来。

*一要分秒必争雷厉风行。*今天再晚也是早，明天再早也是晚，懒散拖沓看似事小，但最终贻误的是庆元发展。只有工作一部署，马上去推动，工作一完成，马上就反馈，一天当成三天用，一年干完两年活，我们才有可能追赶上别人的脚步。我们就是要以打仗的样子、打仗的作风、打仗的姿态，争分夺秒、大干快上，让“摸鱼”的人没空摸，让“躺平”的人躺不住。今年要通过项目争速比拼，大抓项目增速，每一个项目工程，都要在施工现场树立标识牌，标明完工日期、责任单位、责任人，根据完工日期来抓落实。请相关副县长和相关专班牵头，层层分解好任务，大家共同为项目加快推进努力。

*二要善学善谋善作善成。*干部不担当、不作为，关键还是能力不足、技能欠缺。如何克服？一靠学习，二靠实践，关键要做到善学、善谋、善作、善成。要提高善学的本领。切实把学习作为破解能力短板的根本途径。适时组织政策知识的技能比拼，汇编政策学习书，重点部门要通过知识竞赛的形式，比一比上级政策的掌握程度。要提高善谋的本领。重中之重是要提高谋划项目的本领。要按照“储备项目动态保持在年度投资规模5倍以上”的目标要求，聚力开展项目谋划大比武，聚焦产业发展、基础设施建设、城市功能提升等方面，解放思想谋、精打细算谋，全面加强项目储备。今年，全省要求力争专项债额度3000亿元，覆盖省以上重大项目，争取100个以上项目纳入国家用地保障范围。我们要紧紧抓住机遇，生成一批“早晚都要做”的项目。要提高善作的本领。要在做一件成一件中提升群众幸福感、赢得群众口碑。聚焦教育、医疗、文化、养老、住房等民生问题，认真抓好今年的民生实事项目，按照“能早则早、能快则快、能多则多”的原则，排出未来五年计划表。尤其是要围绕群众生活便利、方便交通出行等类别，梳理50件看似不起眼但却事关群众幸福感的关键小事，交办攻坚，在一件一件小事上，切实让群众感受发展的变化。要提高善成的本领。重点就是提升工作的精细化水平，和专业化水平。抓工作，我们发扬“工匠精神”，提升落实的精细化水平，以“亿”为单位去部署，就要以“元”为单位抓落实，把工作精准到细枝末节、一针一线，努力把每一件事情干细致、干精致、干极致。按照精简高效和权责一致的原则，今年我们对专班、指挥部等组建进行调整，将新增或调整包括项目前期、政策研究、双招双引、总部经济、绿色能源、国企改革等14个工作专班，构建“专班牵头、协同办理、兵团作战、高效推进”的集成模式，推动专班流畅、高效、灵活运转。建立专班的目的就是要对当前亟须要抓的工作进行集中攻坚，各专班要知责明责，提升专业、专注、专精等能力，全力争当跨越发展的尖刀班和突击队。

*三要层层示范苦干实干。*要从县委班子做起，从我做起，知责于心，担责于身，履责于行，带头实干，务求实效。党和人民让我们拿着旱涝保收的工资，用着公务保证的经费，享受终身保障的福利，我们有什么理由不一心为公？有什么理由不履职尽责？有什么理由把体制内当作“养老院”和“清闲地”？在其位就要谋其政，为官一任就要造福一方，就要干出实效，为庆元和老百姓真正做些有意义的事情。要在“三招三引”上层层示

范。一个地方产业不发展、实体经济不发展、财源建设不加强，发展的可持续性在哪里？后劲在哪里？希望同志们意识到这一点。目前这个阶段，毫不夸张地说，十年后的庆元是什么样，就看我们现在招商引资、招才引智、招企引税，做得怎么样，这是庆元求生存、谋发展的唯一出路，只能“背水一战”。今年，我们抓“三招三引”战旗要高扬，坚持一把手抓、抓一把手，顶格要求、赛马比拼。战术要丰富，强化市场理念，规范招商手段，用好招引导则，统筹以商招商、顾问招商、中介招商、基金招商等方式，形成分工合理的招商体系。重点要重抓，旗帜鲜明招产业项目、制造业项目，把补链延链的重点企业挖出来，把细分市场的头部企业找出来，三顾茅庐，诚心招引；尤其要注重总部经济招引，用好乡贤等一切可用资源，想方设法招引更多的税源项目。状态要沸腾，把招引战场作为培养锻炼干部的最好舞台，配齐配强干部力量。要在推动城市发展上苦干实干。实事求是讲，庆元城市建设的历史欠账还很多。要把城市化作为新一届党委政府的头等大事，明确城市不同片区的功能定位，按照“一县三城”来划分城市片区，每年排定任务，事不避难、义不逃责，大胆地干、坚决地干。要继续把开展新一轮大搬快聚作为推动城市发展的重要抓手，跳出以往集中安置的固定模式，重新思考“搬哪些、怎么搬、搬哪里”三个问题，迭代升级搬迁政策，使大搬快聚成为庆元共同富裕的标志性工程。

（四）狭路相逢勇者胜，来一场深入的作风效能大竞赛。

一个地方、一个部门最好的状态，就是让干部置身其中，如同进入一个“强磁场”，变“要我干”为“我要干”，变“催着干”“推着干”为“争着干”“比着干”。各级党组织和领导干部，都有责任创造和推动形成这样一种局面。

一要正确用人激活动力。在用人导向上，我们将坚持“工作围绕发展干、干部围绕发展用”，具体策略上就是“两用两反”和“四个一致”。“两用”就是用想干事、会干事、干成事的人；用扎根基层、埋头苦干、敢于担当的人。“两反”就是反对跑官要官，反对论资排辈。“四个一致”。一是管事与管人一致；二是部门、乡镇（街道）、村（居）的责任一致；三是组织担当与干部担当一致；四是严格要求与关心关爱一致。健全并执行好正向激励和容错纠错机制，精准区分故意和过失、因私和因公、违规和试错的边界，立场坚定，保护担当者，支持干事者，宽容失误者，问责不为者，惩戒违法违纪者，让广大党员干部一心一意干事业、谋发展。

二要科学考核激发热情。充分发挥考核指挥棒的作用，考出压力、考出动力，把大家的干劲调动起来，把发展的活力激发出来。在围绕目标考、围绕问题考、围绕结果考的基础上，今年考核要突出三个鲜明的特点。一是指标设置更科学。在考核分组上，更加体现差异发展，乡镇（街道）改为综合组和生态发展组，部门也根据职能分成经济管理组、社会管理组、党群和综合组、垂直管理组，让工作更聚焦重点。在指标体系设置上，更加体现经济发展主题，突出招商引资、总部经济、项目建设、税源培育等工作考核，增设招商引资一票推优和否优抵扣项，真正把工作成效体现到发展实效上来。大家要深刻领会县委、县政府意图，围绕重点做，突出重点抓。二是考核过程更严格。抓考核不能仅盯着年终看，必须从头开始，上紧发条，坚决避免“争先进辛苦一年、高兴一阵子，当后进舒服一年、难过一下子”的不良风气。对重点工作任务，要实时监控、跟踪督办、月月通报，对“三招三引”、项目进度等重要经济指标，每个月都要拿出来晒一晒、比一比，让领先的露露脸，让落后的红红脸，确保考核跟着工作走、围绕落实转。三是结果运用更充分。既要给进步者鼓励，也要给落后者鞭打。我们就是要通过严格的考核，真正把突破发展掣肘的决心目标考出来，把立足争先的发展举措考出来，把跨越发展的干劲激情考出来。

三要奖惩分明激昂干劲。赏罚不明，百事不成；赏罚若明，四方可行。对任何工作，都要有功论功、有过追过，激励先进、鞭挞落后。今年我们开展“当猛虎、找蜗牛，全县干部技能大提升”

主题活动，就是要通过赛马机制，激发全县干部比拼热情。重点抓好两件事。一是当猛虎、找蜗牛。开展“服务争效、难题争破、招引争强、项目争速”四个比拼，每月根据工作成效，分类评出三个以内猛虎和一个以上蜗牛，对猛虎奖单位授红旗，颁猛虎杯；对蜗牛奖单位授黄旗，颁蜗牛像。要求相关单位要将旗帜挂于单位显眼处，猛虎杯或蜗牛像放置于主要负责人办公室，被评为蜗牛的单位要在电视台公开表态承诺整改。二是建功勋林，表彰贡献者。设立“功勋林”，根据年度考核结果，为优秀单位“一把手”授予一株珍贵树种，颁发林权证。我们就是要通过这样的机制，彻底破解“不是老八就是尾巴”的困境、彻底破除“干多干少一个样、干好干坏一个样”的思想，彻底扭转“做一天和尚撞一天钟，得过且过”的状态。

同志们，发展变化是一天一天干出来的，发展的道路上没有奇迹，只有足迹。衷心希望大家都能把双脚踩进泥土里，沉下身子去干、踏踏实实地干，一起干出新庆元的丰收一年，在庆元发展历史上留下抹不去的印迹，以优异成绩献礼党的二十大召开！

庆元县人民代表大会常务委员会工作报告

——2022年2月12日在庆元县第十七届人民代表大会第一次会议上

庆元县人民代表大会常务委员会主任　吴青松

过去五年工作回顾

过去五年，是庆元县应对重大挑战、谋求跨越赶超、经济社会发展取得丰硕成果的五年，也是人民群众获得感不断增强、民主法治建设不断加快、人大工作不断进步的五年。在中共庆元县委的坚强领导下，常委会全面贯彻中央、省市县委决策部署，围绕中心、服务大局、关注民生、发展民主，全面履行地方国家权力机关职能。五年来，共筹备召集人代会5次，举行常委会会议40次、主任会议72次。听取审议“一府一委两院”专项工作报告78个，开展执法检查、视察、专题询问、专项工作评议等98次。作出决议、决定39项。作出审议意见41个。任免国家机关工作人员313人次。各项工作都取得了新成绩，为全县上下凝聚共识，建设共同富裕示范区山区范例作出了积极的贡献。

一、五年来，我们旗帜鲜明讲政治，始终坚持党的全面领导

常委会始终牢记人大是党领导下的重要政治机关，坚持把党的领导贯穿于人大工作的全过程各领域，全面增强展示人民代表大会制度优越性的思想自觉和行动自觉。

坚持用党的创新理论指导人大工作。把学习贯彻习近平新时代中国特色社会主义思想作为首要政治任务，深入学习习近平总书记关于坚持和完善人民代表大会制度的重要思想，准确把握习近平法治思想鲜明理论品格，全面落实中央人大工作会议精神，不断增强忠诚核心、拥护核心、维护核心、紧跟核心的高度自觉，进一步激发筑法治之基、行法治之力、积法治之势的工作干劲，坚定不移做“两个确立”忠诚拥护者、“两个维护”示范引领者。

坚持把党的领导贯穿人大工作全过程。坚决维护党委总揽全局的领导地位。深入贯彻中央、省市县委人大工作会议精神，配合县委出台《中共庆元县委关于高水平推进新时代人大工作和建设的意见》，为新形势下加强新时代县乡人大工作提供制度保障。坚决执行重大事项向县委请示报告制度。立足盯住法、管好钱、把牢图、决定事、任免人和履好职，把县委的一系列要求落实到人大工作中，以实际行动维护和实现党对人大工作的领导。

*坚持依法有序做好人大换届选举工作。*认真贯彻落实中央和省市县委部署要求，加强工作调研，研究提出做好县乡人大换届选举工作的意见，报请县委批准实施。加强工作指导，严格落实换届选举组织责任，加强代表资格审查，把好代表“入口关”、选举“组织关”、过程“监督关”，顺利依法选举产生新一届县人大代表180名，乡镇人大代表803名，选民参选率达86.17%，确保选举各环节各步骤依法有序进行。

二、五年来，我们服务大局勇担当，助力经济社会高质量发展

常委会把推动县委重大决策实施和全县重点工作落实作为着力点，始终与发展大局目标同向、工作同步，全力助推经济转型升级和提质增效。

*力促经济持续健康发展。*开展“十三五”规划纲要和重大专项规划执行情况调研，听取县政府关于“十三五”规划纲要实施中期评估报告，强化规划刚性约束。组织开展“十四五”规划调研和审议，听取县政府关于“十三五”规划纲要执行情况及“十四五”规划纲要编制情况的报告，为大会审查批准规划纲要草案奠定基础。自觉将助推高质量绿色发展作为第一要务，每年开展国民经济和社会发展计划调研，听取和审查县政府关于国民经济和社会发展计划执行情况及下年度国民经济和社会发展计划（草案）的报告。围绕生态产业发展，开展民营经济、制造业、竹木产业、数字经济等产业发展情况和政府产业基金情况调研，听取各专项工作报告，助力我县生态经济高质量发展。

*力促财政资金规范运行。*完善财政预算初审机制，不断深化和拓展预算审查监督，依法审查年度预算草案。持续关注财政预算执行，每年听取和审议预算执行情况的报告，审查批准年度预算调整方案和决算草案。强化政府重大投资监督，制定出台《庆元县人大常委会关于政府重大投资项目监督暂行办法》，审查批准年度政府重大投资项目。加强国有资产管理监督，配合县委制定出台《关于建立县人民政府向县人大常委会报告国有资产管理情况制度的意见》。听取国有资产管理情况的报告，针对国企改革、国有资产管理存在的问题提出意见建议，更好地发挥国有资产在服务全县经济社会发展中的作用。加强政府采购监督，组织开展《政府采购法》执法检查，听取专项报告。强化地方政府债务管理监督，依法审查批准新增政府债务预算调整方案，督促政府增强债务风险意识，加强政府债务管理。重视并支持审计机关依法独立开展审计监督，每年听取和审议审计工作及审计查出问题整改落实情况的报告，建立并执行审计问题整改“两上两下”工作机制，持续跟踪监督审计发现问题的整改落实。

*力促城乡品质提档升级。*高度重视国土空间规划编制工作，专题听取国土空间规划编制情况报告。听取和审查《庆元县国家生态文明示范县建设规划（2017—2025）》，开展示范县创建工作监督，助力国家生态文明示范县建设。开展综合交通“十四五”规划编制和重点项目推进情况视察调研，连续几年在省市人代会上提出加快推进重大交通项目建设的建议案，全力助推县域综合交通网络、格局、体系建设。持续开展交通治堵监督，切实解决停车难、乱停车问题。组织常委会组成人员和人大代表，对旧城改造、“一溪两岸”等重大项目推进情况进行视察，助推美丽县城建设。开展建筑业发展情况专项监督，常委会专题听取县政府专项工作报告，进一步促进我县房地产业和建筑业健康发展。开展《丽水市城市市容和环境卫生管理条例》执法检查，促进提高城市市容管理水平，推动城市品质提升。

*力促乡村振兴全面推进。*围绕现代农业产业发展，持续开展食用菌、甜橘柚、中草药、水干果等产业发展情况监督。开展“三位一体”农合联改革、生态价值有机转换国乡合作经营改革和农业龙头企业发展情况调研，助推农业产业现代化、自动化、集约化高效发展。围绕美丽乡村建设，深入开展“三大革命”和全域洁净工作情况督查。持

续跟踪监督农村饮用水达标工作，监督农村生活污水治理设施建设和运维工作，有效解决黄田、竹口用水矛盾问题和东部乡镇用水安全问题。跟踪监督村庄建设规划编制及执行情况。听取和审议农村生活垃圾分类处置情况工作报告。组织常委会组成人员和人大代表，对东部耕地现状、“四好农村路”建设情况进行视察，推动解决农村交通短板，盘活耕地资源。围绕农民增收致富，跟踪监督消除集体经济薄弱村成果，开展农村承包土地“三权分置”工作情况调研。针对群众吃穿住行，开展“两不愁三保障”“大搬快聚”专项督查，积极解决热点难点问题，增加农民获得感和幸福感。

三、五年来，我们惠民生暖民心，推动群众福祉不断增进

常委会始终贯彻以人民为中心的发展理念，积极监督民生实事落实，努力推动改革发展成果普惠均等、社会事业发展共建共享。

推动生态环境质量持续向好。聚焦生态文明建设，全面落实生态环境报告制度，每年听取和审议年度环境状况和环境保护目标完成情况报告，2019 年起实现全县 19 个乡镇（街道）全覆盖。督促落实中央环保督察发现问题整改工作，推动实行最严格的生态环境保护制度，持续改善生态环境质量。开展百山祖国家公园庆元片区创建情况视察。听取和审查《庆元县生态保护红线划定方案》。开展《浙江省松材线虫病防治条例》、动物防疫、野生动物保护“两法两条例两决定”执法检查。省市县三级联动开展大气污染防治法、土壤污染防治法和固废污染防治“一法一条例”执法检查。开展农村污水治理和剿灭劣Ⅴ类水专项监督，组织开展“剿灭劣Ⅴ类水人大代表在行动”主题视察活动。组织常委会组成人员和人大代表开展城市扬尘污染防治情况视察，向县政府转交视察意见，约见县政府及相关部门负责人，推动政府扬尘防治工作从事后监管转向全过程监督。

推动社会公共服务提质增效。常委会持续聚焦医疗、教育、养老等群众高度关注的民生热点问题开展监督。出台《庆元县人大常委会关于实施县政府民生实事项目人大代表票决制的决定》，在第十六届人民代表大会一次会议上首次施行“政府民生实事项目人大代表票决制”，2018 年实现县乡两级全覆盖，真正实现政府确定民生实事项目建设从“为民做主”到“由民做主”的跨越。听取和审议县政府贯彻落实《浙江省学前教育条例》情况的报告。组织开展职业教育发展、乡镇（街道）医疗卫生事业、科技创新服务、宗教安全管理工作等专题调研。开展民办中学发展、文体基础设施投入、县域医共体建设情况视察。配合省市人大开展促进科技成果转化“一法两条例”、全域旅游示范县建设、民间信仰事务管理情况调研。开展食品安全法、劳动保障监察条例、学前教育“两条例”、公共文化服务“一法一条例”、华侨权益保护条例等执法检查。开展学前教育条例执行情况跟踪监督。听取和审议养老服务体系建设情况报告。

推动疫情防控工作落实落细。严格按照中央和省市县委决策部署，快速响应、主动参与，及时发布致全县各级人大代表倡议书，组织开展“防疫有我，人大代表在行动”活动，全县各级人大代表累计 13000 余人次投身疫情防控各项工作。坚持以“三服务”开路，常委会领导带队分赴各乡镇（街道）、村（社区）、企业指导督查疫情防控和复工复产工作，收集梳理 11 个方面 113 个问题和建议，督促有关部门研究落实。常委会专题听取和审议县政府关于新冠肺炎疫情防控和复工复产专项工作报告，助力推动有关疫情防控、复工复产部署落实。开展重大公共卫生安全防控和救治应急管理体系建设情况专项督查，推动我县公共卫生安全应急管理体系进一步完善和创新。

四、五年来，我们推进法治促善治，切实维护社会公平正义

常委会坚持以法治建设为抓手，加强法律监

督，推进“一府一委两院”依法行政、公正司法，切实维护宪法和法律的权威。

着力推动依法行政。重视普法教育，组织开展“国家宪法日”活动。开展“七五”普法中期工作情况检查，听取和审议法治宣传教育工作情况的报告，着力完善法治宣传教育工作机制，推动公民学法守法用法。听取和审议《关于在全县公民中开展法治宣传教育第八个五年规划（2021—2025）》的报告，作出《关于开展第八个五年法治宣传教育的决议》。坚持党管干部与依法行使任免权相统一，及时做好重要人事任免工作，确保县委推荐的人选经过法定程序成为国家机关工作人员。持续开展人大任命干部履职评议工作，并进行满意度测评，切实增强选举任命干部的法治观念和人大意识。主任会议听取监察体制改革进展情况报告。支持员额法官和员额检察官入额。坚持公检法司机关执行重要文件、特定案件和重大事项每月按时向人大常委会报告制度。认真做好规范性文件备案审查，切实维护法制统一。

着力促进公正司法。开展公益诉讼工作调研，常委会听取和审议检察院公益诉讼工作开展情况专项报告，出台《县人大常委会关于加强检察机关开展公益诉讼工作的决定》。开展《关于进一步推动人民法院执行工作的意见》落实情况督查，听取县法院2016年基本解决执行难工作开展以来的情况报告，跟踪监督审议意见的落实，助力司法公正及法治庆元建设。开展法院规范化庭审、公安基层派出所规范化建设情况调研，监察和司法委员会听取县法院规范庭审工作和公安机关派出所规范化建设工作情况报告。制定《庆元县人民代表大会常务委员会法官检察官履职评议办法》，规范法官检察官履职评议工作，促进“两官”依法履职、公正司法。重视推进人民陪审员制度落实，依法任命47名人民陪审员，切实增强司法民主，保障裁判公正。开展扫黑除恶专项斗争工作专项监督，切实保障社会公平正义。开展政法队伍教育整顿工作专项监督，督促政法队伍进一步强化思想观念，突出整治重点，强化整治措施，提升群众对政法工作的满意度。

着力提升治理效能。坚持每年审议法治政府建设工作报告，专题监督社会矛盾纠纷调处化解“最多跑一地”改革工作。配合省、市人大开展《钱江源百山祖国家公园管理条例》《丽水市大窑龙泉窑遗址保护条例（草案）》《丽水市城市养犬管理规定（草案）》《丽水市文明行为促进条例（草案）》《丽水市扬尘污染防治规定》等立法调研，组织相关部门征求意见、建议，有效保障各项立法工作的顺利开展。重视信访工作，五年来共受理群众来信229件，接待群众来访113批177人次。

五、五年来，我们做优服务强保障，充分发挥代表主体作用

常委会坚持加强和改进代表工作，围绕发挥代表主体作用，不断完善履职平台，丰富履职载体，努力提高代表履职能力。

加强阵地建设，履职保障更加有力。深化“两站一平台”建设，扩大代表联系群众覆盖面，拓宽反映社情民意渠道。按照高标准建设要求，全面完成19个乡镇（街道）规范化人大代表联络站建设，让联络站成为代表联系群众和国家机关的重要桥梁，成为代表依法履职和接受监督的重要平台。做好“代表联络站+”文章，开展“一站一品”精品联络站创建活动，深化和拓展代表联络站线上、线下功能，创造性地开展工作。屏都街道人大代表联络站“1+1+X”活动、五大堡乡人大代表联络分站、竹口镇“民情连心桥”、龙溪乡“嘉善—平湖异地代表联络点”、机关代表中心组技能服务进基层等做法进一步拓宽了代表履职为民、联系群众的渠道。全县19个代表联络站五年来共开展活动3420次，接待选民85500人次，协调解决各类矛盾和问题10260件。坚持将代表履职能力提升贯穿于代表工作全过程，将县乡（镇）人大代表培训纳入县委组织部培训计划，精心组织，实现全员轮训。认真落实人大代表履职登记管理制度，落实各级人大代表履职“一人一档”，把代表

参与活动、履职发言、议案建议等情况记入代表档案。开展优秀代表评比，激励代表依法行使权利，履行义务，更好地发挥代表的主体作用。

创新活动载体，代表主体作用发挥更加充分。坚持完善“两联系”制度，制订实施常委会组成人员联系县人大代表工作方案。坚持县人大代表列席常委会和参加专题调研、执法检查、集中视察以及代表走访选民等制度，切实保障代表在闭会期间的知情知政权。立足选区和代表联络站，在全县四级人大代表中创新开展“讲好人大故事”主题活动，累计开展讲故事活动227场次，参与讲故事人大代表438人次，收录讲故事“人选库”258名，“故事库”323个，并将优秀案例编印成书。加强工作指导，持续推进民生实事项目人大代表票决制工作，开展“民生实事我参与”主题活动，县、乡镇两级代表协同联动，全体代表共同参与，确保每个项目“事事有监督”，每位代表“人人有任务”，形成“民生实事项目人大代表票决制”工作“党委领导、人大监督、政府实施、代表票决、群众参与”的工作格局。

着眼机制完善，建议督办更加有效。抓住提高建议质量和办理实效两个重点，以乡镇（街道）和机关代表中心组为单位，组织代表走访选民，开展会前调研视察，加强培训指导，引导代表提出高质量的议案建议，把好质量关。加强建议办理工作，坚持县政府领导领办、县人大常委会领导督办重点建议案工作机制，持续开展代表建议“督办月”和落实情况“回头看”活动。紧盯建议办理时限和沟通面商环节，加强建议办理过程的监督，督促承办单位提高思想认识，明确办理重点，强化责任落实，注重办理实效，建议办理的面商率和解决率进一步提高。建立人代会和常委会审议意见建议交办制度。坚持常委会听取县政府代表建议和审议意见建议办理情况报告，并对重点领督办件进行满意度测评。开展优秀建议和先进承办单位评比表彰活动，营造建议办理工作良好氛围。五年来，县十六届人大代表提出的800件建议全部按时办结，一批涉及经济社会发展的重大问题和民生热点难点问题得到落实。

六、五年来，我们强基固本提效能，持续提升自身建设水平

常委会着力“四个机关”建设，不断推动新时代人大工作守正前行、创新发展。

全面加强思想政治和作风建设。常委会坚持以习近平新时代中国特色社会主义思想为指导，精心组织开展“不忘初心、牢记使命”主题教育和党史学习教育活动，注重把学党史和学习新中国史、改革开放史、社会主义发展史、人大制度史相贯通，与学习习近平总书记“七一”重要讲话精神相结合，深入开展“我为群众办实事、我为企业解难题、我为基层减负担”专题实践活动，以学习教育促进工作落实，用工作成效深化学习教育。县人大常委会党组充分发挥把方向、管大局、保落实的领导责任，第一时间传达贯彻中央和省市县委的决策部署，切实做到县委中心工作在哪里，人大工作就跟进到哪里，作用就发挥到哪里。严格对照“七张问题清单”，狠抓省委、县委巡视巡察反馈问题整改落实，进一步健全党建工作闭环管理和责任体系。不折不扣落实中央八项规定及其实施细则精神，压紧压实全面从严治党责任，纵深推进“清廉机关、模范机关”建设。

全面提高工作能力和业务水平。始终把加强综合素质提升作为第一位要求，坚持县人大常委会组成人员履职能力提升专题培训机制。注重法律知识更新，先后开展《宪法》《民法典》专题学习。增设社会建设委员会和社会建设工委，法制（内务司法）委员会、法制（内务司法）工委更名为监察和司法委员会、监察和司法工委。建立和完善《常委会组成人员联系代表、代表联系群众的“两联系”制度》《县人大常委会领导重点联系民生实事项目、代表联络站、选区等“三联系”制度》。加快数字人大建设，出台数字人大建设方案，建设数字化改革特色应用场景。加强人大信息宣传工作，办好人大网站和“庆元人大”微信公众号，讲好人大故事，营造良好工作氛围。

全面提升人大工作整体合力。坚持系统观

念、系统方法，密切上下级人大之间的工作联系和配合，完善与“一府一委两院”之间的沟通协调机制，增强工作合力。坚持全县人大工作“一盘棋”理念，健全常委会领导联系乡镇(街道)人大工作机制，出台《县人大常委会领导和各室委联系乡镇(街道)人大工作制度》。深入贯彻落实《浙江省乡镇人民代表大会工作条例》《浙江省街道人大工作条例》，及时总结实践经验，夯实人大工作基层基础。坚持“一季一主题”乡镇(街道)人大主席(主任)例会制度，加强乡镇(街道)人大之间的横向交流学习，指导部署阶段性工作，总结推广乡镇(街道)人大工作创新做法和经验，凝聚全县人大工作合力。

精心组织地方人大设立常委会40周年系列纪念活动。认真学习领会习近平总书记对地方人大及其常委会工作的重要指示精神，召开纪念地方人大设立常委会40周年座谈会，回顾庆元人大常委会40年发展成就，充分展示人大制度的优越性和生命力，不断增强国家根本政治制度自信。开展纪念地方人大设立常委会40周年成就展，集中展示庆元人大常委会发展历程、发展成果。开展纪念地方人大设立常委会40周年知识竞答活动，深入宣传人民代表大会制度。开展“选民走进人大”活动，组织选民参加代表重点建议、民生实事项目、重点项目落实情况的实地视察，旁听县人大常委会会议。召开列席代表和旁听选民“走进人大”座谈会，面对面听取选民意见建议，接受选民监督，积极探索选民参与管理国家事务的渠道。

各位代表，过去五年，是庆元县人大工作在实践中探索、发展的五年。回顾五年来的履职实践，使我们对坚持和完善人民代表大会制度，充分发挥地方国家权力机关职能作用，把握新时期人大工作规律，有了更深的认识和体会：

一是必须始终坚持党的领导。坚决贯彻落实中央和省市县委的重大决策部署，重大问题及时请示，重要事项及时报告，牢牢把握人大工作正确政治方向，这是做好人大工作的根本保证。

二是必须始终坚持服务大局。充分发挥人民代表大会制度优势和职能作用，从改革发展稳定全局来定位和谋划人大工作，以支持的思维开展监督，寓支持于监督中，强化互动协同，与“一府一委两院”形成工作合力，全力助推经济社会发展，这是做好人大工作的基本准则。

三是必须始终坚持人民至上。积极回应社会关切，把最广大人民群众的根本利益放在心上，倾听民声，重视民意，围绕社会普遍关注的热点难点问题加强监督，不断增进民生福祉，这是做好人大工作的本质要求。

四是必须始终坚持依靠代表。尊重代表权利，依靠代表，服务代表，激发代表的履职热情，充分发挥代表参与决策、监督推动、联系群众和模范带头作用，这是做好人大工作的坚实基础。

五是必须始终坚持开拓创新。在注重人大工作法律性、程序性和规范性的同时，与时俱进，不断探索和改进基层人大工作的方式方法，着力增强监督实效，这是做好人大工作的不竭动力。

各位代表，县人大常委会过去五年各项工作所取得的成绩，是县委正确领导和上级人大常委会有力指导的结果，是“一府一委两院”大力支持、积极配合的结果，是全体县十六届人大代表、常委会组成人员和全县人大干部共同努力的结果，也是全县人民、社会各方面关心支持的结果。在此，我谨代表县十六届人大常委会，表示衷心的感谢，并致以崇高的敬意！

在肯定成绩的同时，我们也清醒地看到，对照宪法和法律赋予的职责，对照新形势新任务新要求，常委会工作还存在不小差距。主要是：监督方式有待丰富，监督工作刚性需要进一步增强；对发展中重大事项的调查研究还不够深入，决定权的行使有待进一步探索实践；常委会联系代表、代表联系群众还不够密切，发挥代表作用的渠道和方式有待进一步拓展；人大工作服务保障机制还不够完善，常委会履职水平有待进一步提高。这些问题，都需要在今后的工作实践中认真解决和改进。

今后工作的建议

各位代表，中国共产党庆元县第十五次代表大会作出了奋力推动跨越式高质量发展，为争当共同富裕示范区的山区范例而不懈奋斗的号召，描绘了庆元新的发展蓝图，也吹响了全县上下围绕各项事业跨越式提升大干快干苦干实干的“冲锋号”。面对新形势新目标新任务，县人大及其常委会必须充分发挥作为政治机关、国家权力机关、工作机关、代表机关的独特优势，着眼大局，顺势而为，以更加高昂的激情、更加开阔的视野、更加务实的作风、更加有效的工作，积极投身到推动庆元新一轮跨越式高质量发展实现共同富裕的伟大实践中去。

我们坚信，在中共庆元县委的正确领导下，在全体代表、全县人民的大力支持下，新一届县人大及其常委会必将担当起历史和人民赋予的光荣使命，继往开来，开拓奋进，在历届工作的基础上取得新的更大成绩，不断开创人大工作新局面。新一届县人大常委会工作的指导思想是：高举习近平新时代中国特色社会主义思想伟大旗帜，深入学习贯彻习近平法治思想和关于坚持和完善人民代表大会制度的重要思想，全面贯彻落实中央及省市县委各项决策部署，坚持党的领导、人民当家作主、依法治县三者有机统一，按照政治上高站位、履职上高质量、队伍上高素质的要求，紧紧围绕中心，自觉服务大局，积极作为、主动作为、善于作为，努力在推动决策落实上取得新进展、在行使法定职权上彰显新成效、在发挥代表作用上实现新突破、在加强自身建设上展现新形象，为我县争当浙江高质量发展建设共同富裕示范区山区范例作出新的更大贡献。

建议今后五年重点抓好以下四方面工作：

一、坚持党的全面领导。牢牢把握正确政治方向，自觉维护县委“总揽全局、协调各方”的领导核心地位，紧扣全县中心大局谋划推进人大工作，依法用好决定决议权和人事任免权，确保县委主张通过法定程序转化为全县人民共同意志，确保县委推荐的人选通过法定程序成为国家机关工作人员。

二、依法高效开展监督。进一步找准人大工作和代表履职的切入点、结合点、发力点，持续聚焦经济高质量绿色发展、生态环境保护、民生改善、司法公正等监督主线，不断更新监督理念，创新监督方式，打好监督“组合拳”，加快补齐短板弱项，促进经济社会协调可持续发展。

三、更好凝聚代表力量。积极探索加强和改进代表工作的思路和方法，创新优化代表履职载体，密切常委会同代表、代表同人民群众的联系，深化闭会期间代表活动，高质量落实代表建议办理，有效发挥代表桥梁纽带、模范带头、专业特长、监督支持的作用。

四、持续加强自身建设。进一步强化人大干部主动意识、斗争意识、前列意识，锤炼提升学习干事能力、数字赋能本领、忠诚担当品格，努力打造一支唯实唯先、善作善成的高素质干部队伍。进一步健全完善人大组织体系、工作机制、议事规则等制度体制，为人大依法履职行权提供有力支撑。

建议2022年重点工作：

第一，在服务共同富裕示范区山区范例建设中强化监督职能。聚焦推动共同富裕美好图景转化。审查批准国民经济和社会发展计划；听取和审查县政府关于2022年度政府重大投资项目计划，跟踪监督2021年政府重大投资项目完成情况；审查批准2021年度财政决算；听取和审议县政府关于2022年上半年国民经济和社会发展计划及财政预算执行情况的报告；听取和审议县政府关于政府债务管理情况的专项报告，强化政府债务管理情况跟踪监督；加强国有资产管理情况监督，促进深化国企改革和国有资产规范管理；听取和审议县政府关于2021年度县本级预算执行和其他财政收支情况的审计工作报告，跟踪监督审计发现问题的整改落实；听取和审议国土空间规划编制草案；围绕乡村振兴战略实施，开展

“一区一品”产业建设专题调研；听取和审议县政府关于新“千万工程”建设情况专项报告；出台《县人大常委会专题询问办法》《县人大常委会审议意见跟踪监督办法》。

第二，在推动普惠共享中回应民生关切。听取和审议县政府关于义务教育“双减”政策贯彻落实情况的报告；开展历史文化名镇名村和传统村落保护利用工作视察；开展松源溪流域综合治理工程和交通重点项目建设情况视察；开展“不文明”行为专项督查；开展城市民族工作情况专题调研；开展市政建设管理工作专项监督；开展《中华人民共和国残疾人保障法》执法检查；配合省、市人大开展《中华人民共和国环境保护法》及《浙江省环境保护条例》一法一条例执法检查；积极配合省市人大开展“三位一体”农合联改革、家庭农场发展情况等专题调研。

第三，在助推县域治理现代化过程中展现人大作为。围绕基层治理现代化，推进“一府一委两院”依法行政、公正司法工作。听取法治政府建设情况报告；听取和审议县政府关于规范综合行政执法情况的报告；听取和审议县政府关于防范打击治理电信网络诈骗工作情况报告；适时听取县监委专项工作报告；开展社区建设情况专题调研；开展县政府组成部门主要负责人和法院、检察院“两官”履职评议；开展规范性文件备案审查工作；加强人大信访工作。

第四，在实现全过程人民民主中发挥代表作用。健全“两联系”制度，坚持邀请代表列席常委会会议、参加各类视察调研等活动，不断拓展代表知情渠道；系统谋划新一届人大代表素质提升工程，开展代表初任培训；积极推行代表向选民或原选举单位报告履职情况制度，常态化开展“讲好人大故事”主题活动，完善代表履职评价考核体系；精品化打造代表联络站，开展代表联络站评优评先活动；深化数字赋能，在人大代表中推广使用浙里人大代表履职应用场景；深化民生实事项目人大代表票决制工作，继续开展“民生实事我参与”主题活动；开展人大代表建议办理系统使用培训，优化代表议案建议督办方式，提高代表议案建议办理实效。

第五，在加强“四个机关”建设中提升能力水平。深入学习宣传贯彻党的十九届六中全会和二十大精神；开展“学习型、服务型、创新型”机关建设活动；认真落实全面从严治党主体责任，驰而不息推进作风建设；着眼人大核心业务和重大任务，加快推动人大数字化改革应用平台迭代升级，加强人大与“一府一委两院”的数据共享、工作协同，在数字化转型中全面优化人大工作架构、方式流程、手段工具；加强队伍建设，健全人大干部成长“选、育、管、用”全链条机制；坚持乡镇（街道）人大工作例会制度；规范完善乡镇（街道）人大议事规则和监督程序，推进乡镇（街道）人大高效运行；深化人大制度理论阐释与工作实践典型宣传，讲好人大故事。

各位代表，浩渺行无极，扬帆但信风。历史的使命召唤着我们，宏伟的蓝图鼓舞着我们，人民的期待激励着我们。让我们更加紧密地团结在以习近平同志为核心的党中央周围，在中共庆元县委的坚强领导下，凝心聚力，求真务实，不忘初心，砥砺前行，为我县争当浙江高质量发展建设共同富裕示范区山区范例而努力奋斗，以优异成绩迎接党的二十大胜利召开！

政府工作报告

——2022 年 2 月 11 日在庆元县第十七届人民代表大会第一次会议上

庆元县人民政府代县长　田健晖

一、2021 年主要工作和过去五年发展成就

2021 年是建党一百周年、“十四五” 开局之年，是很不平凡的一年。一年来，面对复杂的外部环境和艰巨的发展任务，全县干部群众在中共庆元县委的正确领导下，坚定厉行“丽水之干”，弘扬践行“庆元精神”，以争当共同富裕示范区建设的山区范例为目标，稳增长、调结构，抓改革、防风险，促发展、惠民生，全县地区生产总值增长 4.6%；一般公共预算收入增长 2.02%；城乡居民人均可支配收入达到 47034 元和 22563 元，分别增长 10.3%和 10.8%。

（一）生态产业再提质。完成工业投资 6.6 亿元，实现规上工业增加值 10.95 亿元，增长 6%。省级经济开发区正式命名，屏都综合新区三期启动建设，双枪隆宫小微园顺利开园。发布全省首个县级生物科技产业发展规划，成功争取“一县一策”超常规扶持。双枪科技、梦天家居成为从庆元走出的上市企业，鸿星文具荣膺市政府质量奖。实施旅游业“微改造、精提升”项目 47 个，主城区创成 3A 级景区城，黄田、安南创成 4A 级景区镇，入选省级先进制造业和现代服务业融合发展区域试点县。

（二）双招双引再聚能。县领导领衔 8 大产业链、人才链专班，签约产业项目 21 个、人才科技项目 5 个，新引进总部经济项目 7 个，双枪未来工厂、纳朵日用品、一鸿工贸等 7 个项目成功落地，到位内资 10.1 亿元。引进高层次人才 173 人，柔性引进博士 35 人、硕士 41 人，成功申报省级博士后工作站 2 家，完成“绿谷精英”项目 5 个。李兰娟、李玉、施一公、谭蔚泓、郑裕国 5 位院士深情寄语人才科技峰会庆元分会，签订招才引智项目 6 个，51 名专家入库庆元专家咨询委员会。

（三）环境质量再折桂。以 91.57 分夺得长寿之乡“绿水青山指数”全国第一，获得 2021 浙江县域高质量发展地图绿色发展第一名，县城空气质量优良率达 100%。“污水零直排县”创建通过功能性验收，荣获全省实行最严格水资源管理制度成绩突出集体。全面完成涉林垦造耕地项目和第二轮省委环保专项督察信访问题整改，新增国土绿化 666.7 公顷。百山祖国家公园创建有序推进，成功加入中国生物圈保护区网络，发现近蓝紫丝膜菌等 3 种全球大型真菌新物种，百山祖冷

杉和角蟾亮相联合国生物多样性大会。

（四）项目建设再加速。7个项目被列入省“六个千亿”产业投资计划，23个省市重点项目投资完成率119%，7个政府专项债项目投资完成率100%。万年隧道开工，银屏山隧道贯通，兰溪桥水库扩建及相关子项目加快建设。梦天区块完成拆除，仓山路区块100%签约腾空，庆元大桥顺利施工。东环路全线贯通，府后街道路改造基本完成，城区干道地下管网工程全面完工，“一溪两岸”滨水绿道实现闭合。新改建电力线路130千米，新建燃气管网6.5千米。半湾休闲养生文化园、智慧汽车产业园加快推进，香菇小镇考核再夺优秀并正式命名。

（五）农业农村再振兴。香菇、甜橘柚、灰树花、黄精列入全国首批名特优新产品，创成国家级食用菌全产业链典型县。新增中药材236.67公顷、甜橘柚134.33公顷，建改高标准农田333.33公顷，完成耕地“非粮化”抛荒整治933.33公顷。张村中药材、安南湖羊、江根白茶、岭头稻鱼共生多点开花，竹口被列入全市首个国家级农业产业强镇创建单位，黄坛蝉联全国特色产业亿元村。建成新时代美丽乡村达标村49个、红色示范乡镇3个，创成省级美丽城镇4个，黄田获评省级样板镇，“大搬快聚”新搬迁4003人。

（六）改革开放再突破。与中铁建、杭钢、旺旺、天能等建立战略合作关系。实施“山海协作”项目15个，嘉善—庆元—九寨沟“飞地”产业园一、二期全面完工，产生“消薄”资金2840万元。成功争取省级数字化改革试点12个，屏都和黄坛上榜全省第一批低碳试点街道、试点村，贤良卖出22.7吨会议类森林碳汇指标，成功申报林业碳汇先行基地，国乡合作经营试点666.67公顷商品林收储计划“落地上图”。整县屋顶分布式光伏开发入选全国首批试点，同心社区入选省级未来社区创建名单。竹木产业创新服务综合体通过中期核查，建成全省首个食用菌种质资源库，李玉院士科技部食用菌创制研究中心专家工作站落户庆元。

（七）民生福祉再增进。低收入农户人均可支配收入增长17.1%，新增城镇就业1812人，浙丽保参保率97.51%。屏都小学、后田幼儿园、江滨幼儿园投入使用，实验小学南门洋校区开工建设。“双减”政策落地见效，创成两所教育质量发展“五星级学校”。人民医院迁建加速，9家基层卫生院完成规范化改造。新建儿童之家6家、乡镇级居家养老服务中心9个，发放残疾人补贴1959万元。落实新冠肺炎疫情各项防控措施，深入开展“护航大庆安保年”行动，化解信访积案121起，电信诈骗发案量降幅全市第一，实现省级平安县“十六连冠”。

（八）自身建设再强化。深入开展党史学习教育，认真贯彻中共十九届六中全会精神，激励干部群众以理想之光创造美好未来。建立闭环管控、狠抓落实工作机制，省市县民生实事完成率100%，办理代表建议153件、委员提案213件，满意、基本满意率100%。数字政府、法治政府建设全面推进，“十台合一”智治中心建设获省委、省政府主要领导批示肯定，行政诉讼发案量同比下降52%，实现行政复议零纠错、行政诉讼零败诉，荣获全省依法治理创建活动先进单位。

各位代表！过去五年，在上级党委、政府和县委的坚强领导下，全县上下锐意进取、开拓创新，干成许多事关庆元长远发展的大事要事，与全省同步高水平全面建成小康社会，经济社会发展取得巨大成就，为跨越式高质量发展打下坚实基础。全县生产总值从64.44亿元增长到85.16亿元，城镇和农村居民人均可支配收入年均分别增长8.3%和9.6%，低收入农户增收工作两度荣获省政府督查激励，山区26县考核跃升至全省第10位。

五年来，我们始终坚定绿色发展之路，生态优势更加彰显。奋勇扛起百山祖国家公园创建核心地责任，率先完成地役权改革、生态搬迁等硬核任务，顺利通过体制试点评估验收。国家重点生态功能区评价考核两夺全省第一，生态保护指数、生态环境状况指数实现全省“四连冠”“五连冠”，上榜全省大花园示范县创建单位。严格执行“三线一单”管控，森林蓄积量1427万立方米，出境断面水质连续20年100%达标，绿色成为庆元发展最动人的色彩，中国生态环境第一县金字招牌熠熠生辉。

五年来，我们始终坚定产业富民之路，实体经济更加壮大。把大力推动生态经济扩量提质作为根本任务，工业企业数从450家增加到818家。两度上榜全国县域数字农业农村发展百强先进县，入选省级现代林业经济示范区，培育农业龙头企业国家级2家、省级16家，均居全市第一。种植中药材1986.67公顷、甜橘柚1153.33公顷，“庆元香菇”入选首批中欧地理标志协定保护名录。成功创建巾子峰AAAA级景区和2个AAA级景区，廊桥国际越野赛入选省级重点培育品牌体育赛事。网络零售额从22.48亿元增长到39.96亿元，人民币存贷款余额分别增长63.12%和80.44%。

五年来，我们始终坚定开放推动之路，发展动能更加强劲。主动融入长三角一体化发展，与上海宝山、崇明建立合作关系，与长兴、嘉善、海曙深化“山海协作”，实施合作项目98个、共建乡村振兴示范点7个，到位援建资金3882万元。招商引资实际利用内资68.3亿元，梦天迁建等29个重大产业项目落地实施，双苗尖风电场等192个重点项目建成投产。与西湖大学、浙江中医药大学、清华长三角研究院、浙江发展规划研究院等大院名校开展战略合作。“最多跑一次”改革、数字化改革纵深推进。

五年来，我们始终坚定三美共建之路，城乡面貌更加美丽。坚持生产、生活、生态“三生共融”，推进城区、乡镇、农村“三美共建”。完成城区立面改造4万平方米，老二中、黄麻淤、学后路等地块拆迁22万平方米，13个小区拔地而起，40千米绿道串起一路好风景。建成区面积由8.75平方千米扩展到10.2平方千米，屏都综合新区拓展至280.93公顷，创成国家卫生县城、省“基本无违建县”、省示范文明县城。6个乡镇成为省级小城镇环境综合整治样板，1.56万群众搬出大山、喜提新居。衢宁铁路、庆元大道等对外主通道开通，“苦在路上”的庆元人民迎来交通条件的大幅改善。

五年来，我们始终坚定民生优先之路，惠民安民更加有力。顺利实现脱贫攻坚“三清零”，“消薄”工作获省委、省政府表彰。累计投资12亿元新改建校园11所，高考成绩十连增，教育现代化发展监测跃升至全省第43位。“健康浙江”考核三连优，省级优质医疗资源下沉庆元。月山春晚圆梦央视大舞台，省公共文化服务重点县通过验收，创成省体育强县。新建养老机构4家，老年活动中心、残疾人托养中心投入使用。连续四年获评全省征兵工作先进单位。全省率先实现县级矛调中心三大功能平台同步建设，扫黑除恶专项斗争成效显著，荣获全省首批“一星平安金鼎”。面对突如其来的新冠肺炎疫情，医务工作者白衣为甲，全县上下风雨同舟、共克时艰，守护家园祥和安宁，夺得复工复产考核全市第一、全省争先创优赛马比拼三连优。

各位代表，过去五年我们遇到的困难超出预期，付出的努力非同寻常，取得的成绩来之不易。这是县委正确领导，县人大、县政协大力支持，全县上下奋力拼搏的结果。在此，我代表县人民政府，向全县广大干部群众，向人大代表、政协委员，各民主党派、工商联、人民团体，向离退休老同志、公安干警、驻庆部队官兵，向所有为庆元发展付出心血的开拓者、拼搏者、奋斗者，表示衷心的感谢和崇高的敬意！

在肯定成绩的同时，我们也清醒地认识到，庆元县经济社会发展和政府工作还存在不少困难和问题，主要是：经济总量“小”，地区生产总值、一般公共预算收入长期低位运行，税收收入出现负增长，经济减速、发展乏力、收支失衡等压力凸显；增长动能“弱”，平台拓展空间不足，产业转型升级缓慢，企业生产经营困难，外部竞争异常激烈，能耗、土地、资金等要素制约突出，新的经济增长点不明、不多、不强；交通区位“远”，对外开放大通道体系尚未全方位系统构建，推动综合交通从显著改善到根本改变依然任重道远；城市能级“低”，个性缺乏、特色不靓，资源承载力、人才吸引力不强，人口外流问题突出；精神状态

"松",部分干部思想上老化僵化、能力上本领恐慌,满足于生活在"世外桃源",干事创业、争先创优的激情、韧劲、效率和水平还不能很好适应新时代赶考要求等。我们一定高度重视这些问题,靶向发力、精准施策,认真加以解决。

二、今后五年的奋斗目标和主要任务

今后五年，是庆元加快跨越式高质量发展、与全省同步迈向现代化和共同富裕的重要战略机遇期。我们要增强生态立县战略定力,坚持赶超发展第一要务,牢固树立"没有加快发展也是一种风险，没有追求实现跨越式发展的意识、决心和胆略更是极端危险"的理念,万众一心扬士气,心无旁骛抓发展,夙兴夜寐干实事,努力将庆元打造成为生态经济新高地、生态人居新典范、省际循环新节点、幸福宜居新家园、县域治理新样板,扎实推动山区百姓与全省人民一道实现共同富裕。

根据县十五次党代会的总体部署,今后五年政府工作的总体要求是:坚持以习近平新时代中国特色社会主义思想为指导,认真贯彻中共十九大和十九届历次全会精神,坚持稳中求进工作总基调,立足新发展阶段,贯彻新发展理念,融入新发展格局,牢记"庆元嘱托",厉行"丽水之干",以推动跨越式高质量发展为主题,以改革开放创业创新为动力,以满足人民日益增长的美好生活需要为根本目的,建设美丽"大花园"、勇争最美"花骨朵",努力把庆元建设成美丽浙江、美丽中国"最生态窗口",争当浙江高质量发展建设共同富裕示范区的山区范例。

今后五年经济社会发展的主要目标是:在高质量发展前提下实现必要适度的高速度增长,地区生产总值年均增长 8%，固定资产投资年均增长 15%,一般公共预算收入年均增长 8%,城镇和农村居民人均可支配收入年均增长 8%和 10%,常住人口城镇化率达到 70%以上,生态环境状况指数保持全省第一、全国领先。

围绕上述目标,要切实把握好以下五个方面:

——锚定后发赶超目标。正视庆元是全省 7 个山区跨越式发展重点县之一的最大县情,以强烈的危机感和紧迫感,紧紧扭住根本性改善交通条件、根本性改变产业结构、根本性壮大税收收入、根本性激活特有资源"四个根本性改变"目标,在战略上谋深谋远、保持定力,在战术上时不我待、只争朝夕,不断缩小与发达地区的差距。

——增强跨越发展动能。准确把握跨越式发展的内涵、目标和路径，立足"十四五"、展望 2035,以交通改善为突破口,紧紧扭住工业化、城市化主战场,全力扩大有效投资,建设大平台、引进大项目、培育大企业、形成大产业,加压奋进、勇争一流,努力让庆元跨越发展态势一年更比一年好。

——扛起共同富裕使命。深刻认识建设共同富裕示范区背景下,山区县面临千载难逢的历史性机遇,必须敢抢敢拼、乘势而上,加快强长板、补短板、固底板,千方百计缩小"三大差距",实施好"幼有善育、学有优教、劳有厚得、病有良医、老有颐养、住有宜居、弱有众扶"七大工程,建设共同富裕美好社会。

——凝聚干事创业伟力。实现跨越式高质量发展,既要向外借力,更靠自强自立。庆元既是浙南山区,更是全国沿海,用"庆元精神"武装起来的干部,是我们最大的底气和信心。必须时刻保持对发展的"饥饿感",坚定"发展阶段不可逾越,发展阶梯可以跨越"的意志,激发以干得助、以拼争先的豪迈激情,拼命创造更多"变不可能为可能"的奇迹,不辜负菇乡大地上的人民。

——提升为民亲商能力。对待群众要俯身甘当"孺子牛",对待企业要真心做好"店小二"。要全面了解群众的"冷暖安危",认真解决百姓的"急难愁盼",把政府前面人民二字深深铭刻在心头上;要像优化空气质量一样优化营商环境,切实提供温情服务,坚决防止机械执法,少说不行,多说咋办,帮助企业想办法、出主意、解难题,不能让企业家流汗又流泪、劳心又寒心,以干部的服务水平提升、真情真心付出,换来百姓幸福、企业发展。

为实现今后五年奋斗目标，要突出“绿色崛起”和“提神争先”两大重点。绿色崛起，就是要珍惜绿色这个最大的资本，始终牢记习近平总书记“保护好生态就是最大政绩”的殷切嘱托，以国家公园为引领，以绿色产业为支撑、绿色城市为平台、绿色投资为抓手，奋力拓宽“两山”转换通道，让绿水青山源源不断地带来金山银山。提神争先，就是要挖掘精神这个最大的潜力，聚焦“以人为核心的现代化”，摆脱路径依赖、破除陈旧思想、增强能力素质，着力提升改革开放、共同富裕、攻坚争先水平，跳起来摘桃子，向高处攀、与强者比、跟快的赛，该干的事千难万难也要去干，该担的责冒着风险也要去担，将精神的无穷力量转化为发展的澎湃动力，以扛旗争先的拼搏姿态不断开创跨越式高质量发展新局面。具体来说，要扎实抓好“三绿三提”：

（一）深入实施“绿产”工程。坚定产业强县主导战略，以更高自觉、更大力度加快工业化进程，扩大传统产业优势、占据新兴产业主动、把握未来产业先机。增强生态工业竞争力。提升省级经济开发区能级，加快香菇小镇工业区块、竹口洋源、淤上坑口区块等新平台开发，力争规上工业总产值翻一番、增加值翻两番，规上工业亩均税收达 24 万元，打造山区生态工业标杆县。抓好“一朵菇、一扇门、一支笔、一双筷”产品升级、技术升级和品牌升级，推动更多企业朝“专精特新”方向努力，站上“制高点”、成为“小巨人”，力争亿级企业数量倍增。增强新兴产业引领力。培育壮大竹基新材料、食用菌药品和保健食品、中药材深加工等生物科技产业，实现全链产值超百亿元，成为浙南闽北最大的生物科技产业集群。加速培育百亿级能源产业，实施“数字产业化”突破和“产业数字化”赋能工程，数字经济核心产业增加值占 GDP 比重达到 3%以上。增强特色农业支撑力。大力实施科技强农、机械强农“双强行动”，用心引育新型农业主体，大力发展现代高端农业、品质品牌农业。提质食用菌、毛竹、甜橘柚、中药材、锥栗、茶叶和高山蔬菜等“多彩”农业，建设山居、山货、山路、山景等“山”字系产业链条，努力让庆元成为都市居民感受自然魅力、享受生态精品的向往之地。增强现代服务业吸引力。抓住铁路时代契机加快培育物流、商贸、培训、会展等现代服务业，以国家公园建设为核心，丰富康养、研学、旅居、运动等业态，打造一批具有引爆效应的旅游新地标、网红打卡点、文创新产品，实现高等级景区建设新突破，争创国家全域旅游示范县。

（二）深入实施“绿城”工程。以国家公园品牌为龙头，引领城市建设新方向、重塑城市新特色，打造山水人城和谐相融的大花园最美核心区。建设国家公园城市。沿松源溪建设生态城、宜居城、产业城。树立“在公园里建城市”理念，以国家公园入口社区建设为突破口，用好“园内生物多样性+园外发展大空间”两种优势、“原真自然+厚重人文”两种资源，全力打造城市生态文化新客厅。构建以园兴城、以城带园、城园相融的城市空间，把多样性、自然性、生态性的理念引入城市建设，统筹抓好节点设计、功能完善、风貌提升，积极稳妥推进城市有机更新，实现 10 平方千米集聚 10 万以上常住人口，提升综合能级。推进镇村均衡发展。引导农村人口、公共服务、基础设施向片区核心集聚，形成“点上集聚、组团发展”的城镇格局。西部乡镇突出“人口集聚”和“产业集群”，打造城镇化和产业发展示范区。东部乡镇突出“大搬快聚”和“两进两回”，打造生态保护和康养度假区。统筹建设洁净乡村、花园乡村、文化乡村和未来乡村，打造具有辨识度的乡村振兴示范带，让乡村各美其美、各富其富。用心呵护生态本底。系统抓好瓯江源头“山水工程”“绿水青山三项治理”，强化生物多样性保护，以“治理提质”擦亮“天生丽质”，打造山清水秀、莺飞鱼翔、天高云淡、月朗星稀的最美生态。大力推进 GEP 集成改革，推动水权、碳汇等交易取得实质进展，让更多生态红利转化为富民资本。

（三）深入实施“绿投”工程。坚持生态导向，树立长远眼光，抢抓政策窗口，加快建设一批重大绿色投资项目。能源项目要有“大手笔”。时不我待抢抓全省“风光倍增工程”、企地合作政策机遇，深入挖掘“百万清洁能源储备”资源，全力实施以抽水蓄能为重点的“风光水储抽”项目集群，根本性改变发展格局，把庆元打造成为浙西南绿能基地、清洁能源强县。加快实施110千伏、220千伏等主干网输变电工程，提高天然气管网覆盖范围，推进全域工业园区集中供热。交通建设要有“大格局”。以绿色交通、美丽公路为目标，系统谋划重大交通项目，开工建设义龙庆高速公路庆元段，全力争取金遂松龙庆至南平高铁，积极谋划推进通用机场项目。基本建成庆景青公路庆元段、奉化至庆元公路五大堡至龙溪段，启动贤良至荷地和左溪至江根公路改建工程，朝着市域一小时交通圈和县域半小时交通圈不懈努力，加快构建“西进武夷山，东出温州港，北连长三角，南接海西区”大交通格局。水利设施要有“大提升”。加快打造防洪保安网、水资源配置网、幸福河湖网、智慧水利网“四张网”，继续推进中小流域综合治理、农村饮用水保障工程，开工建设杨楼溪水库及供水工程，建成投用兰溪桥水库扩建工程，中心城区防洪标准提升到50年一遇。

（四）提升改革开放水平。以更加主动的姿态深化开放合作，借船出海，借梯登高，借力而上，打造更加充满活力、涌动创新、兼收并蓄、大气包容的生动发展局面。更大气魄推进招大引强。拓宽视野、敢想敢干，全力招引能够实现“四个根本性改变”的大项目、好项目，完成大项目招引50个以上，争取50亿元以上产业项目“零突破”，谋划招引百亿级大项目。打好人才“引育留”组合拳，依托大院名校扩充高端智库，开展“产学研用”人才联合培养试点，技能人才占从业人员比重达35%。更宽领域推进开放合作。借“海”之势、扬“山”之长，深度融入长三角、接轨大上海，全方位推进项目接轨、科技接轨、人才接轨，高标准共建“产业飞地”和“科创飞地”，力争结对县区“飞地”全覆盖。紧抓与央企、国企、台企合作机遇，以大资本推动园区拓展、生态康养、能源开发、智慧物流、城市更新等领域项目建设。联动周边县市编制浙南闽北经济协同发展规划，推动交通互通、产业联动、文化共荣，努力做好省际边际县展示浙江发展成果的重要窗口。更实举措推进改革创新。以数字化改革引领各领域重大改革，推进生产方式、生活方式、治理方式全面数字化转型。优化能源、土地、资本等要素市场化配置，着力提升国企投融资能力，推动国投集团总资产向百亿级迈进。积极融入浙西南区域创新体系，鼓励企业争创国家级、省级产业平台和创新平台，高新技术企业、科技型中小企业分别是35家和200家，建设一批“科技创新+特色产业”区域性科创基地。

（五）提升共同富裕水平。持续加大民生投入，既做大蛋糕，更分好蛋糕，让庆元人民有更多、更直接、更实在的获得感、幸福感、自豪感。完善高标准保障体系。打好“扩中、提低、保底”组合拳，实施“千千万万”促农增收行动，消除年家庭人均收入低于13000元情况，城乡居民收入达到全省平均水平的70%以上，城镇登记失业率控制在3%以内。精准扩大社会保险覆盖面，大力帮扶“老小病残”等弱势群体，营造育儿友好环境，打造特色慈善品牌，实现基本养老服务触手可及、优质养老服务全面推进。办好高质量社会事业。提升教育现代化水平，增加普惠性幼儿园供给，投用实验小学南门洋校区，创成全国学前教育普及普惠县、义务教育优质均衡发展县。促进普高教育扩量提质。扩建职业高中，加强职高、成技校与产业、企业的密切衔接，开展订单式、专班式、实训式对口培养，让庆元学子在“家门口”享受到更优质的教育。做强浙大二院庆元分院，完成人民医院迁建并争创三级乙等医院，推进医疗卫生机构资源布局调整，促进中医药传承创新发展，努力构建浙南闽北边际医疗服务中心，让庆元百姓看病更加方便省心。实施文化增韵工程，加快申报“林菇共育系统”全球重要农业文化遗产、木拱廊桥世界文化遗产“双世遗”，上溯南宋800多年建县文脉，活化利用三朝文化、陶瓷文化、名人文化、红色文化，打造宋韵文化示范区、红色基因新高地。建设高水平平安庆元。深化“平安庆元”“法治庆元”建设，全面实施“八五普法”，争创“全国最平安县”。建机制、堵漏洞、强实战，慎终如始抓好疫情防控。提高数字化社会治理能力，着力防范化解安全生产等各类风险挑战，促进社会安定，守护百姓安宁。

（六）提升攻坚争先水平。拿出破釜沉舟、背水一战的士气，始终保持往前赶、向前冲的状态，奋起直追、奋勇争先、奋进跨越。攻坚破难画句号。以历史和发展的眼光看问题，敢啃硬骨头，偏向虎山行，全力破解阻碍发展的痛点堵点，积极破除体制机制的束缚障碍，矛盾问题绝不“往外推、往上推、往下推”，坚守公开透明政策底线，努力寻找管用有效办法，全力销号水库移民、征迁安置、项目尾欠、信访积案等遗留问题，坚决、干净、彻底、和谐地画好句号，以实实在在的成效让群众满意、替发展松绑、为和谐助力。争先创优比能力。不能以盘子小、底子薄为由，为不敢拿第一、不愿拿第一、不能拿第一找安慰、找借口。坚决克服“有风险不敢干，无先例不愿干，没纪要不肯干”等顽瘴痼疾，拿出亮剑精神、拼命精神，人人都要争当项目专家、招商能手、攻坚干将，每个单位都要千方百计争项目、争资金、争试点、争先进，努力把每一项工作都做到极致。将“项目谋划大比武、绿能产业大突破、招商引资大提升、政策资金大争取、项目落地大攻坚”等比拼行动一抓到底，全域全员比士气、比能力、比业绩，营造你追我赶、争先恐后的浓厚干事氛围。担当作为树正气。倡导任务部署“最多讲一次”，构建表格化、清单式的抓落实闭环管理机制，厉行案不积卷、事不过夜的作风，大抓落实，大提效能。每个乡镇部门、每位领导干部都要把庆元发展视为己任，把自己当作庆元发展的主人，责任面前上一步，攻坚克难抢在前。要有领到任务如履薄冰的危机感、问题过夜寝食难安的责任感、矛盾上交自责难当的内疚感、工作落后无地自容的羞愧感。立场坚定、旗帜鲜明、毫不留情地与坏人坏事作斗争、与慵懒散漫作斗争、与安逸自满作斗争、与不温不火作斗争、与官僚作风作斗争，人人紧起来，人人干起来，人人快起来，把政府打造成干部干事的比赛场、能力提升的大熔炉，形成自觉主动谋发展、善作善成抓落实的强大正能量。

三、2022年目标任务和重点工作

2022年是新一届政府履职的第一年，开局关系全局，起势决定胜势，做好今年工作具有极为重要的现实意义。我们将牢牢坚持稳中求进工作总基调，把稳进提质、除险保安、塑造变革贯穿始终，按照县十五次党代会的要求，振奋打起“精气神”，挺进打好“关键仗”，推动跨越式高质量发展取得突破性进展、标志性成果，以实干实绩交出经济社会发展高分报表。

建议今年全县经济社会发展的主要预期目标为：地区生产总值增长8%左右，规上工业增加值增长12%，一般公共预算收入增长10%，固定资产投资增长13%，城镇和农村居民人均可支配收入分别增长8.7%和11%，服务业增加值增长8%，社会消费品零售总额增长10%，研发经费支出占生产总值比重达到1.85%，完成省市下达的能源和环境指标。

为实现上述目标，今年要着重抓好以下八方面工作：

（一）做大产业扩大税源。坚持生态工业第一经济。咬定实体经济这个本、抓牢转型升级这个根，全力实施“保主体、增主体、强主体”行动。开工项目6个以上，新增投产企业7家以上，加快梦天家居、可信竹木二期等一批续建项目进度。以“亩均论英雄”为导向，打好“腾旧笼、控能耗、数字化”组合拳，整治腾退高耗低效企业20家，力争规上工业亩均税收增加到15万元。新增“专精特新”培育企业10家，支持企业对接多层次资本市场。贯彻平台“二次创业”十字方针，开工建设香菇小镇工业区块项目，完成竹口洋源工业区块报批和土地征收，做深岗后坑、栖花园等区块方案，调整盘活工业用地40公顷。

*加快新兴产业做大成势。*培育具有庆元特色的战略性新兴产业、未来产业。用足“一县一策”政策支持，生物科技产业园完成投资1.5亿元，标准厂房交付使用，企业服务综合体主体完工，落地链主型企业项目1—2家。围绕健康食品、生

物提取制品两大优势领域，大力开发功能型食用菌食品、药品和保健品，力争在较短时间内取得跨越式成果。探索"小空间"里的"大经济"，大力发展现代金融、电子商务、直播经济，推动贝讯科技等数字经济企业上规纳统。

推动全域旅游品质提升。以"国家公园、康养庆元"为品牌引领，构建百山祖国家公园、月山景区"两核驱动"，乡村旅游"百花齐放"，绿道古道"串珠成链"，康旅、农旅、工旅、文旅、体旅融合发展的全域旅游格局。加快半湾休闲养生文化园、生态古民居项目进度，实施百山祖、巾子峰AAAA级景区转型提质、运营提效工程，着力提升斋郎、竹口、崔上、白柘洋等红色基地区域影响力，全力创建省全域旅游示范县。

（二）全力扩大有效投资。提速重点项目建设。以"通点、外联、绕环、提级"为目标，加快改善城乡交通网络，建成银屏山隧道工程，完成万年隧道主体工程的20%，交付使用柏小线、枫曹线改造提升项目。力争开工庆景青公路五大堡至交溪口段、奉化至庆元公路五大堡至龙溪段，全力推进义龙庆高速公路庆元段前期。加快兰溪桥水库扩建工程及大坑口、洋心公寓楼建设，完成投资5.47亿元。力争落地实施杨楼溪水库及供水工程，开工建设竹口上坑水库。大抓绿色能源项目，加快落地"农光互补"光伏发电站项目，力争光伏发电新增装机2万千瓦，建成投运城南110千伏输变电工程，深化220千伏庆东输变电及一批抽水蓄能、风电场项目前期。

加强要素供给保障。健全以绩效为核心的财政政策体系，积极争取中央预算内资金、省补资金、政府债券、政策性银行贷款等支持。全面掀起国企第二轮改革，加大国有资产盘活重组力度，提升国企资本运作和盈利能力，完成融资7亿元以上。做好"供地、净地、整地"三篇文章，加快梦天区块、屏都综合新区核心商务区块出让，盘活存量用地300亩以上，实现土地供应66.67公顷、消化批而未供土地13.33公顷以上。积极谋划3+X全域土地综合整治，复垦建设用地23.33公顷以上。

完善大干项目机制。发挥一把手"关键力量"，用好领导领衔、晾晒预警等机制，开展重点项目拔钉清障、百日攻坚等行动。搭建项目谋划"关键舞台"，加强项目谋划大比武，聚焦综合交通、绿色能源、文旅康养、城市更新、智能制造、数字经济等领域，谋划重点项目50个以上，争取落地省市县长工程2个以上，省市集中开工项目实现开工和入库两个百分百。抢抓政策叠加"关键时期"，加大向上争取力度，全力拼抢"五大政策包"和"四张要素保障清单"，争取更多项目进入国家和省市储备库，确保项目建设滚动发展、梯次跟进。

（三）决战决胜双招双引。开展招商引资"大会战"。以超常规力度推进招商引资，构建"信息跟进快速、决策咨询高效、谈判服务专业、落地保障到位、考核导向鲜明"的"大招商"工作体系。突出"一把手"领衔、"小分队"出击，高度重视产业招商，认真研究传统产业延展升级的细分领域、新兴产业的重点关联领域，盯住头部企业，长链补链，招大招强。引进大项目6个，内资到位资金10亿元，制造业项目数不低于新招引项目数的三分之一，重点抓好旺旺集团合作项目、香菇文化养生核、智创小镇核心商务区、双枪日用餐具自动化生产基地等重大项目落地实施。

汇聚招才引智"磁力场"。深入实施人才强县战略，千方百计招引"高精尖缺"人才，人才工作投入增长45%，高新技术产业投资增长12%。力争引进智库人才100人、各类紧缺急需人才200人，新增高技能人才150人、"绿谷精英"项目8个以上。梳理发布30项以上关键技术需求榜单，带动招引青年博士及以上创新人才。加强人力资源市场的培育壮大，打造更多"金蓝领"和新时代工匠，通过内培外招，为企业输送更多实用人才，想方设法帮助企业解决用工需求。

激发改革开放"驱动力"。构建数字化改革"1512"体系，深度开发"疫网通""香菇云""红盾智坊"等一批特色场景应用。全面推进"县乡一体、条抓块统"县域整体智治改革，持续深化"放管服"改革，提升"一次不用跑"事项比例。加

快融杭接沪，启动宁波（海曙）“科创飞地”运营，提速嘉善—庆元—九寨沟“消薄飞地”三期工程建设，开工南太湖新区100公顷“产业飞地”。用好做实结对县区乡镇共建帮扶机制。全力承接中铁建、杭钢集团等大企业赋能，合作实施一批重大项目。

（四）持续擦亮生态底色。加快创建百山祖国家公园。力争第二批命名成功。组建运营百山祖国家公园发展有限公司庆元分公司，围绕“一环三心两站十镇五十村”建立全域联动发展重大项目库，积极推动主入口社区、特色村落、户外运动等项目谋划建设，争取百山祖国家公园度假区签约。编制园内自然资源清单，谋划场景化、沉浸式新业态，举办系列高端宣介活动，擦亮国家公园金名片。

矢志不渝追求生态领先。牢记生态优势是最大优势、生态风险是最大风险。执行最严格的生态保护，实施最科学的长效管护，推动生态环境指标持续保优向好，PM2.5平均值控制在20微克/立方米以下。全力申报中央生态环境项目资金、生态环境导向开发模式试点项目，积极破解铅笔、竹木、汽修等行业共性环境问题，确保通过省级生态文明建设示范县复评，争创“无废城市”、国家级生态文明示范县、“两山”创新实践基地。

大力抢抓“双碳”机遇。开工建设“双碳”科创中心，加速碳汇交易研究、价值转化，新增1个低碳试点镇、2个试点村。开展林业振兴行动，推进国乡合作经营试点、林业碳汇先行基地和浙南山地林下经济发展区建设，扩大森林经济价值，释放带动增收能力。深化生态产品价值核算应用，推动“两山银行”实体化运营，推广“两山贷”“生态抵（质）押贷”，拓展生态产品价值市场化、产业化实现路径，让美丽生态更好服务于人民美好生活。

（五）努力提升城市品质。更大力度完善城市功能。开展庆元大道“一路两沿”环境整治提升，打造城市入口新形象。做精“一溪两岸”，实施仑山路区块沿溪景观提升工程，建成八一至岙后大桥滨水绿道、庆元大桥至老二中堤顶绿道，争取开工建设田墩至西演滨水绿道。聚焦“行车难”“停车难”，完成庆元大桥主体建设、西大桥人行道拓宽，新增地下机动车停车位、施划非机动车停车位各300个。完成徒步城配套附属设施建设，实现石龙山、龙山串点成线。

更快速度推进城市更新。打好“拆改留”组合拳，加快仑山路区块、梦天区块开发，同步谋划学后路和北岸区块改造、府后街和后田街微改造，加快撑起“花园城市”核心板块。开工建设同心“未来社区”，全面建成同心三期一标段、二标段，交付使用黄麻淤安置房，竣工滨江尚品园、博悦庭等一批商住小区。

更加精细优化城市管理。加快城市治理数字赋能，推进智慧执法、智慧环卫、智慧工地等场景应用，加强工地文明施工、商铺有序经营、小区规范装修、市民文明养宠等精细管理。持续深化“三改一拆”，加快“大综合一体化”行政执法改革，提高路面见勤率、管事率。改造提升市民广场，盘活利用零星地块，新增口袋公园2个以上。加强市政设施运维，精心养护城市绿地、行道树、时令鲜花，力求“处处皆美景、无处不精细”。

（六）深耕赋能三农沃土。聚焦“兴业”让农业更有奔头。加快建设现代农业产业体系、品牌体系，争创省级现代农业示范区。实施“竹菌药蔬果”全产业链提升工程，新增甜橘柚133.33公顷、中药材200公顷、高山西红柿66.67公顷。扩大优势农产品知名度，新增“山海协作”结对县区销售网点3个以上，培育提升“丽水山耕”合作主体10家、新型农业主体40家以上。全面完成耕地“非粮化”抛荒整治任务1320公顷，侧重大坵化、宜机化建设绿色农田113.33公顷。创成浙江庆元林菇共育系统全球重要农业文化遗产。

聚焦“景美”让农村更有看头。深化新“千万工程”，十分珍惜传统乡土风貌和田园气息的保护开发利用，打造省级新时代美丽乡村20个、市级花园乡村15个，争取历史文化（传统）保护利

用村8个，推进省级美丽城镇样板镇创建，提升改造农村生活污水治理设施5个。深化农旅融合发展，央地合作共建“环百山祖国家公园”美丽乡村共同富裕示范带，促进美丽经济转化和乡村经营增收。

聚焦“民富”让农民更有甜头。启动实施农民增收提速攻坚行动,低收入农户收入增长16%以上，城乡居民收入倍差缩小到2以内。鼓励发展旅游、服务、光伏等多元业态，打造一批年经营性收入50万元以上的“强村样板、富民典范”。开通“流动供销致富车”，完成整村搬迁3000人，稳妥推进集体经营性建设用地入市、土地承包经营权流转、闲置宅基地和农房盘活利用，激发共创共富内生动力。

(七)倾心倾力改善民生。民生事业提质感。建成投用五都、屏都幼儿园，加快实验小学南门洋校区进度，争取开工建设庆元中学多功能教学楼。结顶人民医院迁建工程门诊医技楼，投用竹口中心卫生院。切实加快文体中心建设，实施孔庙修缮及孔庙广场建设等文物保护利用工程，出版发行《宋韵庆元》。强化就业优先政策，完善社会保障体系，推动“浙丽保”扩面普惠，实施残疾人无障碍家庭改造30户，健全养老服务县、乡、村三级联动运营机制，扎实推进新一轮省级双拥模范县创建。统筹做好统计、审计、档案、民宗、侨台、气象、工会、妇联、共青团、红十字、人民武装、退役军人、老干部服务等工作。

疫情防控不松懈。从严从紧、落实落细“七大防疫机制”，增强统筹协调、相互配合、平战转换、精密智控的指挥能力，确保预案机制能够“快响激活”、实战实用。压实属地、部门、单位、个人“四方责任”，加强社会面管控，全面严格落实测温亮码戴口罩等措施，加快疫苗接种进度，实现常态化精准防控和突发应急处置的有机结合，坚决守护人民健康。

社会治理抓闭环。强化消防安全、道路交通、地质灾害、建筑施工、食品药品、危化品等重点领域安全隐患见底排查，力争较大以上事故“零发生”、一般事故“双下降”。迭代升级“一中心四平台一网格”，深化信访积案和矛盾纠纷化解，常态化开展扫黑除恶斗争，严厉打击电信网络诈骗等各类违法犯罪行为，冲刺平安建设“十七连冠”。

(八)唯实惟先履职尽责。永葆忠诚为民之心。胸怀“国之大者”，忠诚拥护“两个确立”、坚决做到“两个维护”，不折不扣贯彻落实上级决策部署，确保“总书记有号令、上级有部署、县委有要求、政府见行动”。与老百姓惺惺相惜、血脉相连，把老百姓的急事、难事、揪心事当成自己的事，真心实意多为老百姓做实事、好事、暖心事，做到“民有所呼、政有所应”。以“好时不扰、难时出手”为原则，做好企业纾困解难工作，把执法寓于教育、管理化为服务、监督融于帮扶，让企业家受到尊敬、感到暖心、得到荣光，营造优质的亲商安商氛围，让更多企业爱上庆元、扎根庆元。

筑牢依法行政之基。认真落实县人大及其常委会决议决定，支持政协履行职能，主动接受人大法律监督、政协民主监督和审计、司法、监察、统计、舆论等各类监督。加强政府自身学习建设，学法律、学政策、学业务、学知识。纵深推进法治政府建设，规范重大行政决策法定程序，强化行政执法专业培训，重视行政复议、行政诉讼工作，妥善化解行政争议。

厉行清廉节俭之风。严格落实中央八项规定及其实施细则精神，坚决防止和克服形式主义、官僚主义。健全厉行节约长效机制，大力压减全县非刚性、非重点项目支出，牢牢兜住“三保”底线，推动政府财力可持续增长和有效统筹、高效使用，以政府的“紧日子”换取人民群众的“好日子”。

各位代表！志之所趋，虽艰必克；梦之所引，虽远必达。让我们在中共庆元县委的坚强领导下，坚定信心、凝聚合力，一往无前抓发展、一腔热血搞建设、一心为民增福祉，踔厉奋发、笃行不息，加快建设充满活力和希望的美丽庆元，奋力谱写共同富裕示范区建设山区范例的精彩华章，以优异成绩迎接中共二十大胜利召开！

名词解释

1. 省"六个千亿"产业投资计划：在数字经济、生命健康、高端装备、文化旅游、能源环保、技术改造六大领域分别年度投资超千亿元。

2. 国乡合作经营：乡村社队、林农以林地经营权入股，国有林场（国有林业企业）造管，山权不变、林权共有、收益按比例分配的一种合作造林模式。

3. "双减"政策：减轻义务教育阶段学生作业负担、减轻校外培训负担。

4. 十台合一：整合政府应急联动指挥中心、公安110指挥中心、住建"数字城管"指挥中心、民政96345公共服务中心、情报信息研判中心、平安建设信息系统、山洪地质灾害监测系统、安全生产综合监管系统、防汛防旱森林防火应急指挥系统、县乡村（三级）无线应急广播系统等十个平台，形成集应急指挥、治安防控、公共服务、城市管理、灾害预警、信息研判于一体的"十台合一"综合化管理指挥平台。

5. 三线一单：生态保护红线、环境质量底线、资源利用上线和生态环境准入负面清单。

6. 脱贫攻坚"三清零"："两不愁三保障"突出问题清零、年家庭人均可支配收入8000元以下情况清零、集体经济薄弱村清零。

7. 三大差距：区域差距、城乡差距、收入差距。

8. "小巨人"企业：年产值在2亿元及以上或税收入库达到500万元及以上，且预期在未来5年实现企业产值和地方财政贡献增长年均15%以上的制造业企业。

9. 两进两回：资金进乡村、科技进乡村，青年回农村、乡贤回农村。

10. 瓯江源头"山水工程"：瓯江源头区域山水林田湖草沙一体化保护和修复工程。

11. 绿水青山三项治理：秸秆焚烧、河道采砂、松材线虫病治理。

12. GEP：一个地区生态系统提供的产品和服务的经济价值总和。

13. 风光倍增工程：到2025年，全省海上风电、光伏装机数量在2020年基础上翻一番。

14. "千千万万"促农增收行动：千名技能干部联系千家新型农业主体，带动万户留守农户、低收入农户增收万元行动。

15. 平台"二次创业"十字方针：整合、转型、赋能、开放、改制。

16. 3+X全域土地综合整治：以村庄整治、农田整治、生态修复以及若干特色整治项目为主要内容的全域土地综合整治。

17. 五大政策包：扩大有效投资、减负强企、科技创新、稳外贸稳外资促消费、民生保障五大政策包。

18. 四张要素保障清单：财政、自然资源、金融、能源四张要素保障清单。

19. 金蓝领：技术工人中的高级技师。

20. 数字化改革"1512"体系："1"即一体化智能化公共数据平台；"5"即5个综合应用，分别是党政机关整体智治综合应用、数字政府综合应用、数字经济综合应用、数字社会综合应用和数字法治综合应用；"1"即基层治理综合应用；"2"即数字化改革的理论体系和制度规范体系。

21. 县乡一体、条抓块统：以党建为统领，以基层治理现代化为目标，以赋权赋能乡镇（街道）、提升乡镇（街道）统筹能力为核心内容，以重塑县乡管理体制和基层治理体系为发力点的重大集成改革。

22. 一环三心两站十镇五十村："一环"即建设百山祖国家公园黄金旅游环；"三心"即在庆元、龙泉、景宁三县（市）国家公园主入口选址建设综合服务中心；"两站"即布局建设两大超百亿级抽水蓄能电站绿色能源项目；"十镇"即打造国家公园范围内10个特色镇（庆元4个，龙泉、景宁各3个）；"五十村"即打造50个百山祖国家公园特色村落（庆元16个、龙泉18个、景宁16个）。

23. 双碳：碳达峰、碳中和。

24. 两山银行：为解决碎片化自然资源入市壁垒、生态占补平衡问题，谋划建立的自然资源运营管理与市场交易平台。

25. 新“千万工程”：浙江省“千村示范、万村整治”工程升级版。

26. 七大防疫机制： 精密智控指挥决策机制、预防早期发现机制、“三责”（卫健、公安、属地党委政府职责）联动快响激活机制、“三区”（封控区、管控区、防范区）最小单元管控机制、“五快”（快检测、快流调、快编组、快转运、快隔离）循环落实机制、分阶段清零机制、“三情”（疫情、舆情、社情）联动机制。

27. 一般事故“双下降”：一般事故起数和死亡人数下降。

28. 一中心四平台一网格： 矛盾调解中心、基层治理四平台、全科网格。

29. 两个确立：确立习近平同志党中央的核心、全党的核心地位，确立习近平新时代中国特色社会主义思想的指导地位。

30. 三保：保基本民生、保工资、保运转。

中国人民政治协商会议
第九届庆元县委员会常务委员会工作报告

——2022 年 2 月 10 日在政协第十届庆元县委员会第一次会议上

庆元县政协主席　洪起平

一、九届政协工作回顾

九届县政协任期的五年，是人民政协事业发展进程中极不平凡的重要历史时期。在人民政协成立 70 周年之际，中共中央在党的历史上、人民政协历史上首次召开政协工作会议，习近平总书记发表重要讲话。省委、市委、县委相继召开政协工作会议，制定出台关于新时代加强和改进人民政协工作的文件，为新时代人民政协事业发展指明了前进方向，注入了强大动力。

五年来，县政协及其常委会高举习近平新时代中国特色社会主义思想伟大旗帜，深入学习贯彻中共十九大和十九届历次全会精神，全面贯彻落实中共中央和省市县委决策部署，在中共庆元县委的坚强领导和省市政协的精心指导下，坚持发扬民主和增进团结相互贯通、建言资政和凝聚共识双向发力，紧扣中心大局履职尽责，切实发挥专门协商机构作用，为庆元高水平全面建成小康社会作出积极贡献。

（一）坚持党建引领，筑牢共同思想政治基础

常委会坚持党对政协工作的全面领导，以加强思想理论武装提高政治站位、引领事业发展，确保政协工作始终沿着正确的政治方向前进。

把党的领导扎根到思想上。坚持党组理论学习中心组学习制度和“第一议题”学习制度，以学习贯彻习近平新时代中国特色社会主义思想为主线，读原著、学原文、悟原理，专题学习习近平总书记在庆祝人民政协成立 70 周年、中华人民共和国成立 70 周年、中国共产党成立 100 周年等大会上的重要讲话精神。精心组织“两学一做”学习教育、“不忘初心、牢记使命”主题教育、党史学习教育，扎实开展“新时代人民政协的新样子”专题讨论活动。五年来，通过党组会议、常委会会议、主席会议等形式开展集中学习 103 场次，举办委员履职能力提升学习培训 16 期，引领广大政协委员和机关干部感悟百年党史磅礴伟力，深刻理解和把握“两个确立”的决定性意义，切实增强“四个意识”、坚定“四个自信”、做到“两个维护”。

把党的领导落实到行动上。自觉接受县委领导，坚持重大事项向县委请示报告，坚持围绕中心、服务大局，确保县委决策部署在政协落地生根，取得实效。主动争取县委支持，协助县委召开政协工作会议，积极配合县委做好中央和省委、市委政协工作会议精神专项督查整改工作，专题

请示汇报破解“两个薄弱”问题。在县委的重视下，县委统战部长兼任县政协党组副书记，明确各乡镇（街道）分管组织工作的副书记负责联系政协工作；在全市率先将政协工作列入乡镇（街道）目标责任制考核；把加强对政协的领导、支持政协开展工作情况纳入领导班子和领导干部综合绩效考核；配齐县政协机关领导干部职数，实现专委会主任全部驻会并安排为政协常委，县政协机关人员结构得到优化、力量得到加强。

把党的领导贯穿到组织上。以制度建设为抓手，加强党组班子建设，完善和创新政协党建、履职工作、机关建设等制度 49 项。发挥党组成员“关键少数”作用，认真履行党风廉政建设和意识形态工作主体责任，支持派驻纪检监察组履行监督责任，扎实推进“清廉政协”建设。健全政协党的组织架构，成立机关党组和 6 个专委会工作党支部。加强机关党支部建设，规范“三会一课”“主题党日”等党内政治生活，落实临时党支部工作制度，每年全会和外出考察调研均成立临时党支部。严格执行政协党组成员联系非党员政协常委、党员委员联系非党员委员的双联系制度，实现党的组织对党员委员全覆盖、党的工作对政协委员全覆盖。

（二）坚持探索创新，彰显专门协商机构特色

常委会坚持准确把握性质定位，以改革创新推动协商民主机制健全，完善协商议政格局，确保社会主义协商民主重要渠道和专门协商机构作用充分发挥。

协商环境全面优化。在全市率先制定“请你来协商”和“民生议事堂”平台建设工作实施办法，每年商同县委、县政府制定重点协商计划，并在县委的领导下完成协商任务。相关县领导到政协通报情况、参加协商活动 110 人次。扩大政协活动参与面，建设应用型智库和参政议政人才库，聘请 20 名智库专家和 47 名专业人才定期参与协商活动。全县各部门、各乡镇（街道）大力支持政协工作，列席县政协全会听取委员大会发言，积极参加协商活动，主动配合调研视察。加快“数字政协”建设，梳理优化核心业务流程 23 项，完善履职链闭环，组织委员参与省市网络主题议政和线上读书活动 500 人次。

协商平台全面创新。以延伸协商触角为目标，把搭建平台作为重要工作。2019 年建立“请你来协商”平台，创新推出“跨区域协商”“云协商”模式，开展协商议事活动 18 场，推动政协委员和社会各界人士走进工业园区，深入浙闽边界，延伸到互联网，“线上线下”“境内境外”实现与县委县政府领导、职能部门和乡镇（街道）负责人“面对面”沟通交流，为庆元经济社会发展建言献策。2020 年试点建设“请你来协商·民生议事堂”平台，打通政协协商向基层延伸的“最后一公里”，总结形成的庆元经验在全省政协主席暑期读书会上交流，时任省政协主席葛慧君到庆元实地调研并给予充分肯定。发挥省市政协委员的示范引领作用，高质量搭建“中国香菇城委员会客厅”“民盟委员工作室”，完善委员接待日制度，在食用菌产业中心等建立联络站 4 处，成为协商议事新阵地、团结联谊新平台、凝聚共识新渠道。

协商机制全面建立。出台《关于进一步提高协商议政质量的若干意见》，规范政协学习、选题、调研、活动组织、成果运用、质量评价等流程。完善协商议题产生机制，县委、县政府主要领导带头参加“请你来协商”活动，各职能部门、乡镇（街道）和社会各界为协商平台荐题 120 余个。健全成果转化机制，坚持会前调研、会中协商、会后跟踪、进度通报，先后向县政府提交《协商建议》《建议案》等协商成果 23 期，建议 320 余条，200 多条协商建议被相关部门采纳并落实到有关政策文件中。完善提案督办办法，实施党政领导领办、政协领导督办、多方联办机制，推行提案办理“三见面”和“回头看”，创新开展重点提案办理民主评议，947 件提案全部办复，满意率和基本满意率在 99%以上。

（三）坚持服务中心，建言跨越式高质量发展

常委会坚持立足新发展阶段、贯彻新发展理念、融入新发展格局，以高质量建言服务全县改革发展大局，积极担当作为，确保政协工作始终与党政同频共振、同向同行。

围绕发展战略协商议政。召开县政协全会5次，组织全体委员就产业培育、交通发展、生态建设等全县战略重点开展广泛协商建言，向县委、县政府提出意见建议1100余条；安排大会发言4次，提交发言材料85篇，32名委员就争取杭广高铁过庆元、创建浙南闽北生命康养高地等主题作口头发言，县委、县政府领导批示80多人次。召开常委会会议26次、主席会议59次，开展各类协商会议72次，就“五个一”空间布局、生物科技产业发展、国家公园创建、乡村振兴等工作开展了专题协商，提出的意见建议有的被吸收到县“十四五”规划纲要和县委历次全会报告中，有的由县领导批转落实，有效推动党委政府中心工作落地见效。

瞄准前沿问题调研视察。立足庆元长远发展，紧盯战略性、全局性问题，组织开展多层次、多角度调研视察活动，先后围绕制造业转型升级、东部乡村产业发展、龙庆经典文创区建设、打造全球铅笔制造之都、“碳达峰、碳中和”等课题开展专题调研、视察活动75次，形成高质量的调研报告43篇和建议案6个。在“打造全球铅笔制造之都”建议案中，提出建设“三域”示范区等建议24条；在“打造龙庆经典文创区”建议案中，提出科学规划“一轴双核三区”文创功能空间布局、强化文创产品市场开发和品牌营销等建议16条，多数被县委、县政府采纳。12篇课题调研成果荣获市县表彰，两个课题调研成果获得丽水市党政系统优秀调研成果一等奖和三等奖，提高了政协建言的影响力。

跟踪重要决策民主监督。坚持党政中心工作推进到哪里，政协民主监督就跟进到哪里，先后组织委员就“最多跑一次”改革、高水平全面建成小康社会补短板、城乡生活垃圾分类处理、社会治理领域“最多跑一地”改革、“加快建设美丽中国先行示范区”等开展三级政协联动专项集体民主监督。持续跟踪关注“大搬快治”“大搬快聚富民安居工程”等县委决策部署实施情况。主席会议成员深入“小城镇环境综合整治”“无违建县创建”“生态修复”“全域洁净”等工作一线督导。委员们通过明察暗访、“随手拍”等方式及时向相关部门反映问题，提出解决建议。五年来，32个监督小组、500人次赴现场监督63次，反映问题120个，提出意见建议320条。

（四）坚持人民至上，致力民生福祉社会发展

常委会坚持把人民对美好生活的向往作为奋斗目标，以履职为民的情怀服务全县经济发展和民生改善，确保在增进民生福祉中展现更大担当。

合力齐心投身疫情防控。新冠肺炎疫情暴发后，县政协迅速组织“决战疫情、委员同行”专项活动，广大委员为防疫“建一言、助一力、献一份爱心”，累计捐款捐物120余万元，提出金点子57条，许多建议被及时采纳，如委员提出《疫情防控下的县城新区社会服务管理缺失亟待解决》的建议，助推五都香蕈社区的设立。主席会议成员深入各乡镇（街道）、企业等疫情防控一线督导，帮助协调解决困难和问题53个，“铅笔企业厂房屋顶光伏项目零起坡”等一批建议被采纳为惠企政策，助力企业复工复产。全体机关干部下沉社区开展疫情防控知识宣传、排查登记，严防死守责任网格“小门”。各界别委员同心抗疫，1名委员获市级表彰，11名委员被评为县“菇乡战‘疫’先锋”，展现同舟共济、共克时艰的精神。

上下一心回应百姓关切。立足决战脱贫攻坚、决胜全面小康任务，组织开展“一村一企一界别”“千名政协委员联系帮扶千户低收入农户”“百名委员助百企、百名委员入百村”等行动，引导广大政协委员、机关干部深入基层，募集帮扶资金50余万元，联系就业320人，送温暖500人；发动专委会、委员小分队深入田间地头、偏远乡村、厂房工地开展调查研究，反映社情民意，累计收集整理社区制度改革、完善农村留守老人服务机制等建议200条，梳理编报《社情民意信息》116期，其中为社区工作者提供成长通道等22条建议被县委、县政府主要领导批示办理，统筹养老服务供需体系、大力发展林下经济等63条建议被相关部门采纳落实，让群众切实感受到政协离自己很近、委员与自己很亲。

勠力同心汇集奋进力量。常委会及主席会议成员深入开展“351”服务行动，走村进企调研指导村规模调整、村集体经济消薄、后进村党组织整改、企业转型升级等工作；主动参与“双招双引”、兰溪桥水库扩建、仓山路地块老旧小区改造、屏都综合新区建设等重点工作、重点项目，研究政策、破难攻坚；主动征集县“十台合一”智治中心建设特色亮点，指导形成调研文章，通过省咨询委《咨询研究》上报省委、省政府，得到省委书记袁家军、时任省长郑栅洁的批示和肯定。

（五）坚持团结民主，画好同心圆汇聚新合力

常委会坚持大团结大联合，以推动庆元发展凝聚人心、智慧和力量为己任，拓宽团结联谊渠道，确保政协爱国统一战线组织功能最大限度发挥。

多元合作凝聚力量。为民主党派和无党派人士在政协更好发挥作用创造条件，先后安排民盟庆元支部、工商业联合会等在县委政协工作会议、县政协全体会议、专题协商会议上发言12次，提出县域医共体建设、支持托育服务市场规范发展等意见建议32条。强化与政协各参加单位的密切联系，落实定期走访、联合调研、协商互动等工作机制。密切与少数民族及宗教界委员的联系，组织委员到宗教场所开展党的宗教政策宣讲。探索团结联谊界别群众新路径，组织开展“菇+美食文化”等8场界别群众协商活动，团结引领党外知识分子、非公有制经济人士、新社会阶层人士凝聚在党的周围。

多方联谊扩大交流。成功举办庆祝人民政协成立70周年文艺晚会暨政协系统诗词书画展，持续举办乒乓球联谊赛、趣味运动会、“四下乡”等系列活动，选派委员参加市政协乒乓球联谊赛、书画作品联展、摄影展等联络联谊活动。坚持“迎进来”和“走出去”相结合，积极配合省市政协到庆元县开展调研、视察和民主监督；加强与省内外政协的横向联系，就食用菌产业发展、美丽乡村建设等工作开展互学互鉴，先后接待全国各地政协到庆元考察110批次，开阔思路眼界。关心庆元异地商会建设，常态化走访庆元在外创业人士，推动“庆商回归”和“要素回流”。

多维宣传提升影响。发挥文史资料存史、资政、团结、育人作用，先后编辑《历史文化名村——月山》《庆元文化资源概览》等文史专辑，完成省市政协“全面小康路上的政协人”、同心战“疫”等史料征编，连续编撰《建言》《政协足音》。在全国政协、“学习强国”、省政协《联谊报》、“同心苑”微信公众号、市政协《委员视点》和县级新闻媒体等平台上，大力宣传庆元县政协工作的亮点和特色，发表信息600篇，完成《协商民主体系建设在庆元的实践》宣传片制作，记录委员履职好成果，传递政协好声音。

各位委员！回顾过去五年的履职历程，我们用汗水浇灌收获、以实干笃定前行，取得一定成绩，这是中共庆元县委正确领导、定向领航的结果，是县人大常委会、县人民政府及县属各单位鼎力支持、协同配合的结果，是历届政协班子打下良好基础和各位老领导、老同志，以及社会各界热诚关心、无私帮助的结果，在此，我代表九届县政协常委会，表示衷心的感谢并致以崇高的敬意！

在肯定成绩的同时，我们也清醒地看到，工作中还存在一些不足，比如：协商民主制度还需进一步完善；民主监督的实效还需进一步增强；界别作用发挥还需进一步加强；专委会的工作力量还比较薄弱，政协机关干部和委员队伍履职能力还需进一步提升；提案、协商建议等办理质量还需进一步提高等等。这些问题，需要在今后工作中切实加以改进。

二、过去五年工作体会

各位委员！九届县政协五年来的履职实践，我们积累了宝贵经验，收获了重要启示，主要有：

强化党的领导方能行稳致远。人民政协事业发展进步的根本保证是中国共产党领导。实践使我们深切体会到，只有坚持中国共产党的领导，认真贯彻落实党的路线方针政策，始终做到与县委同心、同向、同行，才能确保人民政协发展的正确方向。

准确把握定位方能历久弥新。人民政协是社会主义协商民主的重要渠道和专门协商机构。实践使我们深切体会到，只有准确把握政协性质定位，顺应庆元发展的新阶段、新使命，始终找准履职的结合点、切入口，才能凸显政协工作的时代追求，把政协事业不断推向前进。

坚守履职为民方能不忘本源。人民政协来自人民，人民性是政协与生俱来的本质属性。实践使我们深切体会到，只有坚持把以人为本的履职理念贯穿到政协工作的各个方面，始终做到言为民所建、策为民所献、利为民所谋，才能实现人民政协为人民的价值追求。

坚持团结民主方能凝聚力量。人民政协产生和发展的历史依据、继往开来的方向和使命是团结民主。实践使我们深切体会到，只有高举团结民主旗帜，始终加强思想政治引领，广泛凝聚共识，才能担负起把党中央、省市县委决策部署和对人民政协工作要求落实下去、把社会各界人士智慧和力量凝聚起来的政治责任。

突出创新引领方能勇立潮头。人民政协事业永葆蓬勃生机和无限活力的动力来自创新。实践使我们深切体会到，只有注重发挥委员主体作用，始终坚持在探索中发展，在开拓中前进，才能更好把握政协工作规律，推动政协工作提质增效，创造出无愧时代要求的傲人业绩。

三、十届政协工作建议

凝心聚力谋发展，乘风破浪开新局。建议十届县政协今后五年工作的指导思想是：坚持以习近平新时代中国特色社会主义思想为指导，践行以人民为中心的发展思想，认真贯彻落实中共十九大及十九届历次全会精神，深入贯彻习近平总书记关于加强和改进人民政协工作的重要思想，全面落实县第十五次党代会决策部署，牢牢把握团结和民主两大主题，坚持建言资政和凝聚共识双向发力，充分发挥专门协商机构作用，积极践行全过程人民民主，把忠诚拥护"两个确立"、坚决做到"两个维护"落实到各项履职工作中，努力干出新样子、展现新作为，为庆元争当共同富裕示范区建设的山区范例作出新贡献，谱写政协事业发展新篇章。

（一）旗帜鲜明讲政治，坚定协商高质量发展建设共同富裕示范区山区范例主心骨。坚持把习近平新时代中国特色社会主义思想作为统揽政协一切工作的总纲，弘扬伟大建党精神，始终筑牢对党忠诚的信仰基石，更加坚定党对政协工作的全面领导，确保政协始终在县委的领导下开展工作。充分发挥政协党组在政协工作中的领导作用，严格执行重大问题请示报告制度，坚决贯彻落实党中央重大决策部署和习近平总书记重要指示精神。通过制度运行、民主程序和有效工作，把党的领导落实到政协履职全过程和自身建设各方面，担负起"落实下去""凝聚起来"的政治责任，争做"两个确立"忠诚拥护者、"两个维护"示范引领者。

（二）凝聚共识讲合作，画大协商高质量发展建设共同富裕示范区山区范例同心圆。不断强化思想政治理论武装，坚持和完善以党组理论学习中心组学习为引领的学习体系，突出抓好委员履职能力提升培训，不断提高政治判断力、政治领悟力、政治执行力。建立健全政情通报、谈心交流、走访看望委员、界别委员座谈等制度，引导委员争当党的政策宣传员、思想政治引领者、界别群众贴心人。注重加强同各民主党派、工商联、无党派人士的合作共事，健全联系党外知识分子、非公有制经济人士、新的社会阶层人士的沟通联络机制，主动引导宗教与社会主义相适应，通过开展联合调研、组织专题议政、安排大会发言等形式，支持他们利用政协平台，履行职能、发挥作用。

（三）协商民主讲创新，畅通协商高质量发展建设共同富裕示范区山区范例主渠道。持续加强专门协商机构建设，建立健全以协商制度为主干，覆盖专门协商机构党的建设、履职工作、组织管理、内部运行等各方面的工作制度。创新协商民主实现方式和实践载体，建好用好政协立体式协商平台，常态化组织开展议政性常委会会议、专题协商会议、网络议政等，着力构建广泛、多层、制度化的协商议政格局，拓宽社会各界有序政治参与的渠道。积极培育与新时代新任务相适应的政协协商文化，不断完善协商于决策之前和决策实施之中的落实机制，把全过程人民民主的要求落实到建言资政和凝聚共识各项工作中。

（四）资政建言讲实效，锚定协商高质量发展建设共同富裕示范区山区范例方向标。聚焦县第十五次党代会工作部署开展协商议政，围绕生态产业大发展、交通区位大突破、国家公园大建设、城市能级大提升、共同富裕大行动五个“关键性一仗”，“七个高”的发展路径，深入调研视察、积极建言献策。聚焦“十四五”规划实施情况开展协商式监督，围绕年度目标任务，常态化开展各层次、各类型的监督活动，把有利发展的长板和优势研究透，把制约发展的短板和弱项寻找准，提出对策建议。聚焦社会民生事业发展献计出力，围绕“庆有善育”“庆有优教”“庆有健康”“庆有颐养”等民生实事开展专项视察调研、专题协商议政，助推普惠性、基础性、兜底性民生建设，提高我县公共服务可及性和均等化水平。

（五）队伍建设讲担当，激发协商高质量发展建设共同富裕示范区山区范例精气神。人是要有一点精神的，政协委员亦当如此。要激励委员担当作为，强化教育培训，落实委员年度集中培训和分级分类培训机制，确保届内至少轮训1遍，提升委员的学习能力、团结联谊能力、调查研究能力、联系群众能力、协商建言能力。要加强服务管理、畅通知情渠道，引导广大委员在政协工作中履职尽责、在本职岗位上建功立业。持续改进工作作风，打造“学习型、创新型、服务型、智慧型、清廉型”政协机关，不断优化工作流程，增强服务保障能力，以一流担当、一流作风、一流业绩塑造信念坚定、勤政务实的机关干部队伍。

各位委员，县第十五次党代会描绘了今后五年庆元发展的宏伟蓝图，吹响了庆元跨越赶超的号角。站在新的历史起点上，我们要在县委的坚强领导下，凝心聚力、接续奋斗，为十届县政协履职开好局、起好步交出高分答卷，以优异成绩迎接中共二十大胜利召开。

*加强政协党的建设开新局。*把“迎接中共二十大、学习宣传贯彻中共二十大精神”作为贯穿全年的重大政治任务，强化思想政治引领，切实把思想和行动统一到中共中央的决策部署上来。深入学习领会习近平总书记关于党的建设重要论述，结合全国、全省政协系统党的建设工作会议精神，与省市政协联动打响“同心向党”党建品牌。加强党组领导力、支部战斗力和党员引领力建设，完善政协党组定期听取政协机关党组、各专委会工作党支部工作汇报机制，完善“双联系”制度，推进政协党建实现“两个全覆盖”。

*推动协商民主实践谋新篇。*落实提高协商议政质量的意见，严格提案立案标准，增加集体提案比重，完善党委政府领导领办、县政协领导督办重点提案机制，继续开展提案办理“回头看”和重点提案民主评议工作。完善社情民意信息、大会发言工作的组织实施、信息收集和评比激励等机制。优化升级“请你来协商”“民生议事堂”平台建设，建立19个乡镇（街道）委员履职小组，支持委员会客厅开展“以优异成绩迎接中共二十大召开”主题系列活动，更好发挥会客厅对党外知识分子、非公有制经济人士、新的社会阶层人士的团结引领作用。探索建设界别委员活动室，组织开展界别协商、视察、调研等活动。

*聚力服务中心大局展新貌。*围绕建设共同富裕示范区山区范例发展目标，开展“庆元东部山区‘空心村’发展路径”重点课题调研，助力乡村振兴。围绕实现跨越式高质量发展主题，在竹纤维开发产业化、香菇产业高质量持续发展、跨省基层社会治理、新时代美丽乡村建设等重要领域，提出一批针对性和操作性强的建议。围绕事关我县发展的重点问题，关注高铁项目谋划、营商环境优化、富农增收、城市发展等工作，引导委员多献可行之策。围绕数字化改革推进情况、惠企助企政策落实情况、城乡生活垃圾分类处理等

开展三级政协联动专项集体民主监督，发挥协商式监督作用。

强化变革能力建设树新风。深化“数字政协”建设，建成“智慧档案”，倾力打造“协商在线”多跨场景应用，接轨融入省政协“码上商”等综合应用业务。发挥专委会基础作用，加强专委会与党政对口部门和界别的联系，实行专委会向常委会报告工作制度。健全委员履职服务管理平台，完善委员履职评价办法，开展委员能力提升培训。深化开展“书香政协”系列读书活动，建立常态化、长效化机制，不断巩固拓展党史学习教育成果。提高政协机关服务水平，着力聚焦加快变革型组织建设要求，提升干部塑造变革能力，推动建成“模范机关、清廉机关”。

各位委员、同志们，目标既定，奋斗之歌全面奏响；大潮激荡，奋斗脚步永不停歇。幸逢“两个一百年”承前启后、继往开来的历史交汇点，让我们更加紧密团结在以习近平同志为核心的中共中央周围，高举中国特色社会主义思想伟大旗帜，在中共庆元县委的坚强领导下，牢记“庆元嘱托”，传承“庆元精神”，忠诚使命、求是挺进、植根人民，奋力开创庆元县政协工作新局面，为争当共同富裕示范区建设的山区范例而不懈奋斗！

特　辑

庆元县党史学习教育综述

按照党中央统一部署和省委、市委工作要求，庆元县委高度重视党史学习教育，将其作为重大政治任务和政治责任抓在手上、扛在肩上，自2021年3月18日动员部署以来，历时近一年。一年来，在市委党史学教办周密部署、精心指导下，在市委第四巡回指导组严督实导、全力推动下，做深做实规定动作，因地制宜创新载体，高标准、高质量推进学党史、悟思想、办实事、开新局，全县四套班子及87家单位，共计35名县处级领导干部，525名科级党员领导干部，13561名党员参加学习教育，形成“县委领跑、学教办助跑、各级党组织齐跑”的生动局面，呈现出“扎实有序、亮点突出、氛围浓厚”的良好态势。

一、主要收获

（一）在学党史中强党性、增信念，淬炼了忠诚之魂。一年来，全县党员干部坚持原原本本学，通过读原著、学原文、悟原理，从党的百年奋斗历程中回顾“沧桑巨变”，从党的百年理论探索中汲取“真理味道”，从党的百年自身建设中体悟“国之大者”，不断提高政治判断力、政治领悟力、政治执行力，切实增强做“两个确立”忠诚拥护者、“两个维护”示范引领者的思想自觉、政治自觉和行动自觉，全县上下从党员到群众，从机关到基层，从城市到乡村都沉浸在“党的盛典、人民的节日”中，空前拥护在中国共产党周围，形成了爱党、敬党、护党的浓厚氛围。

（二）在悟思想中溯源头、悟原理，砥砺了担当之责。一年来，全县党员干部坚持认认真真悟，通过交流研讨、现场感悟、党课宣讲，深刻领悟百年党史背后的理论逻辑和实践逻辑，深入理解习近平新时代中国特色社会主义思想的科学性和真理性，系统把握贯穿其中的马克思主义立场、观点和方法，特别是反复学习领会习近平总书记对浙江、丽水、庆元工作的重要指示精神，真切感受真理力量和实践伟力，全县上下进一步坚定庆元“生态优先、绿色发展”的战略定力和战略自信，进一步扛起推动跨越式高质量发展的时代责任和历史使命。

（三）在办实事中察民情、解民忧，涵养了初心之源。一年来，全县党员干部坚持扎扎实实做，通过为民办实事、为企解难题、为基层减负担，解决了一批群众关切的烦心事、操心事、揪心事，破解了一批涉及企业招工难、融资贵、成本高的问题，整治了一批基层反应的督查多、台账多、会议多等负担，全县上下坚持在群众家门口搞教育，从群众中来到群众中去，进一步拉近干群关系，宗旨意识和群众观念得到明显增强。

（四）在开新局中提士气、鼓干劲，激昂了挺进之志。一年来，全县党员干部坚持轰轰烈烈干，通过攻难点、补短板、强弱项，牢固树立“偏远但不边缘”的理念，以学促干、以干得助，强势推进双招双引、整体智治、红绿融合、项目建设等一系列大事要事、急事难事，特别在县乡换届期间始终做到不换挡、不松劲、不停步，新班子到位后立刻投入工作、接续奋斗，圆满召开县第十五次党代会，全县上下干事精气神为之一振，各级干部奋力跳起来摘桃子，各条战线激荡着“变不可能为可能”的比拼劲头，真正把党史学习教育的成效体现到推动发展的实绩上。

二、主要做法

（一）突出关键少数，激活绝大多数，分层分类一体推进。充分发挥头雁效应，全面压实各级党组织主体责任，确保一个步调、齐头并进。一是县处级领导干部示范带头，主动加压学。开设“学史进行时”夜学读书班，35名县处级领导干部固定每周一晚，交替开展看书自学、交流研讨、专题辅导、观看视频等，实行严格的打卡签到和请假补课制，已组织23期；围绕习近平总书记“七一”重要讲话精神、科学思维方法、“共同富裕”论述精神、十九届六中全会精神等主题开展交流研讨5期，县处级领导干部带头说感悟、谈理论、话担当，其中常委班子发言2次以上。县党政主要领导换届到位后，第一次调研就选择北上抗日先遣队竹口战斗遗址和习近平总书记足迹馆，并带领新四套班子领导到中共庆元县特别支部诞生地——咏归桥开展“初心之行”活动，接受革命精神和党史教育洗礼。二是各级党组织紧跟步伐，创新载体学。坚持一个不少，分类施策，总结推出“三强九学”经验做法，在做实规定动作基础上，因地制宜丰富学习形式，比如县法院、应急管理局等发起云走“长征路”活动；龙溪乡组建“送学小分队”为流动在嘉善、平湖200多名党员“千里送学”；岭头乡依托抖音、微信视频号推出党史知识“快问快答”现场直播，营造活泼、紧张的学习氛围；县国投公司把“支部建在项目上”让“学习跟着项目走”，100多名异地务工党员“离家不离党”；各基层党组织还开展“红色记忆之旅、绿色实践之行”，利用闽浙边地委驻地纪念馆、斋郎军旅小镇、百山祖国家公园核心地等“红绿”资源，打造60余处现场教学点，近8000名党员参与“模拟长征、忆苦思甜、重走习近平总书记足迹”等体验活动，多个打卡点登上“浙江在线”“浙江新闻客户端”。三是党史学教办严督实导，压茬推进学。抽调精干力量组建学习教育专班和10个县级巡回指导组，覆盖全县87家单位。坚持“每日碰头、每周例会、半月研判、每月总结”压茬式推进，每两周下发“提示单”研判“调度表”，累计编发简报32期、专报16期，先后召开领导小组会议6次，巡回指导工作会议5次，专班工作例会37次，开展进驻督导5轮，电话抽查4轮，累计对12个学习进度相对滞后的党组织进行通报，对7名党员干部逐级约谈提醒，各级党员领导干部实现“书目通读、交流研讨、党课宣讲、现场教学”四个全覆盖。

（二）深挖红绿资源，彰显庆元特色，线上线下同频共振。充分利用本地丰富的红绿资源，持续推出具有“庆元味”的学教载体，把源于历史的故事讲活，把融入现实的文章做实。一是推出系列宣讲矩阵。先后开展“百名书记讲党课”和“一库十团千人”大宣讲行动。县处级领导干部带头深入联系乡镇、分管部门、结对企业上党课每人2次以上，科级党员领导干部宣讲740余场，各宣讲团开展“六进”宣讲1060余场，推出党史系列视频、音频100个，如“一缕红飘带”“砸锅卖铁上交通”等党课视频相继刷屏，阅读量超10万；利用本地红绿资源，开展系列特色宣讲，如在闽浙边地委驻地崔上村开展跨省宣讲，被人民网、浙江新闻客户端等主流媒体宣传；推出革命先辈鲍水娥、周车女，全国优秀共产党员吴克甸，中国好人胡常康等典型人物宣讲，得到浙江卫视关注报道；创新打造“廊桥说事 青年说”宣讲品牌，8090宣讲员走进廊、桥、亭、阁等群众茶余饭后经常聚集的场所，用本地方言、互动节目宣讲六中全会精神，相关做法在学习强国、浙江党史学习教育官网等宣传报道；各基层党组织也涌现出许多宣讲经验做法，比如张村乡开展贤能书记交叉上党课；岭头乡利用农村广播开设“午间30分”乡音电台，以讲故事、打油诗等形式传递全会精神；双枪、鸿星等企业党支部在工歇时间讲党史，把工厂车间变成红色课堂。二是开设系列宣传栏目。推出“红色老物件里学党史”专栏15期，如“一杆公平秤”“两把小飞刀”“两只红军碗”等深受群众喜爱，其中有4个红色文物故事被中央资料组采用，在全国“学习强国”平台刊发；推出“红色力量引领绿色发展”专栏20期，深度报道产业、交通、教育、城市更新等对发展影响大、群众关注度高的重点工作、民生项目，充分展示各条战线开新局进展和成效，得到广大群众点赞好评。三是组织系列宣教活动。先后开展“清明追思 缅怀先烈”清明祭扫、“青春向党，诗咏红桥”诗歌朗诵、“我心向党，献礼百年”摄影比赛、“讴歌党史伟业、唱响时代赞歌”合唱比赛、“关爱守望者、共富先锋行”暖冬行动等活动，并在“七一”集中开展“七个一百”系列活动，如百名新党员集中宣誓、百个红色暖心包众筹服务、百年瞬间图文展播等，学教氛围“一浪高过一浪”。截至目前，庆元经验做法累计在中央和省级主流媒体宣传193篇，在《丽水日报》《处州晚报》等报道374篇，重大报道成果80条；被省简报录用8篇，市简报录用33篇，综合排名全市第二。

（三）紧盯关键小事，直面群众关切，办实办好服务项目。建立“三级书记办实事”机制，作为“三为”专题实践总抓手，县乡村三级书记带头领办，所有实事项目实行“交办督办、跟踪晾晒、销号登记”，累计办结两批次共122项实事项目。一是民生小事有温度。出台“关爱守望者 共富先锋行”九条帮扶举措，为留守老人提供跑腿代办、入户敲门、巡回诊疗、助农带货、志愿服务、暖心礼包、文化下乡、子女督孝、走访慰问等服务，全年累计开展服务5000次，解决实际问题1800个，实现空心村服务“不空”；创新打造政务服务“跨省通办”专窗，相关做法入选省委党史学习教育“百法百例”；“涉外婚姻管理服务”获外交部肯定，《做好洋媳妇“娘家人”办好洋媳妇“娘家事”》一文得到市委任淑女部长批示肯定。二是企业解难有速度。实行“县领导领衔+涉企部门结对+驻企服务员联络”组团服务，组建“红色惠企服务助力团”，经商、税务、园区、人社等13家涉企部门主动将办公地点移至企业一线，采取上门、延时、预约等多种服务，建立“一企一档”走访备忘录，协调解决企业用地审批、疫苗接种、外地用工等困难128项，出台税收减免、网上招工、技术培训等优惠政策32条，累计兑现资金政策扶持3600万元，为企业招工2100人次。三是基层减负有力度。县委巡察办细化6方面监督清单，将基层减负存在突出问题纳入巡察监督重点，今年开展督查2轮，覆盖18家单位，整改问题42个；县府办紧盯精简文件、压缩会议、减少督查三个专项，今年以县政府名义编发文件同比下降19%，会议下降16%，督查下降20%；县委组织部深化容错免责认定工作，先后为2名受到不实举报的干部澄清正名；县民政局深入191个行政村开展“三多清理”，累计摘除对外挂牌12块，服务标识和功能指示牌997块，上墙制度238块，涉村（社区）事项清理数216项。

（四）扭住发展要事，攻坚重点难点，借势借力推动发展。坚持把开展党史学习教育与推动发展的各项工作紧密结合起来，不断将学习教育激发的热情转化为干事创业、攻坚克难的冲天干劲。一是双招双引主动出击。建立“7+1”链长招引负责制，累计签约产业项目21个、人才产业科技项目5个，投资额47.76亿元；引进大学生2950人，其中博士16人，硕士研究生144人，特别是将生物科技产业作为跨越式发展新引擎，列为第四支柱产业打造，今年取得实质性进展，上升为山区26县标志性产业，高规格举办庆元生物科技产业论坛，发布全省首个县级生物科技产业发展规划和专项政策，生物科技产业园开工建设。高质量举办第二届人才科技峰会，李兰娟、李玉、施一公、谭蔚泓、郑裕国等院士发来寄语视频，6个招才引智项目签约、10个关键技术难题攻关项目揭榜挂帅。二是开放合作积极有为。主动融入长三角一体化发展，与上海宝山、崇明建立战略合作关系，与嘉善、长兴、海曙深化“山海协作”，嘉善—庆元—九寨沟“飞地”产业园项目开园，与南太湖新区签订全市首个“产业飞地”框架协议；与中铁建开展央地合作，一体推进“1+2+5”共同富裕示范乡村建设；与杭钢集团签约合作抽水蓄能项目开发；与天能集团、旺旺集团建立战略合作关系；与西湖大学、浙江中医药大学、省发展规划研究院等签订战略合作协议，李玉院士科技部食用菌创制研究中心专家工作站落户庆元。三是数字化改革成效显著。一批有庆元特色的重大应用场景上线运行，涉外婚姻服务管理“庆元经验”获外交部肯定；“驻村技能小管家”成为全市唯一列入浙江省首批组织系统重点培育多跨场景应用；“十台合一”智治项目获省委、省政府主要领导批示肯定；竹木产业大脑和香菇云正稳步推进；GEP数字治理平台积极开发；创成“国家级数字档案馆”。四是红绿融合释放红利。百山祖国家公园创建有序推进，新增国土绿化面积691.07公顷，超额完成市下达任务；着力构建生态产品价值转换动力系统，深耕“庆元800”“百山祖国家公园”等区域性公用品牌。全市唯一入选省级“两业融合”发展试点县，打好低收入农户增收攻坚战两获省政府督查激励，荣获2021浙江县域高质量发展地图绿色发展第一名。五是重点项目提速攻坚。全面打响重大项目“百日攻坚”大会战，紧盯兰溪桥水库扩建工程等“硬骨头”，县委县政府成立临时攻坚指挥部，县委主要领导担任总指挥长，五个挺进小组不分昼夜开展工作，举全县之力推进腾空、签约、土地丈量“三项清零”；仓山路区块改造工程、银屏山隧道工程、庆景青公路万年隧道等一批重点项目加速推进。

三、经验启示

（一）充分认识这是一次铸魂聚气的忠诚教育，必须抓在手上、扛在肩上。习近平总书记深刻指出，根据形势发展和任务需要，适时开展集中性学习教育，是我们党的优良传统和政治优势。今年是建党百年，在这重大时刻、关键节点开展党史学习教育正当其时、十分必要。县委从一开始就提出“站排头、走前列”的高标准、高要求，县处级领导干部坚持先学一步、深学一层，自我加压、以上率下；市委第四巡回指导组以高度负责的态度，扎实过硬的作风深入督导，足迹遍及10个乡镇（街道）、29个村（社区）、15个机关部门和6个两新组织，特别在重要节点、关键环节亲临一线，全程指导；县委10个巡回指导组敢于“唱黑脸、当包公”，为全县学习教育顺利开展做出重要贡献。实践证明，开展学习教育是对各级党组织旗帜鲜明讲政治的重要考量，必须压实主体责任，抓住关键少数，一级做给一级看、一级带着一级干，层层传导压力，充分调动积极性，才能推动学习教育往深里走、往实里走。

（二）充分认识这是一次固本强基的思想教育，必须深入人心、激励人心。习近平总书记深刻指出，要教育引导全党深刻认识中国共产党为什么能、马克思主义为什么行、中国特色社会主义为什么好，不断增强历史定力，增强做中国人的志气、骨气、底气。各级党组织主动作为，持续推出有“庆元味”的群众性学教载体，推动党的创新理论“飞入寻常百姓家”，极大振奋了全县党员干部群众爱党爱国热情，极大激励了广大干部群众更加满怀信心听党话、跟党走。实践证明，开展学习教育是统一思想、凝聚共识的关键一招，不仅是一次党内集中性教育，更是一次全社会性动员，必须用群众语言面向群众、依靠群众，才能不断凝聚同心向党、实干奋斗的磅礴力量。

（三）充分认识这是一次践行宗旨的初心教育，必须深入群众、服务群众。习近平总书记深刻指出“江山就是人民、人民就是江山，共产党打江山、守江山，守的是人民的心”。学习教育开展以来，各级党员干部深入联系乡镇（联系村）、走访结对企业、走进服务对象，听群众意见，请群众监督、让群众评议，深化开展“三服务”，紧紧扭住群众反映强烈的突出问题，真正做到问题不解决不松劲，解决不彻底不放手，群众不满意不罢休，做一件成一件。实践证明，党史学习教育基础在学习，目的在教育，落脚在行动，成效好不好要看群众的问题解决与否，解决的满不满意，要让群众在学习教育中感受到实实在在的变化。

（四）充分认识这是一次砥砺斗志的实干教育，必须干字为先、奋勇争先。习近平总书记深刻指出，以史为鉴、开创未来，要用党的奋斗历程和伟大成就鼓舞斗志、明确方向，提振迈进新征程、奋进新时代的精气神。今年是“十四五”开局之年，也是换届之年，更是展现政治担当的关键时期，广大党员干部坚持把党史学习教育与推动发展的事情结合起来，以推动山区跨越式高质量发展，打造共同富裕示范区建设山区范例为新使命、新担当，实践证明，开展学习教育必须两手抓、两促进，以学促干、学做融合，切实把学习教育激发的干事热情转化为推动发展的实绩实效，才能实现全程高质量、全面高质量。

四、下步打算

学习教育虽取得一定成效，但对照上级要求、群众期盼和发展需要还存在一定差距，比如在整体推进上，不同领域党组织和党员之间还存在不平衡；在学做结合上，运用党的创新理论指导实践、推动工作还不够；在常态长效上，注重阶段氛围和短期整改，对推动实现学习教育常态化、长效化思考还不够。

下一步，我们将按照中央和省委、市委的部署要求，不断巩固、深化、拓展学习教育成果，把学习教育的有效做法转化为管长远、固根本的长效机制，不断把学习教育成果转化为助推跨越式高质量发展的更大成效。

（一）要进一步汲取思想伟力，在深学细悟中砥砺政治忠诚。历史是最好的教科书，中国共产党的历史是中国近现代以来最为可歌可泣的篇章。要始终坚持把理论武装摆在突出位置，持续深入学习和研究党的历史，不断汲取精神、智慧和力量；要将此次学习教育形成的自主学习、“周一夜学”、交流研讨等有效方式上升到制度层面，健全学习机制，改进学习方式；要用好百名书记讲党课、廊桥说事青年说等宣讲载体，持续开展“六讲六做”大宣讲行动，深入学习宣传贯彻党的十九届六中全会精神。切实做到学思悟贯通、知信行统一，在思想上清醒，深刻理解“两个确立”的决定性意义；在政治上坚定，把“两个维护”作为最高政治原则和政治品格；在行动上自觉，经常同习近平总书记指示和党中央要求对标对表，不折不扣贯彻落实党中央决策部署。

（二）要进一步树牢宗旨意识，在服务为民中坚守政治初心。学习教育有时限，但践行初心、服务为民永远在路上。要继续深入开展“五大行动”，特别是“大调研”争先行动，作为各单位新一届党政班子的首要任务，通过大调研全面掌握基层情况，理清发展思路，建立健全调研成果转化机制，切实破解发展难题，提高工作质量；要继续深入开展“三级书记办实事”，抓住社会各界关注的焦点、党员干部群众关心的热点和社会发展的堵点，扎实开展“问题清零”行动，对已整改的问题开展“回头看”，防止反弹，对正在整改的问题督促加快整改，对一时难以整改的问题，紧盯不放，限时整改；要继续深入开展对照检查，结合民主生活会检视剖析的问题，突出领导带头抓整改，既解决工作问题也解决思想问题，既解决班子问题也解决个人问题，既解决新问题也回应老问题，教育引导广大党员干部不断打扫思想上的灰尘，检视行动中的差距，以真挚的为民情怀滋养初心，以牢固的公仆意识践行使命。

（三）要进一步激活挺进斗志，在知行合一中彰显政治担当。“以史为鉴、开创未来”，总结历史是为了从历史进程中洞察历史发展规律和时代发展大势，更加清醒、更加坚定地办好当前的事情。要不断弘扬伟大建党精神，赓续革命血脉，传承红色基因，把思想和行动统一到党的十九届六中全会上，落实到县第十五次党代会的部署上，在思想上要来一次全面彻底、触及灵魂的再解放、大解放、真解放，主动创新求变，打破路径依赖，敢于树立“全市领先、全省争先、全国树标”的比拼斗志，充分释放敢想敢干、勇于争先的豪迈激情；在行动上要主动融、敢于闯，引进来、走出去，用最大力度优存量，尽最大努力扩增量，全力打好生态产业大发展、交通区位大突破、国家公园大建设、城市能级大提升、共同富裕大行动五个“关键性一仗”，聚焦跨越式发展，聚力高质量成长，为争当浙江高质量发展建设共同富裕示范区的山区范例而不懈奋斗，以强烈的历史主动精神奋进新征程、建功新时代。

（四）要进一步发扬斗争精神，在自我革命中永葆政治本色。我们党依靠斗争创造历史，也要依靠斗争赢得未来。要在强化自我革命中努力建设变革型组织，提高各级领导干部塑造变革能力，准确把握新的伟大斗争的历史特点，发扬斗争精神，坚定斗争意志，掌握斗争规律，增强斗争本领；要把党的历史经验作为判断重大政治是非的重要依据和加强党性修养的重要指引，善于运用贯穿其中的马克思主义立场、观点、方法，在方向性、原则性问题上自觉对标对表，有效应对重大挑战、抵御重大风险、克服重大阻力、解决重大矛盾，战胜前进道路上的一切艰难险阻，不断夺取新时代伟大斗争的新胜利。

（县委宣传部）

大事记

1月

6日　省农业农村厅党组书记、厅长王通林，省农业农村厅党组成员、副厅长沈素芹到庆元开展“三服务”活动。

8日　县第二届青年企业家协会会员大会召开。

12日　庆元与省发展规划研究院建立战略合作关系签约仪式举行。

14日　全市抗击新冠肺炎疫情表彰大会举行。

15日　全球重要农业文化遗产成果《香菇功夫》专著首发仪式举行。

20日　“一带三区”龙庆聚落发展区块推进会在庆元召开。

27日　省交通运输厅党组副书记、副厅长任忠，省统计局党组副书记、副局长竺园到庆元开展结对帮扶。

27日　“浙江庆元林—菇共育系统”申遗工作讨论交流视频会召开。

29日　庆元县数字档案馆被国家档案局批准为“国家级数字档案馆”。

2月

4日　市委书记胡海峰到庆元指导2020年度庆元县委常委会民主生活会。

5日　市委常委、军分区司令员赵存志到庆元指导检查平安建设，走访慰问退役军人、困难群众、困难党员。

20日　全县干部大会暨“双招双引、双争双创”工作动员会召开。

25日　浙江农林大学科技处副处长祝彪率省乡村振兴项目专家组到庆元考察乡村振兴农业绿色发展集成创新示范建设项目。

25日　南宋名臣·开县功臣胡纮朝笏指定保管仪式举行。

3月

2—3日　省政协常委、副秘书长，民盟省委会专职副主任徐燕峰率调研组到庆元开展“扎实推进共同富裕”专题调研。

4日　省发展改革委副主任翁建荣到庆元调研26个县跨越式高质量发展、特色小镇建设等工作。

16日　庆元举行金融数字赋能2.0版、金融顾问授牌启动仪式。

18—19日　省外办副主任彭波到庆元调研外籍新娘服务和管理工作。

23日　交通运输部规划研究院公路所所长

杨爱国到庆元开展交通工作调研并召开座谈会。

29日　浙江财经大学调研组到庆元开展“推进共同富裕”课题调研。

29日　庆元县新冠疫苗方舱接种点试运行。

31日　2021年度全县应急管理工作会议召开。

4月

1日　知名浙商助力庆元“双招双引、双争双创”座谈会召开。

2日　庆元清廉文化教育基地揭牌仪式举行。

20日　山海协作·宁波(海曙)万人游庆元启动仪式暨庆元旅游海曙推介会在宁波举行。

20日　“十四五”综合交通规划暨交通促进共同富裕示范县创建工作汇报会召开。

22日　省水利厅党组书记、厅长马林云到庆元调研水利工作。

22日　市政协副主席金爱武带队到庆元调研“涉外婚姻工作”课题。

27日　县委“三农”工作会议召开。

28日　全县生态工业高质量发展大会、“双招双引”项目签约仪式暨“引才大使”受聘和“人才联络站”授牌仪式召开。

28日　省发展规划研究院副院长徐伟金带队到庆元调研“三服务”工作。

28日　省卫健委党委书记、主任张平到庆元调研医疗卫生“山海”提升工程、县域医共体建设等医疗卫生工作。

28—29日　浙江省公路与运输管理中心党委委员、副主任陈允法带队到庆元调研“三服务”工作。

28—29日　共建“浙闽边界法治乡村走廊”现场会召开。

5月

7日　全球重要农业文化遗产《灵韵菇乡》首发仪式举行。

8日　浙江双枪竹木有限公司“未来工厂”开工仪式举行。

10—11日　吉林省白山市委书记王冰带领党政考察团到庆元考察食用菌产业发展、种质资源库建设、科研技术创新等工作。

17日　县委书记蓝伶俐率县四套班子领导瞻仰中共闽浙边地委书记陈贵芳故居并开展“传承红色基因、续写伟大胜利”军事日活动。

18日　庆祝中国共产党成立100周年送戏下乡暨红色故事会巡演启动仪式举行。

20日　中国人与生物圈国家委员会批准正式接纳百山祖国家公园为“中国生物圈保护区网络”成员。

31日　市委书记胡海峰到庆元开展集中下访接访。

5月底起　庆元县开展森林资源督查工作，全面清查涉林违法违规问题，及时掌握全县森林资源动态变化情况。

6月

1日　市委书记胡海峰到庆元东部乡镇调研市委“三农”工作会议精神落实情况。

4日　县政府与生态环境部南京环境科学研究所战略合作签约仪式举行。

8日　“竹材弯曲家居产品技术研发中心”授牌仪式举行。

10日　2021庆元跨境电商峰会召开。

12日　“情牵廊桥”——清华大学经管EMBA校友会爱心捐赠仪式举行。

12日　清华大学经管EMBA校友会会长江榕带队到庆元考察百山祖国家公园建设情况。

17日　云和县委书记叶伯军带领党政代表团到庆元实地考察美丽乡村建设发展情况。

21日　中共闽浙边地委驻地革命纪念馆在黄田镇龙头山村崔上自然村开馆。

21日　返乡青年创业交流分享暨庆元山区生态农产品精准融合销售项目签约仪式举行。

21—22日　省政协副主席孙景淼到庆元专

题调研浙江省山区森林古道存续保护现状和周边环境。

23 日　农发行浙江省分行、三峡集团长江生态环保集团浙江工作组和国家电投浙江分公司等央企到庆元开展实地考察。

24 日　省外办领事处处长阮洁带队到庆元调研涉外婚姻管理工作。

25 日　传承“红色根脉”打造“最生态窗口”新闻发布会举行。

25 日　“奋斗百年路　启航新征程”“七个一百”系列活动启动仪式举行。

28 日　庆元县人大常委会原副主任、食用菌科学技术研究中心原主任吴克甸获“全国优秀共产党员”称号。

28 日　新建庆元大桥工程开工。

7 月

1 日　县“两优一先”表彰大会举行。

6 日　县委书记蓝伶俐为吴克甸颁发省级优秀共产党员奖章及证书。

8 日　左溪镇举办首届富宇农场香榧基地水果玉米采摘节。

9 日　浙江·庆元生物科技产业助推山区“跨越发展、共同富裕”研洽会在杭州举行。

9 日　浙江中医药大学与庆元县政府关于支持庆元“中药振兴、共同富裕”示范县建设合作框架协议签订仪式举行。

10 日　市委常委、组织部部长戴平辉到庆元调研打造技能型乡镇政府、党建联盟等工作。

14—15 日　全国(部分省市)外事系统涉外婚姻调研组到庆元调研涉外婚姻管理服务工作。

15—16 日　浙江天能集团总监陈鸿一行到庆元考察。

20 日　庆元县人民政府与丽水正好电力实业集团有限公司整县屋顶分布式光伏开发战略合作协议签订仪式举行。

24 日　庆元县与北京山海文旅集团签订战略合作协议签约仪式举行。

26 日　双枪科技首次公开发行股票，在深交所上市申购。

29 日　庆元县文物局挂牌成立。

8 月

2 日　庆元县淤上乡浙图藏书旧址开馆。

2 日　兰溪桥水库扩建工程“清零总攻”誓师大会召开。

3 日　庆元举行整县推进分布式光伏项目集中开工仪式，首批 2.02 万千瓦光伏项目开工。

4 日　仓山路地块老旧小区改造(大搬快聚富民安居)项目正式启动签约。

8—9 日　江山市委书记童炜鑫带领党政代表团到庆元实地考察农业产业发展、食用菌精深加工等工作。

12 日　团省委副书记何黎斌到庆元开展“为企业解难题、为基层减负担、为青年办实事”活动。

17 日　县人民医院迁建工程医技大楼开工建设。

17 日　防范非法集资宣传教育示范点挂牌成立。

17—18 日　浙江中医药大学党组书记黄文秀到庆元调研中药资源开发利用、校地合作等工作。

17—18 日　省卫生健康委副主任、省中医药管理局副局长曹启峰到庆元调研疫情防控、基层卫生及中医药工作。

18 日　浙江省首个省级食用菌种质资源库在庆元县建成并通过验收。

19 日　中国灰树花博物馆在黄田镇开馆。

20 日　庆元县甜橘柚协会成立大会暨第一届会员代表大会召开。

23 日　杭钢集团和中水北方公司到庆元考察。

23 日　南太湖新区——庆元“产业飞地”合作共建工作座谈会召开。

23 日　后田幼儿园开园。

24日　新一轮省派驻村工作组座谈会召开。

25日　长兴—庆元山海协作联席会议召开。

26日　省慈善联合总会到庆元调研慈善工作。

31日　钱江源—百山祖国家公园立法前期调研座谈会在庆元县召开。

9月

3日　庆元县举行2021年“慈善一日捐”活动暨“庆元微慈善”平台开通仪式。

7—8日　省政协主席葛慧君到庆元调研共同富裕示范区建设。

8日　庆元县工人文化宫揭牌仪式举行。

10日　庆祝第37个教师节优秀教师表彰会举行。

17日　庆元县秋季“迎老兵送新兵”大会暨“从戎之剑”赠剑仪式举行。

17日　长兴—庆元“山海协作”产业合作项目(泛亚智慧照明)签约仪式举行。

17日　宁波中萃生物科技有限公司与淤上乡政府签署蓝莓果蔬产业园建设项目投资意向协议。

17日　官塘乡苏维埃政府主席吴先模就义纪念碑在官塘村揭幕。

23—24日　旺旺集团到庆元考察交流。

27日　兰溪桥水库扩建工程施工期供水工程试通水成功。

30日　杭钢集团—庆元县抽蓄及杨楼溪水库项目建设合作意向签约仪式举行。

30日　庆元县社会生态公益性公墓开工建设。

10月

11日　省政协副主席陈铁雄率调研组到庆元调研政协党建工作。

11—13日　国家林草局驻上海专员办专员苏宗海到庆元督查调研百山祖国家公园、森林资源保护管理、林业产业发展等工作。

14日　省科技厅核查组到庆元开展竹木产业创新服务综合体绩效评价实地核查工作。副县长吴秋标陪同。

20日　中国农业发展银行党委委员、执行董事、副行长孙兰生率队到庆元调研就“碳达峰、碳中和”工作。

26日　网信公安联合执法办案点揭牌仪式举行。

28日　旺旺集团生产研发群办公室总经理陈启明率考察团到庆元洽谈对接合作项目。

11月

1日　第十届“智汇丽水”人才科技峰会庆元分会暨“国家公园·康养庆元”高峰论坛举行。

2日　“交通服务共同富裕”启动仪式暨庆景青公路万年隧道工程开工典礼举行。

9日　福建省南平市、福州市、宁德市、莆田市和山西省晋城市调研组到庆元调研涉外婚姻管理服务工作。

10日　庆元县实验小学分校区建设工程开工。

11日　第十届“智汇丽水”人才科技峰会庆元分会暨“国家公园·康养庆元”高峰论坛工作总结和“智汇庆‘缘’·百山群英会”品牌发布会召开。

25日　竹口镇举行首届甜橘柚文化季活动。

26日　省重点工程月山(银屏山)隧道贯通。

12月

2日　全县领导干部会议召开。

2日　副县级以上领导到咏归桥开展“初心之行”活动。

16日　县十六届人大常委会第三十七次会议召开。

16日　中共庆元县委社会建设委员会揭牌仪式举行。

27—29日　中国共产党庆元县第十五次代表大会召开。

2021 年庆元县十件大事

1. 大力推进城市更新。挂牌出让梦天土地，因无人报名，地块终止交易；仑山路区块土地和房屋征收已基本完成房屋腾空工作，处于拆除阶段；庆元县大桥工程于 6 月 28 日开工建设。

2. 银屏山隧道贯通。完成主体工程的 73%；庆景青公路庆元段控制性工程——万年隧道工程开工；枫曹线改建工程路基工程累计完成 100%，路面工程完成 50%；柏小线路基工程累计完成 100%，路面工程完成 40%。

3. 加快兰溪桥水库扩建工程进度。移民完成率 98.6%，房屋完成率 93%，土地征收丈量完成率 96.4%，房屋拆除完成率 64%；完成大坝交通桥桥台及部分桥墩浇筑；完成大坑道路验收，大坑口和洋心公寓楼、兰荒线改复建工程开工建设。

4. 推进百山祖国家公园建设。完成界碑设计，入口社区建设正在洽谈，完成自然体验基地 1 处。

5. 打造生态工业新平台。生物科技产业园、屏都三期、竹口洋源区块加快推进，新出让工业用地 123.34 亩。

6. 改善医疗卫生基础设施。庆元县人民医院迁建项目完成总工程量的 20%、感染楼主体完工；竹口卫生院主体工程完成主体工程。

7. 大力培育生物科技产业。印发《庆元县生物科技产业发展规划（2021—2025）》《关于加快生物科技产业发展的实施意见》《首家生物科技产业入园项目招商方案》；生物科技产业园完成投资 16385 万元；签约项目 6 个，签约金额 11.5 亿元。

8. 加快补齐教育基础设施短板。实验小学南门洋校区 10 月开工建设，后田幼儿园 9 月交付使用。

9. 继续实施“大搬快聚富民安居”工程。同心三期一标段建筑主体结顶，二标段 15 幢结顶；谋划建设下宅洋安置小区，完成“大搬快聚”整村搬迁 4003 人。

10. 加快生态精品农业发展。全自动菌棒集中生产、热泵节能“集中烘干”示范项目完成年度计划的 110%；新发展甜橘柚 2005 亩、中药材 3550 亩；实现“庆元供销优选”联盟销售额 3000 万元；培育新型农业经营主体 166 家。

2021 年十件民生实事

1. 提升食品安全水平。完成开发食品小作坊智能监管系统，23 家食品小作坊纳入系统进行监管；5 个村建成 C 级家宴放心厨房；新建成“阳光厨房”30 个（共 43 个），实现全覆盖。

2. 完善滨水绿道建设。岙后大桥至八一桥段滨水绿道开工建设，累计完成投资 2200 万元；庆元大桥至老二中堤顶绿道项目全长 307 米，完成投资 400 万元。

3. 加强公共卫生基础设施建设。改造建成屏都社会福利中心为疫情防控集中隔离点，有床位 300 张，房间 185 个（集中隔离房间 129 个）。

4. 推进智慧政务服务大厅建设。完成“24 小时自助服务区”机器采购、网络布点等工作，实现非在编信息查询打印、政务自助一体、发票申领等自助服务，建成 24 小时自助服务区和“互联网+政务服务”体验区。

5. 完善应急管理指挥体系。建成并上线运行“一库式”数据共享、“一图式”综合管理、“一体式”指挥调度的“十台合一”应急指挥平台；建成 19 个乡镇（街道）应急物资储备仓库，并配备救生衣、油锯、铁锹等各类救灾物资 20715 件。

6. 加快建设垃圾处理设施。建成生活垃圾综合处理处置项目，并于 12 月 15 日正式投入带料试运行；会溪垃圾中转站已竣工验收并投入使用。

7. 完善养老服务设施。建成屏都、黄田、竹口、荷地、百山祖、岭头、举水、淤上、江根 9 家乡镇（街道）级居家养老服务中心；完成 133 户困难老年人家庭适老化改造，完成任务数的147%。

8. 实施校园护眼工程。实施教室智慧灯光改造工程，完成中小学智慧灯光教室12所学校400间普通教室智能灯光的安装建设。

9. 继续推进竹林便道建设。完成竹林道修复项目共24个和竹林道硬化项目共19个，总的项目进度为100%。

10. 着力让群众看病更方便。累计开展巡回诊疗服务1442场，服务山区群众31036人次；完成濛洲街道半岱村、下坞村、道岗村，隆宫乡莲湖村，龙溪乡后洋坑村5家村卫生室规范化建设；实现零星医疗费用网上办理，2021年完成电子发票线上报销198次，实现医疗费用电子发票报销100%网上办理。

2021年庆元县十件关键小事

1. 新增停车位220个以上。濛洲街道小济洋区块地下公共停车场项目229个停车位已完成规划验收。

2. 加大火车站周边乱停车整治。火车站列入日常监管范围，集中整治火车站广场非机动车乱停放开展；完善火车站周边交通标线、标志、标牌、红绿灯等的施划和安装，建设2组违停车辆智能抓拍点位和1组拨打手机和未系安全带抓拍点位，规范出租车、公交车、私家车的停放等候区域。

3. 完善3个小区电瓶车充电安全设备。完成翔龙佳苑、聚丰家园、菇香公寓3个小区充电桩设备安装并投入使用。

4. 免费开展农村户籍35—50周岁女性甲状腺B超及甲状腺功能全套检查。出台《关于做好免费开展农村户籍35—50周岁女性甲状腺B超及甲状腺功能全套检查项目实施方案》，共完成筛查279人。

5. 完成各类职业技能培训2000人次以上。完成技能提升行动补贴性培训4546人次，完成率168%，累计支出职业技能提升专账资金824万元，占提取资金92%。

6. 出台企业“帮扶纾困贷”，建立帮扶资金池。2月初出台《庆元县“帮扶纾困贷”管理办法》，按照程序确认农商行为帮扶纾困贷合作银行，建立“帮扶资金池”，为4家企业累计放贷530万元。

7. 实施2个小区天然气入户项目。濛洲花园、银河湾2个小区通天然气，132户开通天然气，124户使用天然气。

8. 合理规划城市道路、广场等人群密集区域电动车停车位。石龙街、松源街、霞帔路等重点路段施划人行道停车泊位；对人行道违规期停放的车辆加大巡查处罚力度，共处罚人行道违停机动车辆12069辆，非机动车辆6738辆，新增人行道停车泊位面积约700平方米；电动车停车位施划以人行道和密集场所的空旷场地为主，在县实验小学、江滨小学、城东小学、二中等学校周边施划部分电动车停车位。

9. 开工建设屏都综合新区小微企业危险废物转运点项目。11月30日，屏都综合新区小微企业危险废物转运点建设项目正式开工。

10. 新增新能源汽车充电设施2处。完成菊隆供电所门口2个充电桩、火车站2个充电桩建设。

总　述

自然环境

【地理位置】 庆元县位于浙江省西南部，地处北纬27°25′—27°51′，东经118°50′—119°30′。东、南、西三面与福建寿宁、政和、松溪三县交界，北与浙江省龙泉市、景宁畲族自治县接壤。南北长49千米，东西宽67千米，总面积1898平方千米。县政府驻地松源街道，距丽水市210千米，距杭州市532千米。

【地形地貌】 庆元地形属浙西南中山区，有溪谷、盆地、丘陵、低山、中山等多种地貌，地势由东北向西南倾斜。东、北部为洞宫山脉所踞，多崇山峻岭、深谷陡坡，海拔1500米以上山峰有23座，主峰百山祖海拔1856.7米，为浙江省第二高峰，百山祖北麓斋郎村海拔1210米，是全县最高居民点，山间盆（谷）地相对高度海拔600—800米；西南部和中部是仙霞岭——枫岭余脉，地势较东、北部平缓，谷地较宽，山间盆（谷）地相对高度海拔330—600米，新窑村海拔240米，是全县最低点。

【溪流湖泊】 庆元县境之内有大小溪流926条，较大的有松源溪（总长59千米，支流202条）、安溪（总长29千米，支流87条）、竹口溪（总长29千米，支流164条）、南阳溪（总长44千米，支流115条）、西溪(总长26千米，支流51条)、八炉溪（总长25千米，支流55条）。分布在东部地区的南阳溪、左溪向东流入瓯江，西部地区松源溪、安溪、竹口溪向西南流入闽江，东南的西溪、八炉溪向东南注入交溪（福安江）。较大的人工湖泊（水库）有兰溪桥水库（水域面积70公顷）、马蹄岙水库（25公顷）、大岩坑水库（41公顷）、左溪水库（83公顷）。

【气候特征】 气候属亚热带季风气候，温暖湿润，四季分明，年平均气温17.4℃，降水量1760毫米，无霜期245天，气候总体特点是冬无严寒，夏无酷暑。就局部而言，东、北部气温较之西、南部和中部低，无霜期短，昼夜温差大，最宜于香菇等菌类生长。

【自然资源】 （一）土地资源：全县土地面积189800公顷，其中林业用地167796.3公顷，农业耕地15283.01公顷，溪流水域2733.2公顷。（二）森林资源：拥有庆元林场、永青林场、实验林场等国有林场和一批乡（镇）、村集体林场；各地还营建竹笋、甜橘柚、锥栗、油茶、林下中药材等经济林基地。全县16.33万公顷森林有林木蓄积量

1546 万立方米，立竹量 6028 万株。森林覆盖率 86.13%，是浙江省林业重点县之一。(三)水力资源：全县水力资源理论蕴藏量达 28 万千瓦，可开发装机有 25 万千瓦，多年电能 6.46 亿千瓦时，其中瓯江流域 15.56 万千瓦，电能 40687 万千瓦时；赛江流域 2.72 万千瓦，电能 8500 万千瓦时；闽江流域 6.72 万千瓦，电能 21032 万千瓦时。已开发装机 21.275 万千瓦。(四)矿产资源：境内矿种有 23 种，其中金属矿有金、银、铜、铁、铅、锌、钨、钼、锡、铀以及稀土 11 种，非金属矿有煤、磷、高岭土、叶蜡石、钾长石、石英、白云母、水晶、大理岩、花岗岩、砖瓦用全风化泥岩、黄砂 12 种，已开发利用的矿种为 11 种，其中金属矿 2 种，非金属矿 9 种。正在开采的矿种有 5 种，均为非金属矿产。境内矿产地质勘查程度总体较低，已查明资源储量的小型矿床 6 个，分别是：老鹰岩铅锌矿、官坳铅锌矿、桉树坳铅锌矿、隆宫乡生水塘钾长石矿、山丘大理岩矿、荷地稀土矿。(五)生物资源：有动物 100 多种，植物 2000 多种。珍稀动物有华南虎、短尾猴、猕猴、穿山甲、黑熊、金猫、云豹、金钱豹、大灵猫、獐鬣羚、黄腹角雉、鸳鸯、相思鸟、大鲵(娃娃鱼)等。珍稀植物有百山祖冷杉、钟萼木、香果树、福建柏、银杏、鹅掌楸、华东黄杉、长叶榧树、天竺桂、沉小樟、短萼黄连、八角连、天麻、油杉、银钟花、黄杉木兰、凹叶厚朴、天女花、花梨木、斗枫荷、南方铁杉等。珍贵菌类植物有香菇、木耳、牛肝蕈、灰树花蕈、竹荪、岩蕈、茯苓等。(六)旅游资源：庆元山清水秀，环境优美，风光旖旎，气候宜人，旅游资源丰富。2005 年 5 月，在全国 2348 个县(市、区)的生态环境现状调查联评中被评为“中国生活环境第一县”。2008 年 1 月，庆元县又以木拱廊桥数量最多、保存最好，被中国民间文艺家协会命名为“中国廊桥之乡”。国家 AAAA 级旅游景区百山祖、巾子峰，神奇东溪龙井，中国历史文化名村、省级历史文化保护区大济进士村，全国特色景观旅游名村举水月山村，江根乡双苗尖以及中国香菇博物馆、廊桥博物馆等，都是寻幽猎奇、休闲养生、观光揽胜的好去处。

沿革区划

【历史沿革】 从出土的石锛、石镯表明，新石器时代就有人类在庆元境内繁衍生息。夏、商、周时，境域为越地(越族聚居地)。春秋，为越国地。战国后期，楚灭越，境域属楚国。秦，属闽中郡(郡治在今福州市)。西汉，高祖五年(前 202 年)，改闽中郡为闽越国；惠帝三年(前 192 年)，分闽越国瓯越地立东瓯国(治所在今温州市)；昭帝始元二年(前 85 年)，以东瓯国地置回浦县(县治在今台州市椒江区章安镇)，辖今台州、温州、丽水三市区域，属扬州刺史部会稽郡(郡治在今江苏省苏州市)。东汉建武元年(25 年)，回浦改名为章安县(县治在今台州市椒江区章安镇)，属扬州刺史部会稽郡(郡治在今绍兴市)；建安四年(199 年)，分章安县置松阳县，属扬州刺史部会稽郡；建安二十三年(218 年)，分太末县南部置遂昌县，属扬州刺史部会稽郡。从三国、两晋、南北朝、隋至唐乾元二年(759 年)，松阳县先后隶属扬州临海郡、永嘉郡、处(括)州、江南道(或江南东道)括州；遂昌县先后隶属扬州东阳郡、括州、江南道(或江南东道)括州。

唐乾元二年(759 年)，析遂昌县、松阳县置龙泉县，庆元境域属浙江东道括州龙泉县。五代十国，属吴越国处州龙泉县；后晋天福二年(937 年)，闽国夺取吴越国龙泉县松源乡大部分地域(今福建省松溪县溪东、渭田、旧县、河东、茶平，不含钱园桥行政村的松源镇及政和县东平镇和铁山乡锦屏行政村)建松源镇(治在今松溪县旧县村)，另半(今屏都、淤上、隆宫、安南、松源、四山、百山祖、合湖、贤良、五大堡、张村、举水、龙溪等乡镇)仍属吴越国处州龙泉县。北宋，属两浙路(或两浙东路)处州龙泉县。

南宋庆元三年(1197 年)，析龙泉县松源乡及延庆乡部分地域(今龙泉市小梅、查田、茶丰、青溪、四源和庆元县三济、黄真、黄田等地)置县，以宁宗年号“庆元”为名，为庆元县建制之始，属两浙东路处州，县治在濛洲(今庆元县城)。

元初，庆元县属江淮行省处州路；至元二十一年(1284年)，改属江浙行省处州路；至正十九年(1359年)，改为安南府；旋改为处州府。明洪武三年(1370年)，撤庆元县置庆元巡检司，治在查田(今属龙泉市)；洪武十三年(1380年)，复置庆元县，属浙江布政使司处州府；景泰三年(1452年)，青田县鸣鹤乡升天西里一部分地域(今江根、竹坪、官塘、左溪、青竹、苏湖、岭头、南峰等乡村)划给庆元县，“延庆乡之半”地域中的小梅、查田、茶丰、青溪等地划归龙泉县。清，属浙江省处州府。嘉庆年间，金村、下洋划归龙泉县。辛亥革命时，隶属浙江军政府处州军政分府。

民国元年(1912年)，庆元县直属浙江省都督府。民国3年(1914年)，属浙江省长公署瓯海道(道尹驻今温州市)。民国16年(1927年)，直属浙江省政府。民国24年(1935年)6月，属浙江省第九行政督察区。民国37年(1948年)属第六行政督察区，同年7月改称第七行政督察区。

1949年5月17日，庆元县和平解放。7月5日，庆元县人民政府成立，属浙江省第七专区，同年10月改称丽水专区。1952年1月至1963年4月，撤销丽水专区，改属温州专区。1954年3月，景宁县吴坑乡划给庆元县(今属张村乡)。1957年5月，龙泉县龙岩村划给庆元县(今属百山祖乡)。1958年3月，隆宫乡张天村划给福建省政和县。1958年11月，庆元县并入龙泉县。1973年7月17日，国务院批准恢复庆元县建制。1975年3月，四源公社划归龙泉县。1975年8月18日，庆元县革命委员会挂牌办公。1981年7月，改称庆元县人民政府，属丽水地区。2000年，撤销丽水地区，设立地级丽水市，庆元县属丽水市。

(党史和地方志研究室)

【行政区划】 2021年，全县辖濛洲、松源、屏都3个街道，竹口、荷地、黄田、左溪、贤良、百山祖6个镇，安南、隆宫、五大堡、岭头、淤上、张村、江根、官塘、龙溪、举水10个乡，共19个乡级政区；辖11个社区居民委员会、192个村民委员会；724个自然村。

2021年庆元县行政区划一览表

表1 单位：个

乡(镇、街道)	行政村	社区(居民区)	行政村、社区(居民区)
濛洲街道	14	5	上叶村、大坂洋村、后碓村、吴宅村、姚家村、街尾村、大塘源村、大济村、周墩村、喜鹊村、道岗村、星光村、乌林村、同源村、濛洲社区、玉田社区、洋墩社区、同济社区、同舟社区
松源街道	17	6	城北村、东门村、南门村、西门村、北门村、底村村、会溪村、上庄村、坑西村、五一村、五二村、五三村、兴民村、朱村村、薰山下村、九漈村、四山村、石龙社区、新建社区、咏归社区、同德社区、同心社区、香蕈社区
屏都街道	10		八一村、八二村、八三村、菊水村、余村村、蔡段村、洋背村、白岭头村、菖蒲洋村、百丈村
竹口镇	11		竹下村、竹中村、竹上村、平良村、岩溪村、三坑村、新窑村、黄坛村、上垟村、崔家田村、大泽村
荷地镇	13		荷地村、底墅村、黄沙村、杨桥村、联丰村、黄洋村、大岩村、高家庄村、石洋村、东坪村、际面村、杨朗坑村、苏湖村
黄田镇	16		东西村、黄田村、曹岭村、姚村村、陈边村、仙湖村、柏渡口村、龙头山村、朱黄村、双沈村、双坞村、中济村、桐山村、上济村、李村村、下济村
左溪镇	13		左溪村、联坑村、高枧湖村、黄先村、石上村、红星村、石塘岚岭村、留芳桥村、印柘村、永久村、竹坪村、青竹村、岱根村

续表 1

乡（镇、街道）	行政村	社区（居民区）	行政村、社区（居民区）
贤良镇	6		贤良村、湖源村、溪林村、新村村、黄淤村、石川村
百山祖镇	9		百山祖村、龙岩村、黄水村、黄土洋村、合湖村、三堆村、兰泥村、斋郎村、久住洋村
安南乡	9		安溪村、安隆村、甘竹山村、东村村、黄竹村、权山村、山头洋村、吾际下村、上余村
隆宫乡	9		隆宫村、里源村、源山村、中村村、桃园村、张地村、小关村、莲湖村、黄坑村
五大堡乡	13		五大堡村、梧桐洋村、后广村、西洋村、坑头村、东半村、濛淤村、石坛村、高大村、杨楼村、西川村、盖竹村、八洋村
岭头乡	12		岭头村、双坑村、官云村、果洋村、岭源村、龙源村、莲洋村、南峰村、八炉村、杨家庄村、小际头村、大际头村
淤上乡	9		山根村、银田村、淤上村、蒲潭村、外童村、坑口村、石坝村、塘根村、长砻村
张村乡	8		张村村、库山村、联合村、吴坑村、金后西村、蔡川村、湖山村、南阳村
江根乡	7		江根村、洋头寨村、上杉坑村、箬坑村、坝头村、青田村、后洋村
官塘乡	4		官塘村、横坑村、白柘洋村、中际坑村
龙溪乡	6		西溪村、后洋坑村、大川村、龙丰村、冯家山村、岙里村
举水乡	6		月山村、茶源村、丰洋村、炉山村、地山村、照林村

（范良海）

人口与民族

【人口】 2021年末，全县户籍人口20.11万人，比2020年末减少1804人。其中，男性人口10.39万人，女性人口9.72万人，分别占总人口的51.68%和48.32%，性别比（以女性为100）为107；全年出生人口1245人，出生率为6.16‰；死亡人口1342人，死亡率为6.64‰；人口自然增长率为-0.48‰。根据2021年5‰人口变动抽样调查推算，年末全县常住人口14.27万人，比2020年末增加0.01万人；城镇化率为63.72%。

（县统计局）

【民族】 2021年，庆元县有汉族和29个少数民族。全县少数民族有畲族、蒙古族、苗族、彝族、侗族、土家族、壮族、满族、回族、藏族、布依族、朝鲜族、仡佬族、瑶族、拉祜族、佤族、白族、哈尼族、黎族、傈僳族、傣族、水族、羌族、仫佬族、鄂温克族、达斡尔族、景颇族、土族和布朗族。全县少数民族人口2733人，分布在19个乡镇（街道），以畲族人口为主，其中濛洲街道、黄田镇最为集中。全县有道岗村、东西村、李村村、山根村、蔡段村和库山村6个少数民族村。

（县民宗局）

国民经济和社会发展

【综合经济实力】 2021年，初步核算，全年地区生产总值（GDP）85.16亿元，同比增长4.6%，两年平均增长3.3%。其中，第一产业增加值7.45亿元，下降1.4%，两年平均增长0.7%；第二产业增加值29.79亿元，增长3.3%，两年平均增长1.7%；第三产业增加值47.93亿元，增长6.5%，两年平均增长5.0%。

农业经济降幅收窄，生猪产能下滑基本见底。全年农林牧渔业增加值7.57亿元，同比下降1.1%，降幅较前三季度收窄3.0个百分点，两年平均增长0.9%。食用菌产量增长4.7%，蔬菜产量增长3.2%，水果产量增长4.8%，蛋类产量下降47.4%，肉类产量下降50.2%。年末生猪存栏2.49万头，全年累计出栏2.97万头，分别下降21.6%和44.3%。其中，能繁母猪0.34万头，增长275.6%。

工业生产总体稳定，高技术制造业增长较

快。全年规模以上工业增加值10.95亿元，同比增长6.0%，两年平均增长4.4%。分三大门类看，采矿业、制造业、电力热力燃气及水生产和供应业增加值分别增长3.9%、4.9%和9.7%，两年平均增长3.3%、3.7%和6.9%。分产业看，高新技术产业、高技术制造业、装备制造业、战略性新兴产业增加值分别增长8.8%、26.2%、8.5%和12.4%，两年平均增长6.0%、27.3%、29.0%和16.3%。其中，高新技术产业增加值快于规上工业20.2个百分点。分三大主要行业看，食用菌、竹木、铅笔分别增长9.4%、2.4 %和1.1%，两年平均增长11.7%、3.3%和-5.3%。12月规模以上工业增加值1.19亿元，下降20.7%，两年平均下降3.8%。全年规模以上工业企业营业成本利润率2.9%，较一季度、上半年、前三季度分别提高了1.0、1.8、0.3个百分点。全年全社会用电量4.90亿千万时，同比增长14.5%。其中，工业用电量2.55亿千瓦时，增长16.0%。

服务业稳步恢复，传统服务业增势较好。全年服务业（第三产业）增加值快于生产总值1.9个百分点，拉动生产总值增长3.6个百分点。分行业看，批发和零售业、住宿和餐饮业、交通运输仓储和邮政业、金融业增加值同比增长12.6%、19.5%、8.4%、7.6%，两年平均增长9.8%、4.6%、-2.0%、8.5%。1—11月，规模以上服务业营业收入同比增长0.4%，两年平均增长12.3%。

【固定资产投资】 固定资产投资小幅下滑，生态和环保投资增长较快。全年固定资产投资同比下降1.7%，两年平均增长1.6%。其中，建安工程投资增长1.3%。按国有控股情况分，国有投资、民间投资分别增长7.5%和-10.0%，两年平均增长-1.2%和5.0%。按项目类型分，基础设施投资、制造业投资、房地产开发投资分别增长-17.7%、4.5%和-18.7%，两年平均增长-3.5%、-11.6%和4.4%。按重点领域分，高新技术产业投资、生态环保城市更新和水利设施投资、交通投资分别增长0.2%、-2.5%和-37.3%，两年平均增长6.0%、4.6%、-16.0%。其中，生态和环保投资增长287.5%。12月末，商品房销售面积下降38.1%，商品房销售额下降39.9%。

【社会消费市场】 消费市场规模扩大，城镇消费增速快于乡村。全年社会消费品零售总额52.50亿元，同比增长14.8%，两年平均增长11.4%。按经营单位所在地分，城镇消费品零售额42.00亿元，增长41.3%；乡村消费品零售额10.50亿元，下降34.4%。按消费类型分，商品零售50.93亿元，增长14.8%；餐饮收入1.57亿元，增长14.8%。限额以上单位零售额中，粮油食品类、饮料类、烟酒类、日用品类、石油及制品类零售额分别同比增长0.8%、-24.5%、-25.4%、37.1%和81.1%，两年平均增长19.3%、-18.3%、-14.7%、34.8%和35.9%。据省商务厅统计，全年网络零售额39.96亿元，同比增长8.8%，两年平均增长5.9%。

【财政金融】 减税降费政策落地见效，市场主体活力增强。全年财政总收入8.00亿元，同比下降1.8%；一般公共预算收入5.36亿元，增长2.0%。一般公共预算收入中，税收收入3.77亿元，下降10.4%，占一般公共预算收入的70.3%，其中增值税下降2.9%，企业所得税下降14.1%，个人所得税下降23.6%。一般公共预算支出38.52亿元，下降1.4%，其中卫生健康支出增长5.9%，社会保障和就业支出增长3.7%，科学技术支出增长15.1%，交通运输支出增长16.1%。民生支出占一般公共预算支出的70.8%。全年在册市场主体1.95万户，比2020年同期增加1348户。金融机构存贷款稳定增长，信贷结构持续优化。12月末，金融机构人民币存款余额167.96亿元，同比增长10.9%，新增存款16.55亿元，比2020年同期多增3.02亿元。金融机构人民币贷款余额151.03亿元，同比增长16.5%，新增贷款21.39亿元，比2020年同期多增8.06亿元。按贷款结构分，住户贷款增长11.7%，非金融企业及机关团体贷款增长29.9%。按贷款投向分，小微企业贷款增长10.5%，涉农贷款18.7%，制造业贷款增长6.0%。

【人民生活水平】 居民收入增长快于经济增长，城乡居民收入比缩小。全年居民人均可支配收入34618元，同比增长11.0%，快于经济增长5.4个百分点，两年平均增长8.9%。按常住地分，城镇居民人均可支配收入47034元，增长10.3%，两年平均增长7.8%；农村居民人均可支配收入22563元，增长10.8%，两年平均增长9.4%。城乡居民人均可支配收入比为2.08，比2020年缩小0.01。低收入农户人均可支配收入13683元，增长17.1%，两年平均增长16.6%。

（李奕宁）

群众性精神文明创建活动

【概况】 2021年，学习贯彻习近平新时代中国特色社会主义思想和中共十九届六中全会精神，贯彻落实省委、市委和县委重要会议精神和重大决策部署，按照高举旗帜、围绕大局、服务人民、改革创新的总要求，守正创新、担当作为，以培育和践行社会主义核心价值观为主线，以巩固省示范文明县城创建成果为抓手，突出公民思想道德教育、群众性精神文明创建、未成年人思想道德教育、新时代文明实践四个重点，抓实宣传教育、实践养成、典型引领三个环节，组织形式多样的群众性精神文明创建活动，推动全县城乡精神文明创建的提质增效。

【公民道德建设】 举办全县性主题活动。6月16日在市民广场举行庆元县第六届道德模范颁奖典礼暨第十四届社区邻居节启动仪式，颁奖典礼上表彰9名2020年度“第六届庆元县道德模范”和10名2020年度庆元县“十佳最美邻居”，启动仪式以“邻里守望，同心向党”为主题，开展党史知识有奖竞猜、文艺表演等活动，传递时代文明，激发向善向美。向上选树推送“庆元好人”。在深入挖掘“庆元好人”的基础上，持续向全国、省市推荐菇乡大地上涌现出来的身边好人和道德模范，县总工会柳庭和（敬业奉献）和松源街道兴民村村民方亮星（孝老爱亲）荣登“丽水好人榜”，濛洲街道姚家村村民蒋增美荣登第七届丽水市诚实守信道德模范，左溪邮政支局投递员胡常康荣登2月“浙江好人榜”和4月“中国好人榜”（敬业奉献）。开展身边好人宣传活动，通过县内报纸、电视、网站、新媒体等平台传播及外媒的广泛宣传，以胡常康为代表的“庆元好人”的先进事迹感动温暖无数的“身边人”。常态化开展诚信教育。制定下发《关于深入开展诚信缺失突出问题专项治理的实施方案》《关于大力开展诚信建设宣传教育及主题实践活动的实施方案》等，开展诚信缺失突出问题专项治理，进一步打造不敢失信、不能失信、不愿失信的社会环境。抓好社会主义核心价值观固化亮化宣传。社会主义核心价值观进学校、进企业、进社区、进机关、进乡村，推进社会主义核心价值观入脑入心，并转化为自觉践行。

【文明创建工程】 在巩固省示范文明县城创建成果的基础上提升城市品质和精细化管理水平。继续以34个网格深入开展交通秩序维护、环境卫生整治、市场秩序管理等专项行动，形成卫生文明同步创建、全员联动的管理模式。配备18人组成的督查组，对组成人员进行专题培训，对网格开展每月2次的常态化巡查。对巡查收集到的问题及时反馈，全年向34个网格责任单位下发交办单398份，整治点位1194个，发布督查通报12期。深化文明单位（村、镇）创建。修订印发《庆元县文明单位创建管理办法》《庆元县文明村、乡镇（街道）建设管理办法（试行）》，加强对创建工作的全面指导，评选县文明单位52个、文明乡镇（街道）19个、文明村180个。深化爱国主义教育基地创建。百山祖镇斋郎战斗旧址成功创成第十二批省级爱国主义教育基地，为庆元县省级爱国主义教育基地增添新成员，为百山祖斋郎军旅小镇建设注入新内涵、新动力。

【文明素质提升工程】 3月向大中型餐饮店发放公筷2000双，5月向城区内小型餐饮店发放公筷1万双，城区内餐饮店公筷配备率实现100%。全年累计印制主题海报、温馨提示8000份；在县融媒体中心开辟新闻专栏，专题报道"厉行节约、反对浪费"行动，倡导"适量点餐，理性消费"。部门联动出动执法人员550人次，指导各餐饮单位落实"三有三不四规范"，推出餐饮行业"厉行节约、反对浪费"红黑榜专刊，对贯彻落实到位的优秀餐饮单位进行通报表扬。在主县城繁华的松源街、银河湾及汇金城等地段打造"节约粮食"主题文化一条街，利用县城灯柱制作"反对浪费"道旗800幅，在入城隧道口制作"倡导使用公筷公勺、坚决杜绝餐饮浪费"大型广告牌等。向全县600多名实职副科级以上领导干部赠送"厉行节约、反对浪费"宣传笔筒，倡导广大领导干部率先垂范，做反对餐饮浪费的引领者、排头兵。借助春节、元宵、清明、端午、七夕、中秋、重阳等节日契机，大力弘扬中华优秀传统文化，丰富节日期间居民群众文化生活，营造欢乐祥和、和谐文明的节日氛围，全年开展活动370场次，参与群众8.9万人次。推进"好家风家训"建设活动。管好用好县家风馆，接待参观近万人次。抓好"家规作嫁妆、嫁女陪家训"和"和美家庭 好婆媳 好内助"评选活动，报道庆元好经验做法的《让好家风看得见》在省委宣传部宣传半月刊刊出，多家媒体予以转载。

【文明实践与志愿服务】 推进文明实践中心智慧云平台建设。投入143万元，建成新时代文明实践中心云平台，完成75个点位的门禁、监控等系统的安装，实现1个中心、19个所、55个站全覆盖，接入市级端口，进行"线下+线上"资源整合，打通宣传群众、发动群众、教育群众、关心群众、服务群众的"最后一公里"。推广"浙里办——志愿浙江"S2版本的使用，构建"整合各类资源、覆盖全县上下、畅享实践服务"的云上志愿汇矩阵。成立庆元县新时代文明实践基金，筹集资金16.2万元。以县新时代文明实践中心为枢纽，优化重组原县直7支新时代文明实践志愿服务分队，成立理论宣讲、文化文艺等10支分队，统筹县镇村三级志愿服务队伍，整合部门单位资源，社会公益组织、热心公益市民等志愿服务力量，构建立体多元、相互补充的志愿服务网络，形成新时代文明实践"众人拾柴火焰高"的生动局面。"志愿汇"App拥有注册志愿者42439人，成立志愿服务组织143个，志愿信用时数25万小时，庆元"花菇朵"志愿服务品牌累计开展活动5.9万次。文明实践活动蓬勃开展。聚焦精准服务、精细服务、精品服务，开展分散性无所不在、无微不至的"微课堂""微公益""微服务"等"微实践"活动。全年在省示范文明县城成果巩固、中国共产党成立100周年和中共十九届六中全会志愿宣讲、方舱医院志愿服务、疫情防控等方面实现服务对象、服务内容、服务时间的精准对接，累计开展活动2650场，服务群众10.2万人次。推荐五个项目参加全市志愿服务项目大赛，其中张村乡8090联盟"雏鸡孵梦、筑巢扶贫"项目、县青少年事务发展中心"护蕾"项目获优胜奖。

【未成年人思想道德教育】 印发《关于开展庆元县乡村"复兴少年宫"建设的通知》，制定《庆元县乡村"复兴少年宫"试点建设实施方案》，在屏都小学建成县级试点、全市首家乡村"复兴少年宫"，为"双减"政策大背景下，如何减轻学生负担、推动拓展课程发展、丰富学生业余生活进行有益探索。加强对全县乡村学校少年宫、"春泥计划"实践体验中心(实践点)、县未成年人心理健康辅导中心等未成年人思想道德阵地的建设管理，发挥管理员、辅导员作用，累计开展各类活动近千场次，惠及未成年受众3万人次。在蔚文学校小学部成功举办以"致敬百年伟业、争做新时代好少年"为主题的县第十届未成年人道德文化节启动仪式。开展社会主义核心价值观、"扣好人生第一粒扣子"、"童心向党"、"新时代好少年"、中华优秀传统文化传承、学雷锋志愿服务等主题活动，引导未成年人确立远大志向，树立共同理想。

(胡珊珊)

中国共产党庆元县委员会

综述

2021年，在中共庆元县委的领导下，全县广大干部群众忠实践行“绿水青山就是金山银山”理念，生态环境质量持续领先，经济综合实力显著增强，城乡功能品质日益提升，改革开放创新纵深推进，人民生活水平持续提高，党的建设质量不断提升，胜利完成县第十四次党代会提出的主要目标任务，高水平全面建成小康社会。

县委重要会议

【中国共产党庆元县第十五次代表大会】 12月27日，中国共产党庆元县第十五次代表大会预备会议召开，与会代表以举手表决方式，通过大会议程，通过大会主席团和大会秘书长名单，通过代表资格审查委员会名单。县委书记蔡昉讲话，县委副书记佘晓君主持，县领导田健晖、阎昌远、黄立飞、王鹏、金业、周立飞、叶伟林参加会议。

12月28日，县委书记蔡昉代表中国共产党庆元县第十四届委员会，向大会作题为《牢记嘱托跨越赶超为争当共同富裕示范区建设的山区范例而不懈奋斗》的工作报告。县委副书记、代县长田健晖主持大会。吴青松、洪起平、佘晓君等副县级以上领导参加会议。

12月29日，中国共产党庆元县第十五次代表大会举行第二次全体会议，大会通过《中国共产党庆元县第十五次代表大会选举办法》；通过大会总监票人、副总监票人名单，宣布监票人、计票工作人员名单；介绍县委委员、县纪委委员、庆元县出席中国共产党丽水市第五次代表大会代表预选候选人情况。大会执行主席蔡昉、田健晖、佘晓君、胡显平、李鹏、黄丽芬、陈剑荣、瞿思胜、吴达校在主席台就座。大会由县委副书记佘晓君主持。

12月29日，中国共产党庆元县第十五次代表大会举行第三次全体会议，会议选举中国共产党庆元县第十五届委员会委员、候补委员，中国共产党庆元县第十五届纪律检查委员会委员及庆元县出席中国共产党丽水市第五次代表大会代表。会议宣读县委委员、县纪委委员、庆元县出席中国共产党丽水市第五次代表大会代表正式候选人名单和县委候补委员候选人名单，介绍另提名的县委候补委员候选人情况。会议以无记名投票的方式选举产生县委委员41名、候补委员8名，县纪委委员19名，出席中国共产党丽水市第五次代表大会代表27名。

【中国共产党庆元县第十五届委员会第一次全体会议】 12月29日，中国共产党庆元县第十五届委员会第一次全体会议召开。全会选举产生中共庆元县第十五届委员会常务委员会委员和书记、副书记。蔡昉、田健晖、佘晓君、王鹏、胡显平、李鹏、吴秋标、金业、周立飞、黄丽芬、叶伟林当选县委常委，蔡昉当选县委书记，田健晖、佘晓君当选县委副书记。县委书记蔡昉主持并讲话。县委书记蔡昉强调，接过“接力棒”，就要跑好“接力赛”，赛出“加速度”。要更加紧密地团结在以习近平同志为核心的党中央周围，在省委、市委的坚强领导下，锐意进取、开拓创新、攻坚克难，为庆元加快跨越式高质量发展、争当共同富裕示范区建设的山区范例而不懈奋斗。会议审议通过中国共产党庆元县纪律检查委员会第一次全体会议选举结果。

【县委全体(扩大)会议】 2月3日，县委十四届十四次全体(扩大)会议召开。会议学习贯彻中共十九届五中全会、省委十四届八次全会和市委四届九次全会精神，审议通过《中共庆元县委关于制定庆元县国民经济和社会发展第十四个五年规划和二〇三五年远景目标的建议》，回顾总结2020年工作，研究谋划“十四五”发展，全面部署2021年任务。县委书记蓝伶俐代表县委常委会向全会作工作报告。胡献如、李见阳、阎昌远、章作飞、吴灌红、黄立飞、王鹏、陈帅锋、金业等副县级以上领导，县委委员、县委候补委员、县纪委委员及各乡镇(街道)党(工)委书记、乡镇长(办事处主任)，县属各单位主要负责人参加会议。部分县第十四次党代会代表列席会议。

8月25日县委十四届十五次全体(扩大)会议召开。会议学习贯彻习近平总书记在庆祝中国共产党成立100周年大会上的重要讲话精神，全面落实省委十四届九次全会和市委四届十次全会精神，审议通过《庆元县加快跨越式高质量发展建设共同富裕示范区行动方案(2021—2025年)》，动员全县上下以更大决心、超常规举措，争当浙江高质量发展建设共同富裕示范区的山区范例。县委常委会主持会议。县委书记蓝伶俐代表县委常委会向全会作工作报告。县委副书记、县长胡献如作《庆元县加快跨越式高质量发展建设共同富裕示范区行动方案(2021—2025年)》起草说明。阎昌远、章作飞、黄立飞、王鹏、陈帅锋、金业等副县级以上领导，县委委员、县委候补委员、县纪委委员及各乡镇(街道)党(工)委书记、乡镇长(办事处主任)，县属各单位主要负责人参加会议。部分县第十四次党代会代表列席会议。

12月22日，县委十四届十七次全体(扩大)会议召开。会议审议通过《中国共产党庆元县第十四届委员会工作报告(审议稿)》《中国共产党庆元县第十四届纪律检查委员会工作报告(审议稿)》，圈选庆元县出席丽水市第五次党代会代表预备人选名单。县委委员、县委候补委员、县纪委委员参加会议。

【县委常委会会议】 2月1日下午，县委书记蓝伶俐主持召开县委常委会会议。会议传达习近平总书记在中共中央政治局民主生活会、中央全面深化改革委员会第十七次会议、省部级主要领导干部学习贯彻中共十九届五中全会精神专题研讨班开班式上的重要讲话精神，省委书记袁家军在全省党委(党组)书记抓基层党建和人才工作述职评议会上的讲话精神和市委经济工作会议精神。李见阳、阎昌远、章作飞、黄立飞、王鹏、陈帅锋、金业等县委常委会成员参会。县人大常委会主任吴青松、县政协主席洪起平等列席。会议还讨论了其他事项。

3月2日下午，县委书记蓝伶俐主持召开县委常委会会议。会议传达学习习近平总书记在全国脱贫攻坚总结表彰大会、党史学习教育动员大会上的重要讲话精神，贯彻省委理论学习中心组专题学习会、省委落实中央巡视反馈问题整改工作动员部署会及市“两会”精神，讨论《2021年政府工作报告》《县人大常委会工作报告》《县政协常委会工作报告》《县人民法院工作报告》《县人民检察院工作报告》，审议《庆元县国民经济和社会发展第十四个五年规划和2035年远景目标纲要》《关于庆元县2020年国民经济和社会发展计划执行情况与2021年国民经济和社会发展计划草案的报告》。胡献如、李见阳、阎昌远、章作飞、黄立飞、陈帅锋、金业等县委常委会成员参会。县人大常委会主任吴青松、县政协主席洪起平列席。会议还讨论了其他事项。

3月18日，县委书记蓝伶俐主持召开县委常委会会议。会议传达学习习近平总书记在中央党校（国家行政学院）中青年干部培训班开班式上的重要讲话精神，听取2020年度县目标管理责任制考核结果汇报，审议《中共庆元县委关于纵深推进清廉庆元建设的意见（送审稿）》，胡献如、李见阳、阎昌远、章作飞、黄立飞、王鹏、陈帅锋、金业、周立飞等县委常委会成员参会。县人大常委会主任吴青松、县政协主席洪起平列席。会议还讨论了其他事项。

4月15日，县委书记蓝伶俐主持召开县委常委会会议。会议传达学习习近平总书记在中央政治局第二十八次集体学习和在福建考察时的重要讲话精神，省委书记袁家军在牢记重要嘱托、建设“重要窗口”专题交流会等会议讲话精神。胡献如、李见阳、章作飞、黄立飞、王鹏、陈帅锋、金业、周立飞等县委常委会成员参会。县人大常委会主任吴青松、县政协主席洪起平列席。会议还讨论了其他事项。

6月3日，县委书记蓝伶俐主持召开县委常委会会议。会议传达学习习近平总书记在中央政治局第二十九次集体学习时的重要讲话精神、省委袁家军书记讲话精神及市委书记胡海峰在庆元调研时的讲话精神，审议《庆元县2021年政府性投资建设项目资金预算安排方案》《庆元县2021年部门预算方案》《庆元县2021年基本建设项目投资计划建议表》等事项。胡献如、张妍、阎昌远、章作飞、吴灌红、黄立飞、王鹏、陈帅锋、金业等县委常委会成员参会。县人大常委会主任吴青松、县政协主席洪起平列席。

7月2日，县委书记蓝伶俐主持召开县委常委会会议。会议传达学习习近平总书记在庆祝中国共产党成立100周年大会上的重要讲话精神。胡献如、张妍、阎昌远、章作飞、吴灌红、黄立飞、王鹏、陈帅锋、金业、周立飞等县委常委会成员参加。县人大常委会主任吴青松、县政协主席洪起平列席。

8月20日，县委书记蓝伶俐主持召开县委常委会会议。会议听取上半年经济运行情况汇报，分析下半年经济形势，研究部署下半年经济工作。张妍、阎昌远、章作飞、黄立飞、王鹏、陈帅锋、金业等县委常委会成员参会。县人大常委会主任吴青松、县政协主席洪起平列席。会议还讨论了其他事项。

9月30日，县委书记蓝伶俐主持召开县委常委会会议。会议传达学习习近平总书记、省委书记袁家军近期系列重要讲话精神，研究贯彻落实意见，审议《庆元县跨越式高质量发展五年行动计划（2021—2025年）》等事项。张妍、阎昌远、章作飞、吴灌红、黄立飞、王鹏、陈帅锋、金业等县委常委会成员参会。县人大常委会主任吴青松、县政协主席洪起平列席。会议还讨论了其他事项。

11月11日，县委书记蓝伶俐主持召开县委常委会会议。会议传达学习习近平总书记、省委书记袁家军近期系列重要讲话精神，研究贯彻落实意见，研究市、县年度综合目标考核工作，审议《2021年度县目标管理责任制考核办法》《庆元县2021年度乡镇（街道）和县属单位落实党风廉政建设主体责任检查考核细则》。胡献如、张妍、阎昌远、章作飞、吴灌红、黄立飞、陈帅锋、金业、周立飞等县委常委会成员参会。县人大常委会主任吴青松、县政协主席洪起平列席。会议还讨论了其他事项。

12月9日，县委书记蔡昉主持召开县委常委会会议，传达学习中央、省委近期重要会议精神，审议庆元县出席丽水市第五次党代会代表候选人初步人选考察对象名单。田健晖、阎昌远、黄立飞、王鹏、金业、周立飞、叶伟林等县委常委会成员参会。县人大常委会主任吴青松、县政协主席洪起平列席。会议还讨论了其他事项。

12月15日，县委书记蔡昉主持召开县委常委会会议。会议传达学习近期中央、省委会议精神，听取庆元县第十七届人民代表大会代表候选人初步人选资格审核情况汇报。田健晖、阎昌远、黄立飞、王鹏、金业、周立飞、叶伟林等县委常委会成员参会。县人大常委会主任吴青松、县政协主席洪起平列席。会议还讨论了其他事项。

12 月 22 日，县委书记蔡昉主持召开县委常委会会议。会议研究县第十五次党代会有关事项，审议推选党的二十大代表和省第十五次党代会代表工作方案，听取中共庆元县第十五次代表大会筹备工作情况汇报。田健晖、阎昌远、黄立飞、王鹏、金业、周立飞、叶伟林等县委常委会成员参会。县人大常委会主任吴青松、县政协主席洪起平列席。

12 月 29 日，蔡昉主持召开县第十五次党代会主席团常务委员会会议。会议听取关于县委委员、县纪委委员和市党代表预选情况的汇报。会议提出县委委员、候补委员、县纪委委员候选人及出席市第五次党代会代表正式候选人建议名单，提请主席团第四次会议讨论通过。

【县委常委会（扩大）会议】 2 月 5 日，县委书记蓝伶俐主持召开县委常委会（扩大）会议。会议学习贯彻市委书记胡海峰到庆元县指导县委常委会民主生活会和在庆元调研时的讲话精神，研究部署贯彻落实意见。胡献如、吴青松、洪起平、李见阳、阎昌远、吴灌红、黄立飞、陈帅锋、金业、周立飞等县领导参会。会议强调，要把生态修复摆在压倒性位置，一抓到底、抓出成效。坚持“绿水青山就是金山银山”理念，统一思想，凝心聚力，齐抓共管，全力打好生态环境巩固提升持久战，依托国家公园建设提升生态影响力，推进生态产品价值实现，巩固维护“中国生态环境第一县”金字招牌。

3 月 26 日，县委书记蓝伶俐主持召开县委常委会（扩大）会议，传达学习省委副书记、省长郑栅洁在庆元调研时的讲话精神。胡献如、吴青松、阎昌远、章作飞、黄立飞、王鹏、陈帅锋、周立飞等县领导参会。会议强调，要把花园城乡建得更美，在协调发展上有更大作为。加强城市管理，塑造地标文化，提升城市品位能级；加快推动乡村振兴，争创新时代美丽乡村标杆县。要把“沿海意识”树得更强，在开放发展上有更大作为。以更加积极的姿态融入国家和省市重大战略，抓紧抓实招商引资，多引进符合转型跨越需要、生态环保标准的大项目好项目。要促进共同富裕，在共享发展上有更大作为。深刻认识浙江省推动共同富裕的重点难点在山区，找准定位、发挥优势，既办好“自己的事”，又做好“借力的事”，探索长效帮扶机制，切断贫困的“代际传递”，推动公共服务供给更加均衡优质，更好促进产业振兴、环境优化、民生改善。

8 月 3 日，县委书记蓝伶俐主持召开县委常委会（扩大）会议。会议传达学习市委四届十次全会精神。会议强调，要敢于超常规谋划建设，推动新变化。按照又好又快的发展变化和快一些、再快一些的目标要求，加快建设一批能改变庆元发展格局面貌的，牵一发而动全身的重大项目、重大平台，努力打造更高能级、更高层次的产业发展平台，以未来社区理念更大手笔推进城市更新，建设山水城文交融的环国家公园景观带，加快完善重大基础设施，形成山区现代化和共同富裕的基本形态。要敢于先行先试，收获新成果。按照共同富裕示范的要求，突出山区特点，加强探索创新，通过生态赋能、改革赋能、数字化赋能、体制机制保障赋能，努力形成山区共同富裕的标志性成果。胡献如、吴青松、洪起平、阎昌远、章作飞、王鹏、陈帅锋、金业、周立飞等副县级以上领导参加。会议还部署抓好常态化疫情防控工作。

【全县领导干部会议】 6 月 17 日，县委书记蓝伶俐主持召开全县领导干部会议。会议传达学习省委十四届九次全体（扩大）会议精神。胡献如作会议精神传达，研究贯彻落实。县领导吴青松、张妍、阎昌远、章作飞、王鹏、陈帅锋、金业、周立飞等参会。

11 月 18 日，县委书记蓝伶俐主持召开全县领导干部会议，胡献如传达党的十九届六中全会精神。

11 月 24 日晚，庆元县召开全县领导干部会议，宣布省委、市委关于庆元县委、县政府主要领导调整的决定。市委常委、组织部部长戴平辉出席会议并讲话。市委组织部副部长徐丽勇宣读省委、市委文件。省委、市委决定，蔡昉任中共庆元县委委员、常委、书记，免去蓝伶俐的中共庆元县委书记、常委、委员职务；提议胡献如不再担任庆元县县长职务；田健晖任中共庆元县委委员、常委、副书记，免去胡献如的中共庆元县委副书记、常委、委员职务。

12 月 2 日，县委召开全县领导干部会议，传达学习省委十四届十次全会精神。县委书记蔡昉主持会议并讲话。县委副书记、代县长田健晖传达。会议强调，要把贯彻省委全会精神与筹备召开党代会、认真谋划 2022 年工作思路结合起来，确保思路明晰。在做好各项收官工作的同时，认真研究谋划 2022 年的工作思路、目标任务和关键举措，确保实现“开门红”；把筹备好县第十五次党代会作为当前的重中之重，做好换届各项工作，确保以高质量的党代会凝聚人心、鼓舞士气、明确方向。

【重要会议】 3 月 18 日，庆元县党史学习教育动员部署会召开。县委书记蓝伶俐强调，在建党百年之际，开展党史学习教育是一项重大的政治任务。全县上下要以“站排头、走前列”姿态，学党史、悟思想、办实事、开新局，汇聚起奋进新时代的磅礴伟力，推动庆元跨越式发展，以优异成绩迎接中国共产党成立 100 周年。县委副书记、县长胡献如主持会议。副县级以上领导参加会议。县委书记蓝伶俐要求，要准确把握重点，激发奋进之力，在党史学习教育中站排头、走前列。要学出“政治能力”，在践行“两个维护”上站排头、走前列。在党史学习中悟出讲政治是第一位的要求、忠诚使命是第一位的标准，提高政治判断力、领悟力、执行力。要学出“思想伟力”，在强化理论武装上站排头、走前列。融会贯通学，与时俱进学，知行合一学，为庆元跨越式发展凝聚最广泛的思想共识和价值认同。要学出“担当魄力”，在开启新征程上站排头、走前列。从党史学习中领悟“一代人有一代人的担当”，勇开新局，争先创优，做到“红绿”融合。要学出“为民勤力”，在办好民生实事上站排头、走前列。迭代升级“三服务”，推进共同富裕，以服务群众、改善民生的实际效果检验学习成效。要学出“作风定力”，在全面从严治党上站排头、走前列。从党史学习中领悟作风建设永远在路上的价值导向，强化风险防范意识、组织执行能力、纪律规矩意识，形成求真务实、清正廉洁的新风正气。会议就《中共庆元县委关于开展党史学习教育的实施工作方案》作说明。

6 月 25 日，项目（征收）工作推进会、旅游业发展大会暨大花园示范县动员会召开。会议动员全县上下牢固树立“项目为王”理念，进一步明确生态旅游发展路径，持续建设“美丽大花园”，奋力打造“最生态窗口”。县委书记蓝伶俐讲话。县委副书记、县长胡献如主持会议。吴青松、洪起平等副县级以上领导参加会议。县委副书记、政法委书记张妍宣读 2020 年项目推进工作、房屋与土地征收工作先进单位名单。县委常委、常务副县长章作飞和副县长李鹏分别就项目、旅游和大花园示范县建设工作进行部署。县委书记蓝伶俐强调，要善作善成，强化抓落实的政治能力、战略眼光和专业水平。抓工作既要宏观也要微观，树立“小切口大牵引”理念，从大局出发，从细处着手，提升战略性和科学性。抓工作既要老经验也要新理念，传承好“老法宝”、好经验，坚持改革创新。抓工作既要有高线也要有底线，既要“比学赶超、争先创优”，也要守住安全底线。

7 月 21 日，十四届县委第九轮巡察工作动员部署会召开。会议贯彻落实巡视巡察工作新要求，对新一轮巡察进行动员部署，为打造美丽浙江、美丽中国“最生态窗口”提供坚强政治保障。县委书记蓝伶俐作动员讲话。县委常委、纪委书记、监委主任王鹏主持。县委常委、组织部部长金业宣布十四届县委第九轮巡察授权任职和任务分工决定。蓝伶俐强调，政治巡察重在“改”。要坚持做实“后半篇文章”。突出压实各方责任、日常监督、建章立制，完善责任体系，构建长效机制，推动监督力量贯通融合，全面提升巡察监督质效。要坚持建强队伍，打造本领过硬的巡察尖兵。强化能力建设、整体智治、纪律规矩，增强斗争本领，加强数字化、信息化建设，增强纪律意识、规矩意识，进一步擦亮巡察利剑。

11 月 15 日，2022 年重点项目、重点工作谋划汇报会召开，会议深入分析当前形势，研究谋划 2022 年工作思路和重点。县委书记蓝伶俐在会上强调，机遇不等人，发展不等人。要坚持谋定后动、动则必快、动则必成，做好每个月、用好每一天、干好每件事，为庆元争当共同富裕示范区的山区范例贡献更多力量。县委副书记、县长胡献如主持会议。吴青松、洪起平、张妍等县四套班子领导参加。县委书记蓝伶俐强调，数字化改革要牢牢抓在手上，围绕“152”体系，形成更多具有庆元辨识度的成果。乡村振兴要牢牢抓在手上，坚持区域统筹发展，共同抓产业、抓环境、抓治理。基本的民生保障要牢牢抓在手上，打好民生保障组合拳，深入开展“我为群众办实事”。防控各类风险要牢牢抓在手上，抓好常态化疫情防控、消防安全、道路交通、安全生产、信访维稳等各项工作，确保社会大局和谐稳定。党的建设要牢牢抓在手上，抓好中共十九届六中全会精神学习，做好“七张问题清单”整改，推动干部执行力提升。

11 月 28 日晚，中共十九届六中全会精神宣讲动员部署会暨县委书记宣讲报告会召开。县委书记蔡昉在作动员讲话时强调，全县上下要持续兴起学习贯彻中共十九届六中全会精神的热潮，紧扣新赶考之路的“跨越”主题，争当大宣讲活动的先锋队、排头兵，以学立行、以学致知、以学促干，把全会精神转化为加快跨越式高质量发展的强大精神动力和实践伟力，奋力开辟庆元跨越式高质量发展新局面。县委副书记田健晖主持会议。洪起平、阎昌远、章作飞、吴灌红、黄立飞、王鹏、陈帅锋、金业等县领导参加。会议通报县委关于开展中共十九届六中全会精神大宣讲活动的总体安排。

12 月 30 日，县委议军会议召开。会议听取 2020 年县委议军会以来武装工作情况及下阶段重点工作安排、提出需地方政府协调解决驻庆部队需求等情况汇报，研究部署党管武装各项工作。县领导田健晖、佘晓君、王鹏、吴秋标、金业、周立飞、叶伟林参加会议。县领导吴青松、杨凯、王伟松列席会议。会议强调，要坚持在作风建设上持续用力。深入落实中央八项规定精神和军委十项规定，从严推进巡视巡察反馈问题整改，确保问题归零，紧盯重点环节，开展整肃治理，不断把作风建设引向深入。要坚持在双拥工作上持续用力。坚持军民“一条心”、军地“一盘棋”，推动双拥共建，高标准做好全省双拥模范城检查考评工作；相关部门要优化服务保障，形成尊崇军人、关心军属、热爱军队、支持国防的良好风尚；驻庆元部队官兵和民兵预备役人员要积极参与地方经济社会建设、各项急难险重任务，为争当共同富裕示范区建设山区范例作出新的更大贡献。

（吴道军）

县委重大活动

【交流合作】 1 月 12 日，庆元与省发展规划研究院建立战略合作关系签约仪式举行。省发展规划研究院院长周华富、县委书记蓝伶俐出席并致辞。县委副书记、县长胡献如主持仪式。县政协主席洪起平出席。县委常委、常务副县长章作飞介绍合作事项。副县长黄卫剑参加仪式。

3 月 10 日，在县“两会”结束后的第一时间，蓝伶俐带队走访省结对帮扶组长单位省交通运输厅，开展结对“走亲”，汇报省级结对帮扶工作和交通工作，对接争取重大交通项目支持。

3 月 10—11 日，蓝伶俐带队赴杭州考察对接有关院校、企业，开展“双招双引”，共谋合作大计，共创美好未来。

5 月 20 日，浙江省医疗卫生“山海”提升工程签约暨浙大二院庆元分院成立揭牌仪式在庆元县人民医院举行。这标志着浙江大学医学院附属第二医院庆元分院正式成立。蓝伶俐和浙大二院党委副书记、院长王伟林致辞。

6月12日，“情牵廊桥”——清华大学经管EMBA校友会爱心捐赠仪式举行。仪式上，校友会捐资50万元用于修缮国宝——庆元古廊桥咏归桥、兰溪桥。蓝伶俐和清华大学经管EMBA校友会会长、北京月坛大厦房地产开发有限公司董事长江榕致辞。胡献如主持。李鹏、王伟松，同方威视技术股份有限公司高级副总裁栗志军、百盛商业集团有限公司执行委员会委员俞开岩等37位清华大学经管EMBA校友会代表参加仪式。

6月21—22日，蓝伶俐到吉林拜访中国工程院院士、吉林农业大学教授李玉，与吉林农业大学达成合作协议。吉林农业大学校长冯江，县领导金业、吴小军、王伟松陪同。

8月2日，庆元县淤上乡浙图藏书旧址开馆仪式举行。仪式上，浙江省图书馆党委书记、馆长褚树青和县委书记蓝伶俐共同为浙图藏书旧址揭牌、为浙图藏书旧址铜像揭幕。县领导吴建华、李鹏、叶仪俊参加开馆仪式。抗日战争时期，浙江图书馆在庆元设立淤上秘密藏书地。1942年5月，浙江图书馆藏书及天一阁藏书迁往庆元淤上，藏匿于居民家中。1946年8月28日，淤上的藏书全部运回杭州。

8月8—9日，江山市委书记童炜鑫带领党政代表团，先后到庆元县黄坛秀珍菇生产基地、黄坛村甜橘柚基地、食用菌产业中心、百兴食品、香菇市场等地，实地考察农业产业发展、食用菌精深加工等。江山市政协主席郑朝基，市委常委、公安局局长郑东清等参加。蓝伶俐、吴青松、洪起平、吴小军、潜伟峰、王伟松等县领导参加。

8月23日，杭钢集团党委副书记、总经理林亮带领考察团到庆元考察，寻找合作商机，洽谈合作事宜。杭钢集团党委委员、副总经理杨静波，中水北方公司副总经理于玉森一同考察。县委书记蓝伶俐出席考察座谈会。县领导吴青松、章作飞、李鹏、王伟松陪同。

9月23—24日，旺旺集团副董事长周锡玮带领考察团到庆元，洽谈交流合作项目，与庆元县签订战略合作备忘录。旺旺集团生产研发群总处长曹永梅、大成食品（亚洲）有限公司财务长兼投资长张景平等一同考察。省台办副主任周晁利，市台办主任沈丽珺，县委书记蓝伶俐，县委副书记、县长胡献如及县领导黄立飞、吴小军、吴秋标、王伟松陪同。

9月30日，与杭州钢铁集团有限公司，举行合作开发抽水蓄能项目签约仪式。杭钢集团党委书记、董事长张利明致辞。杭钢集团党委副书记、董事、总经理林亮，杭钢集团党委委员、副总经理杨静波等出席。县委书记蓝伶俐致辞。胡献如、章作飞、王伟松等县领导出席。

10月21日，蓝伶俐带队到上海旺旺集团总部考察，进一步洽谈对接合作项目。旺旺集团副董事长周锡玮参加。县领导李鹏、王伟松，旺旺集团生产研发群总处长曹永梅，以及相关负责人参加本次座谈。

12月3日，县委书记蔡昉带队到杭州，走访省直部门，对接争取项目、政策和资金支持。田健晖、胡显平、李鹏、叶伟林、张延洪、赵世杰、王伟啸、王伟松等县领导先后参加。

12月6—7日，蔡昉带队走访省直部门和企业，加强工作对接，深化交流合作。县领导田健晖、吴秋标、张延洪、李颖、熊焕、王伟松先后陪同。

【疫情防控专题调研】 1月15日，县委书记、县应对“新型冠状病毒肺炎”疫情防控工作指挥部总指挥蓝伶俐到县疫情防控指挥部走访，部署下一步疫情防控工作。她强调，要坚决贯彻落实中央、省、市决策部署，紧盯薄弱环节补短板、堵漏洞，以严而又严的标准、实而又实的举措，慎终如始抓好疫情防控。副县长李鹏陪同。

5月18日，蓝伶俐深入县疫情防控指挥部、疫苗方舱接种点，调研疫情防控工作。她强调，针尖大的窟窿能漏过斗大的风，疫情防控这根弦决不能松，坚决克服侥幸心理、松劲心态，用精准的防控举措，盯住每一个重点，盯紧每一个细节，堵住针尖大的漏洞，形成严丝合缝的闭环管理，毫不放松把常态化疫情防控抓得更细更实。县领导阎昌远、李鹏、潜伟峰、王伟松陪同。

9月16日，蓝伶俐到县疫情防控工作指挥部，调研指导新冠肺炎疫情防控应急预案落实工作情况。她强调，要把建立完备的疫情防控应急预案作为头等大事，以思维导图的方式，编制好完备的应急预案，健全完善应急体系，提升应急处置能力，牢牢把握疫情防控主动权。县领导金业、李鹏、王伟松参加座谈。

12月10日，县委书记蔡昉到县疫情防控工作指挥部，调研疫情防控工作。蔡昉强调，面对复杂的疫情防控形势，思想要紧起来，行动要快起来，措施要严起来，以最充分的准备应对一切可能情况，以工作的确定性应对形势的不确定性，切实把疫情防控的每一个环节抓紧抓实抓到位，做到科学防控、有序防控、精准防控，全力保障人民群众的生命安全和身体健康。县领导王伟啸陪同。

12月15日，举行新冠肺炎疫情现场处置实战演练，磨合疫情处置运行机制，全面提高应急实战能力和协调作战能力，保障人民群众生命安全和身体健康。县委书记、县新型冠状病毒肺炎疫情防控工作指挥部指挥长蔡昉，县委副书记、代县长、县新型冠状病毒肺炎疫情防控工作指挥部指挥长田健晖，市疾控中心主任季巧英，县领导吴青松、洪起平、李鹏、王伟啸、王伟松在场指导。

【郑栅洁到庆元调研】 3月24日和25日，省委副书记、省长郑栅洁在省政府秘书长陈新，省政府副秘书长、研究室副主任徐大可，省财政厅厅长尹学群、省生态环境厅厅长方敏、省农业农村厅厅长王通林、省发改委副主任翁建荣，以及市委书记胡海峰等陪同下，到庆元县考察调研国家公园建设、生态环境保护和生态产业发展等工作。

【党史学习教育】 3月30日，全县党史学习教育暨政法队伍教育整顿专题党课举行。县委书记、县党史学习教育领导小组组长、县政法队伍教育整顿领导小组组长蓝伶俐出席并讲党课，这既是党史学习教育的一次集中宣讲，也是政法队伍教育整顿的专题党课。吴青松、洪起平、章作飞、黄立飞、金业等副县级以上领导参加。县委副书记李见阳主持。

4月2日，庆元清廉文化教育基地揭牌仪式举行。蓝伶俐、胡献如为基地揭牌。

4月2日，蓝伶俐、胡献如、吴青松、洪起平等县四套班子领导到崔上，开展“清明追思缅怀先烈”祭扫瞻仰活动，凭吊革命烈士。县委副书记李见阳主持。

5月17日，县委书记蓝伶俐率县四套班子领导瞻仰中共闽浙边地委书记陈贵芳故居，开展“传承红色基因、续写伟大胜利”军事日活动，重温“闽浙边地委”的革命历史，进一步推动党史学习教育走深走实。胡献如、吴青松、阎昌远、吴灌红、黄立飞、王鹏、陈帅锋、金业、周立飞等参加活动。

6月25日，“奋斗百年路 启航新征程”“七个一百”系列活动启动仪式在市民广场举行。县委书记蓝伶俐讲话并宣布活动启动。党史学习教育市委第四巡回指导组组长王提操参加。县委副书记、县长胡献如为庆元县宣讲、招商引资、招才引智、党员志愿等服务团队授旗。吴青松、洪起平、阎昌远、章作飞、吴灌红、黄立飞、王鹏、陈帅锋等参加仪式。组织部部长金业主持仪式。

7月6日，县委举办习近平总书记“七一”重要讲话精神学习专题读书班，邀请全国优秀共产党员吴克甸分享心得体会。蓝伶俐主持。胡献如、吴青松、洪起平、张妍、阎昌远、章作飞、吴灌红、王鹏、陈帅锋、金业、周立飞等县领导围绕习近平总书记在庆祝中国共产党成立100周年大会上的重要讲话，结合百年党史作交流发言。

9月30日，蓝伶俐、胡献如、吴青松、洪起平、张妍等副县级以上领导及社会各界代表到石龙山烈士陵园，开展烈士纪念日纪念活动，祭奠忠魂，追思先烈。

11月25日，县委书记蔡昉和县委副书记、县长候选人田健晖到竹口后坑桥、屏都新时代文明实践中心参观，接受革命精神和党史教育洗礼，锤炼党性修养。蔡昉强调，一百年前，一批批中国共产党人践行初心、担当使命，不怕牺牲、英勇斗争，带领中国人民取得了伟大成就。站在建党百年的历史新起点，要从百年党史当中，汲取接续奋斗的革命精神力量，坚定理想信念，牢记初心使命，在新的百年征程上展现新担当新作为，努力谋求庆元振兴、促进庆元崛起、助推跨越发展。

12 月 2 日，庆元副县级以上领导来到中共庆元县特别支部诞生地——咏归桥，开展“初心之行”活动，以革命精神洗涤心灵、永葆初心，接续奋斗，努力把庆元跨越发展的宏伟蓝图变成美好现实。县委书记蔡昉出席并讲话。县委副书记、代县长田健晖主持。吴青松、洪起平等副县级以上领导参加。

【陈铁雄到庆元调研】 10 月 11 日，省政协副主席陈铁雄率调研组到庆元县，调研政协党建工作开展情况。市政协副主席高波，县委书记蓝伶俐，县政协主席洪起平及县领导金业、夏家天、王伟松陪同。

【县委社建委揭牌成立】 12 月 16 日，中共庆元县委社会建设委员会揭牌仪式举行。县委书记蔡昉、县委副书记田健晖共同为“中共庆元县委社会建设委员会”揭牌。组织部长金业宣读中共丽水市委机构编委会《关于同意设立中共庆元县委社会建设委员会的通知》。

（胡　铮）

县委办公室工作

【信息工作】 庆元县委办公室围绕县委中心工作和群众关注的热点、难点问题，立足为领导决策服务这一核心任务，按照重本级、抓上报，保数量、抓质量的总目标，发挥党委系统信息主渠道作用。将全县范围内发生的重大突发性事件、重要社会动态、群众关心的热点难点问题、重要阶段性工作进展情况等以简明扼要的文字编辑出来，供领导参阅。2021 年编发《一周要事》41 期。主要抓信息报送质量，起桥梁纽带作用。将基层的典型经验、好的做法以及落实县委重要会议、重大决策部署情况等及时反映出来，促进各单位的相互交流。全年编发《信息通报》14 期；上报省委办、市委办信息处信息 1400 条，被采用 600 条。《庆元县推进涉外婚姻全流程服务管理“一件事”改革》《庆元县打造“十台合一”智治中心构筑社会风险防控“隔离墙”》被省委办《浙江信息》（工作情况交流）录用；《庆元县发展宜居宜业宜游香菇小镇》《庆元县“一区一馆五库”打造菌种资源硅谷》《庆元县携手旺旺集团打响“菌菇天堂”品牌》等 30 篇信息被省委办录用；市委办《工作交流》录用 2 篇，上报数、录用数较上年均有较大幅度增长。健全紧急信息报送制度，提高信息工作者的政治责任感和敏感性，全面调查登记全县各乡镇（街道）、部门紧急信息报送人员和责任人，明确各单位紧急信息报送人员，对事关社会政治稳定、安全生产等方面的紧急信息，做到准确、及时上报，在“下情上传”和“上情下达”方面充当桥梁纽带作用。

【督查工作】 根据县委作出的全县干部大会报告、政府工作报告和“两会”提案议案，跟踪督查各单位贯彻落实情况。2021 年，开展各类专项督查活动 13 次，较 2020 年同比下降 13.3%。根据省市县《关于整治形式主义突出问题切实减轻基层负担的实施意见》，精减规范督查检查考核工作的要求，制定年度督查检查考核计划，全面梳理督查检查考核事项，规范督促检查工作；推进年度 10 项重点工作；《庆元聚焦》媒体曝光栏目发布 24 期；“七张问题清单”应用工作实现省、市、县、乡四级贯通，办结销号省级清单 1 个，市级清单 12 个，县级清单 22 个，办结率实现三个 100%。通过领衔制、销号制、督办制等方式，完成省市专项督查 10 次；省市领导批示 51 件，县委领导批示 949 件；上报督查专报 10 期，刊发《庆元信息（督查通报）》10 期，扎实推进《今日聚焦》曝光 1 起问题的整改落实。

【调查研究工作】 围绕县委、县政府2021年度工作重点，结合新时代发展中的社会热点、难点问题，有目的、有计划、有组织地开展调研，摸清实情、把握规律、找准对策，为县委、县政府作决策提供科学依据和参考建议。2021年，结合共同富裕示范区建设、跨越式高质量发展、“十四五”开局等相关课题及县委、县政府2021年度工作重点，形成调研报告20份，刊发《调研参阅》8期。参与香菇产业转型升级、县域社会治理现代化等年度重点课题调研，形成一批高质量的调研报告。承担县委重大文稿起草工作，2021年完成庆元县第十五次党代会、全县干部大会报告，县委十四届十四次、十五次全会报告，省市领导调研庆元工作汇报材料，《政策瞭望》《丽水日报》《今日丽水》约稿和全国（部分省市）“外籍新娘”管理工作研讨会、市委农村工作会议交流发言等重要文稿的起草工作。全年编发《领导月度工作安排》12期，起草各类文稿200篇，完成县委交代的各类综合文字工作。

（胡 铮 周丽丽 赵 宇）

组织工作

【概况】 庆元县委组织部坚持以习近平新时代中国特色社会主义思想为统领，落实新时代中国共产党的建设总要求和组织路线，聚焦大局大势、把准发展阶段、树好工作导向，秉持系统观念、树立系统思维、运用系统方法，稳中求进、创新引领、制度保障，构建党建统领、整体智治、唯实惟先的新时代庆元组织工作新格局。截至2021年底，全县有中共党员13884人，其中正式党员13506人，女党员3797人，35岁及以下党员2633名，少数民族党员141人，具有大专以上学历党员5902人，全年发展党员234人。全县有党组织774个，其中党委47个，党总支48个，党支部679个。

【党史学习教育】 常态化开展县领导“周一夜学”，创新百名书记上党课等机制，开设“我听书记讲党史”专题视频，推动基层党组织创新运用直播教学、VR体验、学习研讨等载体，开展学习宣传，组织庆祝建党百年系列活动。开展县级班子成员包乡走村、县属单位主要领导包村走村，深化党员责任区建设，实施“三级书记为民办实事”，全年，各级党员干部认领微心愿4385个，帮扶4600人次。构建科学完善的督导体系，建立实事项目“交办—督办—销号”闭环管理制，压茬推进两批次122项实事项目清单，百项实事全部办结。

【干部监督】 将选人用人、基层党建、双招双引等重点工作融入考察考核，注重在实际工作中考察干部干事创业的底线和高线。建立干部监督工作建议制度，提醒警示在前，督促党委（党组）整改干部管理监督和干部选拔任用中出现的倾向性、隐蔽性问题，跟进健全完善长效机制。制定发放建议书7份，督促党委（党组）整改问题15个，健全完善长效机制7项。针对国企领导监督问题，健全完善重大事项报告机制，规范报告对象、报告重点和报告方式，将涉及亲属在职权范围内工作等事项列入报告重要内容。

【县乡领导干部集中换届】 对标“五好五新”要求，系统谋划、精心组织县乡领导班子换届，努力实现全程全面高质量。开发应用“政治素质测评”App，把政治素质评价指标细化为“20个看”，重点考察干部在推进重大任务中的立场、行动和成绩，526名县管干部建立政治素质评价模型。对照“七个是否”“七个坚决不用”，把落实“庆元嘱托”不力等纳入“负面清单”、处理保护与发展关系不当行为等纳入限制使用范畴，推动干部“能上能下”，4名一贯表现较差的干部被“下”。坚持老中青结合，推动干部队伍有机更新，选拔一批政治过硬、经受考验、把控局面、经验丰富的干部担任乡镇党政正职。加大优秀年轻干部选拔培养力度，建立健全“1132”择优比选体系，县管干部全日制大学以上学历占比提高16.35%，平均年龄降低2.67岁，省定的年轻干部配备“四项指标”

全部超额完成。坚持察实情、办实事、求实效，以“七张问题清单”为抓手，乡镇领导班子全面走访，收集意见建议1500余条。突出融入中心抓换届，推动干部聚焦中心工作拼干劲、晒业绩，新签约产业项目16个，签约总额47.76亿元。创新“编组履职、共富比拼”机制，每名党代表编入一个小组参与领办至少1件实事项目，完成情况纳入“扛旗攻坚”比拼、党代会年会评议和履职考评管理。

【换届纪律宣传】 开展“换届纪律宣传月”活动，运用“组织一次换届纪律专题学习”等“十个一”载体，以“漫画说换届纪律”“快问快答”等方式，提高纪律知晓率。针对年轻干部、村干部、不再提名干部、差额人选等重点对象，开展专题谈心谈话524人次，教育引导党员干部正视进退留转、遵守换届纪律、服从组织安排。坚持快查快办，第一时间作出处理并在全县通报，发挥反面案例警示教育作用。

【年轻干部选育】 贯彻落实“一体系三机制”，强化党组织领导和把关作用，全链条锻造堪当共同富裕示范区山区范例建设大任的干部队伍。构建前后贯通的储备链，注重从源头上加强干部队伍系统性重塑、整体性建设，按照“缺什么招什么”思路，科学编制公务员、选调生、事业人员招录计划，2021年招录公务员53名、选调生8名、事业人员24名，引进“双一流”高校生101人。坚持集中调研和日常发现相结合，动态调整“优秀年轻干部库”保持在100人左右。实施战略储备工程，聚焦关键领域、关键部门，综合年龄、专业、学历、经历等因素储备“一把手”人选。

【干部教育】 深化干部技能实训，升级或新建基层干部技能实训基地24个，举办基层干部推动共同富裕主题培训班次92期，基层干部受训率92.98%，典型经验在全省基层干部培训推进会上做交流。迭代“红+绿”培训模式，组织开展“跨山统筹”培训班次5个、“问海借力”培训班次6个，参训学员570人次。发起组建“浙闽边干部教育联盟”，建立师资、课程、干部互通机制，实现共享共用、相互提升，联合开展培训交流14场次、受训580人。选派410人次到双招双引、国家公园创建、乡村振兴等重点工作火线和农村、企业等基层工作一线挂职锻炼。

【干部考核】 构建上下联动的考察链。深化家访夜访、分片联系等组工干部出现场考察方式，多到现场看、去一线听、找知情人谈，立体多维为干部精准画像。坚持“二八分”原则，出台《庆元公务员平时考核工作实施办法（试行）》，针对不同性质单位、不同层级干部差异化设置评价指标，把更多精力花在平时，力求对干部实绩全景式扫描、全方位掌握。注重考察和实绩的相互印证，通过走村入户实地调研，用乡言村语和群众笑脸来印证工作实绩与成效。

【干部人事档案工作】 对全县所有事业和企业正式在编人员分批分步开展人事档案专项审核工作。累计审核档案4002卷，其中事业人员3871卷，国企人员档案231卷。逐步推进干部人事档案集中管理迭代升级，将原来由组织部门、人社部门和部分单位分散管理的档案集中保管，推进干部人事档案集中管理。按照“事业中层干部人事档案、事业中层以下在职人员档案和退休、辞退、开除人员档案”三个批次有序开展移交。抽调精干力量35人次，实行台账式销号管理和交叉审核，开展教育、人社、卫健等系统干部档案专项审核移交1700卷次。

【村社换届“后半篇文章”】 适应“一肩挑”后治理体系的深刻变革，制定出台班子分工、底线管理、备案管理、考核激励等“1+3”文件，推动规范履职。开展“扛旗攻坚、干事赛跑”，通过县乡党委点题、干部扛旗攻坚、一线比拼赛跑，搭建村干部考评管理的有效平台，与备案管理制度有机衔接。搭建“赛马场”，组织县级擂台比武，评选县级兴村（治社）名师10名。推行导师帮带，各级兴村

（治社）名师依托“名师工作室”，与新任村书记、后进村书记结对51对，老带新、强带弱，强基赋能推进乡村振兴。

【农村党建】 深入推进“十百千”工程建设，巩固提升濛洲街道大济村、淤上乡方格药业基地、竹口镇一产联合党支部等13个县级党建示范点；排摸上报12个后进党组织，严格落实后进党组织“七个一”帮扶整转机制，举办后进党组织“蝶变”大比拼，确保所有后进村顺利通过整转验收。

【社区党建】 全面建立县领导及部门联系社区工作制度，平均每个社区2名以上县领导和10个以上县级单位联系结对，创新“5+4+X”机制（“5”即5项县领导规定指导动作，“4”即4项部门工作职责，“X”即自选动作），按照党员领导干部分工和联系社区工作实际，开展“月走访、季调研、年考评”等工作。建立社区“假日支部”9个、假日党小组80个，创新推出“轮值大比拼”机制，3500余名机关党员到社区报到参与服务，形成“社区吹哨、支部报到、攻坚破难、党员先上”的良好局面。

【两新党建】 以“党建引领”为主线，按照“4+6+N”的总体架构（“4”指“一朵菇、一扇门、一双筷、一支笔”这四大特色产业，“6”指工业园区下属北门、东山垟、五都、屏都新区以及竹口、黄田6个重点园区；“N”指打造N示范点），建成25个“双强六好”示范点，推出“两新党建公积金”、非公企业“党建信誉、五维创优”、“红色惠企服务助力团”等党建品牌。持续抓好“五维创优”政策的落地落实，为20余家企业授信2700万元，融资贷款3200万元，减免担保费用18.5万元，解决企业党员职工子女就学5人。

【村级活动场所提升工程】 完成50个项目建设任务，项目建设完成率为87.7%。其中，验收45个，拨付资金9318397元，项目补助拨付率84.45%。合理谋划村级办公场所建设结余的175.21万元省补专项资金，用于10个东部“空心村”在县城购置办公场所。组织县国投公司及相关乡镇组织委员到同心、同济、横山等小区，实地查看选定可拍卖国有房产，最终有5个行政村选择在同心社区内购置房产，继续通过国资让利一点、财政补助一点、村级自筹一点的资金筹措办法，以公开竞拍的方式进行出让。其余5个行政村选择在镜山里小区购置商铺房产作为办公场所。

【消薄工作】 制定庆元县村级集体经济巩固提升五年行动计划，坚持每季度召开全县消除集体经济薄弱村工作领导小组会议和村级集体经济巩固提升工作部署会，继续落实乡镇（街道）党（工）委书记领办消薄项目机制，有序推进水库清淤、新型墙体等项目。130个村提前完成“20+10”年度目标任务，乡镇（街道）强村公司收益33.8万元。

【数字化改革】 将数字化改革作为深化技能型乡镇政府建设的重要抓手，探索建设“驻村技能小管家”应用场景，破解技能型乡镇干部不可能一人掌握百种技能的问题。以建设干部驻村工作“工具箱”为定位，以“浙政钉”为载体，围绕全省数字化改革“152”体系架构，运用“V”字模型分解集成，谋划建设驻村政策、驻村技能、驻村档案、驻村连心、驻村评价、个人中心六大模块，通过数据多跨、业务多跨实现流程再造。为干部驻村工作提供政策依据、技能依据，帮助驻村干部解决驻村工作实际问题，提高干部驻村工作业务水平、工作效率、服务意识等。

【机关党建工作】 严格执行“第一议题”制度。坚决把讲政治的要求落实到机关工作各领域和业务工作全过程，将学习习近平新时代中国特色社会主义思想和习近平总书记重要讲话精神等内容，作为党委（党组）“第一议题”、机关基层党组织“三会一课”长期主题、各类培训的常设内容，做到在机关各级党组织中全覆盖。在年度党建考核中明确党委（党组）每半年至少研究一次党建工作。严肃党内政治生活。严格执行新形势下党内政治生活的若干准则，推动“三会一课”、民主生活会、组织生活会、民主评议党员、双重组织生活等落到实处。部门党委（党组）书记、机关党组织书记、党员领导干部全年至少上1次党课，全年各级机关党组织累计开展党课1000余场次。

【党员发展】 注重在高知识群体中的党员发展工作，根据全县2021年党员发展指标，吸收预备党员185名（含“两新”组织48名），其中高知16名。举办五期党员发展对象培训班，完成年度发展党员指标。

【全域党建联盟建设】 以建设变革型组织为突破口，探索加强全域党建联盟建设，聚焦打造“六个山区范例”，分类选拔树立发展型、产业型、两山型、服务型、文创型、治理型等六大党建联盟样板，全县建立党建联盟237个，所有支部至少交叉混合编入一个党建联盟。对接福建政和县、松溪县行政服务中心党支部，共同组建“浙闽边界政务服务党建联盟”，通过组织联建、服务联抓、活动联办，推动边界地区密切合作、协调发展、服务为民，该做法入选全省党史学习教育百佳案例，获省直机关工委点赞。

【建党百年庆祝活动】 牢牢把握“百年大党、百年大庆”基调，把庆祝活动作为重大政治任务摆在突出位置。举行“‘奋斗百年路 启航新征程’七个一百”系列活动。“七个一百”系列活动包括百名书记讲党课、百名新党员集中宣誓活动、百个红色暖心包认领活动、百名党员现场志愿服务活动、百家企业百名人才招引活动、百年瞬间图文展活动、百个红色地标打卡活动。开展“两优一先”评选工作。2021年，机关“两优一先”成绩喜人，其中，吴克甸获评全国优秀共产党员；刘城获评省级优秀共产党员、中共庆元县行政服务中心支部委员会、中共庆元县举水乡月山村总支部委员会获省级先进基层党组织；市级优秀共产党员8人、市级先进基层党组织4个；县级表彰60名先进个人和19个基层党组织。有序颁发“光荣在党50年”纪念章。通过组织会议活动、上门走访慰问等形式，为486名老党员颁发纪念章，其中机关党员118名。

【党员服务群众】 依托“为群众办实事、为企业解难题、为基层减负担”等载体，组织开展“十镇百村”民生政策宣讲、“温暖到家”重点群众关爱、“党员在身边”志愿服务、群众生产生活环境优化等实践活动，“清单化”列出项目、“精准化”提供服务。全年县处级领导累计走村入企350多次，办结103件；各级党员干部认领微心愿4385个，帮扶4600人次。

【招才引智】 结合各企事业单位的人才需求情况，开展专场招才引智活动，举办西安、成都、武汉等专场人才招聘会，开展卫生、教育系统人才招聘进校活动。引进大学生2920人，其中博士研究生16人，硕士研究生142人。组织开展企业引才之邀才回“家”活动，引进一批企业技术骨干、技术能手、技术尖兵。举办不同类型、不同规格的庆元专场推介活动13场次。

【“2211”本土人才培养计划】 选拔“菇乡领军”“菇乡新秀”“菇乡名匠”“菇乡骨干”，2021年选拔各领域各行业100余名领军人才、中流砥柱。通过集中学习、外出考察、蹲点调研、社会实践等形式，提升本土人才政治素养和专业技能。深化“农三师”品牌建设，巩固提升“菇乡师傅”老品牌，培育“黄粿师傅”“甜橘柚师傅”等新品牌。举办第三届菇乡工匠技能擂台赛，挖掘选拔技能人才72名。

【人才飞地建设】 发挥“山海协作”制度优势，推进“人才飞地”“人才驿站”等平台建设，用活浙江人才大厦、浙江创新中心、杭州丽水数字大厦等平台，鼓励支持企业入驻，设立科研中心。在浙江中医药大学挂牌“人才科创飞地”，推荐人才科技项目线索12条。大胆设想，主动对接，探索在海曙科创大厦、宁波新工业互联网研究院产业园（空铁新城）、湖州南太湖新区飞地、嘉善干窑镇等地布点建设人才科创飞地。

【人才科技峰会】 依托百山祖国家公园创建等重大历史机遇，以"新时代、新人才、新生态"为主题，举办第十届"智汇丽水"人才科技峰会庆元分会暨"国家公园·康养庆元"高峰论坛。现场与省中医药学会、温州医科大学达成战略合作意向；"揭榜"7个关键技术难题榜单，总榜额约3075万元；成功签约6个科技项目。通过"线上+线下"的模式，通过康养高峰论坛、长三角教育名师论坛、创业创新大赛、企业路演等子活动为载体，吸引凝聚高校院所、科创企业、投资机构等领域专家、高管和人才180余人。

（邝光春）

宣传思想工作

【理论武装】 开展党史学习教育，抽调精干力量组建学习教育专班和10个县级巡回指导组，推进学党史、悟思想、办实事、开新局。持续推出具有"庆元味"的学教载体，开展副县级以上领导"学史进行时"周一夜学活动，围绕中共十九届六中全会精神、习近平总书记"七一"重要讲话精神、"共同富裕"论述精神、《习近平在浙江》以及对浙江、丽水、庆元工作指示精神等主题开展专题辅导、交流研讨。因地制宜引导各级党组织创新学习载体，丰富学习形式，发起"习近平足迹馆"现场教学、云走"长征路"等理论学习活动，进一步提高党员干部思想政治素质。全年组织县委理论学习中心组学习25次、干部夜学12次，发放习近平《论中国共产党历史》和《习近平新时代中国特色社会主义思想学习问答》等党史学习教育用书1.8万册，做到全县党员全覆盖。组织实施"三级书记办实事"活动，县、乡、村三级书记带头领办，实事项目实行"交办督办、跟踪晾晒、销号登记"，累计办结两批次122项实事项目。出台"关爱守望者 共富先锋行"九条帮扶举措，推出"留守老人暖冬关爱""暖巢敲门灯"等系列举措，直面基层需要，引导办好民生小事。整合县委讲师团、记者宣讲团、清廉宣讲团等10支宣讲团资源，打造"身边讲堂""指尖学堂""实践课堂"，推动习近平新时代中国特色社会主义思想和中共十九届六中全会精神往心里走、往深里走、往实里走，组织面向基层的"百场党课下基层""一库十团千人"集中宣讲600场次，受众24000人。成立县党史宣讲团，宣讲员依托"红桥""红亭"等群众集聚地，讲解斋郎战斗、竹口战斗、和平解放庆元等革命故事，累计开展党史宣讲80余场次，听众3000人次；发布党史宣传视频10期，阅读量7.5万人次，擦亮"廊桥说事·青年说"宣讲品牌。依托浙闽边界党建联盟，组织浙闽两省联合宣讲，传递"崔上红音"，打通浙闽边际乡镇宣讲"最后一公里"。围绕浙西南革命精神、红绿融合、生态价值转化、共同富裕，征集评选立项支持2021年度庆元县社会科学研究课题16个，开辟《庆元县社科要报》，定期刊发理论研究思考，进一步推动社科优秀成果转化应用，发挥理论服务党委政府决策的"思想库"和"智库"作用。举办"濛洲人文大讲堂"3期，联合新华书店、慎修书院等，开展文化沙龙、读书会等活动42期，"庆元1197"等以本土文化为主要元素的专题讲座活动吸引一大批乡土文化爱好者。加强与各社会团体的长效合作共享机制，进一步提高科普知识宣传力度，创新宣传载体，以短信推送、微信推广等形式，传递科普知识，连续投放短信和微信内容12期4万条次。

【意识形态】 发挥统筹协调职能，开展网络安全知识学习宣传，推动网络安全主体责任落实，对敏感问题和重点领域做到抓早抓小、精准施策。摸清全县网站论坛、微信公众号、微博等平台底数并建立数据库，针对自媒体乱象，采用红、灰、黑名单管理，提升自媒体治理科学化、规范化水平。加强多部门联动，加大对关键信息基础设施的安全检查和风险评估，发现和落实整改网络安全漏洞6个，提升网络安全应急处置能力。强化依法治网，建成全市首个网信、公安联合执法办案点，联合实施青少年网络沉迷、网络虚假信息清理、网络订餐安全风险防范等行动，把问题发现在线下、化解在基层。截至年底，办理行政处罚案件6起，关停1个涉案服务器，下架整改1个违规微信公众号，未发生被黑客攻击造成的网络安全事件。履行新闻出版和电影行业管理职责，抓细抓实场所安全生产，规范市场经营秩序。健全市场准入、退出机制，加强对印刷企业、出版物发行单位和内资编印单位全流程监管。在党史学习教育过程中，在全县范围内开展针对学教用书的市场专项检查，严把图书渠道关、质量关。结合知识产权宣传、护苗宣传、法制宣传等活动，做好新闻出版法律法规宣传普及，引导公众自觉抵制、远离非法出版物、有害信息。从严从实推进“扫黄打非”进基层，全年相继组织开展元旦、春节、国庆、七一、开学季等多个重要时间节点的专项检查行动，累计联合出动执法检查918人次，检查文化经营场所393家次，收缴非法出版物160册，拆除非法卫地100处，打掉1个通过微信群销售学生课外读物的非法经营点，净化属地文化市场环境。

【新闻宣传】 聚焦主题主线，开展庆祝中国共产党成立100周年及“奋斗百年路 启航新征程”“双招双引攻坚突破行动”“共同富裕新征程”等主题宣传，组织新闻战线多角度报道庆元县经济社会发展。开设《学史进行时》《三级书记办实事》《红色人物讲党史》《红色廊桥讲党史》《红色物件里学党史》等专栏，以新颖的报道形式，独特的宣传视角，全方位学好讲好党史，引导在小故事里见初心，在小实事中担使命，为党史学习教育工作顺利开展营造良好氛围。围绕做好县第十五次党代会宣传，策划推出“‘庆’这五年 我来代言”“跟着书记听报告”“70 80 90读报告”等一批鲜活的学习报道和评论员文章，线上线下厚植舆论强势。打造县域主流掌上客户端平台“掌上庆元”，持续提升下载量和月活率。培养传统媒体记者向全媒体记者转型，在报、台、网、微的基础上，庆元融媒蓝媒号、抖音号、快手号、天目号和菇乡视界视频号全媒体矩阵日益完善，联动造势的影响力再上新台阶，“融媒指数”不断攀升。策划推出“长兴—庆元两地跨市新闻联合行动”，发挥全媒体资源联袂报道优势，实现省内跨市、县的两家新闻媒体一次集中采写，多平台统一播发的声势，《从“关键性一仗”到“江南小延安”》，立体化传播格局愈发凸显，实现新闻宣传和新闻业务交流的同频共振。融媒体暖新闻《我们做你的双腿》被央视新闻频道、《人民日报》、新华网、《中国青年报》、《浙江日报》、浙江电视台等媒体转发关注。深化“新闻+政务”服务，开设媒体监督类栏目《庆元聚焦》，截至12月底刊播22期，发挥新闻舆论监督作用。加强内容生产，聚焦共同富裕新征程，举办“传承‘红色根脉’建设‘最生态窗口’”新闻发布会，开展“双招双引”、生物科技、人才峰会等主题宣传。央视《生财有道》栏目《咱们家乡有特产——浙江庆元：黄米粿糯 龙爪粟香》报道庆元农村发展新面貌，邀请浙江广电开展系列直播3次，《浙江日报》整版刊发《打造美丽浙江“生态窗口”》《争当共同富裕示范区建设的山区范例》，创新举办“共同富裕庆元好故事”短视频大赛，展示庆元奋进新征程。组织策划第六届网络文化季活动，邀请国内知名网络大咖和本地网民共同参与“走进百山祖国家公园”线下活动，通过“图说庆元”“百山祖国家公园”等微博话题，引导网民参与讨论庆元高质量绿色发展，阅读量累计突破5.4亿次，讨论次数9.6万次。截至2021年底，在中央、省级主流媒体刊发报道551篇，重点媒体刊发报道242篇。

【文化产业】 喜迎中国共产党的百年华诞，组织开展“讴歌党史伟业、唱响时代之歌”职工合唱比赛、“砥砺庆元精神 奋进崭新征程”主题文艺晚会等大型文化活动6场，组织举办“诗话红桥书声廊‘琅’”诗词诵读、“我心向党，献礼百年”摄影比赛等主题活动，开展红色故事汇巡演、民俗文化展示等各类文化活动超200场次，生动描绘新时代新庆元群众精神文化生活充盈图景。打造“我的电影党课”学习品牌，策划组织“光影里的百年党史——百部千场红色电影进基层”展映，让红色光影浸润菇乡文化，服务城乡群众更好地接受爱国主义和革命传统教育。以乡村春晚为引领，“月山春晚”坚守40年圆梦央视舞台，庆元“山妞”登上2022浙江卫视跨年晚会，进一步激发乡村“内生式”文化力量。推进宣传文化领域数字化改革，推动“数字化+公共文化服务”，谋划数字化转换和多跨场景应用，推出更多优质便捷的数字化文化产品和服务供给，进一步提高文化受众面和影响力。加强全民阅读工程建设，推进农家书屋升级换代，选点同济社区、同心社区、行政服务中心等地建设一批数字阅读特色书屋，更好地满足群众多样化阅读需求。组织开展线上讲座、线上阅读、微视频及“云端庆博”线上讲解、菇民戏线上展播等系列文化活动40场，文化供给更加生动活泼。大力推进农村文化礼堂和农家书屋建设，新建农村文化礼堂9家，完善逢源书屋、尚艺书屋管理，引导做优做精做特公益书屋文化品牌。坚持完善“三送一走一流通”工作，完成送戏下乡100场，送电影下乡3200场，送图书流通一万余册。不断完善文艺人才培育，做好政策激励引导，大力扶持发展具有示范性、导向性、带动性的文艺精品创作项目，激发菇乡群众文艺热情。深入挖掘本土元素，持续释放文艺精品创作张力，广播剧《亲水碑》再获市政府最高文艺奖项——第五届瓯江文化奖“优秀成果奖”。文艺精品节目现代小戏《网红桥》于2021年“文化和自然遗产日”首次登台展演，受到戏曲爱好者的广泛欢迎，获“中华颂”第十二届全国小戏小品曲艺大展小戏类最佳剧目奖、最佳人气奖。县书协会员多幅作品入选“陆维钊奖——浙江省第九届中青年书法篆刻展”。瓯江山水诗路拾翠《松源遗藻》获市委宣传部文艺精品创作扶持，为龙庆经典文创区提供丰富的文化滋养。

推动落实全市“一带三区”发展格局，以打造龙庆经典文创高地为目标，与龙泉市委宣传部签署合作框架协议，举办2021龙庆文创经典专题研讨班，推进文创产业发展、文化交流活动、瓯江山水丝路建设。以创建百山祖国家公园为契机，创新赋能香菇、铅笔、廊桥等特色文化，探索“国家公园+文化创意”模式。组织文创企业参加嘉兴文博会、丽水特色农文旅精品展等博览会，展示推介国家公园文创拳头产品，进一步推动文创争优、产业增效。如龙桥3D立体便签、“桥色生香”口红、兰溪桥纸雕灯等文创产品获评“文创百城”——浙江省100件代表性文创产品。落实2021年度庆元县文化产业资金扶持，欧迪、久灵、鸿星等7家企业获评市级重点文化企业，持续扩大浙江省重点文化产业园区（铅笔文化产业园）创建效果。围绕“一村一特色文化、一村一特色产业”的差异化创建思路，有机整合月山春晚民俗、大济进士古村、西演畲族风情等文化个性资源，探索特色化创建样板，打造艺术助推乡村振兴项目示范点。引进竹口六龙瓷坊、坑里竹溪瓷坊，开启庆元瓷文化复活新征程。提速特色文化街区打造，继续抓好文创公社建设，充分发挥文化创意、艺术交流、文化旅游等功能业态，与华师大宁波艺术学校合作，设立“纸为媒”创课中心，创设古法造纸等工坊。以浙西南革命精神为引领，打造斋郎、濛淤、白柘洋、崔上、安隆等一批红色重点村，充分利用红色文化资源，建成红色乡村、军旅小镇，打造集红色课堂讲授、体验传承、拓展训练为一体的红色教育基地，培育“红绿融合发展”的美丽事业新坐标。开展2021香菇始祖吴三公朝圣活动，以网上朝圣模式为探索起点，借助新浪等强大的宣传声势，通过零距离网络朝圣活动，持续做深香菇始祖吴三公朝圣品牌，展示香菇文化的独特魅力，为庆元香菇产业发展打上独具特色的烙印。各乡镇农事节庆活动精彩纷呈，开展江根咸菜茶民俗文化节、安南荷塘文化节、竹口甜橘柚文化季等民俗节庆活动，实现地域文化、农业与旅游的“农文旅”深度融合发展，成为促进乡村振兴的新引擎。继续深化“互联网+”模式的尝试拓展，引导市场主体嫁接互联网思维，“吃播”带货、视频号“微店”等多形式创新助力菇乡农产品销售升级，打造网红经济新风尚。制作国内首部全景展现香菇历史和当代价值的纪录片《一菇一世界》，获第27届中国纪录片学术盛典中国纪录片短片十佳作品、最佳摄影两项大奖，凝聚助力庆元香菇产业品牌发展的合力。

【精神文明建设】 念好社会主义核心价值观“24字诀”，深化公益宣传、文明宣教，深入开展“道德模范”“最美庆元好人”“好家风家庭”等推荐评选，不断涌现各级各类菇乡感人事迹。推荐县第六届道德模范胡常康荣登2月浙江好人榜（敬业奉献）和4月中国好人榜，推荐评选庆元县濛洲街道姚家村村民蒋增美为第七届丽水市道德模范（诚实守信），柳庭和（敬业奉献）和方亮星（孝老爱亲）荣登丽水好人榜，开展好人宣传，凸显榜样力量。持续加强家庭、家教、家风建设，广泛开展“我们的节日”主题活动，举办第十四届社区邻居节，在县城松源街、银河湾及汇金城等黄金地段打造“厉行节俭”主题文化一条街，弘扬中华优秀传统文化，将社会主义核心价值观深刻融入村规民约、乡风民俗，深入推进移风易俗乡风文明，引导争做向善向美的新时代庆元人。在巩固省示范文明县城创建成果的基础上提升城市品质和精细化管理，继续以34个网格为抓手，深入开展交通秩序维护、环境卫生整治、市场秩序管理等专项行动，形成卫生文明同步创建、全员联动的管理模式。继续推广“公筷公勺”的使用，面向餐饮服务行业经营单位发放公筷12000双，实现城区内餐饮店配备率100%，有效促进市民健康生活方式养成。推进新时代文明实践中心智慧云平台建设，整合“线下+线上”资源，形成志愿服务基层所站“点单”、中心“派单”、志愿队伍“接单”、群众“评单”的新模式，推进“浙里办——志愿浙江”推广使用，构建云上志愿汇矩阵，串联文明实践服务圈。成立理论宣讲、文化文艺等10支新时代文明实践志愿服务分队，全年累计开展活动2650场，服务群众10.2万人次，“志愿汇”App拥有注册志愿者42439人，成立志愿服务组织143个，志愿信用时数251656.3小时，庆元“花菇朵”志愿服务品牌累计开展活动5.9万次。围绕开展社会主义核心价值观、“扣好人生第一粒扣子”、“童心向党”、“新时代好少年”、中华优秀传统文化传承、学雷锋志愿服务、有特色的道德教育实践活动等七大主题活动，在全县中小学校组织开展争做新时代好少年、中国共产党成立100周年、弘扬践行浙西南革命精神、我们的节日、向国旗敬礼等活动，引导未成年人确立远大志向，树立共同理想。加强未成年人思想道德建设，依托县未成年人心理健康辅导中心和“春泥计划”实践体验中心，累计开展各类主题活动300余场次，受众未成年人2.1万人次。在屏都小学成立（庆元县级试点）全市首家乡村“复兴少年宫”，推动拓展特色课程发展、丰富学生业余生活，举办以“致敬百年伟业，争做新时代好少年”为主题的庆元县第十届未成年人道德文化节活动，对关爱未成年人成长起到“春风化雨”的作用。

（郑昌凯）

统战工作

【概况】 庆元县委统战部（以下简称“县委统战部”）引导广大统战干部和统一战线成员学习中国共产党的历史，加深认识和理解党的理想信念。发挥县委统一战线工作领导小组作用，引导广大统战成员参政议政、民主监督、建言献策。庆元县党政主要领导带头主持召开县委工作情况通报会，向民主党派、工商联和无党派人士通报2022年重点工作、法检两院工作情况以及城市建设情况等。在2021年“两会”上，统战成员提交67个提案建议。组织县侨联、知联会、网联会、社联会、新联会等统战团体，立足优势，围绕民生实事分别开展一系列社会服务活动。

【参与疫情防控工作】 牵头做好境外疫情防控工作，健全境外疫情防控组织领导体系、完善应急预案、提升精细化管理水平，做细摸底排查“一本账”，织密精准化管控“一张网”，筑牢联防联控“一体化”。全年累计排摸境外人员1903人，管理入境人员181人，入境返庆85人。及时向海外侨胞发送国内疫情信息、入境人员全流程管控举措、入境服务等信息 60 条。开展境外浙企平台健康打卡，及时回应侨胞关切。严格按照《庆元县有序恢复开放宗教活动场所方案》要求，指导各宗教场所做好常态化疫情防控工作；通过线上线下相结合的方式，加大对宗教活动场所的巡查力度，坚决落实宗教场所“两暂停一严禁”举措。

【干部党派工作】 为党外干部成长创造更多更广的平台，2021 年推荐 2 名优秀党外知识分子参加市委组织部举办的秋季党外中青班，到市委党校参加为期一个月的学习活动；11 月 5 日，组织党外干部参加庆元县乡镇（街道）统战委员（党外领导干部）培训班。规范无党派人士加入中国共产党的程序，县委组织部在提拔使用党外干部考察期间，县委统战部参与组织部了解党外干部的各方面情况。做好党外干部梯队建设，落实党外干部队伍的发现储备、教育培养、选拔任用和使用管理等工作，形成一支年轻优秀党外后备干部队伍。组织部、统战部每年定期召开两部联席会议，共同研究党外人士培养工作。统战部门向组织部门推荐一定数量的优秀党外干部，作为领导干部选拔任用人选，按《党政领导干部选拔任用工作条例》履行程序，提出任用意见，提交党委常委会会议讨论任用。

【党外知识分子和新的社会阶层人士工作】 树立分众统战的工作理念，针对不同统战对象量体裁衣，设计小切口的联谊渠道，做有针对性的沟通引导，发挥统战团体自我运行管理能力，激发社会各阶层的积极性、主动性、创造性。组织党外知识分子和新的社会阶层人士围绕习近平新时代中国特色社会主义思想举行各类学习会、交流研讨会、专题讲座、现场考察、主题教育等活动，举办统一战线“同心向党 筑梦前行”爱国奋斗宣讲比赛、“百山祖国家公园杯”知识竞赛、“大学习联盟”读书会、“读党史沐党恩”音频录制、“铭记革命历史 赓续红色血脉”观影、“统战佳画歌盛世 纸书传情颂党恩”书画网络展等系列主题活动。在全市统一战线庆祝中国共产党成立 100 周年“同心跟党走、奋进新征程”文艺会演上精彩表演关于斋郎战斗的原创情景歌舞剧《红色记忆1935》节目。发挥优势开展社会服务活动，持续打响“同心知联+”品牌服务活动，开展给留庆过年外来务工人员送春联、惠及万家社保宣传、走进外籍新娘健康讲座、“学礼用礼展风采”礼仪培训、“走进社区”义诊服务、“同心助残”爱心慰问等活动。组织开展团建拓展活动，促进联络交友，增强凝聚力，打造共同精神家园。

【民族工作】 推进民族团结进步创建“七进”，开展民族团结进步宣传月活动。定期走访慰问在庆元新疆维吾尔族同胞，帮助他们解决子女入学等问题，引导他们参加慰问残疾人、老年人等公益活动，融入城市生活。依托少数民族“暖心”工作室，为外来少数民族群众提供就学、就医、就业培训、法律咨询等“暖心”服务，组织少数民族群众开展学党史、庆祝中国共产党成立 100 周年座谈会、慰问民族村老年人等活动。建立民族村工作交流例会制度，每两个月召开一次民族村工作交流会。召开新任民族村干部培训会、学习“两会”精神、学党史、学民法典、中央民族工作会议精神解读、乡村振兴等 6 期专题会议，提升民族村干部带领群众增收致富能力水平。完成道岗村民族文化礼堂、库山村民族文化培育、山根村畲族文化长廊等 7 个少数民族发展项目，改善民族村基础设施，夯实民族村发展基础。建立库山村留守老人集中供餐中心，为留守老人提供集中供餐服

2021 年 9 月，庆元县委统战部联合县江滨小学开展“民族一家亲，童心齐追梦”系列活动

（王兴来 摄）

务，帮助库山村留守老人解决居家养老问题。推进民族乡村振兴“双百”结对行动，组织东西民族村干部到绍兴市委统战部、绍兴市佛教协会学习考察，落实“双百”结对帮扶项目，助力民族村集体经济发展和民族群众共同富裕。

【宗教事务管理工作】 围绕党史、统战史、统战条例等内容开展主题学习活动，召开民族宗教界庆祝中国共产党成立100周年座谈会，开展“走红军路、抒爱党情”毅行活动，引导宗教界人士紧密团结在中国共产党和政府周围，维护庆元宗教领域和谐稳定。实施宗教领域“1+3”专项整治行动，深化宗教领域“四治”专项工作，处置非法宗教活动1起、基督教私设聚会点1处，召开县委统一战线工作领导小组专项工作会议，分析研判宗教领域存在的问题，防范化解宗教领域的风险挑战，维护庆元县政治安全和社会稳定。落实宗教工作三级网格两级责任制，发挥“三人驻堂小组”作用，利用“浙江掌上宗教”App开展每月巡查、消防大检查、建筑大检查，定期开展消防安全培训、应急演练，做好宗教领域疫情防控工作，落细落实疫情防控措施，确保全县宗教和民间信仰活动场所安全稳定。深化社会主义核心价值观、国旗国歌、宪法和法律法规、平安创建、传统文化“五进”宗教场所活动，参加丽水市美丽宗教活动场所建设评比、佛道教素食制作评比等活动，教育引导宗教界人士和信教群众发挥积极作用。

【乡贤工作】 利用春节、重阳节、国庆节等节日召开乡贤联谊会、开展走访乡贤等活动，引导乡贤为家乡发展献计献策，聚智聚力，奉献爱心。龙溪乡乡贤联谊会组织各村开展“爱在重阳，敬老有我”系列主题活动；隆宫乡乡贤何英女士捐资200万元助力家乡乡村振兴；屏都街道乡贤方春生全额出资64.9万元为家乡建设余村村西门楼；竹口乡村振兴发展促进会连续四年重奖竹口教育，累计奖励64.2万元；全国知名特级教师姚丽雅回乡成立“菇乡贤”姚丽雅特级教师工作室，助力家乡中小学音乐教学发展。开展乡贤典型宣传，传播乡贤文化，激发乡贤返乡创业，发展乡村产业。江根乡通过亲情乡情招商、以商招商等方式，拓宽渠道，打造“乡贤创业之乡”，打造花海白茶园、黄桃基地、油茶基地、“庆元800”生态产品价值转换体验基地等，推动乡域经济发展迈上新的台阶。黄田镇找准乡贤回归工作方向，激活青年乡贤资源，打造青年乡贤回归创业典范。青年乡贤沈丽军的圣氏兰花，总投资7000万元，成立华东兰花营销中心，种植规模100万盆，带动就业120人；统战部部长阎昌远带队到宁波、义乌开展乡贤“双招双引”工作，在宁波庆元商会、义乌庆元商会挂牌设立“菇乡贤”联络站，搭建起在外乡贤服务沟通平台。县、乡两级定期召开联谊会、座谈会，不定时走访乡贤企业、邀请乡贤回乡考察，强化“乡音”传递，激发新乡贤回报桑梓的热情，汇聚起关爱家乡、服务家乡的强大合力。

【民营经济工作】 开展服务行业素质提升培训班1期；组织带领庆元县新生代企业家联合会会员到福建省南平市政和县、建阳区开展竹产业交流1次；连续三年选派31名新生代企业家到涉企部门挂职锻炼，开展“双走访”活动，提升非公经济人士的综合素质。制定《学党史 树清廉 庆元县清廉企业建设宣传》手册，将清廉民企建设相关制度规定通过手册发放和微信群向执委企业、商会宣传，向执委企业发放清廉民营企业建设倡议书，建成浙江九川竹木股份有限公司、浙江鸿星文具有限公司、浙江方格药业有限公司、新生代企业家联合会等清廉企业示范点4个，将相关的制度、文化、工作机制在企业、商会上墙，在企业营造良好的氛围，激励广大会员企业争当爱国敬业、守法经营、创业创新、回报社会的表率和践行“亲”“清”新型政商关系的典范。3月31日至4月1日，以天能集团为组长单位的浙商助力团40人齐聚庆元，先后走访考察浙江鸿星文具有限公司、庆元生物科技产业园、浙江双枪竹木有限公司、浙江方格药业有限公司等。4月1

日下午，召开知名浙商助力庆元“双招双引、双争双创”座谈会。座谈会上，庆元与浙商助力丽水跨越式发展庆元工作组签订“知名浙商助力庆元跨越式发展合作框架协议”。

（黄琳惠）

机构编制工作

【概况】 2021年，中共庆元县委机构编制委员会办公室（以下简称“县委编办”）坚持以习近平新时代中国特色社会主义思想为指导，持续深化体制机制创新，优化机构编制资源配置，释放机构改革红利，为庆元跨越发展提供体制机制保障。

【基层管理体制机制改革】 规范乡镇（街道）“属地管理”，构建“五个一”工作体系，梳理17个部门68个事项的工作体系。完成监管事项认领9057项、行政检查事项覆盖3421项，事项认领率、行政检查事项年度覆盖率均为100%。开展“大综合一体化”行政执法改革，探索基层“一支队伍管执法”，11月30日，综合行政执法指导办公室正式挂牌。市域内率先完成应急管理综合行政执法改革，以庆元县安全生产监察大队为基础，整合机构职能，增加3名参照公务员法管理事业编制，成立庆元县应急管理行政执法队。

【重点领域关键环节体制机制改革】 应用“党工委+”模式，整合庆元开发区（园区）管理机构，优化职能配置，明晰事权关系，核定4个领导职数，设立4个内设机构。设立中共庆元县委社会建设委员会，承担全面落实高质量发展建设共同富裕示范区的重大任务，作为县委派出机关，与庆元县发展和改革局合署办公。印发12家群团机关机构编制规定。落实扶贫机构调整和乡村振兴机构设置，在县农业农村局增挂县乡村振兴局牌子，调整相应内设机构职能、名称。保障公办幼儿园办园率，设立庆元县后田幼儿园，为县教育局下属公益一类事业单位，核定教职工编制26名。压实文物保护责任，在县文化和广电旅游体育局增挂县文物局牌子，在其内设机构“公共文化和遗产科”增挂“文物科”牌子。设立庆元特色小镇建设管理服务中心，在庆元县项目服务中心挂牌，增加2名全额事业编制，为庆元香菇小镇争创省级特色小镇提供机构编制保障。

【机构编制管理】 管好用活“人才储备编制池”，制定《庆元县直事业单位“人才编制储备池”管理实施意见（试行）》管理使用办法，统筹20名全额事业编制，解决部分单位人才引进无编可用难题。三家单位获批使用储备池编制，成功引进三名硕士研究生。坚持优先满足高端紧缺人才用编需求，批准49个编制用于人才引进，引进28名紧缺人才，其中博士生2名，研究生24名，本科2名。统筹80名编制建立庆元县“重要窗口”建设编制周转池和县服务保障共同富裕编制周转池。

深化机关事业人员职业生涯全周期管理“一件事”改革，实现出入编登记“零次跑”，全年累计办理“一件事”事项1046项。深化与巡视巡查、经济责任审计业务融合，联合审计局完成9家单位经济责任审计工作，强化机构编制刚性约束。理顺教育系统69名中小学、幼儿园教职工编制关系，确保人岗编三对应。

自主源代码开发“庆元县机关事业单位人员编制自助查询打印系统”，放置在行政服务中心大厅24小时自助政务服务区域，有效突破群众办事时间与空间的限制，弥补非工作时间的服务盲点，群众可以享受便捷、高效的全年365天无休、24小时“不打烊”的政务服务，该系统最快可以在2秒内完成人员识别并给出在编提示，25秒内打印出不在编证明，助力大搬快聚富民安居工程。

【事业单位管理】 受理核准事业单位法人设立登记3件、变更登记30件、注销登记9件、换领2件、年度报告公示167件。受理核准机关群团统一社会信用代码证初领2件、变更19件、撤销1件、临时机构换领2件。完成245家机关、群团、事业法人中文域名全覆盖。完成科教文卫领域

75 家事业单位章程核准(备案)工作。实行"1+X"县域事业单位法人"双随机"抽查和民办事业单位公益指数评价,强化事中事后监管,聚焦单位基本情况、年度报告公示信息、单位"三定"和章程实行"三查法",抽查结果在"丽水市事业单位登记管理""信用丽水""丽水机构编制"等网站公布,促进事业单位规范履职、提质增效。

(严淑贞)

信访工作

【概况】 2021 年,庆元县信访局(以下简称"县信访局")受理登记信、访、网、电信访事项 22076 件,同比下降 21.5%。其中,来信 235 件,同比上升 42.2%;来访 1095 批 2235 人次,同比批次下降 17.6%,人次下降 22.7%;网上信访 1278 件,同比下降 76.9%;来电 19468 件,同比下降 7.8%;到市访 8 批 11 人次,同比批次下降 38.5%,人次下降 47.6%;赴省访 16 批 22 人次,同比批次下降 5.9%,人次下降 8.3%;去京访 5 人次,同比持平。县级走访 83 批 205 人次,占国家、省、市、县走访登记的 84.4%。初信初访事项办理满意度 98.79%。群众初次来信化解率 100%。全县信访形势总体平稳有序,基本形成"信访总量降、初次化解升、北京去人少、县级接访多、重大活动安"的良好信访生态。

【矛调中心运行】 庆元县矛调中心(以下简称"县矛调中心")在原有基础上,多层级推动"县级社会矛盾调处化解中心—乡级综治中心—村级三治融合治理体系和全科网格"阵地标准化建设。结合行政村规模调整,推进党建网格融合,探索建立党建统领全科网格工作保障体系,发挥乡镇(街道)"基层治理四平台"和枢纽功能,以"四平台"应用系统贯通"十台合一"线上指挥中心和线下矛调协同应用系统,推动信访和矛盾纠纷化解有机融合。11 月,出台《庆元县矛盾纠纷"分级分类分流"机制实施意见》,形成"信访打头、调解为主、诉讼断后"的递进式矛盾纠纷分层过滤体系,有效推动诉源治理。11 月,县矛调中心成立"芳林"共享解纷工作室,吸收法院优秀法官、法官助理、书记员、调解员,组建县解纷工作先锋团队,形成具有庆元辨识度的"在法官指导下的人民调解"模式,为庆元县"信访打头、调解为主、诉讼断后"全链条解纷机制的高效运行注入新的动力。

【领导接访下访】 县信访局严格执行县领导到信访局接待来访群众"五公开"制度(接待时间、地点、领导姓名、领导职务、领导分管领域等信息在接访场所和政府门户网站提前公告)。这一制度从无到有、从有到优,到现在的随机公开接访,化解一大批信访事项,及时解决民生问题。2021 年,副县级以上领导到信访局值班接访 223 天,累计接待来访群众 121 批 203 人次,听取联系乡镇(街道)信访工作情况汇报 108 批次。5 月 31 日,组织实施丽水市委书记胡海峰带队市县领导组团到县矛调中心随机公开接访活动,一天时间市县领导接待来访群众 31 批 54 人次,取得良好成效。县信访局以此为契机,全力做好胡海峰到庆元公开随机接访的"后半篇文章",历时多年的一大批"老大难"信访积案得到化解,推动县领导公开随机接访下访工作。

【"12345"政务服务热线提升】 庆元县"12345"政务咨询投诉举报服务中心始终坚持群众利益无小事,以直接、快速、便捷、高效的服务为人民群众解决急事、难事、操心事,群众诉求第一时间得到化解,避免大量民生小事转入信访,畅通民意收集和合理化建议,得到人民群众的充分肯定和赞扬。为提高热线有效接通率,6 月,"12345"政务热线接听业务采取服务外包方式进行运行管理,有效接通率从外包前的 75.3% 提升到现在的 92.6%。在"12345"后台办理管理上,坚持快速转派、快速回应、快速办理,推动落实"接诉即办"工作,主动沟通对接职责不清、疑难复杂的事项,提升办理速度和办理质量。

12 月底，根据上级要求，再次部署“12345”热线整合优化工作，完成其余 19 条热线的整合优化工作，累计整合 57 条政务服务热线。中心通过对相关事项集中梳理、仔细研判、精准分析，不定期报送各类信息，及时向县委县政府提供决策参谋。

【信访积案化解】 2021 年，制定出台《平安护航建党百年信访积案化解集中攻坚行动工作方案》《庆元县信访积案化解百日攻坚专项行动方案》《庆元县第二批国家和省重复信访事项交办工作方案》等，开展信访积案化解工作。全县副县级以上领导挂帅抓化解，包案化解当年国家、省、市交办和县级梳理的信访积案或重复信访事项。县信访局成立信访积案梳理小组，召开全县信访积案化解工作部署会议进行集中交办。利用“百日攻坚”“对标比拼”“挂图作战”等活动，采取专班化解、周晾晒、月通报等措施，对标比拼限时化解，解决大部分群众反映强烈的疑难复杂信访问题。全年，庆元县国家级交办重复信访事项 43件，化解 39 件，化解率 90.7%；省级重复信访事项 31 件，全部化解，化解率 100%；市信访局“百日攻坚专项行动”交办信访积案 22 件，化解 20 件，化解率 90.9%。

【初信初访提质】 县信访局高度重视初信初访事项提质增效工作，通过整合资源，完善运行体制机制，深化线上线下融合调处模式，推动实现所有进县矛调中心的信访和矛盾纠纷可化解、可查询、可跟踪、可督办、可评价。全县走访总量 730 批次（含乡镇一级走访），在乡镇一级化解 219 批次；村社一级化解 428 批次。2021 年，县委书记、县长阅批群众来信 10 件次，占初次来信 83.33%；编报《信访专报》27 期供领导参阅，编报《信访快报》223 期供全县信访干部参阅，及时发送信访预警单 28 次。进县矛调中心初次走访 73 批次，化解 65 批次；初次来信 16 件次均化解，化解率 100%。

（吴丽蕾）

党校工作

【概况】 2021 年，中共庆元县委党校（以下简称“县委党校”）深入贯彻习近平新时代中国特色社会主义思想和中共十九届历次全会精神，聚焦助力高质量发展建设共同富裕山区范例的新目标新定位，提高政治站位，紧盯“最生态窗口”建设，落实上级党校决策部署，谋划“十四五”发展规划，以党史学习教育为主线，在干部教育、科研咨政、队伍培育、服务保障、为民服务等方面取得“新突破”。先后被评为“丽水市先进基层党组织”“丽水建设清廉机关、创建模范机关工作先进集体”“庆元县清廉机关、模范机关党建示范点”。被省、市、县评为“园林式单位”。县委党校教师当选县党代表 1 名，县人大代表 1 名。与县教育局共同举办 2021 年丽水市全民学习周活动。

【干部培训】 全年举办培训班 38 期，来自全县各条战线的 2847 名干部参加培训学习。先后举办“问海借力 双招双引”专题培训班、数字化改革专题培训班、为期一个月的习近平新时代中国特色社会主义思想科级领导干部进修班、5 期党员发展对象培训班、新录用公务员初任暨引进人才岗前培训班等，打造有“庆元特色”的干部教育培训高地。与福建省松溪、政和、寿宁三县合作，成立浙闽边干部教育联盟，实现资源共享，做大区域品牌，拓展外培渠道，开展联盟单位间的干部教育交流。联合县纪委共同打造庆元清廉文化教育基地，开辟党员干部接受反腐倡廉教育的重要阵地，自 2021 年 4 月 2 日基地开馆以来，全年有 194 批次 6989 名党员干部参观学习。

【教学科研】 全年，党校教师以党史学习教育为重点，开展下基层送党课活动，外出宣讲 37 场次，受众 2583 人次。实施党课试讲工作，通过集体备课形式形成精品课程。推动形成优质课 6 堂，微党课 1 堂。其中 1 堂微党课参加市委党校

"传递党校好声音 喜迎建党100周年"微型党课比赛,获市一等奖、省优秀奖;2堂精品课参加丽水市电大"讲党史、学四史、守初心"思政课教师教学技能竞赛党课比赛活动,其中1堂进入全省决赛;1堂优质课参加全市党校系统精品课比赛,获三等奖。省级思想政治教育研究的课题申报5项,立项3项;市现代远程教育学会研究课题立项5项;1篇论文获丽水市委党校系统"庆祝中国共产党成立100周年"主题征文三等奖;1篇论文入选"全省党校系统忠实践行八八战略奋力推进山区共同富裕学术研讨会";丽水市现代远程教育学会2021年优秀论文评选活动中,1篇获得一等奖,2篇获得二等奖,5篇获得三等奖。科研交流材料《关于庆元县加快培育生物科技产业为战略性主导产业的思考》在全省党校系统高质量发展建设共同富裕示范区智库论坛上做交流发言。

【开放教育】 2021年,经浙江开放大学批准,浙江广播电视大学庆元分校新增土木工程、园艺(新增40个财政全额补助名额)两个本科班。春季招生70人,秋季招生173人,有46个班级,在籍学员704人。

(陈爱玲)

老干部工作

【概况】 2021年,庆元县有离休干部17人。按地域分:在庆元县安置13人,易地安置4人;按单位性质分:行政机关8人,事业单位4人,企业3人,条管单位2人;按入伍时间分:抗日战争时期入伍1人,解放战争时期入伍16人;按享受级别待遇分:享受副县(处)级以上待遇6人,享受乡科级待遇11人;按年龄分:90周岁以上12人,80—90周岁5人。

县老干部服务中心在2021年度先后荣获"全省老干部工作先进集体""丽水市先进基层党组织"称号。组织报送的《新时代离退休干部党建工作的调研与思考》获"全省老干部工作优秀调研报告"称号。胡喜花获"全省老干部工作者"称号。吴云妹获"2021年度全省老干部工作部门十佳信息员"称号。

【退休制度创新】 联合县委组织部、县人力社保局印发《关于进一步规范机关干部退休制度的通知》,通知要求各单位在干部退休时落实"进行一次谈心谈话关爱、举办一场光荣退休仪式、安排一次服务管理对接、搭建一个作用发挥平台、组织一次退休规划教育"的"5+N"工作机制。11月12日联合县委组织部、县人力社保局举办全县机关干部60人集体荣退仪式暨"退休第一课"活动,通过简约而温馨的荣退仪式和退休第一课专题辅导,增强退休干部的归属感、荣誉感和幸福感。

【老干部政治生活管理】 老干部服务中心党组牵头,36家离退休支部参与党建联盟。36家离退休支部结对共建实现全覆盖,全年结对活动109场。召开4次季度党建工作例会,建立健全年度考核评先制度,形成离退休党建闭环式管理工作格局。结合重阳节,开展"银龄互助"公益日活动,落实支部谈话关爱、暖心服务、以老助老等举措,典型经验做法受到省局公众号"浙江老干部"宣传推广。组织开展"银龄助学"微心愿活动,为39位家境贫困学生送去慰问品。开展"银龄助力双招双引"活动,建立银发人才库和招引信息库。"七一"前夕,组织187名老干部志愿者开展"永远跟党走 助力新征程"志愿服务活动,助力县城公共区域洁净清扫,营造庆祝建党百年的节日氛围。

【老干部生活待遇落实】 优化"五个一"组合服务,持续推进离休干部"服务月访"及服务质量双向提升联动机制,借力医疗资源和社区资源,打造贴心服务2.0版本。联动石龙、濛洲、松源、玉田4个社区及人民医院和濛洲、松源2家社区卫生服务中心,分组到28位在城离休干部和副县级以上退休老干部家中开展"签约医生"诊疗服务活动。结合"七一"、春节等重要节日,集中开展离退休干部（含县级退休干部）走访慰问活动。全年累计开展上门诊疗服务4次、异地走访慰问13次，解决老干部“急难愁盼”问题22件。牵头举办全县“共忆党史、共话初心”老战士、老干部、老先进、老专家座谈会。组织召开老干部大事通报会2次，开展“走看促”活动2次、学习考察活动2次。2021年，落实离退休干部各项保障经费80万元，走访离退休干部110人次，探望慰问住院老干部10人次，慰问经费0.6万元，组织离退休干部做好体检工作。

【“两个阵地”建设】 持续完善老年大学和老干部活动中心建设，搭建学习活动阵地平台。2021年度在册学员224人，开设8门课程10个教学班，聘请教师9人，提高授课质量，授课期间严格落实疫情防控工作。首次开设讲党史、讲国史、讲风尚“三讲”微课堂，开展红色思政大党课。开辟“空中课堂”特色办学模式，组织学员观看省、市线上教学课程。组织开展“银龄跨越数字鸿沟”专项行动3场次，受益500人次。组织编排节目《乐享数字新生活》参加丽水老年大学建校30周年文艺会演。围绕“庆祝建党百年”主题，组织开展“庆百年华诞 展银龄风采”老干部乒乓球赛、“银领向党”老干部门球赛、庆祝中国共产党成立100周年老干部书画展等老年文体活动，累计参与活动1000人次，丰富老年人晚年生活。

【县政府咨询委】 组织县政府咨询委成员开展重大项目建言献策活动，撰写《关于大力打造新农人的新模式新业态乡村产业 打牢乡村振兴产业基础的调研报告》及5篇委员建议，得到县政府主要领导的批示肯定。

（胡梦云）

关心下一代工作

【概况】 2021年6月18日，庆元县关心下一代工作委员会（以下简称“县关工委”）与县老干部服务中心合署办公。协助开展网吧巡查，优化青少年成长环境。“五老”网吧义务监督员采取定期不定期巡查相结合的方式对网吧开展监督巡查、劝阻、制止未成年人进入网吧，促进网吧的动态监管，为青少年的身心健康筑起一道坚实的屏障。全年组织18次网吧巡查活动。

【社会主义核心价值观教育】 县关工委组织宣讲团到庆元中学、庆元二中、县职业高级中学、县实验小学等21所学校开展伟大建党精神主题宣讲。引导学生传承红色基因，争做新时代好少年。开展建党百年主题教育活动，通过讲红色故事、参观红色基地、树立红色信念等9个红色活动，将红色基因根植于广大学生心中，引导他们从伟大建党精神中汲取奋发向上的动力，培养家国情怀。开展身边榜样采访活动，邀请建党百年受表彰的全国优秀共产党员、当代庆元“吴三公”吴克甸老先生，在9月开学季，为师生们讲述“择一事，事一生”的初心，感受信仰的力量，以树榜样、学先进作为社会主义核心价值观教育的有效载体，引领青少年深刻领会对党忠诚的大德、为民造福的公德、严于律己的私德。

【助学工作】 针对申请助学的学生，组织人员开展家庭情况调查，建立困难学生档案。争取各方资源，拓宽帮扶途径和渠道。借助《都市快报》《丽水日报》等媒体的力量，通过采访报道庆元贫困大学生的艰辛求学，奋发上进，立志成才，呼吁更多的社会爱心企业和爱心人士关注帮困助学。与爱心企业和爱心人士沟通对接，听取他们对帮困助学工作的意见和建议。走访贫困学生所在学校和家庭，做好受助学生的跟踪服务和材料报送。及时向资助企业报送受助学生的成绩单和在校获得的各种奖励情况，了解学生本人与资助企业的沟通联系情况，动态掌握受助学生家庭的实际情况，对受助学生开展感恩教育和励志教育。2021年，全县中小学生和大学新生201人次得到资助，资助金额38.58万元。

【“乡村振兴战略‘双百’行动”】 通过召开推广现场会，让青年农民亲历现代农业科学技术，开阔眼界，增强科技意识。全年发放各类科技资料2000份，解答咨询300人次，开展基地现场培训会4次，培训青年农民1200人次。经过专家的精心传授，这些项目提升科技内涵，实现经济效益和社会效益的双丰收。

【“五老”队伍建设】 在巩固原有“五老”队伍的同时，通过组织动员、典型引领、登门拜访等形式，争取更多的老干部加入队伍中来。主动为“五老”提供优质服务，真心实意为他们排忧解难，在思想上尊重、在生活上关心、在工作上支持，关注老干部，提高“五老”队伍的凝聚力。

（吴会忠）

史志档案工作

【概况】 2021年是中国共产党成立100周年，也是“十四五”规划开局之年，站在“两个一百年”的历史交汇点，庆元县党史和地方志研究室在县委县政府的坚强领导下，在上级业务部门的有力指导下，围绕中心、服务大局，履职尽责、主动作为，充分发挥史志档案部门“存史、资政、为民”的功能，推进全县史志档案工作再上新台阶。

【党史二卷编撰】 《中国共产党浙江庆元历史》第二卷1月顺利通过初审。4月初步形成复审稿，在听取市党史研究室及龙泉市党史研究室的意见后，立即着手修改，于6月底形成复审稿。7月将复审稿送至市党史研究室审阅，并邀请杭州和金华党史研究专家审稿，再根据专家意见，修改补充完善。至年底，大部分修改工作已完成，针对一些难以修改的再次进行资料查找，以充实二卷内容。

【全力助推党史学习教育】 作为全县党史教育领导小组成员单位，积极参与修改审核资料，为百年瞬间展览提供相关图片，向各部门提供党史学习资料等，发挥党史部门“以史鉴今、资政育人”作用。1. 整理汇编《百年瞬间——庆元县百年党史要事摘编》，梳理庆元党史发展脉络，选取庆元百年党史百个瞬间编辑成册，并在庆元县政府网等平台上推送，作为本土学习材料。2. 联合融媒体中心推出“老物件”里学党史系列宣传报道，分八篇讲述可歌可泣的红色往事。3. 与县委宣传部联合开展“四史”宣传“七进”宣教工作，掀起党史宣讲热潮，为到庆元的领导、四套班子以及县属各单位、学校及村社等开展党史宣讲30余场，听众约5000人次。4. 在市民广场开展“档案话百年”主题展览，向市民讲述庆元红色印迹、菇乡巨变、香菇世界等故事，并开展建党百年革命历史资料征集等活动。

【深入挖掘地方党史资料】 1. 建立庆元革命历史资料专题库。对庆元革命回忆录、书信、文献资料等进行整理并数字化扫描，形成案卷级条目113条，文件级条目1861条，数字化加工22610页，并将数字化成果上传档案馆藏系统，在馆藏系统建立革命历史资料专题库，提高史料的利用效率。2. 推动革命遗址保护工作。协助主管部门对庆元现有100余处革命遗址开展保护研发工作；重修“庆元革命丰碑”，对革命遗址变化情况进行更新完善。3. 开展党史编研利用。主动协助黄田镇崔上村革命老区党史馆布展、资料收集、党史宣传等工作；整理革命老区相关资料，并汇编成册，宣传革命老区精神，为向上级争取政策支持，提供历史佐证；助力全县红色旅游事业的发展，强化红色旅游教育功能、扶贫功能；积极参与全省党史工作者学术沙龙，撰写《天堑变通途——庆元交通跨越发展》等文章。

【第二轮修志成果转化】 《庆元县志（1991—2010年）》出版发行后，通过媒体宣传志书编纂成果，及时总结第二轮修志经验，向各乡镇（街道）、县属各单位及学校、图书馆等赠送志书1000多册，扩大志书影响力，并开展志书交流互换活动。

【《庆元年鉴(2021)》编撰工作】 组织编辑人员认真学习相关文件精神,提高业务水平。对照省市精品年鉴和上年度社会热点,及时修改和制订年鉴篇目框架。3月下发文件通知,启动2021年度年鉴编纂工作。4—6月,根据责任分工及编纂要求深入各承编单位开展年鉴初稿撰写的指导、联系工作。8月完成初稿修改审核,并提交出版社审稿,力争12月按时出版发行。

【推进各项地方志事业发展】 1. 开展旧志整理工作。从上海图书馆购得明代沈维龙编修的《庆元县志》万历五年刻本残稿,这也是庆元发现最早的县志版本。经过整理、修缮,于8月底影印成书50套。2. 开展1949—2021年庆元县获省部级及以上先进荣誉人物征集、整理工作,共征集到省部级及以上先进荣誉人物316人;开展中华版本资源库地方志书专项收集,至6月底,收集上报书籍简报37套(份)。3. 配合县委宣传部收集、整理资料,撰写《记录小康工程》庆元县1949—2021年文稿资料;编写《菇乡喜迎绿巨人——衢宁铁路庆元段项目建设纪实》,该书200多页,系统地记录了衢宁铁路的建设历程和典型事迹。

【档案事业发展"十四五"规划】 2月确定规划编制方案,并成立编写小组,部署"十四五"规划专项研究计划。经过几个月调研、讨论、编写、修改,5月中旬形成规划初稿,6月初形成征求意见稿并公开征求意见,经修改完善形成送审稿。规划包括发展环境、总体要求、主要任务、保障措施四大部分。10月底,组织召开《庆元县档案事业"十四五"规划》评审会。评审专家组一致同意《庆元县档案事业"十四五"规划(送审稿)》通过评审,并建议根据会议意见作进一步修改完善。规划(报批稿)交由县档案局,届时将与县发改局联合发文。

【档案信息化安全】 严格落实档案信息化安全工作责任,规范涉密档案管理,强化档案核心机房设施设备的运维和日常管理。做好馆内信息系统项目数据归集、系统普查及系统数据串梳理工作,及时录入IRS数字资源系统(庆元县数字档案协同管理),对系统网络安全进行自查自纠。开展"1+10+N"档案系统网络安全等级保护二级测评工作。对数字化加工场地进行红外线报警布防,做好档案数字化加工过程中的安全管理。与无锡市档案史志馆签订战略备份协议,全面梳理馆藏电子档案数据,9月完成异地备份。

【馆藏档案资源建设】 1. 启动"十四五"时期档案接收工作,截至11月底,共完成濛洲街道、百山祖管理处等6家单位的档案移交接收工作,共接收纸质档案5591卷、11871件,同步接收数字化副本188.77GB。2. 全程参与疫情防控档案收集整理工作。明确疫情防控档案整理编制办法,在"1+10+N"系统建立疫情防控档案接收临时全宗,同步在馆藏信息系统建立疫情防控档案专题库。截至11月底,完成全县76家单位2020年度疫情防控档案归集,共归集文书档案8019件,电子档案6034件,照片档案1150组,4890张,音视频档案70个,微信公众号档案3096个。3. 收集到中华人民共和国成立初期到改革开放前各类票证1000多张,寄存重要凭证价值和社会参考价值的山林纠纷调处档案39份。

【全县档案事业统计年报】 本次档案事业年报共有42个县一级单位、人民团体和2个档案机构填报。据统计,全县42个单位档案室,有档案专职11人,兼职52人。总体室存档案达到445309卷,253320件,照片6664张,实物档案2183件,电子档案容量达11TB,档案资源不断扩充。县档案馆内有156个全宗,馆藏档案97088卷,176797件,录音、影像档案388盘,照片档案6152张,实物档案1285件,馆藏资料6742册。馆藏档案数字化共86468卷,173428件,容量达5.8TB,其他的电子照片、录像等档案,容量达1.5TB,为档案查阅利用提供便利。

【提高档案服务能力】 1. 做实档案服务民生能力。主动融入长三角一体化档案发展，推进民生档案“异地查档、跨馆服务”工作，积极推行“浙江档案服务网”、浙里办 App 远程查档和节假日预约查档。推进业务档案数据共享工程，与庆元县不动产中心共享 1983—2016 年山林档案数字化副本，文件级目录 205362 条，数据大小 77.6GB。截至 11 月，累计接待查阅咨询群众 1375 人次，其中异地查档 89 人次，查阅档案 3118 卷，1053 件，出具档案内容 6289 张，获群众评价满意率 100%。2. 推动档案工作服务基层农村治理。全面总结 2014 年以来推动乡镇、村档案规范化建设工作的做法经验，深入指导隆宫乡、安南乡创建档案工作服务基层农村基层治理市级试点，并顺利通过市级验收。推动“1+10+N”档案系统向村一级延伸，安南乡、隆宫乡村级档案全部扫描，并挂接在档案系统相应的村级全宗，完成村级档案资源库建设。确定的黄田、左溪、五大堡 3 个乡镇作为档案工作服务基层农村治理的推广乡镇，乡镇、村档案整理扫描工作稳步推进。3. 主动服务政府数字化转型。抓好电子化归档重点环节，提升“1+10+N”档案系统在政府数字化转型中发挥的效用，及时跟进全市 OA 系统升级后，电子公文的正常归档，选取单位进行电子公文单套制归档试点。推行完善政务服务网电子文件归档和数码照片归档，抓好电子档案收集薄弱环节。开展机关档案室数字化建设，逐步实现档案资源数字化、管理规范化、利用便捷化，推进档案数字资源跨部门、跨层级、跨区域共享利用。至年底全县“1+10+N”系统在用全宗 103 个，条目 93 万余条，原文 134 万余件，数码照片 1 万余张，总容量 1.82T。4. 做好档案业务能力提升文章。(1)组织开展业务培训。一方面组织开展线下培训，邀请市档案馆专家就档案法和档案数字化改革开展专题培训，全县档案员及档案中介机构 120 余人参加；另一方面组织参加线上培训，积极参与全市档案业务培训会和“十四五”全国档案事业发展规划公益大讲堂培训，拓宽培训渠道，丰富培训内容，进一步提升档案人员的业务素质。(2)主动提供档案业务指导。开展脱贫攻坚档案指导服务，组织对农业农村局、民政局等 10 余家县属单位及 19 个乡镇(街道)脱贫攻坚档案进行调研指导，研究难点问题，明确归集重点；主动对兰溪桥迁建工程指挥部、新冠肺炎疫情等各类档案进行详细指导，提出收集整理要求，及时协调解决档案工作中存在的具体问题，切实提高全域档案治理能力。

(县党史和地方志研究室)

庆元县人民代表大会

综述

2021年，县人大常委会召开常委会会议9次、主任会议15次，听取和审议“一府一委两院”专项工作报告18个，作出决议决定16项，作出审议意见14个，开展执法检查、视察、调研活动18次，任免国家机关工作人员50人次，对2名人大任命干部开展履职评议工作，受理群众来信41件，接待群众来访13批27人次。

县人民代表大会、常务委员会及主任会议

【庆元县第十六届人民代表大会第五次会议】 2021年3月5—8日在庆元召开，出席会议县人大代表158人，列席会议121人。会议听取和审查县政府县长胡献如所作的庆元县人民政府工作报告；审查和批准庆元县2020年国民经济和社会发展计划执行情况的报告及2021年国民经济和社会发展计划草案的报告；审查和批准庆元县2020年财政预算执行情况的报告及2021年财政预算草案的报告；审议庆元县人民政府2020年环境状况和环境保护目标完成情况的报告；听取和审查县人大常委会主任吴青松所作的庆元县人民代表大会常务委员会工作报告；听取和审查县人民法院代院长黄明所作的庆元县人民法院工作报告；听取和审查县人民检察院检察长叶仪俊所作的庆元县人民检察院工作报告；对2020年庆元县人民政府民生实事项目进行满意度测评，票决2021年庆元县人民政府民生实事项目；会议依法选举黄明为庆元县人民法院院长。

截至2021年3月7日中午12:00，收到代表个人或联名提出的建议、批评和意见154件。议案审查委员会分类逐件审查154件建议、批评和意见（其中1件作为来信处理）。根据议案审理的规定，154件（其中1件作为来信处理）代表建议由县人大常委会有关工作机构在大会闭会后，移送“一府两院”统一安排办理，由承办单位负责答复代表，由县人民政府将办理结果向县十六届人大常委会作书面报告。经县人大常委会主任会议研究，将《关于建设甜橘柚现代农业示范园区的建议》等9条建议，确定为县政府领导重点领办件；将《关于扶持农村客运班车运营解决村民出行难问题的建议》等7条建议，确定为县人大常委会领导重点督办件，实行县政府县长、副县长领办，县人大常委会主任、副主任督办。

【庆元县人大常委会会议】 2021年，庆元县人大举行常委会会议9次。

2月2日，县十六届人大常委会第三十次会议召开。会议审议通过《庆元县人民代表大会常务委员会关于召开庆元县第十六届人民代表大会第五次会议的决定》；听取和初审县人民政府工作报告、庆元县国民经济和社会发展第十四个五年规划和二〇三五年远景目标纲要等相关工作报告；听取和初审县人民政府关于2021年度政府民生实事候选项目；听取和审议县人大常委会各街道工作委员会关于2020年度工作情况和2021年度工作计划的报告，并作出决议；听取和审议庆元县人民代表大会常务委员会关于表彰2020年度先进县人大代表小组和优秀代表建议的决定；听取和审议庆元县人大常委会代表资格审查委员会关于庆元县第十六届人民代表变动情况的报告；听取和审议县人民检察院关于提请杨力民免职的议案，决定免去杨力民的庆元县人民检察院检察员职务；审议决定个别市人大代表提出辞去丽水市第四届人民代表大会代表职务的事项。

3月25日，县十六届人大常委会第三十一次会议召开。会议审议通过县人大常委会2021年工作要点；票决有关人事任免事项，并举行宪法宣誓仪式。

4月28—29日，县十六届人大常委会第三十二次会议召开。会议听取和审议县政府关于2020年政府重大投资项目完成情况和2021年政府重大投资项目计划（草案）的报告，对2020年政府重大投资项目完成情况进行满意度测评；听取和审议县人大常委会监察和司法工作委员会关于2020年规范性文件备案审查工作情况报告；表决通过相关人事任免事项。

6月25日，县十六届人大常委会第三十三次会议召开。会议听取县人民政府关于2020年法治政府建设情况的报告；听取和审议县人民政府关于2021年政府性投资建设项目资金预算（草案）的报告；听取和审议县人民政府“十四五”规划科技创新发展部署、加快建设高水平创新型省份工作情况报告，会议进行其他事项的审议。

8月31日，县十六届人大常委会第三十四次会议召开。会议听取和审议县人民政府关于2021年上半年国民经济和社会发展计划及财政预算执行情况的报告、关于2020年度财政预算执行和其他财政收支情况的审计工作报告；审查和批准县人民政府关于2020年度财政决算；听取县人民政府关于民生实事项目落实情况的报告；听取和审议县人民政府关于建筑业发展情况的报告、关于养老服务体系建设情况的报告；审议通过《关于确定庆元县各乡镇人民代表大会代表名额的决定》；表决通过相关人事任免事项。

10月14日，县十六届人大常委会第三十五次会议召开。会议听取和审查县人民政府关于2021年地方政府债务限额和新增地方政府债务预算调整方案（草案）的报告。会议经表决，决定批准庆元县2021年地方政府债务限额和新增地方政府债务预算调整方案。会议听取和审议县人民政府关于庆元县国有资产管理情况的综合报告、关于《浙江省水资源条例》实施情况的报告。会议通过庆元县人民代表大会常务委员会关于县乡两级人民代表大会换届选举时间的决定，会议决定2021年12月20日为庆元县县乡两级人民代表大会代表换届选举日，统一计算选民年龄。2021年11—12月选举产生新一届县乡两级人民代表大会代表。2021年12月底前，召开乡镇新一届人民代表大会第一次会议，2022年2月，召开县十七届人民代表大会第一次会议，2022年4月底前，完成县乡两级人大换届选举的工作总结。会议通过庆元县人民代表大会常务委员会关于设立庆元县选举委员会的决定，关于设立各乡（镇）选举委员会、街道选举办事处的决定。会议表决通过相关人事任免事项，举行宪法宣誓仪式。

11月29日，县十六届人大常委会第三十六次会议召开。会议传达学习中共十九届六中全会精神，审查和批准县人民政府关于2021年地方政府债务限额和第二次新增地方政府债务预算调整方案（草案）的报告，听取县人民政府关于《中共庆元县委全面依法治县委员会守法普法协调小组关于在全县公民中开展法治宣传教育的第八个五年规划（2021—2025）》的报告，审议通过《庆元县人民代表大会常务委员会关于开展第八个五年法治宣传教育的决议》。会议进行相关人事任免事项。

12 月 16 日，县十六届人大常委会第三十七次会议召开。会议听取县选举委员会办公室关于县乡选举委员会部分组成人员辞职的报告。会议进行有关人事任免事项。会议经表决，决定接受章作飞、吴小军、潜伟峰请求辞去庆元县人民政府副县长职务，决定任命张延洪、李颖为庆元县人民政府副县长职务。县人大常委会主任吴青松向新任命的张延洪、李颖颁发任命书，并举行宪法宣誓仪式。

12 月 21 日，县十六届人大常委会第三十八次会议召开。会议听取和审议县人民政府、县人民法院关于县十六届人大五次会议代表建议（重点建议、代表团审议工作报告意见建议）办理情况报告，对重点建议办理情况进行满意度测评；听取县人民政府关于民生实事项目落实情况的报告；听取和审议县人民检察院部分员额检察官履职情况报告，并进行满意度测评。会议进行有关人事任免事项。会议经表决，决定任命熊焕、王伟啸为庆元县人民政府副县长，任命吴世鸿为庆元县人大常委会办公室主任、吴长智为庆元县人大常委会农业与农村工作委员会主任，决定任命赵世杰为庆元县公安局局长、吴孚郎为庆元县民政局局长。吴青松向新任命的熊焕、王伟啸、赵世杰、吴世鸿、吴长智、吴孚郎颁发任命书，并举行宪法宣誓仪式。

【庆元县人大常委会主任会议】 2021 年，庆元县人大举行常委会主任会议 15 次。

1 月 21 日，县十六届人大常委会第 56 次主任会议召开。会议听取县政府关于“十三五”规划纲要执行与“十四五”规划纲要编制情况的报告；传达学习全市人大相关会议精神；听取县人大常委会各街道工作委员会关于 2020 年度工作情况和 2021 年度工作计划的报告；讨论部分县人大常委会任命干部履职情况的审议意见；研究 2020 年度先进县代表小组及优秀代表建议名单；研究县十六届人大五次会议相关事项；研究确定县十六届人大常委会 2021 年 2 月工作安排及其他事项。

2 月 1 日晚，县人大常委会第 57 次主任会议召开。会议传达学习浙江省十三届人大五次会议精神；初审相关工作报告；研究县十六届人大五次会议有关事项。

3 月 19 日，县十六届人大常委会第 58 次主任会议召开。会议传达学习十三届全国人大四次会议和市四届人大六次会议精神；会议研究县人大常委会 2021 年关于县政府十件民生实事项目实施情况开展监督的方案（草案），县十六届人大五次会议代表建议及代表团审议《政府工作报告》《法院工作报告》《检察院工作报告》意见建议移交清单，县人大常委会 2021 年工作要点（草案），拟提交县十六届人大常委会第三十一次会议审议表决的人事任免有关事项和县十六届人大常委会第三十一次会议有关事项；研究确定县十六届人大常委会 2021 年 4 月工作安排及其他事项。

4 月 22 日，县十六届人大常委会第 59 次主任会议召开。会议传达学习全市人大代表与选举任免工作座谈会会议精神；会议听取县人民政府关于 2020 年度政府重大投资项目完成情况和 2021 年度政府重大投资项目计划（草案）的报告；研究讨论《关于组织全县各级人大代表开展“聚民情、汇民智 助力‘十四五’开新局 喜迎建党百年”走访服务选民活动的通知》和《关于组织全县各级人大代表开展“助推高水平创新型省份建设”主题活动的通知》；研究确定县十六届人大五次会议代表建议重点领办件和重点督办件；听取县人大常委会监察司法工委 2020 年度规范性文件备案审查工作情况报告；研究拟提交县十六届人大常委会第三十二次会议审议表决的人事任免有关事项和县十六届人大常委会第三十二次会议有关事项；研究确定县十六届人大常委会 2021 年 5 月工作安排及其他事项。

5 月 24 日，县十六届人大常委会第 60 次主任会议召开。会议听取县人民政府副县长胡显平所作的关于实施《浙江省劳动保障监察条例》情况的汇报；传达学习全市人大信访工作座谈会会议精神；讨论确定《关于开展建筑业发展情况专项监督的实施方案》；讨论确定《庆元县人大数字化改革行动方案》及工作领导小组、专班组名单；研究确定县十六届人大常委会 2021 年 6 月工作安排及其他事项。

6 月 22 日，县十六届人大常委会第 61 次主任会议召开。会议听取县人民政府关于 2020 年度法治政府建设情况的报告；听取县人民政府关于 2021 年度政府性投资建设项目资金预算（草案）的报告；听取县人民政府关于《政府采购法》实施情况的报告；听取县人民政府关于推进落实“十四五”规划科技创新发展部署、加快建设高水平创新型省份工作情况的报告；研究确定县十六届人大五次会议代表建议督办月活动方案；研究确定县人大常委会 2021 年 7 月工作安排；研究县十六届人大常委会第三十三次会议有关事项及其他事项。

7 月 27 日，县十六届人大常委会第 62 次主任会议召开。会议听取和审议县人民政府关于农业龙头企业发展情况的报告；研究确定县十六届人大常委会 2021 年 8 月工作安排及其他事项。

8 月 26 日，县十六届人大常委会第 63 次主任会议召开。会议听取县人民政府关于 2021 年上半年国民经济和社会发展计划及财政预算执行情况的报告；听取县人民政府关于 2020 年度财政预算执行和其他财政收支情况的审计工作报告；初审县人民政府关于 2020 年财政决算（草案）的报告；听取县人民政府关于民生实事项目落实情况的报告；听取县人民政府关于建筑业发展情况的报告；听取县人民政府关于“十四五”旅游发展规划情况的报告；听取县人民政府关于养老服务体系建设情况的报告；研究《关于确定庆元县各乡镇人民代表大会代表名额的决定（草案）》；研究拟提交县人大常委会第三十四次会议审议的有关人事任免事项；研究县十六届人大常委会第三十四次会议有关事项；研究确定县人大常委会 2021 年 9 月工作安排。

9 月 27 日，县十六届人大常委会第 64 次主任会议召开。会议听取政法机关教育整顿工作情况汇报；研究确定县十六届人大常委会 2021 年 10 月工作安排及其他事项。

10 月 11 日，县十六届人大常委会第 65 次主任会议召开。会议传达全省人大数字化改革工作会议精神，研究庆元县人大数字化改革工作；听取县人民政府关于 2021 年地方政府债务限额和新增地方政府债务预算调整方案（草案）的报告、关于庆元县国有资产管理情况的综合报告、关于《浙江省水资源条例》实施情况的报告；研究县乡两级人大换届选举工作相关事宜；研究拟提交县十六届人大常委会第三十五次会议审议的有关人事任免事项；研究讨论县十六届人大常委会第三十五次会议有关事项及其他事项。

11 月 3 日，县十六届人大常委会第 66 次主任会议召开。会议听取 2021 年十件大事、十件民生实事、十件关键小事专项监督情况汇报；研究确定县十六届人大常委会 2021 年 11 月工作安排及其他事项。

11 月 26 日，县十六届人大常委会第 67 次主任会议召开。会议听取县人民政府关于县人大常委会《关于庆元县 2020 年度财政预算执行和其他财政收支的审计工作报告的审议意见》办理落实情况的报告、关于 2021 年地方政府债务限额及第二次新增地方政府债务预算调整方案（草案）的报告；听取庆元县司法局关于《中共庆元县委全面依法治县委员会守法普法协调小组关于在全县公民中开展法治宣传教育的第八个五年规划（2021—2025）》的汇报，研究讨论《庆元县人民代表大会常务委员会关于开展第八个五年法治宣传教育的决议（草案）》；会议研究讨论《2021年度乡镇（街道）人大工作考核细则》《优秀县人大代表评选方案》《庆元县人民代表大会常务委员会审议意见落实情况跟踪监督办法（讨论稿）》《庆元县人民代表大会常务委员会专题询问办法（试行）（讨论稿）》；研究讨论县人大常委会对县人民政府2021年度十件大事、十件民生实事、十件关键小事实施情况专项监督报告；研究拟提交县十六届人大常委会第三十六次会议审议的有关人事任免事项和县十六届人大常委会第三十六次会议有关事项；研究确定县十六届人大常委会2021年12月工作安排及其他事项。

12月13日，县十六届人大常委会第68次主任会议召开。会议听取县政府关于县十六届人大五次会议代表建议办理情况和重点领办件、督办件办理情况的报告，关于2021年度民生实事项目落实情况的报告；听取县人大常委会评议工作组关于县人民检察院部分员额检察官履职评议工作调研情况的报告；研究讨论庆元县人民代表大会常务委员会审议意见落实情况跟踪监督办法（送审稿）、庆元县人民代表大会常务委员会专题询问办法（试行）（送审稿）；讨论通过县乡选举委员会部分组成人员的辞职报告；研究拟提交县十六届人大常委会第三十七次会议审议的有关人事任免事项和县十六届人大常委会第三十七次会议有关事项；研究确定县十六届人大常委会2022年1月工作安排及其他事项。

12月15日，县十六届人大常委会第69次主任会议召开。会议研究县十六届人大常委会第三十七次会议和第三十八次会议有关事项。

12月20日，县十六届人大常委会第70次主任会议召开。会议传达学习《关于进一步明确市管干部操办婚丧喜庆事宜的相关规定》《市管领导干部配偶、子女及其配偶工作调动预报告办法（试行）》等文件精神；研究拟提交县十六届人大常委会第三十八次会议审议的有关人事任免事项及其他事项。

重大活动

【李卫宁到庆元调研】 1月7—8日，省人大常委会党组副书记、副主任李卫宁到庆元开展调研。市人大常委会副主任邹培书，县委副书记、县长胡献如，县人大常委会主任吴青松、副主任叶武陪同。李卫宁走访看望在庆元的部分省、市人大代表并实地考察屏都街道代表联络站，李卫宁指出，人大代表在履职中要深入贯彻落实中央和省、市委决策部署，始终坚持以人民为中心的发展思想，加快推动“三服务”迭代升级，帮助企业、群众和基层排忧解难，深入选区、深入基层主动联系群众，听取民声，反映民意，发挥桥梁纽带作用，密切人民群众同党和政府之间的联系。要充分发挥人大代表联络站作用，统筹好人大代表履职和居民议事会成员履职，结合实际合理高效地开展各项活动。要建立居民议事会成员履职档案，更好服务党委政府中心工作。要利用四个平台数据化管理，将选民意见建议及时有效地解决和反馈。李卫宁强调，要细化服务方式，通过人大代表服务活动有效推进乡镇（街道）各项中心工作，做到让党委政府满意让群众满意。密切联系群众是一切人大工作的魂，服务群众是人大工作的核心，人大代表要围绕如何联系群众，深入田间地头，扎根一线，多种方式开展代表服务活动。

【经济和社会发展调研】 开展“十三五”规划纲要和重大专项规划执行情况调研，听取县政府关于“十三五”规划纲要实施中期评估报告，强化规划刚性约束。组织开展“十四五”规划调研和审议，听取县政府关于“十三五”规划纲要执行情况及“十四五”规划纲要编制情况的报告，为大会审查批准规划纲要草案奠定基础。自觉将助推高质量绿色发展作为第一要务，开展国民经济和社会发展计划调研，听取和审查县政府关于国民经济和社会发展计划执行情况及2022年度国民经济和社会发展计划(草案)的报告。围绕生态产业发展,开展民营经济、制造业、竹木产业、数字经济等产业发展情况和政府产业基金情况调研,听取各专项工作报告,助力庆元县生态经济高质量发展。

【城乡品质提升】 高度重视国土空间规划编制工作,专题听取国土空间规划编制情况报告。听取和审查《庆元县国家生态文明示范县建设规划(2017—2025)》,开展示范县创建工作监督,助力国家生态文明示范县建设。开展综合交通"十四五"规划编制和重点项目推进情况视察调研,全力助推县域综合交通网络、格局、体系建设。持续开展交通治堵监督,切实解决停车难、乱停车问题。组织常委会组成人员和人大代表,对旧城改造、"一溪两岸"等重大项目推进情况进行视察,助推美丽县城建设。开展建筑业发展情况专项监督,常委会专题听取县政府专项工作报告,促进庆元县房地产业和建筑业健康发展。开展《丽水市城市市容和环境卫生管理条例》执法检查,促进提高城市市容管理水平,推动城市品质提升。

【履职能力和业务水平提高】 坚持县人大常委会组成人员履职能力提升专题培训机制。注重法律知识更新,先后开展《中华人民共和国宪法》《中华人民共和国民法典》专题学习。完善《常委会组成人员联系代表、代表联系群众的"两联系"制度》《县人大常委会领导重点联系民生实事项目、代表联络站、选区等"三联系"制度》。加快数字人大建设,出台数字人大建设方案,建设数字化改革特色应用场景。

【人大工作整体合力提升】 坚持系统观念、系统方法,密切上下级人大之间的工作联系和配合,完善与"一府一委两院"之间的沟通协调机制,增强工作合力。坚持全县人大工作"一盘棋"理念,健全常委会领导联系乡镇(街道)人大工作机制,出台《县人大常委会领导和各室委联系乡镇(街道)人大工作制度》。深入贯彻落实《浙江省乡镇人民代表大会工作条例》《浙江省街道人大工作条例》,及时总结实践经验,夯实人大工作基层基础。坚持"一季一主题"乡镇(街道)人大主席(主任)例会制度,加强乡镇(街道)人大之间的横向交流学习,指导部署阶段性工作,总结推广乡镇(街道)人大工作创新做法和经验。

【人大换届选举工作】 贯彻落实中央和省市县委部署要求,加强工作调研,研究提出做好县乡人大换届选举工作的意见,报请县委批准实施。加强工作指导,严格落实换届选举组织责任,加强代表资格审查,把好代表"入口关"、选举"组织关"、过程"监督关",顺利依法选举产生新一届县人大代表180名,乡镇人大代表803名,选民参选率86.17%。

(胡一飞)

庆元县人民政府

综述

【概况】 2021 年，全县干部群众在中共庆元县委的正确领导下，坚定厉行“丽水之干”，弘扬践行“庆元精神”，以争当共同富裕示范区建设的山区范例为目标，稳增长、调结构，抓改革、防风险，促发展、惠民生，全县地区生产总值增长 4.6%；一般公共预算收入增长 2.02%；城乡居民人均可支配收入达到 47034 元和 22563 元，分别增长 10.3%和 10.8%。

【生态产业】 完成工业投资 6.6 亿元，实现规上工业增加值 10.95 亿元，增长 6%。省级经济开发区正式命名，屏都综合新区三期启动建设，双枪隆宫小微园顺利开园。发布全省首个县级生物科技产业发展规划，成功争取“一县一策”超常规扶持。双枪科技、梦天家居成为从庆元走出的上市企业，鸿星文具荣膺市政府质量奖。实施旅游业“微改造、精提升”项目 47 个，主城区创成 AAA 级景区城，黄田、安南创成 AAAA 级景区镇，入选省级先进制造业和现代服务业融合发展区域试点县。

【双招双引】 县领导领衔 8 大产业链、人才链专班，签约产业项目 21 个、人才科技项目 5 个，新引进总部经济项目 7 个，双枪未来工厂、纳朵日用品、一鸿工贸等 7 个项目成功落地，到位内资 10.1 亿元。引进高层次人才 173 人，柔性引进博士 35 人、硕士 41 人，成功申报省级博士后工作站 2 家，完成“绿谷精英”项目 5 个。李兰娟、李玉、施一公、谭蔚泓、郑裕国 5 位院士深情寄语人才科技峰会庆元分会，签订招才引智项目 6 个，51 名专家入库庆元专家咨询委员会。

【环境质量】 以 91.57 分夺得长寿之乡“绿水青山指数”全国第一，获得 2021 浙江县域高质量发展地图绿色发展第一名，县城空气质量优良率达 100%。“污水零直排县”创建通过功能性验收，荣获全省实行最严格水资源管理制度成绩突出集体。全面完成涉林垦造耕地项目和第二轮省委环保专项督察信访问题整改，新增国土绿化 666.7 公顷。百山祖国家公园创建有序推进，加入中国生物圈保护区网络，发现近蓝紫丝膜菌等 3 种全球大型真菌新物种，百山祖冷杉和角蟾亮相联合国生物多样性大会。

【项目建设】 7 个项目列入省“六个千亿”产业投资计划，23 个省市重点项目投资完成率119%，

7个政府专项债项目投资完成率100%。万年隧道开工，银屏山隧道贯通，兰溪桥水库扩建及相关子项目加快建设。梦天区块完成拆除，仑山路区块100%签约腾空，庆元大桥顺利施工。东环路全线贯通，府后街道路改造基本完成，城区干道地下管网工程全面完工，“一溪两岸”滨水绿道实现闭合。新改建电力线路130千米，新建燃气管网6.5千米。半湾休闲养生文化园、智慧汽车产业园加快推进，香菇小镇考核再夺优秀并正式命名。

【农业农村】 香菇、甜橘柚、灰树花、黄精列入全国首批名特优新产品，创成国家级食用菌全产业链典型县。新增中药材236.67公顷、甜橘柚134.33公顷，建改高标准农田333.33公顷，完成耕地“非粮化”抛荒整治933.33公顷。张村中药材、安南湖羊、江根白茶、岭头稻鱼共生多点开花，竹口列入全市首个国家级农业产业强镇创建单位，黄坛蝉联全国特色产业亿元村。建成新时代美丽乡村达标村49个、红色示范乡镇3个，创成省级美丽城镇4个，黄田获评省级样板镇，“大搬快聚”新搬迁4003人。

【改革开放再突破】 与中铁建、杭钢、旺旺、天能等建立战略合作关系。实施“山海协作”项目15个，嘉善—庆元—九寨沟“飞地”产业园一、二期全面完工，产生“消薄”资金2840万元。争取省级数字化改革试点12个，屏都和黄坛上榜全省第一批低碳试点街道、试点村，贤良卖出22.7吨会议类森林碳汇指标，成功申报林业碳汇先行基地，国乡合作经营试点666.67公顷商品林收储计划“落地上图”。整县屋顶分布式光伏开发入选全国首批试点，同心社区列入省级未来社区创建名单。竹木产业创新服务综合体通过中期核查，建成全省首个食用菌种质资源库，李玉院士科技部食用菌创制研究中心专家工作站落户庆元。

【民生福祉】 低收入农户人均可支配收入增长17.1%，新增城镇就业1812人，浙丽保参保率97.51%。屏都小学、后田幼儿园、江滨幼儿园投入使用，实验小学南门洋校区开工建设。“双减”政策落地见效，创成两所教育质量发展“五星级学校”。人民医院迁建加速，9家基层卫生院完成规范化改造。新建儿童之家6家、乡镇级居家养老服务中心9个，发放残疾人补贴1959万元。落实新冠肺炎疫情各项防控措施，深入开展“护航大庆安保年”行动，化解信访积案121起，电信诈骗发案量降幅全市第一，实现省级平安县“十六连冠”。

【强化政府建设】 深入开展党史学习教育，认真贯彻中共十九届六中全会精神，激励干部群众以理想之光创造美好未来。建立闭环管控、狠抓落实工作机制，省市县民生实事完成率100%，办理代表建议153件、委员提案213件，满意、基本满意率100%。数字政府、法治政府建设全面推进，“十台合一”智治中心建设获省委、省政府主要领导批示肯定，行政诉讼发案量比2020年下降52%，实现行政复议零纠错、行政诉讼零败诉，荣获全省依法治理创建活动先进单位。

县政府重要会议

【县政府常务会议】 2021年，县政府召开常务会议8次。

1月14日，县政府召开第39次常务会议，听取《浙江双枪竹木有限公司投资项目情况汇报》，审议《庆元县“帮扶纾困贷”管理办法（送审稿）》《庆元县小额工程建设项目简易发包实施办法（送审稿）》《关于进一步加快发展服务业的实施意见（送审稿）》《关于加快庆元县建筑业转型升级健康发展的若干意见（送审稿）》，听取《龙溪乡小城镇环境综合整治基础设施项目概算调整》情况汇报，审议《庆元县调整城镇土地使用税差别化优惠政策促进土地集约节约利用实施方案（送审稿）》，听取《关于进一步规范农村离任老干部城乡基本医疗保险参保资助的通知（送审稿）》

《庆元县国民经济和社会发展第十四个五年规划和2035年远景目标纲要(送审稿)》情况汇报，审议《关于庆元县2020年国民经济和社会发展计划执行情况与2021年国民经济和社会发展计划草案的报告(送审稿)》，听取《庆元县招商引资商务接待管理办法(送审稿)》情况汇报，审议《庆元县扶助残疾人实施办法(送审稿)》，听取《2020年全县应急管理工作情况汇报》，审议《县政府领导部分分工调整方案》，传达学习习近平总书记在省部级主要领导干部学习贯彻中共十九届五中全会精神专题研讨班开班式上的重要讲话精神、全国疫情防控工作电视电话会议精神、中央农村工作会议精神、《中共中央、国务院关于实现巩固拓展脱贫攻坚成果同乡村振兴有效衔接的意见》和《丽水市人民政府办公室关于印发丽水市行政败诉案件过错责任追究办法(试行)的通知》，听取《百山祖国家公园精品赛事和户外运动基地品牌建设情况》汇报。

1月21日，县政府召开第40次常务会议，听取《2021年政府工作报告(送审稿)》起草情况说明，传达学习《中共中央、国务院关于全面推进乡村振兴加快农业农村现代化的意见》和省委书记袁家军、省长郑栅洁关于加强冬春季和春节期间新冠肺炎疫情防控工作的重要讲话精神。

4月27日，县政府召开第41次常务会议，审议《庆元县国乡合作经营改革创新试点项目实施方案(送审稿)》，听取《关于浙江庆元工业园区整合提升方案汇报》，审议《关于2020年全县生态工业和商贸经济高质量发展奖励结果的通报》《庆元县仓山路地块老旧小区改造(大搬快聚富民安居)项目征收集体所有土地房屋补偿安置方案(送审稿)》，听取《庆元县全流域清淤工作方案——庆元县兰溪桥水库库区情况汇报》和关于《庆元县建筑垃圾资源化综合利用及工业固废填埋建设项目招商方案》的情况汇报，审议《庆元县人民政府关于松源溪禁渔区水域禁钓的通告(送审稿)》，听取《关于拟给予庆元县公安局记集体三等功一次的行政奖励的汇报》《关于丽水状元文化旅游发展有限公司申请“庆元状元养生养老中心”项目给予建设期限延期等事宜的汇报》《关于2018年省发展与改革专项资金使用情况的汇报》，审议《庆元县2021年基本建设项目投资计划建议表(送审稿)》《庆元县2021年政府性投资建设项目资金预算安排方案(送审稿)》《庆元县2021年部门预算方案(送审稿)》，听取《关于2021年度庆元县人民政府重大行政决策事项目录的汇报》《庆元县人民政府2020年度法治政府建设工作情况汇报》，传达学习习近平总书记关于统计工作重要指示精神及防范和惩治统计造假、弄虚作假相关文件精神。

7月7日，县政府召开第42次常务会议，审议《庆元县房地产市场健康发展长效机制工作方案(送审稿)》《2021年度庆元县土地和房屋征收工作任务表(送审稿)》《庆元县绿色发展产业基金管理办法(送审稿)》《庆元县分布式光伏规模化开发项目招商合作方案(送审稿)》，听取《2021年1—6月份全县应急管理工作情况汇报》，审议《关于修改〈庆元县农村饮用水运行管理办法(试行)〉〈庆元县农村饮用水工程建设项目和资金管理办法(试行)〉的通知(送审稿)》《庆元县发展学前教育第四轮三年(2021—2023年)行动计划(送审稿)》《关于在县域总体规划区范围内禁止建设工程现场搅拌混凝土的通告(送审稿)》《关于促进电子商务发展的若干意见(送审稿)》《关于扶持庆元县生物科技产业的实施意见(送审稿)》《庆元县生物科技产业发展规划(2021—2025)(送审稿)》，听取《关于修改〈庆元县工业用地项目实施“标准地”管理办法〉的情况汇报》，审议《庆元县生态环境保护专项资金管理办法(送审稿)》《庆元县招商引资工作目标责任制考核办法(送审稿)》《庆元县招商引资中介机构奖励实施办法(送审稿)》，听取《关于庆元县垦造耕地项目问题整改相关政策的情况汇报》。

9月6日，县政府召开第43次常务会议，传达学习省委书记袁家军在高质量发展建设共同富裕示范区领导小组第一次会议上的讲话精神，省委书记袁家军在省委常委会上半年经济社会形势分析会上的讲话精神，省委副书记、省长郑栅洁在省政府第九次全体（扩大）会议上的讲话精神，全省农业高质量发展大会精神，全省新一轮制造业“腾笼换鸟、凤凰涅槃”攻坚行动推进大会精神，《浙江高质量发展建设共同富裕示范区实施方案（2021—2025年）》精神，审议《庆元县林下中药材产业发展扶持政策五年计划（2019—2023年）（修订）（送审稿）》《2021—2022年庆元县绿色农业产业高质量发展扶持政策若干意见（送审稿）》《浙江省食用菌种质资源库及菌物资源“一区一馆五库”保育体系构建项目实施方案（送审稿）》《关于庆元县河道管理范围划界的公告（送审稿）》《关于进一步做好被征地农民参加基本养老保险有关工作的实施意见（送审稿）》，听取《庆景青公路万年隧道工程项目情况汇报》，审议《庆元县实施健康促进县建设项目（2021—2022年）工作方案（送审稿）》《关于禁止经营和燃放烟花爆竹的通告（送审稿）》《美丽庆元建设规划纲要（2020—2035年）（送审稿）》《关于建立健全环境污染问题发现机制的实施意见（送审稿）》，听取《关于设立同舟和香蕈2个社区居民委员会的情况汇报》，审议《关于发展建筑企业总部经济的补充意见（送审稿）》《香菇小镇香菇文化养生核项目一期暨三公湾香菇文化产业园（暂定名）招商方案（送审稿）》《庆元县南太湖新区“产业飞地”推进工作情况汇报》《庆元县分布式光伏规模化开发项目招商定租优化方案（送审稿）》《关于深化国有企业改革的指导意见（修订）（送审稿）》《松源街道会溪区块收储工作实施方案（送审稿）》，传达学习《关于深化统计管理体制改革提高统计数据真实性的意见》《统计违纪违法责任人处分处理建议办法》《防范和惩治统计造假、弄虚作假督察工作规定》《防范和惩治统计造假、弄虚作假督察工作规定实施办法（试行）》及现行统计法律法规规章政令规范性文件、浙江省近年重大统计违纪违法案件情况、《国家统计局关于全面清理纠正违反统计法精神文件和做法的通知》等统计法相关文件，传达学习习近平法治思想、市委书记胡海峰在市委全面依法治市委员会第三次会议暨创建全国法治政府建设示范市动员会上的讲话精神。

9月29日，县政府召开第44次常务会议，审议《关于公布实施庆元县2020基准地价更新成果的通知（送审稿）》，听取《庆元县竹木产业创新服务综合体引进建设检验检测中心经费补助情况汇报》，审议《长兴泛亚智慧照明有限公司入园项目招商方案（送审稿）》，听取《庆元县教育局“双减”工作情况汇报》《关于江根乡坝头村沙衣湖自然村予以保留及开发事项的情况汇报》《关于黄田镇柏渡口至朱黄至中济段改建工程所涉农房拆除的农户列入“大搬快聚”政策的情况汇报》，审议《庆元县银河湾石龙商场29户信访积案化解方案（送审稿）》《庆元县人民政府与杭钢集团合作协议、庆元县抽水蓄能电站及杨楼溪水库供水工程合作开发协议（送审稿）》《庆元县人民政府 中国铁建股份有限公司结对合作协议（送审稿）》《庆元县跨越式高质量发展五年行动计划（2021—2025年）（送审稿）》。

10月21日，县政府召开第45次常务会议，审议《庆元电子商务产业园数字经济产业项目招商方案（送审稿）》，听取《浙江双枪竹木有限公司投资项目情况汇报》，审议《首家生物科技产业入园项目招商方案（送审稿）》，听取《关于确定通用机场首选场址的情况汇报》，审议《庆元县乡镇（街道）干部全口径工资待遇上浮实施方案（送审稿）》，听取《关于调整疫情防控集中隔离点建设方案的情况汇报》《2021年1—9月份全县应急管理工作情况汇报》，专题学习《浙江省数字经济促进条例》。

12月26日，县政府召开第46次常务会议，审议《庆元县全面从严推行林长制的实施意见（送审稿）》，听取《庆元县第三次全国国土调查主要数据汇报》，审议《庆元县人民政府关于加强“十四五”期间年森林采伐限额管理的通知（送审稿）》《庆元县医疗救助实施办法（送审稿）》，听取《庆元林场巾子峰游客中心、鲤鱼岙管理房有偿转让给百山祖国家公园庆元保护中心事项的情况汇报》《百山祖国家公园庆元保护中心收回万里林场电站承包经营权给承包人损失补偿的情况汇报》，审议《庆元县农村公路养护与管理办法（送审稿）》《庆元县全面深化“大综合一体化”行政执法改革工作方案（送审稿）》《关于实施社会救助审批权限下放至乡镇（街道）工作的通知（送审稿）》，听取《关于进口冷链食品物防和知识产权保护工作的情况汇报》，审议《庆元县2021年部门预算调整方案（送审稿）》，听取《庆元县低丘缓坡开发有限公司向浙江善庆生态旅游开发有限公司借款事宜》的情况汇报。

【县政府专题会议】 2021年，县政府召开专题会议56次。

1月8日，优化整合城乡污水处理监管工作专题会议；1月13日，浙江可信竹木有限公司二期项目建设专题会议；1月19日，衢宁铁路庆元站站前广场工程PPP项目运营相关事宜专题会议；1月21日，第一次县支农项目管理联席会议；1月22日，病死动物集中专业无害化处理项目建设协调会；1月29日，庆元县正宏光伏工程公司光伏发电事项专题会；同日，第二次庆元县支农项目管理联席会议。

2月3日，庆元县蔚文学校建设工程规划验收等问题专题会。

3月3日，黄田镇美丽城镇样板镇建设专题协调会；3月8日，浙江昌达实业有限公司帮扶纾困专题会；3月15日，第三次县支农项目管理联席会议；3月16日，县公共文化服务中心西南侧区块土地利用专题会；3月18日，庆元县松源街道上庄历史文化村落保护利用重点村项目建设专题会议；3月19日，庆元县公路养护中心沥青混凝土拌和基地LNG天然气整改专题会；3月26日，庆元香菇小镇整治提升工作专题会；3月31日，110千伏城南变配套电力管道工程专题协调会。

4月20日，濛洲街道毛竹分解点验收及竹口镇建设毛竹加工分解点现场勘察会；4月25日，西演度假山庄（现山水九章酒店）改造提升及经营权整体招商政策兑现工作专题会；4月30日，兰溪桥水库扩建工程施工期临时供水工程及施工场地构筑物布置协调会。

5月6日，庆元县屏都综合新区南辅路、北辅路建设用地土地收储协调会；5月8日，庆元县香菇小镇入口雕塑提升完善工程——绿化亮化工程专题会议；5月13日，第四次县支农项目管理联席会议；5月18日，信访件协调会议；5月24日，同德新村第14、15幢公寓安置房办理不动产证事项专题会；5月25日，屏都街道党性教育基地改造提升项目专题会；5月27日，庆元县农村生活污水治理终端提标改造项目专题会；5月28日，淤上乡、安南乡、隆宫乡建设毛竹加工分解点专题会议。

6月1日，庆元县农村饮用水运行管理工作会议；6月15日，兰溪桥水库扩建工程安置公寓楼建设相关事宜协调会；6月24日，第五次县支农项目管理联席会议。

7月4日，整县推进分布式光伏规模化开发工作专题会；7月6日，庆元县老旧小区、城中村改造项目简化审批程序事宜专题会；7月9日，庆元县公共文化服务中心、广播电视制作中心和体育中心PPP项目推进工作专题会；7月13日，仙居至庆元公路庆元银屏山隧道工程临时弃渣场用地报批专题会；7月26日，庆元县档案规范化整理和数字化加工项目专题会。

8月25日，庆元县屏都新区PD01—17、PD01—24地块部分建设用地土地收储协调会；8月26日，菊水工业园区企业涉水纳管协调会；8月30日，县公共文化服务中心西南侧山体切坡平整项目投资计划变更专题会。

9月1日，第六次县支农项目管理联席会议；9月7日，星光路塌方泥石方用于大济至半湾老村农村公路改建项目垫方问题专题会；9月14日，竹口镇建设毛竹加工分解点现场勘察会；9月22日，处置庆景青公路万年隧道及接线工程隧道洞碴专题会；9月24日，核定庆元县建筑工程质量监督站试验室自聘人员事项专题会；同日，天然气利用工程项目建设专题会，医保异地安置政策变化待遇衔接和劳动模范医疗费用补助问题专题会，淤上乡车下毛竹分解点验收会召开。

10月19日，淤上乡坑口村地质灾害避让搬迁安置工作会；10月19日，仙居至庆元公路庆元银屏山隧道工程用地相关事宜专题会；10月28日，庆元县粮食收储有限公司委托代培粮油储检专业人才入职入编协调会。

11月4日，黄田镇陈边村毛竹分解点验收及姚村岙头殿毛竹加工分解点现场勘察会；11月11日，奉化至庆元公路庆元五大堡至龙溪段项目推进暨杨楼至门林后段、举水至龙溪段线位方案调整会议；11月15日，浙江中信建筑工程有限公司在建行庆元支行不良贷款遗留问题处理专题会；同日，庆元大道交通安全整治协调会；11月19日，庆元县明悦大酒店亮化工程补助事宜专题会；11月26日，加快兰溪桥水库扩建工程进度专题会。

12月1日，第七次县支农项目管理联席会议。

【“十四五”时期及2021年综合交通规划发展研讨会】 1月6日召开，县委副书记、县长胡献如参加会议并讲话，县领导阎昌远、胡显平参加会议。会上，县交通局汇报“十四五”时期综合交通规划发展思路、2021年重点项目谋划情况及相应的保障措施，与会县领导、与会单位作交流发言。胡献如强调，要科学统筹，把握节奏。针对交通项目施工时间长、建设周期久、资金投入大等特点，要提前做足谋划，科学设定目标，细化投资安排，分步推动实施。突出抓好庆景青公路、奉化—庆元公路等重大交通项目，合理安排建设时序，强化项目衔接投用，确保充分发挥效益。要加强对接，全力争取。常态化、深度化开展省厅部门的对接沟通，寻求专业指导、最大支持，努力让庆元县更多的项目纳入国家、省规划盘子。加快国企改革进程，推进交投组建挂牌并启动市场化运营，切实承担起交通项目投融资的职责。要放眼长远，超前谋划。以“一份希望、百倍努力”的拼搏奋进姿态，千方百计争取金遂松龙(庆)高铁、A1通用机场、苍南至庆元高速公路等一批打基础、利长远的重大交通项目落地，构筑现代化立体大交通格局，为跨越式发展凝聚强力支撑。此外，在具体项目实施安排上，要充分考虑要素保障能力，分出轻重缓急，突出重点，不断优化基本项目建设计划。

【山区26个县跨越式发展及革命老区振兴政策研讨会】 3月17日召开。县委副书记、县长胡献如参加会议并讲话。县委常委、常务副县长章作飞主持。县领导吴小军、李鹏、黄卫剑、朱惠汉、项邦宝参会。会上，县发改局汇报前期智库单位实地调研考察对接情况，就争取“一县一策”、革命老区振兴发展政策提出工作思路。参会单位结合庆元实际和职责工作，汇报跨越式发展“一县一策”、革命老区振兴的政策研究情况和对接争取思路。胡献如指出，山区26个县跨越式发展及革命老区振兴政策是中央要求、省级部署和地方愿景的高度契合，相关单位务必高度重视，认真思考，加强对接，以极端重视、极端负责、极端用心的态度加以对待，用足用活用好政策红利。就进一步争取政策份额、抢抓发展机遇，胡献如强调，要认真研究到位。部门“一把手”亲自研究，组织团队专班深入研学，确保吃准吃透精神。要深入谋划到位。紧抓发展机遇，实行专班化研究、清单化管理、数字化管控，千方百计争取更多庆元元素纳入政策盘子。要全力对接到位。各部门要认真梳理诉求，做足充分准备，开展深度对接，最大限度争取政策份额，要狠抓落实到位。将对接争取成效列入年度考核，树立鲜明导向，既要将上级下达的各项任务接稳接准、逐一落实，也要做足工作的提前量，跑出抓发展的加速度。

【庆元县耕地“非粮化”整治优化工作推进会】 5月20日上午召开。县委副书记、县长胡献如讲话。副县长吴小军主持。会议传达贯彻中央和省市关于防止耕地“非粮化”的指示精神，研究部署庆元县耕地“非粮化”整治优化工作。就做好耕地“非粮化”整治工作，胡献如指出，思想认识要高度重视、顶格站位。要着眼国际复杂局势，坚决贯彻落实中央、省市重要决策部署，从“两个维护”的高度抓好耕地“非粮化”整治，以非一般的决心、力度、功夫加以推进，做到紧抓快干、动真碰硬，确保工作执行一贯到底、落地见效。整治行动要又快又稳、决战决胜。要吃准吃透政策，精准实施指导，广泛发动群众，在全面摸清底数的基础上把任务分解到村到户，把责任落实到岗到人。要按照既定目标倒排时间节点，统筹抓好土地流转、复垦、种植、管护等各个环节，确保整改工作稳步推进。工作机制要专班运作、挂图销号。进一步健全机制，以时间倒逼进度、以目标倒逼过程、以责任倒逼落实，推动整治工作提质、提速、提效。工作纪律要强化督导、压实责任。加大进度管控力度，持续跟进督导，层层传导压力。要明确耕地“非粮化”整治的责任主体，提高群众耕地保护意识，以行政手段、政策激励推动群众自发主动参与整治优化工作，确保耕地保护的常态长效。

【清洁能源项目谋划推广情况汇报会】 5月24日召开。县委副书记、县长胡献如参加会议并讲话。县委常委、常务副县长章作飞主持，县领导吴秋标参会。会上，县发改局汇报清洁能源项目推进情况、存在问题及下一步工作思路。市生态环境局庆元分局汇报碳中和示范县工作方案。县供电局汇报清洁能源强县工作方案。各与会单位作交流发言。胡献如强调，要高度重视，抓住机遇。相关部门要紧抓机遇，借鉴先进发展经验，论证发展方案和点位设置科学性，在前期基础上进一步谋深谋细，加快建设开发进度。要全域布局，积极争取。结合庆元县打造清洁能源示范县的工作要求，紧密结合碳中和示范县、零碳示范县、示范园区、示范单位创建及碳汇交易试点，全域开展屋顶光伏项目布局，大胆尝试菇棚等农业生产用地的屋面光伏项目，科学谋划布局抽蓄、风能等项目，因地制宜设计布置“山地光伏”。要市场主导，多方配合。招引一批有实力、有经验、负责任的投资商，按应建尽建、精品精致、先审后建等原则进行整体开发，相关职能部门主动靠前服务，助推项目早日落地。要政策引导，专班推进。用足用好专项资金，吃准吃透政策精神，加强部门协同，专班化推进，全力抓好清洁能源项目的谋划、招引、推广等工作，确保庆元在发展中能快出成效、走在前列。

【2021年上半年经济运行分析调度会】 6月18日下午召开。县委副书记、县长胡献如参加会议并讲话，县领导章作飞、吴小军、吴秋标、项邦宝等，县府办、发改、经商、财政、人力社保、住建、交通、农业农村、文广旅体、统计、税务、工业园区、金融发展中心、人民银行等部门负责人参加会议。会议对照“半年红”目标，分析当前主要经济指标运行情况，研究存在问题和短板弱项，制定针对性措施，确保完成既定目标任务。会上，县发改局汇报上半年GDP目标指标落实情况，分析固定资产投资、服务业增加值、建安工程投资等指标运行情况。县统计局汇报一季度十大经济指标运行情况及冲刺“半年红”工作建议。相关牵头单位依次汇报十大经济指标和GDP分项指标运行情况、存在问题及针对性措施。听取汇报后，胡献如指出，实现“半年红”事关全年目标任务的圆满完成，事关全县发展大局，各相关单位要在思想上高度重视，直面考验、迎难而上，再接再厉、积极作为，奋力冲刺“半年红”。胡献如强调，要聚精会神，紧盯相关重要指标，倒排时间、挂图作战，一把手主动靠前、带头落实，切实把“半年红”工作作为当前阶段的重点工作、重要工作和主要工作来抓。要精准施策。加强研究研判，细化工作举措，拿出精准具体的措施加快补齐短板弱项，通过实行指标落实情况“一日一报”和销号管理机制，确保各项指标实时管控、动态监测、落实到位。

【整县推进分布式光伏规模化开发工作部署会】 7月4日晚召开。县委副书记、县长胡献如参加会议并讲话。章作飞主持。县发改局汇报省能源局能源工作座谈会会议精神，与会人员讨论发言。胡献如指出，要提高认识，切实增强对推进分布式光伏规模化开发工作的紧迫感和重要性的认识。深刻领会该项工作是贯彻省委、省政府决策部署的必然要求，相关部门要高度重视，结合资源优势，充分挖掘潜力，加快建设开发进度。要全要素动员，高质量、快速度推进分布式光伏规模化开发工作。同步推进公共建筑、企业厂房、家庭住宅、农光互补等领域光伏布局，做到优质资源点位应建尽建。胡献如强调，要落实责任，不折不扣完成整县光伏开发既定的目标任务。要建立专班、制定方案，形成工作合力，专班化推进；要细化任务，落实责任，全面推动光伏布局推广、联审验收、政策制定等工作；要选优主体，迅速启动，做到调查摸底、设计、开发同步进行；要建立机制，强力推进，实时掌握工作动态，及时总结经验做法；要保证质量，注重美观，将内在质量和外在品位的有机统一贯彻项目开发建设全过程。

【生物科技产业招商推介成果深化专题会】 7月23日召开。胡献如、黄立飞、黄卫剑等县领导参加会议。会上，县经合中心汇报生物科技产业招商推介会初步成果及下一步工作思路。县经商局汇报专家对生物科技产业培育发展的意见。四大招商片区汇报在谈的生物科技产业项目情况。项目签约单位汇报项目推进进度及下步计划。县委副书记、县长胡献如强调，要认真梳理招商信息，持续做好深化对接。结合产业发展形势，列出跟进清单，确保抓出成效。做到主动谋划、超前布局。要放开视野、延伸触角，从更高层面、更大范围抓招引。进一步拓宽招引方向，聚焦植物精华萃取、精制食品加工、药妆等领域；敢于盯引头部企业，全力以赴招大引强；实行定期例会和专班服务制度，确保月月有进展、月月有突破。要久久为功，持续发力。坚持高端精品，以亩均效益、产能规模为衡量，着重招引发展潜力大、前景广、能级高的企业，努力将庆元打造成为高端生物科技产业集聚地，全面提升吸引力和知名度。要加快推动一批项目落地。在原有对接基础上继续深化，明确节点倒排时间，落实责任协同发力，抓紧促成实质性成果。要高度重视人才科研招引，持续深化产学研合作，实现学术研究与产业发展互利互赢，为庆元生物科技产业发展提供强力技术支撑。

【数字政府系统建设及特色场景谋划推进情况汇报会】 8月4日，县委副书记、县长胡献如召集，庆元县副县长黄卫剑主持。会上，县府办汇报数字政府建设总体推进情况。大数据中心汇报一体化智能化公共数字平台建设情况。应急局、市监局分别结合PPT汇报特色场景应用建设情况。各牵头单位汇报重大任务应用推进情况、存在问题及下步计划。听取汇报后，胡献如指出，各相关单位要在思想上高度重视，准确把握上级关于数字政府建设工作的总体思路和要求，聚焦庆元县在数字政府建设工作上存在的问题短板，突出抓好核心业务建设，紧跟数字化发展趋势，加快推进数字政府系统建设。胡献如强调，要强化特色场景运用。坚持需求导向、问题导向，按照“小切口、大场景”的建设要求，立足县情、深入谋划、科学论证，使特色场景运用能真正体现出庆元特色。要立足于应用。应用是数字政府建设的落脚点，面向社会群体的应用要体现便民快捷，面向政府部门的应用要体现整体智治、多跨协同。要加快全省“揭榜挂帅”成果的推广应用，认真梳理，精心筛查，结合实际进行推广，让人民群众充分感受到数字政府建设的改革成果。

【国土空间规划及“三区三线”试划工作汇报会】 9月17日，县委副书记、县长胡献如专题听取国土空间规划及“三区三线”试划工作汇报，详细了解庆元县城镇空间、农业空间、生态空间三种类型空间，及城镇开发边界、永久基本农田保护红线、生态保护红线三条控制线等现状基础情况，研究分析存在的问题困难和突出矛盾，进一步明确工作要求和当前重点任务。章作飞、吴小军、胡显平等县领导，以及县人大办、县府办、县政协办、县发改局、县经商局、县财政局、县自然资源和规划局、县住建局、县交通局等单位相关负责人参加会议。会上，规划编制团队就县“三线”划定方案编制情况作详细汇报。胡献如指出，“三区三线”一旦划定，就确定庆元县未来国土空间的开发和保护格局。各部门务必要以极端负责的工作态度，高度严谨的逻辑次序，高标准、高质量扎实推动“三区三线”划定工作。胡献如强调，要深刻认识国土空间规划的重要性，立足全县发展实际和未来发展大局，精准测算用地需求，全面摸清现状底数，细致梳理耕地、即可恢复、工程恢复、后备资源等情况，逐一破解问题矛盾，全力争取上级支持，为项目落地、城市建设留足空间，为县域经济高质量发展提供战略支撑。

【疫情防控会商研判会】 12 月 12 日，县委副书记、代县长田健晖组织召开疫情防控会商研判会，县领导李鹏、吴秋标、赵世杰、熊焕、王伟啸参加会议。会上传达贯彻省、市疫情防控要求，对当前防控工作进行再部署、再落实。田健晖要求绷紧思想之弦，深刻认识县外部输入风险极大、自身漏洞仍然不少等问题，高度警惕麻痹思想、厌战情绪、侥幸心理、松劲心态，以强烈的紧迫感和责任担当，从严从紧落实各项防控措施，织严织密疫情防控网，科学精准有效做好疫情防控各项工作。防控措施要抓得细之又细。要完善应急处置机制，畅通指挥体系，重点人员要精准管控，重点场所要全面布控，省际通道要强化值守，重点环节要严密监控。防控责任要压得实之又实。严格责任落实，严抓督查暗访，严紧宣传教育。

【县政府党组（扩大）会议】 12 月 26 日，县委副书记、县长田健晖主持召开县政府党组（扩大）会议，县领导叶伟林、李鹏、黄卫剑、张延洪、李颖、赵世杰、熊焕、王伟啸参会。会上传达贯彻省委经济工作会议精神，专题部署党风廉政和意识形态工作。田健晖指出，要深化学习，闻令而动。全面学习领会省委对经济形势的分析研判，准确理解把握省委对明年经济盘子的筹谋规划。对标对表，听令而行，做到早动员、早部署、早安排。岁末年初重点工作，既要打好年度“收官战”，也要为明年“开门红”做好准备。田健晖强调，要学以致用，笃行实干。“收官”要查漏补缺、冲刺攻坚，对标对表目标任务，加强向上沟通协调，以最大努力争取最好的成绩。2022 年“开局”要科学谋划、全力起跑，谋深谋细一季度各项工作，谋划布局能推动庆元实现“四个根本性改变”的重大项目，确保工作实现“开门红”。田健晖要求抓好疫情防控，坚决克服麻痹思想，做好流动人员的摸排、监测，充分掌握主动权，打好疫情防控阻击战。要筑牢安全防线，加强各类社会矛盾纠纷的排查化解，及时就地解决好信访问题，全面落实企业安全生产主体责任、属地管理责任和部门监管责任，抓好重点行业领域安全隐患排查整治，严防安全事故发生。要预防灾害天气，加强雨雪、冰冻、寒潮等自然灾害性天气的监测预警，做好防寒防冻工作，确保人民群众生命财产安全。

县政府办公室工作

【办文办会】 精文简会，严格公文审核把关，提高办文效率，公文质量持续提升。2021 年印发县政府常务会议纪要 8 期、专题会议纪要 57 期，有效推进全县重点工作、中心工作难题化解。制定出台《庆元县人民政府办公室关于进一步规范公文处理的通知》，审核文稿，健全来信办理、文件流转等机制漏洞，印发各类文件 558 件，收文 11410 件，无一起被省、市退文现象发生。办理请示、报告 76 件，县长批示件 626 件，及时上传下达。坚持少开会、开短会，实行会议合并召开制，办理 60 次省、市级以上的视频会议。

【政务督查】 聚焦决策落实，对 2021 年政府工作报告和“十件大事”“十件民生实事”“十件关键小事”，以及兰溪桥水库扩建工程、屏都综合新区生物科技（食用菌）产业园南二、南三路等重点项目进行全程跟踪督查，累计完成督查事项420件，开展实地督查40次，发布专项督查通报60期。聚焦重大督查，梳理录入“浙里督”全量问题库数据180条，夯实数据归集基础，推动“重大督查问题清单”生成。聚焦全程督办，围绕民生实事项目建设的相关要求，对项目建设进行全程跟踪督办，完成县级民生实事地图系统采集、录入，实现民生实事地图系统省、市、县三级贯通。

【信息工作】 2021年，上报信息900篇，其中国办采用45篇，省府办录用135篇，市府办录用404篇，录用得分排名全市第三，获省领导批示7篇，市领导批示1篇，获国办批示8篇，省领导批示7篇，市领导批示2篇，《丽水市中小微企业和个体工商户生产经营情况整体较好并对明年政策有七方面诉求期盼》《丽水市反映可超前开展基础设施投资领域有五方面潜力》等获得国务院领导批示；《丽水市农业机械化稳步提升但仍存在四方面问题需关注》《做强特色 做精品质 做优品牌——丽水市推进农业高质量发展成效显著》等获得省领导批示；《基层反映山区义务森林消防队建设存三方面不足影响防灭火战斗力需关注》《庆元县抓早抓实防汛准备工作——用好“望远镜”“显微镜”“放大镜”织密防汛安全网》获市领导批示并全市交流。全年编发《政务信息》32期，电子专报35期，《信息工作交流》6期，为领导了解全县工作动态、科学把握决策部署提供参考。

【政府信息公开】 2021年，主动公开政府信息8182条，发布政策文件750件，规范性文件32件，政策解读32件，人大代表建议和政协提案办理结果176件，意见征集及采纳120条，疫情防控信息495条，政府采购信息1562条。开展专题业务培训3次220人次。召开政务公开工作协调推进会3次120人次。受理政府信息依申请公开38件，均在法定时间内予以答复。印发《2021年庆元县政务公开工作要点》，坚持事项目录集约化、工作流程制度化、平台管理高效化、公开服务闭环化、公众参与常态化，全面推进政务公开标准化规范化工作。按照《庆元县人民政府重大行政决策程序规定》，依法履行决策事项向社会公开征求意见程序，在征求活动结束后1个月内主动公开意见征求及采纳情况。开设规划信息专栏，向社会公布“十四五”发展规划和专项规划、空间规划。推进政务公开线上与线下融合。在行政服务中心设置信息公开查阅点、公开申请区、政务公开自助查阅区，提供一站式、个性化、方便快捷的信息服务。规范政务新媒体管理，将新媒体账号纳入全省政务新媒体管理平台监管，按照要求规范信息采集、审核、发布、更新。

【金融工作】 以深化金融供给侧改革为工作主线，不断优化金融生态环境，有效保障金融供给，经济金融持续健康平稳运行。成立全市首个县级金融顾问工作室，聘请20名各行业专家成为金融顾问。启动“金融知识纳入国民教育体系试点”工作，设立首批4所学校作为试点，“以点带面”推进防范金融风险宣传教育工作。融资畅通工程不断深化，截至12月底，全县各项人民币存款余额167.96亿元，余额同比增长10.93%；各项贷款余额151.03亿元，同比增长16.50%。引导企业股改挂牌，有序对接资本市场，增加1家股份公司（上元龙济公司），全县累计股份公司13家、省股权交易中心挂牌企业47家。

【数字化改革】 加快一体化数字资源管理系统建设，实现全县系统应用“一本账”管理，累计完成29个系统应用目录编制，推进县级IRS应用数据共享核验案例入选省IRS第一批优秀案例。在全市首批完成数字化改革总门户建设并通过验收，实现总门户与五大系统门户贯通。持续抓好“浙里办+浙政钉”两端推广，实现全县“浙里办”实名注册用户数13.5万人，注册率96.97%，“浙政钉”日活跃率81%以上。

（胡培志）

机关事务管理

【概况】 2021年，庆元县机关事务保障中心坚持以习近平新时代中国特色社会主义思想为指导，围绕县委县政府中心工作，履行后勤保障职责，树立优质服务理念，不断提升保障质量和管理水平，为庆元争当共同富裕示范县建设山区范例提供坚实的后勤保障。严格执行中央八项规定，做好公务接待工作，完成知名浙商助力丽水跨越式发展大会、全国(部分省市)外事系统调研活动以及第十届"智汇丽水"人才科技峰会庆元峰会等接待活动。以县政府大院和公共服务中心为重点，加强对垃圾分类工作的指导督促，以身作则，带头禁用限用一次性办公用品，在各区域内规范放置、使用垃圾分类桶，做好机关单位垃圾分类的收集及清运工作。引导全县80家单位开展垃圾分类示范单位创建。

【"公物仓"建设】 开启"政府公物仓"管理，推进资产共享共用。贯彻落实厉行节约、"过紧日子"要求，切实提高机关事业单位国有资产利用效率，联合县财政中心出台县级政府公物仓管理制度，对县级各单位暂未使用或阶段性使用后闲置的通用类办公物资，如办公家具、办公设备等，实行统一管理、按需调剂、循环使用，实现国有资产规范管理、高效保障、集约节约。2021年8—12月，实施调剂资产62件、原值24.127万元，有效避免闲置浪费、重复购置等问题，盘活行政事业单位办公资产。

【数字化管理】 贯彻《丽水市机关事务数字化改革实施方案》，以数字赋能机关事务履职，开展全省党政机关办公用房数字化管理平台基础数据的整理和采集工作，用好公务用车全省一张网平台。规范落实公务用车管理平台化、平台信息化、车辆标识化"三化"要求，建立县四套班子、县两院、19个乡镇(街道)共25个调度子平台，统一使用平台系统派车，进一步规范公车平台管理，提升统筹调度水平。严格公车用车审批程序，进一步优化路上紧急突发情况的审批流程。9月28日，邀请市机关事务服务中心副主任胡建仁作党政机关公务用车培训，加强对事业单位有业务用车工作的培训、指导和检查。

【公车管理】 根据公务用车制度改革实施方案的要求，庆元县公务用车服务中心作为公务用车管理的具体部门，本着安全、准时、周到、节俭、高效的原则，强化集中管理、统一调度，通过建章立制，合理安排，抓好服务管理。2021年，调度车辆5914次，安全行驶总里程527万千米，确保机关事务的正常运转。

(郑祖铨)

行政审批(公共资源交易)

【概况】 庆元县行政服务中心(庆元县公共资源交易中心)(以下简称"中心")有22个进驻部门设置对外办事窗口，1个部门设立行政审批分中心，8个领域实行综合受理，常驻中心工作人员220人。办理行政审批和服务事项31.88万件，办结31.88万件，办结率100%，其中即办件27.65万件，即办率86.73%，窗口服务满意率98.85%；公共资源交易办理建设工程、政府采购、产权交易三大类进场交易272宗，交易额24.41亿元，其中，建设工程47宗，交易额22.93亿元，节约资金1.73亿元；政府采购123宗，交易额1.18亿元，节约资金0.22亿元；产权交易89宗，交易额0.31亿元，增值资金0.05亿元。2021年，中心获省级"先进基层党组织""文明单位""建设清廉机关 创建模范机关先进集体"等称号。

【"青蓝计划"实施】 围绕年轻干部必须具备的七种能力，中心实施"青蓝计划"，旨在以党建为引领，以"导师帮带"为载体，以年轻干部综合素质大提升为目标，建立“师徒结对+团组服务+全线运作”的服务模式，搭建青年人才成长平台。第一批青蓝导师和学员双方签订帮带协议书，进入帮带阶段，取得良好效果。

【浙闽边界政务服务党建联盟】 6月18日，中心牵头组织与福建省毗邻县签订浙闽边界政务服务党建联盟协议，致力于组织共建、活动共办、经验联学，形成抱团发展的良好格局。党建联盟会集浙闽党员干部91名，共同梳理高频政务服务事项清单50项。联盟跨域之间共享政务服务事项的办事指南，互设跨域专窗联审联办。

【“不见面开标+远程异地评标”交易模式】 中心全面推进电子化交易，进场交易项目全程留痕。按照省、市对不见面开标和远程异地评标项目的推进要求，对接部署远程异地评标系统和政采云不见面开评标系统，中心完成一间远程异地评标室的调试使用。建设工程项目（除水利、监理、设计外）、政府采购项目、国有产权项目实现全流程电子化招投标，市政房建施工类项目全部采用远程不见面开标方式，实现文件电子化、标书网上传、开标不见面。

（陈力莉）

应急管理

【概况】 2021年，庆元县安全生产形势稳定。1. 事故情况方面：全县道路运输发生安全生产事故4起，死亡2人；工矿商贸领域未发生亡人事故。2. 防灾减灾方面：5月17日以来，全县连续出现大雨、暴雨天气。17日8时到24日8时，面雨量高达472.9毫米，降雨量历史同期第一，全县受灾人口4908人，直接经济损失3568.03万元。其中，农作物受灾面积174.73公顷，菇棚受淹325个，香菇段受损239万段；房屋倒塌8间、严重损房25间、一般损坏房屋13间，道路塌方609处。3. 应急救援方面：全年“110”受理群众报警求助9144起，联动处置应急类（案）事件401起，“96345”受理群众各类咨询投诉3528起，基层治理综合信息平台上报信息42263条，办结42263条，办结率100%。庆元消防救援大队应急救援共接警出动142起，出动消防车292辆次，出动人员1791人次，抢救被困人员10人，抢救财产价值328.18万元。同比2020年，接警数上升了25.7%，其中火警77起，同比下降了13.5%。

【应急管理责任】 2021年，庆元县应急管理局全面贯彻落实省、市应急管理工作总体部署，对标“重要窗口”的新目标新定位，按照“健机制、促改革，补短板、夯基础，强监管、保安全，抓队伍、勇争先”的要求，完善基层安全生产责任机制，深化重点领域安全隐患专项整治，着力提升防灾减灾救灾能力水平，推进基层应急管理体系和应急能力新发展，构建县域应急管理体系和治理能力现代化新格局，为中国共产党成立100周年和“十四五”规划开局创造良好的安全环境。

【安全生产监督】 1. 强化隐患排查整治。扎实推进安全生产专项整治三年行动，围绕建筑施工、道路交通、消防、工矿、城市运行、危险化学品、特种设备、旅游八大行业，先后开展“防范较大·杜绝重大”、护航中国共产党成立100周年安全生产百日攻坚、廊桥凉亭公共设施、燃气使用安全专项执法检查等各类安全专项整治行动12次，出动检查组356个，出动检查人员928人次，共检查企业、民房、沿街商铺、影院等重点场所1768家次。2. 实施精准严格执法。全年共检查工贸企业53家，发出各类执法文书47份，发现各类隐患82项，运用掌上执法、浙江省统一行政处罚办案系统落实“互联网+”执法，共办理行政处罚案件35起，办结32起，罚款62.31万元，非事故处罚金额占比100%，检查处罚率60.38%，报送典型案例6起。危化矿山领域，排查涉“化学化工”企业73家，对15家危化品企业、4家非煤矿山开展安全执法检查，处罚非法储存危化品案件2起，发放危化品许可证14家，实现矿山领域社会化服务覆盖率100%。3. 推动本质安全提升。全县生产加工类小微企业238家，开展社会化服务219家，覆盖率达92.01%，其中小微孵化园1个，共有企业38家，小微企业园社会化服务覆盖率达50%以上。开展企业员工安全大培训，完成企业负责人、安全管理人员、重点岗位人员线上培训4350人。

【“十台合一”应急智治指挥平台】 1. 以“应急融合”为重点，实现“一库式”数据共享。强化应急管理综合应用平台和应急管理数据库即“十台合一”应急指挥平台数字驾驶舱建设，除汇聚本单位救援队伍、避难场所、应急专家、储备资源等数据外，接入气象灾害预警、自然资源地质灾害、水利防汛检测等外单位的相关信息，依托于指挥中心数字大屏，统一实时进行展示。2. 以“平战结合”为目标，构建“一图式”综合管理。构建基于EGIS（应急地理信息系统）的“重大风险隐患一张图”，同时具备卫星遥感监测，连接全县127个山洪水位监测点，97个水利视频监测点，16个森林防灭火烟雾感应点，13个地质灾害监测点，26个百山祖重点视频监测点，6个广播监测站，19个风险企业，14个应急救援队伍，192个应急避难场所，8个辅助网站内嵌，通过后台对传感器采集的降雨量、地下水位和山体移位等信息处理，接入可视化平台，形成自然灾害综合风险图和自然灾害综合防治区划图。3. 以“多方契合”为要求，提升“一体式”指挥调度。构建包括突发事件接报、辅助决策、一键调度、方案生成、现场图传、精准指挥、协同会商、应急助手等主要业务板块，涵盖应急救援方案自动形成、周边救援资源辅助决策、一键调度指令部门（乡镇）、现场人定位及图像回传、实时更新现场情况等功能，实现应急事件处置数字化自动调度、实时反馈、高效处置。同时，庆元“十台合一”应急管理工作模式获得省委袁家军书记、时任省长郑栅洁批示肯定。

【防汛防台抗旱】 1. 落实汛前工作，做好入汛准备。深入开展防汛防台汛前隐患排查整治行动，累计出动检查人员1506人次，检查点位1283处，发现隐患90处，下发督办单9件。落实基层防汛防台责任人2305人，各类网格2511个，危险区域转移人员录入4561人，村级转移责任人开通“掌上应急”420人。2. 强化培训演练，狠抓队伍建设。201个行政村（社区）完成防汛演练，1435名基层防汛责任人完成教育培训。19个乡镇（街道）自建的应急综合队伍19支共计547人，全县各类防汛抢险队伍33支共2024人，其中社会应急救援力量3支共有核心人员122人，并完成自然灾害公众责任险投保19.78万元。3. 推进试点建设，提升基层治理。庆元县被列入全省13个基层防汛防台体系标准化建设试点县之一，县防汛办第一时间行动，逐级动员部署，细化任务清单，狠抓任务落实，着力推进基层防汛防台体系组织责任网、风险防控网、抢险救援网、灾后恢复网、运行保障网和数字化平台标准化建设，加快构建防汛防台“县乡一体、条抓块统”工作格局。

【森林防灭火】 1. 提升硬件设施。投入150万元，在原有“蓝天卫士”的基础上，整合林业部门高空监控系统和应急、水利、乡镇新增监控系统，新建“森林卫士”预警监测系统20套，通过自动化预警、智能化调度，有效提高扑救效能、减少森林火灾发生。2. 加大检查力度。先后开展农事用火、祭祀用火、林业生产用火等野外违法违规用火专项治理行为，动员各乡镇（街道）、部门开展安全检查486人次，查出隐患49处，发现并制止野外用火51起，查处野外用火案件9起，行政拘留2人，行政罚款2860元。3. 加强教育宣传。出动森林防火宣传车133车次，悬挂横幅274幅，张贴标语1141条，发送警示短信85.45万条，播放宣传电影50场次。清明节期间，全县乡村干部、护林员、防火员和网格员等1000余人全部在岗在位，设置森林防火卡点91个，送出鲜花5100束、树苗6182棵，收缴火源火种302个

（盒）、祭祀品 227 千克，确保清明节森林防火“零火警”。

【防灾减灾救灾】 1. 推进避灾安置场所规范化建设。建立符合辖区实际的“五个一”庆元标准，完成 23 个避灾安置场所规范化和可视化建设，同时按要求在政府网站公布庆元县避灾安置场所名单，提高公众知晓率。2. 开展庆元县第一次全国自然灾害综合风险普查工作。县普查办紧紧围绕数据调查工作的要求，传达上级重要指示和要求，总结阶段性工作情况，共填报数据 1561条，系统质检通过率 100%。3. 实行县、乡、村三级灾害信息员 AB 岗制度。全县登记在册的乡、村两级灾害信息员共 442 人，并组织灾害信息员开展自然灾害信息专题培训会议，依托现行全国灾害信息员数据库，全面更新灾害信息员基本信息，实时掌握基层业务人员信息。

【防灾减灾宣传活动】 以“3•19”森林防火宣传、“5•12”防灾减灾日、安全生产月为载体，积极开展防灾减灾、安全生产宣传“五进”活动，先后开展安全知识“下乡进企”宣传活动 6 次，中小学生参观应急安全宣传教育体验馆 3 次，举办第二届“我是小小安全员”中小学书法绘画比赛。通过在公共场所设置展板横幅、户外播放警示教育片、发放宣传材料、组织应急演练等形式开展宣传，累计受众人数 14 万人，发放各类宣传资料 10 万份，进一步提高公众防灾减灾意识和应急自救水平，在全社会营造“知安全、懂安全、要安全”的良好氛围。

2021 年 5 月，庆元县主办以“防范化解灾害风险，筑牢安全发展基础”为主题的集中宣传活动

（县应急管理局 摄）

（杨　军）

政协庆元县委员会

综述

【概况】 2021年，庆元县政协（以下简称“县政协”）精心谋划专题协商活动，建好用好请你来协商、委员会客厅、民生议事堂等协商平台，切实提升履职质效。围绕“深入推进大花园建设，努力打造美丽中国先行示范区”进行三级政协联动专项集体民主监督，紧盯“十件民生实事、十件关键小事”、提案办理等工作开展民主监督，聚焦工业产业平台建设、百山祖斋郎军旅小镇建设等工作开展集体视察，着眼培育庆元铅笔原材料基地、创建庆元香菇农业现代化示范区等工作开展课题调研，结合竹产业发展、古村落保护等工作开展考察学习。组织委员参加政协系统乒乓球联谊赛暨趣味运动会、文艺晚会、诗词书画展等活动。组织优秀委员及机关干部到临沂开展履职能力提升培训，参加委员提案、社情民意信息、大会发言撰写知识培训。配合开展“建党一百周年文史资料专辑”征编工作，继续开展《消逝中的古村落》续集的图文征集工作。

政协全会及常委会会议、主席会议

【政协第九届庆元县委员会第五次会议】 2021年3月4—7日在庆元县城举行。县政协委员、特邀人员、列席人员340余人参加会议。九届县政协常委会组成人员，县委、县人大、县政府领导及其他副县级以上领导在主席台就座。

会议听取并审议县政协主席洪起平代表常务委员会所作的工作报告和吴新清副主席代表常务委员会所作的提案工作情况报告。与会人员列席庆元县第十六届人民代表大会第五次会议，听取并讨论胡献如县长所作的政府工作报告，讨论《庆元县国民经济和社会发展第十四个五年规划和二〇三五年远景目标纲要（草案）》及其他有关报告。

会议认为，过去的一年，县政协及其常委会坚持发扬民主和增进团结相互贯通、建言资政和凝聚共识双向发力，紧扣决战决胜工作大局，认真履行政治协商、民主监督、参政议政职能，在大战大考中交出合格答卷，树立政协新样子。

会议指出，2021年是中国共产党成立100周年，是实施“十四五”规划、开启全面建设社会主义现代化国家新征程的第一年。县政协要进一步提高政治站位、拉高政治标杆，按照“对标落实年”总体要求，围绕立足新发展阶段、贯彻新发展理念、构建新发展格局，围绕忠实践行“八八战略”、奋力打造“重要窗口”主题主线，聚焦聚力高质量发展，着力强化思想政治引领，着力提高双向发力质效，着力加强专门协商机构建设，着力强化委员责任担当，为建设美丽浙江、美丽中国“最生态窗口”，开启山区高质量跨越式发展新征程贡献智慧和力量。

在闭幕会上，县委书记蓝伶俐讲话。她代表县委对九届县政协履行政治协商、民主监督、参政议政三大职能所取得的成绩给予充分肯定，对县政协新一年的工作提出四方面意见：要毫不动摇坚持党的领导，旗帜鲜明讲政治，不断增强政治判断力、政治领悟力、政治执行力；要把“五大发展理念”作为协商民主实践的聚集点，让创新成为最强动力，让协调成为最亮特色，让绿色成为最美形态，让开放成为最大活力，让共享成为最终目的；要始终牢记“人民”二字重千钧，在引领群众上多用心，在联系群众上多用情，在发动群众上多用力，带着问题倾听民声、带着感情体察民情、带着责任反映民意；要持续弘扬“三牛精神”，强化使命意识，加强自身建设，聚焦国家公园建设、乡村振兴、数字化改革等中心工作，不断提升履职能力，努力干出一流业绩、交出高分报表。

【政协第九届庆元县委员会常务委员会会议】 2021 年，政协召开常委会会议 5 次。

2 月 8 日，县政协九届二十二次常委会会议召开。会议听取县委工作情况通报；听取县政府关于《2021 年政府工作报告》起草情况通报；听取县政府关于“打造全球铅笔制造之都”重点建议案办理落实情况通报；听取县政府关于县政协九届四次会议委员提案办理情况通报；书面通报县政府关于 2020 年十件民生实事、十件关键小事落实情况；书面通报县政府关于 2020 年度县政协“请你来协商”《协商建议》办理落实情况；听取县人民法院工作情况通报；听取县人民检察院工作情况通报；审议通过《政协第九届庆元县委员会常务委员会工作报告（送审稿）》《政协第九届庆元县委员会常务委员会提案工作报告（送审稿）》及确定报告人；审议通过《庆元县政协委员廉洁自律若干规定（试行）（草案）》；人事事项；研究县政协九届五次会议相关事项；表彰先进；专题学习；民主评议县政协九届四次会议重点提案承办单位；其他事项。

3 月 6 日，县政协九届二十三次常委会会议召开。会议听取各组讨论县政协常委会工作报告、提案工作报告，政府工作报告、“十四五”规划和二〇三五年远景目标纲要（草案）及其他报告情况汇报；听取各组讨论县政协九届五次会议提案审查情况报告（草案）、决议（草案）情况汇报；听取各组讨论大会选举办法（草案）情况汇报；听取各组酝酿候选人建议人选情况汇报；审议大会选举总监票人、副总监票人建议名单，通过大会选举监票人名单。

7 月 2 日，县政协九届二十四次常委会会议召开。会议听取县政府上半年工作情况通报；专题学习；观看严肃换届纪律警示片《警钟长鸣》；其他事项。

9 月 29 日，县政协九届二十五次常委会会议召开。会议围绕“‘碳达峰、碳中和’愿景下庆元跨越式高质量发展的路径探索”重点课题调研专题开展“请你来协商”；专题学习；其他事项。

12 月 30 日，县政协九届二十六次常委会会议召开。会议研究有关人事事项；研究县政协十届一次会议相关事项；专题学习；听取县委工作情况通报；听取县政府关于“‘碳达峰、碳中和’愿景下庆元跨越式高质量发展的建议案”办理落实情况通报；听取县政府关于县政协九届五次会议委员提案办理情况通报；书面通报县政府关于 2021 年十件民生实事、十件关键小事落实情况；书面通报县政府关于 2021 年度县政协 “请你来协商”《协商建议》办理落实情况；听取县人民法院工作情况通报；听取县人民检察院工作情况通报；民主评议县政协九届五次会议重点提案承办单位；其他事项。

【政协第九届庆元县委员会主席会议】 2021年，县政协召开主席会议8次。

2月7日，县政协九届五十次主席会议召开。会议研究确定县政协2021年2月份主要工作安排；研究县政协九届二十二次常委会会议相关事项；审议《政协第九届庆元县委员会常务委员会工作报告（送审稿）》《政协第九届庆元县委员会常务委员会提案工作报告（送审稿）》及提议报告人；审议县政协九届五次会议《委员大会发言（送审稿）》；人事事项；研究县政协九届五次会议相关事项；通报2020年度县政协专委会工作考核、委员履职评价结果，审议通过2020年度县政协先进集体、优秀委员名单；专题学习；其他事项。

3月6日，县政协九届五十一次主席会议召开。会议听取各组讨论县政协常委会工作报告、提案工作报告，政府工作报告、“十四五”规划和二〇三五年远景目标纲要（草案）及其他报告情况汇报；听取各组讨论县政协九届五次会议提案审查情况报告（草案）、决议（草案）情况汇报；听取各组讨论大会选举办法（草案）情况汇报；听取各组酝酿候选人建议人选情况汇报；审议大会选举总监票人、副总监票人建议名单，通过大会选举监票人名单。

4月6日，县政协九届五十二次主席会议召开。会议研究确定县政协4月工作安排；研究确定《中共庆元县委庆元县人民政府政协庆元县委员会2021年度协商工作计划》；研究确定县政协2021年重点工作任务分解方案；研究确定县政协九届五次会议重点提案、九届四次会议提案“回头看”相关事项；研究确定县政协2021年度重点调研课题实施方案；审议通过“中国香菇城委员会客厅”活动计划；专题学习；其他事项；实地视察庆元县工业产业平台建设情况。

5月14日，县政协九届五十三次主席会议召开。会议审议通过《庆元县政协专门委员会工作考核评价办法（草案）》《政协庆元县委员会专门委员会联系界别、委员工作制度（草案）》《关于为民主党派和无党派人士在政协更好发挥作用创造条件的若干意见（草案）》；审议通过《庆元县政协开展“深入推进大花园建设，努力打造美丽中国先行示范区”三级政协联动专项集体民主监督实施方案（草案）》；专题学习；其他事项；集体视察县人民医院迁建项目。

6月18日，县政协九届五十四次主席会议召开。会议研究县政协九届二十四次常委会会议相关事项；专题学习；其他事项；集体视察百山祖斋郎军旅小镇建设情况。

8月31日，县政协九届五十五次主席会议召开。会议研究确定县政协9月主要工作安排；研究通过《庆元县“请你来协商•民生议事堂”平台建设工作实施办法（讨论稿）》；专题学习；其他事项。

9月29日，县政协九届五十六次主席会议召开。会议围绕“‘碳达峰、碳中和’愿景下庆元跨越式高质量发展的路径探索”重点课题调研专题开展“请你来协商”；专题学习；其他事项。

12月30日，县政协九届五十七次主席会议召开。会议研究有关人事事项；研究县政协十届一次会议相关事项；专题学习；听取县委工作情况通报；听取县政府关于“‘碳达峰、碳中和’愿景下庆元跨越式高质量发展的建议案”办理落实情况通报；听取县政府关于县政协九届五次会议委员提案办理情况通报；书面通报县政府关于2021年十件民生实事、十件关键小事落实情况；书面通报县政府关于2021年度县政协“请你来协商”《协商建议》办理落实情况；听取县人民法院工作情况通报；听取县人民检察院工作情况通报；民主评议县政协九届五次会议重点提案承办单位；其他事项。

重大活动

【委员履职能力提升培训】 6月8—12日，县政协组织优秀政协委员及机关干部赴山东临沂开展委员履职能力提升培训。活动采取集中授课与现场教学相结合的形式，邀请专家就政协履职、乡村振兴等内容作专题讲座，到孟良崮战役纪念馆、山东抗日根据地纪念馆等地进行现场教学，学习沂蒙精神，提升党性修养。

【孙景淼到庆元调研】 6月21—22日，时任省政协副主席孙景淼一行到庆元，实地勘察、走访当地村民，交流座谈，为做好《浙江省古道保护办法》立法协商工作，专题调研浙江省山区森林古道存续保护现状和周边环境。调研期间，孙景淼还到中国香菇城委员会客厅开展"百名主席进百厅讲党史"活动。调研组认为，古道是承载历史文化、先民记忆的重要载体，尤其在浙西南地区，由于开发建设较晚，尚有大量森林古道遗存未被破坏，开展古道保护立法工作正当其时、十分必要。要注重立法的前瞻性、科学性、有效性，明确其责任主体、程序、标准、权利、义务、资金保障、人员配备，在古道的恢复、重建和维护方面，可考虑政府投入与民间捐助相结合，借鉴自古以来乡贤做法，在修复原址上立碑铭记，载入乡志县志，使古道重新焕发生机。同时，要将古道保护利用纳入推动乡村振兴与大花园建设的框架内，以开发利用促进遗产保护，通过古道延伸，将碎片化分布的各种文化遗产、生态资源、精品民宿、地方美食等有机结合，"穿珠成链"，实现集聚化、品牌化发展。

【乒乓球联谊赛暨趣味运动会】 6月25—26日，县政协举办庆祝中国共产党成立100周年政协系统乒乓球联谊赛暨趣味运动会，在庆元的省、市政协委员，县政协委员和县政协机关工作人员参加。比赛项目分第九届乒乓球联谊赛男子单打、女子单打与男女混合团体等。趣味运动会设人桥接力、财源滚滚、足式保龄球、投掷飞镖等项目。

【葛慧君到庆元调研】 9月7—8日，时任省政协主席葛慧君带队到庆元，调研助推共同富裕示范区建设、政协委员会客厅和民生议事堂建设等有关情况。市政协主席陈瑞商，副主席、秘书长郑利剑陪同调研。在庆元，葛慧君一行考察浙江方格药业有限公司、浙江双枪竹木有限公司，深入百山祖国家公园，了解百山祖冷杉繁育情况和百山祖国家公园建设情况。到黄田镇民生议事堂，现场考察庆元县民生议事堂建设情况，观看《基层政协协商平台建设的庆元实践》宣传片，详细了解平台的活动开展情况和经验做法，听取庆元县政协解决基层政协"两个薄弱"问题等工作情况汇报。葛慧君指出，黄田镇民生议事堂先行先试，开展一系列涉及镇村发展和事关群众切身利益事项的协商活动，有效推动工作落地和问题解决。民生议事堂作为县（市、区）政协深化"请你来协商"平台的重要组成部分，是政协协商向基层延伸的有力探索，要把好方向，定好定位，设计好制度，深入开展活动，不断探索。她认为，庆元政协在全省政协主席暑期读书会作"积极推动'请你来协商'向基层延伸"主题发言，介绍履职思路和工作举措，这是一件相当不容易的事情，需要被充分肯定并勉励庆元政协再接再厉，在政协协商向基层协商工作中做出更多创新和实践。她还指出，庆元政协依托省际交界处的独特区位条件，开展跨省、跨境等特色协商，有效回应党委政府现实需求，为助推跨省合作积累实践经验。葛慧君对庆元探索委员会客厅在界别群众集中地设立联络点的做法给予肯定。

【陈铁雄到庆元调研】 10月11日，省政协副主席陈铁雄率调研组到庆元，调研政协党建工作，市政协副主席高波陪同。陈铁雄一行先后到双枪竹木、电商创业园党群服务中心，详细了解庆元县基层党建、非公党建及产业发展情况。在随后召开的政协党建工作调研座谈会上，参会人员就进一步加强和改进政协党建工作、促进履职成果转化等交流意见建议。陈铁雄对庆元积极探索政协系统党的建设所做的工作和取得的成效表示充分肯定。他指出人民政协是政治组织，具有鲜明的政治性，旗帜鲜明讲政治是人民政协的本质要求。庆元政协工作有特色、有亮点，充分展现新时代人民政协的新样子。下一步要深入学习贯彻习近平总书记关于加强和改进人民政协工作的重要思想，深刻认识全面加强政协系统党的建设的重要性，充分发挥好重要阵地、重要平台、重要渠道“三个重要”作用，努力为推动全省政协党建工作走在前列提供庆元样本。

提案工作

【提案工作】 2021 年，在县政协九届五次会议期间，收到政协委员提案 213 件，其中集体提案 16 件，领衔提案委员 143 人，占委员总数的 88.3%。根据提案工作条例，县政协提案委逐件进行审查，符合立案条件的 205 件，占提案总数的 96.2%，其中，属于经济建设方面的 61 件，占立案总数的 29.8%；交通、城乡建设方面的 58 件，占 28.3%；教科文卫体方面的 37 件，占 18%；民政、劳动人事、统战、政法、精神文明建设和其他方面的 49 件，占 23.9%。未予立案的有 8 件。

【县委、县政府领导领办提案】 2021 年，县委副书记、县长胡献如领办《关于加快完善香菇特色小镇建设的建议》提案；县委常委、常务副县长章作飞领办《关于深化最多跑一次改革 优化营商环境的建议》提案；副县长吴小军领办《关于打造百山祖国家公园食用菌种质资源库升级版的几点建议》；副县长胡显平领办《关于重视笋产业发展的建议》提案；副县长李鹏领办《关于加强庆元县青少年体育锻炼的建议》提案；副县长、县公安局局长潜伟峰领办《关于扩大禁燃烟花爆竹范围的建议》提案；副县长吴秋标领办《关于拓展发展空间 保障庆元生态工业用地需求》提案；副县长黄卫剑领办 《关于养老服务体系建设的建议》提案；副县长朱惠汉领办《关于如何提升规范庆元县食品小作坊监管水平》提案。

【县政协领导督办提案】 2021 年，县政协主席洪起平督办《推进建筑垃圾全资源化处置》提案；副主席夏家天督办《关于实施“美丽城市”智慧管理的建议》提案；副主席林昌富督办《关于拓展发展空间 保障庆元生态工业用地需求》提案；副主席吴先武督办《发挥生态优势 积极创建浙南闽北生命康养高地》提案；副主席吴新清督办《关于把握政策机遇加强项目前期储备的建议》提案；副主席项邦宝督办《关于打造百山祖国家公园食用菌种质资源库升级版的几点建议》提案。

专题协商活动

【“请你来协商” 专题协商活动】 4 月 30 日，县政协开展“请你来协商”之“建立完善农村留守老人服务机制”专题协商活动。会上，县政协委员结合前期调研成果，就养老基础设施建设、养老服务质量提升、基层养老服务人员队伍培养等问题提出意见建议。会议指出，尊老敬老是中华民族的传统美德，爱老助老是全社会的共同责任，本次课题聚焦当下养老的热点和痛点，相关部门要认真学习领会，精准把握，切实吸收意见建议，通过建立完善工作机制，进一步推动和完善庆元县养老服务体系建设。

6 月 1 日，县政协开展“请你来协商”之“山区跨越式发展卫生领域补短板” 专题协商活动。县政协委员、相关群众代表围绕“山区跨越式发展卫生领域补短板”主题，同县政府和县卫健局等相关部门开展面对面协商。会议指出，要做到“前瞻+精准”，明确目标导向，抓实重点任务，精准把握政协委员提出的问题建议，加快推动意见落地；做到“主动+实效”，“请你来协商”是凝聚共识的有效平台和路径，最终目的是为百姓谋福利，落脚点在于能否取得实效，各部门要主动回应老百姓和政协委员的关心，以更大的力度、更实的作风、更细的举措，坚定不移补齐卫生领域短板，推动庆元经济社会高质量跨越式发展。

6 月 30 日，县政协开展“请你来协商”之“把握政策机遇，加强项目前期储备”专题协商活动。会上，县政协委员结合前期调研成果，就重大项目建设、民生项目谋划以及各要素保障等问题提出意见建议。会议指出，项目建设事关全县经济社会发展的大局，任务艰巨而光荣，希望相关部门聚焦具有借鉴性、前瞻性的建议与措施，抓住“共同富裕示范区”建设的黄金期，积极做好项目的前期谋划和储备，以更加有力的举措，更加务实的作风，坚定信心，攻坚克难，为庆元县经济社会跨越发展做出更大的努力。

9月24日，县政协开展“请你来协商”之“打造具有菇乡特色花园城市”专题协商活动。部分县政协委员与相关部门负责人面对面开展协商讨论。县委副书记、县长胡献如出席活动并讲话，他指出，从成绩看，城市建设可圈可点；从问题看，短板欠账依然很多；从风貌看，菇乡特色不够彰显。全县上下要广泛凝聚共识，充分认识加强城市建设的极端重要性，加快人口集聚、提升城市能级，打造具有菇乡特色的花园城市。一是要聚焦空间拓展，让城市布局更优化；二是要聚焦风貌打造，让城市特色更彰显；三是要聚焦功能品质，让城市生活更舒心；四是要聚焦精细管理，让城市形象更文明。

11月4日，县政协举办“请你来协商”之“深入挖掘扁鹊庙文化助推庆元生物科技产业发展”专题协商活动。政协委员、专家学者和有关部门负责人现场对话协商，开展面对面交流。县委书记蓝伶俐出席活动并讲话，她指出，要立足资源禀赋，发展生物制造产业，努力构建中药材种植、深加工、制剂研发为一体的现代中医药产业链；培育壮大生物农业，打造浙西南生物育种中心，形成食药用菌、中药材、大鲵、甜橘柚等四类育种基地；推动产业深度融合，挖掘本土中医药文化资源，打造富有庆元辨识度的生物科技产业特色品牌。

【“委员会客厅”主题活动】 6月22日，县政协开展“大力培育选树工匠 打造工匠型技能人才”委员会客厅主题活动。与会人员围绕主题交流发言。会议指出，弘扬“工匠精神”，加强人才队伍建设，培养和造就更多干一行爱一行专一行的能工巧匠，建设一支知识型、技能型、创新型劳动者大军，才能更好地服务于庆元经济社会高质量发展。政协委员要积极探索自身在引才育才方面的作用，利用好政协委员会客厅等多个平台，做好人才招引政策宣传工作。

8月26日，县政协开展“如何让公筷行动落地”委员会客厅主题活动。与会人员就“如何让公筷行动落地”开展交流发言。会议要求，要统一思想认识，强化主体责任、监管责任，全面形成推进“共建文明餐桌、推行公筷公勺”的强大合力；建章立制，规范管理，确保建立长效机制，促进公筷发展；加强宣传，抓落实，引导群众争做公筷公勺的引领者、文明餐桌的先行者；制定统一公筷标识及使用规范，通过统一的规格、颜色、造型让人们快速识别公筷，慢慢养成自觉使用公筷的习惯，践行文明健康生活方式。

10月20日，县政协开展“做大做强线上销售，促进竹产业高质量发展”委员会客厅主题活动。与会人员就如何开展“做大做强线上销售，促进竹产业高质量发展”提出意见和建议。会议要求，做好顶层设计，发挥政协平台职能，建立完善企业线上销售准入机制，加强监管，严格把好产品质量关，让竹产业线上销售模式制度化、规范化；把握机会，全方位、立体化，构建竹产业线上销售平台及配套设施，打造菇乡竹产业品牌文化，创造品牌信仰；加快电商人才队伍建设，将线上销售与实体生产紧密结合；开拓竹产品国内外线上市场，引导大众消费，提高品牌知名度、产品影响力和市场竞争力，促进竹产业高质量发展。

12月7日，县政协开展委员会客厅主题活动，专题学习贯彻中共十九届六中全会精神，县政协副主席夏家天到会宣讲。活动要求，一要聚力“学懂”，要通过反复学决议，深刻领会党的百年奋斗取得的重大成就、党百年奋斗的宝贵历史经验，准确理解把握全会精神。二要聚力“弄通”，紧抓正确政治方向，紧抓民生根本，全面汲取全会精神的智慧和力量，为庆元奋力打造“最生态窗口”添彩。三要聚力“做实”，各成员要在所在界别、各群体中广泛进行中共六中全会精神宣讲，为庆元县高质量发展建设共同富裕示范区山区范例，贡献政协力量。

【“民生议事堂”专题协商活动】 5月26日，县政协开展“民生议事堂——规范县城主城区废品回收管理工作”专题协商活动。县政协委员围绕“规范县城主城区废品回收管理工作”这一主题，就一系列群众关心的热点难点问题提出意见建议。会议指出，要以视民情、谋民利作为协商活动的出发点，深入了解民情，广泛集中民智，凝聚共识力量，有效推动工作落实。要以建机制、促规范作为协商活动的着力点，围绕选题、调研、协商、交办、反馈等关键环节，建立完善工作机制，规范协商的整体运行。要以问实效、合民意作为协商活动的落脚点，通过沟通反馈、跟踪问效、民主评议等形式，促使协商成果得到落实，见到实效。

8月19日，县政协开展“民生议事堂——灰树花产业提升”专题协商活动。与会人员围绕灰树花产业化发展、基地标准化建设、产业集中化智能化生产、品牌打造等方面提出许多有针对性的意见和建议。会议要求，要进一步加大宣传力度，做好灰树花地理标志品牌建设，提高灰树花的知名度和认识度；要进一步加大灰树花科学研究的力度，加强与科研院校合作，进行产品深加工，提高产品附加值；要进一步加大对灰树花的销售统筹力度，着力解决灰树花价格无序竞争等问题；要规划建设好灰树花标准基地建设，聚焦产业工厂化、集约化、数字化生产，共同推动灰树花产业发展。

10月27日，县政协开展“民生议事堂——黄粿产业转型升级”专题协商活动。会上，委员们听取设计单位和黄粿行业协会有关村庄规划设计情况及黄粿产业发展情况介绍，结合调研情况，提出真知灼见。会议指出，“民生议事堂”平台要在助力发展壮大特色产业、助力完善基础设施、助力提升基层社会治理能力上积极发力，进一步为乡村振兴，推动共同富裕示范区建设启发思路、凝聚共识、建言献策、解决问题。

（吴劝森）

中共庆元县纪律检查委员会·庆元县监察委员会

综述

2021年是中国共产党成立100周年，是“十四五”开局、现代化新征程开启之年。全县各级纪检监察组织在上级纪委监委和县委的领导下，坚定捍卫“两个确立”、做到“两个维护”，适应新时代纪检监察工作新形势、新要求，推进不敢腐、不能腐、不想腐，纵深推进清廉庆元建设，发挥监督保障执行、促进完善发展作用，推动工作提质增效、迭代升级，持续建设与山清水秀的自然生态相媲美的政治生态，为庆元县争当共同富裕示范区山区范例提供纪律保障。

重要会议和活动

【十四届七次纪委全会】 2021年3月30日，庆元县第十四届纪律检查委员会第七次全体会议召开。会议贯彻落实中央、省、市纪委全会精神，总结2020年县纪检监察工作，部署2021年各项任务。县委书记蓝伶俐出席会议并讲话。县委常委、纪委书记、监委主任王鹏代表中共庆元县纪律检查委员会常务委员会作题为《监督保障执行促进完善发展 为庆元县开启山区跨越式发展新征程提供坚强保障》的工作报告。

【清廉文化教育基地揭牌】 4月2日，庆元清廉文化教育基地揭牌仪式举行。县委书记蓝伶俐，县委副书记、县长胡献如为基地揭牌。全体副县级以上领导出席。

庆元清廉文化教育基地是县委贯彻落实省委关于清廉浙江建设决策的重要部署，是弘扬践行“浙西南革命精神”而建设的重大项目，是打造庆元县“最生态窗口”和“严实硬”干部队伍的重点工程。基地位于县委党校，布展面积980平方米，由县纪委县监委依托县委党校现有资源进行改造和集中布展，基地紧扣“着力打造自然生态与政治生态‘两个绿水青山’”主题，设置序厅、主展厅和尾厅三个部分，主展厅包含“牢记嘱托篇、利剑出鞘篇、廉风化雨篇和永葆初心篇”四个篇章，让参观者在视觉、听觉、触觉的综合体验中，经历一次既有力度又有温度的清廉文化之旅。揭牌仪式后，全体人员作为庆元清廉文化教育基地正式启用后的首批参观者参观了四个篇章的内容。

【十五届一次纪委全会】 12月29日，中国共产党庆元县第十五次代表大会选举产生中国共产党庆元县第十五届纪律检查委员会。同日，选举产生的中共庆元县第十五届纪律检查委员会召开第一次全体会议，19名委员出席会议，纪委书记王鹏主持会议并讲话。会议以无记名投票方式选举产生新一届县纪委常委会。

党风政风监督

【政治监督】 以项目化、清单化、流程化监督方式，深入开展中共十九届六中全会精神、常态化疫情防控、党史学习教育、共同富裕示范区建设、县乡换届纪律、"双招双引"、涉林垦造等上级重大决策部署落实情况的专项督查，发现并督促整改问题205个，对5名领导干部进行追责问责。重点加强"一把手"和领导班子监督，对履行主体责任不力的2个党组织和11名党员领导干部进行追责问责，其中涉及单位"一把手"7名。

【清廉建设】 持续开展乡镇(街道)和县属单位"清廉指数"排行榜评选，屏都街道、举水乡入选2021年度全市乡镇(街道)政治生态优胜榜。纵深推进清廉庆元建设，按照"一清一品、八清互融、三廉共建"的理念，以"清廉庆元山居图"为载体，推进清廉机关、村居、学校、医院等八大清廉单元建设深度提质，全县建成清廉单元示范点63个，其中省级示范样板3个，入围省级培育名单2个。

【作风建设】 紧盯节点时点，围绕重点问题开展监督检查，出动27批次165人次，发现并整改问题388个；开展系列作风建设专项整治活动，对43名党员干部进行追责问责，责令退还违规违纪资金726万元。

【漠视侵害群众利益问题专项治理】 围绕困难群众因病致贫返贫、惠民殡葬提标增项扩面、打击电信网络诈骗等15项群众关心关切问题，扎实开展漠视侵害群众利益问题专项治理，发现并整改问题280个，为群众减轻负担70万元，返赃挽损249万元。

【纪检监察数字化改革】 深化纪检监察信访举报"云中心"建设，探索构建质效评价指标体系，成功入选省纪委省监委2021年度首批基层监督特色应用场景。推进基层监督数字化改革，推进基层小微权力运行平台和"监督一点通"应用建设。

纪律审查

【正风反腐】 以零容忍态度减存量遏增量，紧盯政法、环卫、医疗、粮食等重点领域，深挖彻查、严厉惩治不收敛不收手问题，始终保持惩治腐败压倒性力量常在、强大势能常在。全县各级纪检监察组织受理信访举报127件，分类处置问题线索139件，立案73件，党纪政务处分72人，移送司法机关处理4人。注重纪法情理贯通融合，宽严相济运用"四种形态"处理157人次，其中第一、二种形态占86%。深入剖析案件背后问题，针对性发放纪检监察建议书13份，督促健全完善84项制度机制，实现查办、整改、治理贯通融合。

【廉政风险防控】 强化廉政风险防控长效机制建设，建立财务人员轮岗交流机制，深化政府资金、村级非生产性支出、医院药械购销和医疗服务3个领域廉政风险防控典型样本建设，不断完善风险管控链。

【激励干部担当作为】 常态化开展澄清正名和容错免责工作，做实做细回访教育，对全县受处分公职人员、村级党员干部开展回访72人次，帮助受处分干部卸下思想包袱、重燃干事热情。

巡察工作

【概况】 有序开展十四届县委第八、第九轮巡察和涉粮问题专项巡察，发现问题524个，移送问题线索15件，立案7人，移送司法机关审查起诉3人，实现届内巡察全覆盖。有效推进巡察整改“清仓归零”，协同多部门开展问题台账“大起底”、线索台账“回头看”，实现巡察反馈问题“销账”；向财政等6个部门抄送7份《巡察建议函》，推动一批共性问题联动整改。运用“红、黄、绿”三色预警处置机制，落实“重大巡视问题清单”工作要求，对26个被巡察党组织巡察整改落实情况开展督查，发现并推动解决问题50个，给予1家巡察整改不力单位黄牌警告。坚持把制度化、规范化贯穿巡察工作全过程，结合省委巡察指导督导工作要求，建立健全《庆元县巡察成果运用暂行办法》等37项制度，形成汇编，持续构建巡察机构和组织、审计、信访、政法等职能部门的信息互通机制，确保巡察工作规范、高效开展。

宣传教育

【清廉文化建设】 建成庆元清廉文化教育基地，截至2021年底，接待教育党员干部210批次8000人。结合庆元县典型案例拍摄警示教育片1部，通过通报曝光典型案例、法院旁听庭审等方式，深化反面警示教育，以案示警，以案为鉴。组织拍摄“菇乡廉韵”专题片，开展“清廉公开课”40场，举办“清廉之干”清廉丽水建设三周年成果展暨丽水市清廉文化作品创作大赛作品展，组织70家单位4000人参展。举办清廉文化主题摄影大赛，发动全县党员干部参与摄影创作、投稿，收到摄影作品449件，评选并公开展览获奖作品53件，营造浓厚清廉文化氛围。（叶梦菲）

农业 农村

综述

【概况】 庆元县农业农村局围绕“国之大者”抓主抓重，围绕“三农”业务落细落实，围绕“本质建设年”“对标落实年”工作主题抓统筹，聚焦巩固拓展脱贫攻坚成果同乡村振兴有效衔接，做好重要农产品保供、特色产业发展、花园乡村建设和农民持续增收、共同富裕等工作，开启绿色生态发展新征程，推进乡村振兴，加快农业农村现代化。2021 年，实现农林牧渔业总产值 11.47 亿元，同比增长-1.10%；农林牧渔业增加值 7.57 亿元，同比增长-1.10%；农村常住居民人均可支配收入 22563 元，同比增长 10.80%；低收入农户人均可支配收入 13683 元，同比增长 17.10%。

【种植业】 开展农作物种质资源普查，累计入库农作物品种 104 个。储备农作物种子 11050 千克。整治抛荒耕地 933.67 公顷，高标准农田新建 133.33 公顷、改造提升 200 公顷，种植粮食 5973.33 公顷，其中，水稻 3506.67 公顷、早稻（再生稻）73.33 公顷、旱粮 2393.33 公顷，粮食产量 3.30 万吨。种植蔬菜 2280 公顷，产量 5.66 万吨，产值 2.15 亿元。其中，商品蔬菜 1813.33 公顷，产量 4.26 万吨，产值 1.62 亿元；在商品蔬菜中，高山蔬菜 1433.33 公顷，产量 3.16 万吨，产值 1.24 亿元，主要种植高山冷水茭白、小尖椒、四季豆、西红柿等品种。种植水果 1426.67 公顷，产量 1.95 万吨，产值 2 亿元。其中，甜橘柚增加 133.67 公顷，累计种植 1153.33 公顷，产量 1.38 万吨，产值 1.66 亿元。中药材增加 236.67 公顷，累计种植 1986.67 公顷，产量 1856 吨，产值 1.33 亿元。茶园 1380 公顷，其中采摘茶园 1266.67 公顷，产量 597 吨，产值 6238 万元。

【养殖业】 全县畜禽规模养殖场 14 家。生猪存栏 3.23 万头，出栏 4.21 万头；牛存栏 2613 头，出栏 815 头；羊存栏 4805 只，出栏 6305 只；家禽存栏 15.99 万羽，出栏 30.93 万羽；兔存栏 4741 只，出栏 15321 只。肉类总产量 4348.89 吨，其中猪肉产量 3577.23 吨、牛肉 114.10 吨、羊肉 113.49 吨、禽类产量 518.33 吨、兔肉 25.74 吨。禽蛋产量 650.42 吨，其中鸡蛋产量 423.47 吨、鸭蛋产量 226.95 吨。蜜蜂存栏 1.19 万箱，蜂产品产量 72.5 吨。畜牧业总产值 2.38 亿元。水产养殖面积 520 公顷，年产值 3000 万元。

农业机械

【"机器换人"】 实施科技强农、机械强农农业"双强"行动，制定《深化"机械强农"五年行动实施意见》，形成《庆元"十四五"和2035年农业机械化发展目标研究报告》，预申报农业"双强"项目23个，创建农业"机器换人"高标准农机综合服务中心（示范基地）等5个；大力推进水稻生产"机器换人"，水稻耕种收综合机械化率63.35%。农机补贴申报786份，受益农户702户，机具数量845台，涉及补贴资金240.05万元。

【农机安全】 开展农机安全宣传，通过农民信箱、微信群等发送短信27条，受益人群18750人次。组织安全检查60人次，开展农机"3•15"、水稻机收减损、春耕备耕暨科技下乡、秋收冬种农机安全生产、上道路拖拉机专项整治等活动，推动报废解体老旧拖拉机42台。全年未发生拖拉机道路交通事故和拖拉机道路外农业机械事故。

动植物疫病防治

【农产品质量安全监管】 严格落实省部级抽检工作，省级农产品质量安全例行抽检合格率100%。强化农产品质量安全追溯，县级以上示范性主体追溯实现全覆盖。全县农产品追溯主体207家，全部采用"一证一码"方式进行产品追溯。推进"对标欧盟•肥药双控"和"肥药两制"改革试点，培育"肥药两制"改革农资店16家、试点主体100家，庆元甜橘柚科技创新驱动型生产模式入选全市"对标欧盟•肥药双控"十大模式。7家农业主体入选"全国农产品全程质量控制技术体系试点生产经营主体名录"，5家农业主体通过国家良好农业规范（GAP）认证。发布处州特色小吃——庆元乌米饭制作规范团体标准。创建甜橘柚标准化生产示范县，编制《甜橘柚全产业链标准体系——庆元甜橘柚生产基地建设规范》《甜橘柚病虫害综合防治规范》《庆元甜橘柚》《甜橘柚保鲜贮运技术规程》《甜橘柚苗木生产技术规程》。

【畜牧业防疫和监管】 抓实动物强制免疫，投入动物防疫人员482人次，免疫家禽28.55万羽次、牲畜4.73万头次，免疫率均达到应免数100%。开展畜禽重大动物疫病免疫抗体监测，畜禽重大动物疫病免疫抗体监测3455份（血样），免疫抗体合格率70%以上；开展禽流感等人畜共患传染病监测，采集外环境标本600份，人群血清标本30份，结果均为正常。动物及动物产品检疫证明核发14681件，屠宰检疫生猪1.94万头，检验家禽36.90万羽，瘦肉精检测3726批次。使用生猪免疫标识（耳标）2.80万枚，牛、羊免疫标识（耳标）0.30万枚，实现动物防疫信息实时采集和疫病防治情况可追溯。实施病死动物集中专业无害化处理，无害化处理生猪2588头，死亡动物无害化处理率100%。联合执法检查103次，出动执法人员571人次。疫情隐患排查出动0.50万人次，排查1.5万场（户）次、生猪3.8万头次，未发生非洲猪瘟等重大动物疫情。

【植物疫病防控】 组织全县19个乡镇（街道）开展红火蚁、加拿大一枝黄花、甜橘柚黄龙病等植物疫情普查，红火蚁普查20次、普查面积13.33公顷，未发现疫情发生；2021年设置加拿大一枝黄花疫情监测点3处，铲除加拿大一枝黄花成熟植株300株、幼株200余株，甜橘柚黄龙病普查取样检测870个。加强种苗监管，受理产地检疫申报8起、签发产地检疫合格证8本，受理出省调运检疫申请3起、签发植物检疫证书3本，抽检柑橘母本园1个、柑橘品种苗圃6个，苗木抽检24万株，均未检出柑橘黄龙病病菌。

【农业"三品一标"】 预新申报绿色食品2个。有效期内"三品一标"108个，其中，农产品地理标志3个、有机食品23个、绿色食品35个、无公害农产品47个，认定面积5543.71公顷。绿色优质农产品比率56.11%。

农业产业化

【“沟谷”产业带建设】 制定庆元县绿色农业产业高质量产业扶持政策、修订林下中药材产业政策。围绕扩面提质，推进甜橘柚地理标志农产品保护工程和甜橘柚标准化生产示范县创建，编制“绿色食品——甜橘柚生产技术规范”省级团体标准，修订完善标准化生产模式图，注册“庆元甜橘柚”证明商标，成立“庆元甜橘柚协会”，增加甜橘柚 133.67 公顷，累计发展 1153.33 公顷；竹口镇成功创建“庆元县甜橘柚”省级特色农业强镇，入选 2021 年国家级农业产业强镇创建名单。竹口镇黄坛村因发展甜橘柚产业连续 2 年获评全国乡村特色产业十亿元镇亿元村。举办庆元十佳甜橘柚评选活动和首届甜橘柚文化季。增加中药材 236.67 公顷，累计发展 1986.67 公顷。庆元县乾宁道地药材有限公司发展林下经济典型案例被国家林业和草原局办公室评为林下经济发展典型案例，庆元县乾宁道地药材有限公司（白及）入选 2021 年度浙江省林下道地中药材种植基地名单。

【农业品牌建设】 在县外累计开设“庆元 800”品牌专营店（专柜）154 家，授权加盟“庆元 800”主体 276 家、背书产品 458 款；培育“丽水山耕”主体 49 家，开发建设拳头产品 13 款；提升“庆元 800”“丽水山耕”农产品包装 26 款。组织企业主体参加国内外大型农产品展会 12 场次，发动 40 家企业主体入驻网上农博 App，庆元甜橘柚、庆元香菇酱、庆元黄精荣获省网上农博金奖，庆元甜橘柚、灰树花、香菇、黄精 4 个农产品入选 2021 年第一批全国名特优新农产品名录，14 家农业经营主体的农产品入选 2021 年浙江省第二批无公害农产品拟认定名单，庆元甜橘柚入选 2021 年度丽水十大网红农产品名单。

【“双招双引”】 引进投资 4.56 亿元的浙江悦庆黄田生态养殖园 15 万头生猪养殖场项目和投资 5000 万元的庆元县渔光互补生态鱼（鳗鱼）养殖基地建设项目。

【农业主体培育】 增加新型农业经营主体 166 家，其中，家庭农场 135 家、农民专业合作社 12 家、农业龙头企业 4 家、“农家乐”民宿 15 家。培育提升各类社会化、专业化服务组织 30 家，培育农创客 220 名。2 家合作社被认定为省级示范性农民合作社，5 家家庭农场被评为省级示范性家庭农场，1 个家庭农场被评为浙江省水产健康养殖示范场，2 个主体入选全省农机综合服务中心，申报举水乡省级休闲乡村和大济村省级“农家乐”集聚村项目，新安江、屡丰园申报“丽水山居”精品民宿，2 家主体被认定为市级示范性植保服务组织。累计培育县级以上农业产业化龙头企业 68 家、家庭农场 1424 家、农民合作社 424 家、“农家乐”综合体 7 个、省市级“农家乐”特色村 11 个、“农家乐”休闲旅游村（点）41 个，“农家乐”民宿经营户（点）286 家。

【农业园区建设】 2021 年，争取到庆元县隆宫省级现代农业园区、庆元县低碳农业产业园建设项目和国家级农业产业强镇项目。黄田镇入选第三批省级农村产业融合发展示范园创建名单。2018 年落地的庆元县省级现代农业园区项目完成建设。

【生态循环农业】 建立农田土壤污染常规监测点 7 个、综合监测点 3 个，受污染耕地安全利用率 94.3%。建设标准化氮磷生态拦截沟渠 1 条。推广种植绿肥 2353.30 公顷，建立冬绿肥示范基地 285 公顷，主要农作物测土配方施肥技术覆盖率 91%。推广绿色防控技术 4667 公顷，农作物病虫害统防统治 4000 公顷。举办全市果园以草防草暨山地大棚模式观摩研讨活动。农业废弃包装物回收率 95%、无害化处置率 100%。创建美丽牧场 1 家、数字牧场 1 家、“兽用抗菌药减量化和饲料环保化”试点场 5 家，畜禽粪污资源化利用率达到 98%。作物秸秆利用率 95.29%。

农业科技服务

【农技推广服务体系建设】 按照“一个产业、一个团队”的思路，调整提升8个产业技术团队（粮油、食用菌、畜牧、蔬菜、茶叶、水果、中药材、渔业），重点实施6个主导产业（水稻、食用菌、蔬菜、水果、中药材、茶叶），推介发布主导品种125个、主推技术37项，遴选培育农业科技示范主体499个，建立高品质绿色农业科技示范基地3个。举办全市龙爪粟产加销一体化集成生产与示范项目现场活动。

【农业数字化服务】 规范农民信箱管理，推进万村联网和信息进村入户，全县所有行政村覆盖益农信息社实现全覆盖。强化数字赋能，梳理核心业务128项，推广应用“浙农码”、低收入农户帮促系统、农村“三资”服务系统、“肥药两制”改革等数字化系统，创建全省首个红火蚁监测微信小程序，黄田镇黄田村入选浙江省第一批未来乡村建设试点名单。

2021年10月10日，庆元举办全市龙爪粟产加销一体化集成生产与示范项目现场活动
（县农业农村局 供）

农村经济管理

【农村产权制度改革】 发放土地流转经营权证10本，农村产权交易16宗，闲置宅基地、农房流转抵押贷款213万元。开展土地流转、村股改、林权流转、农房流转、水域开发等活产权促增收行动，累计促进农民增收1937.36万元。推广农民建房“一件事”审批系统运用，办理农民建房审批49宗，审批面积0.50公顷。推进闲置宅基地（农房）盘活利用试点，确定百山祖镇百山祖村、举水乡月山村为闲置宅基地（农房）盘活利用试点村。

【农村集体“三资”监管】 成立庆元县农村集体“三资”管理领域腐败突出问题专项治理工作领导小组，制定农村集体“三资”管理领域腐败突出问题专项治理方案，采取乡镇（街道）自查与县级检查相结合的方式开展农村集体“三资”管理领域腐败突出问题和漠视侵害群众利益问题的检查行动。组织召开各级业务培训会24次，开展专项监督检查22次，发现问题50个，退赔金额1.95万元，发现的问题全部整改到位。开展村级集体经济组织财务审计80个村，审计金额3.98亿元，出具审计报告81份，审出违纪违规村社数14个，违纪违规金额0.43万元，累计发现各类问题480个，提出审计意见和建议467条。

【清廉村居建设】 在2020年率先发布全省首个清廉村居县级标准的基础上，2021年会同莲都区制定清廉村居市级标准。按照“一标准、一清单、一典型”做法[“一标准”，即结合工作实际，制定《庆元县清廉村居规范村（引领村）评分标准》，健全完善清廉村居建设评估体系；“一清单”，即根据清廉村居建设内容和工作需要，建立必选任务清单和自选任务清单，明确清廉村居建设“做什么、怎么做”；“一典型”，即培育一批可看可学可复制可推广的清廉村居示范点，通过发挥示范点的引领作用，形成典型带动、互学互促的良好氛围]，推进清廉村居建设，改造提升清廉村居规范村（引领村）110个。全面推行“村务卡”，实现村级账目和资金全程信息化监控。推广“三资”管理数字系统，完成全县所有行政村的上线使用。创新财务代理，委托第三方中介机构代理村级财务工作，实现专业管理。

【村级集体经济巩固提升】 印发《庆元县村级集体经济巩固提升五年行动计划》，落实“一村一策”，积极盘活村级资产和挖掘资源优势。通过“山海协作”、省级结对帮扶、产业帮扶等举措，全面提升“消薄”质量。全县村级集体经济总收入10261.78万元，所有行政村均实现总收入达到20万元以上且经营性收入10万元以上；全县集体经济年总收入100万元以上的村有14个，年经营性收入50万元以上的村有14个；乡镇（街道）强村公司营利能力显著提升，平均利润60.5万元。

美丽乡村建设

【脱贫攻坚与乡村振兴】 制定出台《庆元县防止返贫动态监测和精准帮扶工作实施方案》，严格落实“四个不摘”（摘帽不摘责任、摘帽不摘政策、摘帽不摘帮扶、摘帽不摘监管）要求，深化“领导包乡、部门包村、乡镇主体、干部结对”帮扶工作机制，实现全县5355户低收入农户结对帮扶全覆盖、9000元以下农户全面“清零”。科学编制《庆元县乡村振兴规划战略暨农业农村“十四五”规划（2021—2025年）》，出台《庆元县财政衔接推进乡村振兴补助资金管理实施细则》，进一步加强和规范庆元县财政衔接推进乡村振兴补助资金管理使用。

【“大搬快聚富民安居”工程】 同心三期、大坑2个安置小区有序建设，谋划启动建设屏都下宅洋安置小区。2021年，实现整村搬迁4003人，同心社区被列入浙江未来社区创建名单；新华网、浙江卫视等主流媒体相继对庆元县的“大搬快聚”工作的做法进行报道和推广，与丽水学院中国（丽水）两山学院合作出版《丽水“大搬快聚”——幸福社区模式·庆元篇》，获评全市“大搬快聚富民安居”工程示范县。

【农村人居环境整治】 常态化开展“全民洁净日”活动，每月开展农村人居环境“黑榜村”“红榜村”评选，跟进和报道“黑榜村”整治工作。逐步提升垃圾分类水平，建成农村垃圾分类村177个，垃圾分类行政村覆盖率92.20%，农村垃圾回收利用率53.20%、资源化利用率99%、无害化处理率100%。2个村被评为2021年度省级高标准农村生活垃圾分类示范村。提升农村公厕服务水平，改造现有农村公厕和评定县级星级农村公厕，对改造后的农村公厕强化日常运维管理，开展日常设施维护和翻修工作，基本形成农村公厕服务网。

【花园乡村创建】 创建新时代美丽乡村达标村49个（其中精品村15个）、花园乡村16个（其中精品村4个）、红色示范乡镇3个、红色示范村4个、乡村振兴示范带（共同富裕示范带）1条，黄田镇黄田村入选浙江省第一批未来乡村建设试点名单。有序推进历史文化（传统）村落保护利用。庆元县休闲康养精品线路入选2021年浙江省休闲农业和乡村旅游精品线路。

【农民培训】 开展“菇乡师傅”培训2期，培训78人。组织培训农村实用人才657人、高素质农民110人，推荐申报中级“农三师”45人、高级“农三师”9人。

【“庆元山居”建设】 增加农家乐民宿10家，培育精品民宿2家；选送的“庆元百山端午宴”荣获“丽水味道”大赛金奖；完成对6家农家乐民宿的星级认定和整改工作；“丽水山居”农家乐综合体和精品民宿示范项目获得市级补助资金30万元。2021年，全县农家乐民宿接待游客168.36万人次，营业总收入12459.25万元。

（周克瑜）

食用菌产业

【概况】 2021年，全县有4235户种植食用菌，种植总量1.26亿袋，其中香菇8340万袋，灰树花

1820 万袋，黑木耳 1250 万袋，其他食用菌 1190 万袋，鲜菇年产量 10.351 万吨。一、二、三产总产值 45 亿元，行业从业人员 4 万人。

【庆元香菇申遗】 农业农村部国际交流服务中心向 FAO—GIAHS（联合国粮农组织—全球重要农业文化遗产）秘书处提交《浙江庆元林—菇共育系统》申报文本，FAO 官网推荐“浙江庆元林—菇共育系统”候选遗产地。完成龙岩村吴三公故居、村史馆、菇寮、剁花和段木香菇栽培基地等考察点位整改和细化工作。细化第七届东亚农业文化遗产大会工作，形成《第七届东亚地区农业文化遗产大会方案（初稿）》。发行《香菇功夫》《蕈山客》等全球重要农业文化遗产成果专著，制作浙江庆元林—菇共育系统 3 分钟申遗宣传片和 6 分钟《神秘的香菇》，开展牛肝菌宣传片，香菇、灰树花等 17 个菌类小视频的素材拍摄工作。1 月 24 日，在 CCTV-17《大地讲堂:千变万化的农遗》栏目中，全国政协委员、中国科学院地理科学与资源研究所研究员闵庆文为大家解读农遗产地《浙江庆元香菇文化系统》。9 月 9 日，“浙江庆元林—菇共育系统”申报全球重要农业文化遗产宣传片在中国—FAO 南南合作框架下第七届“全球重要农业文化遗产（GIAHS）”能力建设线上培训班上播出。12 月 12 日，纪录片《一菇一世界》斩获本届中国纪录片短片十佳作品、最佳摄影两项大奖。开展香菇文化展示戏台楹联评选，评选出 27 件获奖作品。

【品牌建设】 庆元香菇、庆元灰树花农产品地理标志、地理标志证明商标授权 25 家企业使用。2021 年 4 月，农业农村部农产品质量安全中心发文公布，庆元香菇、庆元灰树花成功纳入全国名特优新农产品名录。6 月 3—5 日组织相关部门以及 8 家企业参加在福州市举办的第二届中国食用菌产业博览会，在博览会上设立“庆元馆”展区，集中展示庆元食用菌产业形象，宣传效果明显，企业反响较好。11 月 29 日，农业农村部办公厅公布全国农业全产业链重点链和典型县建设名单，庆元县食用菌全产业链典型县入围。

【项目建设】 建设省级乡村振兴示范建设县项目“庆元县食用菌产业示范建设项目”，启动建设全自动数字化菌棒集中生产厂和热泵节能“集中烘干”示范点等 7 个项目，庆元县食用菌全产业链数字化（香菇云）平台等 4 个项目开展项目前期，基本建成叶华机械现代食用菌“智能化”装备制造、英标菇品智能化食用菌产品精深加工生产线等 2 个项目，完成资金投入 7500 万元；建设省级现代农业园区项目，12 月，项目顺利通过省级专家组现场考察验收，建成大泽村食用菌栽培示范基地、菊水香菇标准化基地、薰坑茶场樟坑洋标准化基地、庆元县昌运家庭农场菌棒加工厂、大坑岙下香菇基地提升项目、庆元县竹口镇黄坛村龟墩香菇生产基地、庆元县食用菌一二三产业融合提升试点项目等 7 个项目；完成 2020 年度政策项目核查预补助工作，兑现 2020 年度庆元县食用菌产业发展扶持政策项目补助资金 120.25 万元。2021 年度立项夏菇、珍稀菌种植，菇棚整治等项目 4 个，主要为种植夏菇 23 万袋，菇棚改造 1715 平方米。

【数字化项目】 实施庆元县食用菌全产业链数字化（香菇云）项目。8 月 4 日，《庆元县食用菌全产业链数字化（香菇云）实施方案（评审稿）》通过专家评审。组织单位成立参赛小组参加丽水数据开放创新应用大赛，谋划“中国（庆元）香菇大脑”应用获得三等奖。

2021 年 8 月，浙江省首个食用菌种质资源库在庆元建成并通过验收（县食用菌产业中心 供）

【科研创新】 庆元县人民政府与吉林农业大学签订《食用菌产学研合作协议》建成吉林农业大学食用菌新种质资源创制国际联合研究中心(科技部)专家工作站,食用菌生物科技浙江省工程中心入选浙江省省级工程研究中心,建成浙江省首个省级食用菌种质资源库并通过验收。建成食用菌(香菇、灰树花、黄靛牛肝菌)野生资源保育区 60 公顷,剁花法保育区 80 公顷,菌物标本馆 300 平方米;收集保藏大型真菌种质资源 800 份、食药用菌种质资源 1200 份、活体组织 500 份。在百山祖国家公园发现大型真菌全球新物种 1 个,命名为近蓝紫丝膜菌(Cortinarius subsalor),相关论文已经被国际权威期刊“Peer J”接受发表。浙江省“十三五”食用菌新品种选育重大科技专项的优质高效香菇系列新品种选育、优质高产灰树花淡季栽培新品种选育 2 个重点项目通过省级项目验收。成功申报“十四五”育种专项重点项目,主持“优质高效香菇系列新品种选育”1 个课题;作为主要单位参与“优质高效黑木耳新品种选育”“珍稀特色食(药)用菌新品种选育”和“野生食药用菌种质资源收集保存及优特异种质挖掘利用”3 个课题。授权专利 5 项;主持实施浙江省科学技术奖 1 项,丽水市农业丰收奖 1 项。省级博士后工作站进站博士后 1 名;举办生物科技产业发展研讨会。

(余 琳 陈 丽)

水利

【概况】 2021 年,庆元县水利局(以下简称“县水利局”)继续坚持以“十六字”治水方针为指引,围绕县委县政府和上级水利部门决策部署,扛起水利争先使命,坚持在推进重点项目建设补短板、夯实基础水利设施建设促民生、提升水生态承载能力强监管、聚焦水旱灾害防御保安全等方面下功夫,争取上级资金 15525 万元,完成投资 4.7 亿元。全县年水资源总量 25.33 亿立方米。黄坛水厂成功创建省级规范化水厂、后广溪创成省级美丽河湖,防汛准备工作受市长吴晓东批示肯定;庆元县最严格水资源管理制度工作被省政府评为“‘十三五’突出集体”,连续六年荣获市政府最严格水资源管理制度考核优秀奖;兰溪桥水库扩建工程建设指挥部项目建设处获评“浙江省工人先锋号”;在 2021 年 7 月召开的庆元县“两优一先”表彰大会,县水利局机关党支部荣获先进基层党组织称号,县行政服务中心水利窗口获 2021 年度五星窗口称号;县水利局还荣获丽水市 2021 年度河(湖)长制工作先进集体、2021 年度丽水市水利安全生产优秀单位、县目标管理责任制考核优秀单位等称号。

【水旱灾害】 2021 年庆元站降水量 1567 毫米,其中 5 月为连续降水 606.2 毫米,超过历史最高值(1954 年为 425.4 毫米)。严格执行汛前、汛中、汛后隐患排查制度,出动检查 1500 人次,检查 524 处,查出隐患 18 处,完成整改 16 处,其余 2 处落实防御措施。落实主汛期 24 小时值班制度,加密监测预警,全年累计发送预警短信 75655 条。庆元防汛工作受丽水市市长吴晓东批示:“各地要学习庆元做法,抓早抓细抓实防汛工作。”进一步优化水库调度,组织编制和批复水库控制运行计划方案、大坝安全管理应急预案、放水预警方案等三个方案,严禁水库超汛限水位运行,优化水资源调度,累计开展兰溪桥水库防洪调度 7 次,预泄预排 1.1 亿立方米洪水,发挥水库拦洪错峰作用,确保工程枢纽安全运行及下游县城的安全。落实山塘水库“三个责任人”,深入开展 25 座山塘的核查评估,编制“一塘一策”方案。实施中小型水库系统治理,编制完成中小型水库综合评估报告和“一库一策”方案。

【水利项目建设】 牢固树立“项目为王”理念,攻坚兰溪桥水库扩建和松源溪治理两大工程。其中松源溪流域综合治理工程超额完成年度任务,完成投资 7268 万元,完成率 145.4%,河道整治 3 千米,完成五都堰坝建设,岙后大桥至八一桥段滨水骑行绿道建设稳步推进,基本实现主城区一溪两岸滨水绿道全闭合；兰溪桥水库扩建工程完成输水隧洞、临时供水工程建设，兰荒线改复建工程开工建设，安置地、大坝枢纽区等子项目有序推进，完成投资3.2亿元。同时聚焦聚力推进6项省政府民生实事水利任务。深入开展美丽河湖、水美乡镇、农村池塘创建工作，创建后广溪省级“美丽河湖”；完成龙溪乡、贤良镇2个水美乡镇，赵公堰、莲湖等15个农村池塘整治创建工作。完成吾田头病险山塘整治，投资90.7万元。深入推进水文五大工程建设，完成投资522.5万元，新（改）建水位（雨量）站43处。推进竹口溪流域黄田二标段治理，完成投资1000万元，整治河道3千米。

【水利管理】 对县域内重点生产建设项目开展水土保持方案审查、审批，开展水土保持项目事中、事后监管，完成水土流失治理面积2.23平方千米。实现水电站生态流量泄放监控全覆盖，新增创建国家绿色水电站3座，水电站标准化复评9座。开展河湖“四乱”专项整治，全面完成27处河湖“四乱”问题整治。开展河道砂石资源管理专项整治行动，累计出动巡查922人次，巡查河道13534千米，累计巡查发现、受理举报及上级交办案件49起，其中批评教育及协调处理37起，查处违法行为并移交综合行政执法局12起。严格管控水资源管理“三条红线”，全面开展水资源专项核查，完成12家1万平方米以上取水户标准化建设，64家取水许可办理。

【水利改革】 统筹推进水利工程“三化”改革，完成27座水库和4条堤防的产权化、物业化、数字化改革工作。推进数字化改革，全县19个乡镇（街道）229个农村饮用水取水站点办理取水许可电子证书，全县农村饮用水单村、联村供水工程实现取水许可电子证照的全覆盖。申领的229个取水站点，日设计供水总规模18216立方米，年取水总量569.94万立方米。进一步深化“庆元县水利运行管理云系统”建设，该系统应用于庆元县水利运行管理，实现全县所有1万立方米以上取水户的取水计量监控全覆盖。推进“最多跑一次”改革，全年通过审批系统办理行政许可审批96件，办件量同比增长252%，网办率及群众满意率均为100%，在全市水利系统中位居第一；64家企业取水许可电子证书，96家企业通过“一网服务”平台实现全过程代办，全流程“不见面”涉水事项审批办理。

（陈丹楠）

气象

【概况】 2021年度庆元县平均气温19.0摄氏度，比常年偏高1.0摄氏度，极端最低气温-6.6摄氏度，出现在1月9日；极端最高气温37.2摄氏度，出现在7月5日；降水量1625.4毫米，较常年偏少121.4毫米；雨日161天，较常年偏少7.7天，其中暴雨日数6天；日照1550.5小时，较常年偏少178.5小时。

【气温】 2021年度庆元站平均气温19.0摄氏度，比常年偏高1.0摄氏度。各乡镇（街道）的年平均气温在14.1—21摄氏度，百山祖镇最低，松源街道最高。

全县的极端最高气温39.9摄氏度，7月15日出现在底村村，本站为37.2摄氏度（出现在7月5日）。各乡镇（街道）的年极端最高气温分布在30—39.9摄氏度，巾子峰最低。

全县的极端最低气温-12.7摄氏度，1月9日出现在斋郎村，本站-6.6摄氏度（出现在1月9日）。各乡镇（街道）的年极端最低气温分布在-12.7—-0.7摄氏度，松源街道最高。

全县平均高温（日最高气温≥35摄氏度）日数14天，本站29天。各乡镇(街道)的高温日数分布在0—51天，底村村最多。

【降水】 全年庆元站降水量1625.4毫米，较常年偏少121.4毫米。全县平均降水日数191天，本站161天。各乡镇（街道）年降水日数分布在

158—216 天，屏都街道最少，杨朗坑村最多。全县平均暴雨日数 6.4 天（暴雨概念为 24 小时降水量≥50 毫米），本站 6 天。各乡镇（街道）年暴雨日数分布在 3—10 天，安溪村最少，蔡山头最多。

【日照】 2021 年，庆元站总日照时数 1550.5 小时，较常年偏少 178.5 小时；平均日照时数 4.2 小时，较常年偏少 0.3 小时；共 73 天无日照。其中日照时间最长为 6 月 6 日，当日日照时数 12.6 小时。

【异常天气】 寒潮、低温冰冻。受寒潮影响，1 月 6—9 日庆元站过程降温幅度达到 10.3 摄氏度，1 月 9 日出现 2021 年极端最低气温斋郎村-12.7 摄氏度，本站-6.6 摄氏度，有严重冰冻。2 月 18—20 日高山地区出现低温冰冻天气。12 月 2—4 日出现低温冰冻天气。

冷空气。1 月 6—9 日、2 月 14—19 日、3 月 1—3 日、4 月 3—5 日、10 月 15—17 日、11 月 7—9 日、12 月 16—9 日，受冷空气影响，本站日平均气温降幅分别达到 10.3 摄氏度、6.8 摄氏度、6.7 摄氏度、7.4 摄氏度、9.8 摄氏度、11.7 摄氏度、8.8 摄氏度。

暴雨。5 月 17—24 日庆元县出现系统性大到暴雨天气过程，其中 18 日、20 日和 22 日局地出现大暴雨，全县面雨量 439.7 毫米；6 月 10—15 日部分地区出现明显阵雨、雷阵雨天气，全县过程面雨量 45.6 毫米，其中最大小时雨强 12 日 15 时江根乡 45.4 毫米；受梅雨带影响，6 月 27 日—7 月 2 日出现明显降雨过程，全县面雨量 138.9 毫米。

强对流天气。6 月 12 日出现强雷电和短时强降水等强对流天气。6 月 30 日出现短时强降水和 8 级以上雷雨大风。

高温。7—9 月庆元县出现晴热高温天气，其中 7 月 9—16 日、8 月 8—9 日、8 月 27—30 日、9 月 1—6 日、9 月 27—28 日出现高温天气，本站最高气温超过 35 摄氏度。

（周铜玲）

林 业

综述

【概况】 2021年，县自然资源和规划局持续推进"新增百万亩国土绿化"行动，新增"五大森林"造林面积705.23公顷，新增3家"一村万树"示范村，新增1家省级生态文化基地，全县森林覆盖率高达86.13%，林地面积16.81万公顷，森林蓄积量1546.21万立方米。实施"千万亩森林质量精准提升工程"，加快推进森林抚育、木材储备林建设、珍贵树种和大径材建设，完成2530公顷森林造林提升任务，美丽林相建设任务3733公顷。

林政管理

【林权制度】 积极探索林地流转和林地经营权流转发证。积极贯彻落实《浙江省林地经营权证管理办法》，鼓励和引导林地经营权规范有序流转，进一步促进林业规模化、标准化、集约化经营，提高林业生产效率，推进"两林、两权"流转、盘活、变现，积极鼓励林农依法以转包、出租、转让、互换、股份合作等多种形式流转林地林木。创新"村集体+农场+农户"利益共享模式、公益林山场"二次流转"等多种规模流转模式，推进"多功能"开发，促进全产业融合发展，多方面助推低收入农户家庭脱贫致富。积极探索对流转林地发放林地经营权流转证，将林地的所有权、承包权、经营权相分离，赋予林地经营权证在林权抵押、采伐审批、其他行政审批等方面的法律权益。鼓励和引导家庭林场等新型林业经营主体培育，加快推进林业经营向规模化、集约化发展。2021年与县农业农村局、县水利局联合组成生态精品农业农场领导小组，共培育新型经营主体11家，完成省级新型林业经营主体申报1家。发放林权抵押402笔11210万元，余额3519笔5.0338亿元，其中新增43笔1419万元；自2008年开展林权抵押贷款以来，已累计发放林权抵押贷款27.5亿元，盘活森林资源6万余公顷。推进公益林补偿收益质押贷款，完成公益林收益权质押贷款2笔37万元，余额69笔1066万元。落实林权抵押贷款财政贴息，全年受理林权抵押贷款贴息申报234起金额61.9577万元；发放林权抵押贷款贴息资金684笔154.1174万元，其中省财政林权抵押贷款贴息资金494笔119.1174万元，中央财政林业贷款贴息补贴资金199笔35万元。开展政策性林木保险，完成森林保险10.5241万公顷，其中生态公益林森林火灾保险9.4051万公顷，完成生态公益林森林火灾保险全覆盖，政策性林木综合保险 1.119 万公顷。

【林木采伐管理】 “十四五”期间，省政府批准下达庆元县的年林木采伐限额总量为 21.491 万立方米，按采伐类型分：主伐 14.94 万立方米，更新采伐 1.5 万立方米，抚育采伐 4.741 万立方米，其他采伐 0.132 万立方米，低产林改造 0.178 万立方米。2021 年全县森林采伐限额使用情况：发放林木采伐许可证 745 份，其中占限额 606 份，办证蓄积 7.755 万立方米（商品林 7.7308 万立方米，生态公益林 0.0242 万立方米），占年度采伐限额指标的 36.08%；征占用林地等不占限额指标共发放林木采伐许可证 139 份，办证蓄积 0.35 万立方米。各项指标均未突破林木采伐限额，未发现违规违法发放林木采伐证现象。严格执行林木采伐监督检查制度，组织各乡（镇）、街道林业工作站、各国有林场对本辖区范围内的林木采伐行政许可事项开展林木采伐“双随机”检查、森林督查等监督检查。

【森林督查及森林资源管理“一张图”年度更新】 按照“一套遥感数据、一次判读区划、一次验证核实、一次现地复核”的总体安排，以 2020 年度森林资源管理“一张图”成果为本底，采用遥感、在线更新等技术手段，通过档案资料核对、实地举证、自然生长蓄积模型更新等方法，完成森林督查、森林资源“一张图”年度更新、省级以上公益林监测等工作，形成 2021 年森林资源“一张图”成果。森林覆盖率居全省首位，乔木林单位面积蓄积量在 26 个县考核中位居第一。为深入贯彻落实中共十九大精神和习近平生态文明思想，进一步加大对破坏森林资源违法行为的打击力度，夯实森林资源管理，全面加强森林资源保护管理工作，5—7 月在全县范围内开展森林督查工作，共检查图斑 316 个，其中建设项目使用林地 57 个、林木采伐 177 个以及开垦林地 40 个、可识别的因造林更新引起的地类或林相变化 14 个和其他变化 28 个，涉及 21 个乡（镇、街道），129 个行政村。

【野生动植物与湿地保护】 在全县范围积极组织开展“世界野生动植物日”“野生动植物保护宣传月暨爱鸟周”宣传活动，向全社会普及野生动植物保护的法律知识，提高广大群众对野生动植物的保护意识。积极组织开展“清风行动”“网剑行动”“清风浙江 2021 专项行动”，严厉打击违法猎捕、经营陆生野生动物的违法行为，2021 年度共查处陆生野生动物违法案件 5 起，行政处罚 5 人，罚没款 1.75 万元。积极开展野生动物救护，2021 年度共救护放生野生动物 15 只，其中，猫头鹰类 5 只、游隼 1 只、雀鹰 1 只、白鹭 2 只、夜鹭 2 只、环颈雉 1 只、果子狸 1 只、小麂 2 只。组织乡村护林团队积极开展陆生野生动物疫源疫病监测防控。开展湿地保护管理工作，湿地面积保护率达 87%，面积 1000 公顷以上。

【生态效益补偿】 全县省级以上公益林面积 9.6742 万公顷，其中国家级公益林 1.1615 万公顷，省级公益林 8.5127 万公顷，共发放森林生态效益补偿资金 5983.39458 万元。省级以上公益林森林生态效益补偿标准为 600 元/公顷（百山祖国家级自然保护区集体林租赁 1.45446 万公顷，723 元/公顷），其中损失性补偿 525 元/公顷（百山祖国家级自然保护区集体林租赁 648 元/公顷）、护林员管护费 52.5 元/公顷、公共管护费 15 元/公顷、管理费用 7.5 元/公顷。

造林育林

【国土绿化】 2021 年，全县新增百万亩国土绿化任务 682.67 公顷，实际完成面积 698.2 公顷，共 543 个小班，完成率 102.3%，主要特点是新造林多，存量少；山地造林多，城市通道乡村等平原绿化少。具体按造林类型分：山地造林 275 小班 505.9 公顷，纳入造林 268 个小班 192.3 公顷。按五大森林分：山地森林 505.9 公顷，坡地森林 172.2 公顷，乡村森林 8.4 公顷，通道森林 7.4 公顷，城市森林 4.3 公顷。

【绿化造林】 坚决落实中央关于制止耕地“非农化”、防止“非粮化”的部署要求，完成国家人工造林任务139.1公顷、封山育林任务277.2公顷，全部完成落地上图。积极开展迹地更新，完成迹地人工更新242.4公顷，其中中央和省财政造林任务135.7公顷，珍贵树种基地造林104.7公顷。大力开展千万亩精准质量提升，其中完成精准质量提升768.1公顷，森林抚育695.3公顷。

森林保护

【林业有害生物防治】 全县成立10支森林病虫害防治专业队，有队员70名。按照属地管理的原则，对尚未发生疫情的乡镇、自然保护区、森林公园和风景名胜区严防死守，全方位阻击疫情传入；对已发生疫情的乡镇街道严格按照以疫木清理为核心，以疫木源头管理为根本的防治思路，积极开展防治。2021年9月，为推行浙江数字森防和丽水“云森防”工作，全县采用无人机开展松材线虫病秋季疫情普查，并对采集的航拍影像数据进行疫木识别，完成松林普查面积10.81万公顷，调查小班22393个，松材线虫病发生面积3014.33公顷，疫点12个，即濛洲街道、松源街道、屏都街道、黄田镇、竹口镇、淤上乡、安南乡、隆宫乡、五大堡乡、左溪镇、张村乡、江根乡等乡镇街道(包含庆元林场、实验林场、永青国有林场等3个国有林场)。百山祖镇、贤良镇、荷地镇、岭头乡、举水乡、龙溪乡和官塘乡等7个乡镇未发现松材线虫病疫情。2020年10月至2021年9月，全面完成2020—2021年度松材线虫病疫木除治任务，烧毁枯死松树5707株；使用注干剂1.5万瓶，保护古松树和重点区域大口径松树5079株；2021年10月至12月，完成新一轮松材线虫病除治面积2626.67公顷，烧毁枯死松树2182株。

【林业行政执法】 2021年，共受理林业行政审批许可和服务事项1711件，办结1711件，办结率为100%。其中林地审批许可105个，面积共计87.2859公顷，调入省同意的省际调运植物和植物产品许可663件，林木种子生产经营许可4件，其他行政许可939件。进一步加强林区维稳管控，相继开展“打击野生动物资源违法防控疫情专项行动”“打击非法占用林地涉林违法专项行动”“松材线虫病疫木检疫执法专项行动”等四次行政执法专项行动。开展疫情防控、林区维稳、护林防火巡查3157车/人次，化解涉林矛盾纠纷17起，排查案件线索27起。查处各类破坏森林资源违法行政案件81起(其中滥伐林木案件22起、毁坏林木案件1起、破坏野生动物资源案件5起、擅自改变林地用途案件48起、野外违规用火案件5起)，移送公安机关立案侦查3起，上缴财政林业行政罚没款101.98万元。

林业产业

【概况】 全县林业总产值67.16亿元，同比增长5.39%。其中，一产产值11.04亿元，同比增长12.37%；二产产值46.5亿元，同比增长12.6%；三产产值9.62亿元，同比下降23.68%。三次产业结构比重为16.44:69.24:14.32。

【毛竹产业】 完成竹林道修复77.112千米，毛竹示范基地建设255.43公顷。竹产业发展虽有回升趋势，但受疫情影响，仍困难重重。2021年全县总产值29.25亿元，比2020年增长8.05%，其中一产产值2.3亿元，比2020年增长0.88%；二产产值23.15亿元，比2020年增长9.25%；三产产值3.8亿元，比2020年增长5.56%。全县采伐商品竹1370万支。其中，鲜笋产量1.007万吨，产值0.67亿元。竹胶板实现产值4.73亿元，竹地板0.602亿元，竹筷6.463亿元，竹家具3.01亿元，竹砧板6.38亿元。竹林生态旅游，以竹家具为主的电子商务、快递物流快速收发，推动竹产业三产的发展。组织双枪竹木、九川竹木、三箭工贸等23家企业参加第14届中国义乌国际森林产品博览会线上和线下展会，其中，浙江九川竹木股份有限公司“百山九川”品牌柜子和桌子分别获第14届中国义乌国际森林产品博览会金奖和优质奖；浙江百山祖工贸有限公司“百山祖”品牌置物架获第14届中国义乌国际森林产品博览会优质奖。

【经济林产业】 推进“一亩山万元钱”行动。持续推广香榧、甜橘柚高效生态栽培、林下套种中药材复合经营、森林休闲等模式。开发“一亩山万元钱”基地建设1444公顷，完成年度计划103.1%，其中新建示范基地174.7公顷、辐射推广472.7公顷，巩固深化796.7公顷。开展锥栗低产林改造项目489.74公顷，枫树垄家庭农场甜橘柚高效生态栽培基地入选首批“一亩山万元钱”科技推广高质量示范基地。

【森林旅游】 2021年，因浙江省采用新口径统计，加上庆元县二季度和三季度因巾子峰森林公园在5月遭受连续暴雨导致塌方而闭园的影响，全年森林旅游103.96万人次，同比下降54.34%，实现森林旅游收入8.57亿元，同比下降26.28%。

县自然资源和规划局（林业局）

百山祖国家公园庆元片区

【概况】 百山祖国家公园庆元分区规划面积20500公顷（占百山祖园区总面积50500公顷的40.6%），其中核心保护区10700公顷，一般控制区9800公顷。范围涉及松源街道、百山祖镇、竹口镇、贤良镇、安南乡5个乡镇（街道）的13个行政村25个自然村，整合百山祖国家级自然保护区、庆元国家森林公园、大鲵国家级水产种质资源保护区和班岱后南方铁杉自然保护小区4个保护地。

【资源保护工作】 在原百山祖国家级自然保护区的基础上，2021年新建百山祖顶峰高清视频监控系统，配置容量3000千克的森林消防蓄水桶30个，完成五岭坑保护站巡护步道1.4千米，启动茶木淤至斋郎、茶木淤至三井溪等4条巡护步道建设项目，在出水岙、斋郎等村设立6块以森林消防、野生动植物保护为主要内容的大型宣传牌，逐渐完善基础设施建设。定期开展森林防火、森林病虫害防治、野生动植物保护等专项保护行动。清明节期间，在重要路口设卡检查，用鲜花替换香烛等祭祀用品，减少火灾隐患，继续保持自建立自然保护区以来无森林火灾的纪录。制订《百山祖国家公园庆元分区野生动物保护专项行动工作方案》，与相关单位及部门联合开展专项执法行动，严厉打击各类涉林违法行为。做好百山祖国家公园庆元片区省级以上公益林扩面工作，区划界定省级以上公益林2690.73公顷。

【科研监测工作】 百山祖冷杉保护工程方面，开展人工促进天然更新。对在原萌发点死亡率较高的幼苗进行就近移植集中培育，在树下保留240株继续进行监测。开展嫁接种子苗的驯化，将97株胚拯救苗移植到百山祖车根（海拔1100米）进行野外驯化，2021年还成活55株。开展百山祖冷杉幼苗的海拔梯度实验地种植实验、外来树种清理试点工作，编写《百山祖主峰外来树种种植区生态恢复方案》初稿。科研监测方面，完成百山祖25公顷森林生态监测样地复查每木胸径测量。实施县科技项目“基于红外相机技术不同人类活动强度对野生动物栖息的影响研究”，布设240台红外相机进行野生动物监测调查。持续开展百山祖野生植物的本底调查。出版《百山祖野生植物——草本植物Ⅰ》专著，完成《百山祖野生植物——草本植物Ⅱ》编著，开展百山祖的野生单子叶植物、蕨类植物的野外调查，进一步摸清庆元分区野生维管植物资源的本底。

【科普研学活动】 制订《2021年百山祖国家公园创建宣传工作方案》，兰泥硅化木化石被《浙江日报》、《处州晚报》、光明网、腾讯网等多家新闻媒体转载，提高社会各界对百山祖国家公园的关注度。完成市县合作项目，建立百山祖国家公园县级图库和视频库。与县教育局联合举办庆元县中小学“百山知行”研学活动暨百山祖国家公园研学活动启动仪式，庆元县城东小学等5所学校400人参加“与国家公园握手，为共享传承添彩”为主题的研学活动。举办第十届“智汇丽水”人才科技峰会庆元分会百山祖国家公园建设专题研讨会，邀请浙江大学教授丁平、水生植物研究员陈煜初等专家作专题报告。

2021年10月，百山祖国家公园庆元片区兰泥村发现浙江最古老的硅化木化石 （庆元保护中心 供）

【社区联动建设】 按照《百山祖国家公园总体规划（2020—2025年）》《百山祖国家公园生态保护与修复专项规划》和《百山祖国家公园基础设施建设专项规划》等，编制涉及体制建设、生态保护、科研监测、自然教育与生态体验、社区发展等领域“十四五”发展项目计划77914万元。推进基础设施项目建设进度，2021年度完成百山祖镇至栗洋巡护道路路面大中修工程、龙珠湾至百山祖道路美化提升工程、松源街道上庄省级历史文化重点村改造提升、庆元保护中心流动人才服务中心、庆元精神广场、挡墙绿化工程、百山祖美丽社区建设和百山祖垃圾中转站等联动项目，投资4450万元。协助完成《百山祖国家公园联动发展专项规划》编制，开展百山祖园区及周边村落提升、社区发展策划研究等规划编制工作，黄皮、九漈、大济等16个村落被纳入百山祖国家公园及周边的传统村落保护与提升名单。谋划大毛湾主入口社区、兰泥硅化木遗迹保护等园外联动项目，促进国家公园内外的联动发展。

（吴丽娟）

工　业

综述

【概况】 2021 年，庆元县实现规模以上工业总产值 61.66 亿元，同比增长 13.8%；实现规模工业增加值 10.95 亿元，同比增长 6%，增幅全市第八位。大力培育发展战略性新兴产业，全年实现规模新兴产业增加值 1.82 亿元， 同比增长 12.4%，增幅全市第七位。新增规模以上企业 10 家，全县规模以上企业达 65 家。全年完成工业投资 6.6 亿元，同比增长-5.8%，增幅全市第六位，重点技改投资 2.4 亿元。实现工业税收 2.138 亿元，占全县税收总收入的 31.87%。全县社会消费品零售总额 52.5 亿元，同比增长 14.8%。完成外贸出口 31.35 亿元，同比增长 35.2%，全市排名第三。

【制造业纳税十强企业】 2021 年度制造业纳税十强企业：浙江昌达实业有限公司、梦天家居集团(庆元)有限公司、浙江可信竹木有限公司、浙江双枪竹木有限公司、浙江百兴食品有限公司、浙江方格药业有限公司、庆元县顶峰混凝土有限公司、浙江鸿星文具有限公司、浙江吉安木业有限公司、浙江联兴文教用品有限公司。

【制造业二十强企业】 2021 年度制造业二十强企业：梦天家居集团(庆元)有限公司、浙江双枪竹木有限公司、浙江可信竹木有限公司、浙江百兴食品有限公司、浙江昌达实业有限公司、庆元县顶峰混凝土有限公司、浙江艾特佳文化用品有限公司、浙江久灵笔刷有限公司、浙江方格药业有限公司、浙江鸿星文具有限公司、浙江艾米家居用品有限公司、浙江联兴文教用品有限公司、浙江华御食品有限公司、浙江德长竹木有限公司、庆元浩丰工贸有限公司、浙江庆元欧迪实业有限公司、浙江吉安木业有限公司、浙江三箭工贸有限公司、浙江祥和家居有限公司、浙江鸿叶笔业有限公司。

(吴俊豪　杨　倩)

工业园区建设

【概况】 浙江庆元工业园区(以下简称“庆元工业园区”)规划总面积 3248.27 公顷，累计开发面积 417.13 公顷，出让面积 301.67 公顷。实行“一区多园”发展模式，涵盖屏都综合新区、北门工业园、东山垟工业园、五都工业园、竹口工业园及黄田、安南等多个乡镇工业功能区，初步形成竹木制品、绿色食品加工、文教用品制造三大主导产业。2021 年 12 月经省政府批准整合设立为“浙江庆元经济开发区”。创成国家庆元竹木产业示范园区，进一步擦亮“中国竹制品产业基地”招牌。

【经济运行】 入园企业 140 家，投产 127 家，2021 年投产企业完成工业总产值 57.76 亿元，同比增长 15.57%；实现税收 1.48 亿元，同比增长 24.6%；53 家规模以上企业累计实现产值 52.44 亿元，同比增长 12.87%。屏都综合新区 54 家投产企业实现产值 23.02 亿元，同比增长 44.74%。园区固定资产投资 7.74 亿元，其中政府固定资产投资 2.01 亿元，企业固定资产投资 5.73 亿元。

【园区基础建设】 2021 年平整场地 12.53 公顷。屏都综合新区生物科技（食用菌）产业园累计投资 2.3 亿元。两山梦之园（标准厂房）厂房结顶 20 栋，企业服务综合体完成桩基浇筑，南二、南三路一期，土石方一、二标，挡土墙一期完工，屏东路、南二路（二）路基土方回填竣工。谋划屏都综合新区香菇小镇工业区块、竹口洋源，屏都栖花园、岗后坑、淤上石坝、坑口、屏都蔡段、黄田生态产业园一期、竹口攀龙产业园等 8 个区块项目，规划空间可开发面积 1066.67 公顷，近期可开发工业用地 80 公顷。完成屏都综合新区岗后坑、石坝产业园、淤上坑口产业园、黄田生态产业园一期、攀龙产业园等区块方案初稿，谋划启动 3.8258 平方千米的特色生态产业平台建设。

【园区企业建设】 以加速审批、验收为切入点，全力保障企业项目建设进度。屏都综合新区累计出让工业用地 125.2 公顷，入园企业项目 66 个，投产 55 个，在建 11 个。智慧汽车产业园主体工程结顶，梦天迁建项目一期投产，二期基础施工。全年新开工项目 6 个，建成投产 9 个。

【园区招商引资】 主动出击招项目，在打造百亿产业、推进产业能级提升、三产服务上求变化。全年落地项目 9 个，挂牌出让工业用地 9 宗 13.1 公顷。突出生物科技产业招商，积极对接生物药业、食用菌提取加工等企业，签订东方国药庆元县中药材产地种植与加工项目，在谈意向企业 8 家。全力推进智创小镇核心商务区块招商，完成招商方案、概念方案讨论稿，召开招商方案部门征求意见会，先后与东耀集团、丽水经济技术开发区集团公司、中铁建城市开发公司、绿城集团开展招商洽谈。引进玺丽工贸、一鸿工贸、纳朵日用品、戴言人家居、千寻竹木、上海恒秀等企业，进一步壮大竹木产业集群。深化山海协作，引进长兴泛亚年产 1000 万套的 LED 照明灯具项目，实现庆元数字经济核心制造业零的突破。

【园区创建】 以综治维稳、园区环境卫生、区容区貌、交通秩序整顿为突破口，坚持整治、管理、服务相结合，努力提升园区综合服务能力，为企业发展营造良好的外部环境。完成信访积案化解 1 件。开展治违除患促安全违法建筑专项整治行动，整治占用消防设施通道行动，共拆除违章建筑物 9978 平方米、整改工棚和消防（设施）通道 19 处，企业消防通道专项整治取得初步成效。屏都综合新区污水预处理站（废水）在线监测系统及压缩式垃圾中转站正式投入使用。

【省级经济开发区创建】 省级经济开发区正式命名，制定并印发《庆元县开发区（园区）整合提升方案》（庆政办发〔2021〕64 号）。坚持“高起点规划、高标准改造、高水平管理、高质量发展”原则，结合特色小镇发展，整合设立以竹木、食用菌、铅笔等特色产业为支撑的“一区三园一飞地”（辖屏都工业园、竹口工业园、黄田工业园、山海协作产业园）产业格局，规划面积 32.4827 平方千米，着力将平台建设成为浙南闽北特色产业集聚区、绿色发展先行区和产城融合示范区。

（季均妹）

工业行业

【竹木加工业】 全县规模以上竹木加工企业22家，主要产品有木门、竹筷、家具、地板、竹炭、竹胶板、竹砧板等10个大类300余个品种。竹木加工业是庆元颇具比较优势的支柱产业，历史悠久，2021年规模以上竹木加工业实现产值24.98亿元，同比增长13.6%。庆元竹筷、竹砧板行业占国内市场份额的60%以上，竹产业专项产品居全国乃至世界第一的单项冠军企业有6家，竹产业全产业链入选省示范性农业全产业链,竹木产业创新服务综合体项目被列入省级产业创新服务综合体培育名单。

【食品加工业】 全县规模以上企业8家，2021年实现规上产值7.06亿元，同比增长9.21%。食用菌主要产品有灰树花多糖、灵芝多糖、香菇粒、蘑菇、牛肝菌及食用菌小包装40种，产品主要出口日本、美国和东南亚。庆元香菇市场年交易额达25.96亿元，交易量占全国干菇生产总量的20%以上；在食用菌精深加工方面成果丰硕，“麦特消”是中国准字号灰树花抗癌制剂，“蕴本酵素”是食用菌保健品；食用菌全产业链入选省示范性农业全产业链。

【文教体育用品制造业】 全县在册铅笔生产加工企业49家，其中规模以上企业17家，全年实现规模以上工业产值12.28亿元，同比增长5.38%。经过多年的发展，铅笔产业形成了铅笔、笔芯、橡皮头、软化板、印刷包装等一系列完整的生产产业链，产品85%以上出口欧美、东南亚等国家和地区。（吴俊豪　杨　倩）

电力工业

【概况】 2021年，庆元县供电局在上级公司和县委县政府的坚强领导下，坚持“稳中求进、固本提质、实干争先”的工作主思路，圆满完成各项目标任务，交出献礼建党百年华诞的优异答卷，实现“十四五”良好开局。全年共完成固定资产投资1.13亿元；全社会用电量4.9亿千瓦时，同比增长14.52%，售电量4.3亿千瓦时，同比增长11.85%；最高用电负荷9.46万千瓦；营业收入2.68亿元，利润200万元；职工劳动生产率62.80万元/人·年；连续安全日7561天，居全市首位。全局相继荣获全国用户满意企业单位、浙江省AAA级守合同重信用企业称号，连续22年蝉联丽水市县级供电企业绩效考核优胜单位称号，22年荣获“支持地方发展突出贡献奖”。

【电力安全生产】 面对严峻的缺电形势以及全社会最高用电负荷屡创历史新高等挑战，坚实扛起电力安全可靠供应的第一责任，深入开展安全生产三年整治、建党百年安全保障等专项行动。保持“零容忍”反违章高压态势，全年累计开展安全稽查5875次，发现违章855起，处罚32人次。建立“政企联动，合署办公、联合执法”机制，依托政府构建需求响应资源池，新增秒级、分钟级可中断负荷300千瓦、500千瓦。与县防汛防旱指挥部联合发布《关于做好地下供配电设施防涝工作的通知》，梳理重点防汛点7处，涉及小区5个。开展重要用户“一户一策”应急处置预案制定，建立56个高层建筑自备应急电源基础信息台账。持续增强不停电作业能力，2021年累计完成带电作业1055条次，不停电作业占比达90.24%。优化完善电网迎峰度夏（冬）方案，科学安排电网运行方式，确保系统安全稳定运行。常态做好疫情防控工作，职工疫苗接种应接尽接。圆满完成两会、中高考、建党百年、防汛抗台等重要保供工作，全年总计完成保供电任务119次，创历史新高。

【电网建设】 锚定“双碳”目标，组建庆电智团，全市率先完成全域公建屋顶光伏、中小型抽蓄资源摸排，提交县政府光伏、抽蓄开发建议，得到县领导高度肯定。黄坛村入围浙江省第一批低（零）

碳村试点创建单位；莲湖“零碳共富”美丽乡村被纳入市电业局“全域共富零碳新型电力系统建设方案”；安南乡分布式屋顶光伏绿电全供应实现100%。完成“十四五”高弹配网规划及庆元零碳共富能源互联网规划编制，形成4.5亿元规划库。谋划新型电力系统示范项目10个、“百景”项目6个。全县“一盘棋”，将电力专业规划纳入地方国土空间规划，签订全市首个电力电缆与燃气管道战略合作协议。220千伏庆东变入规省公司“十四五”规划，初步完成选址。110千伏城南变办理“三证”并全面开工。宏元至庆元110千伏线路改接工程前期进展迅速，已进场施工。35千伏贤良变建成投运，菊隆、荷地完成新所搬迁工作。建成标准网格1个、标准线路25条。全年新建改造35千伏及以下线路130千米，容量4800千伏安。

【供电服务】 实施“乡村振兴·电力先行”专项行动，建成6个新时代乡村电气化村、1个“乡村振兴·电力先行”示范区。深化“阳光业扩”平台应用，推行“台区经理+红船党员服务队”网格化服务模式，供电服务实现“零投诉”。开展增值税专用发票邮寄和线上发票领用工作，为190个行政村发放电力便民服务卡，全年累计推广网上国网1.43万户。发布客户受电工程“三指定”问题专项治理工作方案，实现160千瓦及以下小微企业报装“零投资”。全市率先与工商、建行签订战略合作协议，促成全省首笔“电e贷”在庆元发放，助力10家中小微企业融资贷款580万元。完成全县855户用户直接交易工作，交易电量8476万千瓦时，降低企业用电成本244万元。完成2个无人营业厅改造，菊隆数智化供电所建设作为全省试点，全市进展最快。发扬斋郎战斗精神，村企支部联建，破解军旅小镇政策处理难题。建立志愿服务清单，成立“千户万灯”公益基金，“暖巢敲门灯”覆盖百余个空心村，《你是我的二号键》获第九届全国故事品牌大赛（宁波赛区）一等奖。

（沈根发）

招商引资

【概况】 2021年，县经济合作交流中心紧紧围绕“跨越式高质量发展”这一总要求，突出战略先导定位，积极拓展招商渠道，不断深化招商引资工作。全县引进大项目6个，完成年度任务的100%；实际利用内资10.1亿元，完成年度目标101%。

【谋划招商引资】 聚焦谋划招商引资重点工作，实施精准谋划，立足产业延链补链增链，建立招商资源库、项目储备库、乡贤资源库，重点招引数字经济、生物科技、健康养生、总部经济、特色农业及人才科技等项目。夯实生物科技产业发展基础，全力打造生物科技第四产业，成立生物科技产业招引专班，精准招引健康食品和生物提取，发展食药用菌、中药材产业。

【推进产业招商】 实行“7+1”链长制招引。对生物科技、总部经济、数字经济、三大传统产业、特色生态农业、绿色能源、文旅康养等七大产业和人才招引链，由相关副县级领导担任产业链招引链长，实行链长负责制，研究推动产业链双招双引各项工作，推动对口产业项目谋划储备、对接洽谈、跟踪推进。突出驻点区域精准招商，充分发挥驻点招商作用，积极对接上海、杭州、温州、广州等发达地区，摸排资源信息，承接对口资源。深入实施税源工厂，新引进总部经济项目7个，累计引进总部经济项目15个，入库税收8657万元。开展借力借势招商，举办重大招商活动，利用知名浙商助力丽水“双招双引、双争双创”等活动，累计进行招商推介或签约活动20次。4月28日，在全县生态工业高质量发展大会上举行“双招双引”签约仪式，签约项目14个，签约总额36.38亿元；7月9日，在杭州举办浙江·庆元生物科技产业招商推介会暨山区“跨越发展、共同富裕”研洽会，邀请中国工程院院士郑裕国、省政府咨询委主任刘亭及浙江大学、浙江工业大学、省农科院等专家学者，就庆元生物科技产业发展及未来前景做了研讨交流，发布山区26个县首个生物科技产业专项规划及政策，邀请《人民日报》《浙江日报》等15家媒体参会，浙江新闻客户端、掌上庆元App全程直播，阅读量达33.7万人次，社会反响强烈。

【打造项目引资】 建立重大招商项目顶格推进机制，总投资超过10亿元的重大招商项目及其他重大项目，由县四套班子主要领导牵头推进。着力推进双枪小镇、香菇小镇香菇文化养生核、智创小镇核心商务区等大项目。开展“双招双引、揭榜挂帅”对标攻坚大会战行动，聚焦重点产业招引、重大项目招引、人才第一支撑，实施产业招商攻坚突破行动、重大招商项目落地行动、村产业专题招引行动，重点攻坚旺旺集团、天能集团、15万头生猪规模养殖等一批重点项目。（柳 芬）

山海协作

【概况】 2021年，县经济合作交流中心持续坚持主动争取、主动对接、主动融入，山海协作帮扶不断走深走实，逐步形成“山海一家亲”的良好氛围。全县山海结对帮扶工作呈现高质量发展的良好态势，教育医疗等领域进行人员互派交流学习，开展名师个性化培养，共享教育、医疗学科建设成果，提高庆元教师及医务人员业务素质。“山海协作·宁波（海曙）万人游庆元”顺利启动，同时，在长兴、嘉善、宁波举办文旅推介会，签订《海曙区（长兴县、嘉善县）—庆元县文旅体战略合作框架协议》。

【推进“飞地”建设】 2021年8月，《南太湖新区—庆元县“产业飞地”框架协议》顺利签订，“产业飞地”进入新阶段。嘉善—庆元—九寨沟“消薄飞地”完成一、二期工程竣工验收，9家企业入驻投产，累计完成消薄资金2840万元，其中2021年完成1070万元。海曙—庆元“科创飞地”达成合作意向，启动前期工作。

【推动山海产业融合】 2021年4月，以长兴天能集团、嘉善歌菲颂等企业为代表的知名浙商助力庆元团与庆元签订《助力庆元跨越式发展合作框架协议》，助力庆元跨越式高质量发展。长兴庆元“山海协作”产业合作项目泛亚智慧照明成功签约，成为庆元首个数字经济核心制造业项目。在结对和发达地区开设“庆元800”（海拔800米以上的农产品）品牌专营店、区域品牌农产品专柜，积极参加展会打响庆元农产品品牌。

【打造山海协作示范点】 持续推进“乡村吹号、部门报到、企业助推”行动，7个乡村振兴示范点竣工援建项目14个，拨付资金600万元，扶持资金重点向产业项目倾斜，五大堡东半村羊肚菌产业、张村乡湖山村湖羊产业等示范点均积极培育种养殖产业项目。（吴 明）

贸　易

国内贸易(商业)

【概况】 2021 年,全县社会消费品零售总额 52.5 亿元,比 2021 年增长 14.8%,增幅全市第四位。分行业看,批发业销售额同比增长 36.9%;零售业销售额同比增长 17.5%;住宿业营业额同比增长 58.1%;餐饮业营业额同比增长31.8%。

【电子商务】 2021 年累计实现网络零售额 40 亿元,全市排名第 6,全省排名第 75,同比增长 8.3%。会溪村、五一村、北门村、大济村、洋墩社区获评 2021 浙江省电商专业村申报,其中会溪村、大济村入榜全国淘宝村,松源街获评浙江省电商专业镇(街道)。庆元电商创业园园区截至 2021 年累计入驻企业 135 家,电商企业入驻 89 家,完成招商比率为 95.79%,2021 年度入园企业电商销售额 2.9 亿元。进一步修订原有电商政策,完成电商"十四五"规划的编撰,以自身相对优势为抓手,积极学习借鉴其他县市的优秀经验,根据本县实际情况,顺应时代新零售、新经济、新业态发展浪潮,助推庆元电商产业健康繁荣。新零售发展呈现新格局,浙江百兴食品有限公司入选浙江省新零售示范企业,加速全县商贸业线上线下全渠道发展。

(林　洁　吴维彪)

供销合作商业

【概况】 2021 年,庆元县供销社贯彻落实习近平总书记关于"三农"工作的重要讲话精神和对供销合作社工作的重要指示,不断深化"三位一体"农合联改革,在实施"乡村振兴"战略中积极作为,把供销社打造成为农民生产生活服务的骨干力量和综合平台,为全县农村经济社会发展作出更大贡献。

【亮化项目壮大社有经济】 庆元县高山西红柿产业提升项目有序推进。成功申报浙江省 2021 年度低收入农户同步基本实现现代化试点,获得扶持资金 3000 万元。该项目以高山西红柿作为核心产品,建成后联结带动留守农户、低收入农户 500 户 1000 人参与发展高山果蔬产业,每年实现农民增收 3000 万元以上。2021 年核心基地屏都街道菊水村后口洋西红柿种植基地已完成工程量 40%。同时,同步进行其余地块土地流转、建设招标和主体招引工作,促进项目实现跨越式进展。

数字化香菇市场提升项目初显轮廓。项目旨在填补庆元县无全县性综合性农产品展示展销中心的短板，利用数字化手段丰富庆元香菇小镇的商业业态，打造数字化与实物展示娱购中心，提供数字化与实物互动沉浸式体验，建设庆元对外宣传生态环境、生态农业的窗口，2021 年已完成项目设计。

“流动致富车”项目初显成效。实施以“一保两促、三车并驱”(“浙丽供”服务车保生活、“浙丽产”服务车促生产、“浙丽销”服务车促增收)为主要内容的流动供销致富车项目，完成 8 辆“产、供、销”服务车辆改装及 3 家“浙丽销”高山农产品直销服务网点装修，并全部投入运行。全年“浙丽产”农合联入户服务车运送农资下乡 2 吨，“浙丽供” 生活用品下村服务车为偏远山区群众提供日用消费品购买等服务 18 万元，“浙丽销”农产品进城服务车及“浙丽销”高山农产品直销服务网点采购山区群众农产品 16 万元。通过提供优质的服务，助农增收 16 万元。

【优化平台拓展销售渠道】 育“供销优选”主体。2020 年组建庆元供销优选农业发展有限公司，完成“庆元供销优选”商标和产品宣传手册设计。2021 年，创新性联动“丽水山耕”，携手开设“丽耕食集　供销优选”庆元品牌店，实现“庆元农副产品走出去，优质农副产品走进来”双向流动体系，销售额达 60 万元。乘“山海协作”东风。积极与省交通运输厅及其下属院校合作，庆元农产品顺利进入省交通系统、司法系统干部职工工会福利采购清单。2021 年，省交通系统、司法系统工会采购庆元甜橘柚超 2500 千克。建“网上供销”阵地。续约政采云扶贫馆，上架全县农产品 30 余种，2021 年销售额 100 万元。同时组建专业团队，做好“庆元香菇”淘宝旗舰店、网上农博等线上商店。此外，携手华数公司加强产销对接工作，初步达成庆元农产品上架湖州华数、湖州两山公司电视销售平台的共识。

【美化服务厚植“三农”底色】 农资供应安全落实到位。根据省、市要求按时完成化肥 800 吨、农药 2 吨应急储备任务。联合县财政、县农业农村局出台《庆元县化肥农药应急储备方案》(庆供联〔2020〕16 号)，每年补贴农药、化肥应急储备 25 万元。涉农技术培训实施到位。根据农合联工作要求，先后开展中药材种植技术培训、锥栗生产管理技术培训。同时积极联系省农科院专家到庆元开展培训，3 月组织 1 期西红柿种植技术培训，并多次到田间地头进行技术指导。2021 年集中培训农合联会员 116 人次，实践指导 200 人次。“四季产业服务”组织到位。春耕支农送政策、送科技、送农资、送信息、送服务“五送”活动是农合联服务“三农”标杆活动，全年春耕支农活动与县农业农村局、联系村联建，发放各类资料 1000 份，各类化肥、种子 1000 余包，化肥 2 吨，得到广大群众的支持和认可。

(孙伊娜　陈　好)

粮食业

【概况】 2021 年，庆元县贯彻执行《粮食流通管理条例》，严格落实粮食安全党政同责，聚焦粮食安全核心职能，抓重点、补短板、强弱项、防风险、稳市场、保安全，持续提升粮食供给保障能力。组织开展全社会粮食供需平衡调查，全面掌握全县粮食、食用油供需的基本情况，为政府部门出台粮食政策提供可靠依据。组织开展全县粮食库存大检查，按照“有仓必到、有粮必查、有账必对、查必彻底”的要求对全县国有企业粮食库存进行全面检查，落实各类粮食安全调控措施，保证县级储备粮安全。

【粮食储备及设施建设】 2021 年，完成粮食储备任务，收购粮食 3135 吨。完成粮食订单和粮食轮换工作，粮食轮换 6514 吨、食用油轮换 20 吨。4 月，庆元县粮食储备库建设完工投入使用。该库总投资 1.23 亿元的，为富氮、低氧、可调温的绿色现代化粮食储备库。

（叶俊欢）

烟草专卖

【概况】 2021年，庆元县烟草专卖局、丽水市烟草公司庆元分公司（以下简称“庆元分公司”）以凝心聚力、团结一致、实干奋进精神，推动数据赋能创新模式，推进经济运行稳中有进。2021年实现销售额35895.19万元，同比增长10.02%；单箱销售额4.45万元，同比增长3.16%。

庆元分公司16名基层部门负责人及以上干部分别与淤上乡17户39名困难群众结对，解决各类“急难愁盼”问题35条；主动牵头协助结对村开展“庆元县淤上乡农业低碳产业园建设项目”，助力乡村振兴；参与“慈善一日捐”活动43人次，共计捐款6500元；开展校园防疫物资赠送活动4人次；组织党员和职工参与当地防疫“千人摸排”行动25人次；组织开展“真情点亮微心愿 为民办事暖人心”主题服务活动，25名党员为结对村、所在社区认领9个微心愿；承传雷锋精神，实践志愿服务，组织开展“高温送清凉”“志愿服务一条街”“志愿献血”“垃圾分类进社区”“普法宣传进校园”“助农采摘”“助农直播”等，扎实开展“我为群众办实事”实践活动。

【专卖监管】 2021年共查获各类涉烟案件124起，查获卷烟665.2万支，同比增长117.67%；共查获专车运假案件4起，破获国标网络案1起，卷烟打假破网工作连续7年取得优异成绩。

【烟草专卖行政许可】 深化政务服务2.0平台对接，提升“网上办”“移动办”“自助办”政务效能，实现网上办证率100%。推进“好差评”制度落地见效，满意率达100%。

（吴梦丹）

对外贸易

【外贸出口】 2021年，全县共有外贸经济自营进出口实绩企业103家，其中铅笔行业30家、食用菌行业21家、汽配五金行业6家、竹木加工行业16家，实现进出口总额31.40亿元，同比增长35.32%，出口总额31.35亿元，同比增长35.24%，全市排名第三。铅笔和食用菌两大行业承担全县外贸出口重任，出口额占全县外贸出口额的54%。

【外贸建设】 2021年，全县外贸出口经受全球新冠肺炎疫情肆虐的严峻考验，外贸企业参加线上线下展会10余场，对全县40余家外贸企业出口信用保险实施政府联保，争取上级资金650万元，布局全球供应链、金融链、物流冷链“三链”，全力稳固外贸基本盘。

（吴学益）

交　通

综述

【概况】 2021年是“十四五”规划开局之年，是庆元县争创共同富裕示范区“山区范例”的建设之年。根据县委县政府部署要求，庆元县交通运输局(以下简称“县交通局”)围绕“大干交通、干大交通”的工作目标，紧扣“西进武夷山，东出温州港，北连长三角，南接海西区”大交通发展战略，争当服务共同富裕开路先锋，以加快重大交通项目规划和建设为中心，做深做细交通建设和规划，有序推进各项工作，2021年，荣获“全国脱贫攻坚先进集体”称号，浙江省仅3家单位上榜。

【重大交通项目谋划】 义龙庆高速公路庆元段、S325洞头至庆元公路庆元万年隧道工程、S325洞头至庆元公路庆元段改建工程（不含万年隧道)、S209奉化至庆元公路庆元五大堡至龙溪段改建工程、S209奉化至庆元公路庆元县银屏山隧道工程、S326苍南至庆元公路庆元县贤良至鲤鱼桥至荷地段改建工程、S326苍南至庆元公路(原S329)庆元左溪至江根段改建工程、“四沿”美丽富裕干线路S209百山祖等八大项目被列入《浙江省公路发展“十四五”规划》；同时，义龙庆高速、庆景青公路、奉化至庆元公路被列入《浙江省人民政府关于新时代支持浙西南等革命老区振兴发展的实施意见》(浙政发〔2021〕23号)文件，是丽水市也是庆元县唯一明确项目名称被列入“意见”的项目。其中，义龙庆高速还被纳入《浙江省山区26县跨越式高质量发展实施方案(2021—2025年)》)，由地方高速上升为省主导项目，为项目的可行创造极为有利的条件；庆景青公路仅用一年时间实现县道—省道—国道规划调整，化不可能为可能；奉化至庆元公路五大堡至龙溪段拟打造成为闽浙边红色富裕标杆路，获省委、省政府及两省厅大力支持。

铁路

【铁路建设及运营】 庆元站2021年累计接送旅客240681人次(其中出发123064人次，到达117617人次)，日均接送旅客659人次(其中出发337人次，到达322人次)。在衢宁铁路初步设计中，预测庆元站客运量初期(2025年)达到20万人次，近期(2030年)达到25万人次，远期(2040年)达到28万人次，实际客运量超出预期。衢宁铁路开通以来，铁路成为庆元人民的重要出行方式，为人们的生活带来更多方便，切实提升了庆元人民的获得感、幸福感、安全感。庆元县衢宁铁路指挥部在“忠诚使命、求是挺进、植根人民”浙西南革命精神的一路指引下，圆满完成工作任务，得到省市主管部门和铁路单位的高度肯定，更得到庆元人民的普遍认可，2021 年获得“‘丽水之干’模范集体”“衢宁铁路工程建设先进集体”等称号。

（县发改局）

【火车站连接线顺利交工】 2021 年 9 月 17 日，S229（54）、S329（55）庆元县火车站连接线工程通过交工验收，该工程的建设使衢宁铁路与庆元县域内各级道路更好地衔接，快速便捷地连接庆元

2021 年 9 月 7 日，火车站连接线完工（县交通运输局 供）

火车站和屏都新区以及县中心城区；促进屏都综合新区的开发及庆元火车站综合交通枢纽功能的发挥，带动沿线区域经济的快速发展，促进庆元与外界的互联互通，带动庆元县旅游业的发展和乡村振兴。

（县交通局）

公路

【万年隧道】 11 月 2 日，“交通服务共同富裕”启动仪式暨庆景青公路万年隧道工程开工典礼顺利举行。庆景青公路万年隧道为浙江省共同富裕示范性项目，隧道起点位于五大堡乡万年桥，终点位于贤良镇接现状溪杉线，隧道长约 4.2 千米，路线全长约 5.76 千米，总投资约 5.37 亿元，按二级公路标准设计，设计时速 60 千米，计划于 2025 年建成通车。届时，县城到贤良的距离将从原来的 36 千米缩短至 16 千米。该项目落地，实现了庆元县人民翘首以盼 35 年的“交通梦”，见证庆元干部群众滴水穿石、以干得助发展交通事业的信心和决心，体现省委、省政府对庆元人民的关爱和省交通厅结对帮扶的深情厚谊。

【月山隧道】 11 月 26 日，省重点工程月山（银屏山）隧道提前半年顺利贯通。标志着奉化至庆元公路五大堡至龙溪段的控制性工程施工阶段取得跨越式进展。月山（银屏山）隧道于 2020 年 5 月开始动工建设，原计划 2021 年底完成开挖，2022 年 5 月贯通，提前半年完成贯通，体现庆元交通人不畏艰难，敢于拼搏的精神，创造新的交通速度。这是构建庆元“北连南接”交通大通道的又一里程碑式成果，是近年来庆元县破解东部乡镇交通瓶颈的标志性大工程。

【四好农村公路建设】 庆元县“四好农村路”建设工程（EPC）2021 年完成投资 10014 万元。其中枫曹线、柏小线完成路基工程。枫曹线项目投资 5929 万元，总长 22.188 千米，起点位于竹口镇枫堂村，终点位于黄田镇曹岭村，贯穿竹口镇、黄田镇，是沿线村庄对外的主要（唯一）交通要道；柏小线路线全长 42.5 千米，是庆元县一条重要的战备公路兼产业发展致富路。该路沿线区域资源丰富，毛竹林面积占庆元全县的 1/5，毛竹产值近亿元，黄田镇准备打造世界竹海公园；生产灰树花 1200 万段，产量占全国生产总量 90%，是全国最大的灰树花生产基地。两条线路都是庆元县公路骨架网络的重要组成部分，将极大程度改善区域道路的通达性，助力乡村振兴，对庆元县建设全域旅游交通网具有十分重要的战略意义。完成 2021 年度省市县民生实事建设，新建和改造提升农村公路 76 千米，农村公路养护 62 千米，农村公路安防工程 2 千米，实现临水临崖及 4 米以上高落差路段安防设施全覆盖，200 人以上自然村公路通达率 100%。

【农村公路危桥改造】 全面排查全县289座公路桥梁，2021年实施危桥改造9座。其中，拆除重建3座、加固维修6座，桥梁安全防护整治70座，总投资1110万元。全部完工维修加固类桥梁；完成拆除重建桥梁2座（新桥岭亭、横坑桥），1座（蔡段桥）完成工程量的25%；护栏加固类桥梁全部完工。

运管

【浙江交工纮道建设有限公司落地】 2021年9月，县交通局下属企业众鑫建设有限公司与浙江省交工集团股份有限公司合资成立庆元县纮道建设有限公司，注册地为庆元，具有公路总承包二级资质。与浙江省交工集团股份有限公司、中国公路工程咨询集团有限公司组成联合体，于2021年10月中标庆景青公路庆元万年隧道及接线工程，对庆元县交通事业发展和财税收入具有重大的积极意义。

【交通行业建设管理】 开通“庆元客运”微信公众号，优化班车班次接驳高铁，开通城际快巴等个性化出行方式提升服务。通过优化城市公交线网，提高城市公交网络覆盖率，完善公交网络信息化，实现公交扫码乘车全覆盖。截至2021年底，公司拥有长途（城乡）营运车辆35辆，其中公营33辆，经营丽水班线、旅游客运；委托经营2辆；农村客运15辆（康庄小巴4辆），租赁2辆，公交车70辆，运行10条城区公交线路和巾子峰景区旅游公交线；委托经营出租车25辆。

【交通维稳安全监管】 交通部门执法干部日夜坚守在疫情卡口一线，保障群众生命安全，彰显以民为本的交通铁军精神；打造“执法+应急”浙闽边界基层站所新样板，黄坛中队完成省级交通运输综合行政执法示范基层站所建设工作，入选省级清廉交通标杆培育清单。开展公路沿线“道乱占”路域整治，拆除广告牌（非公路标志）74块，清理桥下空间11处、乱堆乱放58处，整治其他问题2处；查处抛洒滴漏案件7起，罚款4566元。更新280块“路长制”公示牌的宣传版面；整治马路市场；全县范围内整治普通国道标志标牌；开展全县交通运输系统“平安护航建党百年”安全隐患大排查大整治专项行动，全年开展安全生产排查116次，出动检查人员512人次，排查企业28家，发现并排除安全隐患103处；查处一般行政处罚案件41起，罚款及收缴赔（补）偿费20.4万元。各项执法正确率、整改回复率均100%，在市、县两级评审中案卷质量评价较好，无行政复议、撤销、变更案件和行政诉讼败诉案件；结合农村地区道路三年安全行动计划，开展超限治理行动；全年处罚案件41起，罚款104289元；移交交警处罚121起（含“百吨王”2起），罚款53700元，扣分533分。同时，“百吨王”割栏板行动在全市治超座谈会上被确定为全市的工作亮点；升级非现场执法设备1套，新建设备2套，对外公告并于7月10日起启用；聚焦非法营运执法，查处未取得经营许可证从事出租汽车客运经营5起，罚款61000元；信访办结率100%，人大、政协答复满意率100%；交通服务窗口获评县级五星窗口。

（练方媛）

邮政　电信

邮政

【概况】 2021年，中国邮政集团有限公司浙江省庆元县分公司（以下简称“庆元邮政”）深耕服务基础工作，细化普遍服务制度建设，强化特殊服务环节管控，全力保障机要通信安全，完成“三提升、三压降、六个100%”目标，营业服务达标率100%；建制村直接通邮率、属地党政机关《人民日报》《浙江日报》城区当日见报率100%，实现机要邮件无失密丢损“三十三连冠”，实现全县机要通信无失密丢损“二十八连冠”和“条码平信信息中断率0”的阶段性成果。完成业务总收入3497万元，完成年计划的100%，同比增长8.01%。2021年，庆元邮政通过省级文明单位复评。

围绕企业中心工作开展“庆邮·正青春”之“青春之夜”“青春邮你”系列活动。全年开展“青春之夜”活动16场，“青春邮你”活动5场。系统实施送温暖工程，组织慰问员工152人次，发放慰问金和物品7.85万元。在丽水市首届“绿谷先锋·快递小哥”“绿谷先锋·货运司机”系列评选活动中，一名员工获得丽水市“绿谷先锋·快递小哥”荣誉称号。

发挥战略绩效考核指挥棒作用，制定并下发《庆元县分公司职能人员绩效考核办法（试行）》和《庆元县分公司各部门负责人绩效考核办法（试行）》，进一步完善企业绩效考核和夯实部门负责人责任，明晰工作目标和措施，提升管控效能。推进基层单元机制创新，全县寄递5个经营单位推行众创众享机制。

【“四梁”业务发展】 2021年，庆元邮政四梁业务（普通服务、寄递业务、金融业务、农村电商）发展取得新成效。金融业务收入1511万元，同比增长10.84%；寄递业务收入1146万元，同比增长6.01%；集传业务收入90.68万元，完成年计划的110%。联合县委宣传部、县教育局、文化和广电旅游体育局举办“全民阅读·共建书香庆元”图书巡展活动，进一步营造书香庆元的氛围，掀起阅读热潮；农村电商聚焦“三个生态圈”（惠农项目生态圈、支局同心圆生态圈、平台批销生态圈）持续发展，累计实现分销287.92万元，推行三挂三考核，因地制宜，绘制片区作战图，其中“一片一方案”在全省评比中获第二名。与县农业农村局签订惠农战略合作协议，打造庆元县禾帝农产品专业合作社为市级标杆合作社。发挥邮政渠道作用帮助农户销售滞销产品，利用邮乐助农直播活动进行销售，庆元特色农产品搭上直播电商的“顺风车”走出大山。全年销售菌菇包5019件，销售金额10.09万元。

【三级物流体系建设】 第一时间成立三级物流体系建设领导小组和工作专班，主动对接政府相关部门，积极开展“邮快合作”。与9家快递公司签订邮快合作协议，协议服务范围覆盖15个乡镇139个行政村。开通县乡“交邮合作”客运班车邮路三条，覆盖全县4个乡镇，建成村级综合便民服务站点95个，2021年通过便民服务站投递的邮件累计12.29万件，解决部分行政村其他快递到不了的问题，满足当地居民用邮需求。

（黄苏慧）

电信

【概况】 中国电信股份有限公司庆元分公司（以下简称“庆元电信”）充分发挥数字庆元“主力军”、网络强国“主导者”、网信安全“国家队”的作用，参与助推庆元数字化改革，为高质量发展建设共同富裕示范区尽责任、办实事。发挥云网融合优势，夯实数字化改革云网基础设施底座，大力发展5G、千兆光纤等现代信息网络，助力庆元经济社会绿色发展。发挥数字庆元“主力军”作用，深入推动5G、大数据、物联网等信息化技术在庆元的全面应用，在全县范围内承建各类信息化项目，助力县数字化改革。贯彻以人民为中心理念，始终坚持“人民邮电为人民”的初心使命，把“让人民满意”作为衡量工作的标准，持续提升服务支撑能力，增强人民群众的获得感、幸福感、安全感。

始终坚持传承红色电信基因，助力全县乡村振兴。2021年签约数字乡村23个，打造标杆村9个。庆元电信党委三次召开专题会议研究扶贫工作，指派一名专职扶贫干部对接扶贫工作。党委班子成员每人认领一个困难群众完成“微心愿”，中层以上干部一对一对接联系乡贫困户，开展扶贫工作。全年捐助帮扶贫困户7500元，走访慰问贫困户48人次，支付联系村专项帮扶资金2万元，帮助联系村农产品销售价值1.8万元。庆元电信始终坚持国企担当，冲锋在新冠肺炎抗疫防疫第一线。疫情期间，做好政府各类会议保障13场，参加疫情防控排查180人次。履行社会责任，参与全国卫生文明县城创建、礼让斑马线、无偿献血、服务困难群众等志愿活动78人次。

【数字庆元建设】 根据县委县政府通信基础能力建设要求，全面实施上级云改数转战略，按照“网是基础、云为核心、网随云动、云网一体”的云网融合思路，加快云网基础设施建设，为构建一体化智能化公共数据平台提供有力保障。积极落实5G应用“扬帆”计划，围绕信息消费、实体经济、民生服务，丰富应用场景，提升专业运营能力，在深度和广度上实现突破。在“数字政府”方面，做好大场景小切口的各类平台通信保障；运营庆元县政务云，为全县多家单位提供上云服务；以医卫“黄手环”项目、消防“智慧烟感”项目等民生实事项目为牵引，为全县2000多名老人送关怀。在“数字社会”方面，推进消防民生项目、应急避灾点项目、卫星电话、单位上云、人脸识别等项目建设。在“数字法制”方面，建设公安雪亮工程人脸项目、交警智慧交管项目等。在5G助力智能制造方面，不断加快工业互联网发展，联合浙江双枪竹木、浙江梦天木业、浙江久灵公司、浙江可信竹木等工业企业共同打造5G+智能制造创新应用。

【“爱心翼站”启动仪式】 9月14日，庆元电信“爱心翼站”关爱行动启动仪式暨县总工会“爱心翼站暨工会户外劳动者服务站点”的揭牌仪式在庆元电信府前营业厅举行。“爱心翼站”为市民提供进厅休息、饮水供给、手机贴膜、手机辅导、餐食加热等爱心服务，为广大老年朋友讲授智能手机操作、防诈知识、防疫知识、浙里办应用、手机预约挂号、地图导航等实用技能，助力老年人跨越数字鸿沟，畅享幸福美好的数字生活。在揭牌仪式上，庆元电信党委书记、总经理阙龙伟强调将在县总工会的大力支持下，继续弘扬“红色电信精神”，牢记“人民邮电为人民”的初心使命，扎实推进“爱心翼站”公益服务的各项工作，努力提升电信营业厅服务水平，把“爱心翼站”建设成奉献爱心、传递正能量的纽带，让电信营业厅真正成为市民温馨的港湾。

（兰春福）

移动

【概况】 2021年，中国移动通信集团浙江有限公司庆元分公司（以下简称“庆元移动”）坚持将自身发展融入党、国家和地方发展大局，贯彻上级公司战略部署，发挥党建引领保障作用，持续推进“发展创优、转型创先”，在生产经营、安全生产、网络运维、5G建设、降本增效等中心工作持续保持高质量发展的良好势头，截至2021年底，本地移动通话用户13.07万户，市场占有率84.18%。政企突击队组织人员加班加点，累计发送防疫信息500万条，助力政府企、事业单位复工复产，推广移动灵瞳、小门神、门磁等防疫产品，免费提供云视讯、招工平台等使用。

【客户服务提升行动】 营业厅作为直接面对客户的窗口，是公司面向客户介绍业务、了解客户需求并进行产品销售的重要部门，要求各营业厅在做好日常规范化、标准化服务的同时，有效解决服务焦点问题，努力提升服务水平，切实维护客户权益，树立公司优质服务形象。2021年度开展“品质引领”及“削锋行动”工作，“断卡行动”中与公安部门配合在用户新入网前登记“开卡码”；为提升宽带品质，提高用户感知，庆元移动持续开展宽带免费“义诊”活动，通过“精销”上门免费检修等方式了解客户问题所在，进行针对性的有效整改，提升移动宽带品质。成立满意度攻坚队，邀请由县公安局、工商局、经贸局等单位人员成立的服务监督委员会开展日常监督，有效提升公司服务水平。庆元移动在系统内部客户满意度连续三年排名全市前列。

【移动信息化建设】 庆元移动依托5G、云、大数据、物联网等创新应用产品结合互联网专线、数字电路等传统通信能力，助力庆元企事业单位信息化建设和数字经济发展。2021年，实现主城区及乡镇政府所在区域的5G网络覆盖，为政府机关事业单位、大型企业提供5G解决方案思路；继续落实企业上云服务，2021年新增上云企业56家。推动政府单位应用上云，为各单位数字化应用提供案例和技术保障；借助物联网应用，在电力抄表、智慧消防、智能路灯、气象监测等领域提供数字化连接保障，为社会提供智能管道；依托DICT集成（相关文档代码介绍、相关教程视频课程）及方案解决能力，完成参与政府数字化改革项目2个，100%承建多跨场景应用项目；全年发展互联网专线191条，数字电路专线118条，固话61条，精品宽带35条，企业小微宽带677条，为各行各业数字化能力提升注入力量。

【新基建设】 2021年，庆元移动在网络建设方面投资5800万元。其中5G站点开通179个，基本实现城区、城郊、工业园区、乡镇所在地、百山祖景区的覆盖；4G建设方面，开通宏站8个，室分4个；节点机房完成1个入网；新建管道孔17.88千米，线路布放长度55.22千米；驻地网建设17个，重点完成1个老小区改造，完成零星区域补盲163个分线盒、增加1304个端口，进一步提升全业务接入能力。

（姚雪玲）

联通

【概况】 中国联合网络通信有限公司庆元县分公司（以下简称“庆元联通”）以习近平新时代中国特色社会主义思想为指导，深入贯彻中共十九大和十九届历次全会精神，坚持稳中求进总基调，以高质量发展为主线，加快全面数字化转型，以打造“五高”新优势为目标，全力推动“1+5+5”重点工作落地，全年发展势头持续向好，主营收入圆满完成挑战目标。中国联通所倡导的铁脚板精神和浙江联通推行的奋斗者文化在庆元联通落地生根，业绩和结果导向日益明显，公司上下想干事、敢干事，会干事、干成事的干部员工日益增多，涌现一批优秀奋斗者，干事创业的氛围愈加浓厚。

2021年在市公司党委的正确领导下，庆元联通全体党员结合生产实际工作，发挥先锋模范引领作用，践行“不忘初心、牢记使命”主题教育，根植乡村振兴办实事、结对乡村产业资金帮扶2万元，提升“红色廊桥，厚植通信”的党建品牌。

【业务提升】 2021年持续深化划小改革，围绕效益增长目标、提升发展贡献收入、降本增效产出利润等组织日常工作。以生态圈体系建设为基础，以地推外拓、渠道转型、创新发展、数字化转型为抓手，全面通过“增量收益”分享机制，充分激发一线活力，促进公司业务全渠道产能提升、产品转型及创新业务发展。

【“一县一家网”建设启动会】 2021年3月9日，丽水联通联合丽水电信在庆元、景宁两县同步召开2021年“一县一家网”建设启动会。“一县一家网”是丽水联通和丽水电信落实双方集团公司关于2021年4/5G网络共建共享和共维共优全国工作部署会议精神，共同探索、创新推动实施的合作方案。本次启动会的召开，标志着丽水在全国范围内率先布局和启动县域4/5G网络“一县一家网”模式的共建共享。根据部署，丽水电信、丽水联通双方将按承建区域（县域）分区负责4/5G网络的规划建设维护和优化，双方共享网络收益，达到节约建设投资、降低运维成本和轻资产运营的目的。

（吴晓玲）

城建　城管　环保

城乡建设

【概况】 庆元县住房和城乡建设系统（以下简称“县住建局”）贯彻习近平总书记对住房城乡建设工作系列重要指示批示精神，在县委、县政府的领导下，实干担当，城市品质日益提升，建筑产业总体可控，人居环境逐步改善，民生保障力度不断加强，推进庆元城乡建设高质量绿色发展。安全生产方面，实现“零重大事故、零人员伤亡”。

【项目建设】 2021 年，县住建局承担基础建设项目 34 个，计划投资 10.76 亿元，完成投资 10.85 亿元，超额完成年度投资任务。完成仑山路区块 322 户 1.94 万平方米征收、签约、腾空工作；衢宁铁路站前广场工程竣工验收；完成生活垃圾综合处理处置项目主体、配套进场道路并正式投入带料试运行，完成城区地下综合管网工程主次干道管网改造，东环路（北段）实现通车；推进滨江尚品园、黄麻淤安置房等项目建设；开工建设庆元大桥及附属工程、庆元大桥至老二中堤顶绿道工程和宸央春晓等项目。

【房地产业】 出台《庆元县房地产市场健康发展长效机制工作方案》，力推仑山路区块市场化安置“房票”相关政策。核准房地产开发企业资质 6个，核发商品房预售证 6 本，完成商品房合同备案 1145 套，房地产完成投资 8.59 亿元，商品房销售 1145 套，销售面积 12.29 万平方米，同比下降 38.1%。菇香公寓小区成功获批首批省级“红色物业”。全县年度归集住宅专项维修资金 464.11 万元，拨付使用 79.3 万元。

【建筑业产业】 2021 年底，庆元县建筑业企业有 24 家，其中丽水宏丽建设有限公司成为庆元县第一家建筑工程施工总承包一级资质企业。建筑业产值 23.92 亿元，同比下降 8.9%。2021 年，开工装配式建筑面积 33.53 万平方米，开工装配式住宅和公共建筑面积 24.4 万平方米，住宅全装修面积 3.9 万平方米。2021 年被评为丽水市级标化工地项目 2 个，其中 1 个项目被评为丽水市级标杆工地。守住安全生产底线，建筑施工安全领域实现“零重大事故、零人员伤亡”。

【公租房建设和租赁】 2021 年，编制《庆元县城镇住房保障“十四五”规划》，交付菇城佳苑 174 套安置住房。庆元县公租房实物配租保障累计 849 户，到年底在保 670 户、轮候 43 户；全年发放住房货币补贴184户，计38.39万元；全年新增保障受益人数253人；举办公共租赁住房公开配租一轮，89个家庭参与配租抽签。

【白蚁防治】 受理新建房屋白蚁预防登记面积29.82万平方米，做好黄田镇黄馨佳苑、书香院商住小区、君望佳苑等6个项目的新建房屋白蚁预防工作，回访复查百山祖管理处、万里林生态旅游开发有限公司等12个项目的白蚁情况。完成冯家山村、鱼川村、岙里村等18个传统古村落的白蚁危害治理工作。

【园林绿地建设管理】 2021年，建设绿道5.8千米，绿地8.3公顷，建成区绿地率36.18%，绿化覆盖率43.31%，人均公园绿地面积14.27平方米。完成公共绿地、公园保洁等服务项目的新一轮招投标工作。县委党校被评为园林式单位，濛洲公园被评为优质综合公园，下滩路被评为绿化美化路。

【人防工程】 编制庆元县人民防空“十四五”规划，启动人防专项规划编制。办理人防工程审批事项。

【行政审批】 全年办理发放各类行政许可、备案及公共服务办件3471件，收取易地建设费6笔1070.15万元；收取城市市政基础设施配套费5笔，166.39万元，免收城市市政基础设施配套费26笔，3254.34万元。推进建筑工程施工许可证“多合一”办理，办理庆元县兰溪桥水库扩建工程移民安置区洋心区块公寓楼项目、庆元县实验小学濛洲校区等43个项目的建筑工程施工许可证。

【城区保洁】 全县城区清扫保洁面积177万平方米，机械化清扫面积116万平方米。全面实行餐厨垃圾与其他垃圾分类收集清运工作，城区生活垃圾实现“零填埋”处置。丽水市鑫鑫物业管理有限公司负责餐厨垃圾收集清运工作，庆元县濛洲汽车运输有限公司开展城区其他生活垃圾清运工作（城区其他垃圾全部运至龙泉进行焚烧处理）。2021年，收集处置餐厨垃圾0.14万吨、收集处置其他垃圾4.37万吨，餐厨垃圾及其他垃圾的日产日清率及资源化利用率100%。完成生活垃圾综合处理处置项目一期工程、环卫设施提升改造工程、洋墩新村公厕提升改造工程等项目建设，生活垃圾填埋场现状调查评估及“一场一策”治理方案编制项目由浙江省环保集团有限公司、核工业湖州勘测规划设计研究院股份有限公司（联合体）中标。

【城乡污水运维】 整合城乡污水处理监管工作，庆元县农村生活污水运行维护管理有限公司名称变更为庆元县城乡生活污水运行维护管理有限公司。3座污水处理厂总污水处理量计757.029万吨，COD（化学需氧量）减排累计1333.533吨，氨氮减排累计125.81吨。建成第二污水处理厂清洁排放提标改造工程并投入正式运行。庆元县污水处理二期扩建工程立项批复。庆元县农村生活污水治理工作被省建设厅评为省级优秀县。

【村镇建设管理】 开展城镇危房解危三年行动和农村房屋安全隐患排查整治，排查农村房屋3.58万户；按照“腾、拆、修、控”分类治理，全面完成132户经营性用房和聚集性使用非自建房重点排查对象C、D级房屋和391户其他自建房的整治工作，开展4幢城镇危房的巡查工作。拨付补助资金267户，其中农村困难家庭住房救助42户，农村其他家庭危房补助225户。

庆元县申报创建美丽宜居示范村26个，其中在建项目8个，已验收15个，获得专项资金4536.5万元。2021年开工建设龙溪乡冯家山村、贤良镇黄淤黄坛自然村、五大堡乡杨楼村、屏都街道蔡段村4个美丽宜居示范村项目，成功申报2022年度美丽宜居示范村黄田镇东西村、曹岭村、竹口镇岩溪村等3个村。

探索庆元美丽城镇建设路径，完成美丽城镇建设项目49个，创成黄田农业特色型省级样板镇和隆宫乡、淤上乡、安南乡3个省级基本达标乡镇。

截至2021年底，庆元县被列入国家级传统村落名录的村庄有15个，被列入省级传统村落名录的村庄有5个，被列入市级传统村落名录的村庄有7个。庆元县举水乡丰洋村落岭自然村、地山村等两个村2021年度被公布为丽水市第三批市级传统村落。

（吴丽青）

综合行政执法

【概况】 县综合行政执法局落实县委县政府各项决策部署，围绕“勇当改革探路先锋 构建治理现代化格局”年度任务目标，统筹做好城市治理与疫情防控工作，保持稳健精进的发展势头。荣获2021年度市综合行政执法系统工作目标考核优秀单位称号、县级机关目标管理责任制考核先进单位称号、市综合考核指标金牛奖、落实党风廉政主体责任先进单位、精神文明建设工作先进单位称号等多项荣誉。

创新开展“局训作嫁妆，争当廉内助”廉政文化进家庭活动，为新人赠送“廉政清风牌”，人民网、《丽水日报》等主流媒体相继进行报道。完成新提任、转任中层干部及岗位调整干部廉政风险交接18人次，开展干部职工“八小时外”主要活动、经商（兼职、副业）情况排查，日常督查67次、发布督查通报12期。局机关党支部获县党史学习教育专题组织生活会“最佳人气奖”；组织党员干部参加市综合行政执法系统党史学习教育知识竞赛，荣获一等奖；原创诗朗诵《光》在县“我心向党”庆祝中国共产党成立100周年主题朗读比赛中获二等奖，在市执法系统、县庆祝中国共产党成立100周年文艺晚会上演出。推行“党建红+执法蓝”红蓝融合模式，开展“执法进社区”“执法进工地”“执法进小区”的“三进”活动。11名干部获县“学习强国”2021年度“学习达人”荣誉称号。局班子带队前往松阳、遂昌等地开展业务交流，组织70名执法干部前往浙江大学参加综合行政执法干部综合素质能力提升培训。

【疫情防控】 响应“千人排摸”大行动号召，先后组织64名党员干部助力咏归社区完成904户、2833人疫情防控排摸登记工作，组织6名党员干部到黄坛高速路口卡口防疫执勤，委派2名党员担任驻企指导员。

【领办政策处理任务】 完成兰溪桥水库扩建工程、仓山路地块老旧小区改造等项目政策处理交办任务9件。

【市容市貌管理】 专项整治建筑工地不文明施工，登记“一建一档”23家，组织专项巡查14次，对夜间施工扰民、污水未按标准排放、抛洒滴漏等不文明施工行为立案处罚33起。规范犬类管理，出台《庆元县收容犬只领养制度》，举办首届流浪犬领养活动，办理犬牌/犬证23本，收容流浪犬127只，依法查处违规养犬行为61起。整治户外设施专项行动，限期拆除金诚佳苑、客运站等广告9处、面积317平方米，摸排存在安全隐患的店招237处，拆除破旧招牌、横幅等30处，督促整改7处，立案查处2起。牵头整治五都马路市场并解决民生问题，排摸各类固定、流动类摊贩日均出摊量78户。配合五都香菇市场临时疏导点建设，引摊入户，取缔流动摊贩90处，疏导自产自销摊贩20户，立案查处25起。做好秸秆禁烧工作助力生态文明示范，处理群众举报89起，劝阻、制止辖区内秸秆焚烧行为140起，立案处罚38起。

【规划管控工作】 严管严控县城旧控区内危旧房违法建设，强化建前审核、建中管理、建后归档关键环节管理，完善“一户一档”。健全防违控违监管体系，建立高空监控、天眼和无人机巡查防控网。强化与自然资源规划部门、住建部门的对接，商讨规划案件的办理流程优化方案，加大存量违建处置力度。全年跟踪农民自建房130幢、面积2.54万平方米，危房改造（修缮）89户、面积1.38万平方米，其中完工35户，责令停止违法建设行为107处、面积4297平方米，监督自行拆除整改及“即查即拆”违法建筑113处、面积3065

平方米，立案处罚 39 起、面积 600.95 平方米。深化“一区一长一规范”新建住宅小区违建管控机制，监督当事人自拆 25 起，对拒不整改户集中力量组织拆除 11 起，限制停水停电 21 户，要求暂停办理不动产登记和营业执照登记服务 33 起，立案处罚 24 起、处置违建面积 211.86 平方米，创成碧桂园、菇城佳苑、中梁、书香院等“无违建小区”4 个。配合全县组织工作，审查各类提拔评优、换届选举 3885 人次，审核房屋 4001 套次。

【“三改一拆”“无违建”创建工作】 开展“治危拆违和环境整治”每月集中统一行动、2020 年第四季度卫片问题图斑整改等专项整治行动，推进存量违建销号。2021 年“三改”面积 4.57 万平方米，其中城中村改造 1.77 万平方米，旧住宅改造 2 万平方米，旧厂区改造 0.8 万平方米。“一拆”面积 36.18 万平方米，完成市里下达任务（12 万平方米）的 302.50%，完成量在全市排名第五，完成率排名第一。开展治违除患促安全违法建筑专项整治行动，排查存在安全隐患违法建筑 41 宗，违建面积 3.76 万平方米，处置率 82.73%。抽调 15 个单位 110 人组建处置小组，对屏都综合新区 5 家存在严重安全隐患的企业进行“即查即整”。配合乡镇（街道）、项目指挥部开展清表、助拆行动，清表面积 1.58 万平方米、拆违面积 1.23 万平方米。

【创新执法方式】 推进“大综合一体化”行政执法改革，挂牌成立“庆元县综合行政执法指导办公室”，按照简易程序完成 264 项职能划转，在黄田镇试点推动“一支队伍管执法”。坚持依法行政，全年办理一般程序行政处罚案件 787 件、简易程序案件 331 起，执法监管覆盖事项 64 项。开发“庆元县综合行政执法信息运用平台”，录入规划管理数据 3070 条、个体工商户（企业）信息 22765 条。升级人行道违停管理系统，贴单处罚人行道违停机动车 14615 辆次、非机动车 10435 辆次。上线丽水市智慧执法平台，平台注册激活 144 人，上报事件 10953 起，督查交办 346 起，登记、处理 10944 件，处置率 99.9%。推广试用“综合查一次”，开展建筑行业、餐饮行业、天然气行业、校外培训机构等领域的“综合查一次”工作 36 次，落实整改问题 72 个，立案查处 3 起。联合县教育局共同打造全省首所“庆元县少年综合行政执法学校”，开展执法教学 20 期，该法治宣传项目，荣获 2021 年度浙江省“十大普法影响力事件”提名奖和丽水市社会大普法“六优”培育行动计划优秀项目称号。

（吴　吉）

生态环境保护

【概况】 2021 年庆元县城环境空气质量综合指数为 2.12，环境空气质量优良天数比率 100%，细颗粒物（PM2.5）年均浓度为 20 微克/立方米，可吸入颗粒物（PM10）年均浓度为 30 微克/立方米，二氧化硫（SO_2）年均浓度为 4 微克/立方米。岩下断面达到Ⅱ类水质，鱼条漈断面、贵南洋断面达到Ⅰ类水质，出境断面水质优良比例 100%，市控及县控断面水质 100%达标，县级饮用水水源地水质达标率 100%。全县生态环境状况评价结果为优，生态环境状况指数位居全省第四，国家重点生态功能区综合评价位列全省第二。2021 年庆元县生态环境质量公众满意度总得分 91.82 分，位居全省第一。

【生态建设】 开展“保护生物多样性，共享生态文明新成果”主题活动，发送短信 16 万条，开展生物多样性本底调查。10 月 10 日，“2021 年联合国生物多样性大会中国馆线上展”上线，庆元百山祖冷杉、百山祖角蟾入选 COP15 国家馆主展区。编制《庆元县碳中和（零碳）示范区创建方案》，制定“碳中和”示范区创建纲要。举办浙江（丽水）低（零）碳试点申报与建设业务帮扶暨座谈交流会，成立“碳庆惠”低碳发展公益基金，收到捐赠金额 36510 元。组织屏都街道、竹口镇黄坛村成功申报入选全省首批低（零）碳乡镇（街道）、村（社区）试点名单。11 月 23 日，浙江省全域“无废城市”建设工作现场推进会向贤良镇购买 22720 千克核证碳汇减排量。

【污染减排】 污染物减排任务为：2021 年减排任务化学需氧量 15000 千克，氨氮 1000 千克，氮氧化物 1500 千克，挥发性有机物 30000 千克。上报水减排项目 1 个（庆元县第二污水处理厂清洁排放改造项目），化学需氧量减排 54750 千克，氨氮减排 16425 千克；上报锅炉淘汰项目 1 个，氮氧化物减排 474.3 千克。

【污染防治】 推进 39 家竹木、铅笔行业企业，14 家汽修行业企业 VOCs 污染专项整治，推动新窑水泥厂超低排放改造，开展工业窑炉治理 3 家、淘汰落后产能 3 家，“低散乱”整治企业 20 家；强化移动源监管，淘汰老旧车 24 辆，非道路移动机械编码登记 100 辆、重型柴油车在线监控系统安装 100 辆、新能源替代 3 辆，推进大气污染物有效减排。建立施工场地污染防治联动协作机制，对城区及屏都街道范围内在建项目扬尘污染治理措施落实情况开展不间断巡查，累计查处工程车辆遗撒或者带泥运行等行为 27 起，处罚金额 5.18 万元。管控秸秆焚烧，全年发生秸秆焚烧预警事件 1674 起，处理 1617 起，处理率 96.6%。编制印发实施《庆元县水生态环境保护“十四五”规划》《庆元县松源溪松溪岩下国控断面一点一策方案》《庆元县八炉溪鱼条漈国控断面一点一策方案》，完成松溪岩下、鱼条漈两个断面的走航分析。制订《庆元县杨楼溪濛淤县级饮用水水源保护区划分方案》，启用庆元县杨楼溪濛淤县级饮用水水源地。实施西溪流域茭白污染治理项目，建设 1.2 千米的生态缓冲带，提升水环境治理。持续开展污水提质增效行动，创建验收工业园区污水零直排。推进濛洲、松源、屏都、竹口等乡镇（街道）雨污分流工程，开展雨水管改造 4810 米、污水管改造 8767 米，投资额 4666 万元。推进土壤环境监测和修复工作，县级验收 1 个无废工厂和 11 个无废城市细胞。调查评审县人民医院迁建工程等 5 个农转用地块土壤污染状况，确保土地安全利用。开工建设年收集及转运 500 万千克固体废弃物建设项目，该项目总投资 1200 万元，建成后可解决庆元县企业危废转运不及时、处置出路难问题，对改善县域生态环境起到作用。

【环境执法】 推动生态环境整体智治先行示范，打造企业环保健康分级管理系统，将园区内及规上企业纳入其中，实时采集审批、排污许可、信访投诉、行政处罚等数据，智能分析赋分并实施分级监管。推进生态环境隐患问题排查整改工作，组织开展“企业环保健康体检专项执法行动”“百日攻坚执法专项行动”“生态安全隐患大排查大整治”等，针对发现问题，下发环境监察意见 50 件，责令改正环境违法行为决定书 16 件，立案查处环境违法案件 7 件，处罚金额 493840 元。受理“12345”平台信访件 56 件、“96345”平台应急联动信访件 14 件、“12369”平台信访件 11 件、来电信访件 20 件、来信来访 3 件，及时、有效处置到位，处理率 100%。开展突出生态环境问题排查整改，迎检 2021 年省委生态环境保护专项督察，收到督察信访交办件 3 件，无重点交办件。

【环境宣教】 举办第十一届庆元生态日活动，组织 170 名领导干部参加生态文明建设专题培训，学习习近平生态文明思想、水—健康—生态及其价值的转换。开展低碳主题、环保法律法规等内容培训，组织县内企业参加低碳工业专题讲座、生态环境大学堂学习等，提高企业污染治理主体意识。邀请 40 名小学生到百山祖国家公园开展生物多样性研学活动；联合多部门开展野生动物保护联合宣传执法，全方位、多角度普及生态文明、生物多样性保护知识。 （吴芳娣）

财政　税务

财政

【概况】 2021年，庆元县实现地区生产总值(GDP)85.16亿元，增长4.6%。其中，第一产业增加值7.45亿元，下降1.4%；第二产业增加值29.79亿元，增长3.3%；第三产业增加值47.93亿元，增长6.5%，三次产业结构比为8.7:35.0:56.3。按常住人口计算，全县人均生产总值59555元，增长3.9%；城镇居民人均可支配收入47034元，增长10.3%；农村居民人均可支配收入22563元，增长10.8%。全县财政总收入8.00亿元，下降1.8%，其中一般公共预算收入5.36亿元，增长2.0%。全县一般公共预算支出38.52亿元，下降1.4%。

【组织财政收入】 一是加强数据分析研判。强化政策研究和数据分析，掌握各项财政收入走势，提高收入预测准确性。2021年全县一般公共预算收入占财政总收入的67%，占生产总值的6.3%，其中税收收入3.77亿元，下降10.4%，占一般公共预算收入的70.3%。二是规范非税收入管理。推进收费清理改革，完善收费清单制度，规范非税收入执收行为，确保应收尽收，应减尽减。2021年非税收入4.89亿元，下降57.0%，其中纳入一般公共预算管理的非税收入1.59亿元，增长51.76%。三是积极向上争取债券资金。2021年新增地方政府债券资金10.6亿元，其中一般债券5.6亿元，专项债券5亿元，争取额度为近几年新高。

【支持企业发展】 加快资金拨付进度，做好政策兑现工作。2021年拨付上级涉企财政补助资金2133万元、本级涉企财政补助资金8154万元，合计1.03亿元，助力企业纾困解难。切实履行财政职能。综合运用财税政策，助力企业“双循环”。一方面严格落实减税降费政策，2021年共减免企业税费2.31亿元；另一方面稳步推进财政支持民营企业和小微企业金融服务综合改革试点工作，2月初出台《庆元县“帮扶纾困贷”管理办法》，2021年通过合作银行为全县5家企业放贷，累计放贷780万元，全力帮助企业渡过难关。

【保障民生事业】 2021年民生支出27.28亿元，下降3.0%，占一般公共预算支出的70.8%。发展教育事业。教育支出6.40亿元，增长0.2%。安排保障教育事业人员基本工资和人员待遇资金(不低于当地公务员工资)3.89亿元、免教科书资金投入 814 万元、保障“校园护眼”工程资金 230 万元、义务教育阶段营养改善提升资金 243 万元。完善社会保障。社会保障和就业支出 3.33 亿元，增长 3.7%。落实城乡居民基本养老保险财政补助资金 6969 万元，机关事业单位基本养老保险财政补助资金 9000 万元；最低生活保障标准从每月 850 元/人提高至 910 元/人，财政补助资金 4618 万元，特困救助供养资金财政补助资金达 400 万元，切实保障低收入群体的基本生活。支持医疗卫生事业。卫生健康支出 3.46 亿元，增长 5.9%。2021 年保障医疗救助资金 1278 万元，进一步完善医疗救助政策；疫情防控经费及免费人群接种新冠肺炎疫苗等支出 4552 万元，保障防疫资金需求。保障群众文化需求。2021年文化旅游体育和传媒支出 8927 万元，增长1.2%。支持文旅融合发展，安排旅游发展专项资金 2000 万元，稳步推进庆元旅游业发展；助力文化礼堂建设，2021 年安排文化礼堂相关资金 180 万元。

【助力乡村振兴】 2021 年，县财政局一般公共预算农林水累计支出 6.52 亿元，为做好脱贫攻坚与乡村振兴的有效衔接打下扎实基础。加强财政“一事一议”项目库建设，安排 38 个“一事一议财政奖补”项目，安排项目资金 2303 万元，其中省级资金 1392 万元，县级配套资金 911 万元，惠及全县 40 个村。整合乡村振兴绩效提升奖补资金共计 1080 万元，用于乡村振兴产业发展示范性建设项目，引导产业发展及壮大村集体经济。促成省财政厅将庆元县高山西红柿产业提升项目列入低收入农户同步基本实现现代化试点项目，申请省补助资金 3000 万元，项目建成后将联结带动 500 户 1000 名留守农户、低收入农户就业增收。争取省级基层政策性农业信贷担保服务创新试点工作，依托省级政策性农担平台的先进管理经验和农担资金统筹功能开展政银担业务，设立风险补偿金 400 万元，完成政银担担保业务 128 笔，金额 4188 万元，累计降低经营主体金融成本 13 万余元。

【强化财政监管】 加强政府投资项目评审。2021 年累计完成评审项目 733 个，项目送审金额 21.32 亿元，核减金额 1.11 亿元，净核减率 5.2%。组织开展财政监督检查。2021 年对 43 家单位的财政票据管理、政府采购、内控制度建设及执行情况、会议费及培训费使用情况、农村饮用水县级统管经费使用情况、“三公经费” 使用情况和会计信息质量等进行检查。强化资金绩效管理。组织各单位对 2020 年所有预算项目支出（包括中央、省转移支付项目）开展绩效自评，自评项目共计 928 个；按照不少于 10%覆盖面的要求，对 11 个部门 146 个项目开展绩效评价抽查。深化廉政样本建设工作。修订《庆元县行政事业单位（国有企业）内部控制执行情况监督检查制度》，进一步明确重点单位“一年一覆盖”，其他单位“三年一覆盖”的检查要求；制定出台《庆元县财政局关于进一步加强行政事业单位财务管理的通知》，以清单的形式明确各单位的内控自查工作；制定出台《庆元县财务人员轮岗交流办法（试行）》，要求财务人员连续在同一岗位工作满 8 年的必须交流。

【深化财政改革】 推进国有企业改革。不断完善国有企业市场化改革“1+1+4+X”框架模式。两山公司、物资贸易公司组建工作已启动，国有资本布局结构基本成型，国投集团资本、资源集聚效应不断增强。坚持“用制度管资本、管权、管事、管人”，出台国企改革、国企人员任用选拔、工资总额管理等九大类国企改革政策制度，监管体系进一步完善。实施工资总额预算管理，工资总额实行可升可降，强化正向激励，建立“一企一策”“定性+定量”考核评价机制，工资与效益联动不断加强。推进财政数字化改革。为加快全县预算管理一体化建设工作，确保财政部门业务规范和技术标准落地，县财政局成立预算管理一体化系统建设工作专班，并下设业务组、技术组和综合协调组。2021 年预算编制、预算执行和单位核算数据的归集以及报送工作顺利完成，2022 年的预算编制数据实现区域及过程全覆盖，新预算管理一体化的预算执行系统上线试点，一家预算单位成功完成新系统支付业务的建设。根据数字化改革工作要求，顺利完成财政核心业务的梳理工作，结合省厅和市局业务下发的任务和目录，同步完成核心业务和重大任务的梳理工作，包括核心业务目录表、核心业务梳理清单以及相关业务的流程图。

（吴春燕）

税务

【概况】 2021年，国家税务总局庆元县税务局（以下简称“庆元县税务局”）以习近平新时代中国特色社会主义思想为指导，全面贯彻中共十九大和十九届二中、三中、四中、五中、六中全会精神，深入学习习近平总书记考察浙江重要讲话精神及对税务工作的重要指示批示精神，认真落实党中央、国务院重大决策和浙江省税务局党委、丽水市税务局党委、庆元县委县政府工作部署，统筹推进疫情防控和服务经济社会发展，持续推进税务现代化建设育新机、开新局，为服务“六稳”“六保”大局、高水平全面建成小康社会、奋力打造“重要窗口”作出积极贡献。2021年，共组织各项税费收入16.62亿元，同比下降4.13%。其中，税收收入6.71亿元，同比下降9.39%；社会保险费收入9.16亿元，同比下降25.93%；非税收入7523万元，同比增长165.17%。

庆元县税务局加快队伍建设步伐，做好“地域+税务”文章，汲取廊桥文化精神，不断充实完善“梁才”文化品牌，全面完成“党旗红 税务蓝”文化场景建设，共接待学习参观者500余人次。提早培育、积极争创荣誉，成功创建全国青年文明号、全省税务系统“十佳基层党组织”、省级职工书屋等荣誉。创新干部培育模式，每季一考，营造良好的比学赶超、奋勇争先的学习氛围。进一步发挥群团组织力量，丰富工青团妇活动形式，开展趣味运动会、“全民阅读 书香税务”主题读书会等，增强干部队伍向心力、凝聚力。

【推进抗疫助企】 扎实开展“暖春暖企”大走访活动，选派党员干部担任“驻企指导员”，开辟助农“绿色通道”，细致梳理产业链需解决的问题，提出务实管用的帮扶措施。落实落细疫情防控规定，做好新冠病毒疫苗接种的宣传和组织工作、方格网格日常人员信息摸排、“战时”核酸采样准备等工作，压紧压实主体责任，严格落实日报制度，守好机关“小门”，确保办税缴费安全以及税务干部健康平安。2021年，共为348户制造业中小微企业办理四季度缓缴税费2124.45万元，其中，中型企业缓缴1506.4万元，办理户数60户，户均缓缴25.11万元；小微企业缓缴618.05万元，办理户数288户，户均缓缴2.15万元。协同庆元县经济商务局等部门建立信息共享机制，成立“数据研判专班”，充分挖掘增值税发票等数据价值，为补齐产业“断点”提供有力支撑。充分发挥以税资政作用，客观分析企业产能恢复情况和经济活跃程度，完成每月税收收入分析报告，小微企业案例分析1篇，获得县政府主要领导肯定性批示专报2篇。

【优化营商环境】 积极拓展“非接触式”办税缴费服务，综合网上办税率实现98.92%。围绕减税降费政策、电子税务局实操等重点内容，常态化开展“指尖学堂”。携手庆元县工商联召开政企恳谈会，公开招募税务体验师27名，为纳税服务工作精准“把脉问诊”。深入推进“春雨润苗”专项行动，组建税务师行业“同心服务队”，以“三问”“三送”问需求、解难题。实现与全县9家银行合作全覆盖，联合推出“银税互动”信贷产品13个；创新推出“纳税信用培植计划”，分析查找企业潜在涉税风险。2021年，为56户纳税人进行“信用体检”，推送预警信息63条；累计为336户次企业授信2.26亿元，助力小微企业纾困解难。

【提升税费征管】 积极落实减税降费政策，成立“制造业中小微企业延缓缴纳税费”专项协调小组，通过征纳沟通平台、短信、电话、挂号信、上门宣传辅导等方式，对所有符合条件的纳税人推送缓税政策，确保政策应知尽知，应享尽享。对于符合缓税条件但税款已入库的纳税人，逐户核实，进行退库；对于纳税人提出要提前缴款的，做好沟通解释工作，应缓尽缓不漏一户。按照“一户式”信息归集、网格化服务和管理、全流程闭环运转的要求，聚焦关键环节，统筹推进专票电子化工作。创新设定“企业吹哨、网格报到、部门联动”工作方式，专门成立“口袋专家”工作团队，第一时间回应和反馈纳税人开具或接受电子专票过程中产生的各类疑难问题。全县共核定电子专票纳税人124户，核定率达100%。

【规范法治税务】 有序推进规范性文件清理、督察审计、行政执法案卷评查、领导干部述法评议等法治税务建设工作，认真做好网格化内控机制建设，持续加强税收执法和行政管理的风险防控。全面推行执法全过程记录制度，启用标准化约谈室，做好事前、事中、事后行政执法信息公示。牢牢把握“查错纠弊、促进管理、防范风险、服务大局”的职能定位，严格规范税收执法和行使行政处罚自由裁量权。健全税收规范性文件清理长效机制，开展规范性文件清理3次，现存有效性文件19个。持续深化税务司法双向协作，进一步完善原有的税费征缴协作机制内容，累计追征缴税（费）468.28万元。（肖　铭）

金　融

中国人民银行庆元县支行

【概况】 2021年，中国人民银行庆元县支行（以下简称“人行庆元县支行”）认真贯彻落实中共十九大及十九届二中、三中、四中、五中、六中全会精神，积极践行“唯实惟先，求是挺进”理念，以党史学习教育为契机，聚焦“红桥”党建品牌创建、“廋”品牌家文化创建、双基建设以及金融服务实体经济等重点工作，担当作为，积极创新，基层央行履职质效和服务水平得到有效提升。截至2021年末，全县各项贷款余额151.03亿元，比年初新增21.39亿元，同比增长16.5%，增速排名全市第6；全县各项存款167.96亿元，比年初新增16.55亿元，同比增长10.93%。其中，全县涉农贷款余额111.65亿元，比年初新增17.54亿元，同比增长18.66%；全县制造业贷款余额21.34亿元，比年初新增1.21亿元，同比增长6.01%。

【保持金融总量增长】 用好用足再贷款工具。认真落实2次存款准备金率下调政策，指导2家法人银行发放3000亿元支小再贷款专项额度3000万元、支农再贷款1178万元，满足法人银行合理需求。精准实施“两项普惠直达工具”，满足小微企业融资需求，截至12月末，法人机构累计办理普惠小微贷款延期1502户6.85亿元，延期率91.24%；累计发放普惠小微企业信用贷款2128户3.18亿元，占比40.06%。指导金融机构把握好信贷投放的节奏和力度。1—12月全县法人机构新增贷款9.71亿元，同比多增1.45亿元；积极支持地方法人银行通过发行二级资本债、大额存单、同业存单等方式补充资本和流动资金，提升信贷投放能力，全年发行大额存单2.73亿元，二级资本债1.5亿元。

【加强银企精准对接】 大力推进“贷款码”落地生效。召开“贷款码”推广工作推进会、建立“分管行长+专人”负责制、多形式特色化开展宣传，部署推动“贷款码”推广运用，全县821家企业扫码发布融资需求，其中649家企业获授信11.62亿元，企业支持率79.05%；解决融资需求9.11亿元，融资满足率70%，平均审核时长5.75天，贷款加权平均利率4.9%。扎实推进“首贷户”拓展专项行动。鼓励金融机构开展线上线下摸底调查，主动下沉走访，做实做细做精首贷户拓展工作，切实推动小微企业贷款从“增量扩面”向“扩面增量”转变。全年新增小微企业首贷户196户，发放贷款5.06亿元。成功发放全省首笔“电e贷”。指导县工行与庆元国家电网签订全省首个《“电e贷”合作协议》，并发放浙江省首笔“电e贷”200万元，助力小微企业融资。截至12月末，全县小微企业贷款余额27.49亿元，比年初新增2.6亿元；余额同比增长10.45%。

【优化金融普惠建设】 持续深化“三权”抵押贷款。推进河道经营权、村集体经济组织股权等农村产权融资创新，并发放全市首笔“取水权质押贷款”。截至12月末，林权抵押贷款余额5.39亿元，农房抵押贷款余额6.95亿元，土地承包经营权抵押贷款余额0.59亿元，水利工程产权抵押贷款余额1.43亿元，生态项目收益权质押贷款余额2.17亿元。持续推进农村信用体系建设和成果运用。确定农业龙头企业、家庭农村、农民专业合作社重点支持名录20家，名录内贷款余额1.05亿元，名单外贷款余额0.52亿元；新型农业经营主体首贷拓展持续推进，累计拓展50户、0.21亿元。引导金融机构运用丽水市信用信息服务平台查询“绿谷分”等信息1.28万次，1—12月涉农贷款增长18.66%，农户贷款增长13.3%；组织对全县62个县级信用村（社区）和2个信用乡镇进行复评，新增1个县级信用村并推荐为市级信用村。稳步推进乡村振兴金融服务站建设。深入实施新设、改造、提升、撤销“四个一批”工程，稳妥丰富服务站功能，截至12月末，创成乡村振兴金融服务站96个，加载“两山”功能的服务站23个，打造综合型服务站149个；淘汰整村搬迁等空点、低效率点8家；兑现2020年补贴奖励28.47万元。全面提升数字化改造升级，辖内所有服务点智能POS机具改造率、加载移动支付率均达到100%。持续推进服务点业务量稳步增长，截至12月末，全县157个助农取款点（农村金融服务站）累计办理助农取款业务9.19万笔，金额3231.15万元；办理现金汇款0.93万笔，金额174.52万元；办理转账汇款3.98万笔，金额2966.97万元；办理代理缴费0.44万笔，金额199.13万元。

【提升金融服务质效】 提升征信管理与服务质效。稳步优化征信管理与服务设施，新增个人信用报告自助查询机1台。有序推进村镇银行二代征信系统采集切换实施工作。大力推广保证贷款登记系统、动产和权利担保统一登记平台应用，促成应收账款融资19.9亿元，助力融资畅通。组织开展征信信息安全管理现场调查工作，巡查机构覆盖面100%。围绕“6·14”等节点，依托农村金融服务站、乡村中小学、结对扶贫村等开展特色征信利民惠企宣传，与泰隆村行联合举办“诚信”主题道德讲堂。推进移动支付服务建设。制定《2021年庆元县移动支付联合营销宣传活动方案》，联系指导银行机构、银联公司联合出资42.75万元，68家商户参与云闪付联合营销活动。制定《庆元县创建移动支付应用示范县（市）实施方案》，召开移动支付示范县创建工作推进会。深入推进云闪付App应用，实现移动支付绑卡用户数12234个，完成任务目标的112.62%；交易笔数94.82万笔，完成任务目标的106.50%。推动货币发行、国库、反洗钱工作高质量发展。依托丽水市“乡村振兴金融服务站”网络和承销银行网点系统，积极开展国债服务全流程建设，成功创建国债服务全流程示范点10个；立足为民，加强与税务部门沟通协调，扎实做好个人所得税汇算退税、代扣代缴手续费退库等工作，1—12月，共办理个人所得税汇算清缴退税7631笔，金额418.94万元。组织全县银行机构开展全额清分知识线上测试，辖内10家金融机构、154人参与测试。牵头组织县公安局、市场监督管理局等部门联合开展“清明节”前非法使用人民币图样专项整治行动。落实“盯案责任制”，深挖案件源头，完善可疑交易线索分析研判机制，推动反洗钱案件办理新突破。

【防化金融风险成效】 从严打击电信网络诈骗和跨境赌博犯罪。突出深化“警银合作”，主动对接县公安局，先后多次进行工作经验交流；组织县金融机构召开庆元县打击治理电信网络诈骗、跨境赌博工作推进会，联合制定《2021年庆元县银行机构打击治理电信网络诈骗和跨境赌博工作方案》《2021 年庆元县打击治理电信网络诈骗、跨境赌博警银联合宣传活动方案》，持续推进“断卡行动”。整治存量账户风险，先后开展企业银行账户对账工作和特约商户风险排查、电信网络新型违法犯罪涉案银行账户倒查等专项排查工作。2021 年，辖内银行机构共协助拦截电信网络诈骗 8 起，挽回群众损失 42 万元。组织开展“排雷”专项行动。按季度开展区域金融风险排查工作，依托存款保险日常监测等机制，组织开展央行金融机构现场评级工作，全面掌握 2 家法人银行真实风险状况；高度关注企业风险，提前衔接昌达实业重整合约到期后续转贷等工作，持续跟踪和配合相关部门做好企业风险化解工作；落实房地产贷款集中度管理，督促指导 2 家法人银行保持房地产贷款增速和增量占比在合理区间；加强存款保险知识宣传，指导辖内银行机构开展“一行一特色”宣传，守好存款保险宣传“责任田”。2021 年支行上报的存款保险宣传信息被中支存款保险简报录用 6 篇。

（周春雅）

中国工商银行庆元支行

【概况】 2021 年，中国工商银行庆元支行（以下简称“工行庆元支行”）以中共十九大精神为统领，习近平新时代中国特色社会主义思想为指导，紧随区域转型升级，深入推进自身改革，防控金融风险，服务地方经济，扎实推进各项工作任务。坚持客户发展战略、转型发展战略、重点板块发展战略不动摇，落实各种内控管理措施，提升经营管理精细化水平，确保各项业务稳健快速发展。截至 2021 年末，各项存款余额（含同业存款）60490.87 万元，各项贷款余额 92044.79 万元。

【普惠金融服务】 工行庆元支行认真贯彻落实庆元县委和有关监管部门关于深化金融服务民营和小微企业的工作部署要求，加快提高普惠贷款投放总量，扩大金融支持企业的覆盖面，进一步降低融资成本，创新金融服务内容，全力支持小微经济体快速健康发展。以庆元县大搬快聚为切入点，将庆元县大搬快聚同心小区作为全市第一个助农、富农金融支持批量授信小区，发放全市首笔方案项下农户快贷，截至 2021 年末，为 160 户农户、5 家商户提供 1600 万元纯信用贷款授信额度。以“三权抵押”贷款产品助力农旅融合发展，进一步加大优惠幅度和优惠贷款额度，确保真正让更多更广泛的小微群体受益。在信贷规模上，实现专项规模管理，对普惠贷款予以优先保障，截至 2021 年末，普惠贷款较年初增长 7200 万元，普惠贷款支持力度县内领先。

【支持地方经济发展】 不断创新金融产品。推出网贷通、购建贷、税务贷、结算信用贷、经营快贷、e 抵快贷、e 企快贷等线上审批线上放款的快速融资品种。为民营企业及个人经营户减费让利。为进一步贯彻落实浙江省新冠病毒肺炎疫情防控工作领导小组印发的《大力实施减税减费减租减息减支共克时艰行动方案》和县委、县政府领导关于“五减”工作批示精神，坚持与企业携手并进、共克时艰，为企业复工复产提供有力金融保障，为企业及经营户节约财务成本，2021 年共减费让利 22 万元。强化“三服务”。用最短的时间解决企业转贷难问题，执行“无缝转贷”，为小微企业贷款转贷；全面推广无还本续贷业务，为企业转贷节省时间与资金成本，2021 年实现无还本续贷企业 17 户 2334 万元；防范银行抽贷、压贷风险，截至 12 月末，首贷户 7 户，贷款余额 1692 万元。

（许湘湘）

中国农业银行股份有限公司庆元县支行

【概况】 2021 年，中国农业银行股份有限公司庆元县支行（以下简称“农行庆元县支行”）认真贯彻落实县委县政府决策部署，坚持以服务庆元跨越式高质量发展为己任，大力支持项目建设，全力服务实体经济，创新推进乡村振兴，助力经济社会发展，各项业务取得新突破。各项存款余额22.44亿元，占庆元工、农、中、建四大银行（以下简称“四大行”）市场份额的43.82%，日均存款余额22.13亿元，四大行占比45.38%，均位居四大行第一；各项贷款余额24.59亿元，占四大行市场份额的39.99%，日均贷款余额21.64亿元，四大行占比37.67%，均位居四大行第一。

【项目信贷投放】 2021年，农行庆元县支行持续聚力庆元城市建设，全年新增贷款5.41亿元，四大行占比66.82 %，有力支持了衢宁铁路庆元站、黄麻淤安置房、兰溪桥水库改扩建、大搬快聚富民安居工程等一批重大项目建设，信贷投放力度四大行最大。

【服务经济发展】 2021年，农行庆元县支行出台《关于农行支持庆元加快跨越式高质量发展建设共同富裕示范区十七条措施》，有力推进全县经济服务力度。全年新增制造业贷款6432万元，排四大行首位；新增普惠小微法人企业贷款5372万元；新增普惠贷款11028万元，排四大行首位；新增绿色信贷1.55亿元，率先投放全市农行系统内首笔“e账通”保理融资业务。

【服务乡村振兴】 2021年，农行庆元县支行与庆元县农业农村局（乡村振兴局）签订《金融助力全面推进乡村振兴战略合作协议》，在近期五年期间，围绕“乡村产业兴旺、智慧农业和数字乡村建设、农村基础设施提档升级、集体经济发展”等方面建立全面、长期、稳定的合作关系，面向庆元县乡村振兴领域投放总额不少于等值人民币50亿元的意向性融资额度。通过制定服务乡村振兴工作方案，成立服务团队2个，开展行领导挂点帮扶，深耕乡村达标村目标11个，完成三项达标村1个、四项达标村4个；组织客户经理队伍进村入户服务10次，普惠型小微企业个贷户数新增183户，普惠农户贷款比年初增加5868万元。

（刘　芬）

中国银行股份有限公司庆元县支行

【概况】 2021年，中国银行股份有限公司庆元县支行（以下简称“中行庆元县支行”）积极融入地方经济发展主流，激发活力、敏捷反应，以高质量服务夯实跨越式高质量发展基础。截至年末，各项存款余额75655万元，各项贷款余额109398万元，实现净利润2515万元。

2021年，中行庆元县支行积极开展志愿服务，配合当地疫情防控要求落实各项防控措施。主动走访帮扶结对村五大堡乡梧桐洋村，深入了解村民生活情况，为村民排忧解难提供帮助。积极投入县义务植树活动，为建设“大花园”最美核心区贡献力量。热心参与“帮帮团”“慈善一日捐”等社会公益活动。外部荣誉：中行庆元县支行荣获2021年度金融机构支持地方经济发展二等奖、2021年度丽水市金融机构打击治理电信网络新型违法犯罪工作先进集体称号，中行庆元县支行营业部成功创建2021年度丽水市巾帼文明岗。内部荣誉：中行庆元县支行荣获中行浙江省分行2021年度打击治理电信网络诈骗成绩突出单位称号，中行庆元县支行党支部获2021年度中行丽水市分行颁发的四星级党组织称号。

【金融业务】 中行庆元县支行依托创新产品，根植地方特色，全力推进“国家公园+绿色金融”特色工作，2021年8月成功投放浙江省中行系统内首笔“GEP生态价值贷”1000万元，为百山祖国家公园创建注入金融活水。“GEP生态价值贷”是中行丽水市分行探索及实践生态产品价值实现机制，响应丽水市政府在全国树立生态价值转化新标杆的目标，持续深化GEP核算成果转化运用而创新推出的普惠金融产品，针对“农、林、牧、渔”产品、生态能源、水源涵养、土壤保持、洪水调蓄、空气净化、水质净化、固碳释氧、气候调节、病虫害控制、旅游休憩等丽水市GEP核算指标对应行业客户，具有利率低、纯信用、审批快等特点。中行庆元县支行持续推进助农贷款，截至2021年底，菇乡贷余额554万元，信易贷余额327万元，烟商贷109.56万元。

【科技赋能】 中行庆元县支行遵循“卓越服务、稳健创造、开放包容、协同共赢”的价值观，坚持科技引领，在支行营业厅配备现金版智能柜台，可提供大小额自助存取现金。该设备的使用，大大缩短了消费者的排队等候时间，有效缓解小额取现难题。中行庆元县支行充分利用“移动柜台”，为偏远乡镇消费者以及无法到营业厅办理业务的消费者提供上门开卡的便利，通过手机银行快捷支付渠道，为消费者提供“话费充值”“在线转账”等一站式服务，提升客户消费体验。2021年，外拓开卡30次，移动柜台业务笔数6000笔。

（吴秀梅）

中国建设银行股份有限公司庆元支行

【概况】 中国建设银行股份有限公司庆元支行（以下简称“建行庆元支行”）内设综合管理部、客户部、营业部三个职能部门，为单点型支行。2021年，深入贯彻新时代党的建设总要求，全行统筹推进疫情防控和经济社会发展，坚定新金融行动，扎实推进普惠金融、住房租赁、金融科技“三大战略”落地，持续深化转型创新，不断完善风控管理，经营管理稳中向好、稳中有进。2021年，一般性存款余额148923万元，比年初新增6001万元，各项贷款余额为169479万元，比年初新增12699万元。支行主营业务收入5654万元，实现税前利润4547万元，较上年新增551万元。

【深化新金融行动】 紧紧围绕总行新金融经营理念和治理方式的集团战略，举全行之力，常抓不懈、乘势而上。助力构建新格局，积极融入地方战略；全面深化新金融，巩固“三大战略”领先优势；打造业务新高地，助力县域三大支柱产业高质量发展；自觉扛起新担当，提升风控合规现代化治理能力。推进新金融行动的实践成效。

【普惠乡村振兴】 综合推进、树立标杆、培植特色，充分发挥县支行“桥头堡”作用。下沉服务重心。分级分类管理，打造农村百姓身边“带着泥土气息”的银行，实现裕农通“个个实”，助力“智慧乡村”建设。特别是庆元县兴农融资担保有限公司担保业务的获批，与浙担贷的融合，让乡村振兴及普惠业务打开了新的发展格局。深化与黄田镇整镇合作，与黄田镇举行主题为“赓续红色血脉 裕农助推共富”建行——庆元县乡村振兴工作座谈会，持续探索和加强银政乡村振兴方面合作的长效机制。

【推行“建行生活”平台】 “建行生活”作为四大行首款立足于本地生活的一站式生活场景服务平台，更是建行承担社会责任，服务社会民生的匠心之作。多维度打造场景金融，实现“用户—账户—客户”链式经营，强化获客活客功能。为客户带来福利的同时，建行生活卡、建行信用卡使用的次数更加频繁，客户量逐渐增加，建行钱包的使用越普遍。“建行生活”已成功上架商户40户。“建行生活”用户数4769户，完成全年计划196.55%。支行上下齐心，同心协力，结合手中的资源，在平台优势的基础上，努力构建新发展格局新作为，努力建设“生活平台”新高地，努力争取市场各项指标新发展。

（林朝晖）

中国农业发展银行丽水市分行庆元专班

【概况】 2021年，中国农业发展银行丽水市分行庆元专班（以下简称“农发行庆元专班”）在经济新常态下，积极调整工作思路，把握重点，依法合规经营，强化内部管理和风险防控，克服困难，尽心尽责，完成各项工作。截至2021年末，各项贷款余额达到7.72亿元，创历史新高，比年初增加0.64亿元，增幅9.03%。2021年评估贷款项目5个，评估金额17.25亿元。获批贷款项目4个，审批金额7.75亿元，获批庆元县兰溪桥水库扩建工程移民安置区大坑口、洋心区块安置房建设项目6.65亿元，并投放贷款1.15亿元。积极为企业纾困，获批浙江贝斯特软化板有限公司流动资金贷款1000万元，用于企业原材料采购，及时解决了企业资金周转困难的局面。创新支农模式，积极开展支农转贷款，获批庆元农村商业银行授信1亿元支农转贷款额度，并成功发放了全市金融系统首笔1000万元支农转贷款。各项存款余额达到1.87亿元，日均存款余额1.83亿元。

【支持企业复工复产】 面对新冠肺炎疫情，根据庆元县政府投资拟融资项目清单，筛选符合农发行政策的项目，主动对接营销。2021年发放优惠利率贷款共5笔，根据企业相关情况分别优惠20基点和100基点，为企业减少利息成本。

【强化基础管理】 增强风险意识，加大风险监控力度。做好贷款风险排查工作，真实反映贷款质量，有效管控风险。加强贷款担保管理和监测。增强风险意识，把握风险防控主动权，坚守风险底线。强化内部管理。将各类检查与整改有机结合，做到边查边改、立查立改。牢固树立“合规防控风险”的理念，把合规意识渗透到每项业务、每个环节及每个岗位。针对重点部位、重点环节进行安全检查，开展安全隐患分析排查。加大信贷资金支持，保障国家粮食安全。重点突出业务发展战略，确保传统业务良性循环和储备粮油的安全，完成年度庆元县地方储备粮油购、销、储任务，收购资金未出现挤占挪用现象，确保收购资金持续稳定封闭运行。着力服务“三农”，保证中长期贷款资金发放。2021年支持庆元县基础设施建设，从水利、改善人居环境、安置房等项目入手，着力支持地方基础设施建设。持续深化合作。以《支持美丽幸福新庆元建设专项合作框架协议》为基础，积极走访企业，了解企业资金需求，寻找潜在项目，发挥互利共赢的机遇，深化银企合作深度。

（黄乐文　周雪铃）

浙江庆元农村商业银行股份有限公司

【概况】 2021年，浙江庆元农村商业银行股份有限公司（以下简称“庆元农商银行”），下辖营业部1家，支行7家，分理处16家，流动性金融服务点4家，在岗职工222人。庆元农商银行始终围绕以人为核心的全方位普惠金融，支持乡村振兴战略，坚持把服务挺在最前面。截至2021年末，庆元农商银行存贷款总额突破125亿元大关，各项存款余额71.19亿元，市场占比42.39%；各项贷款余额56.76亿元，市场占比37.58%，存贷规模持续领跑全县银行业。2021年度，荣获浙江省“民企最满意银行”称号、丽水银行业小微金融服务先进单位称号、县支持地方经济发展突出贡献奖、县创税大户三等奖、县目标管理责任制考核D类优秀单位称号、县人民银行考核评价A类金融机构称号等荣誉；庆元农商银行濛洲支行获评中国人民银行丽水市中心支行颁发的支行（网点）级“两山”银行；庆元农商银行濛洲支行百山祖分理处获评百山祖国家公园特色支行。

【金融支持共同富裕】 积极开展“小额扶贫”工程。主动对接县扶贫办与消薄办，建立低收入农户清单、受疫情影响农户清单、扶贫产业清单、扶贫项目清单、“消薄”项目清单等5张清单，落实客户经理100%走访建档，给予较大幅度利率优惠，支持低收入农户脱贫。至2021年末，已累计发放小额扶贫贷款3614户，金额1.17亿元；全力落实“村级消薄”计划。以政府统筹、薄弱村抱团、农信服务的方式，建立庆元农商“金融强村”

平台，加大对村级集体经济项目建设支持力度，增强其自我“造血”能力。2021年以基准利率投入信贷资金1670万元，支持37个行政村消薄扶贫，已累计向165个行政村发放“强村消薄贷”8257万元；持续支持“富民安居”工程。将贷款资金优先投向搬迁移民的安置按揭贷款，加大对全县“大搬快聚富民安居”工程的金融支持。至2021年末，大搬快聚按揭贷款1025户，余额20693万元；大力优化“小微服务”体系。庆元农商银行相继推出复工助力贷、孵化园足额贷、租金贷、知识产权质押贷款、生物活体抵押贷款、小微易贷等产品，致力破解普惠小微企业“缺抵押物”难题。至2021年末，企业贷款户数199户，余额8.50亿元，增幅27.62%，高于各项贷款增速9.7个百分点，其中制造业企业135户，较年初新增22户，贷款余额6.10亿元，较年初新增1.3亿元。

【履行社会责任】 庆元农商银行始终心怀大爱，积极履行承担社会责任，持续济贫、帮困、助学，开展党员志愿纾困行动，引领号召全体党员参与“慈善一日捐”、“我为国家公园增绿”苗木认捐、公益献血等志愿活动。2021年，向县慈善总会捐赠200万元，定向用于102个行政村的奖学助学、尊老敬老和扶贫帮困，向四川省叙永县对口捐赠扶贫款60万元。近三年相关活动的捐赠总额达629.98万元，被县委县政府评为“爱心企业”。同时，庆元农商银行致力志愿服务，持续开展创卫清扫、疫情摸排、反诈宣传、金融公开课、清凉一杯水等活动，赢得广大群众的一致赞许。

【政银合作】 全力做好“三资”系统推广。专人、专职配合全县各乡镇、行政村的系统上线，指定支行会计主管作为乡镇(街道)级联络员，管辖客户经理作为村级联络员，确保沟通及时、顺畅。积极配合县农业农村局组织业务培训，全面完成全县192个村三资系统上线工作，提升农村“三资”信息化监管水平；全面打造“银担合作”体系。以“政银担”试点为契机，充分发挥政策性担保优势，打破制约农业发展的资金瓶颈，助推县域乡村振兴事业发展。至2021年末，新增惠农贷3085万元，新农贷2182万元，其中政银担1582万元，惠及农户和新型农业经营主体145户；全速推进政务服务便利化。成立领导小组，制定试点计划、服务及考核制度，组织客户经理、柜员进行业务培训，落实系统、人员权限设置，在全县布放自助终端18台，智能柜员机9台，助农终端4台，移动掌上电脑52台，实现“上门办”“自助办”，2021年共计6581个客户在政务服务平台上成功办理各类事项。

(吴晓阳)

中国邮政储蓄银行庆元县支行

【概况】 2021年，中国邮政储蓄银行庆元县支行始终坚持省市分行的正确领导，紧紧围绕习近平新时代中国特色社会主义经济思想，深入贯彻落实省、市分行工作会议精神，坚持党建引领，以打造“五种银行”为抓手，以推进五化转型为方向，全方位贯彻“质量第一、效益优先”高质量发展要求，取得了良好的成绩。截至年末，实现自营收入3248万元；实现净利润1498万元。个人储蓄日均余额3.1亿元，较年初新增2481万元；公司业务存款日均余额2.8亿元，较年初增加711万元；个人贷款余额8.4亿元，较年初新增12675万元；小企业贷款余额13193万元，较年初新增5062万元。

【运行管理】 每月召开风险与内控小组工作会议，综合分析全辖信用风险、市场风险、流动性风险、操作风险等各项风险情况，及时、全面、真实反映全行风险状况；开展案件防控、安全生产责任书签订，层层签订案防责任书，发挥“一把手”作为案件防控工作“第一责任人”的主体作用，并签订《合规承诺书》；持续开展“守规”主题宣教活动暨“合规红五月”活动，发动全员守规，学习《三线手册》，开展一把手案防合规一堂课，带领全行员工学习“知规守规理念”，树立“三重三先”（发展为重，质量为先；业务为重，合规为先；管理为重，内控为先）管理理念；进一步完善消费者权益保护工作委员会组织架构，建立健全金融消费者权益保护的工作制度，梳理金融消费者投诉处理工作流程，投诉处理进一步优化，全年投诉办结率为100%，满意率为100%；严格落实监管部门防范电信诈骗工作要求，通过在现场播放防电信诈骗相关视频及宣传折页，张贴宣传海报，对到网点办理业务的客户开展100%的宣传提醒、联合县公安局制作反诈小视频等方式，扩大防范电信诈骗宣传。通过努力，账户管控初见成效，涉案账户呈下降趋势。

【金融宣传】 深入开展“金融入网格、宣传到农户”活动。支行各消保成员部门组织员工相继在农村、商圈、企业、社区、工厂摆摊设点，开展宣教活动，相继开展“反诈”“金融知识入乡进村大宣讲”“‘3·15’金融消费者权益保护日主题宣传活动”“安全宣传月活动”“反假货币，助力乡村振兴”“普及金融知识万里行”“守住钱袋子”“抵制非法集资”“‘6·14’信用记录关爱日”“防范电信网络诈骗”“宣传春风化雨润泽万家，信息安全入心随行”等一系列宣传教育活动。

（吴文平）

浙江庆元泰隆村镇银行股份有限公司

【概况】 2021年，浙江庆元泰隆村镇银行股份有限公司（以下简称“庆元泰隆村镇银行”）坚持党建引领，专注“三农”和小微，致力产品创新，深化服务内涵，争做庆元人民心中“更亲、更近、更温暖”的银行。截至2021年末，各项存款余额18.47亿元，较年初增加2.30亿元，增幅14.24%；各项贷款余额15.88亿元，较年初增加1.34亿元，增幅9.23%；累计缴纳税收11201.31万元；各项监管指标达标争优，2021年度荣获全国百强村镇银行、丽水市普惠金融服务乡村振兴改革工作考核工作先进基层集体称号；连续六年获庆元县金融支持地方经济发展一等奖，连续六年获评庆元县银行业金融机构综合评价A类银行。

【普惠金融】 推动“人人可贷”，助力乡村振兴。深化社区化经营，推进网格化管理，走街串巷，进村入企，推广纯信用、全线上的“泰e贷”产品，主动送金融服务进千家万户，切实提升农户的信贷获得感和满足感，不断为实施乡村振兴战略输血供氧。截至2021年末，运用“泰e贷”授信1100户，授信金额11300万元，用信余额3791万元。强化知识宣讲，提升金融素养。发挥9个“乡村振兴讲习团”的铺面宣讲作用，借助“有组织、有网点、有人员”的优势，定时定点定人，开展“送金融、送产品、送服务、送文化、送温暖、送知识”活动，其中与斋郎村、龙岩村、岩溪村、安隆村开展党支部联盟共建。助力大济村推进共同富裕示范村建设，不断为“党建引领，助力乡村振兴”的文化内涵添注金融活力。截至2021年末，开展各类宣传活动691场，触达人群6万余人。

【绿色金融】 助力两山转换，发展绿色金融。牢记习近平主席“绿水青山就是金山银山”的重要嘱托，贯彻落实碳达峰、碳中和的重大决策，深化产品创新，助力生态价值转换，推出取水权质押、“光伏贷”等信贷产品，推进“生态抵质押贷”“两山贷”增量扩面。截至2021年末，发放取水权质押贷款50万元；光伏贷款余额542万元；绿色贷款余额2670万元；生态抵质押贷款余额17530万元；两山贷余额2042万元。构建绿色文化，践行低碳运营。严格落实各项党建工作要求，坚持党建领航，发挥党建“强治理、管队伍、促发展、防风险”的核心作用，固本培元绿色、健康文化内涵，构造“清廉金融”，打造风清气正的泰隆文化。倡导绿色经营理念，推行绿色办公，将“节约水电”“垃圾分类”等环保标志上墙，成立值班巡察组，警示督促全员做好节能减排工作。借助金融科技力量，实现收发文等各项业务通过线上完成，减少资源浪费，实现降本增效。

【适老服务】 强化科技赋能，致力为客减负。推出手机银行、微信银行、网上银行、移动金融服务站等一系列线上金融服务平台，用科技力量为老年人客户分忧减负。建设“云上厅堂”线上营业厅，借助视频服务、语音识别、OCR（图像文字）识别、影像等先进技术应用，通过远程座席和客户的视频连接，打通客户服务“最后一公里”，解决老年人、残障人员等弱势群体“不想办、不会办”的业务场景，推出客户无须跑银行，在家就可办理的暖心便捷服务。推广便携式智能服务终端，打通金融服务的“最后一公里”，开辟老年人上门服务绿色通道，利用移动掌上电脑设备，实现上门开卡、电子产品签约、挂失解挂等业务办理，为身体不便的老年人、残障人员等弱势群体提供延伸服务。

（练卉茹）

浙江稠州商业银行丽水庆元支行

【概况】 2021年，浙江稠州商业银行丽水庆元支行（以下简称“稠州银行庆元支行”）各项存款余额10.02亿元（含稠州银行五都社区支行，下同）；各项贷款余额4.93亿元，存贷比49.20%；全年实净利润1047.96万元，上缴税收130.63万元。

【服务站点建设】 积极创建乡村振兴金融服务站。通过金融服务站内布放助农金融服务终端，为村民提供小额现金支取、转账汇款、现金汇款、余额查询、生活缴费等业务，使村民足不出村便可享受安全、便捷的金融服务。截至2021年末，稠州银行庆元支行共设立金融服务站15家，利用金融服务站助农机具为村民小额取款、转账、查询等交易4378次；站长协助村民办理代理缴费（水、电、燃气、话费）业务145笔，同时以金融服务站为载体，积极开展各类金融知识宣传，共开展反假货币、反洗钱、反电信诈骗、消费者权益保护等宣传100余次，惠及13个乡镇、50余个行政村、3000余人次。大力推进“乡村振兴贷”投放工作。稠州银行庆元支行依托乡村振兴金融服务站点，结合整村授信业务的开展，落实“乡村振兴贷”的签约及使用，让村民更好地体验金融服务。截至2021年末，稠州银行庆元支行在县内83个村开展整村授信工作，授信笔数达11200户，签约2396户，贷款余额6988万元。

【创新服务方式】 2021年，稠州银行创新推出“共富贷”业务。10月25日，稠州银行第一笔（省内发放之首笔业务）“共富贷”落地稠州银行庆元支行。稠州银行总行与浙江省农业融资担保有限公司在已签署10亿元总对总合作协议的前提下，专项面向符合条件的从事农业适度规模经营的新型经营主体推出“共富贷”，产品以银行端、政策性担保公司、政府监管端三方系统互联互通的方式，有效解决农户担保难问题。截至2021年末，稠州银行庆元支行“共富贷”贷款余额5户320万元。

（姚　慧）

温州银行股份有限公司
丽水庆元小微企业专营支行

【概况】 2021年，温州银行股份有限公司丽水庆元小微企业专营支行（以下简称“温州银行庆元支行”）年末各项存款余额20833万元。各项贷款余额22302万元，较年初新增13864万元。理财产品销售量6263万元，年化销售4754万元。

【金融服务】 推进金融产品和服务，推出信贷产品“温信贷”，该产品7×24小时在线，客户只需扫二维码申请，足不出户，便可做到当天审批当天放款。截至2021年12月末，仅5个月时间温信贷发放余额1亿多元，有效支持了辖内农户的资金需求。同时，为受疫情影响、遇到困难的小微企业，通过适当延长还款期限、减免逾期利息等方式，全力支持降低疫情影响；推出特别服务机制，开通绿色审批通道，提高金融服务效率，千方百计把小微企业断裂的资金链修补起来、延伸下去，助力共同富裕。

【金融合作】 着力构建资源互补、信息互通、利益互享、合作共赢新发展格局，2021年温州银行总行与农商银行签订战略合作框架协议，温州银行庆元支行积极响应总行号召，及时与当地农商行开展业务洽谈，进一步明确后续的合作业务方向，双方发挥各自优势，共同打造金融服务新模式，夯实基础，提升客群，推进业务转型发展。

（毛君欣）

中国人民财产保险股份有限公司庆元支公司

【概况】 中国人民财产保险股份有限公司庆元支公司（以下简称“庆元支公司”）有在编员工26人，下设营销服务部1个，并分别在各乡镇（街道）成立保险服务点，服务网络覆盖全县每个乡镇街道。2021年，全险种保费收入5533万元，同比增长4.83%，领先于庆元其他财险市场，公司业务范围已全面覆盖企业财产保险、家庭财产保险、工程保险、车辆保险、责任保险、信用保险、农业保险等保险业务。

【支农惠农】 重点险种基本实现全覆盖，地方特色险种稳步发展。持续实现水稻、林木（公益林）、农房保险、能繁母猪保险全县全覆盖，为农民基本生活、生产提供有力保障。自2013年地方特色食用菌保险开发以来，大力提升庆元食用菌产业的抗风险能力，确保食用菌持续生产，切实解除农户的后顾之忧，有效扶持地方特色农业产业发展；持续助力扶贫攻坚，共建美丽“菇乡”。庆元支公司与庆元县农业农村局签订服务乡村振兴战略合作协议，本着“政保合作、深度融合，支农惠农、保障全面，服务到户、高效精准”的原则，积极发挥保险的风险保障、经济补偿以及资金融通多方面作用，多措并举创新保险产品，服务庆元地方经济，为建设“美丽菇乡”保驾护航。

【政保合作】 加强政保合作，加快发展现代保险服务业。庆元支公司持续独家承保自然灾害公众责任险，为全县20万余名居民提供风险保障。持续主动参与政府的社会风险管理与社会保障体系建设，与全县19个乡镇及街道签订庆元县政策性农村住房保险协议，顺利为农户农村住房提供风险抵御保障；助力地方多层次健康体系建设，全面落实低收入农户医疗补充保险、高额段医疗保险，筑牢百姓保险屏障，参与推广丽水“浙丽保”，切实减轻参保人员看病就医负担。大力推广食品安全责任保险，致力宣传食品安全知识，关心、支持和参与庆元县食品安全监管工作，充分发挥保险的积极作用。推进庆元县残疾人意外伤害保险工作，充分发挥庆元县残疾人意外保障功能，提高残疾人发生意外风险时的应对能力和善后处置能力，为庆元残疾人撑起平安保护伞。

【服务质效】 始终坚持以客户为中心的服务理念，从细处着手，不断健全内部服务管理机制，增加客户服务扩面，为市民提供更便捷更优质的服务，严格管控各个面向客户的主要环节。设立提供六年内免检机动车申领检验合格标志办理窗口，打造“保险+年检”一站式服务，将“最多跑一次”服务理念深入承保、理赔服务环节。持续深化警保联动共建农村道路交通安全，建设以庆元竹口为首站的“两站两员”网点，加强“一站式”工作模式，实现双方站（网）点、队伍等资源的“跨界共享”，共同打造平安、畅通、有序、和谐的道路交通环境。

（吴利红）

中国人寿保险股份有限公司庆元县支公司

【概况】 2021年，中国人寿保险股份有限公司庆元支公司(以下简称"中国人寿庆元支公司")有13名专业管理人员及112名专业销售人员，总保费收入11092.97万元，市场占比为54.85%，总保费和市场占比均居全县第一。其中，个人营销保费7101.40万元，公司直销保费544.59万元，银行代理保险保费336.60万元。2021年共受理2904件赔案，赔付共计1052.19万元。其中死亡赔付94件，赔付金额44.03万元；重疾赔付198件，赔付金额48.6万元；医疗赔付2589件，赔付金额320.17万元。

【保险业务】 2021年，中国人寿庆元支公司针对不同群体开展了多种保险项目，分别在大病保险、意外保险、补充医疗等方面提供保险保障。包括重大疾病保险、意外保险、补充医疗保险、独生子女家庭意外伤害保险、计生特殊家庭保险、两性安康保险、农村小额保险、低收入农户保险、学生平安保险、平安大巡防志愿者保险、乡镇保洁员意外伤害保险和农民自建房保险等，同时该公司也是浙丽保的承保单位。2021年，计生系列保险投保5.52万人次，保障覆盖至每一个行政村，在改善民生、服务困难群体、完善社会保障体系、辅助社会管理和促进经济发展等方面起到了积极的作用。该公司与中国工商银行、中国农业银行、中国银行、中国建设银行、庆元县农商银行保持良好的合作代理关系，并签订合作协议，通过与银行的携手合作，中国人寿的寿险产品以其特有的保障功能在资产保全、资产传承、风险转嫁等方面发挥着重要作用，实现"互惠共赢"。

【风险防范】 2021年，中国人寿庆元支公司持续开展反洗钱、防范非法集资、扫黑除恶、重点风险专项排查整治等各项风险防范工作，有效治理销售过程中的不合规行为，通过风险教育与现场检查相结合的方式，防范化解销售风险，强化整改责任落实，及时消除风险隐患，促进公司持续稳步健康发展。同时，有效开展客户服务节、总经理接待日、金融知识普及月等客户服务工作。

【协助政府工作】 2021年，中国人寿庆元县支公司协助庆元县社会保险事业管理局开展对全县参保人员外伤案件的调查工作，全年共受理调查外伤案件2231件，其中调查发现案件"阳性件"842件，有效降低了政府的财政支出。该公司积极参与地方政府扶贫结对、协助社区进行疫情防控、平安社区创建、国卫复审、文明城市复评等相关工作，持续开展环境卫生保洁、责任区块巡查、健康教育、爱国卫生、除四害等创国卫工作；保险"进社区、进农村、进学校"宣传活动50余场次，受益群众2000余人；与淤上乡开展结对帮扶，多次进村入户，了解各村及农户的实际困难，根据结对村实际情况，协助完成项目立项、资金落实等相关工作，看望困难农户，送去帮扶物资。

（吴晓燕）

中国银河证券股份有限公司庆元濛洲街证券营业部

【概况】 2021年，中国银河证券股份有限公司庆元濛洲街证券营业部(以下简称"庆元濛洲街证券营业部")实现营业收入1222.27万元，利润总额556.96万元，年末客户资产总额115277.44万元，其中指定及托管证券市值108186.66万元、客户交易结算资金余额7090.78万元，全年代理交易总额为252.16亿元，截至年底累计开户23218户(机构客户5户)，当年新增开户数1402户，综合考核B。

【为群众办实事】 2021年，庆元濛洲街证券营业部党支部对接帮扶龙溪乡岙里村，联合岙里村村委组织开展"我为群众办实事"主题党日活动，多次组织党员、入党积极分子和骨干到帮扶村民家中走访，同村委多次商讨帮扶事宜；党支部指派营业部一名员工脱产前往同心社区一周，协助社区开展村社联防联控、疫情排查监控，通过电话拜访当地居民500人次。

【金融知识宣传】 营业部持续开展投资者教育、反洗钱宣传工作，做好存量客户服务工作，举办股民学校、客户沙龙、金融知识进社区等活动；加强客户开发，通过送金融知识下乡、广场宣传、小区宣传等方式向群众宣传打击非法集资、防范金融诈骗等知识累计20余场。通过宣传，群众对非法集资活动的识别能力和风险意识有了进一步提升。做好员工业务培训，提高员工的业务能力，确保业务合规有序发展；鼓励员工开通视频号，开展互联网营销，营业部前台员工共运营视频号5个，占比前台员工人数的62.5%，发布涉及产品、投教、业务功能等视频数105个。

（沈　菲）

经济管理

计划管理

【概况】 2021 年，在县委、县政府的坚强领导下，庆元县发展和改革局（以下简称“发改局”）始终坚持以习近平新时代中国特色社会主义思想为指引，深入贯彻落实上级重要指示精神，秉持改革创新之锐气，昂扬破难攻坚之斗志，认真履行参谋、协调、服务职责，恪尽职守、扎实苦干，扎实推进庆元高质量跨越式发展。聚焦规划管理，全面完成“十四五”规划编制；聚焦重大项目建设，不断扩大有效投资；聚焦深化改革，持续推进经济、社会领域改革发展；聚焦产业提升，加快产业转型发展；聚焦民生保障，注重价格管理，保障粮食供应有序，各项工作取得了新进展和新成效。

【规划编制与管理】 高质量起草形成《庆元县国民经济和社会发展第十四个五年规划和二〇三五年远景目标纲要》。在“十四五”基本思路的基础上，完成“十四五”规划纲要编制工作，多次召开各层次座谈会，全面向部分老干部、两代表一委员及所有部门和乡镇（街道）广泛征求意见，组织人大代表、政协委员对纲要进行深入研究。高质量提交县十六届人大五次会议审议通过，并以县政府名义正式印发实施。全力推动“十四五”规划专项编制及评审工作。全力推动“十四五”规划专项编制及评审工作。全面审查各专项规划与“十四五”规划纲要衔接情况，联合纪检开展“十四五”规划专项督察，督促各责任部门按既定时间要求高质量形成 25 个专项规划，完成编制并装订成册。统筹安排规划编制经费计划。根据《关于明确庆元县规划编制经费支出标准的通知》，组织申报 2021 年规划编制经费申报，梳理形成 2021 年规划编制计划经费安排表，需安排资金 688.046万元，与财政联合发文年度规划编制经费计划第一批共计 100 万元。

【计划编制与监测分析】 强化经济运行分析监测预警机制，加强部门联动信息共享，做好经济运行情况分析和阶段性经济形势研判。加强重点指标监测分析，对全县主要经济社会指标完成情况逐季进行分析比较，科学分析预测经济发展趋势并提出应对措施，为县委县政府科学决策提供有力依据。科学编制《庆元县 2021 年国民经济和社会发展计划执行情况与 2022 年国民经济和社会发展计划》，计划报告 4 类 45 项指标中，地区生产总值、人均地区生产总值与全年目标有差距。主要原因：目标制定时对经济形势预判过于乐观，未充分考量全球疫情反复并深度蔓延对全县经济社会发展造成的深刻影响；2021 年国内外风险挑战增加，出口物流成本快速上涨，双控政策压力骤增，经济下行压力持续；全县产业结构多处于中低端，停留在劳动密集型阶段，抗风险能力较弱；县域经济受畜牧业大幅下滑，工业、建筑业发展后劲不足，批发业、房地产业基础薄弱等方面影响，增长速度回缓，低于全市平均水平。一般公共预算收入由于税收总体税源不足，税收体量小导致指标增长困难；固定资产投资、交通基础设施投资、生态环境和公共设施投资、高新技术产业投资、民间投资等受在库项目减少、新入库项目体量小缺乏支撑；网络零售额受电商新业态发展滞后、电商专业性人才短缺、产业产品单一化等因素影响增速放缓；生产企业出口由于国际疫情形势严峻、海运费及原材料成本上涨等原因数据同比下滑；农林牧渔业增加值由于生猪出栏数据下滑增长困难；规上工业增加值由于缺乏新增大企业带动增速下滑；服务业增加值受出口形势不景气、房地产销售市场趋缓等因素影响未实现全年目标。

【服务业发展】 实现全县服务业增加值 47.93 亿元，同比增长 6.5%，高于生产总值增速 1.9 个百分点，服务业成为拉动经济增长主引擎。服务业占生产总值比重为 56.3%，高于二产比重21.3 个百分点，产业结构进一步优化。兑现 2020 年度服务业引导资金 263.6 万元，评选出“服务业十佳双创之星”。起草完成《庆元县现代服务业发展“十四五”规划》，组织编制《庆元县食用菌产业省级两业融合发展试点建设方案》，2021 年被列入省级先进制造业和现代服务业融合发展试点区域，指导庆元香菇市场冷链物流园被入选全省首批冷链物流园区创建名单。

【营商环境】 制定印发《2021 年庆元县优化营商环境工作要点》，认真落实市场准入负面清单制度，加快“浙里营商”无感监测应用贯通；组织参加 2020 年浙江省营商环境评价，据结果反馈，庆元县营商环境便利度得分 78.8 分，比 2021 年度提升 5.36 分。

【项目推进与管理】 抓准政策机遇，申报地方政府专项债项目 16 个，共下达 7 个地方政府专项债项目总额度 5 亿元。抓好固定资产投资，成立“争先创优行动”指挥部，组建“投资专班”，开展“拼干劲、开新局，项目建设加速跑”“重大项目集中开工”“重大项目百日攻坚”“红黄绿榜”等活动，2021 年，全县共形成固定资产投资 39.45 亿元，增长-1.7%；抓实重点项目，被列入省重点项目 2 个，市重点项目 19 个，确定县重点项目 24 个，投资完成率分别为 100%、100%和 84.6%。被列入市重大前期项目 16 个，总投资 233.33 亿元，其中前期推进类 12 个，总投资 49.09 亿元；谋划储备类 4 个，总投资 184.24 亿元。全县除年产 30 万吨涂布白纸板项目未完成年度目标外，其他项目均已完成。其中，实验小学濛洲校区建设工程、洞头至庆元公路庆元万年隧道和社会生态公益性公墓项目已开工建设，超前完成任务。抓细项目管理，建立健全县领导领办重大项目制度，制定加快形成实物量投资项目清单、加快统计入库项目清单、推动新建项目加快开工项目清单、攻坚破难交办项目清单“四张清单”，《庆元县政府投资项目前期工作管理办法》正在进行发文流程，印发“十四五”重大项目库、2021 基本建设投资计划。抓透行政审批，印发《庆元县政府投资项目审批服务指引》，出台《区域评价+标准地+承诺制改革实施方案》《容缺受理》《竣工测验合一》《联合竣工验收制度》《审批代办制》等配套措施，依托投资项目在线审批监管 3.0 平台，全力优化审批流程，实施统一收件、并联办理、限时办结、统一出件，审批项目各环节、各流程、各审批部门无缝对接，协同推进。完成审批事项 601 项，达到网上申报 100%、网上审批 100%，全面实现项目审批“最多 80 天”。

【特色小镇创建】 庆元香菇小镇创建以来，紧紧抓住创建机遇，秉承高质量建设特色小镇的目标，不断完善特色小镇规划建设机制，在食用菌产业上做大做强、做精做深，小镇产业要素加速集聚，特色风貌愈发凸显。2021年是庆元香菇小镇创建收官之年，达到了省级特色小镇验收命名办法中有关固定资产投资30亿元以上、特色产业投资21亿元以上、全域创成AAA级景区等方面的指标要求，遂举全县之力攻坚命名验收。成立庆元香菇小镇验收命名领导小组和工作专班，由县委常委、常务副县长担任组长，组建综合协调、项目攻坚、环境整治、氛围营造等系列专项小组，倒排任务时序，清单化推进各项工作，凝心聚力开展集中攻坚，助推香菇小镇验收补短突围，先后开展小镇客厅优化提升工程、文化氛围营造工程、流动摊贩及马路市场整治工程、入口雕塑及绿化亮化工程、环境卫生整治工程等系列攻坚行动，顺利完成验收各项准备工作。4月完成台账整理编撰并提交，6月11日省特镇办专家组赴小镇开展实地验收。11月16日省政府办公厅正式印发《浙江省人民政府关于命名第五批省级特色小镇的通知》，庆元香菇小镇榜上有名，更是荣获2020年度考核优秀等次，奖励4.9公顷土地指标和市财政260万元专项资金。

【共同富裕示范区建设】 深入贯彻落实中央和省委、市委决策部署，加快推动跨越式高质量发展，奋力与全省人民同步迈向共同富裕。成立领导小组。第一时间成立加快跨越式高质量发展建设共同富裕示范区领导小组，印发《关于成立庆元县加快跨越式高质量发展建设共同富裕示范区领导小组的通知》（庆委办发〔2021〕24号），由县委书记任组长、县长任第一副组长。领导小组下设工作专班及推进小组，纵深推进责任落实。印发共富行动方案。编制《庆元加快跨越式高质量发展建设共同富裕示范区行动方案（2021—2025年）》，提交县委十四届十五次全体（扩大）会议审议通过，于11月4日印发实施（庆委发〔2021〕80号）。科学设置指标体系。对照省市要求，横向对比各县市跨越式发展指标设定情况，在“十四五”规划纲要指标体系基础上加压奋进，结合7月19日超常规推动山区26个县高质量发展共同富裕会议上省委书记袁家军的讲话精神，按照“不排末位，力争中上游”原则制定庆元县跨越式高质量发展目标。整合共富67项指标和26个县跨越发展57项指标，整合后共有指标104项。

【26个县跨越式高质量发展】 深入贯彻落实中央和省委、市委决策部署，紧扣高质量发展建设共同富裕示范区主线，坚持稳中求进工作总基调，创新新发展理念，加快推动跨越式高质量发展，争当浙江高质量发展建设共同富裕示范区的山区范例。组建工作专班，构建跨越式高质量发展保障机制。成立庆元县加快跨越式高质量发展建设共同富裕示范区领导小组，县委书记担任组长，县长任第一副组长，最高标准推进庆元跨越式高质量发展。编制行动计划，激发跨越式高质量发展内生动力。聚焦庆元现状优势、发展短板，深入各乡镇（街道）、各部门开展全面调研，梳理全县实现跨越式高质量发展的结合点、突破点，力求精准施策。抽调专人组建编制组，多次集中研讨。前后8次向各部门征求跨越式高质量发展指标意见，梳理明确了庆元县跨越式高质量发展指标汇总、重大项目清单、重大平台清单、重大改革（政策）清单以及2021—2022年工作计划要点清单等5张清单，先后提交通过县政府常务会议、县委常委会审议通过，11月19日由县委、县政府正式发布实施（庆委发〔2021〕84号）。主动借势借力，集聚跨越式高质量发展资源要素。积极与省科技厅开展“一县一策”对接，加快培育壮大庆元以生物科技为核心的生态产业，构建“制造引领、三产协同”的全链融合产业体系，并根据浙江省委、省政府的要求，经双方友好协商，与中国铁建建立“一对一”结对合作关系。

【能源建设】 全年新增光伏发电项目装机27160千瓦，是“十三五”时期装机总和的2倍。庆元县抽水蓄能电站项目，装机1200兆瓦，已纳入《抽水蓄能中长期发展规划（2021—2035）》中的“‘十四五’重点实施项目清单”，10月已开展项目预可研编制工作。庆元城东综合供能服务站完成主体工程建设，屏都生物质热电联产二期项目已开工建设。同时积极开展地面光伏电站、百花岩风电场等项目谋划工作，进一步加快“清洁能源大县”向“清洁能源强县”转变。

【公共资源管理与信用建设】 着力推进数字赋能。积极推进“不见面开标+远程异地评标”公共资源交易模式，降低交易成本，提高公共资源交易项目开评标效率，解决本地评审专家数量不足、外地评审专家往返奔波等难题。2021年共完成交易项目284宗，涉及金额27.76亿元。深入推进信用体系建设。紧盯指标要求，研究破解难题，助力丽水高标准创建信用示范区。第二批信用应用场景落地，“浙里办”上线场景增至10个。完成第二批生态信用村评定工作，实现生态信用村创建覆盖生态产品价值实现机制试点乡镇100%行政村。

【价格认证】 指导提出机关制作和补充材料64次、出具价格认定受理书29份，进行实物查(勘)验29次、制作完成实物查(勘)验记录29份，组织开展市场调查120次、完成市场调查记录145份，合理确定139个标的的价格认定测算方式，按时完成29起涉案价格认定的所有工作(其中，盗窃案件23起、损毁案件6起)，出具价格认定结论书29份并及时送达和归档，涉案价格认定总金额达52.1万元(其中，盗窃案件44.5万元、损毁案件7.6万元)，完成从2010年始到2014年止的共326个存量案卷的网上录入工作，积极参加上级组织的线上业务培训和探索并开展网上办理价格认定工作。

(县发改局)

土地管理

【概况】 2021年全县实现耕地实际保有量1.505万公顷、永久基本农田保护数1.113万公顷、标准农田保护面积0.546万公顷；2021年度供应国有建设用地63.73公顷，累计土地供应收入25163.87万元；加强国有建设用地供应管理，保障项目用地需求，积极消化利用批而未供土地，盘活存量建设用地，不断提高土地节约集约用地水平；规范土地市场建设，开展城镇基准地价更新、集体建设用地和农用地基准地价以及城镇标定地价编制工作。

【耕地保护】 2021年上级下达给庆元县耕地保有量任务数为1.408万公顷，永久基本农田保护数为1.113万公顷。全县实际耕地保有量为1.505万公顷，永久基本农田保护数为1.113万公顷，拨付耕地保护补偿资金662.38万元。下达永久基本农田集中连片整治工程13.33公顷，实施庆元县黄田镇双沈等十村千亩方永久基本农田集中连片整治项目，总建设规模363.162公顷，其中耕地215.843公顷，2021年完成140公顷，工程量达70%。

【国有土地供应】 合理安排国有建设用地供应规模和结构，加强土地市场调控，引导各类项目投资，优化产业布局，积极保障全县城乡居民住房建设、教育医疗民生工程、基础设施项目、工业和服务业等各行业用地需求。2021年，供应国有建设用地36宗，面积63.73公顷，其中，划拨项目供地23宗，面积52.12公顷；协议出让供地1宗，面积0.13公顷；招拍挂出让供地12宗，面积11.48公顷，其中商住用地供地0.76公顷。

【土地节集约利用】 通过土地收回收购储备、“退二优二”、腾退利用效率低下土地、挖掘存量建设用地潜力、优先供应存量建设用地等途径，强化规划引领，推进城镇低效用地再开发，充分利用存量建设用地，积极盘活存量建设用地，提高资源配置效率，提高全县存量建设用地的利用效率。2021年，共完成盘活存量建设用地面积23.28公顷，城镇低效用地再开发面积8.83公顷，消化利用批而未供面积17.22公顷。供应工业用地10宗，面积8.22公顷，其中，1宗属于工业项目“标准地”负面清单，面积0.13公顷；9宗为工业项目“标准地”，面积8.09公顷。

【不动产登记工作】 全面推进特色化理念、数字化转型、自助化服务、信息化共享，以实际行动创新不动产登记工作，全面深化改革，受理各类不动产业务25119件，颁发不动产权证书6187本，不动产登记证明4842份；“一窗受理”涉税办件量2503件，企业及个人“绿色通道”办理2012件，办理各类抵押登记3383件，登记金额59.60亿元；档案查询13154次；完成土地复核验收13宗，查（解）封登记936次，项目“联合勘验”37次，完成“交房即发证”小区一个。

【土地执法监察】 组织开展卫片执法检查监测图斑964个，面积293.65公顷；组织开展执法巡查1947人次（巡查次数565次），制止违法用地32起，占地面积1.34公顷。立案查处10宗，用地面积0.47公顷，没收建筑面积437.67平方米，收缴罚没款1.38万元。

（县自然资源和规划局）

地质矿产资源管理

【地质灾害防治】 日常防灾。发布《庆元县2021年地质灾害防治实施方案》，明确防灾工作的职责和操作程序；以土地日、地球日、防灾减灾日为契机，开展多渠道宣传工作，在全县99个文化礼堂和地质灾害重点村开展文化礼堂宣传月、宣传电影下乡等活动期间，进行地质灾害防治知识进农村宣传工作。汛期地质灾害防治。积极开展汛前大排查，完成181处风险防范区调查核实，完善地质灾害风险“一张图”。隐患点日常巡查。地矿科、基层所、各群测群防员积极开展日常巡查和汛后检查。完善监测预警体系建设。建立地质灾害预警预报体系，与气象局联合预报预警，发送雨情险情，全年累计发送预警短信4.5万条；强化群测群防体系建设，落实群测群防员118人，完成地质灾害群测群防员培训工作；完成9处普适性专业监测点建设，新增9处雨量监测站。全力开展综合治理。全县13处地质灾害隐患点全部完成综合治理项目；开展即查即治工作，2021年度完成4处即查即治任务。完成地质灾害隐患点核销工作。根据《浙江省地质灾害隐患点核销管理办法》，共核销地质灾害隐患点4处。

【矿产资源管理】 严格落实《庆元县矿产资源规划（2021—2025年）》，按照规划指标开展矿产资源管理工作，注销庆元县庆龙建材厂采矿权；实施《庆元县采矿权人信用信息管理制度》，完成基本信息、荣誉信息、失信信息、巡查信息、储量动态监测信息、信访信息及卫片执法信息的采集、录入；积极做好矿山监管和巡查工作，及时发现、制止、查处非法盗采行为，委托第三方开展持证矿山储量动态监测和开发利用方案实施情况监测；完成淤上乡高山湾村建筑用石料花岗岩采矿权、松源镇横栏金矿详查项目探矿权年度矿产督查工作。

（吴步青　柳维伟）

物价管理

【概况】 按时保质完成价格监测工作。落实《浙江省重要消费品及服务价格监测报告制度》，通过对监测点建立的QQ和微信等联系平台，按时上报价格监测月报表，粮油价格监测快报（旬报），每周应急价格监测报表。认真开展政府调定价成本监审调查和定期成本监审。完成县污水处理厂进行定期成本监审，核减定价成本77887.18元，并按时上报监审表及监审报告；完成公交车调价成本监审，核减定价成本的费用10243409.43元。不断深化价格改革。出台同心幼儿园、后田幼儿园保教费价格，保教费价格为460元/人·月；调整县非居民生活用管道天然气销售价格，根据省天然气门气价格同步调整，4—10月非居天然气最高价格为2.94元/立方米；贯彻执行调整小水电上网峰谷时段价格；调整庆元中学住宿费价格，住宿费价格由300元/人•学期调整为450元/人•学期；完成公交车价格调整，价格从1元/人调整为2元/人。修订庆元县市场价格异常上涨事件应急预案，报县政府办发文；完成省市要求的幼儿园收费及校外培训机构情况调查；完成水泥、钢铁企业情况调查、AAAA级景区价格情况调查、汽车检测收费情况调查，为上级决策提供依据；完成行政事业性收费及涉企收费的公示等工作。

（胡恒月）

审计监督

【概况】 2021年，庆元县审计局内设办公室、法规和审理科、财政审计科、经济责任审计科、综合审计科；下设直属分中心和内部审计指导中心两个下属单位。完成审计项目15个，其中署、省、市同步项目3个，县本级项目12个。审计发现问题金额2.31亿元，向纪委监委移送案件线索5起，报送审计专报8篇，其中6篇专报获得县主要领导的批示。

【专业审计】 聚焦全面实施预算绩效管理、政府过"紧日子"等政策落实情况，开展财政同级审、乡镇财政决算、部门预算审计等审计项目。2021年在同级审中发现预算批复与追加不及时、预算收入1.44亿元应缴未缴国库、三个土地储备专项债券项目收益未达到预期等20余个问题，查出违规金额9.04万元，管理不规范金额1.44亿元。完成2020年度部门预算执行审计项目，发现预算编制、执行与调整、公务用车维修、公务卡结算、工程项目管理等6个方面16个问题，查出管理不规范金额7311.37万元。通过审计，进一步规范全县各部门预算管理，提高预算执行的整体质量和效果，有效强化对权力运行的制约和监督。聚焦生态环境保护责任，围绕贯彻执行中央生态文明建设方针政策和决策部署情况、遵守自然资源资产管理和生态环境保护法律法规情况等6个方面，开展龙溪乡领导干部自然资源资产离任（任中）审计。将生态产品价值实现机制方面的内容融入自然资源资产审计项目中，促进领导干部更好地履行自然资源资产管理和生态环境保护责任。派出审计力量参与瓯江流域丽水段水资源保护管理开发利用情况专项审计调查，进一步促进瓯江流域生态系统修复和环境综合治理。

【经济责任审计】 紧扣领导干部履职尽责，开展5个部门、4个乡镇涉及13名县管领导干部的经济责任审计，完成69位领导干部离任交接审核工作。年初县管领导干部经济责任审计和自然资源资产离任审计集中动员中，县委常委、组织部长金业亲自动员部署，有利于被审计单位统一思想、提高认识。对近5年来经济责任审计发现的普遍性、倾向性问题进行梳理和汇总，从8个方面进行梳理归纳，总结出75种常见表现形式，提炼出45个常见案例，汇编《庆元县领导干部经济责任常见问题清单及相关案例》，有利于统一问题定性、统一处理处罚，促进审计规范化、标准化建设。

【政策执行审计】 聚焦乡村振兴、社会保险等民生实事开展审计。统筹开展乡村振兴相关政策和资金审计，重点关注"两不愁 三保障"落实情况、高标准农田建设和土地整治建设、乡村产业发展、"村集体"三资管理情况4个方面内容，审计发现问题22个，查出问题金额29.37万元。开展政府投资项目预算执行审计，开展庆元县社会福利中心建设项目（一期）预算执行审计，促进项目建设单位加强管理，保障建设资金合理、合法使用，提高投资效益。派出1名分管领导和2名业务骨干参与全省社会保障基金运行风险专项审计调查和丽水市医疗保险基金筹集、使用和管理情况专项审计。

【审计管理】 强化政治领审。在审计项目计划编制、审计实施、审计结果报告、成果运用上处处讲政治，进一步强化政治担当。年初，召开县委审计委员会第三次会议，会议审议通过《中共庆元县委审计委员会成员单位工作协调制度（试行）》和《中共庆元县委审计委员会办公室审计工作重大事项督察督办办法（试行）》两项制度。进一步加强审计委员会各成员单位间工作协调，督促审计委员会会议议定事项和审计领域重大工作落到实处。强化质量立审。坚持践行审计质量全生命周期标准化管理，坚持标准化质量管控体系，开展2020年审计项目质量检查，对发现的问题进行进一步梳理，制定整改清单，将发现的共性问题对各项目人员进行通报。积极配合丽水市创建全国法治政府建设工作，报送调研及相关资料9次。制定印发《2021年度庆元县审计局重大行政决策事项目录清单的通知》，规范重大行政决策事项。针对优秀审计项目评分标准自查，报送《庆元县2019年度部门预算执行情况审计》，取得良好成绩。强化科技强审。抓金审三期建设，对局内部网络进行整体改造，完成全省金审三期系统建设进度。成立审计数字化改革领导小组、网络安全领导小组和软件正版化工作领导小组，制定《计算机及网络安全管理办法（试行）》《电子数据安全管理暂行办法》《信息系统安全应急预案（试行）》三个制度，进一步加强电子数据的共享利用，维护电子数据安全，规范网络安全管理，加强网络运行安全与信息安全防范。强化整改固审。强化审计问题整改，及时落实“七张问题清单”“重大督查问题清单”相关工作，建立攻坚专班，制定《庆元县“七张问题清单”应用工作分机制重大审计清单（试行版）》。按时上报问题数据库和“蓄水池问题”，积极督促相关问题的整改牵头单位落实整改。对审计整改工作进行具体布置，汇总整理涉及具体问题的41家单位的整改情况，在县人大常委会主任会议上代表县政府作整改情况的报告。针对《审计整改督办函》中省市审计工作报告中涉及的17个问题，及时要求被审计单位落实整改，向上级审计部门汇报整改情况。强化内审指导。走访农商行、国投集体公司、教育局等内审协会会员单位，摸清情况，推动内审工作有计划开展。组织3批次，50名内审人员参加市内审协会举办的内审业务培训，有效提升内审人员业务水平。组织龙泉分会带领龙泉市农业农村局、交通局等单位内审人员来庆元介绍内审工作经验。积极组织内审项目、优秀内审论文、案例参加评选，提升会员单位理论水平与实务操作能力，获得市内审协会优秀项目奖1个，表彰奖1个；获得市内审协会优秀论文一等奖1篇、内审案例一等奖2篇、二等奖2篇，内审典型经验一等奖1篇。抓作风纪律建设。针对“八不准”“四个严禁”审计工作纪律情况进行回访，促进清廉审计建设，坚决防止和纠正“四风”问题，持续推进审计干部依法廉洁文明审计。

（吴美娅）

统计管理

【概况】 2021年，庆元县统计局在县委、县政府及上级统计部门的正确领导下，以习近平新时代中国特色社会主义思想为指导，统筹推进疫情防控和经济社会发展工作，坚持稳中求进工作总基调，认真贯彻落实省、市统计工作会议精神和工作部署，按照建设“最生态窗口”的新定位，以提高数据质量为中心，以改革创新为动力，以服务和推动坚持高质量绿色发展为目标，为决胜全面建成小康社会、坚持高质量发展落实赶超提供坚实统计保障。

【统计服务】 经济运行监测分析能力不断提升。切实把经济社会发展形势预警预判作为统计部门的一项重要任务抓在手上、落到实处。2021年县统计局专业人员撰写分析文章32篇，上报信息89篇，统计专报3篇，总结经济运行中的亮点，洞察经济运行中存在的问题，在预警、预测方面，充分发挥统计“晴雨表”“传感器”和“预警器”的作用。统计产成品服务更加及时高效。认真开展年度资料整理和开发工作，及时发布《2020年县国民经济和社会发展统计公报》，为各级党委政府、各部门单位和社会各界查阅提供系统的年度参考资料，展现统计重要“数据”窗口形象。服务调查对象更加积极主动。认真落实月、季度调研制度，全面了解、掌握企业和项目单位实际情况，及时答疑解惑；及时指导统计调查对象建立健全原始记录、统计台账，不断规范统计工作流程。

【统计报表】 县统计局不断强化数据质量意识，精心部署，周密安排，高质量完成2020年年报和2021年定报工作。强化组织实施。局班子专门研究，明确总体思路，科学制定实施方案，提出年报、定报工作的组织方式、操作规程、质量控制、数据处理及上报等各环节工作要求。加强沟通协调。建立健全以生产总值核算为龙头的数据审核体系，理顺生产总值核算与各专业之间、专业与专业之间的关系，使专业人员形成大局意识，消除各自为战的狭隘理念。完善评估机制。进一步完善主要统计数据质量评估机制，积极跟踪各项经济指标目标运行进度，客观真实反映全县经济运行情况。

【国家统计督察】 2021年把迎接国家统计督察工作作为重点工作，积极准备、查漏补缺，并以此为有利契机，进一步提高统计数据质量，提升统计工作水平，优化法治工作环境。坚持高位推动，全面安排部署。按照省市县统一部署，对照问题清单，完善各项制度，积极做好各项准备工作。加强学习，积极培训指导，抓实数据质量。全县各乡镇部门开展统计法相关知识学习共计55次，累计走访企业（项目）142家次，累计培训765人次，进一步提高统计人员台账管理水平。积极与发改、经商、农业、住建等部门进行沟通对接，传递国家统计督察压力，凝聚部门合力，确保“出好数、出实数”。强化统计普法，营造良好法治氛围。多形式开展统计法制宣传教育，通过市民广场等实地宣传活动发放统计法宣传折页、纪念品等1500份。强化执法检查，加大统计执法力度。2021年，县统计局开展“双随机”执法检查12家，立案查处一家企业，处以警告并罚款1000元。切实负起提高本部门统计数据质量的责任，严惩统计、造假弄虚作假，筑牢守法底线。

（李昌文）

市场管理

【概况】 2021年，庆元县市场监督管理局深入推进各项“放管服”改革，积极做好市场主体激活力增动能工作，全力打造市场化、法治化、便利化营商环境，实现市场主体总量稳步增长、结构不断优化。截至2021年12月底，全县在册市场主体总量为19460家，同比增幅5.6%。其中在册企业总量3212家，同比增幅9.72%。在册个体工商户15865家，同比增幅5.75%。在册农民专业合作社423家，同比下降14.55%。2021年度，全县累计新设市场主体3201家，同比减少24.2%。新设企业547家，同比下降10.77%。新设个体工商户2642家，同比下降26.65%。新设农民专业合作社12家，同比增长50%。全年注销各类市场主体2391家。注销企业270家，同比下降37.35%。注销个体工商户2088家，同比增长63.38%。注销农民专业合作社33家，同比下降46.77%。

【商事改革】 抓实“证照分离”全覆盖改革牵头工作，全面落实343项“证照分离”改革事项，解决企业“准入不准营”等问题。重点对县级有权限的审批事项的审批依据、许可条件、办理流程和申报材料等要素进行进一步分析研判。落实注销便利化改革，积极推广企业注销“一网服务”平台应用，简易注销由45天压缩为20天。2021年，累计办件量1330件，实行企业公章和税控设备政府买单，已为1028家免费刻制公章，为208家企业赠送税控设备，合计为企业减免费用约39.47万元。

【数字化改革】 深入推进“浙食链”“浙食安”“浙冷链”“浙江公平在线”“浙江外卖在线”等

11 个场景应用落地。浙食链应用主体推广 233 家，覆盖食品生产企业、学校食堂、商超、网络订餐单位和水果经营单位，上链产品 237 个，溯源扫码 10 万余次。建成食品生产企业阳光工厂 20 家，覆盖 55%的食品生产企业。“企业在线”移动端激活量完成 1.72 万家，“设立登记”电子营业执照下载量 1.68 万家，“一站式”服务平台新增注册企业数达到 529 家；建成网络餐饮阳光厨房 256 家，“浙江外卖在线”商户端激活 363 家，实现全覆盖。创新“红盾智坊”项目，获得庆元县政府数字化改革特色应用三等奖，被列入全省数字化改革重大应用“一本账 S1”三张清单。

【提升基层能力】 推进乡镇食安办分类分级管理，下拨资金 160 万元，创建四星级乡镇食安办 3 个，三星级乡镇食安办 13 个，组织食安办专兼职人员、全科网格员食品安全知识培训 202 人，考核合格率 100%。

【食品安全监管】 落实专项检查行动，深入开展重要节假日食品安全检查行动、校园食品安全守护行动、重大活动食品安全保障、保健食品专项整治、餐饮具清洗消毒专项检查、网络订餐单位专项检查等行动，持续推进食品安全风险隐患整治。推进抽检分离改革，组建食品监督抽检抽样队伍，累计组织开展食品监督抽检 427 批次，发现不合格 13 个批次，核查处置率 100%。深化实施餐饮“红黑榜”管理，累计发布餐饮“红黑榜”15 期，“厉行节约反对餐饮浪费”专刊 15 期，公示“红榜”餐饮单位 31 家，曝光“黑榜”餐饮单位 40 家，微信公众号累计阅读量 20 万余人次，取得了良好的宣传警示效果。通过“网上直播+观众点名”的方式，向社会公开大型餐饮单位、奶茶店、“网红餐厅”等餐饮经营单位的检查全过程。推动食品产业提升，加强政策引领和培训指导，全县 10 家名特优食品小作坊和小微亮化食品企业全部实施“5S”现场管理，有力提升小作坊、小微食品企业生产管理水平。强化餐饮质量提升，深入实施餐饮质量三年提升行动，突出“餐饮培训年”年度要点，加强餐饮行业从业人员食品安全培训，累计培训经营单位 524 家次、从业人员 862 人次。

【强化执法检查】 以民生领域为重点，持续推进扫黑除恶专项斗争行动、侵害群众利益问题专项治理行动、农村假冒伪劣食品专项执法行动、“网剑”专项执法行动、医疗美容乱象整治行动、反走私综合治理行动等，加强不正当竞争行为打击力度，努力促进辖区内市场经济健康发展，维护市场公平竞争。2021 年，共立案查处各类违法违规行为 197 起，罚没款 85 万元，其中大案要案 15 起，移送案件 2 起。

【强化物防工作】 加强进口冷链食品闭环管理，严格落实冷链食品经营单位常态化监管，落实进口冷链食品“四证一码”(入境货物检验检疫证明、集中监管仓出库证明、新冠病毒核酸阴性检测报告、消毒证明、随附追溯码)相关要求。严格进口水果监管，组织开展重点场所和重点产品的核酸检测 8000 余批次，坚守省际卡口检查工作。强化应急处置，组织开展市、县两级进口冷链食品物防应急演练，完成进口火龙果、进口鲜龙眼涉疫食品处置，下架并销毁进口水果 2100 千克，及时排除风险隐患，严防冷链食品疫情风险。

【推进民生实事】 锚定“创建为民、创建惠民”的工作目标，围绕“快、优、好”，确保各项民生实事“在数量上全面完成、在质量上经得起检查、在评价上群众有获得感”，提前或超额完成全部省市县民生实事。“浙食链”推广应用 233 家，超额 300%完成任务；建成食品企业“阳光工厂”20 家，超额 300%完成任务；建成农村家宴“阳光厨房”18 家，超额 200%完成任务；创建农村家宴放心厨房 5 家，超额 25%完成任务；学校智能“阳光厨房”实现全覆盖，重点领域食品安全责任保险全覆盖。完成“五化”(便利化、智慧化、人性化、特色化、规范化)市场创建 2 家，完成放心消费单位创建485家，无理由退货承诺单位242家，放心工厂60家，放心商圈1个。

（吴惟锋）

质量技术监督

【实施标准化战略】 完善品牌与质量建设奖励政策，积极开展院校合作，有效引导企业克服质量人才短缺问题。推行关键节点现场帮扶制，浙江制造标准工作顺利推进。完成“品字标”认证7个，推动企业质量建设和品牌建设；浙江安益新材料有限公司的《硝基铅笔漆》和浙江可信竹木的《竹木复合胶合板模板》等浙江制造标准2项发布，进一步提升全县传统行业的标准化水平和话语权；发布市地方标准1项，完成市地方标准立项1个，完成市级标准化试点项目立项2个；鸿星文具有限公司获得市政府质量奖。

【深化知识产权服务驱动】 紧扣知识产权保护“一件事”集成改革，聚焦“数量多起来、结构优起来、运用活起来、形象优起来”的目标，搭建政企、银企连心桥，持续推进企业知识产权创造运用。新增专利授权508件，新增注册商标1819件，新增马德里国际商标4个；发放知识产权专项资金90万元，完成专利质押融资3975万元；“庆元香菇”国家地理标志产品保护示范区创建完成申报，对32家企业进行地理标志授权和线上备案。

【特种设备安全管理】 截至2021年底，全县登记在册特种设备总量达1574台（不含气瓶、压力管道），其中停用设备148台，在用设备1426台。在用设备中，锅炉69台，压力容器300台，电梯669台，起重机械49台，场（厂）内专用机动车辆338台，大型游乐设施1台。另有：液化石油气瓶7万余只，压力管道31千米。全县在用特种设备使用单位405家，含液化石油气瓶充装单位2家，暂无特种设备生产单位（含设计、制造、安装、改造、修理）。2021年，全县未发生特种设备安全事故，特种设备安全形势总体平稳。

【强化检验检测】 2021年度评价性抽检产品覆盖面广，检测项目针对性强。涉及粮食加工产品、食用农产品、炒货食品及坚果食品、食用菌、调味料、方便食品等多种民生食品安全产品。筛查山东馒头中甜蜜素的含量，豆芽中调节生长素等进行食品安全质量检测，靶向性筛查出数据异常产品。开展重大会议食品安全保障快速检测等共计577批次，对农产品、食用菌等食品中农药残留进行快速检测200余批次。

【民生计量服务】 持续开展计量器具强制检定管理信息系统的运作，及时完成检定预约受理、检定受理、检定结果登记等工作，e-CQS（中国电子质量监督系统）强检系统强检率100%。开放实验室40次，完成“浙里检”平台订单数140个。完成燃油加油机、衡器、天平、血压计、压力表、混凝土配料秤等计量器具日常检定工作，2021年共完成各类计量器具检定789台（件）。

【质量数字服务】 2021年完成一站式服务平台注册企业数529家，“浙品码”注册企业数132家，标准管理服务上线应用率100%，规上工业企业上线应用“浙江标准在线”企业标准管理模块66家，“计量基标准建设”上线应用完成率100%。

（吴惟锋）

国有资本管理

【概况】 庆元县国有资本投资运营集团有限公司（以下简称“县国投集团”）于2019年8月28日正式挂牌成立。由庆元县人民政府国有资产监督管理办公室（财政局）出资，并履行出资人职责的县级国有独资企业，注册资本金5亿元。作为县级国有资本投资运营公司改革试点企业，县国投集团根据县委县政府决策部署主要承担国有资产运营处置、国有股权经营管理、国有资本投融资三大战略任务；负责全县国有企业战略性控制管理；通过投融资平台聚集并引导社会资本有序进入国资布局调整的重点行业领域，促进县属国有企业转型升级和创新发展。

2021年8月由县政府、县住建局、县水利局等单位出资的旅发、供排水、城发、城改、濛洲新农村、水发、马电等7家公司股权无偿划入，国投集团队伍进一步壮大。国投集团现有全资子公司12家，其中一级子公司3家，分别为城投、旅投、水投；二级子公司8家，分别为城投下属城发、城改、濛洲新农村、供排水、乡村振兴，旅投下属旅发公司，水投下属水发、马电；三级子公司1家为旅发公司下属万里林公司。2021年国投集团资产总额达58.372亿元，净资产6.52亿元，营业收入0.473亿元。

【制度建设】 县国投集团以国企改革为契机，全面实行法定代表人负责制，创新出台《党委民主集中议事规划和程序》《财务管理制度（暂行）》《项目建设规范化管理办法（暂行）》等24个制度性文件，建立刚性约束制度，规范工作程序流程，完善新型国企运行机制，逐步确立“依法治企、依制管企、依规办企”的运营管理模式。

【投融资管理】 融资方面：2021年县国投集团实际完成融资金额13.89亿元。累计完成流动资金贷款、项目融资、供应链金融服务等融资授信23.58亿元。特别是2021年9月，县国投集团抢抓市县人民银行“国家公园+绿色金融”特色工作机制，充分利用“百山祖国家公园—百山祖景区”生态价值，获得省中行首笔、县国企首笔1000万元“GEP生态价值贷”。投资方面：2021年县国投集团实际投资金额9.46亿元，投资项目32个。并参与投资庆元县香菇市场有限公司、庆元县天然气有限公司、新区石油经营公司、浙石油综合能源销售公司、善庆生态旅游开发有限公司和嘉善九庆产业投资有限责任公司六家公司；代管县强村公司，2021年投入19个乡镇192个行政村消薄资金1650万元。

【民生服务】 助力新冠疫苗接种宣传。2021年“五一”期间，县国投集团积极响应政府号召，严格执行“中国（包括港澳台）所有有效接种新冠疫苗居民免费游景区”优惠政策，为游客提供优惠活动，有效开展新冠疫苗接种宣传工作，据统计“五一”期间百山祖景区共接待游客5018人次，同比增长2.7%。提升农贸市场建设。2021年5月11日，省“五化”市场提升改造小组到庆元城北农贸市场开展验收工作，现场查看了城北农贸市场的软硬件设施，查阅相关台账，肯定了“五化”市场改造成果，顺利通过验收。城镇供排水规范化。10月13日，市卫生监督所专家组一行到县供排水公司开展生活饮用水量化A级复评工作。经过各项检查，专家组成员对厂区开展卫生监督量化分级管理A级单位的各项工作给予肯定，考核项目中组织制度、卫生管理、环境消毒、水质检验、水质质量五大类22个子项均达到量化分级“A级”考核要求，顺利通过复评。农村饮用水工程建设。持续完善农饮水长效管护机制，实行“1+N”模式[专业管水员+村级管水员+村（居）民代表+党员志愿者]，确保群众“有水喝”“喝好水”。2021年，农村饮用水达标提标工程经过3年的建设已全面实现村村通，全县10万余名农村老百姓喝上了期盼已久的自来水，全县基本实现城乡居民同质饮水。

（陈志超）

群众团体

庆元县总工会

【概况】 2021年，庆元县总工会（以下简称“县总工会”）围绕县委、县政府中心工作和市总工会下达的工作任务，以建党百年庆祝活动为主线，以党史学习教育为载体，以助推发展、服务职工为工作重点，扎实推进工会各项工作有效开展，在规范组织建设、服务经济发展、维护职工权益、促进社会和谐、扩大民主管理、强化劳动保护、加强自身建设等方面取得显著成效，维护职工队伍和社会稳定。组织党员干部到庆元县聚一残疾人之家和浙江艾米家居有限公司开展走访慰问残疾人和党史宣讲进企业活动。出资1.1万元购买苗木，组织党员干部到联系村塘根村开展义务植树造林，在认领微心愿活动中，给该村困难群众送上大米、食用油等帮扶物品，补助10万元支持塘根村的村级组织活动场所建设，落实小微企业工会经费减免政策，为全县345家小微企业返还工会经费30.07万元。

依托工人文化宫改造提升工程，建立红色悦读亭、党员活动中心（运动健身区、才艺悦享区）、党员先锋岗（菇乡先锋展示区）、党员学习中心（有声图书馆）、党员服务中心（党员活动室、党员宣誓墙、培训教室）等场地，建成县总工会“党建示范点”暨县党群服务中心，被县委组织部评为“2021年度清廉机关模范机关党建示范点”。

为助力全县疫情防控和企业发展，县总工会开展“邀您庆元过年 同享娘家温暖”“菇乡即故乡，留庆过大年”“模丽姐姐邀您留丽过大年”等活动，让留庆职工安心过节、舒心过年。同时与中国邮政庆元分公司联合推出春运公益期刊《读者》刊物和“浙丽过年、邮爱相伴”活动，帮助企业树信心、减负担、渡难关。

【工会组织建设】 2021年，新建工会组织12家，发展会员1177人。全县有基层工会341家，其中独立建会330家，联合基层工会11个，职工人数20973人，工会会员20818人，职工入会率99.26%。其中非公企业162家，职工会员11004人，职工入会率100%。以“八大群体”为重点，探索新业态、新就业群体工会组建方式。7月22日，庆元小微企业孵化园建立联合工会，该联合工会涵盖所属40家企业的823名职工。建成工会组织与会员实名制系统和医疗互助服务系统平台，录入会员18017人，基层工会330家。推进产业工人队伍建设改革试点工作，选择具有代表性的铅笔行业龙头企业浙江鸿星文具有限公司作为试点企业，建立鸿星文具有限公司“三大员”

（宣传员、观察员、指导员）志愿者队伍，细化工作任务，明确工作责任，有序推进各项改革。

【职工疗休养】 以职工疗休养助力乡村振兴和经济发展。经审核确认176家农家乐（民宿）、旅行社疗休养接待站，加强疗休养接待站管理。根据疫情适时调整疗休养政策。根据县域经济发展需要将明悦大酒店、寻客栈民宿、金诚大酒店、山水九章酒店、中意商务酒店列入职工疗休养接待站，助力县域经济健康发展。做好省、市级疗休养基地（站点）的创建申报工作，规范和引导站点提升品牌特色和服务能力，淤上乡山根村（胡庆余堂方格菌博园）和香菇小镇入选浙江省职工疗休养基地，方格珍菌家园等5家单位入选丽水市职工疗休养接待站点。4月20日，联合县文广旅体局在海曙区举行山海协作·宁波（海曙）万人游庆元启动仪式暨庆元职工疗休养推介会。5月19—21日，联合县文广旅体局到嘉善、长兴县开展2021庆元（嘉善、长兴）推介会暨文旅康养产业"双招双引"对接活动。5月11日，举办松阳·景宁·庆元职工疗休养合作座谈会，通过深化山海协作和加强职工疗休养区域合作，助推庆元县乡村经济和旅游业发展。

【职工维权帮扶】 建立职工医疗互助网上服务平台，实行职工医疗互助报销线上办理，实现医疗互助"跑零次"目标，2021年通过线上报销722人次，支付保障金67.87万元，开展职工医疗互助保障工作以来，全县累计报销4299人次，支付保障金531万元。制定《困难职工家庭认定和档案管理办法》《帮扶资金使用管理办法实施细则》，组织开展走访慰问困难职工活动，慰问困难职工11人，发放慰问金8.5万元。在中国农民丰收节期间，深入艾米家居、安隆竹木等企业，走访慰问9名受疫情影响的困难农民工和困难农民工中的劳模，传递党和政府对农民工的关心关爱。

【工会劳动保护】 建立工会劳动法律监督组织183个，工会劳动保护检查员205人；劳动保障法律监督员27人；劳动争议调解组织17个，调解人员33人。联合县应急管理局开展职工安全隐患即时抓拍（随手拍）合理化建议活动，收到建议12条，继续发动基层工会开展"安康杯"竞赛，开展安全生产培训6场次。组织开展"送清凉"活动，慰问企业和施工单位14家，慰问职工874人，慰问物资金额52440元。

【活动阵地建设】 县总工会筹资400万元对工人文化宫进行全面改造提升，新建面积400平方米，改造面积1600平方米，9月正式投入使用，全面建成职工活动阵地。利用县工人文化宫文化阵地，建立咏归草堂、职工惠课堂和心晴驿站、法律援助室，设立庆工益之家，组建劳模技术服务队、法律志愿服务队、心理咨询服务队，通过组织开展劳模工匠宣讲、职工技能培训、心理咨询、法律援助和各类职工文体活动，为职工群众提供多层次、全方位服务，提升广大职工劳动技能，丰富职工精神文化生活。

【职工文体活动】 3月26日晚，县总工会联合县委宣传部、县文广旅体局、县教育局开展"我心向党"庆祝中国共产党成立100周年主题朗读比赛；6月19日晚，联合县文广旅体局、丽水市生态环境局庆元分局在市民广场联合举办"倡导生态文明 绿色健康生活——喜迎建党100周年"文艺晚会；6月19—20日，联合县文广旅体局举办"助力健康中国梦、传播健身正能量——喜迎建党100周年"全县职工健身气功推广培训班；6月22日晚，联合县委宣传部、县文广旅体局举办"讴歌党史伟业、唱响时代之歌"全县干部职工合唱比赛；6月30日晚，联合县委宣传部、县文广旅体局举办"砥砺庆元精神 奋进崭新征程"庆祝中国共产党成立100周年主题文艺晚会，凝聚全社会奋力打造"重要窗口"的磅礴力量。

【宣传信息工作】 举办"中国梦·劳动美——我心向党献礼百年"全县干部职工摄影大赛。活动收集到作品单图314幅、组图72组，将评选产生的 50 幅优秀作品与市级以上劳动模范、优秀共产党员等先进事迹在廊桥博物馆展出。组织劳模开展党史宣讲活动，县级劳模叶小松在百山祖镇斋郎村为县人大机关党员干部作题为《斋郎战斗——以少胜多 以弱胜强的经典战例》的党史宣讲；市级劳模吴长久为竹口、黄田、淤上、安南、隆宫等 5 所乡镇中心幼儿园老师作“我心向党”劳模工匠主题宣讲；省级劳模练素香以《做加法、补短板——个人成长经历分享》为题，为 70 名暑期社会实践大学生进行宣讲，引领帮助大学生完善个人职业素养。2021 年，报送各类新闻宣传和信息稿件 90 篇，先后被省、市、县媒体录用的稿件有 59 篇次。其中，《中国工会财会》录用 1 篇、浙江省总工会简报录用 2 篇、《浙江工人日报》录用 7 篇；党务政务信息录用 4 篇、庆元政府网采用 18 篇、三级书记足迹信息采用 6 篇、《菇乡庆元》采用 14 篇，市总工会网站更新信息 96 条，宣传工作取得显著成效。

（柳庭和　刘明妹）

共青团庆元县委员会

【概况】 2021 年，全县有团员 6393 人，基层团(工)委 44 个，团总支 5 个，团支部 596 个(包括学校)。共青团庆元县委员会组织开展“致敬百年伟业 汇聚青春力量”庆祝中国共产党成立 100 周年等主题团日、党团知识竞赛活动，延伸举办“廊桥说事·青年说”理论宣讲大赛、“我是小红军”红色研学营等系列活动 80 场次，实施圆梦微心愿、爱心助学、大学生创梦行动等我为青少年办实事项目，覆盖青少年 2 万人次。制订庆元县《开展深化团干部作风建设三年行动的实施方案》，围绕“三大主线”，落实 13 项工作举措，推动教育活动常态化，促进团干部作风转变。结合庆元红、绿、古三大特色，整合地方资源，编制《红色菇乡》等 5 本体验式读本，搭建一体化评价体系，纳入队前教育至党前培育全过程，探索青少年阶梯式政治启蒙和全维度素质教育的“庆元路径”。

2021 年 10 月，庆元籍全运会皮划艇冠军王楠做客庆元县红领巾会客厅　　（团县委　供）

开展“青年大学习”35 期，覆盖团员青年 23.79 万人次。增加 2 个“红领巾 e 站 1013 阵地”，在同济社区建成全县首个社区少工委。深化“庆元青年”微信公众号建设，累计推送微文 493 篇，涉及疫情防控、党史学习、志愿服务等多个方面。

【服务大局】 把握“围绕中心、服务大局”工作主线，助力党政中心工作大局，聚焦高中和大学学子，推动青年人才招引关口前移，举办青年人才邀约卡首发仪式，开展大学生创梦行动，提供 183 个大学生暑期社会实践岗位，搭建青年返乡桥梁。依托“双百双进”平台，对接 11 支暑期社会实践团队到庆元开展实践，与西湖大学团委签订合作协议，邀请该校 13 名青年博士到庆元实践。引导外出青年乡贤投资 1650 万元建设山区生态农产品精准融合销售项目。围绕直播经济，打造“青春网红主播团”，升级“团团当主播·带你吃游购”机制，推进视频直播与特色产业双向对接，促进农产品线上销售，实现生态产品价值转换。

【志愿服务】 进一步做好县志愿者协会和义工协会的指导工作。打造“花菇朵”志愿服务品牌，助力全县疫情防控大局，连续 8 个月不间断服务方舱战场，累计服务时长 1.5 万小时，被《人民日报》关注点赞。主动融入基层社会治理格局，在县矛调中心成立“调小青”服务站，梳理“8+6”服务项目，建立青年“线上线下”联动调解机制。依托青少年宫主平台，开展“5+2”助力“双减”活动，与凌舞等9家社会培训机构联动，助力“双减”工作。

【助力青年】 制订出台《庆元县青年发展“十四五”规划(2021—2025)》，围绕教育、婚恋等十大领域梳理31项具体任务，提出青年思想领航等八大工程，实现系统引领、整体推进，破解与满足青年的现实问题和迫切需求。发挥预防青少年违法犯罪工作小组办公室职能，主动对接公检法司工作资源，聘请13名青年法官担任全县26所中小学校的“法治辅导员”，创新“菇乡青春微法课”学法课程集合，法治宣教常态化；推动政府购买青少年社会服务工作，累计帮扶重点青少年318人次；完成同济、同德、蔡段等3个省级双零社区试点创建。以四个“亲青”平台为抓手开展交友、帮扶、创业系列活动，为11名创业青年申请创业贷款280万元，发动青年团员、青企协会员等力量，筹集17万元资金解决青少年难题，为650名留守儿童圆梦微心愿，资助困难学生210人。

【青少年宫】 强化下属单位青少年宫(县级红领巾学院)阵地建设，探索庆元县红领巾学院“先锋营”实践教育系列活动创新模式，举办心有榜样红色电影欣赏、货币小小银行家主题教育课程等7场次系列活动。推动青少年宫课程项目创新发展，开设数字化思维、三色教育等特色课程。青少年宫开展培训成果展示活动，提升培训实效。完善管理制度，加强青少年宫教职工及外聘教师管理。

(朱栩栩)

庆元县妇女联合会

【概况】 2021年，全县有乡镇(街道)妇联组织19个，社区妇联组织9个，机关事业单位妇委会52个，“两新”组织中妇委会100个，村级妇联191个。4月30日，庆元县妇女联合会(以下简称“县妇联”)十三届四次执委(扩大)会议暨妇联系统党史学习教育读书会召开。7月7日，县委编委会研究决定撤销庆元县妇联苗苗幼儿园。12月15日，吴月妫任庆元县妇女联合会党组书记、主席。12月17日，《庆元县妇女儿童发展“十四五”规划》发布。12月30日，县妇联十三届五次执委会召开，会议替补县妇联执委、常委，选举吴月妫为主席、蓝春青为副主席。县妇联被县文明委表彰为2020年度庆元县精神文明工作先进单位。县妇联党支部被中共庆元县委授予“庆元县先进基层党组织”称号。

在微信公众号推出党史学习教育专栏，下设“巾帼学党史”“巾帼讲党史”栏目，推送92期，录制县乡村三级妇联主席讲党史11期、女党员讲初心6期、巾帼文明岗岗长宣讲六中全会精神7期。开展“巾帼心向党　奋进新征程”纪念“三八”国际妇女节111周年主题活动，通过微信平台开展“党史云竞赛”活动，参与3.05万人次，知识点传播数11.5万个。组织各级妇联干部深入基层、深入农村、深入一线持续开展党史宣讲25场次，覆盖群众7000人次。4月23日，县妇联在五都小学开展党史学习教育系列活动“颂百年风华　传红色基因——朴雅少年心向党”演讲比赛。组织认领实验二小9位留守儿童微心愿，到洋墩残疾人之家开展助残志愿服务活动。

【来料加工】 聚焦“双招双引”中心工作，通过以商引商、以企引企等方式，致力打造县来料加工新的增长点，2021年引进注册资金为500万元加工企业1个、返乡创业来料加工点1个，助推2个加工企业新建10亩以上加工厂区，增加来料加工经纪人43名，发展重点经纪人10人；来料加工费发放3.1589亿元，从事电子商务经纪人38人，电子商务销售额1.54亿元；发放来料加工以奖代补资金194.84万元。登记在册经纪人260人，集中加工点179个，异地安置社区来料加工孵化基地投入使用7个、在建3个，建成来料加工企业孵化基地18802平方米。在同心社区“洋媳妇娘家”开展2021年外籍新娘来料加工专场培训会，邀请资深来料加工经纪人为15名外籍新娘培训“手工订围巾”。在来料加工企业县佳源工贸有限公司举行庆元县2021年外籍新娘来料加工（平车）专场培训会。组织100名来料加工经纪人开展素质提升培训班；举办来料加工经纪人素质培训班暨来料加工“双招双引”工作推进会；组织13位重点经纪人座谈暨来料加工产业扶持政策征求意见会。开展“我为企业解难题”活动，走访花田家居、杨绣工贸、巾子风情等来料加工企业。8月19日，庆元县异地安置社区来料加工产业党建联盟成立仪式暨第一次联席会议召开。组织县农业农村局、财政局、经商局等单位召开来料加工补助评审会，评审2020年度来料加工以奖代补资金补助事宜。11月4日，庆元县来料加工产业助力共同富裕座谈会召开。11月23日，市妇联主席管伟春、副主席陈霞斌到庆元调研指导，先后走访省级“妇字号”农业龙头企业食用菌观光园、来料加工龙头企业、“洋媳妇”娘家、坑西村妇女之家等。12月10日，庆元县第三届来料加工平车技能擂台赛举行，59名来料加工从业者参与。

【妇女创业创新】 探索建立“地缘+趣缘+业缘”功能性妇女组织，发挥“妇联干部+美丽帮帮团+专业工作者”的团队力量，加快推进“数智”“四新”妇联队伍建设，主动融入数字化改革大局，深入实施“八大破难”行动。2021年，建立示范“美丽帮帮团”10个，成立妇女微家20个，增加新经济组织妇联1个、新媒体行业互联网领域妇联组织3个，推荐拟创省级示范妇女组织2个。推荐吴小燕参加“建行杯”浙江省首届巾帼村播大赛，获二等奖。深化“党建+来料加工”品牌创建，打造全市首个“异地安置社区来料加工产业党建联盟”项目，在异地安置社区开展送政策、送温暖等服务10次，为800人提供就业咨询，200人登记就业意向。庆元县御竹香农林专业合作社吴淑梅被认定为浙江省百名最美巾帼新农人。濛洲街道妇联、松源街道妇联、屏都街道妇联、竹口镇妇联、淤上乡妇联被认定为丽水市示范乡镇（街道）妇联，松源街道会溪村妇联、竹口铅笔产业园妇委会、浙江节节高炭业有限公司妇联被认定为丽水市示范新领域妇联组织，庆元县行政服务中心妇女微家、国网浙江省电力有限公司庆元县供电公司妇女微家、松源街道底村村妇女微家、淤上乡淤上村妇女微家、庆元县金鹰企业管理咨询有限公司妇女微家被认定为丽水市示范妇女微家。浙江庆元农村商业银行股份有限公司营业部被授予为全国巾帼文明岗称号。县妇联与县金鹰职业技能培训学校联合举办巾帼“赋能”培训班。屏都街道坑里村被认定为2020年丽水市花园庭院样板村，濛洲街道大济村李光媛等14户为2020年丽水市花园庭院样板户。庆元县综合行政执法局办公室、庆元县人民医院妇产科、庆元县澜蓝汇电子商务有限公司电商创业园接待中心、庆元缘游天下旅行社有限公司导游部被认定为2020年丽水市巾帼文明岗，庆元县来料加工经纪人协会被认定为2020年丽水市巾帼建功先进集体，国家税务总局庆元县税务局杨娟英、竹口镇吴丽花被认定为2020年丽水市巾帼建功标兵。丽水市“妈妈的味道‘粽’望所归”端午粽子大赛举行，县妇联与县农业农村局选送“五谷丰登粽”“幸运粽”“乌米倒提粽”“豹龙粽子”“富贵双竹”等参赛，庆元特色粽子味感、质感、观感均得到品鉴专家认可，荣获最高奖项——“巧手美食奖”。县妇联举办2021年度巾帼“赋能”培训班（第七期）暨巾帼文明岗职业形象提升班。7月27日，庆元县举办新一届村（社区）妇联主席培训班，全县所有乡镇、街道、村、社区妇联主席219人参加。郑莲芳等20户家庭被市妇联和市生态环境分局评为2021年度丽水市绿色家庭暨节能降碳家庭。

【妇女儿童权益维护】 培育基层治理“领头雁”，发挥“平安丽姐”“美丽舅妈”在普法维权、矛盾纠纷调处中的作用，构建立体化权益保障体系，宣传咨询20场次，为2个儿童之家争取到省妇女儿童基金会1万元活动资金，指导创建市级家庭亲子活动示范基地1个，创县级示范儿童之家6个。响应市妇联“每月8日妇女儿童权益日”活动号召，县乡联动每月8日进村、进户开展普法宣传、婚姻家庭纠纷调解、就业指导等服务，惠及妇女群众上千人，切实维护妇女儿童合法权益。

持续发挥"平安丽姐""美丽舅妈"志愿团队"人熟、地熟、情况熟"等优势，开展家庭矛盾纠纷排查，排查出红色家庭 1 户、黄色家庭 1 户、蓝色家庭 446 户，调处婚姻家庭纠纷 214 起。"美丽舅妈"婚姻家庭纠纷调解工作室获评浙江省婚姻家庭纠纷化解品牌工作室。常态化开展"三留守"关爱行动，开展寒暑假儿童关爱服务活动，确定姚家村、底村村、同德社区等 5 个村社为"三留守"人员关爱帮扶示范点，发动村社妇联带领"美丽帮帮团"定期开展关爱活动；9 月初来料加工经纪人协会走遍 19 个乡镇（街道），慰问 84 名"三留守"人员。实施"两癌"、甲状腺等免费健康检查，检查 8000 人次，切实为女性健康提供保障。加强妇女国防教育和双拥宣传；发动妇女广泛开展群众性拥军优属活动；协同有关部门维护军人军属在婚姻家庭等方面的合法权益。庆元县城东小学儿童之家被命名为 2020 年度"浙江省示范型儿童之家"。消防救援大队儿童之家、淤上乡淤上村儿童之家被命名为 2020 年度"丽水市示范型儿童之家"。县妇联《念好"三字经"，为巩固壮大舆论主流影响力贡献巾帼力量》被评为 2020 年度"庆元县十佳宣传思想创新（亮点）工作"。安南乡卫生院叶小娟被省人民政府妇女儿童工作委员会授予"浙江省实施妇女儿童发展规划成绩突出个人"荣誉称号。王燕平家庭被评为"丽水最美侨胞家庭"。

（黄海平）

庆元县科学技术协会

【概况】 2021 年，庆元县科学技术协会（以下简称"县科协"）围绕丽水市科协和县委、县政府提出的各项奋斗目标，全面推进党史学习教育、纲要实施、人才、科普等各项工作。开展"我为群众办实事、我为企业解难题、我为基层减负担"专题实践活动；征集各类意见建议和问题 17 个，班子成员对征集到的问题进行专题部署、重点帮扶、全面指导、协调解决，确保问题解决措施落实到位。

【人才工作】 县科协会同县食用菌产业中心与李玉院士进行沟通、对接，促成县领导赴吉林大学签订产学研协议，聘任李玉院士为浙江省食用菌种质资源库项目"领军型"导师顾问、首席科学家。深入实施"一县一业一学会"智汇山区赋能行动，促成省中医药学会与庆元县达成战略合作协议，建立省中医药学会庆元协同创新服务站，邀请学会专家团队到县生物科技企业开展调研活动，召开"浙派中医"助企行座谈会，开展义诊和中医适宜技术培训推广，举办浙西南道地中药产业高峰论坛，到竹口镇开展中药材种植技术宣传和指导。开展"菇乡新秀"选拔培养，组织第一届"菇乡新秀"到嘉兴进行为期 5 天的红船精神教育培训；启动第二届"菇乡新秀"选拔工作，经过申报、面谈、公示等程序选拔出 21 名在各个领域表现优异的青年才俊为第二届"菇乡新秀"；组织第一、二届"菇乡新秀"到隆宫乡开展"我为群众办实事"和"基层干部推动共同富裕能力提升行动"主题活动。培育农村科技示范户，完成第八批县级农村科技示范户认定工作；组织召开交流培训会，指导示范户带头学习先进技术，开展实用技术培训，推广科技成果；开展思想教育培训，增强对示范户的思想政治引领；举办香榧种植技术培训班，培训种植户 50 人；联合示范户举办科普农事节，提升示范户基地影响力和经济效益。邀请"希望之光"省级科技专家到庆元服务。省林业科学研究院团队到浙江三箭工贸有限公司开展技术服务，与技术人员探究竹材深度弯曲 R 角断裂问题，提出改进工艺技术方案，达成下一步的合作意向；省农业科学院蚕桑与茶叶研究所 3 位专家到江根乡指导油茶加工、茶树育种技术，现场查看并指出当前油茶种植的问题及解决方案，为下阶段的种植生产规划提出建议。"百名专家连百村"汇集市、县科技专家，建立结对村与专家合作的长效机制，组织市县科技专家到乡镇（街道）、行政村开展双百专家技术指导活动 60 次，组织科技专家和农户现场交流会 8 次，邀请市县双百专家到各乡镇（街道）、行政村开展科普宣传和现场咨询活动 12 次。

【科普工作】 5月，开展寻找“科技追梦人”、走访慰问科技工作者、医疗志愿服务、百名专家连百村、反邪教反诈骗科普进基层等“全国科技工作者日”系列活动，在全县营造尊重科技工作者、热爱科学的浓厚氛围；9月，在全县范围内开展主题为“百年再出发，迈向高水平科技自立自强”的2021年全国科普日系列活动，活动包括科普知识竞答、第五届科普农事节、全国中医名家讲《中医抗疫与科学养生》讲座、“浙派中医”助企行等内容。联合县成人技校、县卫健局、中国移动庆元分公司，开展“银龄跨越数字鸿沟”专项行动7次，为1200位农村老人普及智能手机使用常识；开展科普进机关、进社区、进学校、进农村活动18场，为广大群众普及反邪教、反诈骗、疫情防控等科学知识。线上科普提升群众科学素养，利用遍布各乡镇(街道)的气象显示屏，累计滚动播放科普知识3000条；通过移动短信平台发送两代表一委员、机关事业单位干部职工、村干部、农村科技示范户等人群，累计发送科普短信60万条。

（叶丽娟）

庆元县工商业联合会

【概况】 2021年，庆元县工商业联合会(以下简称“县工商联”)围绕“两个健康”工作主题，发挥工商联的桥梁纽带和参谋助手作用，在加强政治引领、服务民营企业、投身光彩事业等方面开展工作，打造“奔跑的工商联”2.0版。县工商联被评为2021年度全国民营企业调查点工作先进基层单位。

【信念教育】 开展以“守法诚信、坚定信心”为重点的理想信念教育实践活动，坚持党史学习教育进商会、进企业，进一步增强“四个意识”、坚定“四个自信”、做到“两个维护”。组织非公经济人士赴井冈山、丽水新屋、斋郎村、催上村、双龙电站、陈望道故居等地开展理想信念教育活动10次。

【参政议政】 引导工商联界别政协委员参加县“两会”，2021年提交提案46件、社情民意27件；协助县政协经济委完成《拓展发展空间　保障庆元生态工业用地需求》《加速培育生物科技产业新动能》两篇大会发言，形成《关于深入挖掘扁鹊庙文化　助推庆元特色生物科技产业发展》等调研报告，组织企业家参加铅笔产业，深入挖掘扁鹊庙文化、助推庆元生物科技产业发展等专题协商工作。

【服务工作】 制定庆元县《关于推进清廉民营企业建设的实施方案》，明确各相关部门责任，形成党委领导、相关部门、各乡镇各负其责，民营企业主动作为，社会各界广泛参与的工作格局。制定清廉民企建设标准，在示范点建设实践中边推进、边总结、边完善，建成一批可复制、推广的清廉民企标杆，建成示范点位4个。编印清廉民企建设宣传册和倡议书1000份，发放给企业家和会员。与县检察院联合下发《庆元县人民检察院庆元县工商业联合会保障民营企业健康发展“四个一”行动实施方案》文件，通过召开一次检企座谈会、开展一次服务民营企业专项走访、成立一个“保障民营企业健康发展服务站”、促进一个涉案企业进行刑事合规改革等“四个一”行动，营造促进民营企业健康发展的良好氛围。分别与县科技局、税务局联合举办“亲清直通车·政企恳谈会”，就科技项目申报、减税降费等政策进行现场交流，通过恳谈会面对面问需求、提建议，为企业办实事、解难题。

【双招双引】 发动商会会员参与争当“菇乡伯乐”、推荐人才线索征集活动，通过微信群、公众号转发等形式要求各商会宣传征集活动情况，要求商会结合实际，积极推荐人才线索，推荐北京庆元商会会长、北京振国威文化发展有限公司董事长沈俊，宁波庆元商会会长、浙江云点科技有限公司董事长吴俊为县“引才大使”；了解商会运转、建设情况，根据人才驿站设立标准，在杭州、金华、宁波、北京等四个商会建立“人才联络站”，配合县委统战部在宁波、义乌等庆元商会设立“菇乡贤”联络站，搭建在外乡贤服务沟通平台，服务县招才引智工作。3 月 31 日至 4 月 1 日，召开知名浙商助力庆元“双招双引、双争双创”座谈会，以天能集团为组长单位的浙商助力团 40 人齐聚庆元，先后走访考察浙江鸿星文具有限公司、庆元生物科技产业园、浙江双枪竹木有限公司、浙江方格药业有限公司等。座谈会上，庆元与浙商助力丽水跨越式发展庆元工作组签订“知名浙商助力庆元跨越式发展合作框架协议”，与会人员开展座谈交流，为庆元发展问诊把脉，为推动庆元跨越式发展建言献策。2021 年，引进项目 1个，项目投资 3000 万元。

【组织建设】 完成县新生代企业家联合会和县服务行业商会 2 个直属商会的换届工作。各商会为会员企业提供政策支持、产销信息、经贸合作、金融优惠、管理培训、考察学习、人才招聘、劳务纠纷等活动 20 次。杭州市庆元商会成立法律咨询服务中心，为会员提供法律咨询服务；义乌市庆元商会免费举办商标注册、金融理财、科技创新、网红推荐、税务知识等培训，开展创业支持、政策咨询、权益维护帮扶 10 次。

【人才培养】 6 月 28 日，联合县委组织部启动“致敬百年、创业传承”新生代企业家赴县属单位挂职锻炼工作，从竹木、铅笔、食用菌等主导产业企业中遴选 10 名新生代企业家到 9 个涉企部门担任局长助理，开展为期 3 个月的挂职锻炼。组织庆元县新生代企业家联合会会员赴福建省南平市政和县、建阳区开展竹产业交流活动，组织召开外贸扩量提质、竹木产业创新发展、提升服务行业发展水平等相关培训 3 次。

【光彩事业】 引导非公经济人士履行社会责任，全年开展慰问活动 20 次，捐资捐物 100 万元。新生代企业家联合会走进庆元县第二实验小学开展慰问活动，为 503 班的 47 名学生送上慰问品，为 16 名贫困学生送上学习大礼包；温州市庆元商会党支部走进庆元县百山祖镇斋郎村开展“红色斋郎忆党史，浓情粽意暖人心”活动，为群众提供义诊、义剪、义演等服务；服务行业商会及商会党支部代表前往江根乡小开展“六一”慰问活动，探望全校师生；义乌市庆元商会党支部开展“点亮微心愿 真情暖民心”——我为群众办实事专题实践活动，征集群众“微心愿”10 个并圆梦；宁波市庆元商会、新生代企业家联合会、服务行业商会为横坑古村灾后重建捐款等。

（沈颖超）

庆元文学艺术界联合会

【概况】 庆元县文学艺术界联合会（以下简称“县文联”）是庆元县各文学艺术家协会的联合组织，党和政府联系文艺工作者的纽带，围绕履行对各文艺家协会和广大会员的“团结引导、联络协调、服务管理、自律维权”基本职能，以“服务会员、服务中心、服务社会”为总目标，发挥文联的组织优势和人才优势，开展文艺活动、采风交流、文艺创作和展示、文艺志愿服务等，带领广大文艺工作者以高度的文艺自觉，服务、推动庆元文艺事业发展。县文联下设作家协会、美术家协会、音乐家协会、舞蹈家协会、书法家协会、摄影家协会、民间艺术家协会、戏剧曲艺家协会等 8 个协会及诗词楹联学会。有会员 580 人，其中省级会员 44 人，国家级会员 7 人。

县委巡察组进驻文联开展政治巡察，促进县文联工作的制度化规范化建设，加强中国共产党的政治引领和党风廉政建设。加强制度建设和执行力度，出台《庆元县文艺协（学）会管理办法》《庆元县文联下属协会财务管理细则》《庆元县文艺协（学）会重大活动备案制度》等；加强思想政治教育，营造风清气正的工作环境；强调党组的核心作用，遵循习近平总书记系列讲话精神，加强文艺协会的政治引领，站稳意识形态舆论阵地。

县文联根据自身的特点，制作《诗话红桥 书声琅琅》短视频七集，“学习强国”给予展播，以诗词朗诵和解说词的形式，由诗词学会朗诵团成员出镜，用诗化的语言，介绍红色廊桥的故事；举办“红色廊桥诗歌散文大赛”，面向全市范围的文学爱好者，进一步扩大“庆元红桥”的影响力；在咏归桥开展“青年作家红心向党”红桥诗文朗读活动，加强青年作家的党史教育。

根据县委书记点题，在县政协的组织下完成《弘扬扁鹊庙文化，助力康养产业发展》的课题，梳理扁鹊庙文化的影响力，提出大济展示扁鹊文化的旅游布局建议。深化大济宋韵文化研究，进一步明晰南宋宰相李纲与大济的关系，师承和学术倾向，了解李纲与龙庆大家庭的脉络。协助食用菌科研中心向全国征集龙岩戏台楹联作品，组织书法创作。与县纪委联合举办“清廉庆元摄影大赛”。联合百山祖镇政府撰写“百山祖国家公园丛书”《游百山祖，读山水诗》，作为百山祖研学基地的教材。

浙江省书法家协会与县文联共同制订“结对提升”实施方案，以“举旗帜、聚民心、育新人、兴文化、展形象”五大使命为根本遵循，以培养庆元书法人才为目标，有效发挥省级协会资源优势，凸显书法名家示范引领作用，不断创新新时代文明实践工作模式和基层人才培养机制、努力培养和推出一批德艺双馨、锐意创新的基层中青年书法精英，助力庆元文艺繁荣发展；举办“云起百山——百山祖国家公园杯”主题书法展，展览以庆元廊桥及相关文化为主题，展出书法作品 60 件，特邀丽水市书协主席邹健利题词，丽水市书法名家杨忠伟、叶庆游参展，优秀作品众多，视觉效果高雅，展期持续一个月，吸引众多人前来观展，得到社会各界人士和菇城百姓的一致好评；组织开展“把作品写在地头上——文联所属文艺协会联合采风走进黄田”活动，参观灰树花基地、新农村建设，到崔上闽浙边地委驻地接受党史教育；摄影家协会到东部乡镇为“空巢”老人拍人像作品，记录一个村庄的记忆；作家协会协助乡村采写散文诗歌，编辑出版；诗联学会与书法家协会为乡村亭台等建筑开展楹联书法创作；作家协会、摄影家协会等开展定期读书会和摄影技术培训；举办庆元县首届“廊桥杯”少儿声乐器乐舞蹈大赛颁奖晚会，流行音乐学会给“洋媳妇娘家”送文艺等文艺演出活动。

【文学诗词】 在“庆祝建党 100 周年暨 2021 年丽水文学创作大赛”中范淑敏的《镜中》获中长篇小说铜奖；吴丽美的《白石记》获短篇小说铜奖；叶亦心的《明鸳鸯瓦冷霜华重》获短篇小说优秀奖；吴鸿芬的《扶贫日记》、吴丽娟的《菇民戏的守护者和传承人》获纪实类银奖；姚传标的《人间另一个高度的仰望》、吴少云的《我的大伯》获纪实类铜奖。褚颖的《一名老党员的工作笔记》在 2021 年浙江省电力公司“劳动创造幸福”女职工读书征文活动中获二等奖。

吴宗祥编辑的瓯江山水诗路撷萃《松源遗藻》由中国书籍出版社出版，作品介绍和解读庆元宋明清三朝诗文的精华，介绍相关历史名人及事件，获得市委宣传部精品文艺扶持奖励项目支持；吴少云个人散文集《小木窗》由浙江人民出版社出版，全书充满江南的泥土气息和乡愁味觉。

【摄影】 出版会员作品集《行摄庆元》，陈士平摄影作品《青龙峡猕猴》获首届国际自然环保摄影大赛丽水特别奖三等奖，作品《杂色竹笋》获首届国际自然环保摄影大赛优秀奖作品，《蛟龙出洞》《仙境》获浙江省《联谊报》“我眼中的重要窗口”摄影•微视频征集活动优秀奖；张用权摄影作品《岁捻年丰》在国家级摄影刊物《人民摄影》上发表；吴青松的摄影作品《野生世界》入选 2021 丽水摄影节；童晓峰摄影作品《忙碌的绿色使者》在全国国防邮电系统中国共产党成立 100 周年摄影大赛中荣获三等奖，作品《疫情下绿衣使者》《夜战》分别在中国通信摄影协会“邮政故事”全国摄影大赛、浙江电信全省员工书画摄影比赛中荣获优秀奖和二等奖。

【美术书法】 吴明全油画作品《庆元甜橘柚》入展浙江省油画作品展；汤肖曼作品《府后街》在庆祝中国共产党成立 100 周年——“艺美求美”入展浙江省女画家作品展；吴华、胡睦熙国画作品入选“2021 年丽水书画作品展”。

吴通正书法作品入选“问道金庭”浙江省草书百家作品展；吴通正、兰朝良书法作品入选“陆维钊奖”浙江省中青年书法展；方兴、姚敏荣、吴通正、吴韦春、兰朝良书法作品入选“李阳冰杯”首届丽水书法大展；方兴、吴通正、吴韦春书法作品入选“2021 年丽水书画作品展”。

【表演艺术】 由陈伟红、吴利华编剧、导演，杨洪峰、杨香珍、胡佳怡、吴佶静等表演的菇民戏《网红桥》在“中华颂”第 12 届全国小戏小品曲艺大展中荣获最佳剧目奖、优秀导演奖、优秀编剧奖、最佳人气奖等奖项；由陈伟红、杨洪峰等编导的乡村表演诵《一个村的集体记忆》在 2021 年全国“村晚”示范展示活动启动仪式中入围展演；由陈伟红、吴佶静、胡佳怡编导的群舞《廊桥嬉趣》入围“庆建党百年，享美好生活”第 31 届浙江省群众舞蹈大赛，并获丽水市第五届原创舞蹈大赛创作金奖，舞蹈《隔》获丽水市第五届原创舞蹈大赛表演银奖。

由中国残联、教育部、民政部、文化和旅游部、国家广电总局等部门联合举办的第十届全国残疾人艺术会演中，庆元县残疾人歌手叶雄的《阿家里格啰》代表浙江省参赛，经多轮专家评审，荣获声乐类一等奖；吴诗妮、董莹辅导的声乐作品《飞云之下》在 2021 年浙江省中小学艺术节中荣获一等奖及优秀指导老师奖；陈维伟、陈维健创作、演唱的作品《老家》在丽水市第十六届原创歌曲大赛中荣获创作铜奖、演唱银奖。（吴昌珍）

庆元县残疾人联合会

【概况】 庆元县残疾人联合会（以下简称“县残联”）履行“代表、服务、管理”职能，争取党委、政府支持，与相关部门沟通对接，落实残疾人社会救助、残疾人两项补贴、康复服务、教育就业扶贫扶持等政策，结合残疾人节日及协会活动等宣传扶残惠残政策，形成以“政府为主导、部门配合、社会共同参与”的浓厚扶残助残氛围。2021 年 8 月，吴理广任县残联党组书记、副理事长。通过人力社保局招聘编外用工 1 人。进一步完善乡镇（街道）和村级专职委员考核管理，拨付 18 名乡镇（街道）专职委员专项经费 72.2 万元，为 60 名村级专职委员发放补助资金 9 万元。

通过全国助残日等重大节日开展宣传融合等活动 18 次，举办第三届残疾学生运动会，10个代表队的 75 名运动员参加 37 个体育项目竞技。组建残疾人无障碍观影服务队 1 个，开展观影15 场次 780 人次。庆元籍运动员叶佳颖获全国残疾人运动会暨全国特奥运动会羽毛球混双、单打冠、亚军，叶雄《阿家里格啰》荣获第十届全国残疾人艺术会演声乐类一等奖，叶贵明入选全省百名残疾人自强致富好故事，“残疾人之家”智能考勤系统应用入选全省百个助残共富好案例。

【法制建设】 完善相关政策制度建设，修订出台《庆元县扶助残疾人实施办法》，新增学前、高中残疾学生及困难残疾家庭子女学费补助，中等职业残疾学生及残疾家庭子女助学政策，困难残疾人灵活就业参保职工养老保险补助从 10%提高到 40%，扩大政策惠及面，加大扶持力度。修改完善重度残疾人集中托养管理办法，残疾儿童康复服务有关事项办理等规范性文件，编制发布《庆元县残疾人“十四五”规划》。

【社会保障】 贯彻落实残疾人社会救助政策，残疾人社会保障实现应补尽补。集中托养、残疾人意外伤害保险、残疾人城乡医疗（浙丽保）、城乡养老保险补助实现全覆盖，为 138 名灵活就业参保职工养老保险残疾人发放补助 32.2 万元。持证残疾人中，2452 人纳入特困、困境儿童、低保或低保边缘户等社会救助保障，占持证残疾人的 30.29%；2306 人享受困难残疾人生活补贴，2787 人享受重度残疾人护理补贴，年度发放补助资金1461.76 万元。完成省慈善危旧房改造验收 11 户，拨付资金629060元，为11名重病残疾人争取省福利基金会大病医疗救助20.25万元。

【教育就业扶持】 通过助学奖励和生活补贴政策，对残疾人大学生、困难残疾家庭大学生、基础教育阶段学生等教育助学全覆盖，发放助学补助603人次98.52万元，其中为10名残疾大学生发放学费住宿费减免14.16万元，为214人发放大学奖励金45.75万元，为350人发放基础教育生活补助23.91万元，自考学历奖励7人1.5万元，为22人送教上门补助经费13.2万元。

按照以集中、按比例就业为主，自主创业、来料加工、电商创业等为辅的原则，新增就业61人，职业技能培训153人。实施残疾人就业帮扶，发放贷款贴息114人20万元，残疾人就业创业6人1.2万元，残保金征收入库665.1万元。完成省民生实事之残疾人之家规范化提升1家，7个残疾人之家，为204名残疾人提供庇护服务，发放补助资金202.7万元。

【康复医疗服务】 全年实现精准康复服务率99.97%，家庭责任医生签约84.06%。落实残疾儿童康复服务制度，为残疾儿童提供基本康复服务补贴68人，补助资金113.78万元，发放困难残疾儿童家庭生活救助21人9.72万元。享受精神病人免费服药全额保障政策641人，支出40.43万元。全年发放轮椅、助听器、拐杖等各类辅助器具437件次，无障碍家庭改造12人。建设同心省级无障碍社区、斋郎市级无障碍村和后田绿地公园无障碍景区。

【残疾人托养中心运营】 庆元县残疾人托养中心于5月31日正式投入运营使用。该中心位于屏都街道综合新区南辅路1号，有200张床位，总投资概算4217万元，用地面积10205平方米，总建筑面积7051平方米。该项目于2018年6月底开工建设，2020年8月完成竣工验收，通过公建民营方式由浙江怡康养老服务有限公司负责运营。

（胡慧华）

红十字会

【概况】 庆元县红十字会依托庆元县生命教育体验馆等平台普及生命教育和生命安全知识，开展专题宣传教育15场次，1246人次。在“世界红十字日”和“世界急救日”等重大纪念日期间，开展一系列主题宣传活动，提高红十字会的知晓率、知名度和社会影响力。成人会员队伍不断壮大，发展会员1812名；结合“三救三献”业务，开展红十字志愿服务活动，大力弘扬“人道、博爱、奉献”红十字精神。拓展基层组织覆盖面，建成乡镇（街道）红十字会19个，建会率100%；建成村（社区）红十字会81个、学校红十字会13个、医疗机构红十字会3个。坚持数字赋能，深化“数字红会”建设，启用“数字红会”造血干细胞捐献应用；有效利用“数字红会”仓库管理应用，推进储备物资管理信息化。

【救护培训】 规范开展应急救护培训，参与“五分钟社会应急救护圈”建设，组织开展点位5名以上管理人员救护员培训，培训160人次，全面提升应急救护能力；推进红十字应急救护培训“五进”活动和在重点行业、重点人群中开展救护培训工作，普及群众性救护培训，开展应急救护员培训11场次，培训救护员614人次，占户籍人口比例0.3%，应急救护知识普及培训34场次，救护知识普及6789人次，占户籍人口比例3.33%。

【灾情救助】 履行救灾职能，发生灾情及时开展救灾工作，帮助受灾群众解决燃眉之急，发放救灾款物8800元；开展“红十字博爱送万家”活动，救助19个乡镇（街道）43个村（社区）50户困难家庭，受益人数86人，发放慰问物资5000元。

【无偿献血和造血干细胞捐献】 每月12—13日及“世界献血者日”、我为“七一”献热血活动期间，开展无偿献血和造血干细胞捐献知识宣传动员活动，留样入库 27 人，成为造血干细胞捐献志愿者。12 月，实现造血干细胞捐献 1 例；做好人体器官（遗体、组织）捐献工作，新增人体器官（遗体、组织）捐献登记 138 人，累计登记 470 人。

（周福华）

庆元县慈善总会

【概况】 庆元县慈善总会（以下简称“县慈善总会”）成立于 2005 年 12 月 29 日，创始基金255.67 万元，团体创始会员 41 个。县慈善总会第一次会员代表大会于 2005 年 12 月 29 日召开，会长由时任县人大常委会主任刘秋霞兼任。第二次会员代表大会于 2011 年 1 月 10 日召开，会议选举吴远龙为会长。第三次会员代表大会于 2016 年 4 月 22 日召开，吴远龙继续担任会长。

2021 年 3 月 31 日，县慈善总会召开第三届第三次理事会议，毛茂丰当选新一届会长。截至年底，形成县慈善总会、乡镇（街道）慈善工作站、村级慈善爱心基金三级慈善工作网络。全县建成“村级慈善爱心基金”102 个，成功创建省级“村级慈善爱心基金”8 个，省级示范慈善分会 1 个，募集爱心慈善基金 1099.8 万元；实现基金增值收益 108.85 万元，助学 326 人次，敬老 5146 人次，助困 147 人次；建立冠名慈善基金 34 个，基金金额 334.8 万元。

【“慈善一日捐”】 2021 年 9 月，在全县开展“慈善一日捐”活动，发动全县机关、企事业单位、社会参与“慈善一日捐”活动，呼吁大家捐出一天的收入，借助“微慈善平台”线上、线下同时开展，募得善款合计人民币 145.43 万元，募捐总额创历史新高，在全县初步营造“人人参与慈善、个个奉献爱心”的社会氛围。

【数字化慈善建设】 2021 年，为加快传统型慈善向数字化慈善转变，在学习借鉴宁波等发达地区的先进经验基础上，县慈善总会上线“微慈善系统”并对工作人员进行网络慈善系统培训，实现多元化、多渠道筹集善款，累计筹集善款 389.57 万元；10 月，线上成立全省首个县级公益性低碳慈善基金——“碳庆惠”低碳发展公益基金，打造“百个冠名慈善基金”，引导社会力量持续参与，让“建个基金，做点善事”的理念夙愿成为菇乡新时尚。

【常规救助工作】 精准实施慈善救助，传递慈善关怀，各项常规救助项目常态化开展，2021 年救助支出 381.20 万元，救助 1589 人次。落实省市项目，省助残危房改造项目款 27 人，62.91 万元；抗美援朝老兵慰问 4 人，发放慰问金 1.2 万元；市我飞拥军救助 2 人，发放救助款 1 万元；市大学生救助 20 人，发放救助款 10 万元；市大病救助 25 人，发放救助款 12 万元；市春节慰问 40 人，发放慰问金 8 万元。积极对接山海协作，开展关心庆元红色革命村 70 周岁以上留守老人慰问活动，慰问留守老人 141 户，发放慰问金 8.7 万元，发放爱心物资 12.2 万元，合计人民币 20.9 万元。赈灾救助迅速，12 月 1 日官塘乡横坑村发生火灾，会长毛茂丰、副会长叶时林一行 4 人第一时间赶到官塘乡横坑村慰问 11 户受灾群众。

【慈善项目谋划】 以“重阳节”为载体，打造“重阳敬老百村联动”慈善品牌，关心东部留守老人，助力“健康夕阳红”，组织为老人理发、集体聚餐等活动，102 个村级慈善爱心基金在浓乡情、树正气、共富裕上发挥作用。开展“关爱守望者 共富先锋行”留守老人暖冬关爱活动，发放毛毯 1810 条，发放爱心冬袜 1810 盒，计投入资金 38.19 万元。让山区的留守老人沐浴在温暖的慈善阳光里。联合团县委，开展圆梦集体微心愿——东部学校学生关爱活动，为江根乡中心小学的儿童之家安装两台空调，为举水乡中心小学 21 位住校生每人购买垫棉被子和其他寝室用品。

（吴裕群）

法　治

政法委与综治

【概况】 2021 年，庆元县委政法委在县委、县政府的坚强领导下，深入贯彻落实中央、省委、市委政法工作会议精神，以“护航建党百年大庆，打造全国最平安县”为主线，高水平推动庆元政法工作高质量发展，为实现“十四五”规划发展良好开局，争当全省高质量发展建设共同富裕示范区的山区范例创造安全稳定的社会环境。

【维护社会安全稳定】 强化“万无一失”的责任意识和“一失万无”的底线思维，严格落实重大决策社会风险评估“应评尽评”要求，完成水库扩建工程移民安置公寓项目、集体土地房屋征迁补偿安置方案等重大项目评估。以平安护航建党百年为主线，在重要活动、重要时段、敏感节点严格等级响应和战时工作机制，落实情报收集、会商研判、应急备勤、督导督察等工作机制。认真开展独立学院转设、“双减”政策落实、高考加分改革政策调整等专项维稳工作。圆满完成各级“两会”、国庆、缙云轩辕黄帝祭祀大典等维稳安保任务，县域内政治安全及暴恐案（事）件保持“零发生”，守住“庆元本地不出事，庆元人不外出惹事”的底线。

【推进“平安庆元”建设】 牢固树立“大平安”理念，印发《中共庆元县委建设平安庆元领导小组办公室及专项组组成方案》，结合省、市、县三级暗访督查行动，详细分析薄弱环节，制定解决措施，形成问题清单，确保平安建设在各乡镇（街道）、各行业、各领域都有人抓、有人管、有人负责。以省市平安暗访问题整改为推手，加强问题督查与交办，建立领导带队督查工作机制，做到明察与暗访相结合，督促薄弱环节整改。全年共组织专项督查行动 6 次，落实整改问题 60 项。将平安意识融入全县人民的日常生活当中，延伸宣传触角，提升宣传实效。组织人员前往 19 个乡镇（街道）、重点社区开展平安宣传，累计发放宣传资料、宣传品 21500 份，以宣传促工作，以宣传抓落实，人民群众安全感、满意率持续位列全省前列，连续 16 年获全省“平安县”称号。

【提升社会治理水平】 积极打造庆元县矛调中心线上指挥平台智治中心，通过数据整合，集成智慧大脑，补齐社会治理共性短板，推动形成“统一指挥、专常兼备、反应灵敏、上下联动、平战结合”的平急一体综合指挥“庆元模式”，进一步明确县级矛调中心功能定位、管理制度以及工作流程，基本实现矛盾纠纷“一站式解决”。相关经验在省政府《咨询研究》第30期刊发，并得到袁家军书记及时任省长郑栅洁的批示肯定。承接好省市“1338+N”数字法治系统建设工作要求，以“一件事”牵引和撬动架构重塑、流程再造、制度创新。2021年7月，在全国“外籍新娘”管理工作研讨会上，庆元作经验交流，被外交部评为可参考、可借鉴的涉外婚姻管理服务“庆元经验”。强化数字赋能，以“一屏两端”建设为抓手，引领和推动数字法治体系构架迭代升级，有效助推政法数字化改革。

【有效服务社会发展】 制定新冠肺炎疫情网格排查组专班工作方案，推进“141”[“1”即县级社会治理中心，“4”即乡镇（街道）基层治理“四个平台”，“1”即村社网格。]社会治理体系与疫情防控体系深度融合，充分调动县、乡、村三级社会治理服务中心牵头抓总、指挥调度、研判分析等作用，全面调动网格员等群防群治力量，全县233名网格员严防严控当好“排查员”、定期消毒当好“清洁员”、贴心服务当好“跑腿员”，精准助力全县疫情防控常态化。对1例疑似病患开展流调工作，在突发疑似病例期间，牵头协调有关部门依法严厉打击利用疫情哄抬物价、趁火打劫、制假售假等扰乱市场秩序行为，严格公共安全监管，防止发生重大案事件，有效维护社会经济发展秩序。深入推进“护航2021”打击侵害企业利益经济犯罪专项治理行动，助力营造最优营商环境。全力以赴拔钉清障，有力保障兰溪桥水库扩建工程、百山祖国家公园等重点项目和重点工作的顺利推进。

【锻造政法铁军队伍】 以政法队伍教育整顿为契机，着力打造一支“信念坚定、执法为民、敢于担当、清正廉洁”的政法铁军。结合党史学习、政治学习、纪律学习、英模学习，引导政法干部筑牢反腐防线、梳理宗旨意识、坚定理想信念，在全县范围内形成良好的学习氛围。扎实开展“我为群众办实事”活动，及时把教育整顿的成效转化为服务群众的实效，政法各单位累计为企业解难题、为群众办实事、为基层减负担2160件次。创新开展“三长”（公安局局长、法院院长、检察院检察长）接访日活动，进一步畅通群众诉求渠道，方便群众表达意见建议，得到上访群众的一致好评，该做法获《丽水日报》报道。着眼“熟人社会”“关系网”问题纠治和干警素质提升，推进查纠整改。经全面排查共涉及六大顽瘴痼疾问题信息111条，其他不涉违纪、问题不严重、工作性差错问题3136个，已全部整改到位，干部队伍作风持续好转。

（吴　贞）

法治政府建设

【概况】 2021年，庆元县司法局深入学习贯彻习近平法治思想，紧紧围绕省厅、市局工作部署，奋力拼搏、团结协作、改革创新，全面推进依法治县，为庆元奋力打造“共同富裕示范区”建设“最生态”旗帜提供坚强有力的法治保障。

【法治建设】 加强党对法治政府建设的领导，编印《述法汇编》，并将法治建设纳入县委巡察工作。狠抓领导干部“关键少数”，县委理论中心组学法6次，县政府常务会议学法4次，县管领导干部任前法律知识考试参考率、合格率均达到100%。完善重大行政决策机制，编制出台《2021年度庆元县人民政府重大行政决策事项目录》，将3项重大决策事项纳入目录范围，全县重大行政决策目录化管理实现100%覆盖。扎实开展法治示范市创建，共对31家重点法治责任单位开展督察，发现问题165个并落实整改，针对法治建设重点指标薄弱环节亮晒14期。

【执法监督】 推进行政执法公示制度，完成2019—2021年度行政执法单位执法信息核查，完成51个链接整合归集，103个公示链接核查复盘工作，确保公示链接有效率100%，执法主体、执法人员、救济渠道等信息公示率100%、准确率100%。落实执法全过程记录制度、重大执法决定法制审核制度，规避执法风险。推进行政执法数字化法治建设。落实“互联网+监管”执法，统筹推进浙江省统一行政处罚办案系统有效应用。推进“浙政钉—掌上执法”App运用，2021年庆元县简易程序案件总数125件，掌上办案数115件，掌上办案率为92%。开展案卷评查实现常态化。开展2021年度行政执法案卷专项评查活动，对自规局、综合执法局等15家重点执法部门的382件案卷开展评查，评出优秀等次行政执法案卷28件，不合格案卷18件，发现问题1084处，案卷合格率95.3%，制发《执法监督通知书》13份，复评案卷76件。全面深化“无证明城市”（群众和企业去政府机关、公共事业单位、服务机构办事，无须提交需要自己跑腿去开具的证明材料）建设。落实证明事项告知承诺制，共保留证明事项材料268项，直接取消86项，部门核验369项，数据查询179项，告知承诺22项，进一步提升了便民效能。推进“大综合一体化”改革。成立庆元县综合行政执法改革领导小组，下设办公室，制定执法改革工作任务清单，明确改革组织架构，指导各部门按照省综合行政执法事项统一目录确定的范围开展事项划转，“大综合一体化”改革稳步推进。

【合法性审查】 加强行政规范性文件管理。实行县政府常务会议议题审查报告制度，共审查规范性文件30件，提出合法性审查意见223条，意见采纳率98.5%，实现合法性审查100%覆盖，及时向市政府、县人大报送行政规范性文件备案26份。推进乡镇（街道）合法性审查。积极部署乡镇（街道）合法性审查工作，实现19个乡镇（街道）“六有”（有队伍、有制度、有场所、有标示、有印章、有台账档案）全部到位，开展优秀案例评选活动，推动基层合法性审查工作纳入规范化轨道，全县乡镇（街道）共审查政府合同73件，其他事项30件。加强行政规范性文件备案审查。落实“三统一”制度，严格执行行政规范性文件统一登记、统一编号、统一公布制度，共收到县直部门和乡镇街道报送备案的行政规范性文件21件，对制定程序不规范、备案超过规定期限等，及时要求整改。

【复议应诉】 开展行政复议和行政诉讼“以案治本”专项行动。推进行政复议、行政诉讼案件违法行政存量问题清零，完成2019年以来44件行政复议纠错、行政诉讼败诉后遗留问题的处置。行政复议发案量从2020年的35件下降到2021年的21件，同比下降40%；行政诉讼发案量从2020年的58件下降到2021年的28件，同比下降52%；行政诉讼败诉率从2020年的21.8%下降到2021年的零败诉，行政复议发案量和纠错率、行政诉讼发案量和败诉率两项指标均全市最优。强化“行政非诉执行”案件专项治理。梳理2019年以来全县行政非诉执行案件52件，对执行不到位的案件，深入相关单位现场督查，专项行动中共计拆除违法建筑2031.34平方米，切实维护行政执法机关的执法公信力。推进行政争议调解。实行行政争议化解“3+X”调解结案模式，落实调解责任。2021年度，收到行政复议申请21件，审结21件，其中不予受理6件，受理前调解3件，审理中调解6件，行政复议调解率43%，案结事了率71.4%。2021年，全县行政调解共受理案件958件，成功调处932件，成功率97.29%，涉案金额397.26万元。

（汤肖曼）

公安

【概况】 2021年，庆元县公安局在县委县政府和上级公安机关的领导下，深入学习贯彻中共十九大及历次全会精神、习近平法治思想和习近平总书记关于新时代公安工作的重要论述，牢牢把握对党忠诚、服务人民、执法公正、纪律严明总要求，聚焦护航建党百年安保工作主线，统筹推进各项工作，为全力护航服务打造“共同富裕示范区建设的山区范例”贡献公安力量，获庆元县委县政府给予行政奖励，记集体三等功。庆元县公安局于2021年1月27日搬迁至文昌路1号公安业务技术用房。全年共破获刑事案件177起，查处治安案件584起，分别同比上升34.09%和9.9%，连续三年获评全省公安机关执法质量优秀单位，连续两年获评全市公安机关综合实绩评估优秀单位。年内，1个集体立二等功，1个集体和7名个人立三等功，3个集体和30名个人受到嘉奖，其他集体奖励16次，个人奖励173次。

【维稳安保工作】 始终坚决捍卫政治安全和维护社会稳定，深入开展“护航大庆安保年”行动，严密防控各类风险，确保各重要时间节点的平安稳定。累计对全县相关互联网使用单位网站进行120次远程漏洞扫描，下发整改通知书共7份，行政处罚6家，关停涉案服务器1个，下架违规App1个。深入开展矛盾纠纷大排查大化解，累计化解矛盾纠纷138起，其中化解国家级重复信访事项交办件5件，省级重复信访事项交办件1件，化解率均为100%，提前完成部交和省交两个80%的积案化解任务，实现公安部、省厅化解积案“零回流”。圆满完成省长郑栅洁到庆元调研、市领导矛调中心接访、县“两会”、外籍新娘现场会等各类重大活动安保任务。

【服务重点项目建设】 全力护航服务打造“共同富裕示范区建设的山区范例”，主动为重点项目建设拔钉清障，累计调解移民区各类矛盾纠纷25起，成功处置5起因拆除移民村村委会导致的群众聚集事件，有力保障兰溪桥水库扩建工程等重点项目的顺利推进。服务创建百山祖国家公园工作，率先在全市设立国家公园警务室，建强边界护绿机动队，成功破获近年来猎捕国家重点保护野生动物最多、保护级别最高、涉案人员最多、涉及价值最大、侦办效果最好的两起破坏野生动物资源违法犯罪，打掉1个具有猎捕、贩卖、食用等链条式的作案团伙，抓获犯罪分子16人。深化“一企一警”联系机制，助力营造最优营商环境，推进“护航2021”打击侵害企业利益经济犯罪专项治理行动，立职务侵占案2起、销售假冒注册商标的商品案3起，刑拘5人。

【打击违法犯罪】 全年共破获刑事案件177起，查处治安案件584起，分别同比上升34.09%和9.90%，刑事拘留247人，取保候审230人，提请逮捕143人，移送起诉346人，抓获各类上网逃犯101人。成功破获“113电信网络诈骗案”“叶某某非法收购珍贵、濒危野生动物案”等一批有较大社会影响力的案件。常态化开展扫黑除恶工作，打击涉恶案件6起，采取强制措施12人；迅速侦破“童某某故意杀人案”；移送起诉传统盗窃犯罪嫌疑人数30人，抓获打击治理跨境赌博专项行动犯罪嫌疑人53人、上网逃犯75人。发起云端集群战役3起，成功办结公安部督办的“吴某某等人涉嫌虚假诉讼案”，合计移送起诉犯罪嫌疑人62人。成功侦办全市首起“暗网”类案件–0709侵犯公民个人信息案，抓获犯罪嫌疑人7人。食药环整治、黄赌、缉枪治爆等专项行动，排名全市前列。

【专项行动成效】 推行“聚指成拳”“集群作战”的网上战场作战模式，成功打掉帮助上游赌博平台非法支付结算资金达2亿元的“小四支付”平台，抓获犯罪嫌疑人15人，查控涉案资金410万元，扣押涉案车辆2辆。成功对“113断卡行动”专案开展两轮集中收网，抓获犯罪嫌疑人38人，捣毁窝点6个，冻结资金100万元，现场扣押现金26万元、汽车2辆。部省下发“断卡”行动线索全部清零。深入开展“全民反诈攻坚年”行动，积极构筑“12345”反诈工作新体系，推动建立学校家长群、企业员工群等反诈网络群805个，覆盖全县8万人，第一时间推送“反诈预警”信息，同时以庆元方言形式推出15期《茂哥说反诈》节目，总浏览量达150万次，得到本地网友广泛好评，通过预警宣传，电诈发案量和案损金额分别同比下降32.59%、20.7%，均为全市最大降幅。

【执法规范化建设】 推行办案积分制考核制度，细化各项考核目标，激励民警多办案、办好案。完善日巡查、周通报、月通报等内部监督管理机制，加强对执法办案实行全程、实时、动态考评，切实增强民警责任心，从源头、程序上确保案件质量。出台《规范执法八条严管措施》，2021年通报批评2人次，口头告诫4人次。建成并投入使用全市面积最大、设备最先进、功能最齐全的执法办案管理中心，实现全局刑事案件及适用拘留处罚行政案件的涉案人员均进中心办案区实行集中羁押监管。优化警务资源使用，组建法制辅警队伍，通过强化技能培训，提升法制辅警业务素养，在2021年全市公安执法审核巡查大比武中获得辅警巡查个人第二、第三名的好成绩。

【狠抓基础工作】 先后组织开展32次治安大清查行动，全面检查KTV、棋牌室、农家乐、民宿和涉危企业、寄递业等重点场所、重点行业、重点物品1600家次，有效排查消除了一批安全风险隐患。护校安园有序开展，积极组织法制副校长及法制辅导员到辖区进行法制宣传及安全防范教育，切实增强学校师生日常防灾、紧急避险、交通、反诈等安全防范意识和自救互救能力。持续完善立体化治安防控体系，新建成智安小区13家、智安单位20家，继续推行夜间巡逻和“警灯闪烁”工程，确保辖区发案少、治安好。铲除罂粟两处合计63株，系近年来发现非法种植毒品原植物最少的一年。累计开展毛发毒品检测2715人次，除涉毒案件主动查办外，检测均未发现吸毒人员。对高中低风险吸毒人员实行分级分类落实管控，常态化对开展走访、尿检、毛发毒品检测、帮教工作，严防肇事肇祸。对中长期在外县的庆元籍吸毒人员衔接落实双向管控，累计发函139人411份。协同林业主管部门做好森林防火宣传工作，开展集中宣传3次，发放宣传手册335份，电视台专门报道2次。开展联合执法9次，累计出动警力53人次，清查早市、农家乐等野生动物经营场所22处，救助、放生各类保护动物21只。

【疫情防控】 成立公安疫情防控流调溯源专班团队，共协助县疫情指挥部开展疑似病例、密接、次密接流调核查13次，排查密接、次密接人员共计873人次，核查人员信息35人。针对1例疑似病患，开展流调工作，仅用4小时就找出密接人员23人，为全县疫情防控工作的顺利开展，打好坚实的基础。根据县疫情防控指挥部要求，牵头组建省际卡点、高速出口执勤专班，采用24小时轮班连续奋战方式，协助有关职能部门对疫情中高风险地车辆人员开展跟踪检测，切实把好进省入口关，在浙闽边际构筑起一道疫情防控安全屏障，累计投入警力5286人次，查控车辆168000辆次、人员258000人次，协助转运隔离人员31人次，排查密接、次密接人员872人次。

【数字化改革】 推进内部“最多跑一次”改革全面深化，依托政务网实现县党政OA办公平台全覆盖接入。推进接处警系统与基层治理四平台系统的线上线下融合，把具有疑难矛盾、多部门管理的警情第一时间流转到矛调中心实行线下处置，有效解决同一矛盾纠纷多次报警未解决的难题。多次组织召开实战化数据建模创新大赛推进工作会议，成立工作专班，正在加快推进云上警队、涉外婚姻管理服务平台等数字化改革项目建设。

【人口管理】 全县共送审核送制“二代证”8174张，办理县内迁移1639人，出生登记1245人，死亡注销1342人，分户634人。推进户口登记管理清理整顿工作，共注销市局下发火化常口未注销333条，核查人像比对存疑信息28条。创新无户口人员落户机制，摸索集体研判、跨域协同工作方法，帮助9名无户口人员解决落户难题，办理时间较以往缩短50%以上。深入推进“最多跑一次”改革，增设3个综合窗口，实现45项高频事项“一窗通办”，让群众只跑一个窗口就能办成事，实现了公安政务服务“窗口之外无审批”。组建户籍窗口“红色先锋队”，通过线上线下收集群众各类办证难题，累计为41名群众提供上门服务。升级老年人“温心通道”，安排本地民警担任“庆元方言助手”，实行专人陪护模式，对未带齐相关证明材料的老年人，初审核实后实施容缺办，保留现金缴费方式，解决老年人缴费难问题，消除“数字鸿沟”。严格遵守疫情防控期间出入境证件签发管控规定，全年共签发护照15件、往来港澳通行证45件、前往港澳通行证1件。开展打击妨害国(边)境专项工作，共查处“三非”外国人28人，遣送出境11人，行政处罚17人，打击妨害国(边)境案件2起，移送起诉1人，采取刑事强制措施2人。继续深化外籍新娘“六个一”工作法和“积分制”管理办法，确保546名外籍新娘群体稳定。

【交通管控】 开展专项集中整治行动37次，查处各类交通违法63375起，其中，查处饮酒驾驶256起，醉酒驾驶31起，无证驾驶177起，超载289起，超速6935起，扣留机动车473辆，吊销驾驶证68本，移送起诉人数37人。“两客一危”、重型货车等重点车辆报废率、年检率、违法处理率均达到99%以上。全年共发生交通事故2846起，同比上升12.35%。交通肇事逃逸案件侦破率100%；发生上报道路交通事故50起，与上年同比上升31.58%；死亡12人，与上年同比下降20%；受伤61人，与上年同比增加56.41%，事故三项指数二升一降。强化道路交通隐患排查整改，5处县级隐患点已全部整改到位，报送县交通运输局整改53处其他隐患点，已整改37处。筹措资金91万元，新建了9个违停车辆智能抓拍点位，两个红绿灯路口电子警察系统，全力保障8小时外道路交通安全和行车秩序。完成省市民生实事项目、县政府“十件关键小事”交办事项和城区中队创建“枫桥式交警中队”硬件建设项目。

【监所管理】 严格制度措施落实，完成监管工作人员全员疫苗接种，在押人员疫苗接种165人次，完成监管工作人员核酸检测422人次，在押人员核酸检测255人次，实现监所疫情防控“三零”目标。推进监管政务服务数字化改革，完成网上换押182人次，刑罚交付执行一体化推送47人次，完成律师远程视频会见297人次，案件开庭58人次。开展看守所1990年至2020年所有公安机关提请的减、假、暂案件核查自查自纠工作，翻阅各类档案603卷，共梳理核查减刑案件87起、假释案件14起、暂予监外执行9起。积极开展拘留所矛盾纠纷化解工作，成功化解工作5起，履行债务20万元，收到在拘人员感谢信6封，其中外籍人员感谢信1封。不断地创新管理模式，科学、有效管理在押人员，实现监所12年安全无事故。

【特色工作亮点】 面对涉外婚姻管理服务新课题，首创积分制管理，建立了“六个一”机制，探索出了可参考、可借鉴的涉外婚姻管理“庆元经验”，有效引导、服务该涉外群体更好、更快地融入家庭和社会。国家移民管理局研究处、外交部领事司、公安部刑事侦查局、民政部社会事务司等部委主管部门、省外事工作调研组及厦门大学、丽水学院教授先后来调研外籍新娘“积分制”管理工作。“庆元县涉外婚姻管理服务平台”场景应用团队参加全市公安机关第一届实战化数据建模创新大赛荣获优胜奖、优秀组织奖。创新推行重点工作党委成员领衔督察制，构建党委领衔抓重点、督察协同抓纪律、部门共管抓业务、所队自查抓基础的督察大框架，将“梯次告诫”管理机制渗透到公安工作的各个角落，对问题顽疾加倍查，对钉子问题跟踪查，对重点工作对标事项跟踪查，找对症结，精准查纠，切实提高问题销号率，共排查问题26个，已落实整改26个，实现问题整改的闭环管理。积极构建“党政主导、公安主力、部门联动、镇村共抓、全民参与”的全民反诈工作新体系，创新实践根据每月发案情况进行分色标注的“三色管理”，完善“四个一”闭环防控机制，较上年同期，实现电诈发案量下降33.14%，案损金额下降21.45%。

（叶学民）

法院

【概况】 2021年，县法院在县委坚强领导下，在县人大及其常委会监督和上级法院指导下，在县政府、县政协及社会各界关心支持下，高举习近平新时代中国特色社会主义思想伟大旗帜，深入学习贯彻习近平法治思想，坚持服务大局、司法为民、公正司法，注重系统观念、法治思维、强基导向，忠实履行职责使命，圆满完成了各项工作任务。全院新收各类案件4698件，办结4678件，一线法官人均结案246件，实现了跨越赶超发展。

【锻造司法铁军】 以政治建设为统领，高标准推进党史学习教育，开展"四个一学习""云走长征学党史"等活动，获评县"十佳专题组织生活会"。坚持以党建带队建促审判，打造"五心三色"特色党建品牌，获评县先进基层党组织、机关党建获评县级机关党建示范点。强化院庭长办案示范引领作用，院庭长带头办结各类案件3765件，占全院结案数的80.5%。压实院庭长监管职责，细化完善院庭长监督管理和法官审判权责清单，标注"四类案件"200件加强重点监管。有力有序做实政法队伍教育整顿，综合运用自查自纠、组织查处、专项整治等手段，完成六大类31项顽瘴痼疾整治内容整改销号，制作《内部管理制度文件汇编》，推进审判执行各项业务工作规范化运行，获市委副书记、政法委书记郎文荣现场肯定。队伍核心战斗力明显提升，涌现县级以上先进集体4个、先进个人7名。

【聚力平安建设】 审结一审刑事案件141件，判处罪犯256人，其中判处三年以上有期徒刑52人。保障人民安居乐业、社会安定有序，严惩黄赌毒、盗抢骗、食药环等突出违法犯罪案件53件82人。推进网络空间治理，审结电信网络诈骗、侵犯公民个人信息等犯罪案件9件31人，维护清朗有序的网络空间。始终保持惩治腐败高压态势，审结贪污、贿赂、渎职等职务犯罪案件3件4人。坚持宽严相济，对初犯、偶犯、未成年犯等122名被告人依法从轻、减轻处罚。在全省率先适用法律翻译机制审理柬埔寨籍被告人刑事案件，全面保障外籍人员诉讼权益。

【防范化解重大风险】 坚持疫情防控与司法办案并抓、管控风险与服务发展并重。从严从快惩处防疫期间盗窃防疫物资犯罪，组织党员干警支持防疫工作，300人次逆行"火线"，为抗疫大局作出贡献。审结金融借款、信用卡纠纷等民事案件573件8700万元，审结集资诈骗、非法吸收公众存款等涉众型经济犯罪3件3人，有力防范金融风险传递。打击非法民间借贷，审结"套路贷"犯罪案件4件12人，发布职业放贷人名录2期20人次，强化协同治理，对职业放贷人的利息收入补征个人所得税，促进民间借贷案件连续五年逐年减少，其中2021年较2017年减少56.7%。

【打造法治化营商环境】 审结一审涉企民商事纠纷1173件，涉案金额3.24亿元。注重发挥破产审判化解风险、服务高质量发展作用，审结万欣印业破产案件，化解债权6526.9万元，盘活土地资源1万平方米、厂房6367.7平方米。紧盯"执行合同"指标，缩短纠纷解决时间、降低纠纷解决成本、优化诉讼程序质量，办结买卖合同纠纷案件164件，平均审理天数29.7天，同比减少10.4天。在全市率先引入"资产管理人"开展个人债务重整，依法帮助"诚实而不幸"的企业家东山再起、重新创业。

【护航"最生态窗口"建设】 设立百山祖人民法庭集中管辖环境资源案件，发布《助力百山祖国家公园创建的若干意见》，为国家公园创建提供专业司法保障。贯彻生态修复理念，联合百山祖镇在国家公园建立生态修复基地，使用生态修复资金15万元。深化巡河守护制度，监督社区矫正人员完成义务巡河43次19小时，让生态破坏者“变身”成为生态守护者。推进三江源流域治理工作，组织浙闽两省四县河（段）长、护渔员等60余人观摩庭审黄某某等人非法毒鱼捕捞污染浙闽流域生态案件。召开全市首场廊桥文化遗产保护司法座谈会并出台实施意见，建立“一桥一人一码”行动方案，助推廊桥文化遗产保护。

【助力行政争议实质性化解】 聚焦创建“全国法治政府建设示范市”目标，出台助力法治政府建设的实施意见，牵头庆元、龙泉、云和三地举办全市首次跨地域“一府两院”联席会议并签订合作框架协议，推进三地行政争议调解中心联动实质化运作，参与14件行政诉讼案件的协调化解，涉庆元行政诉讼案件收案数同比下降44.8%，败诉率由2020年的18%降为0，调撤率50%，同比提高26.4个百分点。建立全市首个“行政诉讼案件法律援助工作机制”，为“民告官”提供法律援助，彰显法治建设的信心和决心。

【深度融入社会治理】 搭建“百名调解专家、千名老娘舅志愿者”的大调解队伍，努力用非诉讼方式解决老百姓的矛盾纠纷，引导2222件案件分流至矛调中心，调解成功1016件。强化风险预警，针对办案中发现的社会治理隐患，及时向有关单位发送司法建议13份，根据各乡镇（街道）成讼特点发布诉源治理白皮书，为案件源头化解提供思路。严格落实信访维稳安保责任，院领导分片区包干乡镇（街道），主动下沉到“共享法庭”开展大走访、大接访活动，接待群众26批，就地解决问题7个，办结涉诉涉执信访案件18件。针对人民法庭覆盖面不足的现状，大力推进“共享法庭”平台化、泛在化、智能化建设，在乡镇、村社、金融邮政网点等设立“共享法庭”156个，打通服务群众“最后一公里”，就地化解纠纷139件，获县委书记批示肯定。

【竭力兑现胜诉权益】 新收执行案件1959件，执结案件1928件，执行到位金额1.5亿元。健全综合治理执行难大格局，联合全县33个部门凝聚失信惩戒合力，判处拒执犯罪6件7人，司法拘留8人，罚款393人49.2万元，违法制裁率由2016年的4.9%提高到2021年的21.4%。加强自动履行引导督促，联合“共享法庭”庭务主任、调解员、网格员开展协助送达、查找当事人、协查财产线索等，推动胜诉权益实现在强制执行前端，已开展执行协助112件次，自动履行率57.7%，同比增加19.2个百分点，诉前调解案件自动履行率76.7%。利用农商银行网点屏幕曝光失信被执行人信息，626名被执行人主动申报财产或履行义务，向社会传递守信激励、失信惩戒的鲜明导向。

【司法质量效率和公信力】 全面构建案件质量管控体系，牢牢守住案件质量生命线，严格落实案件评查工作，每季度开展全体员额法官参与的随案评查、定期联合兄弟法院开展交叉评查，以互评互查推进互学互鉴，评查案件5203件，连续三年在全省司法质量监督大检查中保持零瑕疵。扎实有序推进全省“分调裁快审”改革试点工作，出台繁简分流及审判流程节点管理办法，构建快调速裁效率化机制，审判质效明显提升，民商事案件繁简分流比例达74.8%，平均审理天数34.1天。充分发挥小额诉讼程序简便快捷优势，审结小额诉讼案件427件，占一审民商事结案数21.2%，平均审理天数仅为11.1天。努力在数字化改革“大场景”中找准庆元山区特色“小切口”，以数字正义助推更高水平的公平正义。拓宽“云法庭”延伸触角，将司法局与全省监狱的视频会见终端架设到数字法庭，涉狱民商事案件庭审耗时从3天缩短到1小时。

【规范司法行为】 认真落实县人大历次会议决议，高质量办结重点建议1件。完善代表委员联络工作机制，班子成员上门走访人大代表、政协委员158人次，编印《联络专刊》200册，邀请代表、委员参加会议、视察法院、旁听庭审、见证执行等124人次。认真贯彻落实中央、省委加强新时代检察机关法律监督工作相关意见，支持配合检察机关法律监督工作，邀请检察长列席审委会21人次，办理检察建议78件。坚持以公开促公正、立公信，上网裁判文书1221份，直播庭审1337场，审判流程信息公开率98%。深化司法民主，人民陪审员参审各类案件249件，一审普通程序案件陪审率100%。坚持把“群众满不满意、高不高兴、答不答应”作为评判法院工作的最高标准，全面推广应用“司法公正码”，2021年第四季度，收到当事人、律师测评意见796份，平均得分99.2分。

（朱浩渺）

检察

【概况】 2021年，在县委和上级检察机关的正确领导下，在县人大及其常委会的依法监督下，县检察院立足工作实际，紧扣忠实践行“八八战略”、奋力打造“重要窗口”主题主线，更加注重系统观念、法治思维、强基导向，主动融入全县中心大局，全面履行法律监督职能，认真开展检察队伍教育整顿和党史学习教育，坚持唯实惟先、善作善成，发挥服务大局、司法为民、客观公正的示范作用，为庆元争当浙江高质量发展建设共同富裕示范区范例提供更有力的司法保障。

【法治服务】 主动服务大局，有为有力保稳定促发展。

在保障民生福祉上积极作为。保障民营经济健康发展，开展服务民营企业“四个一”（实施“一窗式”受理、推深“一线”服务、精简“一证”登记、执行“一份”正面清单）行动，在县工商联设立“保障民营企业健康发展服务站”，建立重大疑难案件会商、检企座谈会、定点联系重点民营企业等常态化工作机制，搭建顺畅高效检企交流平台，依法办理涉企案件8件，在保护企业合法权益的同时，预防和减少企业违法犯罪，对符合法定条件的2件案例作出不起诉处理。持续深化“我为群众办实事”实践活动，助力脱贫攻坚同乡村振兴有效衔接，干警结对帮扶低收入农户52户；用心用情办理司法救助案件，办理国家司法救助15件，与上级检察院联动发放救助金额13万元，让救助对象切实感受“检察温度”。

在守护绿水青山上多措并举。严厉打击辖区内破坏生态环境案件，办理非法捕捞水产品、盗伐林木等案件11件25人。加强执法司法联动，会同县农业农村局在生态公园设立非法捕捞生态修复教育基地，发挥惩治、普法、警示、修复等作用，有力增强“行政+司法”生态保护工作合力。加强跨省域协作，会同福建省松溪、政和、寿宁县检察院共建浙闽边界跨区域生态检察协作机制。比如办理黄某某等人非法捕捞水产品案中，组织召开浙闽两省四县生态保护工作跨区域合作协商会，并邀请三地河（段）长、护渔员、群众代表共60余人观摩该案庭审，进一步凝聚跨省流域生态保护合力。该案例被浙江新闻客户端、浙江检察网、福建检察网等媒体报道，被评为全省检察机关精品案例。推进“检察建议回头看”，持续关注乡镇茭白种植污染水质问题，督促治理资金陆续到位，先后引进新产业种植项目，相关流域水质明显改善。

在保护文化遗产上精准监督。紧盯古树名木保护，发出诉前检察建议8份，督促乡镇街道整改古树受损害、生存不佳情况，筑牢防护线。紧盯历史文明保护，督促古村落所在乡政府及时修缮保养古建筑和文物，消除消防隐患，有效保护传统村落3处。紧盯红色资源保护，走访排摸乡镇街道散落烈士墓、革命遗迹等线索，针对多处红色遗址未得到妥善管护问题，发出诉前检察建议7份，并与乡镇街道、退役军人事务局、文广旅体局等行政机关交流协作，推动落实整改，有效保护散葬烈士墓4座，革命遗址3处，保障英雄烈士的合法权益。

在护航未成年人上履职担当。坚持“捕、诉、监、防、教”一体化办案模式，实行未成年人“一站式”办案机制，联合县民政、教育、妇联等多方力量，搭建心理救助、权益维护平台，为未成年当事人提供多元综合救助。坚持在办案中实现“未成年人利益最大化”，针对民事判决或调解中未成年人抚养费未执行到位问题，及时发出未成年人抚养费优先执行检察建议，督促执行到位。在县青少年事务发展中心挂牌成立帮教基地，开展心理辅导、教育训诫、帮教考察救助 8 人次，帮助涉罪未成年人回归社会。开展法治教育课、检察开放日、漫画宣传、专题宣讲等多形式普法，普及强制报告制度、抵制校园暴力、入职查询制度，与团县委、县法院联合举办的“开学法治第一课”活动被人民日报客户端转发报道。

【检察监督】 深耕监督主业，全面维护社会公平正义。

努力做优刑事检察。2021 年共批捕各类刑事犯罪案件 95 件 151 人，起诉 147 件 272 人。强化“少捕慎诉慎押”司法理念，依法对轻微刑事犯罪不批准逮捕 69 人，不捕率 44.52%，同比上升 47%；不起诉 130 人，捕后不诉率为 44.52%，同比上升 60%；落实羁押必要性审查制度，诉前羁押率审前羁押率为 38.6%；轻罪起诉率 15.5%，有力促进司法文明和社会和谐。加强诉讼活动监督，纠正漏捕 1 件 1 人，立案监督 3 件 3 人，监督撤案 1 件 1 人。加强侦查活动监督，提出口头纠正违法意见 29 件，发出侦查活动监督通知书 5 件，书面纠正违法通知书 2 件；起诉职务犯罪 3件 3 人。

大力做强民事检察。针对近年来劳动报酬等多领域频频出现“假官司”现象深挖案件线索，坚持“快、准、狠”开展调查取证，办案检察官审查梳理 172 名当事人案件线索，查处出 61 起虚假诉讼案件，涉案金额 113 万余元。落实“少捕慎诉慎押”能动司法，对其中 45 名犯罪嫌疑人举行公开听证，最终一致同意作出相对不起诉处理，提高案件办理的透明度和公信力，实现“三效统一”(政治责任、社会职能、法律职责)，被最高检、《检察日报》、浙江检察网等转发报道，取得良好成效。

着力做实行政检察。办理行政执行活动监督案件 4 件。积极畅通与政府、法院的沟通互动渠道，推进行政争议实质性化解资源配置最优化，助力法治政府建设。庆元、龙泉和云和三地政府、法院、检察院签署跨区域一府两院框架协议，确定深化府院联席会议机制、行政争议联动化解机制、营造行政争议化解会商环境、推行行政诉讼法律援助制度等 7 个“一体化”决定，着力破解行政复议纠错率高、行政诉讼败诉率高、行政行为质量不高现状，致力打造“司法资源同享、互助平台同建、风险隐患同防、突出问题同治、协调机制同立、工作举措同商”工作格局。

全力做好公益诉讼检察。办理民事公益诉讼案件 9 件，发出生态环境与资源保护领域诉前检察建议 16 份；发出行政诉前检察建议 30 件。守护“舌尖上”安全，大力打击非法猎捕、食用野生动物行为，办理案件 3 件 14 人，推动革除滥食“野味”陋习。比如，办理毛某福、练某永等 11 人危害珍贵、濒危野生动物案，召开全市首个野生动物保护行政公益诉讼案听证会，加强县公安局、市场监督管理局等部门协作，健全监管和查处长效监督制度。保护群众“脚底下”安全，针对盲道被非法占用、车辆违法停放情况，开展无障碍环境专项监督活动并督促整改，保障特殊人群出行安全。守护“道路中”安全，针对省道、县道公路上多处附属设施损坏、事故多发问题，发出检察建议 2 份，督促及时整改并维护设备正常使用，保障出行安全。

【法治创新】 加强改革创新，提供更精细化检察产品。

深化检察环节助力社会治理。依托“12309”举报中心、矛盾纠纷调处化解中心等平台，严格落实“群众来信来访件件有回复”制度，妥善处理群众来信、来访、来电共 157 件，办结重复信访积案 2 件，其中成功化解的五年涉诉信访积案被省检察院《控申工作交流》纳入典型案例。延伸宣传触角，组织办案干警成立“203 号”法律宣讲团，通过图文宣传、情景剧表演、微课播放、直播互动等多种方式，以“接地气”语言普及诈骗、疫情防控等相关法律。比如，开展“反诈宣传进乡村”活动，干警深入淤上乡、五大堡乡等多地乡镇，以情景剧表演、案例讲解、派送“反炸蛋”形式普法，群众认可度高，“反炸”意识更强，取得较好的宣传效果，有力营造遇事找法、办事靠法良好氛围。

健全工作机制提升办案质效。健全以“案—件比”(即指发生在人民群众身边的案，与案进入司法程序后所经历的有关诉讼环节统计出来的件相比，形成的一组对比关系。“案”是指发生的具体案件；“件”是指这些具体的案进入司法程序后所经历的有关诉讼环节统计出来的件)为核心的案件质效评价体系，制定实施《关于全面提升刑事办案质效的意见》，实行“一案双查”(既要查清当事人的违纪问题，又要查清主管领导或分管领导相关责任是否落实到位)机制，刑事“案—件比”优化至1:1.3，缩短办案时间，减少当事人及其家庭诉累。全面落实认罪认罚从宽制度，针对认罪认罚从宽制度上存在执行不精准、不规范问题，制定实施《关于认罪认罚从宽制度整治试行规范》，出台提升案件办理质效、保障当事人权益、加强与律师沟通协商等10项机制，实现办案质量、效率、效果相统一。2021年精准适用认罪认罚从宽制度案件共179件340人，适用率超86%，提出量刑建议法院采纳率为99.43%，较好地实现案结事了人和。

借智数字化大力开展“智慧庆检”。贯彻“整体智治、协同高效”理念，积极打造2.0版办案区，推进听证室、律师会见室的基础设施建设，其中就野生动植物保护、虚假诉讼等工作开展公开听证案件15件，达到“以公开促公正”良好效果。打造业务数据“智汇”中心，通过对接统一业务系统，实时追踪分析各条线数据情况，根据省检察院绩效考核办法，对基层检察院各业务条线的考核数据进行智能计分评价，该软件已在浙江检察App线上运行，为基层检察院和部门各条线掌握业务工作情况，为领导决策提供参考。

【检察队伍建设】 坚持铸魂立根，夯实思想政治基础。坚持“规定动作做扎实、自选动作有特色”，抓紧抓实抓好检察队伍教育整顿和党史学习教育。突出“线上+线下”“学习+业务”相结合，组织“学身边先进·铸检察铁军”——“我的检察初心”“共学党史 共护家园”“六讲六做”等活动，灵活学习教育方式方法，全年组织干警参加政治轮训12次，先后集中学习26次，开展党史专题学习12次，学习系列精神专题讲座6次，庆检微课堂4次，主题党日活动3次，确保干警学深悟透，激发干事热情。开展警示教育大会、廉政教育报告会、旁听职务犯罪案件庭审等活动，抓住重点环节、重要节日进行集体廉政约谈，定期发送传递正风肃纪“小短信”给全体干警敲警钟。

坚持问题导向，全面从严治党治检。围绕队伍内部问题多发、高发、频发的重点领域，综合运用自查自纠、组织查处、专项整治等手段开展整改。自上而下开展谈心谈话113人次，详细解读“自查从宽、被查从严”政策，58名干警填报自查事项报告表，查摆并整改11个方面61项问题，全院队伍更加风清气正。对照“六大顽瘴痼疾”、问题短板和“三问三思三省”专项整治问题，细化成42项具体内容和31个整治措施，实施挂图作战，全部问题整改到位、各项措施落实落地。开展案件自查335件，对2名案件存在瑕疵干警进行警示谈话，针对法律文书制作不规范，类案不起诉标准不统一等问题，健全10项工作机制，防止此类问题再次发生。此外，针对市检察院党组所列的5个方面39项问题，开展联动巡察整改，从源头堵住漏洞。

坚持培育民警，着力提升综合素能。注重抓早抓小抓常，构建帮学相长的干警成长机制，与义乌、龙泉、云和检察院开展结对共建工作，健全常态联络机制、加强党建互动交流、加强检察人才培养、攻坚解决突出问题等，努力打造“讲政治、有理论、会办案、懂专业、善思辨”专业化检察队伍。推荐优秀民警参加市县评选活动，县检察院辩论队在全市检察机关辩论赛中获团体第一名，1名民警获“优秀辩手”称号；1名民警获全市检察机关公文写作竞赛能手称号；1名民警《聚焦听证意见 发挥听证实效》微课获全市检察优秀微课；2名干警在全县政法队伍教育整顿微党课比赛中分别获一、二等奖。

坚持阳光检察，广泛接受各方监督。始终树立监督者更要接受监督的理念，走访邀请人大代表、政协委员、人民监督员及社会各界代表了解、监督检察工作40余人次。深化检务公开，网上公开程序性信息461条，公开法律文书262份，保障人民群众对检察工作的知情权、监督权。讲好检察故事，“庆元检察”微信公众号共发布原创微文58篇，浙江检察、法治浙江等省级媒体转发16篇，《丽水日报》头版、丽水转发等市级媒体转发15篇。其中《老板炮制“集体讨薪”骗局，庆元检察“火眼金睛”揭开虚假诉讼系列案》一文被最高检官微、《检察日报》、正义网等媒体转发。

（朱　泓　范慧玲）

司法行政

【概况】 2021年，庆元县司法局深入学习贯彻习近平法治思想，紧紧围绕省厅、市局工作部署，以“政法队伍教育整顿”“党史学习教育”为抓手，持续推进重点项目攻坚行动，查漏补缺，狠抓落实，全面推进依法治县，为庆元奋力打造“共同富裕示范区”建设“最生态”旗帜提供坚强有力的法治保障。

强化干部队伍建设，创新设立四个中心+一个机制，实行合署办公，并从人员力量上倾斜法治政府建设。做好省厅结对和双一流大学生下派培养工作，挂职锻炼干部助推法治庆元建设；开展“争先进争形象，看落实看结果，比学习比作风”的“双争双看双比”活动，三名表现优秀的青年干部被提拔使用。结合党史学习教育活动，扎实开展政法系统教育整顿，通过学习教育、查纠整改、总结提升三个环节，全体干部工作积极性、责任心得到极大提升。以党史学习教育为抓手，开展线上+线下全覆盖学习。组织全体干部职工“一对一”谈话2轮125人次，发放《致全体干部职工及其家属的一封公开信》56份，干部主动交代“六大顽瘴痼疾”类问题1个，其他方面的问题158个，均已通过整改清单形式交办完成整改。制定出台《庆元县司法局贯彻落实“三个规定”工作机制实施方案》《庆元县公证处工作人员警示教育机制》《庆元县公证处行政监管和惩戒机制》《社区矫正调查评估工作规范》《社区矫正走访排查工作制度》等十项制度，形成一批可操作、可固化的队伍教育整顿实践成果、制度成果。

【法律服务】 法律援助职能充分发挥，与安徽省金寨县法律援助中心跨省协作，成功办理一起法律援助案件。2021年，共受理法律援助案件183件，办理法律帮助案件302件。法律顾问工作持续深化，与县工商联就法律服务民营企业达成战略合作，为县工商联及所属4家商会聘请法律顾问，覆盖全县企业400余家。2021年3月，百山祖律师事务所吴荣步受聘成为全市首个金融顾问工作室律师专家。建全乡镇基层公证信息员网络建设，共办理各类公证事项741件。开展“法雨春风”法律服务系列活动，扎实开展涉企矛盾纠纷排查，共调处各类矛盾纠纷305起，调处成功304起，调处成功率99.67%；开展线上线下企业法治体检989家，组织律师参与排查涉企矛盾纠纷251件，为企业解决问题和困难97个；编印《以案释法口袋书》全县推广，其中涉企法律服务典型案例26个。推进竹口司法所“培优育新”项目，完成竹口司法所迁建，投入65万元。以司法所法治化、制度化、规范化、信息化建设为抓手，打造具备多功能、一站式的服务场所，提高基层公共法律服务水平。

【人民调解】 创推“人民调解法治指导员”制度，抽调13名司法行政业务骨干、6名专职律师、5名法官组成指导员队伍，分片统筹指导全县人民调解工作，督促对应片区开展矛盾纠纷排查35次，举办村（社）人民调解员培训16场1080人次，中国共产党成立100周年“清源护航”法治宣传5场，深入剖析化解陈年未结案件14起。重新修订《庆元县人民调解“以奖代补”实施办法》《庆元县专职人民调解员经费管理办法》，实现科学统筹和基础保障。规范人民调解组织备案登记，加强纠纷排查调处和分析研判，2021 年全县各级人民调解组织共受理矛盾纠纷 1756 件，疑难案件 858 起，调解成功 1749 件，成功率达 99.6%，涉案金额达 3896.21 万元。开展中国共产党成立 100 周年社会矛盾纠纷“清源护航”专项行动活动期间，各调解组织摸排矛盾纠纷线索 1045 条，受理矛盾纠纷 76 起，调处成功 73 起，调处成功率为 96.05%，切实为中国共产党成立 100 周年营造安全稳定的政治社会环境。

【社区矫正】 强化社会力量参与社区矫正，招募社区矫正“公益大使”11 名，与县志愿者协会达成长期合作，开展教育学习、公益活动、心理辅导、家庭支持等服务。强化监地衔接与远程会见，探索疫情期间开展“远程会见”方式，解决庆元籍在押服刑罪犯“会见难、探访难”问题，共与 16 个监狱对接开展“云会见”帮教罪犯 213 人次，会见家属 443 人次，协助法院提审 31 件。制定监地协作三年行动，与之江监狱开展监地“走亲连心”活动。开展社区矫正对象和刑满释放人员“五项攻坚战”（走访排查研判攻坚、重点人员管控攻坚、宣传教育帮扶攻坚、社区矫正社会化攻坚、突出问题专项整治）活动，进行安全隐患排查，共排查出重点社区矫正对象 5 名，刑满释放人员重点对象 3 名，严格落实“定人包案”等稳控措施。深入推进矫务公开，创设社区矫正公开透明“晴雨表”监管模式，每月一考核、一公示，对社区矫正对象的考核进行量化评分，实现社区矫正监管公开透明。

【普法宣教】 坚持高位谋划，做好“八五”普法谋篇布局，通过征求意见、专题协商、草拟发文、意见修改等环节，县委县政府于 11 月 22 日印发“八五”普法规划，并于 11 月 29 日通过人大决议，“八五”普法规划正式实施。落实“谁执法谁普法、谁主管谁负责”普法责任制，出台《2021 年度县直单位法治宣传教育责任清单和主题活动计划》，对 37 家重点单位的普法任务进行细化；开展守法普法协调小组成员单位专题业务辅导，200 余名普法骨干参与培训。通过政府常务会专题学习、领导干部任前法律考试、县委理论中心组夜学、书法比赛等形式，深入宣传贯彻习近平法治思想。突出重点对象学法用法，创新开展庆元县少年综合行政执法学校、法治校园“微法课”，增强青少年法治教育的深度和广度。启动国家级、省级、县级民主法治示范村五年倍增计划，创市级民主法治村 40 个，省级民主法治村 7 个，完成国家级民主法治村复评 2 个，超额完成创比任务，新建普法农家院 2 家，“诚信守法企业”2 家。

（汤肖曼）

军　事

人民武装

【概况】 2021年，庆元县人武部聚势为战、顺势攻坚、蓄势拔高，在上级党委和县委县政府的坚强领导下，扭住庆祝建党百年主线，围绕打造“庆元共同体”建设目标，统筹铸魂与备战，统筹开局与开新，统筹发展与安全，举全力向一流奔跑迈出新步伐，被省军区连续3年表彰为“全面建设先进单位”。

【提升军事能力】 瞄准两大核心能力，滚动修订作战计划预案3类11个，持续规范日常战备值班，接受上级战备抽查118次，战场环境勘察、兵要地志持续更新，完善17项应急处置预案和2000余件救援物资器材盘点补充，常态化落实濛洲、松源两支应急分队值班备勤任务，开展经常性战备拉动演练、军职教育训练。浙闽边际联防联动应急演练社会影响力大，第四届民兵岗位练兵比武暨军事体育竞赛成绩突出。

【开展“军事日”活动】 2021年5月17日，是庆元和平解放72周年纪念日，县委书记、县人武部第一书记蓝伶俐率县四套班子领导前往政和县东平镇凤头村集体瞻仰中共闽浙边地委书记、闽浙赣边区游击队领导人陈贵芳故居，开展“传承红色基因、续写伟大胜利”军事日活动，重温“闽浙边地委”的革命历史，进一步推动党史学习教育走深走实。县四套班子领导又走进中共政和第一支部旧址，集中上了一堂“闽浙边地委红色革命历史”微党课，感念先烈们前仆后继、铮铮铁骨的革命事迹。

【民兵整组与征兵】 完善议事协调机构，落实县委武装工作暨县国动委全体会议和国动委“八办”联络员会议制度。优化民兵整组，编强配齐基干民兵队伍，在军分区点验拉动中到点率98%，点到率100%，全市排名第三。出动民兵参与山林灭火、防抗台风、疫情防控等任务。完善五都小学校园国防教育馆和斋郎爱国主义教育基地建设，相关做法被省军区要讯刊发。全面落实“一年两征”改革，高标准完成新兵征集，连续4年被省军区评为“征兵工作突出单位”。

【召开县委议军会】 12月30日，县委书记、县人武部党委第一书记蔡昉主持召开县委议军会议，会议听取2020年县委议军会以来武装工作情况及下阶段重点工作安排、提出需地方政府协调解决驻庆元部队需求等情况汇报，研究部署党管武装各项工作。会议强调，要坚持在双拥工作上持续用力。坚持军民“一条心”、军地“一盘棋”，推动双拥共建，优化服务保障，形成尊崇军人、关心军属、热爱军队、支持国防的良好风尚；驻庆元部队官兵和民兵预备役人员要积极参与地方经济社会建设、各项急难险重任务，为争当共同富裕示范区建设山区范例作出新的更大贡献。

（吴超峰）

武装警察

【概况】 2021 年，中国人民武装警察部队庆元中队（以下简称“武警庆元中队”）始终坚持以习近平新时代中国特色社会主义思想为指导，深入贯彻习近平强军思想，全面落实上级决策部署，聚焦争创“四铁”先进支队工作目标，牢固树立练兵备战导向，不断夯实中队基础，努力提升中队竞争优势，突出抓思想塑忠诚、抓备战谋打赢、抓规范提标准、抓经常打基础、抓党建正风气，在厚实底蕴、补足短板、提升标准中实现“最偏远、最放心”的目标，奋力争创“四铁”先进中队，为迎接中共二十大胜利召开营造良好氛围。

【队伍建设】 素质建设。在中队的统一教育和引导下官兵文化素质、法治意识进一步提升，认真落实条令条例，自觉遵守规章制度，严格执行命令，战备、训练、工作、生活规范有序。政治建设。根据支队要求先后完成“军营阅读吧”、荣誉墙等文化设施升级改造，对营区文化设施和文化环境进行更新，建设底蕴深厚、内涵丰富的现代化特色军营，为官兵业余生活和文化学习营造良好的氛围和提供舒适环境。

【军事工作】 始终坚持实战化练兵原则，牢固战斗力标准，提升官兵整体实战化能力素质，努力把部队打造成“听党指挥、能打胜仗、作风优良”的过硬中队。2021 年武警庆元中队训练水平在支队名列前茅，训练优良率达到 95%以上，合格率达到 100%，干部骨干教练水平优秀，战士军事技能、体能、智能、心理素质过硬、作风纪律扎实，受到各级领导一致认可。

【战备执勤】 武警庆元中队担负执勤处突、反恐维稳、防卫作战、抢险救援等各项任务，坚持以“智慧磐石”工程为依托，始终以执勤任务为中心，完善各项应急战备工作，5 分钟内全员全装出动处置各项任务，常态保持应急战备出动准备，确保战备执勤工作万无一失。真正做到“召之即来、来之能战、战之必胜”。

（朱章华）

人力资源　社会保障

人事　人才

【人事管理】 庆元县人力资源和社会保障局（以下简称“县人力社保局”）审核2021年度考核工作事业单位工作人员及各单位奖励、奖金发放；2021年度事业年报及全县人员花名册汇总工作。按规定办理人事调动手续187人；办理辞职（解聘）手续30人；严格按照省、市关于岗位设置的要求，完成12家单位的岗位设置工作，岗位聘用1267人次；做好军转企干部的稳控工作，安置2020年度冬季退役士官。

【阳光招考】 协助县委组织部开展公务员考录工作，2021年公开招录（招聘）公务员53人。组织开展事业单位（国有企业）工作人员考录工作，公开招录事业单位（国有企业）工作人员129人，开展机关事业单位编外用工公开招聘四批次，新聘用编外人员73人。笔试、面试、政审考察等环节阳光操作，招考工作无投诉、无质疑，考录工作透明度、公信力持续提升。

【工资福利】 完成2020年度全县机关事业单位工作人员工资年报和2020年度公务员收入情况调查表。做好机关事业工作人员工资正常晋升工作，为390名公务员晋升一个工资档次，月人均增资86元；为301名公务员晋升一个工资级别，月人均增资47元，为3985名事业工作人员正常增加一级薪级工资，月人均增资73元。公务员职务变动后工资审批298人，月人均增资444元。办理机关事业单位工作人员退休审批手续114人，办理抚恤金领取手续49人，办理遗属生活困难补助领取手续11人，机关事业单位工作人员确认连续工龄128人。组织全县工资干部参加人事工资管理信息系统业务培训，按照省市进度要求，保质保量完成全县事业单位工作人员工资完整度工作，确保工资信息完整度达到99%。逐步开展信息系统线上办理日常工资审批业务，取消线下审批，每月进行月工资申报审核工作。根据省市统一部署，对全县2017年至2021年5月公务员津补贴收入进行自查和清理规范。

【退管工作】 以“全心全意为老干部服务”为宗旨，落实退休干部两项待遇，加强和改善老干部思想政治工作，强化服务理念，增强服务意识，保障老干部安度晚年。2021年庆元县退休干部2142人，按每人900元的标准，发放全县退休干部活动经费192.78万元。县人力资源和社会保障局党组关注退休老干部身体、生活情景，帮忙解决困难；看望慰问病困老干部，为 34 名困难老干部送上慰问金 1.7 万元。

【人才工作】 组团到市外引才 19 次，招录机关事业单位人员 619 名，其中博士 2 人，硕士研究生 24 名；为 1099 名高层次人才发放人才津贴、人才储备金、安家补助、购房补贴、定向培养补助等津补贴 446.5 万元；组织高级人才联合会开展"建党百年，烹燃青春厨艺交流大赛""月圆中秋情满菇乡青年人才交友联谊活动""弘扬浙图文化奋进时代征程菇乡工匠技能服务月活动""高技能人才第二届名师带徒签约仪式"等大型活动。

举办第三届"菇乡工匠"职业技能大赛，342 名技能人才报名参赛，涉及 8 个工种，比赛评选出 9 名"庆元县首席技师"，18 名"庆元县技术能手"，为庆元县培养高技能人才 98 人。启动新时代浙江工匠培育工程，选拔推荐"浙江工匠"1 人、"浙江青年工匠"5 人、"菇乡名匠"28 人。建设市级技能大师工作室 1 家、县级技能大师工作室 7 家。与县职业高级中学共享资源，建设庆元县技工学校。增加第三方认定评价组织 1 家、技能等级认定试点备案企业 3 家。组织 4340 人次的职业技能提升培训，完成任务数的 160%；累计使用职业技能提升行动补贴资金 884 万元，使用率 98%。促成国家电网与县职业高中开展校企合作，联合开展企业新型学徒制培养 50 人。

2021 年 12 月，庆元县第三届"菇香工匠"技能擂台赛中式面点师工种竞赛现场　（张奕　摄）

【职称评审】 实现线上职评推荐评审，通过平台申报职称 329 人，上线率 100%。开展"双百"人才引领计划申报工作，完成 3 家企业、2 个乡镇的匹配专家。增加博士后工作站 2 家，招收博士后研究人员 1 人。2021 年，庆元县获得初级职称 99 人、中级职称 89 人、高级职称 48 人（其中正高 7 人）。开展丽水市创新创业人才职称"直通车"审核推荐工作。推荐援疆人员 2 人取得高级教师专业技术职务任职资格、1 人取得高级工程师专业技术职务任职资格。从 15 人中选出 2 人参加 2020 年度养老服务领域照护专业技术职务任职资格评审。申报全国杰出专业技术人才 1 人、专业技术人才先进集体 1 个，推荐申报省高层次人才特殊支持计划 5 人；推荐申报浙江省优秀博士后 1 人。

劳动　就业

【劳动监察】 不断完善根治欠薪工作议事协调机制，定期会商研究根治欠薪工作。将保障农民工工资支付工作纳入全县目标责任制考核，制定考核细则并组织实施考核评价，工作责任落实到单位。深化"庆元无欠薪"行动工作成果，以实施浙江"安薪"智治工程和开展重大工程劳动纠纷专项治理行动为抓手，持续清理整顿工程建设项目领域市场秩序。2021 年，深入工地和企业开展检查 482 家企业、在建工程项目 63 家次，"互联网+监管""双随机"检查用人单位 31 家次，针对检查发现问题的 39 家企业下发整改指令书，其中对 3 家建设单位工程款项拨付管理不规范、未实行工程款支付担保等问题进行整改。

强化部门联动处理，通过县"110"应急指挥中心统一调度，联合住建、交通、水利、经商等行业主管部门应急处置纠纷事件 30 起。加强欠薪预警监控，定期研判欠薪形势，及时消除如中美贸易摩擦、新业态经济发展等问题引发的欠薪风险隐患。2021 年，全县未发生 10 人以上造成严重不良影响的欠薪群体性事件及造成恶劣影响的极端欠薪事件，国有企业、政府投资项目、交通和水利等项目实现“无欠薪”。

2021年，化解劳动纠纷117件，涉及人数333人，金额399.6万元；立案查处欠薪违法行为1件；通过法律援助帮助65名农民工进行司法维权。诉调对接处理劳动纠纷案件15件，涉及人数44人，金额总计63万元。实现欠薪案件快速调处，有效防范群体性欠薪案件的发生。

【劳资专管员培训】 开展1期劳资专管员培训会，57名劳资专管员参与培训；开展3期劳动关系协调员培训，125名劳动关系协调员参与培训，提高企业和工程建设项目劳资管理员的业务水平。开展《保障农民工工资支付条例》实施一周年系列活动，发放《条例》宣传册7000册，“庆元安薪”宣传活动3次，为180家企业和40个项目工地答疑解惑450次，提高用人单位依法用工意识和劳动者的用法维权意识。

【劳动人事仲裁】 立案受理劳动人事争议案件197件，涉及劳动者200人。当期处理结案199件（含上期未结2件），其中调解193件，裁决6件，结案率100%，调解率97%，调解成功率97%，裁决率3%，一裁终局率50%，为劳动者直接挽回经济损失1187.29万元，网络申请68件，结案68件，网络办案率34.5%。庆元县仲裁院被评为全省劳动人事争议“互联网+调解仲裁”成绩突出仲裁院；县仲裁院院长吴修荣被评为全省劳动人事争议案件处理成绩突出仲裁员。设立法援中心劳动仲裁院工作站为群众答疑解惑，援助劳动争议案件91件，涉及困难人群91人。

【工伤认定及费率调整】 受理工伤申请281起，走访企业240家，作出工伤认定案件272起。根据各用人单位2021年工伤发生情况以及工伤保险待遇支出总额占单位年度工伤保险费缴费总额的比例，调整全县1348家用人单位工伤保险缴费浮动费率。其中，费率上调单位176家，费率下调单位1172家，其他单位维持行业基准费率不变。

【工伤保险情况排查】 排查县内参加工伤保险的人力资源服务企业，规范工伤保险参保情况，确保无大量外地工作劳务派遣员工在庆元县参保工伤保险，损害本县工伤保险基金安全。

【就业创业】 城镇增加就业1812人，城镇失业人员再就业632人，困难人员再就业80人，城镇登记失业率1.98%；脱贫人口稳定在丽水就业人数610人。开展创业培训352人；举办返乡入乡合作创业带头人培训班5场；增加发放创业担保贷款24人745万元，发放创业担保贷款贴息43.32万元；扶持创业116人，带动就业362人；发放见习补贴69人81.74万元；举办10场大型乡村振兴招聘活动；发放385家企业113.49万元稳岗补贴；开发公益性岗位175个，公益性岗位人员上岗109人，发放公益性岗位人员补贴156人次177.18万元，将精准帮扶落到实处；发放协理员岗位补贴195.19万元，村级劳动保障员岗位补贴41.36万元；为2313人次发放失业金319.55万元；为84名职工发放技能提升补贴资金12.5万元；为221名就业困难人员发放灵活就业社保补贴107.08万元，减轻就业困难人员的生活负担。

联合举办2021年“奇思妙想•创赢绿谷”创业创新大赛云景庆赛区选拔赛，15个优秀创业创新项目脱颖而出，其中庆元县“全球一站式竹木制品采购交付平台”项目在决赛中获一等奖。以“春风行动”“就业援助月”等就业专项服务活动为载体，多渠道汇集就业岗位，为高校毕业生、退伍军人等重点群体与企业搭建供需对接平台；定期开展送岗位、送培训、送政策下乡入村等就业援助活动，对就业困难人员开展有针对性就业服务。

社会保障

【社会保险参保】 城乡居民养老保险参保75485人，新增165人；企业职工养老保险参保39331人，新增2622人；机关事业单位养老保险参保6286人，新增17人；工伤保险参保43836人，新增2235人；被征地农民参加基本生活保障参保2593人。城乡居民社会养老保险征缴收入8466万元，待遇支出9410万元，领取待遇26678人，基金累计结余15297.61万元；企业养老保险征缴收入35846万元，离退休支付42522万元，离退休人员14575人，基金累计结余14738.79万元；机关事业单位养老保险基金征缴收入13407万元，待遇支出21800万元，离退休人员2614人，基金累计结余5028.49万元；工伤保险基金征缴收入1660万元，待遇支出1548万元，领取待遇307人，基金累计结余771.81万元；被征地农民基本生活保障收入3798万元，支付983万元，领取待遇228人，基金累计结余10661.09万元。

【城乡养老保险基础养老金调整】 自2021年1月1日起，全市城乡居民基本养老保险基础养老金最低标准从每人每月180元提高到225元，65周岁及以上参保城乡老年居民倾斜性养老金最低标准从每人每月5元提高到10元。全县城乡养老保险调待涉及2.68万人，金额1598万元。

【社会保险基金第三方审计】 邀请第三方单位对全县社会保险基金开展第三方审计工作。根据基金运行状况（权重40%）和风险管控状况（权重60%）的方式进行加权评估，庆元县2020年企业职工养老保险、城乡居民基本养老保险、机关事业单位养老保险、工伤保险综合评估结果分别为B、A、B、A类，基金运行及风险管控状况良好。

【居民服务一卡通】 2021年3月，完成县“两定”（定点医疗、定点药店）单位PSAM卡（销售点终端安全存取模块）更换及动态库升级实现用卡环境改造；3月底，庆元县六家社会保障卡合作银行开始发行第三代社保卡。全年发放第三代社保卡36680张。多渠道拓面，实现实体社保卡新增。通过企业社保QQ群、微信群下发通知，联合劳动监察大队到建筑工地推广社会保障卡办理工作，完成实体卡制卡1836张；对死亡未注销人员社保卡进行集中清理，清理2651张，全县实体卡持卡量有所下降。推动实现公共服务领域“民生一卡通”。以“多卡合一、一卡通用”为目标，以社会保障卡全国通用性为抓手，拓展第三代社会保障市民卡（居民服务一卡通）的应用范围，实现社保卡和电子社保卡在庆元廊桥、香菇博物馆刷卡参观，实现在庆元县图书馆（城市书房）的借书/还书使用，三代社保卡当公交卡使用，百山祖景区社保卡“一卡通”刷卡入景区。通过县社保中心、乡镇社保窗口、六家合作银行引导，微信公众号发布操作流程、电子社保卡宣传微文等多种方式宣传引导持卡人员办理电子社保卡，累计签发电子社保卡18万张。

【信息化建设】 出台《庆元县社保中心“三员”管理规范》，加强社会保险基金风险防控，规范系统管理员、安全员、操作员“三员”分立管理；制定《庆元县社会保险事业服务中心信息系统权限管理办法》，进一步规范庆元县社会保险事业服务中心信息系统权限管理工作，加强权限控制，确保各信息系统安全、有序、稳定运行，防范应用风险。

（张佳纯）

科　技

科技管理

【科技计划与管理】 2021年,受理县级科技计划项目67项,完成立项54项,项目总经费300万元。抓好省级重点研发项目培育工作,争取到26县绿色技术研发应用专项1项(浙江方格承担的"基于低温提取技术的灰树花提质增效综合利用研究"项目)、省级重点农业企业研究院专项1项(浙江九川承担的"多用途竹装饰材料关键技术研究"项目),分别获得省财政专项资金96万元、125万元。上报省科技厅育种专项1项("十四五"香菇育种课题),珍稀食用菌和种质资源库子项目1项,分别争取省专项资金310万元和95万元。申报"食用菌生物技术浙江省工程研究中心建设"项目,将纳入中央补助资金项目库,可争取资金300万元。启动嘉善、海曙两地"山海协作"项目。完成《庆元县人才科技发展"十四五"规划》编制发布工作。

科技服务

【企业帮扶】 2021年,培育申报高新技术企业6家,通过省专家评审5家。推荐申报省科技型中小企业30家,通过认定公示21家。全县完成高新技术产业增加值5.41亿元,同比增长8.8%;完成高新技术产业投资1.39亿元,同比增长0.2%。绿谷精英项目完成落地2个,丽水明元科技有限公司申报的智能汽车主动悬挂动力单元的研究与产业化项目入选创业类C类;浙江方格药业有限公司申报的生命科学领域(食用菌)/高纯度灰树花多糖D组分中低温高效提取关键技术研究项目入选项目。常态化服务企业,会同县经商局举办"互联网+助力企业转型升级"培训会议,为企业提供生产、市场、销售一体化解决方案。开展技术难题"揭榜挂帅"行动,征集企业技术难题8项,挂榜2项,其中"富硒茶新品开发及工艺技术研究"难题由西安交通大学揭榜。

【科技下乡】 以"科技活动周""5·12防震减灾日"等宣传活动为载体,开展科技"三下乡"(科技人员下乡、科技信息下乡、科普活动下乡)等一系列服务活动。利用专题讲座培训、科普图片展示、科普资料发放和科技咨询等方式,面向广大群众和企业开展服务,积极宣传循环经济建设和资源节约型社会在全社会普及能源、环境、健康等方面的科技知识,倡导健康文明的生产生活方式,提高广大群众的科技意识和科学素养。

【防震减灾】 一是完成庆元县人才科技发展“十四五”规划编制工作(将防震减灾“十四五”规划纳入其中)。二是加强防震减灾宣传工作台站、科普教育基地日常管理维护工作。三是借助法制宣传日开展防震减灾法制宣传,广泛宣传《浙江省防震减灾法》《中华人民共和国宪法》以及相关的防灾减灾知识,以“5•12”防灾减灾日、安全生产月为载体,积极开展防灾减灾、安全生产宣传“六进”(进社区、进企业、进机关、进学校、进农村、进媒体)活动。

【科技特派员工作】 扎实开展科技特派员项目的申报、实施、管理、考核等工作,创新科技特派员管理机制。一是充分发挥特派员团队作用。与浙江农林大学、浙江工商大学、浙江中医药大学三个省派团队特派员进行深入的对接,充分发挥三个团队的人才力量,为庆元的产业发展提供智力支撑。二是开启组团跨域服务新模式。不仅在领域上扩大了覆盖面,实现了多部门的联合发展,而且是从仅由乡镇主导转变为服务全县。全县已谋划组团跨域项目4个(其中2021年立项2个),取得显著成效。三是加强科技特派员项目管理。针对十四批科技特派员项目完成验收项目10个。落实十五批科技特派员入驻服务工作,帮助乡镇对接十五批新入驻的科技特派员。确保十五批科技特派员顺利入驻乡镇,并与乡镇开展项目谋划、申报工作。

科技研究

【科技投入】 2021年,县本级财政投入科技三项经费5280万元,同比增长15.08%,占一般公共预算支出比重为1.37%,同比提升0.2个百分点。

【高新技术产业发展】 2021年,庆元县开展“高新技术产业提升工程”,培育申报高新技术企业6家,通过省专家评审5家。推荐申报省科技型中小企业30家,通过认定公示21家。全县完成高新技术产业增加值5.41亿元,同比增长8.8%,高新技术产业增加值占规上工业增加值比重为49.4%;完成高新技术产业投资1.39亿元,同比增长0.2%。培育省级企业研究院1家(浙江鸿星文具有限公司),省级高新技术企业研发中心2家(浙江德长竹木有限公司、浙江久灵笔刷有限公司)。

【创建竹木产业综合体】 2021年,围绕竹木综合体建设目标要求,开发“庆元竹木产业平台”并入选全省多跨场景应用“一本账”,建成产品设计营销平台、产业链数据中心、庆元竹木工厂管控软件等企业端应用,为全县竹木企业提供更优信息化服务。针对检验检测服务空白,拟引进建设竹木及铅笔制品检测中心,着手进入投资与对接政策等具体事宜,将进一步满足全县企业检测认证需求,提升全县竹木和铅笔行业知名度。庆元竹木产业综合体于10月顺利通过省科技厅中期绩效评估,并获得省厅核查组领导的肯定。

【招才引智工作】 用心搭建“政产学研用”创新平台,促进方格药业和郑裕国院士团队开展食用菌产业的研究合作。引进并入选绿谷精英项目5个,评选立项2020年度“庆元县高层次人才培养资助项目”6个,其中B类项目1个,C类项目5个。为浙江吸莎新能源科技有限公司和庆元县蔚文小学引进外国智力专家各1名。分别与福建江夏学院创意设计学院共建“产品设计研发中心”,与浙江中医药大学共建“庆元县生物科技产业园科创人才飞地”,与南京林业大学共建“技术转移中心庆元中心”。大力实施创新人才聚集工程,积极推进杭州、宁波海曙“科创飞地”建设,两地“科创飞地”第一期前期工作进展顺利。

【网上技术市场】 积极完成网上技术市场工作。2021年,发布技术难题35项,完成技术合同交易额1.18亿元,发布科技动态信息38条。

(范丽婷)

教　育

综述

【概况】 2021 学年，全县共有各级各类学校 56 所，其中普通高中 2 所，普通初中 8 所，小学 12 所，幼儿园 28 所，特殊教育学校 1 所，中等职业学校 1 所，成技校 4 所。全县共有班级 671 个，在校学生 22234 人，其中，普通高中 2421 人，普通初中 5061 人，小学 8435 人，幼儿园 4334 人，特殊教育学校 16 人，中等职业学校 1970 人。全县在岗教职工 2261 人，其中专任教师 1896 人，行政人员 62 人，教辅人员 283 人，工勤人员 20 人。全县教育工作围绕“学前教育规范普惠、义务教育优质均衡、高中教育突破提升、职成教育服务特色”的总体工作思路，扬优势、补短板、强弱项，重实干、勇担当、树清风，扎实推进庆元教育高质量发展。

【教育创建】 庆元县入选浙江省“安吉游戏”实践区、第二批浙江省艺术教育实验区。庆元二中获评省首批现代化学校，创成 2 所教育质量发展“五星级学校”；城东小学获评全国中小学中华优秀传统文化传承学校、省示范型儿童之家；实验小学获评全国小古文分级阅读实验学校、省文明单位、省健康促进学校（金牌）、省“国际理解·可持续发展教育联盟”基地学校、省“诗路文化”传承学校。江滨小学获评省文明校园，省首所少年综合行政执法学校在该校揭牌成立并开展执法宣教行动；五都小学成立全市首个学校国防教育主题馆；庆元职高深入实施新型学徒制，积极为企业培养技能人才的做法和成效获《中国组织人事报》点赞。各校围绕“以习近平法治思想为指引、坚定不移走中国特色社会主义法治道路”的主题，开展形式多样的“宪法宣传周”活动，筑强青少年法治之基。

学前教育

【概况】 全县学前教育发展体系已基本形成，学前教育网络布点基本健全，学前教育健康快速发展。全县共有幼儿园 28 所，其中有省一级园 3所，省二级园 11 所。全县在园幼儿 4334 人，幼儿园教职工 568 人，其中事业编制的幼儿教师 127 人，待聘库教师 91 名，全年发放普惠性幼儿园奖补资金 795.31 万元。后田幼儿园、江滨幼儿园建成投用并通过省二预评估，新增学位 720 个。关停薄弱园 2 所。全县等级园比例达 100%，公办园覆盖面达 50.14%。

【学前教育补短提升工程】 全县省一、二级幼儿园覆盖面达73.75%,公办园覆盖面达50.28%。完成后田、江滨幼儿园新建工程并投入使用,黄麻淤幼儿园开工建设,新建五都幼儿园主体结顶,屏都幼儿园接待室完成结构工程。

义务教育

【概况】 全面推进教共体建设,出台《庆元县新时代城乡义务教育共同体实施意见》,组建融合型2对、共建型7对,12所学校列入省结对校。20所义务教育公办学校师生实现"同菜同质同价"就餐服务。

【小学教育】 全县共有小学16所(含4个教学点),其中100人以下小规模学校7所。全县共有271个教学班,在校学生8435人,较上学年减少340人。专任教师742人,其中女教师531人,具有研究生学历2人,本科学历571人,专科学科168人;高级教师64人,中级教师384人,教师学历合格率和教师证持证率达100%。全县小学学校占地面积264955平方米,校舍建筑面积146047平方米。深入推进"双减"工作,教学质量位居全市中上水平。

【初中教育】 全县共有公办初中4所,民办初中1所,九年一贯制学校3所,班级130个。在校学生5061人,较上学年减少184人。专任教师437人,其中,女教师255人,研究生2人,本科学历434人,正高级教师1人,高级教师152人,中级教师164人。占地面积380760平方米,建筑面积205456平方米。深入推进"双减"工作,初中学业考试继续保持全市中上水平。

【义务教育阶段"双减"工作】 出台义务教育阶段"双减"(减轻义务教育阶段学生作业负担和校外培训负担)实施方案、校外培训机构资金管理办法,签订教育、银行、培训机构三方资金管控框架合作协议,将校外培训机构培训费收入列入对校外培训机构日常监管和年审年检的重要内容,全县义务教育学校放学后托管覆盖率,营利性学科类培训机构压减率、办结率均达100%,取缔无证无照机构2家,发现并整改问题数十个,查处涉嫌发布违法广告并进行虚假宣传的培训机构3家,校外培训机构治理经验成效首个在市教育局微信公众号推文。

普通高中教育

【概况】 全县共有普通高级中学两所,60个教学班(其中庆元中学46个,濛洲中学14个),在校学生2421人(其中庆元中学1805人,濛洲中学616人)。专任教师200人,其中女教师104人,研究生7人,本科学历191人,高级教师87人,中级教师62人。高中学校占地面积95822平方米,建筑面积48360平方米。

【教学水平】 2021年,高考持续走高态势明显,保持稳定增长态势,实现"十连增",高水平大学上线人数163人、录取率20.09%,高于全市平均水平,录取率居全市第四位,成为全市近五年高水平大学录取率持续增长的唯一县。

中等职业教育

【概况】 庆元县职业高级中学共47个班级,在校学生1970人。专任教师161人,其中,女教师109人,高级教师62人,中级教师52人。学校占地面积78000平方米,建筑面积40846平方米。

【教学水平】 学校积极开展课程改革和现代学徒制人才培养试点工作,中职教育质量稳步提升,2021学年,创建了庆元县技工学校和丽水市食用菌产业学校,着力培养与区域经济发展需求相适应的优秀实用型技能人才;获评"丽水市智慧校园示范校”；在丽水市第八届中小学“绿谷之光”科技大赛中获得高中组团体总分一等奖；单考单招上线率达 100%。

成人与民办教育

【成人教育】 推动全民阅读、全民智学，开展全民终身学习活动，成功举办丽水市全民终身学习活动周启动仪式。加强职业技能人才培训，2021 年各类技能培训达 2856 人次，其中家政服务人才培训 531 人次；各中心成技校通过科普课堂、视频课程、现场操作等形式，开展老年人智能技术应用培训，帮助老年人提高运用智能技术能力水平，深受群众好评。

【民办教育】 民办学校蔚文学校占地面积 47685.6 平方米，建筑面积 23436.25 平方米。全校分初中部、小学部教学。全面开展“公民同招”工作，2021 学年，初中部 12 班级，学生数 505 人，教职工 37 人；小学部 20 班级，学生数 717 人，教职工 46 人。

教师队伍

【概况】 委托长兴、嘉善、海曙对庆元 5 名特级教师培养对象进行培训，省百人千场名师送教高中数学等 9 个学科培训教师 1106 人次,完成培训校（园）长、骨干教师523 人次，教师全员培训年人均完成 96.2 学分。培育市级名优骨干教师 94 人，新招聘教师 26 名，定向培养高中紧缺学科教师 4 人。17 所学校开展自主评聘试点改革工作（其中省级试点 2 所、市级 15 所），新增市级绿谷名师 399 人，开展魅力教师评选，共评选出县级先进个人 157 名，获表彰的丽水市教育提质突出贡献先进个人 16 名。深入推进教师校长教师交流，全年交流教师 57 人，交流人数占符合交流条件人员 52.3%。

【师德师风建设】 开展师德专题教育“三大工程”（师德示范引领工程、师德规范践行工程、师德警示宣教工程）活动。落实中小学有偿补课和教师违规收受礼品礼金问题专项整治工作，加大在职教师有偿补课巡查力度，严肃查处违规补课行为 2 起。

办学条件

【概况】 实施学前教育补短提升工程，省一、二级幼儿园覆盖面达 73.75%，公办园覆盖面达 50.28%。完成后田、江滨幼儿园新建工程及屏都小学改造项目并投入使用；实验小学分校区于 11 月 10 日开工建设，进行桩基施工、土方开挖；五都幼儿园主体结顶；屏都幼儿园接待室完成结构工程。继续实施基础办学条件提升工程，完成城东小学厨房改造、培智学校厕所改造和中心幼儿园外墙、厕所防漏改造，全县学校食堂建成智能“阳光厨房”。实施义务教育阶段薄弱环节改造工程，建设新型教学空间、创新实验室、学科教室等 12 间，改造提升普通教室 92 间；完成县民生实事——校园护眼工程，12 所学校 400 间普通教室智能灯光安装投用。

【推进校园智治】 全面落实疫情防控常态化各项工作举措，做好疫情防控和安全稳定工作。全面实施安全稳定“三化”（网格化、清单化、信息化）管理，利用大数据培植校园安全管理新引擎，构建食品、防传染病、防汛、防溺水、消防、禁毒、交通、防暴力、防欺凌、防邪教等“多位一体”新型校园安全管理新模式，构建科学有效的学校安全风险防控体系。全年教育系统排查安全隐患 126 条，落实整改 121 条，限期整改 5 条，发放整改通知书 42 份，整改跟踪报告 42 份。强化校园安全宣传教育，依托安全教育信息平台创新校园安全宣传新途径，各校教师信息平台使用率达 100%，学生家长使用率达 99.55%。

（吴长久）

文化　旅游　媒体

文化

【概况】　2021年，庆元县文化和广电旅游体育局认真学习贯彻习近平总书记关于文化工作的重要思想，高举“丽水之干”行动旗帜，弘扬践行“庆元精神”，以奋斗的姿态，努力克服疫情影响，风雨兼程砥砺前行。着力推动文艺创作、开展文艺活动、扶持农村文化服务中心建设，全县文化文艺事业呈现队伍壮大、创作繁荣、充满活力的良好局面。月山春晚圆梦央视并入选丽水市乡村公共文化服务供给侧创新十大案例，菇星培训入选丽水市乡村公共文化服务供给侧创新入围案例，《廊桥嬉趣》参加浙江省第31届群众舞蹈大赛获入围奖。县文化馆编排的现代小戏《网红桥》

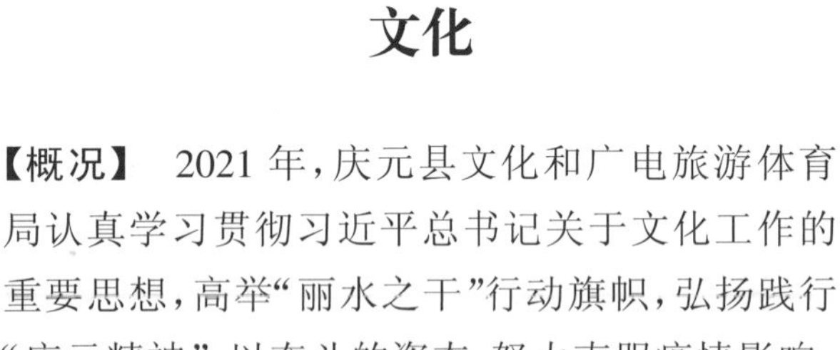

2020年12月30日，月山春晚参加2021年全国“村晚”示范展示活动启动仪式（县文化馆　供）

参加“中华颂”第12届全国小戏小品展演，获评小戏类最佳剧目和最佳人气节目，舞蹈《廊桥嬉趣》参加浙江省第31届群众舞蹈大赛获入围奖，歌曲《卜算子•我住瓯江头》参加丽水市第十三届原创歌曲大赛获创作、演唱铜奖。2021长三角地区公共图书馆阅读马拉松大赛荣获优秀组织奖。

【演艺活动】　紧紧围绕中国共产党建党百年大庆活动，着力贯穿于党的百年发展历程，先后策划、组织、举办各类演艺活动。4月26日，“我心向党”庆祝中国共产党成立100周年主题朗读比赛在二中学术交流中心举行，15支队伍230名演员参加比赛。5月18日，“永远跟党走”红色故事会巡演启动仪式在大济村文化礼堂举行。5月27日，县组织部“喜迎建党百年华诞 争当两新双强先锋”庆元县首届两新党建好故事讲演比赛活动在二中学术交流中心赛演，共有11支队伍118名演员参赛。6月16日，县文明办在市民广场开展县第十四届社区邻居节演出活动。6月19日，县健身气功协会举办“倡导生态文明　绿色健康生活”喜迎中国共产党成立100周年文艺晚会。6月22日，“讴歌党史伟业　唱响时代赞歌”庆祝中国共产党成立100周年全县干部职工合唱大赛在二中学术交流中心举行，共19支队伍

1100 余人参加比赛。6 月 30 日“永远跟党走　奋进新时代”庆祝中国共产党成立 100 周年文艺晚会在二中学术交流中心举行，晚会分 6 个部分，由序、中间 4 个篇章及尾声组成，演员 340 余人，该晚会历时 3 个月的创作、构思、编排，从中国共产党的成立到百年华诞，用歌、舞、诗、情景的表现形式来体现中国共产党这 100 年的光辉岁月，为广大观众奉上直观的党史学习模式。11 月 5 日，“一心向党　舞赞百年”第十届全县广场舞大赛暨首届群众舞蹈大赛在县体育馆举行，18 支队伍 240 人参与比赛。

【博物馆】　推进项目建设进度。2021 年完成廊桥博物馆屋檐修缮工程、博物馆 4 名安保保洁人员政府购买服务项目、博物馆理事会建设。实施食用菌产业示范建设“香菇博物馆提升工程”项目，将蕴藏的文化资源转化为更大效益。打造特色文化社会教育品牌。强化馆际交流，建立展览互换，资源共享等交流互通，全年共推出“云起百山——山祖国家公园”主题书法大展、“中国梦劳动美——我心向党献礼百年”全县干部职工摄影大赛获奖作品展览等临时展览 6 场，4 件馆藏珍贵文物参加“宋韵士大夫的精神世界展”在南京博物馆院展出。科学选择教育活动的主题、形式，提供观众喜闻乐见的博物馆社会教育服务，举办社会教育活动 75 次，其中线上 66 次，线下 11次，分别为红色廊桥文学创作大赛、与浙江省自然博物馆安吉分馆联合举办“大自然的跷跷板”体验季活动、“老骥伏枥　尽献余热”——听吴克甸在博物馆讲他和食用菌的故事等有特色服务案例。文创开发有突破。把文化进一步融入日常生活，开发兰溪桥渔夫帽、世遗廊桥冰箱贴(三块)、黄水长桥杯子、龙凤手工皂四款文创产品。上报“文创百城”三件产品(如龙桥 3D 立体便签、兰溪桥纸雕灯、桥色生香口红)入选“浙江省百件代表性文创产品”。

【图书馆】　2021 年县图书馆共计借出图书 43578 册次，归还图书 43509 册次，借阅量比2020 年同期增长了 52%，共办理读者证 1695张，办证数比 2020 年同期增长了 99%。丰富服务读者途径。为打通公共文化服务“最后一公里”，庆元县图书馆数字化应用进驻“浙里办”，推进数字图书馆建设。为更好地服务读者，县图书馆启动社保卡与公共图书馆阅读服务有机融合，共同打造文化惠民新举措，新增社保卡借书功能。完善服务体系。立足图书馆发展的现实水平，完善公共文化服务体系，提升服务效能。不断完善农村文化服务中心建设，全县村级基层综合文化中心、农村文化礼堂均纳入县图书馆业务管理。开展古籍数字化工作。县图书馆从庆元地方文献工作实际出发，积极开展古籍数字化工作，采用外包服务方式，开展古籍数字化工作，推进地方文献古籍数字化建设。提高数字化文献资源的服务能力。县图书馆不断提升数字化服务能力，结合中国共产党成立 100 周年主题，新增“神州共享”阅读平台，每日更新红色故事绘本。建设智慧图书馆。新增图书馆大数据智慧墙系统，构建具备创新激发力的智慧服务场景，营造全民阅读的良好氛围，快速获取图书馆服务数据，提升图书馆服务效能。开展线上线下阅读推广工作。利用城市书房的有利空间，在暑假、节假日、周末时间，开展名著交流、朗读培训、绘本阅读等各种形式多样的线下阅读推广活动，2021 年县图书馆举办线上及线下阅读推广活动共计 36 场，开展线上线下展览活动共计 24 场，因受疫情影响 8 月开始暂停举办线下阅读推广活动，以线上活动为主，充分使用微信公众号平台，每月开展不少于一次线上阅读活动，结合中国共产党成立 100 周年，每周至少推送红色故事绘一次。

【“非遗”保护】　传承人服务保障工作。传承人是非遗的创造者、承载者和传递者，对非遗项目的传承和发展具有重要作用，县委县政府十分重视传承人队伍建设，积极组织慰问传承人，2021 年 2 月召开庆元县非遗代表性传承人培训班暨“服务传承人月”座谈会，深入了解各级代表性传承人生活和传承情况，积极协调和帮助他们解决遇到的困难，发放传承工作津贴，切实做好传承人服务工作，为传承人带去政府的关怀，鼓励各传承人带徒授艺，引导和支持传承人利用重大节庆及民俗活动开展宣传展示。举办非遗培训活动。由县文化馆组织举办“菇星璀璨”“菇民戏”等免费培训班，选送传承人群参加研培活动5人次，有力提升庆元非遗工作的业务水平和专业素养。组织开展项目评估和申报工作。完成传统戏剧类省级项目、传统体育类省级项目、民俗类省级项目共6项评估以及省级代表性传承人和国家级代表性传承人共3位传承人的评估工作，完成乌米饭制作技艺市级项目的申报工作。开展非遗进校园活动。分别在县实验小学和实验二小开展庆元菇民戏、唱灯戏曲进校园传承活动，在城东小学开展香菇功夫进校园活动，在江滨小学开展木拱桥传统营造技艺进校园活动，在五大堡乡中心小学开展农耕文化传承教学活动。积极开展非遗展示展演和宣传工作。开展“非遗过大年 文化进万家”系列活动，其中“年味庆元”短视频展播及庆元传统戏剧优秀剧目展播两项活动于庆元非遗公众号线上展示，承办2021丽水市“多彩非遗乡村行”夏季庆元“非遗夜市”活动，举办2021年“文化和自然遗产日”系列活动，组织项目参加省市举办的各类非遗展示展演活动，木拱桥传统营造技艺参加第16届中国义乌文化和旅游产品交易博览会并获工艺美术银奖，乌米饭制作技艺参加2021年“非遗薪传”浙江传统小吃展评活动并获得入围奖，10月配合央视《生财有道》节目拍摄《咱们家乡有特产》专题，配合上海电视台拍摄文旅纪录片“历史现场”——《在东南遇见木拱廊桥》。充分利用木拱桥传统营造技艺研学活动，接待来自北京及各地的学生，现场体验庆元木拱廊桥传统技艺和廊桥文化。

【文化市场监管】 压紧压实行业监管责任。全面加强安全生产常态化管控，有效防范和遏制旅游安全事故发生，重点围绕景区、星级酒店、旅行社、游泳池、娱乐场所等开展安全生产监督检查，实行闭环管理，确保全县文旅市场平稳有序。积极开展行业安全执法检查工作，共出动检查1068人次，检查经营场所439家次，行政处罚立案调查10件，办结案件10件，警告7家次，罚款26000元，没收非法所得511元，下发执法意见书4份，责令整改安全隐患6处，下发整改通知书2份，约谈9家场所，集中销毁被拆除的非法卫地设施300余套，配合市监部门取缔源头2家。在重点节假日、全国“两会”、建党百年重大活动等重要时间节点，由市局、县政府相关领导带队，联合多部门开展文旅市场安全专项大排查整治行动，组织科室、下属单位和文旅企业相关负责人召开护航建党百年、文旅假日市场、防台防汛、消防安全、文物安全、广电播出安全等各项主题安全工作部署会及现场演练。压实安全生产主体责任，3月24日与各文旅企业签订安全生产责任书。多种形式组织“安全生产月”和“安全生产万里行”活动，开展非法卫星电视专项整治，共出动执法人员42人次，立案1起，对辖区内街道社区、企事业单位、宾馆饭店、生产企业、家电市场、电器销售门店等组织检查5次，取缔非法销售点1个，查处非法生产销售网点1家，强制拆除非法境外卫星电视接收设施86座。完成文旅公共场馆和重点旅游企业风险普查，完成县应急考核、法治政府建设考核、质量强县考核。

做好常态化疫情防控监管。持续指导监督各景区、旅行社、星级酒店做好疫情常态化防控工作，特别是在8月、9月、12月期间，严格按照县防疫指挥部要求，落实各涉旅企业做好重点地区来庆旅游人员的排查，多次开展全县文旅市场疫情防控专项检查、召开业主会议和召开疫情风险研判会，筑牢文旅市场疫情防控屏障，共下发执法意见书3份，立案查处1家网吧，并将排查结果及时上报县防疫指挥部。督促动员文旅行业从业人员接种新冠疫苗168人，至12月底全县文旅行业从业人员351人中有348人接种2剂新冠疫苗，另外3人办理暂缓证，全面完成指挥部下达的指标任务。8月9日组织百山祖景区干部职工开展疫情防控演练，11月督促文旅行业从业人员打加强针，12月12日按照县防疫指挥部50号通告要求，由叶其娇局长带队开展疫情防控落实情况专项检查，全县6家KTV已全部关停。联合文化市场综合执法队每月至少一次对景区、星级酒店、旅行社等文旅企业进行疫情防控监管，确保全县文旅市场疫情防控安全、有序。探索文物保护执法新机制。在丽水市队的牵头部署下，庆元、龙泉两地积极探索联合执法新机制。2月庆元、龙泉两地执法队探索性开展第一次大窑龙泉窑上垟窑址联合执法巡查，3月18日丽水、龙泉、庆元三地在竹口、小梅两地开展以"打击文物违法犯罪·坚守历史传承使命"为主题的文化市场法律法规系列宣传活动，5月联合县司法局在"浙闽边界法治集市"开展法律法规宣传活动。认真做好文物保护工作，1月为国家文物保护单位上垟窑址被盗掘情况进行初步勘查后，第一时间联系文物属在地竹口镇政府，并向竹口镇派出所报案，9月为省保单位大济古驿道保护范围内修建坟墓事件，联合街道、民政及当地村"两委"经过一个月的努力工作，最终取得妥善处理。

案件类型有突破、办案质量有提升。规范涉及网络、广电、新闻出版、网吧类型的案件查处，2021年立案查处损坏广播电视设施案2起，并被评为2021年全市优秀案例，在开展扫黄打非"新风2021"集中行动期间立案查处一起网络（微信）未经许可擅自销售出版物案件。

体育

【概况】 2021年，庆元县体育工作围绕"健康浙江、健康丽水、健康庆元行动"考核目标，坚持"抓重点、补短板、强弱项、破难题"，各项工作取得新进展。出台《庆元县体育业务经费使用管理办法》，联合教育部门，开展庆元县体育特色学校创建工作，初步制定体育特色学校相应的考核细则和评分标准。获得浙江省社会足球场地设施建设先进单位等荣誉，阙文伟获2017—2020年度全国群众体育先进个人称号。

【全民健身活动】 2021年，举办"德光杯"干部职工乒乓球混合团体赛、"庆百年华诞 展银龄风采"老干部乒乓球赛、"银龄向党"庆祝中国共产党成立100周年县老干部门球赛、庆祝建党100周年政协系统乒乓球联谊赛暨趣味运动会等各类全民健身赛事活动20场。9月下旬，开展庆元县3—69周岁国民体质监测，提升大众身体素质和体能水平。完成环浙（丽）步道信息收集工作，参加或承办第五届市运会14个项目，大众体育获得4.5块金牌、8块银牌、3块铜牌，竞技体育获得21.5块金牌、16块银牌、18块铜牌。

【体育场地与设施建设】 加大体育场地与设施建设力度，提升运动健身基础条件，完善城乡公共体育场地设施建设。县体育中心项目稳步推进，完成体育馆、游泳馆、市民健身活动中心土建主体建设，推进钢结构的采购安装工作。松源街道同心社区笼式足球场、屏都街道工业园区、松源街道坑西村、淤上乡淤上村社区多功能运动场、濛洲街道玉田社区、淤上乡淤上村和竹口镇百姓健身房等7个省民生实事基层体育场地设施项目均完成建设，9月中旬7个项目均竣工验收并免费向社会开放。紧密聚焦百山祖国家公园联动发展及双招双引等工作，谋划百山祖国家公园户外运动胜地建设项目，在全市项目谋划中获得三等奖。

【社会体育组织建设】 加强和优化体育社会组织建设，推动健身活动与健身指导的专业化运作，全县拥有体育社会组织26个，其中包括社会团体24个，民办非企业2个，体育社会组织"AAA"以上达标率达57.14%。建立和完善覆盖城乡、规范有序、富有活力的群众身边健身组织网络，大力推进健身人群和想健身群众加入体育组织，每个乡镇（街道）建有备案管理的体育社会组织1个以上，每个行政村和居民社区都有体育健身团队。注重社会体育指导员队伍建设，开展三级社会体育指导员培训和"体医融合"业务交叉培训，提高社会体育指导员队伍的服务能力和水平。

全县拥有在册三级社会体育指导员622人，上岗履职满足30次以上（含30次）的指导服务率达30.23%。

【健身服务智慧化建设】 推进全民健身公共服务智慧化建设，提升公共服务质量和水平，县体育馆实现预约支付功能，可通过浙里办、微信小程序进行预约。全县公共体育设施均纳入全民健身地图，实现导航、查询功能，居民可通过浙里办App搜索体育公共服务，根据定位寻找附近的体育场馆，在线查看地理位置、营业时间、联系方式、场馆服务等基础信息，实现健身领域的“最多跑一次”，不仅提升全民健身公共服务能力，也让群众真正感受到新时代的气息，增强全民健身的获得感和幸福感。

【培养输送运动员】 培养输送运动员参加各级运动会成绩斐然，打造人才输送新高地，庆元输送的运动员王楠，2021年度取得东京奥运会四人500米皮划艇静水项目第六名；第十五届全运会四人500米皮划艇项目荣获第一名；2021年全国皮划艇春季冠军赛500米双人皮艇第二名、500米单人皮艇第二名、500米四人皮艇第一名；2021年全国锦标赛暨奥运会选拔赛500米四人艇第一名、双人皮艇第二名；2021年全国皮划艇秋季冠军赛单人艇8000米第一名、1000米第二名、250米男女混合接力赛第三名。输送的运动员黄暄获得2021年全国皮划艇秋季冠军赛龙舟项目第四名。输送的运动员吴礼欣获得2021年浙江青少年举重锦标赛49公斤级别抓举第二名。

旅游

【概况】 2021年，庆元县旅游工作深入实施融合发展、打造全域景区化重大战略部署，以创建AAA级景区城和庆元十大景点建设为契机，推动全县旅游大开发、大发展、大提升。2021年全县共接待旅游团队398个，游客14569人次，同比减少13.36%，主要游客来自杭州、宁波、上海等地，其中集散中心23个团507人，濛洲旅行社159个团5771人，缘游天下41个团1005人，沪庆178个团6771人。全县限额以上住宿业样本酒店有5家（明悦、山水九章、金诚、寻客栈、中意），2021年限额以上住宿业营业额同比增长131.3%，排名全市第一。

【旅游推介活动】 2021年参加省市组织和自行举办营销推介活动共计13场，包括山海协作对接城市推介会3场。按照“一乡镇（街道）一节会活动”的要求，协助各乡镇（街道）举办乡村旅游季活动。

【旅游宣传】 配合省市及自行组织的摄制团队来庆元拍摄宣传片、制作宣传书册13次，发布“文旅庆元”微信公众号微文332篇次，累计“粉丝”1.9821万人。发布“文旅庆元”抖音短视频48篇，累计“粉丝”1.4万人，全年阅读量43.38万人次。通过今日头条、搜狐新闻、网易新闻、一点资讯、看点快报、微博、小红书等新媒体联动发布，形成文旅庆元新媒体营销矩阵。与丽水广播电视台、庆元广播电视台、《菇乡庆元》、一点资讯等传统媒体合作，固深固实传统媒体传播影响。完成“百县千碗”体验店申报和庆元三十碗相关工作，实行每天报送销售额。

【旅游服务】 出台《2021年庆元县旅游地接业务引流奖励办法》，联合农业农村局举办百山祖国家公园红色旅游讲解培训，举办涉旅餐饮酒店服务礼仪和技能提升培训，举办导游和景区景点讲解员技能提升培训班，指导庆元县旅游协会完成换届选举工作，做好行政审批服务工作，全年审批9件。

【旅游市场监管】 调整安全生产领导小组，健全旅游安全专业委员会工作机制，印发《庆元县旅游安全专业委员会成员名单及工作职责》。完善旅游领域安全生产责任体系，制定2021年度安全生产工作计划，明确责任分工，压实企业主体责任，与涉旅企业签订《2021年度安全生产目标管理责任书》。围绕平安护航建党百年、旅游假日市场、疫情防控、消防安全等主题召开安全专题研判会议和督查反馈问题集体约谈会议，分析安全形势，部署重点工作，强化警示教育，聚焦重点领域，加大执法监管力度。以常规督查、突击检查、联合监管及专项治理等形式开展文旅市场环境治理行动，打击违法违规行为。推进监管数字化转型，全面将"互联网+监管"平台、"钉钉•掌上执法"、省行政处罚系统融入日常监管，落实"跨部门双随机、一公开"工作机制，指导涉旅企业开展实战演练，提升应急处突能力。

（吴婷婷）

融媒体中心

【概况】 2021年，庆元县融媒体中心（以下简称"中心"）坚持以习近平新时代中国特色社会主义思想为指导，紧紧围绕全县中心工作，开展一系列重大宣传报道。中心拥有纸质媒体《菇乡庆元》，电视媒体《庆元新闻》，广播媒体《庆元广播》，网络新媒体掌上庆元微信客户端、微信公众号、视频号和庆元网等媒体阵地，构建"报、网、端、微、屏"五位一体的现代传播格局。2021年度省市各类新闻奖评选中，获省级一等奖作品1篇、二等奖作品8篇、三等奖作品5篇；获市级一等奖作品2篇、二等奖作品3篇、三等奖作品6篇，获奖作品数量均居全市前列。

【报刊】 《菇乡庆元》于2021年3月15日从周五报改为周三报，原一、四版彩版改为全彩版，致力于以一张报纸做全信息做深新闻，继续更好地服务读者和群众。全年共出刊161期，668个版面，开设新栏目15个，发布新闻4800余条，对接联系《处州晚报》庆元专刊刊发50期，刊发稿件300余篇，为国家、省市新闻单位提供有价值新闻线索、素材380条（篇），圆满完成全年刊发任务。做深主题宣传。新开设"奋斗百年路 启航新征程""党史学习教育进行时""共同富裕看庆元""全面推进数字化改革"等重点栏目。精心策划"圆梦十三五""数说这五年"等系列报道37篇，直观呈现了庆元在"十三五"期间为全面小康目标的实现所采取的行动和成效；刊发42篇动态报道关注共同富裕；通过红色人物讲党史、红色廊桥看党史、红色故事忆党史等15个专版156篇稿件生动回顾庆元百年党史；开设贯彻落实中共十九届六中全会精神专栏，刊登全县各乡镇各部门的做法及动态，有效提升宣贯成效；推出"项目百日攻坚"栏目，刊发图文报道173篇，着重宣传群众关心的水库扩建、学校迁建、医院扩建、安置小区建设等省市县重点项目。做大活动宣传。围绕县重大活动及重点会议开展全方位、多层次报道，包含筹备、督查、工作综述、开闭幕式、活动侧记、人物专访等各类题材的报道，县"两会"全程以23个专版深度报道；开设人才科技峰会专栏，刊登特刊一期、动态稿件23篇、图片57张、精心设计11个专版，连续四期刊登；针对党代会，开设"喜迎党代会""聚焦党代会"2个栏目，开设3期党代会特刊，编排专版30个。此外还重点关注在庆元召开的全国（部分省市）外事系统会议等重要活动。做优基层报道。继续深化"记者在基层""我们共同的价值观—身边的榜样"等栏目，加大对社会主义核心价值观和庆元精神的宣传报道。深入开展"走转改"活动，不断改进作风，改进文风，通过记者走进社区、乡（镇）村、企业等基层单位，坚持把版面留给百姓，把新闻报道转到群众角度上来，把工作性采访报道转变到贴近性报道上来，真正用情抒写百姓故事，用心感受民生民情，共刊发基层稿件258篇。挖掘身边典型人物，推出了吴克甸、胡常康、柳昌和、方亮星、镇小师生群体等最美庆元人和最美群体，刊发报道24篇；推出"最暖菇城"系列报道，通过32篇正面报道宣传菇城的凡人善举，社会效益凸显；在宣传"正能量"的同时，《菇乡庆元》报积极践行媒体责任，开设"防疫曝光台""每周聚焦"两个监督类专栏发布“红黑榜”，通过每周固定时间报道曝光个人和群体的不文明行为，公布商家经营情况，共刊发监督专栏 53 期，助推社会进步。

【广播电视】 全年共采制播出广播新闻稿件 2452 篇，电视新闻稿件 1990 篇，《菇乡绿野》150 期，《庆元聚焦》26 期。在上级媒体发送报道 1143 条次，其中，中央媒体刊播 10 条次，省级刊播100 条次，市级刊播 953 条次。中心被丽水市广播电视总台评为 2021 年度丽水市广播全媒体传播协作先进单位二等奖和电视全媒体传播协作先进单位三等奖。精办《庆元新闻》。围绕县“两会”、干部大会、人才峰会、党代会等大型会议，精心策划，开设“聚焦两会”“喜迎党代会”专栏，从会前、会中、会后营造氛围，先后播发各类广播、电视稿件 158 篇；为贯彻干部大会精神和县委十四届十四次全体（扩大）会议精神，开辟专栏对分管县领导、部门、乡镇街道负责人进行了专访报道。围绕“十四五”规划、疫情防控、党史学习教育等全县性重点工作，推出“精彩十三五、畅想十四五”“奋斗百年路 启航新征程”“植树护绿在行动”“开启共同富裕新征程”等 23 个专栏。此外，还制作特效、拍摄专题片与片花 57 篇。配合县委组织部电教室，开展省、市、中央台的党建新闻拍摄制作工作。做好平台升级。实施在线诊断覆盖信号，在浙江省域创新实现“中央电视台无线数字覆盖基站实时 24 小时监看和控制”技术，极大方便工作人员及时开展农村应急广播、有线广播、无线广播、广播电视数字化无线覆盖等信号维护；启动无线覆盖基站绿色智能供电工程，该项工作不仅打造绿色环保节能新用电，而且克服了冰冻、雷击等对电路的影响，极大提高无线基站用电和信号的稳定性，实现机房远程实时检测预警预报的效果。做好基层服务。2021 年 6 月开设新闻舆论监督栏目《庆元聚焦》，每周播出一期，重点聚焦“疫情防控”“市政建设”“交通文明”“城市管理”等重点难点工作，一线记者主动出击、深入调查，及时跟踪被曝光问题的整改落实情况，以新闻监督助推社会进步；深耕本土，服务“三农”，保障《菇乡绿野》电视栏目常规制作播出，全年共播 150 期，先后采制《国家公园养中蜂 酿出生态致富蜜》《菇农三代人的共同富裕故事》《电能替代木柴 烘干神器解放菇农增效益》等 7 篇对农专题片，激发广大农民群众发展农业、发展乡村的激情。

【新媒体】 2021 年，掌上庆元微信公众号、客户端和视频号，庆元融媒天目号、抖音号、快手号等新媒体平台发布稿件（视频）2.58 万篇，全网总阅读量 3887 万人次。阅读量 1 万+的稿件（视频）有 385 篇，阅读量 10 万+的有 18 篇。中心被浙江政务短视频联盟评为优秀组织奖。掌上庆元客户端被天目新闻客户端评为 2021 年度浙江省县级融媒体中心优秀合作伙伴。聚焦新闻主业。把传统媒体的“稳”和“准”与新媒体的“快”和“活”结合起来，推出中国共产党成立 100 周年、共同富裕新征程、百名书记讲党课、青春向党诗咏红桥等系列专题报道，不断创新新闻表达方式，用鲜活的语言传递群众愿意看、愿意听、接地气的好新闻。其中，《红色物件里学党史》系列报道 8 篇全部被学习强国、浙江新闻客户端采用，在全市 9 个县市（区）媒体中尚属首次，被《丽水日报》一版点赞，其中“两只红军碗”入选全省“复兴路上 100 号——光影博物馆”进行巡展；以红色故事为契机，与长兴县融媒体中心开展联合新闻采访行动，先后推出《红色足迹:“从关键性一仗”到“江南小延安”》《跨越山海的礼物》《两个红色村的对话》等高质量稿件；《全班师生帮助肌无力的同学动起来“我们做你的双腿”》一经发出，立即引发央视、《人民日报》、学习强国、《浙江日报》等国家省市媒体跟进报道，浙江日报微博视频播放 139 万次，人民日报微博引用“浙视频”，并发起“小学生 5 年来自发帮助肌无力同学”主题讨论，阅读量达 1551.1 万人次，中央电视台播出时长达 2 分 18 秒；《这所小学，只有 19 名学生——浙江最偏远小学的坚守和希望》发出后，被市委党校 2021 年女干班的学员关注到，她们产生了强烈的共鸣，为江根乡中心小学 19 名学生送冬衣冬被，进一步弘扬社会正能量。新媒体优化提质。集中力量打造“新闻+政务”“新闻+服务”，将庆元网、掌上庆元客户端等新媒体平台打造成百姓喜爱和信赖的主流舆论阵地、综合服务平台。掌上庆元客户端全年进行了7次更新，推出7个新版本，通过举办短视频大赛、入驻号（乡镇、部门号）的上线工作及推广活动，增加用户黏连性，下载量、月活量占比均超额完成市下达的常住人口20%、3%的任务量，截至12月底，App下载量已达3.4万人次；庆元网全新改版，将于2022年1月正式推出；掌上庆元微信公众号，用户突破16万；全新推出打造掌上庆元视频号，视频号成为融媒体一个强力平台。

（胡琦琪）

卫生健康

综述

【概况】 2021年，庆元县卫健系统共有县级医疗卫生单位5个（县人民医院、县中医院、县妇幼保健计划生育服务中心、县疾病预防控制中心、县卫生监督所）；民营医院1家；基层医疗单位中有社区卫生服务中心2个、乡镇卫生院17个、社区卫生服务站5个、村卫生室73个、个体诊所35家，私营门诊部1家。全县常住人口14.25万人，各医疗卫生机构执业（助理）医师571人，每千人拥有医生4人；注册护士498人，每千人拥有护士3.49人；开放医疗床位572张，每千人拥有医疗床位4.01张。

2021年，全县各医疗卫生健康单位的编制为1290名，实有人数1340名，其中在编1013人，编外327人。在编人员中：高级职称176人，占比17.37%；中级职称253人，占比25.37%。2021年县人民医院和中医院住院人次18039人，比2020年增加1295人，增幅7.73%；两家医院门急诊人次696851人，同比增加144185人，增幅26.09%；两家医院业务收入31651.27万元，同比增加1867.73万元，增幅6.27%。基层医疗卫生机构门诊人次289341人，同比增加24183人，增幅9.12%。

医政管理

【疫情防控】 经受新冠肺炎疫情重重考验。紧盯重点人、重点物、重点处、重点事，完善落实“七大机制”，推进想在前、干在前、冲在前抗疫行动。健全平急一体指挥体系，创新编制《庆元县新型冠状病毒肺炎疫情应急预案手册》，着力构建扁平化、场景化和可操作的应急指挥体系。绘制思维导图，有力、有效、有序推进战时指挥、流调协调、转运隔离、核酸筛查、社区封控、宣传舆情等工作。全力推进全程接种、加强针接种和重点人群接种工作，60岁以上人群接种率88.51%，80岁以上人群接种率65.18%，两项排名均居全市第一。基本完成移动式核酸检测方舱实验室建设，进度全市最快，科学设置198个核酸采样点。沉着冷静、迅速果敢、积极主动处置省内外多轮多点散发聚集性疫情输入，严密组织密接次密接人员、涉疫批次物品的处置工作，圆满完成“国家公园•康养庆元”高峰论坛、全县干部大会、两会等重大活动保障任务，全力守护庆元这方净土，有力促进全县经济社会发展大局。

【无偿献血】 2021年全县献血2356人次，献血量693.75升，完成全年量102.35%，连续4年保质保量完成无偿献血任务，获得丽水市无偿献血工作三等奖。同时，爱心献血屋正式启用，给无偿献血者提供更加舒适的献血环境。

【县域医共体建设】 自2018年12月出台县域医共体建设实施方案以来，成立由县政府县长任主任，分管副县长为常务副主任，各相关部门主要负责人为成员的医共体管委会。组建由县人民医院、中医院为牵头医院，19家乡镇卫生院（社区卫生服务中心）为成员单位的2个医共体。制定医共体章程、工作细则和相关制度，逐步实施各项工作内容，落实各项保障举措；完善有关措施，制定人事薪酬、绩效考核等内部管理配套政策，推动县域医共体建设工作平稳有序推进，2021年省定的39项重点任务全部完成。县域就诊率92.41%，基层就诊率53.55%、同比提升2.06个百分点。村卫生室规范化率达到85.9%。

【村卫生室规范化建设】 为进一步夯实村级卫生健康服务网底，提升基层医疗卫生服务能力和水平，松源街道上庄村，濛洲街道大坑村、道岗村、下坞村、半岱村，黄田镇朱黄村，隆宫乡莲湖村，江根乡青田村、后洋村，龙溪乡后洋坑村10个村卫生室进行规范化建设，实现统一标识、统一布局、统一内部设置和统一配备必要的医疗设备及信息化设备。

【“最多跑一次”改革】 进一步深化医疗卫生服务领域“最多跑一次”改革，推进数字社会改革。完成180项和93项医学检查检验互认共享对码工作，实现检查检验数据省内信息互认，避免不必要的重复检查检验，简化就医流程，降低就医费用，不断提升患者满意度。点亮数字社会页面，将核心业务、资源分布、监测预警等重点数据上传并及时更新，展示全县医疗服务能力和医疗资源分布。同时，在学校、广场、行政服务中心等人群密集重点场所放置30台AED（自动体外除颤器），培训150名应急救护员。规划急救站点设置，完善应急救护体系建设。

中医药工作

【中医馆】 全县创建中医馆20家，实现中医馆乡镇全覆盖。中医馆配备牵引床、刮痧治疗仪等常用中医设备，装修风格以展示中医药文化特色内容为主，凸显中医特色文化底蕴。

【中医药适宜技术】 继续推广中医药适宜技术进校园、进机关、进社区等活动，举办以乡镇卫生院（社区卫生服务中心、服务站）、妇幼保健计划生育服务中心、村卫生室为培训对象的基层中医药适宜技术线上培训班，让基层医务人员感受中医药适宜技术的“简、便、验、廉”的特点，让群众切实感受中医药适宜技术的特色优势，使中医药适宜技术扎根于基层、服务于群众。

【中医中药中国行活动】 连续举办中医中药中国行活动，展示中医经络拍打操等中医特色表演，进行中医科普宣传，现场体验艾灸、耳穴压豆、拔罐等中医药适宜技术，给全县群众带来专业中医特色疗法和特色中医理念，不断满足广大群众的多重健康需求，弘扬、传承、发展中医药文化。

【“流动医院”建设】 推进巡回诊疗信息化改造和升级，安装车载定位等系统，数据可实时上传至“智慧流动医院”管理监测平台。政府部门可通过平台查阅出车的车辆、点位、实时轨迹、出车医生等信息。群众可通过“浙里办”平台查询车辆的排班信息、提供需求、评价等功能。真正实现让“设备跑”代替“群众跑”，让“人员跑”变为“数据跑”，实现村民看病“少跑腿”。 全年开展巡回诊疗1304场次，总共服务36833人次。

【项目建设】 大力推进以人民医院迁建项目为主体的卫生健康基础设施项目建设。县人民医院迁建项目、竹口中心卫生院迁建工程顺利开工建设,县第二人民医院建设工程完成立项批复。积极谋划基层医疗卫生服务体系提升工程建设、浙西南中医药康养综合体项目,推进浙西南中医养老护理康复中心工程,努力把庆元打造成浙南闽北区域中医医疗中心,长三角中医药康养中心。

卫生人才

【概况】 完善修改基层工作人员管理办法、产假管理办法、编外人员管理办法。2021 年共招录省定向培养生 24 名,其中本科 14 名,专科 10 名。公开招聘卫生专业技术人员 32 人, 定向培养毕业生 11 人,人才引进 1 人。制定全年培训计划,丰富培训内容,创新培训模式,提高基层人才专业技能和素质,2021 年安排培训经费省级 102.56 万元。针对 2021 年新聘用人员和即将到乡镇卫生工作的规培定向培养生开展素质培训,共计 60 人参加。

基层卫生

【基本公共卫生服务】 实施 12 个大类 45 项国家基本公共卫生服务项目,做实做细家庭医生签约服务,2021 年全县共规范签约 78382 人,常住人口签约率达 56.39%(户籍 38.42%),十类重点人群签约 62083 人,签约覆盖率达 88.28%。巩固省级慢病综合防控示范区、省级应急示范县创建成果,加大慢病、传染病防控技术培训与指导。加强健康宣传,进一步完善《庆元县健康教育讲师团方案》,落实健康知识讲座 121 场次。更加关注社会心理健康,完善县、乡两级社会心理服务平台建设,继续举办专兼职人员培训,参加人员共 200 余人次。

【基层卫生院"片区化"管理】 全面推行基层乡镇卫生院(社区卫生服务中心)片区管理,出台《庆元县卫生健康局关于乡镇卫生院 (社区卫生服务中心)片区化管理的实施意见(试行)》,将全县 19 个乡镇街道卫生院(社区卫生服务中心)分为 6 个片区,把片区医疗卫生机构的人、财、物等资源纳入片区实行统一管理。并在全省最大的地质灾害避险搬迁和下山脱贫农民安置小区(同心新村)建成同心社区卫生服务中心。

疾病控制

【概况】 落实新冠肺炎、登革热等传染病疫情监测防控工作,建立健全艾滋病、结核病防控工作机制;切实做好新冠肺炎疫苗紧急接种工作,做好全县 23 价肺炎及流感疫苗民生工程工作;落实慢性病、地方病防治和病媒生物防控工作。进一步完善卫生应急预案和工作机制,2021 年共报告甲、乙、丙类法定传染病共 1476 例,报告发病率 727.43/10 万,比上年同期上升了 0.4%(1476/1470),无传染病死亡病例报告,其中甲类传染病无病例报告,乙类传染病报告 289 例,报告发病率 142.43/10 万,比上年同期下降 41.85%(289/497)。其中丙类传染病病例报告 1187 例,报告发病率 585.00/10 万,比上年同期上升 21.99%(1187/973)。全县无未及时报告卡,无未及时审核卡,无重卡,全县传染病诊疗机构网络正常运行率 100%。2021 年,中心实验室共检测新冠样本 19265 份,其中冷链外环境 3144 份、冷

2021 年 12 月,庆元县新冠肺炎疫情现场处置实战演练(县卫健局 供)

链食品 3340 份；基层医疗机构外环境 4251 份；集中隔离点外环境 1008 份；发热门诊病人样本 260 份；食品及环境 474 份、进口物品及外环境 342 份；集中隔离点工作人员 12 份；应急演练社区模拟人员 190 份；乡镇日常监测 6244 份，其中重点人群 1187 份、网格管理人员 2617 份、环境 1240 份、物品 1200 份，结果均为阴性。

卫生应急

【概况】 建立健全公共卫生事件应急组织，强化应急处置技术。根据《中华人民共和国传染病防治法》《突发公共卫生事件应急条例》，进一步修订完善《庆元县突发公共卫生事件应急预案》《突发公共事件医疗卫生救援应急预案》《突发急性呼吸道传染病事件应急预案》等各类相应的应急处置技术方案，储备应急物资共计三大类，包含传染病控制类、中毒处置类、队伍保障类。进一步加强卫生应急培训，提升专业人员的应急出击能力，2021 年全县组织“新冠病毒肺炎疫情防控应急演练”3 次，县市场监督管理局组织“食品安全事故、进口冷链食品‘物防’综合演练”1 次。全年共开展公共卫生风险评估 6 次，其中新冠专题风险评估 2 次。

卫生监督

【概况】 2021 年全县共有卫生监督服务对象 516 家，其中公共场所 243 家，医疗机构 140 家，生活饮用水单位 5 家，消毒产品生产企业 2 家，学校卫生被监督单位 24 家，病媒生物预防控制服务单位 2 家，职业健康检查机构 1 家，职业卫生用人单位 94 家，放射卫生被监督单位 5 家。

【卫生监督机构建设】 为及时顺应政府机构改革、数字化转型和“互联网+监管”要求，着力提升卫生健康行政执法能力和服务水平，进一步推进卫生健康行政执法体系建设。推进卫生监督体系建设，加强县级卫生监督机构规范化建设，对办公场所按照《浙江省卫生健康委办公室关于印发浙江省卫生健康行政执法监督工作规范化建设标准（2020 版）的通知》的基本要求进行形象设置，创建卫生行政执法规范化建设单位。认真落实“双建”工作，积极探索党建引领下的卫生监督工作发展，契合新时代“健康中国”战略目标，转变群众对执法部门严肃、冷酷甚至是无情的刻板印象，县卫生监督所党支部开展“阳光卫监 12345”工作体系，以建设“尘肺预防科普站”为载体，发挥蓝盾铁军的红色力量。参加县“建设清廉机关创建模范机关”党建示范点创建评比，获第 6 名，圆满完成“双建”工作。

【卫生监督执法】 认真对照省市县相关工作要求，扎实落实“互联网+监管”工作。“互联网+监管”平台省监管事项应认领的 37 项，37 项全认领，认领率 100%；“互联网+监管”平台监管行为主项应覆盖的 35 项，35 项全覆盖，覆盖率 100%；共有“双随机”抽查事项 21 项，21 项均达标，达标率 100%；执行任务应用信用规则率 93.1%，跨部门监管率 25.8%。2021 年共立案查处各类卫生违法案件 185 起（在编在岗人数 6 人），其中一般程序 89 起，简易程序 96 起；按专业类别分，医疗卫生类 16 起，传染病类 58 起，公共场所卫生类 82 起，学校卫生类 5 起，职业卫生类 19 起，食品卫生 2 起，放射卫生 1 起，饮用水类 2 起。简易程序 96 起案件均办理结案，一般程序案件结案 84 起，合计执行到位罚没款金额 373022 元（不含没收财物价值）。在 2021 年度县级行政执法案卷同步评查中，左溪镇某某村同济卫生室违反消毒管理规定等行为案等 8 个案卷被评为优秀案卷。

【卫生监督数字化】 守正创新数字化改革，发挥“法治”与“数字”双向融合赋能，进一步深化对数字化改革思路、方法、目标、任务、机制的认识、理解和把握，积极落实省政府数字化改革工作，推动数字化改革持续迭代升级、形成更多"硬核"成果，进一步推进治理体系和治理能力现代化，为政府一体化整体智治注入卫生监督力量。2021年共完成数字化监管平台要求的小医疗机构医疗行为智能监管、酒店住宿保洁智能监管、口腔智能监管、医疗机构预检分诊、诊疗室、医废暂存间智能监管、餐饮具在线监管、游泳场所在线监管、职业卫生在线监测共8个创新应用。

妇幼保健

【概况】 2021年，全县产妇总数1002人，活产1016人，高危孕产妇782人，妊娠风险分级为橙色以上的孕产妇258例，危重孕产妇抢救2例，无孕产妇死亡。全县3岁以下儿童3457人，系统管理3330人，系管率96.33%，7岁以下儿童10424人，保健覆盖率97.08%。加强落实《庆元县预防艾滋病梅毒和乙肝母婴传播工作实施方案》，2021年孕产妇艾梅乙检测率100%。持续实施免费婚检和孕前优生检测项目，计划怀孕夫妇免费孕前优生检测和咨询761次，孕前优生检测率85.7%。

爱国卫生

【概况】 2021年，共开展卫生洁净活动1000余次，清除卫生死角400余处，清运垃圾30余吨，拆除破旧广告牌70余块，整治"牛皮癣"300余处。在全县100余个健康教育宣传栏张贴爱卫宣传海报。

在疫情防控期间，爱卫办承担大规模核酸采样、集中隔离点、卡口、演练、会议等工作的医疗防疫物资采购和发放工作。

【健康细胞建设】 健康家庭创建。举办健康家庭培训会24场，完成健康家庭创建任务和礼包发放800户。卫生乡镇创建(复审)。荷地镇、左溪镇、五大堡乡、岭头乡、张村乡、江根乡、官塘乡7个乡镇创建国家卫生乡镇通过省级评审，淤上乡顺利通过第一轮省级卫生乡镇复审。健康促进学校创建。实验小学和城东小学成功创建健康促进金牌学校，竹口中学成功创建健康促进银牌学校。控烟工作。继续巩固无烟党政机关创建成果，全年共下发3期通报文件，通报单位达40余家。发放禁烟标识牌1000张，控烟宣传折页2000份。

【病媒生物防制】 国家卫生县城顺利通过三年一轮的病媒生物C级评估。全年共投放除四害药物15吨，统一开展春、秋两季的灭鼠行动。发送领取除四害药物短信16万条，两家病媒防制公司在半年度和全年度考核中均获得优秀等级。

老龄健康与家庭发展

【概况】 2021年底，全县户籍人口20.11万人，其中60岁以上老年人37645人，占年末总人口18.72%，65岁以上老年人29039人，70岁以上老年人17225人，80岁以上老年人5567人，90岁以上老年人754人，100岁以上老年人16人，上报出生1286人。全员人口数据库户籍人口覆盖率、主要字段完整率、准确率均95%以上，高于全市水平。全县未发现因违法行政而引发的计划生育重大案件，未出现重大计生负面新闻舆情事件，未发生不稳定事件。

【优化服务】 推进生育支持政策落实落地。深入实施三孩生育政策，谋划制定完善鼓励按政策生育的配套政策、优化生育相关公共服务制度，并列入党委政府和相关部门考核的重要指标，促进生育政策与经济社会政策的配套衔接。及时转发计生新法规新条例具体内容和解读内容，方便群众及时学习了解，提高群众的知晓率。及时开展计划生育相关政策规范性文件自查，清理完善不符合当前人口发展形势和现行生育政策的条款，及时取消社会抚养费，清理和废止相关处罚规定，将入户、入学、入职等与个人生育情况全面脱钩，做好三孩政策调整前后的政策衔接，保障此前实行计划生育家庭的合法权益。取消再生育审批，加快推进三孩生育登记，全县三孩生育登记21件。推进母婴室管理服务模式智能化，群众只需要在"浙里办"搜索"智慧母婴"即可查找最近的母婴室，全县共上平台母婴室6家，其中四星级以上2家，三星级4家，给予孕妈妈最温柔的关爱。

【计划生育奖励扶助】 2021年，农村部分计划生育家庭奖励扶助对象865人，发放奖扶金83.04万元；计划生育家庭特别扶助对象82人，发放特扶金65.76万元。深入开展特殊计划生育家庭三项制度落实工作，覆盖率100%。通过设立计划生育公益金、独生子女意外伤害保险等为计划生育家庭、独生子女和"农村双女户"在遇到特殊困难时予以帮扶、救助，共发放春节慰问金21万元，公益金11万元。

【老龄健康服务】 2021年发放高龄老人一次性补贴26万元，高龄补贴349.012万元。全县办理老年优待证1295件。老年人凭借优待证可享受半价或免费搭乘公交车、参观旅游景点等优待。为全县100名老年人发放防走失黄手环。联合县财政为年满80周岁以上老年人出资投保意外伤害保险，投保人数4925人，投保金额23.64万元。7月12—18日开展主题"关注口腔健康，品味老年幸福"老年健康宣传周活动，引导老年人养成健康生活方式，提高自我保健意识和能力。开展"温暖重阳"走访慰问老年人活动，共走访慰问高龄、困难、"空巢"老人185人，送去慰问金10.4万元，慰问品价值3.8万元。

（鲍慧斐）

社会生活

医疗保障

【概况】 庆元县医疗保障局(以下简称“县医保局”)深化医疗保障制度改革,建设多层次医疗保障体系,强化医保基金监管,优化医保经办,提升参保群众的获得感、幸福感、安全感。2021年,落实新冠病毒疫苗及接种费用保障工作,支出1566.55万元,其中疫苗采购费用1314.49万元,疫苗接种费用252.06万元。

【医保扶贫】 2021年10月,县医保局联合县委组织部、县民政局、财政局、残联、红十字会、慈善总会出台《关于加强高额医疗费用困难人员帮扶工作的通知》,做好高额医疗费用困难人员帮扶工作。12月,出台《庆元县医疗救助实施办法》,调整医疗救助对象,除特困、低保、低边三类对象外,将孤儿、困境儿童、贫困精神残疾人服用基本抗精神病药物费用全额保障对象纳入医疗救助对象,同时提高医疗救助待遇水平。全年,累计医疗救助9.19万人次,涉及资金1072.52万元。

【基本医疗保险】 截至2021年12月底,全县基本医疗保险参保人数17.42万人,其中一档职工2.48万人,二档城乡14.93万人,参保率99.63%。基金总收入36110万元,总支出33645万元,年底累计结存20209万元。职工医保(含生育)收入12473万元,支出10967万元,年底累计结存12867万元,其中统筹基金累计结余2925万元,个人账户累计结存9942万元;城乡医保收入23637万元,支出22678万元,年底累计结存7342万元。

【补充医疗保险(浙丽保)】 2021年,丽水市全民健康补充医疗保险(浙丽保)被列入2021年度浙江省改革突破奖,入选“中国改革2021年度案例”。截至2022年1月31日,庆元县2022年参保人数16.89万人,参保率97.51%,其中17个乡镇(街道)参保率100%,濛洲街道、松源街道参保率分别是98.18%、95.50%。参保资助范围与城乡居民医疗保险相同,累计资助参保23405人。

【药品带量采购】 截至2021年底,全县累计协议采购六批次170个中选药品合计1571万片,采购总金额由带量采购前的3873万元降为1258万元,节约药品费用2615万元。

【医保基金监管】 全年查处违法违规定点医药机构46家次,投诉案件1件,暂停服务协议3

家，对违规医保医生扣分处罚 11 人，定点医药机构年度考核扣分 3 家，医药机构诚信计分 14 家，下达稽核整改处理意见书 21 份，追回医保基金 136.9 万元；智能网审违规单据 2000 万条，扣回医保基金 20.51 万元。

【便民服务】 截至 2021 年底，县域内定点医疗机构总计 42 家，已开通跨省异地就医结算的定点医疗机构 21 家，开通率 50%。全县医保电子凭证激活 16.19 万人，激活率 92.94%，全县医药机构接入率 100%，结算率 19.01%。完成全县 73 家定点医药机构三目录国家编码贯标，各定点医药机构适应良好，平稳运行。推行“互联网+医保”慢病管理应用场景，2 家定点医药机构实现慢病线上复诊、医保线上支付和线下药品配送服务。医保公共服务事项“掌上办”“网上办”年度办结率 100%，办理率 99.48%。

（王　贞）

住房公积金管理

【概况】 2021 年，丽水市住房公积金管理中心庆元分中心（以下简称“庆元分中心”）始终坚持以人民为中心的发展思想，始终坚持“房住不炒”的科学定位，深入开展党史学习教育，深化数字化改革，强化规范化建设，进一步优化公积金管理服务水平，有效发挥制度保障作用。

【公积金业务】 截至 2021 年 12 月底共有缴存公积金单位 502 个，缴存住房公积金 13303 人，归集 35867.07 万元，完成年度指标的 101.03%，归集余额 90812.09 万元。1—12 月累计支取住房公积金 2811 人，支取金额 30370.48 万元，提取率 84.68%，同比增长 7.47%。1—12 月发放住房贷款 321 户，金额 11426 万元，完成年度指标的 87.89%，同比下降 29.04%，贷款余额 86927.50 万元，同比增长 0.74%，存贷比例 95.57%，逾期率为零。截至 2021 年 12 月实现增值收益 1604.27 万元。按规定时间完成住房公积金年度结息工作，共向全县 14821 名缴存职工（账户）支付利息 1270.83 万元，上缴廉租住房补充资金 274.55 万元。

【公积金管理】 着眼安全高效，提升管理水平，强化公积金提取、贷款过程监督。及时查询掌握职工的购房、贷款等有关信息数据，有效遏制骗提骗贷行为。严格执行“贷前严审、贷中规范、贷后跟进”的贷款管理机制，加快推进贷款全过程管理，强化贷后催收、个人逾期贷款诉讼、期转现等工作，全面控制贷款风险，确保资金安全。严格落实住房公积金资金内部控制制度，定期分析公积金业务运行和资金收支情况，做好资金使用情况测算，实时调整资金使用计划，有效防范资金流动性风险。进一步完善资金竞争性存放，规范协定存款管理，2021 年 10 月底庆元分中心圆满完成公积金资金竞争性存放工作，竞争性存款 8570 万元，确保公积金安全增值。

【公积金服务】 全心全意为民服务，提升群众满意度，以“住房公积金制度建立 30 周年”宣传活动为契机，充分利用多种宣传渠道，持续加大对住房公积金政策制度的宣传力度，提高全社会对住房公积金制度的知晓率。深入开展“三服务”实践活动，稳步推进“一网通办”“全省通办”“跨省通办”“一件事”等工作，实现群众办事网上办、掌上办、“零跑腿”。从企业主和职工需求出发，推出“一企一策”扩面政策，帮助企业制定“单位能接受、职工有收获”的建缴方案，提高建缴率。

（周　贞）

民政工作

【概况】 庆元县民政局围绕“省民政 30 条”“市民政 23 条”部署要求，以建设五个标杆区为总目标，扎实履行基本民生保障、基层社会治理、基本社会服务等职责，不断推进民政事业高质量发展。2021年，认定低收入农户5150户10277人，发放救助资金4725.36万元，新建9家乡镇（街道）居家养老服务中心，实施适老化改造困难老年人133户。

【社区建设】 结合庆元县社区现状和城区发展需要，根据便于服务管理、开发利用社区资源、社区依法自治的原则，对社区规模进行适当调整。全县原有9个社区，其中5个城市社区，4个搬迁安置社区。2021年调整后有11个社区，其中新设立的社区2个（小济洋、梦天等区块成立同舟社区，香菇小镇等区块成立香蕈社区），管辖范围有调整的社区7个，未涉及调整的社区2个（新建社区、咏归社区）；贯彻落实《浙江省村（社区）减负清单指引（2020版）》等文件精神，减轻村（社区）负担，强化基层组织自治功能。持续开展“三多”清理和基层减负专项整治行动，坚持做到“零死角、全覆盖”，进一步促基层减负增效，服务居民群众能力。

【社会工作站】 建立黄田、竹口、淤上3家乡镇社会工作站。开展爱心助学、助困、益剪（理发）、量血压、心理慰藉、慢病医学讲座、老年人防诈骗宣传、“九九”重阳敬老等活动23场，服务1000人次。

【民间组织管理】 依照《社会团体登记管理条例》和《民办非企业单位登记管理暂行条例》，依法开展全县社会组织年度检查工作，因为受新冠肺炎疫情影响，部分社会组织未在规定时间参加年检，经审查年检合格的164家，年检合格率85.4%。2021年，庆元县有社会组织189家，其中社会团体132家，民办非企业57家。

【区划地名】 推进庆元县城区道路标识牌的设置工作，完成城区39条街路的107块路牌和139条巷弄的275块巷弄牌的制作和安装任务；开展“地名文化进乡村，助推乡村振兴”的活动，创建地名文化展示平台和地名二维码信息服务平台建设工作，提升庆元县地名文化数字化服务水平；落实《庆元县进一步清理整治不规范地名工作实施方案》的各项工作，对全县的9条不规范地名进行清理整治和标准化处理；配合县行政村规模调整工作，审核249个涉调村名称；精心组织地名普查成果的转化工作，确保顺利完成《国家标准地名志》（庆元县部分）和《浙江省标准地名词典》（2—8部分）编写任务；做好地名命名的审核和审批工作，全年完成6个住宅小区、1条道路的命名办理事项。

【婚姻登记和收养登记】 申请通过婚姻登记证集中补领（办）试点工作成为全省23个试点县（市、区）之一，全年办理结婚登记753对、离婚申请456对、离婚登记206对、补发结婚证144对、补离13件。依法做好收养工作，完成收养登记6例，不予办理6例。

【养老服务】 探索建立居家养老服务“三级”联动运营工作机制，全县有18个乡镇（街道）开展试点工作，4家养老服务运营公司累计到村到点组织活动716次，参与老年人13352人次。攻坚省、市、县民生实事养老项目建设，完成19个乡镇（街道）133户生活困难老人家庭适老化改造，指导乡镇（街道）建设黄田镇、竹口镇等9个乡镇（街道）级居家养老服务中心，委托第三方运营，组织开展康养联合体试点建设。保障社会养老事业健康发展，下拨养老服务补助资金644.52万元，开展困难老年人能力评估工作和居家养老服务补贴工作，强化养老机构的安全监管。

【移民工作】 核定2021年度直补移民3811人，核减县内行政机关公务员、事业单位在编在职以及死亡人员29人。提高移民直补人口的准确性，发放直补资金228.66万元。安排移民扶持项目30个，扶持资金762.47万元。项目竣工验收率100%，已核报项目资金728.02万元，资金支付率95.48%。落实移民创业致富扶持政策，补助移民创业致富产业发展扶持资金 12 户 29.15 万元；发放移民小额贷款贴息资金 126 户 32.6044 万元；发放移民培训补助资金 58 人 7.73 万元。

【救助管理】 开展救助寻亲服务行动。会同公安部门通过 DNA 比对、人像识别、方言口音等方式甄别滞留人员身份信息，比对成功 2 人，护送返乡 2 人次，接领在外流浪乞讨人员返庆 11 人次，配合乡镇（街道）落户安置 2 人，累计救助 144 人次。持续开展街面巡查和综合治理行动，加强主城区的街面桥梁、涵洞、废弃建筑物等重点区域巡查，落实 24 小时值班制度。

【殡葬改革】 2021 年殡葬改革工作有序推进，完成全县 1093 具遗体接运等各项日常工作；在清明节期间，殡葬管理所统一采购 1600 束鲜花免费发放或代为祭扫；受理生态安葬补助 98 例，补助金额 4.9 万元；扎实推进惠民政策，按照《庆元县殡葬基本服务项目免费办法》累计减免 1093 人次 70.45 万元；启动县社会生态公益性公墓项目建设，完成乡镇 1 处节地生态安葬示范点建设。

【赈济扶贫】 春节期间，走访慰问军烈属、三老人员、特困供养人员、残疾人、低保对象等困难群众 4263 人，发放慰问金 86.41 万元。发放困难群众春节期间临时生活补助 493.93 万元，其中城乡最低生活保障对象 333.88 万元、特困供养人员 12.9 万元，孤儿及享受基本生活保障的困境儿童 6.3 万元、城乡最低生活保障边缘对象 140.85 万元。

【最低生活保障】 继续落实低保低边渐退期制度和重残、重病等特殊人员单人户纳入低保制度，提升困难群众覆盖面。实施低保低边渐退期 39 户、107 人，重残、重病单人保 177 户、177 人。进一步提高最低生活保障标准，2021 年 7 月 1 日开始，庆元县最低生活保障标准由每人每月 850 元统一调整为每人每月 910 元，增幅7.06%。推进数字化改革工作，实现困难群众生活用电、有线电视费减免等民生补贴事项统一受理、一站式服务，实现困难群众救助“一件事”。

【孤困儿童关爱保障】 进一步提高生活保障标准，稳步推进儿童之家建设，加强儿童之家运营管理，2021 年建成儿童之家 6 个，累计建成儿童之家 21 个。开展“添翼计划”扩面提档实践活动，拓展服务对象，优先满足低保、低边家庭残疾、重病儿童康复需求，将相对贫困家庭残疾、重病儿童纳入康复逐步服务范围，全年开展 15 人次三期“添翼计划”。持续实施“福彩圆梦·孤儿助学工程”项目，目前受助孤儿就读大学 2 人，发放助学金 2 万元。

（刘斯琦）

退役军人事务工作

【概况】 2021 年，庆元县退役军人事务局（以下简称“县退役军人事务局”）按照省、市退役军人事务部门的统一部署，坚持习近平新时代中国特色社会主义思想为指导，落实习近平总书记关于退役军人工作重要论述，聚焦建党百年，聚焦重点任务，扎实推进高质量发展。

【退役军人权益维护】 开展《中华人民共和国退役军人保障法》学习宣传贯彻，依托县委理论中心组、退役军人服务中心（站）等载体，多层次组织学习宣传活动，营造退役军人学法、知法、尊法、用法的良好社会氛围。召开 9 次党史学习教育专题学习会，通过党课宣讲、座谈交流、党史竞赛等形式丰富学习内容。组织开展退役军人党员党史学习教育和退役军人“四史”宣传教育、符合政府安排工作退役士官党史学习教育等系列活动。落实领导干部坐班接访制，定期进行来访接待。2021 年，接待来访、咨询人员 1000 人次。重要节点，落实24小时值班备勤和领导带班制度。

【优待抚恤工作】 2021年，规范足额发放抚恤补助资金。落实2019年度和2020年度符合政府安排工作退役士兵基本养老保险接续工作。评定带病回乡退役军人2人并落实抚恤待遇，补评残疾军人对象1人，组织重点优抚对象前往嘉兴浙江省荣军医院开展短期疗养活动。接收自主就业退役士兵，完成符合政府安排工作退役士官安置工作，实现安置到事业单位和国有企业100%。

【服务保障体系建设】 整体提升7个乡级和4个村（社区）级退役军人服务站，19个退役军人服务站被评为省新时代"枫桥式"退役军人服务站。建立同心退役军人服务联盟。在浙江省最大的地质灾害避险搬迁和生态移民安置小区建设同心退役军人服务联盟，为异地搬迁退役军人和优抚对象搭建一个集服务保障、学习教育、风采展示、作用发挥等为一体的综合性平台，建设就近、便利、高效的"实心站"，弥补涉及东部乡镇空壳村、搬迁村、生态移民等退役军人和其他优抚对象服务工作短板。开展常态化走访慰问和帮扶援助工作，2021年组织走访慰问、帮扶援助退役军人和其他优抚对象。建立退役军人关爱基金，与"慈善一起捐"活动有机结合，动员社会各界爱心人士和企业自愿捐助，募集到资金10万元。开展2021年退役军人就业创业招聘会暨廉政教育活动，邀请相关部门专业人员进行就业创业（优惠）政策以及当前社会就业创业形势解读，现场为退役军人推出100个就业岗位；强化与县人社就业部门以及各就业需求企业对接，通过E信通、联系群等渠道为退役军人推荐就业岗位5000个；开展退役军人职业技能培训工作，推出叉车、烹饪、驾驶等多项免费培训，发放相应职业技能证书。

【双拥工作】 根据2021年9月底省双拥领导小组发布的《浙江省双拥模范城（县、区）创建命名管理办法》和《浙江省双拥模范城（县、区）考评细则》，县退役军人事务局牵头，各相关单位共同努力，完成迎检工作。省检查组对庆元双拥工作给予高度肯定，该成效为庆元县争创新一届省级双拥模范县奠定基础。春节、"八一"建军节来临之际，县四套班子主要领导带队深入驻庆部队察军情、问军暖、解军忧，帮助部队解决实际困难。2021年，完成县武警中队训练馆修缮工作，被列入全省第一批拥军优属"百件实事"实施清单。全县各单位利用自身优势，在"八一"建军节期间多形式开展走访慰问驻庆部队活动。驻庆部队坚持把庆元当故乡、视庆元人民为亲人，在完成战备训练任务的同时，主动参与到疫情防控、抢险救灾等工作，扎实开展"义务植树、定点帮扶、助学兴学、文化共建"等社会公益活动，承担全县学校学生军训工作。营造拥军崇军浓厚氛围，在县城中心地段和主要省道等显著位置制作大幅双拥宣传标语，在县医院、车站等公共场所悬挂放置"军人优惠""军人依法优先"的标记；县内各景点、纪念馆、博物馆等均做到免费对军人开放等。建设同心双拥社区、双拥主题文化公园。在黄田镇崔上村中共闽浙边地委驻地及石龙山烈士陵园开展集中祭扫，引导社会各界通过中华英烈网、浙江英烈网等平台进行云祭扫；组织开展"传承红色基因、续写伟大胜利"军事日活动，重温"闽浙边地委"的革命历史；开展双拥征文活动并进行评选表彰；拍摄《热血洒南峰，英雄沃中华》宣传片，讲述英烈故事以及军休老党员"口述历史"视频；联合党史学教办等单位为庆元县重点优抚对象成功众筹并派送建党百年红色暖心包；开展"献礼八一、致敬军人"主题书信活动，组织学生给庆元籍现役军人寄书信；为庆元县荣立二等功现役军人送喜报。

（杨剑梅）

乡镇（街道）

濛洲街道

【概况】 濛洲街道为庆元县城关街道，东接五大堡乡，南连安南乡，西、北邻松源街道，街道办事处驻石龙街58号。总面积7550公顷，其中耕地601公顷，林地6929.7公顷。辖14个行政村，5个社区居委会(其中同舟社区筹建中)，12361户，户籍人口26516人，常住39227人，其中农业人口14911人。荣获2020年度庆元县目标管理责任制考核西部乡镇(街道)第二名。

创成幸福吴宅、文创大济等可看可说品牌党建示范点，突出示范引领，与荷地镇共建党建联盟，借助“兴村治社名师工作室”为平台，培育兴村治社名师4人，为乡村振兴提供人才支撑；依托“一社一品”创建，带领党员为群众办实事3100件，认领微心愿230个；组织千名党员深入293个微网格，开展“以房找人”工作底册排摸45482人，筑牢疫情防控“网格防线”；发挥支部“头雁”作用，指导14个村实现总收入1252万元，经营性收入1046万元，消薄成效走在全县前列；推进全面从严治党，深化村级监察联络综合体建设，吴宅村创建清廉村居建设省级标杆村。

濛洲街道以“靶向攻坚法”跑出濛洲“加速度”，合力推进梦天区块联合农场、东环路中段省里民房、兰指大坑、洋心安置地、兰荒线改建、兰指大坝无障碍施工、半湾休闲养生文化园、大坑全自动数字化菌棒集中生产基地、石龙街延伸工程、星光近郊生态农业产业园等10个项目政策处理工作。176名干部连续7天无休作战，完成梦天区块特别疑难的最后1户征收对象签约工作，在服务全县大局中作出表率和示范。

2021年工业经济稳步发展，完成工业产值6.0315亿元，工业投资0.7亿元，招商引资实际到位资金4500万元(任务数3500万元)，街道班子成员带头外出招商，达成总部经济招商意向3家，签约2家。服务浙江康之源生态农业开发有限公司建成年产2.2万头种猪的生态养殖场，菇乡缘农业科技有限公司1100万元的园区固定资产投资，助力企业技术人才招引5人。

【城乡环境】 深入推进环境整治集中行动，累计开展庆元大道、过境公路、庆百公路沿线专项整治6次，整治点位163个，巩固美丽事业发展成果；开展“污水零直排区”创建工作，全面完成洋墩、后田两个区块污水治理工程，辖区农村生活环境持续向好；治危拆违有成效，累计拆违1.2万平方米，全力守卫市级“无违建街道”金招牌；从严从实推进垦造耕地和生态修复项目整改工作，通过全部11个项目验收，生态环境治理能力显著提升；持续开展蓝天保卫行动，打击秸秆焚烧等野外用火行为640起，辖区空气质量持续保持优良。通过持续扮靓环境，巩固国家卫生县城、省级文明县城创建成效。

【民生保障】 新冠肺炎疫苗接种累计2.2万人，构建人群免疫屏障；在全县范围率先组织同济社区大规模核酸检测演练，提升应对疫情突发事件的反应速度和处置能力。累计组织辖区3400人完成结直肠癌、前列腺癌筛查、23价肺炎疫苗、流感疫苗免费接种等任务。城乡医疗保险减免审核申报842人，无偿献血5.5万毫升。提升民生救助水平，低保申报243户422人，低保边缘户申报155户392人。完成4个村"儿童之家"、便民服务中心申报，发放居家养老服务补贴48人，坟墓绿化187穴苗木4131株，移民直补288人。关爱特殊群体，全方面做好745名残疾人服务工作。完善社会保障体系，社保待遇人员领取资格认证5160人，城乡居民医保参保群众的医保电子凭证激活16085人，激活率均位居全县前列。开展被征地农民基本养老保险申报工作，汇总上报1019人，新参保人数214人；劳动力转移600人，申报公益性岗位11人。

【新农村建设】 持续做大做强农业产业，建设星光近郊农业产业园2公顷农田，搭建大棚1.3公顷，竭力打造近郊最大的"菜篮子"。整合资源，完成大坑食用菌智慧产业园土地流转4.2公顷，引进数字化食用菌生产基地建设项目，建成后有望成为省内自动化程度最高的菌棒生产工厂；筑巢引凤，依托强村公司完成消薄任务，14个村集体总收入1252万元，经营性收入1046万元，培育5个经营性收入超百万元、1个经营性收入超50万元的"明星村"，强村公司年度利润56.94万元，消薄成效走在全县前列。

【平安建设】 建设法治政府，创新推行"三关审查法"，推进合法性审查全覆盖工作，实现"行政诉讼案件数减量，败诉率归零"目标，助力县法治庆元建设迈向更高水平。依托数字赋能，全力推进矛调中心建设，发挥调解员作用，办结信访件122件，处置纠纷360起，把社会矛盾纠纷解决在转访的萌芽阶段；坚持治理创新，开展积案化解"清零行动"，化解元帅公庙区块、大济区块、小济洋区块、乌林区块涉及6起重大疑难积案，缓解重点时段全县的稳控压力。

（姚晨琪）

松源街道

【概况】 松源街道为庆元县政府驻地，东与濛洲街道、五大堡乡相邻，南连淤上乡，西与屏都街道、竹口镇相连，北接百山祖镇和龙泉市；总面积12298公顷，辖17个行政村、6个社区（其中香蕈社区筹建中）、137个村民小组、54个居民小组；户籍人口34607人，其中农业人口16652人；农村常住居民人均可支配收入27559元。香菇小镇成功创建AAA级景区并被命名为第五批省级特色小镇；五一村入选第一批"丽水市清廉村居引领村"；同心社区被列入浙江省第四批未来社区创建名单。坚持"外防输入、内防反弹"工作总基调，累计管控居家医学观察对象4219人，排摸流动人口近3万人，完成新冠肺炎疫苗全程接种27341人，加强剂疫苗接种人数累计4832人。辖区划分出疫情防控大网格18个、小网格96个、微网格447个，开展大规模核酸演练2场。建立各村（社）党员志愿服务队伍、"美丽帮帮团"志愿服务队伍等，助力环境卫生整治、政策宣传等方面工作；2021年，拆除违法建筑面积8.28万平方米，拆后利用率100%。菇香公寓建成省级高标准生活垃圾分类示范小区，完成电商园周边区块及新建路以北区块污水零直排区创建、府后街道路改造工程，优化人居环境。

【项目建设】 2021年有征迁项目14个，涉及土地征收110.67公顷，房屋征收325户、面积3.26

万平方米，地面物处理 495 处、面积 2.2 万平方米。人民医院迁建项目施工，实验小学分校建设、庆元县社会生态公益性公墓项目开工，完成会溪双枪仓储物流中心项目政策处理，五都幼儿园项目结顶，征迁工作稳步推进。南门洋、五都、仓山路、会溪等区块计征收土地 146.67 公顷，为庆元县项目平台搭建提供土地要素保障。

【生态建设】 土地“非粮化”整治面积 6 公顷、灾毁农田修复项目 2 个，落实粮食播种面积 686.67 公顷；生态搬迁公示 62 户 213 人。薰山茶园面积 100 公顷，成为全市最大的大红袍栽培制作及休闲观光茶园；招引客商投资开发四山岩茶产品，进一步壮大辖区茶产业。在五都食用菌标准化生产基地基础上，招引扩建食用菌生产基地 21.33 公顷，推进县食用菌生物科技产业园项目建设，促进辖区食用菌产业朝规模化、集约化、高端化方向发展。有工业企业 253 家，其中规模以上企业 11 家，工业总产值 82708.8 万元。通过开展“351”服务行动，由店小二服务升级为妈妈式服务，深耕乡贤资源，营造招商氛围，2021 年招商引资实际到资 4900 万元。辖区有农家乐（民宿）23 家、农业综合体 2 个。五都电商园销售额突破 3 亿元，香菇小镇成功创建 AAA 级景区并被命名为第五批省级特色小镇，进一步筑牢生态服务业基础。

【“消薄”工作】 巩固提升 17 个村集体收入，村集体经济总收入 872.9 万元，其中经营性收入 597.89 万元。实施扶贫项目 2 个，扶持资金 47.1 万元；完成低收入农户帮扶产业项目验收 97 个，发放补助资金 237628 元；维护 2021 年度浙江低收入农户帮促数字化应用系统，更新低收入农户信息 346 户。实现强村公司利润 55.31 万元，带动村集体、村民双增收。

【民生保障】 深入实施“红耀绿谷 强基共富”工程，举办新型农民培训班 3 期，公厕立项 1 处，修建竹林道 7 千米。城乡养老保险参保 7622 人，参保率 99.4%；城乡基本医疗保险参保缴费 2.37 万人，参保率 99.42%；“浙丽保”参保 2.14 万人，参保率 94.15%；农村小额保险参保 2588 人；两性安康保险参保 2012 人；49 周岁及以上独生子女母亲免缴城乡医保个人缴费 1048 人。排查复核农村房屋安全隐患 4805 幢；治理 D 级危房带方案 13 户；实现城区 5 个村 3 个社区垃圾分类宣传全覆盖，提升村（居）民垃圾分类知晓率、参与率。对管辖的 18 条村道开展巡查 45 次，设置警示牌（警戒线）12 处，整改安全隐患 24 个。组织防汛抢险应急救援演练 1 次，参加防台风综合演练 3 次、应急防汛培训 1 次。采购防汛物资（包括抽水泵、发电机、防汛四件套等物资），分发到 22 个村社，做到防汛抢险物资有保障。配备街道森林防火队伍装备，砍伐焚烧松材线虫病树 930 株。

【社会治理】 发挥党建联盟优势，在同德社区定期举办就业招聘会，为附近居民、企业搭建双向选择平台，提高搬迁群众创收能力。在同心社区建立“洋媳妇娘家”，挂牌成立全市首个乡镇（街道）级涉外事务综合服务中心，组织召开涉外婚姻现场会，探索涉外婚姻管理新课题。聚力化解信访积案 7 件，调处各类矛盾纠纷 245 件，调处率 100%，其中，通过在线矛盾纠纷多元化解平台化解纠纷 146 件。挂牌成立松源街道人民调解委员会驻松源派出所调解工作室，聘请专职调解员 2 人，助力矛盾纠纷调处，有效维护社会稳定。

（范春婵）

屏都街道

【概况】 屏都街道下辖 10 个行政村，户籍人口 4705 户 10162 人。推进屏都中心敬老院区块周边环境整治，拆除腾换空间 900 平方米，谋划建设“北有嘉兴南湖建党馆，南有丽水庆元为民情怀馆”党性教育实践基地。结合“1+1+X”技能服务日活动，开展技能培训 12 期，受训 2300 人次，接待省内外党政交流团 42 批近 1500 人次。总结

"清廉坑里"建设工作经验,以点扩面,完成蔡段村清廉村居示范村建设,在百丈村设置云眼监督会议室,实现对村"两委"会议、村民代表会议情况的实时远程监督。做好信访件、问题线索和违纪案件的处置工作,自办案件立案查处1人,警示谈话3人,发出效能督查通报2期。2021年,屏都街道荣获全市政治生态优胜榜第三名,获评2021年度全市先进人大代表联络站,获评基层武装部规范化基层五星级单位,荣获2021年度乡镇(街道)目标管理责任制考核一等奖,获评党风廉政建设主体责任先进单位,获消薄工作综合考核第一名。

【产业发展】 2021年规上企业11家,实现规模工业产值78844万元,同比增长7%;工业投入3500万元,技改投资1370万元。培育小升规企业1家,整治低小散企业3家。签订招商引资意向签约企业7家,计划投资3.5亿元。创建市级农业绿色发展示范区建设,加强现代农业产业"双招双引",招商引资7750万元,项目涉及畜牧业、饲料加工、林下中药材、甜橘柚等产业。签订种植林下经济基地1个66.7公顷,当年种植44公顷,在白坎新建林下经济药材馆1个,增加甜橘柚基地2个15.3公顷,增加甜橘柚基地道路一条1.3千米及硬化面积6000平方米,建成灾毁农田修复项目渠道工程372米,种粮大户3户,种粮面积达33.3公顷。种猪基地2个,增加种猪1500头。发展食用菌523.2万袋,其中香菇436.4万袋,木耳82.3万袋,其他菌类4.5万袋,2021年建成食用菌基地6900平方米。回龙农家乐精品村、蔡段(坑里)美丽乡村等民宿、农家乐相继开放,栖花园、三山根博园等景点开始产生效益。

【项目建设】 小微改造蔡段美丽庭院和花园乡村,争取到蔡段危桥加固、庆元生物多样性博物馆、美丽宜居示范村等项目落户蔡段村,谋划旅游景观吊桥、山地越野车、蝴蝶谷等项目建设,把蔡段村真正打造成全县乃至全市有影响力、有产业、有生命力和可持续发展的乡村振兴示范点,以此带动菊水、百丈等村美丽乡村建设。推进松源溪流域综合治理屏都段,菊水湖整治、百丈及蔡段扶贫重点村农田水利设施配套建设项目、岱根至赤坑洋农村公路提升工程等项目建设;八都中心街十米路贯通及强弱电下地;建设庆元县社会福利中心、屏都小学改造提升等工程。争取白岭头村下斜至苍坑湾林间道路路面改造建设、奶圳至百丈农村公路提升、官山头小微改造、花园乡村外立面改造等项目;谋划设计接官亭布展,财政奖补美丽乡村二期等项目;有序推动八二、余村、八一等留用地安置小区建设;开展八都、洋背、蔡段等多个村的河道清理、水坝修复及灌溉项目;建设余村、菊水等农村生活污水管网,提升农村人居环境。

蔡段村生物多样性体验馆建设(吴秋姿 2021年11月摄)

【民生保障】 落实落细各项常态化疫情防控措施,增强疫情防控意识,落实重点疫区回庆人员排查,对125人次疫情地区返庆人员及次密切接触者落实核酸检测并居家观察14天;落实境外回国人员排查,对境外24人实行干部联络制,与6名境外返境人员及时对接上报返丽信息;落实辖区居民接种新冠疫苗,一剂次接种8150人,二剂次接种5629人。免费接种23价肺炎疫苗401人;调整低收入农户结对帮扶干部,实现街道147户低收入农户应结尽结;落实辖区低收入农户"一户一策一档一干部"结对帮扶工作,实时动态监控；聚焦“两不愁三保障”及饮用水安全，瞄准突出问题和薄弱环节抓政策落实，各类反馈问题整改见底清零。开展待遇资格认证工作，认证率95%以上；开启医养结合新模式，宣传城乡养老保险及计生等新政策，农村小额保险参保1395人。

【社会治理】 在全县率先完成基层治理四平台迭代升级。在原有四平台的基础上整合监管执法、新增应急管理、融入共享法庭、增设党政综合业务等模块，实现“基层治理四平台”与数字化改革“152”体系有效衔接，实现了各类事件处置全留痕。协同相关部门启动应急联动方案。妥善跟进处置突发事件13件。以“最多跑一地”改革为突破口，以社会矛盾纠纷调处化解中心建设为载体，解决遗留多年的邻里建房、山林、土地纠纷，累计受理及处置群众来访45批次，调处矛盾纠纷204件，累计答复信访件60件。做好重点时段应急维稳工作，开展防汛避灾应急演练。

（吴秋姿）

黄田镇

【概况】 黄田镇位于庆元县西北部，地处浙闽两省三县交界，以黄坞、葛田村各取一字得名。G25长深高速公路、528国道贯穿全境。东南连竹口镇，西靠福建省松溪县渭田镇、溪东乡，北邻龙泉市小梅镇，距县城35千米。总面积125平方千米，其中毛竹林5929.5公顷，是丽水市最大的毛竹生产基地；林地9800公顷，森林覆盖率81.43%；耕地1010.67公顷。辖黄田、曹岭、姚村、陈边、东西、仙湖、柏渡口、龙头山、朱黄、双沈、双坞、中济、桐山、上济、李村、下济16个行政村，其中李村、东西村为少数民族村，89个自然村，5825户，15407人，除汉族外有畲族、黎族、土家族、土族、侗族、满族、傈僳族等16个少数民族。素有“中国灰树花之乡”“毛竹之乡”美誉。2021年获新时代美丽城镇建设省级样板、浙江省美丽乡村示范乡镇、浙江省法治化综合改革试点乡镇、丽水市优秀消薄项目比拼一等奖、丽水市群众体育优秀单位、丽水市先进基层党组织、县乡镇（街道）目标管理责任制考核优秀等多项荣誉称号。

2021年，黄田镇扎实开展党史学习教育系列活动，推动党史学习教育在全镇“有声有色有成效、可听可看可体验”，举办党史学习教育专题学习会30次、开展党史学习教育专题组织生活会1次，发放党史学习教育指定书籍2000册，跨省“联姻”开展“党史共讲、党建共建”结对活动；与政和东平开展跨省党建“联姻”，依托崔上红色研学基地深化浙闽边千米百里党建示范带，建成“竹产业”“灰树花产业”“崔上红党建”等7个党建联盟；持续深化《干部住村工作规范》、周三下村服务日工作机制。圆满完成县镇党代表、人大代表换届选举工作，实现组织意图、结构优化、满票高票等优质换届目标，为全县面上铺开提供借鉴经验。

【三大产业】 进一步做大做强灰树花、毛竹、水稻等生态农业。建成中国灰树花博物馆，举办“灰树花产业提升——民事议事堂”活动，开展灰树花大棚数字化建设，利用“自动化、智能化、数字化”技术，建立灰树花菌棒生产设施、数字化烘干厂、智能化菇棚，进一步提高灰树花产量，擦亮灰树花名片；运用新型技术种植玉米、小香薯、蓝莓、猕猴桃等26.67公顷，带动周边农户增收；发展生态循环农业，浙江悦庆生态农业开发有限公司15万头欧盟食品标准生态养殖猪项目落户黄田。2021年规上企业累计产值104075.6万元，累计增幅59.55%；一股韧劲做强双招双引，与市文旅公司签下3000万元崔上红研发项目，引进浙江艺同博文具、恒鑫竹业、竹管家等3家工业企业，引入蘅达商贸、拓达建设等2家总部经济项目，入驻特色品牌“星期天工程师工作室”20余名博士等高端人才，实现常态化运转，新引入浙大法学博士胡若溟、百博入乡镇人才郑卫、阿里巴巴运营人才钟谢彪等，并与市文旅投公司、市职业技术学院、浙江猎人文化等建立长期伙伴关系，浙江工业大学、西湖大学到黄田开展暑期社会实践。以“两山一海”（龙头山、台湖山、世界竹海大公园）为核心，打造崔上红（庆元“井冈山”）研学基地，举办农耕节、杜鹃花节、丰收节活动，依托“世界竹海公园”联动中济、陈边、龙济等多地，以点连线，建设游客综合服务中心、红色主题民宿、中国首个灰树花博物馆等多类型项目，以“红色旅游+绿色经济”共创全域旅游发展新模式；与省建行整镇合作，注册“崔上红”品牌商标，开展“花镇长”团队“线上+线下”多元销售活动，实现生态农产品直接销售额千万元，带动黄田镇域内农产品销售达1.6亿元，乡贤蔡焕镜无息借资40万元支持朱黄新能源光伏发电“消薄”项目，为村集体经济注入新鲜活力。

【项目建设】 全面完成“柏小线”公路改建工程，总投资8750万元，涉12个行政村42.5千米，全线3万余平方米的山林、耕地实现零政策处理费用，沿线各村主动出让发展空间，拟建停车场3个，建成姚村、朱黄、陈边3个毛竹初加工点，省民生实事项目“枫曹线”工程全线贯通；实施邻里中心、绿道、体育中心、农村自来水并网等改造提升项目建设；成功创成省级农业型美丽城镇样板、浙江省AAAA级景区镇，崔上AAA级景区村；持续优化崔上旅游路线和曹岭—黄田—朱黄浙闽边界路线环境，推进花园乡村建设，打造美丽乡村升级版；抓住建党百年契机，打造以中共闽浙边地委驻地崔上村为核心的红色研学基地，建成革命纪念馆、游客接待中心、机关旧址、党史之路、中国灰树花博物馆、陈边半路亭桥等红色点位，投入1000万余元，4月2日县四套班子到崔上开展党史学习教育——清明祭扫活动，全年接待游客80余批次6000余人，红色文旅初步成型。

【社会治理】 深化“最多跑一次”和“四个平台”行政改革工作，梳理公布服务清单镇级128项，村级90项；全镇建成新时代文明实践所1个、实践站12个、实践点37个，文化礼堂12座。全县首个乡贤投资生态公墓项目姚村“常乐园”完成验收并投入使用，完成省民生实事“爱玲残疾人之家”项目，“送药上山便民服务点”建设完成，镇级“居家养老服务中心”“农村家宴放心食堂”投入运行，人才公寓建成并投入使用；织密常态化疫情防控网，全面推进疫苗接种,切实做到“外防输入、内防反弹”，在疫情防控重点时段，镇村干部24小时坚守黄田高速卡点，全年排查流动人口1200余人，境外人员38人，实施管控98人；扎实开展“浙丽保”参缴工作，认真落实低保低边、医疗救助、临时救济等惠民政策，开展低收入农户产业帮扶，发放产业帮扶资金45.4680万元，托底救助金9万元，惠及219户；全力推进非粮化整治工作，完成非粮化、非农化整治63.33公顷，高标农田整改519.33公顷；持续深入开展危旧房修缮工作，2021年新增危房鉴定8幢，拆除违建面积14000平方米；全力推进省级民主法治示范乡镇创建，着力打造“平安黄田”2.0版，搭建“@法亭”线上公共法律服务窗口，设立“警务小超市”，打造“老李调解室”和“人大代表一线工作法”，被纳入全省法治化综合改革试点乡镇（街道），黄田司法所获评省级新时代“枫桥式”司法所，东西、中济分别获评国家级、省级民主法治示范村。

（甘利云）

竹口镇

【概况】 竹口镇位于庆元县西北部，与福建松溪、龙泉屏南交界，衢宁铁路、龙庆高速、528国道穿境而过，是出入浙闽的重要交通枢纽，是全国重点镇、省级中心镇、省级特色农业强镇、中国铅笔第一镇。镇域面积171.9平方千米，下辖11个行政村，户籍人口1.1万人，常住人口1.5万人。

竹口的特点可以用“五个一”概括。一缕红飘带：1934年8月中国工农红军北上抗日先遣队与国民党保安团在竹口后坑桥发生遭遇战，取得大捷，史称竹口战斗。一个党建示范中心：围绕“一个重要窗口展示厅，两条党建示范带，三个党建联盟示范中心，党建联盟、头雁引领、党员聚力、党性铸魂四大工程”的党建工作格局，打造浙闽边界党建示范中心。一支铅笔：竹口镇工业园区面积34.97公顷，入园企业63家，规上企业15家，其中竹口铅笔年产50亿余支，产量占全国的四分之一，是“中国铅笔第一镇”“全国铅笔出口质量安全示范区”“轻工业产业集群管理服务先进单位”。一个金果子：以黄坛省级现代水干果园区为龙头，发展甜橘柚333.33公顷，年产值1.21亿元。现有种植户300余户，辐射带动3000余人在家门口就业，成为农民增收致富的金果子。继2018年黄坛村入选全国一村一品示范村、庆元甜橘柚获中国地理标志农产品以来，2020年、2021年黄坛村连续两年入选全国特色产业亿元村。一个中心镇：竹口是省级中心镇、工业重镇、农业强镇、文化大镇，人口聚集度高，各项功能配套设施齐全，创成省级小城镇环境综合整治、美丽城镇样板镇。

2021年，竹口镇坚决贯彻落实县委、县政府的各项决策部署，按照“打造县域副中心 争创全球铅笔制造之都”的发展定位和推进“七七发展行动”的总体部署，强化全镇上下的执行力和落实力，全镇经济社会发展统筹推进。

以党建为引领，提振干部精气神。围绕省委深入实施红色根脉强基工程部署，狠抓基层基础建设和镇村干部队伍建设，形成“一厅两线三心四工程”党建格局，全面启动实施“七七”示范样板党建联盟，以党建凝心聚力。制定出台《竹口镇提升干部执行力夜以继日事不过夜七条规定》，实行镇村干部周比拼季比武机制，机关干部、一肩挑每周一小比，每季一大拼，让全镇干部都躬身入局，形成一种赛的氛围，让每个干部都跑起来。

【做强特色农业】 以黄坛省级现代水干果园区为龙头，不断做大做优甜橘柚特色产业，投入1000万元，带动民间投资4368万元，重点做好甜橘柚提质扩面、园区基础设施提升、标准化基地建设、景观节点建设，2021年9月通过省级特色农业强镇验收，并入选国家级特色农业强镇创建名单，争取项目资金1000万元，完成扩面种植26.67公顷，2021年甜橘柚产量0.68万吨，产值达1.12亿元，带动3000多人增收就业，黄坛农民人均可支配收入增加10.3%。同时竹口境内形成了水干果、食用菌、多肉、花卉、禽畜养殖百花齐放的农业产业新局面，2021年农业生产总值达4亿元。

【提升现代工业】 竹口镇被中国轻工业联合会授予竹口轻工业产业集群管理服务先进单位称号。全镇工业克服疫情不利影响，逆势上扬，2021年全镇实现工业总产值17.39亿元，同比增长5.1%；其中15家规上工业总产值15.69亿元，同比增长11.3%。加快企业转型升级，实施“机器换人”“小巨人培育”等工程。鸿星、久灵、贝斯特、联兴等企业激流勇进，分别上马马克笔、油画棒等项目，并在上海、杭州建立研发、设计、销售中心，探索出一条转型升级新路子。工业三期23.67公顷（洋源区块）已完成可研编制，工业四期320公顷（盘龙区块）被列入县“十四五”规划。

【集镇基础建设】 牢固树立项目为王的理念，把项目的谋划招引建设作为推进竹口跨越式发展的头号工程，成立六大招引工作专班，人人有任务、村村有担子，与北京山海文旅集团签订百山祖度假区开发框架协议（投资额15亿元），成功招引一名湖南大学博士后任竹口镇“星期天规划师”，与丽水云穗服务有限公司签约总部经济项目，与浙江猎人文化传播有限公司签约岩溪村乡村文旅项目，与浙江学泰文具有限公司签约橡皮项目，与浙江华亦生产管理有限公司签订互联网数据中心项目，累计签约资金26.5亿元，全年实际到位资金7000万元。全面完成美丽城镇、垃圾填埋场、工业园区基础设施提升、土地开发复垦、花园乡村等项目工程，竹口卫生院迁建、枫曹线改建提升工程有序推进。完成岩溪村省级历史文化保护重点村落规划、镇老城区、黄坛片区、西城新区开发控制性详细规划;完成第二水源、浙西南革命根据地红色竹口旅游项目前期。

【改善民生保障】 民生保障有序推进,低收入农户持续增收,全面完成消薄任务,村集体"造血"能力进一步提升,2021年强村公司运营销售额200万余元。城乡居民基本医疗保险参保率99.57%,浙丽保参保率100%;社会事业均衡发展,竹口乡村振兴发展促进会、老娘舅等基础组织持续发力,被评为省级扫黄打非基础示范点;社会治理平稳有序,高质量完成省级毒品过境风险治理,实现合法性审查、法律顾问全覆盖,全年实现"零"进京赴省上访,"零"重大安全事故,完成2个省级民主法治村、9个市级民主法治村建设,成功护航建党百年大庆。疫情防控慎终如始,严格境内管控,严密机制建设,严格疫苗接种,全力扛起新窑、黄坛省际卡点值守任务,累计安排镇村干部420余人次参与值守,并做好两个卡点后期保障工作。

(沈秋萍)

荷地镇

【概况】 荷地镇位于庆元县东部,东邻左溪镇,西靠五大堡乡,南傍岭头乡,北与贤良镇、张村乡接壤,总面积117.6平方千米,林地8771.3公顷,耕地937.6公顷,水田730.6公顷。镇政府驻地荷地村,海拔1040米,是华东地区海拔最高面积最大的高山台地,素有"浙南高原"之美誉。辖荷地、际面、底墅、苏湖、高家庄、联丰、黄沙、杨桥、黄洋、大岩、杨朗坑、石洋、东坪13个行政村,139个村民小组,农业人口5733户,12120人,其中外出10601人。2021年,集体经济收入758.63万元,增长26.09%,人均可支配收入1.74万元,增长幅度10%。获得乡镇(街道)目标管理责任制考核东部乡镇一等奖。

【市级中心镇建设】 推进休闲康养及高原体育训练基地建设,促进生态、康养、休闲、旅游深度融合。完成荷地社会福利中心项目,投资3200万元,经与光大百龄帮公司签订公建民营协议,即将投入运营,配备床位200张,是东部乡镇最大、功能性最全的养生养老机构。完成双苗尖通景公路建设项目,投资1100万元。完成高山农业基地基础设施提升工程,推进农产业自动化灌溉,投资86万元。荷地高原体育训练基地已挂牌,荷地休闲康养步道、大岩古屋翻修、半路古廊桥修缮等项目已完工,苏湖村史馆正有条不紊地建设中,各项重点建设取得明显成效。

荷地镇福利中心建成(荷地镇政府 2021年摄)

【基层组织建设】 按照"一岗双责"的要求,建立书记抓班子、班子抓镇村干部、村书记抓党员、党员联系群众的网格式全员抓党建工作机制,落细落小抓好基层党建工作。提升高原红党建示范带,发挥示范带动作用,完善荷地至杨桥党建外化设施,完成大岩村党建示范点建设,与濛洲街道签订《党建联盟共建协议》,促进村级组织干部换届后主动履职。将党的领导全面贯穿于镇党委和县乡两级人大换届选举工作中,扎实开展党史学习教育系列活动,不断营造浓厚的党建氛围。深化"先锋连"党组织建设,以"先锋连"为载体,开展村"关键岗位"干部履职培训,探索符合荷地实际的"干事赛跑"全季活动。定期组织开展应急演习演练,得到市应急局的支持,配备防汛物资200余件,手抬消防泵、发电机、抽水泵等9台,进一步充实应急抢险物资储备。提升推广"六比六看"(比谁法治概念强,看哪家遵纪守法好;比谁致富门路多，看哪家经济效益好；比谁集体观念强，看哪家无私奉献好；比谁教育子女好，看哪家儿孙贤才多；比谁尊老爱幼好，看哪家邻里和睦欢；比谁团结互助好，看哪家文明风气新）杨桥经验，积极提炼杨桥经验典型做法。做好融合文章，推进乡村基层治理深化改革，并在底墅村成功进行试点，实现底墅村从信访重点村到清廉村居示范村的华丽蝶变。打造“百事通”党建品牌。建立技能型乡镇实训基地4个，举办夏菇、锥栗直播节，“百事通”货郎干部化身“网红”干部，线下采摘，线上带货，帮助农户销售夏菇、锥栗达50万元。

【产业经济发展】 推广土地预流转机制，盘活土地133.33公顷，建立招商引资土地“储备库”筑巢引凤。推进双招双引工作，利用荷地高山气候优势，进一步优化招商环境，培育新型市场主体，引进庆元县三禾元农业发展有限公司发展林下经济项目，完成林下重楼套种46.67公顷；引进庆元县牧云涧公司，完成白茶种植13.33公顷。打造东部食用菌产业高地，依托4个食用菌生产基地2.7万平方米大棚，全年栽培食用菌170万袋，其中生产反季节夏菇23万袋、灰树花4万袋，销售额520万元。深化荷地“800”（海拔800米以上的农产品）特色产业带，提升高山茭白、锥栗和油茶籽三大交易集散地功能，种植高山冷水茭白133.33公顷，年产量180万千克，产值1100万元；锥栗基地533.33公顷，年产量15万千克，产值240万元，成功改造低产林33.33公顷，产量翻一番；精细化管理毛竹266.67公顷，年砍伐毛竹3000吨，产值180万元。新型农业主体不断孕育壮大，全镇家庭农场39家，其中县级以上示范农场17家；农民专业合作社23家，其中市县以上规范合作社7家，分别在食用菌、中草药、香榧、覆盆子、油茶、黄牛、蜂蜜等特色种养殖产业中表现出强大的生命力。

【社会民生事业】 严格开展垦造耕地问题整改和生态修复，全力推进非粮化整治工作。扎实开展国家级卫生乡镇创建，举全镇之力集中开展环境卫生大整治13次，排查整治脏乱差点位200余处，完成五水共治点位整改42处。启动荷地村无垃圾示范街创建工作，设立荷地镇垃圾兑换超市和垃圾分类回收中心站。积极开展花园农家创评活动，培育花样农家35户，推进苏湖、高家庄、石洋等村美丽乡村创建工作。继续深入开展危旧房修缮工作，新增危房鉴定6幢，整改安全隐患点4处，拆除违建面积3500平方米。织密常态化疫情防控网，全面推进疫苗接种，切实做到“外防输入、内防反弹”。扎实开展“浙丽保”参缴工作，认真落实低保低边、医疗救助、临时救济等惠民政策，开展低收入农户产业帮扶，发放产业帮扶资金29.4万元，托底救助金8.9万元，惠及246户。圆满完成前列腺癌、重点人群结直肠癌筛查等民生实事项目。持续推进大搬快聚富民安居工程，完成松坑和杨朗坑村的安置审核公示工作，2021年在前期搬迁179户442人的基础上完成搬迁170户490人。完成荷地联村供水工程建设，总投资360万元，对荷地等村水源和管网进行提升，切实解决周边8个自然村喝水、用水难问题。

（张　杰）

左溪镇

【概况】 左溪镇东邻本县官塘乡，西连张村乡和荷地镇，南与福建寿宁相邻，北与景宁畲族自治县交界。镇政府驻地左溪村，海拔435米，距县城63千米，是浙闽两省三县交界交通要道。辖区总面积142.7平方千米，其中山地14333公顷，耕地417公顷，辖联坑、高枧湖、黄先、石上、红星、石塘岚岭、留芳桥、印柘、永久、左溪、竹坪、青竹、岱根13个行政村，全镇户籍人口4077户，9234人，因地质灾害、下山脱贫等原因，其中5个行政村整体搬迁至庆元县城，超过三分之一的村民在同心、同德、同济等安置小区生活。2021年度在全县目标管理责任制考核中获评优秀乡镇。

【产业培育】 油茶产业。引进庆康油茶专业合作社，共完成油茶种植200公顷，2021年部分基地已采摘首批茶果200吨，带动农户增收160万元。香榧产业。引进香榧种植专业合作社3家，新增连片种植26.7公顷，全镇榧林面积达106.7公顷，2021年产出青果20吨，增收50万元，香榧产业初具规模。林下中草药产业。引进庆元县瑞利达水果专业合作社、庆元县俊杰专业合作社等3家专业合作社，分别在青竹村香榧基地完成30公顷的重楼套种，在岱根村土地流转种植黄精44.7公顷，白及3.5公顷，林下中草药形成产业集聚。家庭农场发展。发挥乡贤作用，引导乡贤回归，创办专业合作社、家庭农场等经济体，培育“家庭农场+示范户”的经营新模式，全镇创办家庭农场23家，示范带动辐射作用不断增强。第三产业开发，巩固左溪小城镇环境综合整治和美丽城镇建设成果，发挥左溪丰富的生态环境资源，以创建左溪村AA级景区村为核心，积极弘扬胡纮文化、香樟文化，发展生态休闲养生经济。主动与左溪电站主管方浙江华云清洁能源有限公司对接，争取引进休闲垂钓项目的落地，发展生态休闲养生经济，推动生态旅游业发展。

左溪镇青竹留守老人采摘香榧促增收（左溪镇政府 2021年10月摄）

【项目建设】 扎实推进“大搬快聚”工作。2021年完成发竹、高嵩坑、岚头自然村137户411人安置，全镇累计完成异地搬迁1657户6091人，占据总人口60%，让更多的老百姓进城，共建共享城市发展红利。做好垦造耕地和建设用地复垦工作。完成留香、岱根等6个搬迁村建设用地复垦16.7公顷，永久、印柘等行政村垦造耕地项目33.3公顷；2021年针对9个项目26.5公顷的土地垦造区块进行生态修复整改，紧抓时间节点、紧盯目标任务，倒排时间、落实责任，全面完成整改目标任务。完善道路基础设施建设。推进“四好农村路”工程，投资400万元，完成青竹至永青林场道路修复提升工程，完成青竹、石塘岚岭等4个村产业基地道路硬化工程，不断提升产业基地基础设施建设，全镇共硬化产业道路35千米，不断改善提升香榧、油茶等农业产业发展基础，增强产业的发展后劲，助力产业增收。

【基层组织建设】 发挥“领头雁”作用，筑牢基层战斗堡垒，顺利完成镇党委换届和县乡党代表和人民代表换届选举工作。持续开展支部书记擂台赛、干部竞争上岗、换届后“一肩挑”工作述职等比学赶超活动，不断提升党员干部服务技能和履职能力。打造“新平台”，推动基层党建创新发展。强化党建阵地建设，完成竹坪、青竹、红星、岱根、留芳桥和永久6个村在县城购置村级办公场所，投入资金800万元。围绕资源共享、工作联建、品牌联创，大力构建“一心两轴四线”党建区域格局，推动基层党建工作提质增效。以“五个村干部”等党建品牌为抓手，充分发挥党建引领作用。学习贯彻中共十九届六中全会、省委“六讲六做”大宣讲活动精神，发挥“中国好人”胡常康作用，进村入户宣讲，把中共十九届六中全会精神“投递”到千家万户，在《丽水日报》、丽水电视台相继报道。依托“先锋云”社区，制作上传镇、村书记微党课视频14个，凝聚党员干部奋斗前进力量。做深做实党史学习教育，扎实推进全体党员“为群众办实事办好事”系列活动，累计为民办事1.2万件，其中为特殊群体安装“敲门灯点亮干群连心灯”活动得到省市县多家媒体宣传“点赞”。

【基层治理】 织紧织密疫情防控网。面对疫情，全体干部克服麻痹思想、上下同心、精准施策，落实网格化管理和动态排摸工作机制，科学划分疫情防控小微网格，从严从紧抓责任、从细从小抓防控，根据风险地调整，持续开展动态排摸，全镇8个小微网格累计排摸1600余人次；对27名在境外人员，强化“一对一”联络服务；严管“小门”，落实“一码一测一口罩”；持续推进新冠疫苗接种工作，全镇累计完成接种9104剂，做到“应接尽接”。兜牢民生保障网。在册最低生活保障对象180户335人，在册最低生活保障边缘户120户264人，特困对象25户25人；2021年“浙丽保”参保6677人，参保率100%；2021年城乡居民医疗保险参保9026人，参保率99.39%；累计发放低保等各类救助资金362万元，发放人次640人，做到应保尽保，应助尽助。筑牢社会稳定防护网。以“平安护航建党百年”工作为契机，认真排摸，加大调处力度，处理信访47件，调处各类矛盾纠纷18件；深化“最多跑一次”改革，推进数字化转型；强化治理能力，不断完善应急处突能力体系，保持社会大局和谐稳定。

（吴　康）

贤良镇

【概况】 贤良镇位于庆元县东部，东邻张村乡，南接荷地镇，西连五大堡乡，北靠百山祖镇。驻地贤良村海拔600米，距县城36千米，总面积76.10平方千米。镇域内植被茂密，森林资源和水资源丰富，森林覆盖率达90%。所辖6个行政村，分别为贤良村、溪林村、湖源村、黄淤村、新村村、石川村，户籍人口2125户4132人。获得“国家级卫生乡镇”“钱江源百山祖国家公园次入口”“省级卫生乡镇”“小城镇环境综合整治省级样板乡镇”“浙江省AAAA级景区镇”“浙江省美丽河湖”“丽水市生态产品价值转化试点乡镇”等一系列先进荣誉。

2021年，贤良镇紧抓党史学习教育主线，通过组织党史知识竞赛、红色新村党史学习教育课程等，推进党员干部党性修养和宗旨意识不断提高。深入挖掘本镇红色文化，扩大宣传革命先烈吴显文事迹，推进南排至后斜一带的道路硬化，组织修建新村红色游步道，积极探索“红+旅”发展模式。结合三服务行动、书记办实事等，走村入户深入一线，累计为企业、群众解决困难问题300余件。完成“暖心包”+“巡回诊疗”服务升级，常态化开展“周末预约”代办暖心服务机制，累计完成群众预约事项200余件。

2021年，各村平均年总收入达50.2万元，平均年经营性收入达15.2万元，镇强村公司年利润达45.2万元。

2021年2月3日，贤良镇开展特色党建品牌“暖心包”为民服务大行动——贴春联(吴　荣　摄)

【特色产业】 持续推进娃娃鱼、石斑鱼、四方竹、中草药、锥栗等特色产业发展。大鲵养殖产业在配种、繁育层面技术逐步成熟，成品鱼达到30万余尾，并积极探索大鲵蛋白肽粉等产品深加工产业；林下经济产业发展平稳，累计种植白及、三叶青、重楼等中药材46.67公顷；持续扶持锥栗产业，推动新村村40公顷高产锥栗园的基础设施建设。深化农旅融合，结合产业特点，建成大鲵水文化观光园、中医药产品展示厅、综合体接待厅，串联形成中药科普采摘体验、森林观光、大鲵观赏互动的特色农业观光带。

【旅游产业】 充分发挥镇域优异的自然生态禀赋，融合慢生活、农耕、亲水休闲等文化内涵，形成了“慢贤良”为核心的生态旅游品牌。开展“万名宁波客人游贤良”活动，累计接待宁波游客700余人，带动农产品销售，促进群众增收。

【环境提升】 以“五水共治”“三改一拆”等工作为抓手，持续推进环境综合提升，加速乡村振兴。全年完成违建处置5444平方米，完成年度拆违量的136.1%。常态化运行生态守护队，结合水资源保护工作，加大南阳溪流域贤良段巡查监控。组织第五届“花样农家”评比活动，各村群众种花、养花，扮靓房前屋后的氛围更加浓厚。

【民生保障】 2021年，实行低收入农户的动态管理，全镇低保户138户253人，低边户84户213人，特困户13户，拨付临时救助金额42191元，累计申请12户符合生态葬的奖励补助。农村养老保险参保率99.3%，农村医疗保险参保率99.68%，浙丽保首年参保率达93.1%。完成残疾人家庭无障碍改造3户，重度残疾人列入护理补贴80人，困难残疾人列入生活补贴133人，累计发放残疾人两项补贴621750元。

【基层治理】 整合流动人口协管员、平安志愿者、村居法律顾问等队伍力量，强化矛盾纠纷化解能力，受理信访件9起，成功化解9起，化解率100%。建立社区矫正、刑释人员、涉毒吸毒人员等重点防控人员信息库，完善排查上报、分析研判、分类帮教等工作机制，确保党代表和人大代表换届工作顺利平安完成。

（吴雨欣）

百山祖镇

【概况】 百山祖镇位于庆元县东北部，东与景宁县和张村乡接壤、北靠龙泉市和景宁县、南与五大堡乡和贤良镇交界、西邻龙泉市。全镇下辖9个行政村，31个自然村。户籍人口3266户7821人，常住人口884人。镇政府所在地车根村海拔为1138米，是华东地区海拔最高的乡镇，主要特点可以概括为“一园、两区、三地”。“一园”：百山祖国家公园。百山祖镇作为百山祖国家公园命名地、核心区，镇域面积190.2平方千米中有142平方千米纳入公园范围内（占庆元片区面积的69.26%）。百山祖主峰1856.7米，为浙江第二高峰。“两区”：一是国家级自然保护区，二是国家级AAAA级景区。“三地”：一是斋郎红色高地，二是农业文化遗产地，三是旅游康养胜地。百山祖自然风光优美，山清水秀，夏季平均气温22.5摄氏度，负氧离子最大值达20.04万个/立方厘米。

2021年，百山祖镇坚持以实施“红色根脉强基工程”为总抓手，以落实县委关于开展“六个对标提升”为举措，大力推动以“红色引领、绿色发展、蓝色治理”为目标的“三色”党建联盟工作，将党建工作寓意于经济工作中，开创党建工作新局面。扎实开展党史学习教育，党员干部围绕党史宣讲、绿色发展、为民服务等方面畅谈党史学习体会，营造“比学赶超”的学习氛围。以技能型乡镇政府建设为抓手，创新推出《百山祖镇“135”工作机制》《干部作风八项规定》，切实增强服务意识、改进服务本领、提高服务质量，抓实村主要干部履职承诺，持续优化百山祖镇村干部考核细则，突出政治表现和工作实绩，建立“5有+X”考核机制，落实年度目标考核责任制、党风廉政责任制。树立正确用人导向，打造一支作风过硬、善于攻坚的“百山祖铁军”。圆满完成县镇党代表与人大代表换届选举工作。

【特色产业】 做强特色农业。完成土地流转40公顷，大力推进特色农业产业发展，重点建设黄水锥栗高产示范基地3.33公顷，久住洋241-4香菇生产基地20万袋以及西红柿、四季豆、松花菜等高山蔬菜生产基地23.33公顷，发展斋郎红米、桥陌藜麦、合湖田螺、黄土洋石蛙等新兴产业13.33公顷。打响特色品牌。全力打造高山蔬菜、藜麦、锥栗、红米等“百山祖1856”（指生产于庆元县百山祖镇最高海拔为1856.7米高山上的优质农产品）优质农产品品牌，依托结对帮扶、山海协作等，与省肿瘤医院、嘉兴嘉善等地开展藜麦、蜂蜜、香菇等农产品购销合作，实现生态产品价值转化，带动农民增收。推进项目建设。高标准、高站位完成9个垦造耕地生态修复项目，全力以赴完成耕地"非粮化"整治任务。完成桥陌、斋郎、龙岩3个美丽宜居示范村项目建设，投入500万元；完成龙岩农业文化遗产地项目建设，投入500万元；完成斋郎红军广场、红军湖、讲武台等项目建设，投入1500万元，顺利通过省级历史文化村落保护利用重点村项目验收。

【民生事业】 做好百姓"主心骨"。聚焦"两不愁三保障"，全力做好低收入农户结对帮扶工作，集聚"山海协作"、省肿瘤医院等结对单位力量，创新扶贫开发模式，实现销售"百山祖1856"优质农产品81万元，促进农民增收，大力推动强村公司实体化运作，打赢"消薄攻坚战"。架好服务"连心桥"。成立斋郎、黄土洋等村的慈善基金，依托"一月一公益"等慈善活动，定期为"三留守"人员送去党和政府的关怀。成立党员志愿服务队，利用"135工作机制"，为群众办实事、解难题、送温暖。定期组织干部深入田间地头，开展送技能下村服务。打造幸福"共同体"。建成镇级合湖居家养老服务中心，4个村级居家养老服务中心，落细落实居家养老、社会救助等民生保障工作，着力提高全镇养老福利水平。

【蓝色治理】 慎终如始抓防疫。面对疫情，全镇上下慎终如始，守牢疫情防控底线，全年共摸排在外人员4003人，排查落实境外人员45人，中高风险地区人员439人，多次组织接送村民集中接种疫苗，新冠疫苗全程接种率达92%。创新机制抓治理。持续深化大调解、大防控、大化解"三大工程"，创新"百山祖老娘舅"机制，全年共调处矛盾纠纷38起，化解历史遗留积案5件，登记信访案件7件，化解报结率100%。创新机制，及时解决群众合理诉求。尽心尽职抓应急。完善应急机制，建立应急队伍，开展重点时段、重点区域、重点人员的管控，出台森林防火"五个严禁"。开展防灾抗灾减灾等应急演练10次。用心用情抓改革。大力实施数字化改革，结合"135"工作机制，完成"浙里办"推广注册任务113%，通过数据代跑、干部代办，争取让群众"最多跑一次""最好不要跑"，提高办事效率、提升群众获得感。

（吴健锋）

五大堡乡

【概况】 五大堡乡位于庆元县中部，距县城12千米，乡域面积158平方千米，其中耕地559.4公顷，山林1.59万公顷，森林覆盖率达90.9%。下辖13个行政村，人口1.17万人，其中常住人口约4000人。乡域文化资源十分丰富，以香菇文化、廊桥文化、古道文化和红色文化最具本土特色，濛淤桥战斗为解放县城奠定了胜利基础。五大堡是百山祖国家公园主要辐射区域、市级红色文化教育基地、县级党史学习教育基地，先后获评"国家级生态乡镇""浙江省美丽乡村示范乡镇""浙江省卫生乡镇"等荣誉称号。传统产业以香菇、锥栗、毛竹林为经济发展主体，有香菇标准化生产1400万袋、锥栗513.33公顷、毛竹林1266.67公顷。近年来，五大堡乡做大做强傻宝黄粿、东半羊肚菌、中药材产业带、濛淤蓝莓等特色产业品牌，境内有西洋殿（AA）、艺宿西川（AAA）、濛淤（AA）三大景区，文旅农旅产业日益壮大。

2021年，五大堡乡以党史学习教育为引领，积极开展学习贯彻中共十九届六中全会"五大行动"，深化"我为群众办实事"活动，完成濛淤村红色旅游景区改造提升工程，建成濛淤党史教育基地和党建示范点，推动党史学习教育走深走实。全面建成项目攻坚、绿色发展以及乡村振兴三大党建联盟，助力重点工作顺利推进；开展村干部"扛旗攻坚、干事赛跑"季度擂台赛，建立启用"一肩挑工作室"，新一届村干部"领头雁"作用进一步凸显。全乡各行政村全面完成"20+10"（集体经济总收入达到20万元，经营性收入达到10万元）的消薄任务，其中有8个村年经营性收入达15万元。圆满完成党委换届和县乡人大换届选举工作。

【项目建设】 全力攻坚兰溪桥水库扩建工程移民政策处理等工作，落实攻坚清零挺进组任务，截至2021年12月已完成移民安置签约1145户，完成率98.5%；完成房屋腾空1071户，完成率92.2%；完成土地征收丈量1115户，完成率96%；完成房屋拆除295栋，完成率61.5%。完成两批次1309份库区移民失地保险认定申报。完成兰荒线改复建工程(新桥—八洋段)近7公顷土地丈量、面积复核和资金拨付，顺利进场施工；提前推进八洋老桥至梧桐洋村段红线范围内土地丈量，丈量土地约1公顷。完成生产安置用地项目土地以补代征12公顷。完成杨楼溪水库清淤，保障县城饮用水临时供水。庆景青公路万年隧道及接线工程开工建设。完成梦天区块涉及五大堡乡1户的政策处理。

【生态保护】 垦造耕地问题整改和生态修复工作第一批20个重点项目整改到位；第二批8个项目完成退耕还林生态修复任务，并均通过市、县级验收；面上12个项目全部落实春耕生产和耕地质量提升任务，其中4个涉及工程整改项目完成整改任务，争分夺秒、全力攻坚生态修复显现成效，整体形象明显改观。毫不动摇推进省委“七张问题清单”整改工作。扎实开展五水共治“找寻查挖”专项行动，共排查整改点位21处；全面开展河道砂石资源管理及河道“清四乱”专项整治行动；推进杨楼溪美丽河湖创建。

【产业发展】 持续抓牢“大抓产业、大谋产业、大干产业”主基调，扎实推进农业产业发展，新建食用菌示范性基地1个、蔬菜大棚2个、羊肚菌基地1.33公顷、休闲观光彩色农业1.33公顷。完成耕地“非粮化”整治13.2公顷的年度目标任务。大力开展招商引资，续建温岙背养生药材、西川黑莓繁育基地2个项目，到位资金800万余元；新建重楼王家庭农场、刘荣荷家庭农场2个项目落地，到位资金400万余元；落实中铁建城市开发有限公司与濛淤达成“共同富裕示范点红色旅游基地”项目合作意向。加快推进“五大堡—张村—贤良”珍稀中药材产业带建设。深化和长兴、嘉善的山海协作项目建设，高质量打造东半、西川两个乡村振兴示范点，探索建成东部乡镇第一个民生议事堂。完成香菇始祖吴三公朝圣等活动组织。全力做好中铁建、杭钢集团等团队在乡域的招商服务工作。

【民生保障】 全力做好常态化疫情防控和疫苗接种工作，圆满完成上级布置的各项任务；完成年度低收入农户核查工作，扎实推进农村医疗保险、浙丽保参保工作，参保完成率分别达99%、97%。推进爱国卫生运动、国家卫生乡镇创建等。组织开展“防范较大 杜绝重大”生产安全事故攻坚行动暨安全隐患全面排查行动、“平安护航建党百年”安全隐患大排查大整治专项行动等，常态化开展安全生产大检查工作，累计开展隐患排查20次，发现整改隐患41处。全力抓好5月集中降雨期防汛抢险救灾工作，开展防汛防台汛前检查，完成全乡住房再排摸，新鉴定危房14幢，拆除5幢。抓好法治政府建设，强化矛盾纠纷化解，为全乡人民群众营造了安定和谐的社会环境。全面加强综合应急救援队伍建设，完成基层防汛防台体系标准化建设，抓好锅炉安全专项整治、森林防灭火、居民消防等安全生产工作落实。积极创建国家卫生乡镇，推进乡镇合法性审查全覆盖，完成合法性审查9件，山林纠纷案行政裁决1起；联合县法院完成“共享法庭”建设。

（周伟强）

岭头乡

【概况】 岭头乡位于庆元县东南部，东临荷地、左溪镇，南接龙溪乡和福建省寿宁县，西倚举水、五大堡乡，北靠荷地镇、五大堡乡。乡政府驻地岭头村海拔860米，距县城37千米。总面积123平方千米，其中耕地840公顷，山林11604公顷，山间盆地海拔在600—1000米。辖岭头、双坑、官云、果洋、岭源、龙源、莲洋、南峰、八炉、杨家庄、小际头、大际头12个行政村，35个自然村，90个村民小组，有4375户10041人。

2021年，岭头乡深入开展党史学习教育系列活动，全乡干群坚定信心、勠力同心，扎实作风、苦干实干，各项工作有序推进，经济社会发展呈现良好局面。深化党建联盟聚合力，将"基层组织建设、村集体增收、党员教育管理"等纳入联建共建范畴，通过以强带弱、互助互促实现村与村之间的优势互补。圆满完成县、乡两级党代表和人大代表换届选举工作。

【集聚产业发展】 2021年，岭头乡结合"双招双引"，按照"专、精、特、新"的发展理念，全力推进产业转型升级，基本形成"一区三园六基地"的产业发展新格局。"一区"，即东部乡镇粮食主产区。全乡粮食种植面积133.33公顷，其中稻鱼共生种养13.33公顷，并与省结对单位达成供销协议。建成占地470平方米的粮食仓储烘干中心，有效提升农业产业质量与效益，有力推动农业产业壮大发展。"三园"，即道地药园、放心菜园、特色菌园。"道地药园"，即岗后洋自然村为主的黄精药园，共有面积73.33公顷，其中2021年新种53.33公顷。"放心菜园"，即小际头为主的小尖椒、冷水茭白、西红柿、四季豆等高山蔬菜。2021年采取"党支部+强村公司+基地+农户"的"村村联盟"发展方式，12个村出资种植小尖椒5.33公顷，年产值140万元，工资性支出达60万元，有效解决留守老人增收和村集体经济增长问题。该项目在全市优秀消薄项目比拼中获得三等奖，经验与做法登上央视《生财有道》栏目。"特色菌园"，即杨家庄灰树花园、岗后洋羊肚菌园和241香菇基地。"六基地"，即南峰村龙爪栗基地，果洋村特禽养殖基地、大际头村种牛养殖基地、杨家庄村油茶基地、龙源锥栗种植基地、莲洋村花卉基地。逐渐打响岭头乡特色农产品"鱼、米、栗、椒"品牌，三产融合的发展格局初步形成，全力夯实共富基础。

2021年8月，岭头乡小尖椒基地采摘(岭头乡政府 供)

【社会事业建设】 聚力招商引资。充分利用乡贤、山地资源等，创新招商引资方式，八炉村引进清水养鱼项目和铭远矿业有限公司开展矿业勘探；大际头村引进投资额1000万元的种牛养殖项目；龙源村引进大户种植玉米、水稻、四季豆等20公顷。攻坚耕地垦造项目。岭头乡涉及生态修复项目共计24个，全面完成乡、县、市三级验收，其中两个涉及工程整改项目进入验收入库程序。岭源村(包谢村)、龙源村(塘堀村)、官云村(下庄村)等3个建设用地复垦项目通过县级验收。

【民生事业保障】 从严从紧抓实疫情防控。聚焦新冠疫苗接种，守牢疫情防控底线不松劲，2021年全乡完成第一针接种4698人，接种率达91.5%，第二针接种4657人，接种率达91.15%，加强针接种1498人，全程接种人员4665人，全程接种比例高达99.3%，筑牢防疫屏障。健全服务机构。顺利完成省民生实事项目乡级居家养老服务中心建设，使用面积1000平方米，设计床位10张，并于9月份正式投入运营。严格保障民生底线。全乡纳入低收入农户共计319户601人，年度新增39户84人。发放低收入农户产业帮扶资金159户27.36万元；低边托底救助资金46户6万元；全面落实残疾人两项补贴政策，共审核完成困难残疾人生活补贴132人，重度残疾人护理补贴161人。高度重视民生工程。全乡参加城乡居民医疗保险人数5812人，参保率99.73%；参加城乡居民养老保险人数为7621人，养老保险参保率99.21%；完成"浙丽保"参保任务，参保人数6595人，参保率92.07%。聚焦住房安全。积极开展房屋安全隐患排查、鉴定和治理工作，按时完成C、D级农村危房治理155户。

【基层治理建设】 着力于完善基础设施。完成杨家庄至鱼条际、杨家庄至洋溪农村联网公路工程，投资585.30万元；完成官云、大际头等村农田产业机耕路建设，项目投资累计220.24万元。着力于改善人居环境。结合重大节点主题活动，开展横向到边、纵向到底的环境卫生大整治行动，做好卫生点位整治，全年共拆除灰寮17个，改造垃圾收集池21个，完成146个问题点位的整治，创建卫生村3个，推进省级卫生乡镇复评及国家级卫生乡镇创建工作。着力于美丽乡村建设。积极开展"花园庭院 巾帼来建"创评活动，培育花样农家47户。强化社会综治。加大重大矛盾纠纷、重点信访案件的化解和调处，2021年，共化解各级信访积案7件，其中国家级3件，省级1件，县级3件，调处矛盾纠纷27起，化解不稳定因素7起，办理群众来信来访11件，调解成功率达100%，做到切切实实为民办事；深入开展平安四率调查宣传工作，结合"五水共治""六边三化三美""点亮微心愿 融化孤独心"等活动向群众发放反邪教、禁毒、防诈骗法治宣传等一系列平安宣传资料300份。重要节点开展生产安全检查、消防安全大排查，有效宣传治安防治手段和常识，做到家喻户晓。

（吴依帆）

张村乡

【概况】 张村乡位于庆元县东部，东与景宁县相邻，南接左溪、荷地镇，西连贤良镇，北邻百山祖镇。地处瓯江源头，以山地为主，峻岭连绵，海拔1000米以上山峰有10座，森林资源较为丰富，南阳溪横贯全境，以溪为界分为南北两部分，素有"九山半水半分田"之称。总面积64.7平方千米，其中耕地250公顷、林地4860.87公顷。辖张村、库山、联合、吴坑、金后西、蔡川、湖山、南阳8个行政村，全乡共有44个自然村，68个村民小组，2801户，6483人，其中常住人口660人。

2021年，张村乡扎实开展党史学习教育，深化党建统领共同富裕的机制和路径，着力将组织体系嵌入发展体系，创新党建"1+N"产业联盟，按照各村产业特色组建林下经济、南阳溪水、乡村旅游、特色养殖四个产业联盟，实现抱团发展。自主注册品牌商标"时•莨耕"，以"党支部+农户+强村公司+企业"新模式，推出具有张村标识的系列"消薄"农产品，完成50余种产品包装入库，两个村通过"年初入股、年终分红"的方式参与项目，双轮带动农民增收与村集体经济增收。引导驻宁波创业人员党支部党员积极参与北仑疫情防控工作，联合北仑区庆元商会党支部向北仑慈善总会捐赠抗疫紧缺物资，推动组织形态与发展形态、社会形态、治理形态更加融合。

抓好乡镇干部队伍，树牢实干实绩用人导向，定期召开"两单一表"评议会，以"晾晒拼比"方式增强干部履职自觉性。建强领头雁队伍，组建乡村书记讲师团交叉上党课，探索开展贤能支书跨村任职、导师帮带等制度，持续抓实"四诺履职、三色预警""三级任务交办制"等履职践诺组合拳，开展村三委主要干部述职评议、"扛旗攻坚、干事赛跑"擂台赛，不断巩固扩大村社换届成果，湖山村党支部书记张继获"浙江省担当作为好支书"荣誉称号。

【双招双引】 牢固树立"党管人才"的工作理念，组织农村人才、"8090"青年座谈会2次，完成各村乡贤摸底登记，建成乡土人才库，为乡村振兴提供人才和智力支撑。继续实施"星期天工程师""双百"人才计划，加强与浙江中医药大学、浙江农林大学的紧密联系，依托远程指导、实验室研发等"人才飞地"形式，推动林下中药材等基础产业朝向生物科技延伸，完成白及面霜、精油等生物科技产品研发上市。做深"两进两回"行动，以优质服务引进张村籍"8090"青年返乡创业，签订庆元县山区生态农产品精准融合销售项目招商引资协议书，计划投资 1650 万元，为张村产业发展不断注入新鲜血液和动力。

【创新亮点】 坚持以制度提升干部履职能力，创新村干部“小班制”管理机制，村三委干部每周二至周四轮流到乡政府值班，定期参与干部夜学、群众接待等工作，推动实现村干部“乡镇化”。坚持把“三服务”活动作为落实“整体智治”理念、推进党群同心的有效载体，以“8090”青年联盟为主体开展微服务“村居行”活动 7 期，为 150 户留守老人发放留守鸡苗 3000 羽，并提供视频连线、免费理发、业务代办等服务 200 余人。“8090”青年联盟志愿服务项目荣获丽水市第二届志愿服务项目大赛优胜奖、庆元县第一届志愿服务项目大赛一等奖。

2021 年 12 月 8 月日，张村乡开展“1+N”产业联盟启动仪式暨药典干部技能大比武活动(张村乡政府　供)

【乡村建设】 以“药香绿谷、亲水张村”为发展目标，写好山、水两篇文章。做优做强林下产业经济，以庆元县林下中药材产业带建设为契机，完成中药材基地扩面任务，中药材粗加工厂房建设完工，持续深化与浙江中医药大学校地合作，探索“人才飞地”模式，推动白及面膜、唇膏、面霜、精油等生物科技产品量产推广，加快形成“林下经济+森林康养+药材研学”等新业态，湖山村上榜“浙江森林氧吧”，湖山村中药材基地获评浙江省首批林下道地中药材种植基地。强化规划引领，南阳、后溪古村落保护项目建设完工。不断推进环境卫生整治行动，拆除澄湖村老旧危房。顺利通过省级卫生乡镇复核及国家卫生乡镇初步验收，完善旅游基础设施，获浙江省 AAA 级景区镇称号。

（吴彬炜）

淤上乡

【概况】 淤上乡位于庆元县西南部安溪流域，东邻濛洲、松源街道，南接隆宫、安南乡，西北与屏都街道毗连。国道 528 公路自北向南横贯而过，东西两翼多山，中部河谷宽阔，水从东西两侧注入安溪，经菊水与松源溪汇合。乡政府驻地山根村，距县城 15 千米。总面积 60.8 平方千米，其中耕地 737.46 公顷，山林 4894.5 公顷。辖银田、山根、淤上、蒲潭、外童、坑口、石坝、塘根、长垄 9 个行政村，42 个自然村，户籍人口 9199 人。

2021 年，淤上乡以基层党建厚植根基，锁定“一域一核三带”发展目标，善用浙图旧址红色资源优势，争取 100 万元资金建成一条全方位展示淤上整体形象和特色文化的示范街；围绕国道 528 主轴线，创建提升外童、山根、淤上、蒲潭等村党建示范点；跨山统筹建成红色、城乡、产业等五大特色党建联盟。扎实开展党史学习教育，坚持规定动作和自选动作相结合，组织党员干部 358 人次参与红色之行，足迹遍及遂昌、龙泉、下党等红色教育基地；坚持领导带头以上率下，县

2021 年 8 月 2 日，庆元县淤上乡浙图藏书旧址开馆仪式举行(淤上乡政府　供)

乡联系领导进村讲党课56次，党员干部用心用情用力为群众办好事实事1685件，推动党史学习教育走深走实。圆满完成县乡党代表与人大代表换届选举工作。

【工业经济】 2021年，全乡共有工贸企业23家，实现工业总产值3.5亿元，工业产值同比增长44.28%，浙江乐福华工贸有限公司完成技改投资600万元。淤上竹材分解点（一期）破土动工并招商成功。谋划招商引资项目5个，完成招商引资3400万元；意向签约项目4个，总投资额5.8亿元。

【农业经济】 发挥方格等龙头企业引领作用，实现灰树花、灵芝、羊肚菌、草菇等珍稀食用菌产业产值突破百万元。加大甜橘柚种植扶持力度，培育甜橘柚产业专业合作社、家庭农场等12家，甜橘柚总面积100公顷。建成樟坑花果种植、黄沙洋蔬菜种植基地以及吾田头渔业等生态农业精品示范区，生态农产品销往杭州、宁波、上海等地。

【服务业经济】 挖掘红色文化、畲族文化、移民文化等资源，成功打造方格融合园、苍岱银坑硐、吾田头沙滩、蒲潭农旅研读基地、翁山寨古村等一批休闲康养基地，实现全域旅游多点开花。坚持“旅游+N”思路，发展特色农家乐8家，休闲农场11个，生态采摘园7个，累计接待游客5.6万人，旅游收入达648万元，实现产业生态化，生态产业化。

【设施建设】 全乡新开工建设项目35个，累计投入资金2595万元。外童美丽乡村建设项目通过验收；银田区域经济综合体项目启动建设；方格食用菌一、二、三产融合项目（三期）即将投入运营；时代小区、山花小区办证工作有序推进，为全县安置小区办证探索出有效路径；长砻、塘根、坑口等村级办公场所完成主体工程；淤上乡“一溪两岸”安全设施建设项目（一期）超前通过验收；山根村黄沙洋、坑沿路亮化工程投入使用。

【社会事业】 民生服务持续提升。优化“双拥”工作，聘任9名乡级“轮值站长”及36名村级工作人员，办结退役军人急难事项100余件。深化“两补”工作，发放残疾人两补资金91.92万元。强化“两保”工作，全乡“浙丽保”投保人数7481人、城乡居民医疗保险投保人数6275人，投保率分别为100%、99.5%。细化低收入农户帮扶工作，发放低保金260.3万元，产业帮扶137户18.945万元，托底帮扶55户6万元；受理农村建房申请34起，建房审批10栋，完成农村危房改造24户，发放补助资金9.6万元。疫情防控精准落实。牢牢守住疫情防控主阵地，守好7个重点场所“小门”防线，严格落实“测温+亮码”准入制度。持续做好境内中高风险地区、境外人员的动态排摸，有序推进新冠病毒疫苗接种工作。集体经济巩固壮大。争取多方资金建设连栋大棚，择优出租促消薄，其中方格每年可为山根村增收12万元，长砻村增收6.6万元；竹材分解点（一期）建成后，每年可为村集体增收20万元；强村公司甜橘柚销售继续扩大战果，实现销量翻番，2021年销售总额34.58万元，收益10.4万元。基层治理长效增质。创新“红色领航、村格联心”工作机制，动态绘制“民情民意地图”，全方位拓建“天网工程”监控系统，构建“智慧乡村治理”新模式，深化“两代表+乡贤”调解机制，牢牢掌握基层治理的主动权，构建“善治淤上”大格局。化解重大历史信访积案4起，办结群众信访案件26起，化解矛盾纠纷67起；在管矫正人员10人。

（柳廷玉）

安南乡

【概况】 安南乡地处庆元西南部，东与举水乡、五大堡乡相邻，西与淤上乡、隆宫乡相接，北同松源街道交界，南和福建省政和县岭腰乡接壤，有“浙江省南大门”之称，是展示庆元和浙江的窗口，以特殊的地理位置打造"浙闽边驿 山水安南"。总面积84.8平方千米，其中，山林7910公顷；耕地681.8公顷（包括水田568.7公顷）。辖安隆村、甘竹山村、东村村、安溪村、黄竹村、权山村、山头洋村、吾际下村、上余村9个行政村，全乡共有39个自然村，3295户，8011人。

2021年，安南乡深入开展党史学习教育，抓实乡村干部微信群建设，及时传递组织好声音，吸纳干部群众金点子。持续开展"我为群众办实事"活动，从集中性教育向经常性教育延伸，以"学习日""议事日""锻炼日"等形式加强干部队伍管理，健全周一工作例会、重点工作调度会等规章制度，逐步形成"周调度、月检查、季评比、年考核"的工作推进机制，促进全乡各项工作有序高效开展。完成乡党委和县乡党代表、人大代表换届选举工作。突出"标准化"建支部、"体系化"配干部、"优质化"选能人的"三化"建设，不断优化村级干部队伍结构，提升基层组织凝聚服务群众的能力。持续推进浙闽边界乡村联盟、光伏消薄联盟、乡村产业联盟等党建联盟组织建设，全力助推区域经济发展。强化强村公司助力消薄增收，因村制宜谋划项目，实现集体经济总收入320.9万元，其中经营性收入125.28万元，基本完成年度消薄任务。

【农林产业】 全乡农作物播种面积236.42公顷，产量2412.29吨，其中粮食作物91.33公顷，产量812.7吨。持续壮大笋罐头、羊肚菌、红托竹荪、241香菇、生态石蛙等特色产业。新增培育黑皮鸡枞、赤松茸、长裙竹荪、黄金菇等珍稀食用菌10种。安泰合作社罐头笋精深加工技术日趋成熟，年产量突破1600吨，附加值提升了15%。全力推进生态湖羊养殖基地续建项目，建成标准羊舍1万平方米，引进种羊400头，生产羊羔300头，基地养殖规模逐步扩大。"笋竹—湖羊—庆元800（海拔800米以上的农产品）"生态循环产业链不断延伸，"安溪—安隆—上余"为主线的乡村振兴产业带辐射范围更加广泛，农民持续增收得到保障。

安南乡政府驻地安溪村风貌（安南乡政府2021年10月摄）

【工业经济】 坚定不移打好园区建设突破战，完成污水处理设施、路灯、自来水等基础设施建设，实现园区污水零直排。助推企业高质量发展。推动咏盛竹木项目落地见效，年产竹制品6万平方米。发挥园区联合党支部示范带动作用。引导企业投入技改资金5000万元，自主拆违面积3000平方米，持续加快企业转型升级步伐。落实驻企专班，为企业延伸链条、技术创新、市场开拓等建言献策，助推骨干企业扩产，帮扶中小型企业稳产。全年完成工业产值2.75亿元，规上企业从4家增加到5家，规上工业增加值1.2亿元，增长23.5%。

【乡村旅游】 坚持发展乡村全域旅游。打造"安溪—安隆—上余"乡村旅游示范带，持续推进半岭红色教育基地建设。引进乡贤资金900万元，建成高端康养民宿综合体2处。依托荷塘文化节、圩日文化节以及生态羊肚菌、湖羊、石蛙等特色产业基地，形成集观光旅游、休闲养生、娱乐采摘为一体的"有园、有水、有文化"的边界乡村旅游打卡区，创成省级AAAA级景区乡。探索实践"市场主导运作+政府参与服务"乡村旅游发展模式，成功引进启智教育咨询有限公司，打造6.67公顷的巴学园亲子农场，建成萌宠乐园、无动力乐园、自然教室、亲子互动等区块，总投资200万元，在节假日、双休日承接团体亲子研学活动，有效盘活村集体闲置资源，"亲子研学"乡村游品牌迅速走红。

【项目建设】 实施安溪污水处理设施提升改造工程项目，投入220万元，新建调节池、加药房、厌氧罐等污水处理设施，大幅提升"生活+工业"污水处理能力。实施农村公路（交吾线）提升工程，投入270万元，完成道路扩宽改造4.5千米，全乡70千米乡村公路养护市场化，农村路网更加畅通便捷。完善农田水利配套设施，投入25万元。硬化东村、上余、吾际下等村竹林产业道路5.1千米，争取资金130万元。成功申报浙江省水库移民共同富裕示范项目，争取省补资金700万元，全乡基础设施投入力度不断加大。

【乡容村貌】 扎实抓好中央和省级环保督察反馈问题整改。深入推进生态修复，全乡34个垦造耕地项目均通过省、市、县专项验收，完成耕地"非粮化"整治任务53.33公顷。常态开展"全民洁净日"行动。结合各项主题活动，定期开展出店经营、乱停乱放等乱象整治，实行村庄保洁市场化运作，做到户集中、村收集、乡转运，有效推进生活垃圾分类和资源再利用。开展小流域环境治理和河道保洁，各类水质达标率100%。常态推进全域查违控违禁违行动，完成拆违面积10543平方米。推进权山村后楼自然村"大搬快聚"工作，完成资格初审67户194人，拆除隐患房屋2幢。高质量通过省级美丽城镇验收，美丽乡村样板基础更加扎实。

【民生保障】 深入实施全民参保计划，加强对重点、困难人群参保缴费服务，全乡基本医疗保险参保率99.79%，养老保险参保率99.56%，激活电子医保凭证6241人，激活率达92.67%。常态化推进疫情防控，严格落实"测温+戴口罩+二码联查"小门管控措施，全乡新冠疫苗第一针接种4959人，完成率84.37%，18周岁以上全程接种3947人，加强针接种512人。对符合社会救助的群体做到应保尽保、应纳尽纳，在册低保156户316人，低边82户217人，特困7户7人，困境儿童6人。健全防贫监测和帮扶机制，完成低收入农户帮促数字化系统扩面更新，结对农户241户，因户因人施策，累计走访帮扶2800次，结对户的医疗、教育、住房饮水安全均得到保障。

【社会事业】 探索创新公共服务设施管理模式，建立半专业化管护队伍，全面保障新时代精神文明实践所、农村文化礼堂、农家书屋、综合文化站、养老照料中心等公共场所正常运转，实现公共服务资源共建共享。强化农村富余劳动力培训就业帮扶，推动农村富余劳动力转移就业。全方位落实三孩生育政策宣传，抓实乡卫生院、村级卫生室医师队伍建设，推进国家卫生乡创建，开展健康素养进文化礼堂活动8场，积极组织农村文艺会演、全民健身运动会等群众文化体育活动，完成安溪、东村、黄竹3个村健康社区创建，全乡社会事业协调发展。

【基层治理】 持续完善基层治理"四"（综治工作平台、市场监管平台、综合执法平台、便民服务）。提升"天眼""雪亮工程"覆盖面，建立网格员常态化联络机制，巡排查范围扩大至食品住房安全、护林防火、平安综治、疫情防控等方方面面，上报事件信息1300条。常态化开展扫黑除恶、禁毒、反诈、反邪教、普法宣传。不断扩大法律援助覆盖面，化解国家级交办重点信访积案2件，县级交办重点信访积案1件，调处各类矛盾纠纷55起，调解成功率达100%，畅通群众诉求表达、协商沟通、权益保障通道。深入推进浙闽边界联盟"六联六促"（党建发展联促、产业发展联推、生态环境联保、人才队伍联建、综治维稳联防、文体活动联谊）工作机制，定期开展平安综治、疫情防控、森林消防等联防联控，边界社会和谐稳定，群众获得感、安全感明显提升。

（胡玉萍）

隆宫乡

【概况】 隆宫乡位于庆元县西南部，距县城30千米，与福建省政和县、松溪县毗邻，是浙闽两省三县七乡交界地。总面积68.7平方千米，其中耕地424.4公顷，山林5276公顷(其中毛竹林3533公顷)，辖里源、源山、隆宫、中村、桃园、张地、小关、莲湖、黄坑9个行政村，28个自然村，65个村民小组，2848户，7896人。全乡农民收入三分之一来自毛竹，从事毛竹及相关产业人数占85%，曾经一度有“家家机器响、户户加工忙、人人都是小老板”的繁荣景象，鼎盛时期，乡域内毛竹加工作坊高达380多家，隆宫是庆元毛竹产业发展起源地，第一双竹筷的产出地，第一本林权证发放地，2019年被授予“中国毛竹产业之乡”称号，素有“三地一乡”之美誉。2021年，隆宫乡坚持以习近平新时代中国特色社会主义思想为指引，扎实推进党史学习教育活动，深入推进“竹源之乡 魅力隆宫”建设，开创“双招双引”先导工程新局面。创建“隆宫比晒场”，组织乡、村干部开展每月一主题“比一比”“晒一晒”活动，树立“件件工作讲担当、人人都来抓落实”的良好氛围，全面掀起干事创业新热潮。创新实施“编组履职、共富比拼”机制，以全乡9个村党支部和党代表为主体，分别与荷地镇荷地村、江根乡洋头村、入园企业开展共建共富联盟活动，为推进隆宫乡“最期盼”的十件事落地，将全乡46名乡党代表分成10个联盟小组，每组负责推进1件最期盼的实事。圆满完成县乡党代表和人大代表换届选举工作，完成乡党委换届选举试点，为全县铺开提供借鉴经验。

【产业发展】 以“中国毛竹产业之乡”为牵引，委托编制和完善隆宫的乡村产业发展规划，构建“一圈(竹笋产业圈)有机串联、一核(科技引领核心区)引领驱动、三区(竹笋生态涵养区、农旅融合发展区、生态循环种养区)协同发展”的空间格局。持续巩固茶叶、多花黄精、冬笋、肉牛、湖羊、梅花鹿特色种养殖业发展，打造“一村一品”产业发展规划，新招引农业项目灵芝2公顷，茄子3.33公顷，总投资300万元，带动村民增收100万元。2021年，全乡农业总产值1.6亿元、农民人均纯收入3.47万元，隆宫省级现代农业园区入围2021年省级现代农业园区创建对象。成功创建省级林业特色强镇。

【工业发展】 着力搭建庆元毛竹特色园和隆宫双枪小微园两个产业平台，全力推进“双招双引”战略工程深入实施，优化营商环境，出台《庆元县毛竹特色园“双招双引”工作方案》，通过联审入驻园区企业7家，出租厂房11座，实现租金收入160万元。园区配套工程实行清单化管理，完成弱电、强电、集中供热项目建设，污水处理厂进入试运行阶段。庆元毛竹特色园屋顶光伏发电项目投入使用，日平均发电8335千瓦时，实现租金21.5820万元。探索源头矿洞开发工作，积极推进“丽水市庆元县神旺酒恒温洞藏基地及生产线投资项目”落地。隆宫来料加工业稳步推进，加工人数1340人，收入加工费2310万元，新增来料加工1家，新增一手经济人2人，二手经纪人1人。2021年，全乡工业总产值2.45亿元，招商引资2375万元。

【项目建设】 狠抓项目建设，完成园区弱电、强电、集中供热、污水处理厂等配套项目建设，隆宫双枪小微园顺利完工投产。总投资280万元的2个“一事一议”项目通过验收。3个总投资119万元的毛竹林道硬化项目和3个总投资90万元的移民项目全部完成。中村、张地、源山的“一事一议”项目完工并验收，隆宫村、黄坑村、里源村等林道硬化项目有序推进。完成桃园、源山等村的灾毁农田水利设施莲湖氮磷拦截、张地古村落保护工程。完成隆宫村溪边亭、桃园村路灯安装项目。深入推进240万元投资额的莲湖村山海协作乡村振兴示范点建设，完成2019年、2020年、2021三年项目建设竣工验收及审计工作，加速推进2022年整村屋顶景观光伏项目前期工作。新建张地飞地项目毛竹分解点。扎实推进“非粮化”整治工作，持续做好毛竹林培育、竹林道建设工作。

【品牌打造】 全力打造高标辨识度的隆宫形象品牌。全面完成区域形象品牌“隆宫山予”的创建及相关包装的设计，开展商标注册及隆宫特色竹制品、农产品的销售。强村公司盈利达109万元，位居全县前列。

【旅游事业】 美丽城镇省级一般乡镇通过创建验收。桃园村获评省级“一村万树”示范村，莲湖村获评“美丽丽水”建设模范集体。创成隆宫村AA级景区村和桃园村A级景区村。树立“全域精品”意识，不断丰富旅游业态，完成投资100万元的山海协作莲湖示范点(2021年度)项目建设。莲湖村依托国家AAA级景区创建完成滑索项目建设，进一步丰富莲湖村景区旅游业态。完成“四好农村路”和隆源线绿化工作。

【基层治理】 着眼疫情防控常态化机制，坚持外防输入、内防反弹，全面推进疫苗接种工作，加快建立人群免疫屏障。实施帮扶数字化系统和农村三资管理信息化工程，落实精准帮扶。认真落实县非诉案件的执行，按期完成莲湖游泳池的拆除和土地复垦工作。打造清廉隆宫，创建隆宫乡清廉村居引领村1个(中村村)，示范村4个(莲湖村、黄坑村、张地村、里源村)。开展“家风助廉”活动，规范村级监察联络站建设，指导村级运用基层小微权力平台，完成视频会议系统村村通工程，实现线上线下、智治+人治融合治理的闭环。强势开展电信反诈工作。深入开展道路交通、消防、建筑施工、旅游等重点领域安全隐患排查整改工作，全乡社会大局平安稳定。

【社会保障】 全乡城乡医保完成率99.52%，“浙丽保”完成率100%。完成生水塘自然村、莲湖村、中村村室内健身设施建设工作，完成源头自然村2021年小康体育村(室内健身房)申报工作。设立隆宫教育发展基金，表彰6名优秀学子，其中清华大学录取学子2名。2021年5月获得隆宫乡林源村乡贤何英捐赠资金200万元，用于助力乡村振兴事业。

(苏　媛)

举水乡

【概况】 举水乡位于庆元县城东南部，东与岭头乡接壤，南与龙溪乡毗邻，西南是福建省政和县岭腰乡，西连安南乡，北靠五大堡乡，驻地月山村海拔820米，距县城48千米。辖区面积79.9平方千米，辖茶源、丰洋、炉山、地山、照林、月山6个行政村，全乡28个自然村，其中龙井面自然村为少数民族(畲族)村，人口7540人。举水乡是一个具有悠久历史的文化名乡，有以国家级文物保护单位“如龙桥”等为代表的一大批文物古迹，是中国“廊桥之乡”“乡村春晚”的发祥地，先后被建设部、国家环保总局、文化部、农业农村部授予“国家级AAA景区”“全国特色景观旅游名村”“全国环境优美乡”“全国基层文化建设最高奖项——群星奖”“中国最美休闲乡村”“国家级美丽宜居示范村”“全国乡村治理示范村”“国家森林乡村”“全国文明村镇”“全国卫生乡镇”等荣誉。

【换届选举】 高度重视换届工作，根据宪法和有关法律规定，把坚持党的领导、充分发扬民主、严格依法办事贯穿始终，确保选举工作风清气正。共开展换届培训20余次，按时间节点依法推进，做细做实选区划分、选民登记、资格审查、代表推荐考察等工作。在繁重的防疫任务下圆满完成举水乡第十七届人民代表大会和中共庆元县举水乡第十五届代表大会代表推选工作。选举产生乡党代表45名，县党代表5名，乡人大代表49名，县人大代表5名。

【基层治理】 开展中国共产党成立100周年平安护航行动，累计排摸矛盾纠纷22次，发现不稳定因素3次、化解排除3次；开展扫黑除恶、反邪教、禁毒等宣传工作，累计发放宣传单300份，组织观看宣传视频210人次，特别是加大对网络诈骗、欺诈骗保等知识宣传，全力营造“无诈骗”的和谐环境。加强推进四个平台建设，强化网格员在基层治理中的作用，全年累计上报信息990条，处理率100%。注重乡级应急队伍建设和日常训练，完成31人的乡级应急分队和30人的乡级自愿消防队组建工作，开展防汛、地质灾害预防综合应急演练。

【疫情防控】 全面摸排在外人员，为防疫工作建立核心“数据库”。疫情防控期间共摸排县外人员3278人，成功劝留2163人。依据风险地区动态，做好返回庆元相关人员管控措施，为防疫工作打好稳控“强心剂”。全力推进新冠肺炎疫苗接种工作，为防疫工作披上有效的“防护罩”。配合县方舱接种点、乡卫生院接种点，积极动员县内村民前往接种，全年接种新冠肺炎疫苗累计1800人，接种率达81%。

【民生保障】 把好民政扶持政策“进口关”，实施动态管理，确保应保尽保，应退尽退。全乡在册低保106户共190人，在册低保边缘户62户共142人，“五保户”6人，困境儿童3人。积极落实对重度残疾人和三、四级精神、智力残疾人单独施保等社会救助工作。完成“浙丽保”参保工作任务，参保率达100%；完成农村小额保险参保任务，参保率达53.88%。

【农业产业】 全年新增农业产业经营主体培育4家，重点培育发展月山上下洋和落岭洋两大高山台地农业产业区。全乡共种植玉米、辣椒、西红柿、西瓜等产业共计53.33公顷，鼓励大户种植粮食产业66.67公顷。积极开展产业招引工作，引进庆元月丰发展有限公司发展西红柿种植项目，新建果蔬大棚6.67公顷、搭建避雨设施4公顷，高山西红柿产业初具规模。全面落实2021年农田水稻保险80公顷，加强产业保障。申报县级示范性家庭农场1家，市级示范性家庭农场1家。

【旅游发展】 完成举水乡“康养600”(以海拔600米以上山地区域为核心功能区域、海拔600米以下为支撑区域)小镇的规划编制工作。加强旅游市场对接，试水接待“草根兄弟”旅行团系列活动，每期200余人的团队皆在举水实现“住食无忧”，月山春晚初探市场化运营模式。共接待旅游人数14.7万人，经营收入1450.18万元。同时，加强与下党区域的对接，互学互助机制成效显著，共接待福建学习考察团18批次600余人。2021年12月31日，月山春晚与浙江卫视跨年演唱会现场视频连线，月山芽儿吴艳霞受邀前往直播现场，利用4分钟时间介绍月山村的发展，进一步打响“月山春晚”这一金字招牌。

2021年4月，“草根兄弟”旅行团游月山(举水乡政府 供)

【项目推进】 2021年完成山海协作项目——举水乡月山村防洪河堤景观提升项目、“网红打卡”观景平台举水点项目、荐坑村历史文化(传统)村落保护利用一般村等项目验收，进一步提升了景区的景观节点。完成照田至择树坑农村联网公路、炉山村(荐坑)幸福路、大丘便民服务中心附属工程、茶源村便民服务中心等项目建设，有效改善村级基础设施。积极推进群众最期盼的“民生路”银屏山隧道工程，全力配合部门及施工单位开展政策处理工作，确保无障碍施工，总长2.9千米的月山隧道2021年11月26日贯通。

【招商引资】 加强现有产业的对接和谋划，全力推进生态循环农文旅示范基地项目建设，完成建设用地的土地平整。利用丰富的山林资源，引进庆元县瑞利达水果专业合作社流转40公顷山场种植中药材。同时，加强对青年人才的招引，促进青年回农村发展，落岭洋羊肚菌基地、炉山村庆丰农业等一批青年人回到农村发展产业，为农村发展注入了新的活力。

（刘承伟　周　彦）

龙溪乡

【概况】 龙溪乡位于庆元县东南部，与浙闽两省4个乡镇交界，东、北接岭头乡，南界福建省寿宁县、政和县，西接举水乡，驻地西溪村距县城71千米。西溪流域属福安江水系，发源于岭头乡大毛峰南麓，由西往东经福安江注入东海。总面积44.5平方千米，其中耕地面积284.3公顷，林地面积4202.7公顷。辖6个行政村，15个自然村，其中已有3个自然村整体搬迁到县城，部分农户外出嘉平、平湖等异地创业安家。全乡户籍人口4211人，常住人口372人，外出人口3839人，外出人口占比91.17%。2021年，经济总收入4606.78万元，人均纯收入18575.73元，同比增加6.5%。

2021年，龙溪乡重点推进党史学习教育，组建“送学小分队”开展对嘉善、平湖异地党支部的千里送学活动2次；组建党史学习教育巡回宣讲团，乡班子成员为各村党员上专题宣讲党课24场；开展驻村干部讲党史活动，制作推出六期微文。全力做好科技特派员李春芳及“星期天工程师”颜鹏的对接，先后邀请专家4次到龙溪进行实地考察指导，充分利用好“茶师傅”技能型政府产业实训基地、文化礼堂等各种场所，邀请茶叶专家办班开讲3次，参加培训人数150人。疫情防控期间，邀请中茶所专家团队远程技术指导，通过微信群、浙政钉等方式开展视频讲座5次。不断提升龙溪“红色老家”和“红色驿站”两个红色品牌形象，完成北上抗日先遣队入浙第一乡纪念馆、红色农耕馆建设，修复闽浙边地委及游击队驻地遗址等一批有代表性的红色项目；完成鱼川、岙里村历史文化（传统）村落保护建设项目并通过验收；成功创成全市红色乡村示范乡镇，龙丰村（转水自然村）成功创成全市红色示范村。与嘉平党支部和平湖市经济开发区钟埭街道钟埭村党支部建立异地党建联盟，对接落实“钟埭—龙溪民情调解中心”“两代表一委员工作室”“龙溪异地退役军人服务站”等功能型站点建设，持续拓宽异地便民服务范围；与福建寿宁县边际乡镇建立产业共富联盟；与下党乡、举水乡签订《“赛江源”三乡党建联盟——共建“半小时应急联动”协议书》，全面提升浙闽边际之间的协调配合能力。顺利完成县、乡党代表和人大代表换届选举工作。

【农业产业】 提升茶产业发展。龙溪是浙闽边际久负盛名的茶乡，有高山有机茶园面积196公顷，茶园示范基地55.4公顷，绿茶干茶年产量9万千克，销售额600万元；茶产业基础设施提档升级，全乡茶园实施病虫害“统防统治”，科学有效地筑起龙溪茶叶的“绿色壁垒”，西溪和大川两处示范基地在2021年实现生态杀虫和滴灌设备的加装，有效呵护龙溪茶叶绿色品牌的良好形象；茶产品不断丰富，中国茶叶研究所千里进驻龙溪乡，帮助成立浙闽茶叶专业合作社，邀请福建福鼎白茶制作专家蔡良绥三次到龙溪开展白茶制作培训，通过引进福鼎白茶制作技艺，采购茶饼机械等设备，制作出龙溪白茶饼3000枚，白毫贡眉1000千克，并投产一批龙溪茶文化创意茶工艺品。锥栗“老树新芽”改造。龙溪有锥栗100公顷，大多处于野植状态，年产锥栗只有10万千克。通过锥栗产业专业合作社，先后打造鹰峰、后洋坑、兰头三个优品锥栗示范园，开通6.5千米的锥栗产业园道路，开发新种“处暑红”高产优质锥栗34.7公顷，改造锥栗低产林40.7公顷，通过设计形象包装，新抚育的锥栗长势良好，亩均收成较2020年提升20%以上。实施“土地唤醒”行动。先后建立大川、岙里20公顷优质生态稻米示范基地、以川镇农业科技有限公司带动42户农户发展农产品产业；鼓励支持鱼富茶叶专业合作社开展新垦农田水稻试种植2.7公顷，龙溪大米市场售价达到每千克 4.8—8.8 元，且市场销售情况良好；成立庆元县宇丰家庭农场，流转林地 34.47 公顷，种植珍稀中药材（华重楼）。

【生态林业】 龙溪乡共有林业用地 291.84 公顷，林地 264.9 公顷，其中用材林 145.79 公顷，竹林 12.68 公顷，防护林 34.02 公顷，灌木林 30.63 公顷，省级重点封山 170.56 公顷。调整森林防火领导小组，组建 4 支 50 人的村级应急分队，完善应急预案，完备防火“三支队伍”，切实管护龙溪乡的金山银山。

【工业经济】 龙溪是庆元的小水电之乡，全乡有营运电站 7 座（冯家山电站、陈岭、贵南洋、后洋坑、云雾亭和龙井），总装机容量 3.3 万千瓦小时，年总发电量 7200 万千瓦，装机量为全县七分之一，发电量为全县的六分之一，为县财政年增收税费 500 万元以上，是全县水电税收的“大户”之一。

【工作亮点纷呈】 首创乡干部全员联系市场主体机制，组成 34 人的“久久助农团”队伍。开展助农服务 7 次，帮助市场主体解决包装设计和网络销售等方面问题 8 个，有效提升年轻干部的活力和驻村技能。打造浙南闽北茶香小镇，共建边际景区。形成浙闽边三乡旅游资源环形线路图，龙溪、举水两乡联创 AAAA 级景区的规划设计全面启动，预计 2023 年底联创成功“大月山”AAAA 级景区；投资建设举水大丘下景区至龙溪转水景区、鱼川、岙里、冯家山、西溪通景公路；龙溪乡西溪村创成丽水市无蚊示范村，后洋坑创成省级美丽宜居示范村，冯家山村省级美丽宜居示范村项目已完成前期设计，全乡人居环境得到进一步提升。多措并举完成消薄任务。通过各村集体投资电站技改资金参与水电站扩容，依托基金项目、飞地项目、中央财政补助项目和书记项目，实现全乡 6 个行政村村集体经济总收入均超过 20 万元。各项基础设施建设项目有序推进。完成后洋坑村锥栗产业机耕路路基修复项目；完成冯家山村省级美丽宜居示范村前期公厕修建、墙面美化等项目；投资新建大川村综合生产服务中心，正在如火如荼建设之中。推进全域洁净，守护贵南洋断面水质。完成乡域主河道及重要支流沿线违章建筑物拆除 6 处 300 平方米、污染物清理 100 立方米，农村生活污水经处理后达 I 类水质标准排放，完成市、县两级“水美乡镇”创建任务。

【民生保障】 巩固拓展脱贫攻坚成果与乡村振兴有效衔接。财政专项扶贫项目申报补助资金 80 万元，修复水渠约 3000 米，水源处建设水坝 1 个；各村联系领导、驻村干部、结对干部走访低收入农户全覆盖，送达幸福清单 162 张，开展探访关爱 269 次；多途径、全方位开展社会保障宣传工作，全乡养老保险参保率为 99.05%，医疗保险参保为 99.52%；为全乡退役军人提供就业帮扶等服务，发放节日慰问品、慰问金；深入开展“浙丽保”参保发动工作，全乡参保人数 2799 人，参保率 100%；保质保量完成辖区内养老待遇领取人员资格认证工作，应认证 803 人，已认证 800 人，认证率 99.63%；顺利完成 38 户低收入农户产业帮扶，35 户低收入农户托底救助，补助资金 9.5937 万元，农村低收入农户子女助学补助 8 人，补助资金 2.4 万元；全乡享受最低生活保障共 109 户 202 人，低保边缘 43 户 91 人，特困 8 户 8 人，平均每月发放低保金 13.2573 万元，特困金 1.1244 万元；全乡共有残疾人 205 名，享受困难补贴 87 人，享受重度护理补贴 67 人，精致康复 1 人，办理申请辅助器 25 例。打造民生服务队伍。成立龙溪乡“暖巢服务队”，为独居老人送上暖心包 910 个，走访 5000 次以上，解决问题 420 个，积极实施村级“代办制”，实现服务群众“零距离”，为留守人员撑起服务大伞。做好常态化疫情防控。全乡实行防疫网格化管理，共分为 6 个网格，严格落实防疫宣传、卡口执勤、疫苗接种、人员排摸、信息登记等常态化疫情防控举措，全乡累计 520 人次参与常态化疫情防控。全年共制作横幅 32 条、宣传海报 80 张，发放告知书 510 份、折页 540 份、防疫知识宣传单 1200份；

微信、抖音、网站等平台发布科普知识1篇，微信群、浙政钉群、QQ群等发送科普知识或温馨短信150条；完成乡境外人员排摸2293人，实行居家管控及日常监测45人，境外人员31人，入境5人，其中停留境内未再出国4人，在境外27人，均落实一对一联络服务制度；完成县内疫苗接种第一针1599人，接种率92.97%，完成两针接种1353人。有序推进各项卫生健康工作。更换12期教育宣传栏内容，各村内进行健康体检216人，开展前列腺癌筛查202人，完成23价肺炎疫苗接种187人，流感疫苗接种60人；在西溪村、岙里村、后洋坑文化礼堂各开展健康教育讲座2场、健康活动1次、中医药活动1次；完成献血量1万毫升，开展疑似严重精神病人排查23人。

【平安建设】 协同推进浙闽边界科学决策和依法行政。积极配合毗邻5个乡镇司法所、各相关部门内设法治机构建设，有力发挥乡村法律顾问作用，推动乡镇、部门涉边规范性文件等合法性审查工作走深走实，2021年龙溪乡入选依法治理创建活动先进单位。构建浙闽边界矛盾纠纷联防联调新格局。建立健全涉边矛盾纠纷联防联调制度机制，与边界5个乡镇、13个邻村分级签订平安边界协议书。全年依法调处纠纷58起，防止矛盾纠纷激化6件，纠纷调处率、成功率达100%，无一例转成刑事案件，无一例越级上访。合力加强浙闽边界社区矫正和安置帮教工作。完善浙闽边界社区矫正对象联合管控机制，加强社区矫正工作交流学习和信息资源互通共享，强化跨区域社区矫正对象的教育帮扶及安置帮教等方面的合作，实现边界社区矫正对象“零犯罪”。健全法律服务志愿者队伍，推动浙闽边界5个乡镇13个村法律顾问全覆盖。严格按照法定权限和程序行使权力、履行职责，加强行政决策和行政规范性文件制定和监督管理，把政府活动全面纳入法治化轨道，主动接受社会监督和舆论监督。

（胡建芬）

江根乡

【概况】 江根乡位于庆元县最东南，与福建省寿宁县交界，乡域面积57平方千米，辖7个行政村（均为省际边界村），总人口2403户5695人，常住人口1100人，是百山祖国家公园东入口，是技能型乡镇政府发源地。乡政府所在地距庆元县城81千米，距福建寿宁15分钟车程、温州泰顺40分钟车程、福安70分钟车程。站在庆元看江根，是偏远乡镇；站在福建看江根，是寿宁的“屏都”，是向海西区展示浙江高质量发展推动共同富裕的“重要窗口”。2021年度被评为丽水市“农业农村现代化发展成绩突出集体”，坝头村入选省级民主法治村（社区）。

【农业产业】 聚焦特色产业项目，精准实施招商，持续加大招商引资力度，成功打造“乡贤创业之乡”。乡主要领导带队赴对口地区考察，共商合作大计，先后赴浙江海丰花卉有限公司、浙江云点科技有限公司、宁波四明药业等地开展考察对接，进一步扩大合作领域。通过乡贤推介，引进福建金得利集团，成功签约有机白茶种植基地合作项目，达成意向投资2000万元，实施“126工程”（公司自主经营经典白茶园1000亩，农户协议收购老茶园2000亩，建设6000平方米厂房）。2021年建成白茶基地四片：后洋大亭坑源区块23.33公顷，坝头蝮蛇林区块22公顷，青田外岙区块10公顷，箬坑仙岩下古茶园13.33公顷，打造千亩经典高山有机花海式白茶园（68.67公顷）、养生茶道、农旅融合综合体，2021年为群众发报酬160万元。依托该集团与北京奥神传媒广告有限公司等大企业，盘活江根乡千亩高山老茶园抚育开发塑造品牌，打造一个品牌支撑的紧密型茶叶产业联合体。通过乡贤云上签约投资1500万元建设油茶基地180公顷，并建设占地面积3000余平方米的古法榨油体验园，集民宿、观光、科普为一体的产业新业态，2021年，油茶丰收，年产精炼山茶油2500千克、产值800万元，村集体年增收12万元，发放务工工资203万元。截至2021年，江根全乡种植黄桃3.67公顷，锥栗30.67公顷，种植黄精、覆盆子、元胡、蜂斗菜为主的中药材226.67公顷。

【项目建设】 新建坝大综合服务站，投资50万元；完成后洋村产业路硬化，投资71.5万元；完成江根乡居家养老服务中心装修项目，投资28万元；完成坝头村省级美丽宜居示范村创建工程，投资140万元；新建洋头寨村河水栏道路建设项目，投资43万元；完成江根乡箬坑村历史文化村落保护利用一般村建设，投资35万元。完成大亭坑源白茶产业发展建设项目，投资32万元。完成洋头村新时代美丽乡村（休闲农业示范点）建设项目，投资32万元。

【乡情村貌】 通过每月评比晾晒，每季度现场互学互比，持续推进全域农村环境整治，建立浙闽边界联动治水机制，全面落实"河长制"，不断优化农村生活垃圾处理集中收运点和村级保洁员队伍，全面推进垃圾分类等工作，抓好环境保护工作，擦亮生态金字招牌，让"绿"生"金"，释放生态价值红利。建立健全红色领航长效管理机制，巩固提升小城镇环境综合整治，"省级卫生乡""市级无违建乡"等创建成果，全面推进美丽城镇创建，通过建设"雪亮村居工程"，强化乡域一体化实时管理，提质乡村治理，打造浙闽边界乡村振兴样板乡镇。

【乡村旅游】 持续做好农文体旅融合文章，厘清发展优势资源，谋深谋细项目建设，努力推动全域旅游品质提升。"一块石头"（以江根村为代表的匠心石乡特色风情乡村）、"两个文化"（咸菜茶民俗文化和马灯戏非物质文化遗产）、"三片花海"（金得利花海式白茶园、三千亩山茶花海、双苗尖仙岩杜鹃花景区）、"四个基地"（后洋石斑鱼、睦睦食材、云上黄桃、红色水寨）、"五所民宿"（怡九居、辰璞七舍、箬坑胡德民宿、和昌裕古法制油体验园、寻味江根），五星连珠，打造省际休闲养生后花园的同时，将生态价值转化为旅游优势，实现第一产业向第三产业延伸，助推产业提级、延链增值、绿色发展。

【民生事业】 成功打造"庆元800"（海拔800米以上的农产品）生态产品价值转换体验基地建设，优化江根乡农业经济的组合，增加农产品的商品量和农业附加值，加速传统农业向现代新型农业的转变；完成江根村、青田村水厂建设，兜住安全饮用水底线，进一步完善农村饮用水安全基础设施设备；浙闽边界"匠心廉韵"廉政文化带的建设，提升农村党员干部廉洁履职能力，乡风文明更加和谐，社会环境更加稳定；江根乡居家养老服务中心投入使用，连同村级养老照料服务中心9个，全部正常运营，运营率全县第一，全面覆盖全乡700余名老年人的居家养老需求。

【社会治理】 认真开展社会治安综合治理、反邪教工作，全面压实可防性案件，推进矛盾纠纷化解"最多跑一地"，建立智慧化治理载体，进一步深化"扫黑除恶斗争"，营造良好的法治环境。综合施策化解信访问题，持续排查调处各类矛盾纠纷，化解县信访积案交办件，化解率为100%。严格按照安全生产"党政同责、一岗双责、齐抓共管、失职追责"要求，全面开展平安检查专项行动，加大沿街店面、学校等重点场所安全隐患排查力度。深入开展消防安全排查整治，建立健全乡村两级防火防汛队伍，提升各村消防安全水平。以乡村振兴浙闽边界联盟和边界乡镇联席会商制度，推进平安边界建设和乡村振兴。

【基层组织建设】 全面贯彻从严治党要求，严格落实党风廉政建设主体责任和"一岗双责"要求，积极配合县委巡察组开展的村居巡察工作，着重做好巡察整改的"后半篇文章"，统筹推进党委巡察整改工作。以党史学习教育为契机，联合福建省宁德市大安乡共同开展浙闽党建联盟"千场支部主题学习活动"，浙闽两地党员共学党史，共上党课，现场参观红色革命遗址，重温党的光辉历史，进一步深化浙闽党建联盟。两地党员就美丽乡村建设、产业发展等领域进行深入探讨，互相交流先进经验，深入谋划产业共建共荣，赋能浙闽边界乡村振兴。紧抓“学习强国”平台学习，定期开展意识形态工作研判，听取工作汇报，每季度召开党风廉政建设专题例会，开展专题学习，严格落实正风肃纪工作，每月组织不少于4次的常态化监督检查，完成各村村级监察工作联络站的规范化建设，持续推进村级监察工作联络站照单履职。结合每季度“扛旗攻坚、干事赛跑”活动，制订一村一计划，结合村情实际，每季度初上报2—3个攻坚任务，由驻村干部、联系领导、乡主要领导三级审核，拟订工作计划；开展一月一督查，每月末组织乡村两级干部进场对各村攻坚任务进行巡查，指导工作进度，通过常态化、长效化的监督检查，压实压紧责任，狠抓工作落实；实行一季一评比，各季度末，结合各村攻坚任务完成情况、难易程度，在完成基础分情况上根据难度系数倾斜，激发干部干事激情。上杉坑村党支部书记胡光海入选县级兴村治社名师。

（张金明）

官塘乡

【概况】 官塘乡地处庆元县东部边际，东和福建省寿宁县相邻，北与景宁县接壤，西靠左溪镇，南接江根乡，乡政府驻地江根村，距庆元县城89千米，海拔1040米。乡内地势高峻，峰峦叠嶂，海拔1300米以上的山峰有4座，山间盆地海拔均在1千米以上，素有“庆元高原”之称。全乡总面积53.5平方千米，其中耕地404.72公顷，林地4847.28公顷。辖行政村4个，自然村18个，35个村民小组，1173户，2883人，全乡常住人口252人。官塘乡系庆元县最早的革命老区之一，1933年11月成立庆元县第一个红色政权组织——白柘洋村苏维埃政府，1934年12月建立庆元县第一个党组织——中共白柘洋村支部。官塘乡传统主导产业为食用菌、毛竹、高山蔬菜、生态养殖等。

【产业发展】 茭白、五彩花生、山露菜、生姜、高山牛羊等产业规模稳中有升，扩面种植茭白、生姜等高山蔬菜20公顷，生态散养牛羊1034头。引导台州客商与本地产业能人合作创业，流转闲置山林土地10公顷，打造浙闽边界最大藏香猪种猪培育基地，存栏藏香猪种猪700头，投资350万元。启动官塘乡分布式光伏发电项目，建设面积1500平方米，投资156万元，实现年消薄增收15万元。引进班得瑞、三禾元等市场主体，培育发展文旅产业和中药材种植产业，打造“彩墨横坑”文旅融合项目，完成9幢民房精品民宿、观景台等改造，建成公益“云尚书坊”，藏书5200册，引资460万元；建设林下华重楼种植基地，流转荷洋村土地40公顷，一期套种21.8公顷，引资320万元。

【项目建设】 完成白柘洋村、荷洋村路灯亮化项目，新装路灯132盏，投资56.11万元。完成官塘村1.2千米林道路硬化、500米环山游步道延伸、历史文化保护利用一般村建设等项目，对官塘村文化礼堂、鼎岳寺等古建筑进行保护性修复，投资83.22万元。完成可容纳100人的乡级避灾安置中心标准化建设，常态化开展“三改一拆”和农村房屋安全排查整治工作，累计排摸违法建筑面积4960平方米，拆违4100平方米，排查房屋474幢，新增C、D级危房14幢，拆除1幢，修缮2幢，其余11幢均落实巡查防控措施。完成白柘洋、横坑两个国家级古村落保护发展项目建设，修复古建筑8幢，修复面积4400平方米，新建旅游广场两个，完成房屋外立面整治3200平方米。

【民生事业】 全力落实全民接种疫苗工作，坚实筑牢防疫安全屏障，全乡累计完成全程接种1147人，占比91.25%，加强针接种174人；严格落实疫情防控网格化管控制度和境外人员半月联络制度，针对1338名国内县外人员和15名境外人员落实一对一、一对多联络服务，确保在外人员动态清、情况明。落实低收入农户动态管理，全乡纳入低保57户110人，低边23户101人，特困6户6人，累计发放临时救助资金5200元，有效巩固脱贫攻坚成果；结合本乡参保受补的17户群众真实案例，加大浙丽保新政策宣传，以村集体补助部分保费的方式，激发群众参保积极性；切实加强残疾人“双补”，享受困难补贴58人、护理补贴40人，累计发放补助资金22.34万元。组织开展全民免费健康体检、“两癌”免费筛查、流感疫苗免费接种等惠民服务，累计受众564人；组织开展健康素养进文化礼堂活动7次。开展迎新春写对联送祝福、送戏下乡、重阳孝老敬亲等文艺活动6次。法治政府建设提效，最多跑一次改革提速，全面开展“红小二”代办服务，实现群众办事“一窗受理，集成服务”。落实防汛责任，坚守防汛一线，防汛期间组织力量每日开展风险隐患点巡查；持续做好人员转移安置、道路塌方抢修等灾后抢险工作，累计转移安置隐患点群众11人，清理塌方24处。深入开展“平安官塘”建设工作，顺利完成平安护航建党百年任务，开展安全生产、森林消防巡查检查38次；成功扑灭“12·1”横坑火灾，紧急疏散村民34人，无人员伤亡，并妥善做好受灾群众安置帮扶工作。

【基层建设】 扎实开展党史学习教育，不断挖掘弘扬红色文化，组织开展“缅怀先烈悟初心、追寻足迹学党史”祭扫英雄墓、浙闽两省三县“学史力行 共迎七一”等庆祝建党百年系列活动，累计630人次参加活动。对中共白柘洋支部纪念碑、老炮台墙顶进行修复修缮，设立浙西南第一苏维埃政府主席吴先模就义地纪念碑。拍摄“听党课、学党史”“我听书记讲党课”等宣讲视频，配合县融媒体中心拍摄老物件里讲党史特辑《两把飞刀 见证闽浙边革命的峥嵘岁月》，并被学习强国“红色记忆”栏目录用宣传。强化干部管理，组织村主要干部、报账员等不同群体参加培训12次，切实提高村干部职责意识和履职能力；建立“红小二”先锋岗，明确各村三委主要干部值守责任，建立首接负责、值班日志、每周例会等制度，切实增强村级干部廉洁奉公、为民服务意识；加强基层阵地建设，完成投资71万元的白柘洋村党群服务及旅游接待中心建设，完成横坑村同心小区村级办公活动场所购置装修。消薄水平逐步提升，4个行政村村集体经济总收入153万元，经营性收入合计63万元，其中自营性收入合计15.57万元，乡强村公司获得利润38万元。顺利完成县、乡两代表换届选举工作。

（吴裕民）

人物　名录

2021年新任县领导简介

【蔡昉】 男，1973年4月出生，浙江松阳人，汉族，1995年8月参加工作，1993年12月加入中国共产党，省委党校研究生学历。历任松阳县板桥畲族乡党委书记；丽水市政府政策研究室主任；丽水市政府办公室（法制办公室）综合一处处长；丽水市发展和改革委员会副主任、党组成员；丽水市委政策研究室副主任；丽水市委副秘书长、政策研究室主任；丽水市委副秘书长、办公室主任；丽水市科学技术局局长、党组书记；丽水市科学技术局局长、党组书记、一级调研员。2021年11月任庆元县委书记、一级调研员。

【田健晖】 男，1976年8月出生，浙江缙云人，汉族，1996年9月参加工作，1998年6月加入中国共产党，在职大学学历。历任缙云县东渡镇党委书记；缙云县住房和城乡建设局局长、党组书记；缙云县政府副县长；缙云县委常委，浙江丽缙五金科技产业园管理委员会副主任、党工委委员，壶镇镇党委书记；缙云县委常委，浙江丽缙五金科技产业园管理委员会主任、党工委副书记，壶镇镇党委书记。2021年11月任庆元县委副书记，提名县长人选。

【佘晓君】 男，1981年3月出生，湖北公安人，汉族，2002年8月参加工作，2000年6月加入中国共产党，在职研究生学历。历任丽水市纪委案件审理室副主任（正科级）；丽水市纪委第四纪检室主任；丽水市纪委第五纪检室主任；丽水市纪委市监委案件审理室主任；丽水市监察委员会委员、市纪委市监委案件审理室主任。2021年11月任庆元县委副书记、政法委书记。

【黄丽芬】 女，1978年1月出生，浙江庆元人，汉族，1999年8月参加工作，2002年7月加入中国共产党，省委党校研究生学历。历任庆元县龙溪乡党委副书记、乡长；庆元县举水乡党委书记、人大主席；庆元县举水乡党委书记；庆元县委办副主任（保留正科级）；庆元县教育局党组书记、局长，2020年1月一级主任科员。2021年12月任庆元县委常委、统战部部长。

【叶伟林】 男，1976年2月出生，浙江龙泉人，汉族，1995年8月参加工作，1998年8月加入中国共产党，中央党校大学学历。历任龙泉市屏南镇党委副书记、镇长；龙泉市驻龙镇党委书记；龙泉市政府办（法制办、人防办）党组副书记、副主任（保留正科级）；龙泉市政府党组成员，市府办主任、党组书记，一级主任科员；龙泉市财政局党组书记、局长、一级主任科员。2021 年 12 月任庆元县委常委。

【张延洪】 男，1974 年 10 月出生，浙江遂昌人，汉族，1996 年 8 月参加工作，1997 年 11 月加入中国共产党，大学学历。历任遂昌县柘岱口乡党委副书记、乡长候；遂昌县蔡源乡党委副书记、乡长；遂昌县蔡源乡党委书记、人大主席；遂昌县新闻传媒中心主任（正科级），县委宣传部副部长（兼）；遂昌县云峰街道党工委书记，县工业园区党工委副书记（兼）；遂昌县委办副主任，台湾工作办公室主任；遂昌县政协党组成员，秘书长、办公室主任；遂昌县教育局党组书记、局长，四级调研员；遂昌县工业园区管委会党工委副书记、主任，遂昌县山海协作产业园管委会常务副主任、党工委委员，四级调研员；遂昌县工业园区管委会党工委书记、主任，遂昌县山海协作产业园管委会常务副主任、党工委委员，四级调研员。2021 年 12 月提名为庆元县人民政府副县长人选。

【李颖】 女，1975 年 2 月出生，浙江丽水人，汉族，1993 年 8 月参加工作，九三学社社员，在职大学学历。历任丽水市农业局产业处处长；丽水市农业农村局科技教育与种植业处（植物检疫站）处长（站长），一级主任科员；丽水市农业农村局养殖业与农业机械化处处长、一级主任科员。2021 年 12 月提名为庆元县人民政府副县长人选。

【熊焕】 男，1987 年 11 月出生，湖北鄂州人，汉族，2016 年 8 月参加工作，2006 年 6 月加入中国共产党，研究生学历。历任丽水学院中国青瓷学院科研办主任；景宁县郑坑乡党委书记。2021 年 12 月提名为庆元县人民政府副县长人选。

【王伟啸】 男，1984 年 5 月出生，籍贯浙江淳安，出生地浙江龙泉，汉族，2007 年 7 月参加工作，2014 年 12 月加入中国共产党，在职研究生学历。历任丽水市统计局办公室主任；丽水市社会经济调查队产业调查处处长；丽水市社会经济调查队服务业统计处处长；景宁县大均乡党委书记。2021 年 12 月提名为庆元县人民政府副县长人选。

【叶华伟】 男，1973 年 7 月出生，浙江丽水人，汉族，1992 年 8 月参加工作，民革党员，在职大学学历。历任中国国民党革命委员会丽水市委员会办公室主任；中国国民党革命委员会丽水市委员会办公室主任委员、秘书长；中国国民党革命委员会丽水市委员会办公室主任、委员、秘书长、一级主任科员。2021 年 12 月提名为政协浙江省庆元县委员会副主席候选人。

【罗艳】 女，1974 年 3 月出生，籍贯浙江开化，出生地浙江缙云，1995 年 11 月参加工作，民建会员，中央党校大学学历。历任丽水市环境保护局污染物排放总量控制处处长；丽水市环境保护局自然生态保护处处长；丽水市生态环境局自然生态规划处处长；丽水市生态环境局自然生态规划处处长、一级主任科员。2021 年 12 月提名为政协浙江省庆元县委员会副主席候选人。

【丁丰】 男，1980 年 5 月出生，籍贯浙江松阳，出生地浙江遂昌，2003 年 7 月参加工作，2006 年 8 月加入中国共产党，大学学历。历任丽水市人民检察院检察技术处处长；丽水市人民检察院案件管理办公室主任，一级检察官；缙云县人民检察院常务副检察长、党组副书记，一级检察官。2021 年 11 月任庆元县人民检察院党组书记、副检察长、代检察长。

【王伟松】 男，1972 年 1 月出生，浙江庆元人，1991 年 8 月参加工作，1994 年 5 月加入中国共产党，在职大学学历。历任庆元县淤上乡党委副书记、乡长、人大主席；庆元县委组织部副部长、两新工委书记；庆元县国土资源局局长、党委书记；庆元县委办公室主任、县委县政府政研室主任、县委台办主任。2021年2月任钱江源—百山祖国家公园百山祖管理局党组成员、副局长。

（县委组织部）

2021年主要组织机构及负责人名录

【中国共产党庆元县委员会】

书　记：蓝伶俐（女，2016.11—2021.11）
　　　　蔡　昉（2021.11—）
副书记：胡献如（2016.11—2021.11）
　　　　李见阳（2016.11—2021.4）
　　　　张　妍（女，2021.4—2021.11）
　　　　田健晖（2021.11—）
　　　　佘晓君（2021.11—）
常　委：吴灌红（女，2011.12—2021.12）
　　　　李见阳（2015.4—2021.4）
　　　　蓝伶俐（女，2016.11—2021.11）
　　　　胡献如（2016.11—2021.11）
　　　　阎昌远（2016.11—2021.12）
　　　　章作飞（2016.11—2021.11）
　　　　申建军（2017.12—2021.3）
　　　　黄立飞（2019.5—2021.12）
　　　　陈帅锋（2019.8—2021.11）
　　　　蔡　昉（2021.11—）
　　　　田健晖（2021.11—）
　　　　佘晓君（2021.11—）
　　　　胡显平（2021.12—）
　　　　王　鹏（2020.3—）
　　　　李　鹏（2021.12—）
　　　　吴秋标（2021.12—）
　　　　金　业（2020.11—）
　　　　周立飞（2021.3—）
　　　　黄丽芬（女，2021.12—）
　　　　叶伟林（2021.12—）

【庆元县人民代表大会常务委员会】

主　任：吴青松
　　　　（候选人2015.12—2016.3，2016.3—）
副主任：王林生（2010.3—）
　　　　吴建华（2012.3—）
　　　　刘义平（2015.3—）
　　　　叶　武（2017.2—）
　　　　林高平（2020.4—）
党组书记：吴青松（2015.11—）
党组副书记：阎昌远（2021.12—）
保留副县待遇：柳昌发（2017.2—）

办公室

主　任：吴长智（2017.4—2021.12）
　　　　吴世鸿（2021.12—）
副主任：冯宇驰（2016.9—2021.8）
　　　　杨永超（2021.2—）

监察司法工委

主　任：连卫东（2020.5—）

财经工委

主　任：李灵菲（女，2019.1—）
副主任：叶永强（2019.1—）

代表与选举任免工委

主　任：吴卫东（2012.4—）
副主任：吴雯杰（女，2012.10—）

教科文卫工委

主　任：张建平（2015.3—）

农业与农村工委

主　任：练全安（2020.3—2021.12）
　　　　吴长智（2021.12—）

城乡建设与资源环境工委

主　任：谢新明（2015.3—2021.12）
副主任：刘章武（保留正科级待遇，2019.7—）

社会建设工委

主　任：杨志豪（2020.3—）

【庆元县人民政府】

县　长：胡献如（代理县长2016.11—2017.2，县长2017.2—2021.11）
　　　　田健晖（代理县长2021.11—）
副县长：章作飞（2016.12—2021.12）
　　　　吴小军（2017.2—2021.12）
　　　　胡显平（2017.2—2021.12）

潜伟峰（2019.7—2021.12）
吴秋标（2019.10—）
李　鹏（2020.5—）
黄卫剑（挂职，2020.10—）
朱惠汉（挂职，2020.12—）
张延洪（2021.12—）
李　颖（女，2021.12—）
熊　焕（2021.12—）
王伟啸（2021.12—）
党组书记：胡献如（2016.11—2021.12）
　　田健晖（2021.12—）
党组副书记：章作飞（2016.12—2021.12）
　　李　鹏（2021.12—）

【中国人民政治协商会议庆元县委员会】

主　席：洪起平（2020.4—）
副主席：林昌富（2003.4—）
吴先武（2003.4—）
吴碧兰（女，2007.3—）
夏家天（2015.3—）
吴新清（2017.2—）
项邦宝（2021.3—）
罗　艳（女，候选人，2021.12—）
叶华伟（候选人，2021.12—）
秘书长：吴绍华（2019.1—2021.12）
陈定光（2021.12—）
党组书记：洪起平（2020.4—）

办公室

主　任：吴绍华（2019.1—2021.12）
陈定光（2021.12—）
副主任：胡纯华（2015.5—）
吴昌森（2021.8—）
专委会工作办公室主任：
胡兰香（女，2019.1—2021.2）
提案委员会主任：李立新（2012.9—）
委员工委主任：张继誉（2019.1—2021.12）
吴远德（2021.12—）
委员工委副主任：吴昌森（2019.1—2021.8）
经济工作委员会主任：吴永林（2021.2—）
文史资料委员会主任：范敏姿（女，2021.2—）
农业农村和人口资源环境委员会主任：
张小贵（2021.12—）
社会法制委员会主任：方　兴（2021.12—）
港澳台侨和民族工作委员会主任：
李金华（女，2021.2—）

【中国共产党庆元县纪律检查委员会（监察委员会）】

书　记（主任）：王　鹏
（2020.4—，主任 2020.4—）
副书记（副主任）：
吴作荣
（2013.5—2021.12，副主任 2017.2—）
叶肖峰
（2016.12—，副主任 2017.2—）
周大标（2021.12—）
常　委（委员）：
柳恒荣
（2016.12—2021.12，委员 2017.2—2021.12）
吴学东（2016.12—，委员 2019.6—）
沈光友（2017.2—）
范海波（2018.1—）
吴孚郎（2018.6—）
叶朋娟（女，2019.6—）
吴华龙（2021.2—）
范松玲（2021.12—）
办公室主任：杨剑霞（女，2021.12—）
干部室主任：李　根（2012.12—）
信访室主任：梁华武（2016.9—）
宣教室主任：施洁爽（2016.9—2020.7）
党风政风监督室（县政府纠正行业不正之风办公室）（2017 年 4 月不再保留县政府纠正行业不正之风办公室）主任：吴华龙（2016.9—2021.2）
宣传教育室：杨忠力（2021.12—）
案件监督管理室主任：李　玲（女，2019.6—）
案件审理室主任：胡晓忠（2016.5—）
第一纪检监察室主任：范松玲（2019.6—）
第二纪检监察室主任：吴传库（2021.12—）
第三纪检监察室主任：张天行（2018.1—）

第四纪检监察室主任：吴华成（2014.12—）
县纪委监委派驻第一纪检监察组组长：
吴思进（2019.6—）
县纪委监委派驻第一纪检监察组副组长：
周美红（女，2019.1—）
县纪委监委派驻第二纪检监察组组长：
吴继朝（2019.6—）
县纪委监委派驻第二纪检监察组副组长：
叶伙翠（女，2021.8—）
县纪委监委派驻第三纪检监察组组长：（缺）
县纪委监委派驻第三纪检监察组副组长：
洪泉农（2019.6—）
李　明（2019.1—）
县纪委监委派驻第四纪检监察组组长：
张力军（2019.12—）
县纪委监委派驻第五纪检监察组组长：
杨美菊（女，2019.12—）
县纪委监委派驻第五纪检监察组副组长：
吴凯军（2019.6—）
县纪委派驻第六纪检组组长：
周成耀（副科级 2019.6—2021.3）
县纪委派驻组织部纪检组组长：
林显平（2019.6—）
县纪委监委派驻县人民法院纪检监察组组长：
吴秋骅（2019.1—2021.8）
县纪委监委派驻县检察院纪检监察组组长：
吴小明（2019.6—2021.8）
林晓丽（女，2021.8—）
县纪委监委派驻县公安局纪检监察组组长：
叶绍林（2019.6—2021.8）

【中共庆元县委巡察工作领导小组办公室】

主　任：吴孚郎（2018.6—2021.12）
张林军（2021.12—）
副主任：范飞卫（2018.7—2021.2）
范玲玲（女，2021.2—）
县委第一巡察组组长：吴云芬（女，2019.3—）
县委第一巡察组副组长：
黄业廉（保留正科级待遇 2019.6—）
县委第一巡察组巡察专员：
姚德叶（2021.8—）
县委第二巡察组组长：
范庆龙（2019.3—）
县委第二巡察组副组长：
毛清付（2021.8—）
县委第二巡察组巡察专员：
郑　伟（2021.8—）
县委第三巡察组组长：
吴远德（2019.6—2021.12）
县委第三巡察组副组长：
吴长松（2019.3—）
县委第四巡察组组长：
周为民（2019.6—2021.2）
沈光友（2021.2—）
县委第四巡察组副组长：
范飞卫（2021.2—）

【庆元县人民法院】

院　长：黄　明（代理院长 2020.8—2021.3，
院长 2021.3—）
副院长：蓝元福（2015.4—）
胡向阳（2020.10—）
陈志敏（2020.10—）
党组书记：黄　明（2020.8—）
党组副书记：蓝元福（2015.4—）
政治处主任：陶　炜（2021.11—）
执行局局长：叶晓文（2010.5—2021.3）
荷地法庭庭长：胡泽峰（2016.5—）
专职审判委员会委员：吴长文（2015.11—）
陈运文（2016.5—）

【庆元县人民检察院】

检察长：叶仪俊（代理检察长 2017.1—2017.2，
检察长 2017.2—2021.11）
丁　丰（代理检察长 2021.11—）
副检察长：吴理广（2012.10—2021.8）
陈锦峰（2014.8—）
赵丽萍（女，2020.10—）

党组书记：叶仪俊（2017.1—）
政治部主任：林　艳（女，2020.4—）
专职检察委员会委员：吴金松（2014.8—）
　　　　　　　　　　吴安龙（2017.2—）
屏都检察室主任（高配副科级）：
　　　　吴　彪（2014.8—2021.2）

【县委工作部门】

县委办公室［挂县政府外事办公室、政策研究室、县档案局、机要局（县密码管理局）、保密委员会办公室（县国家保密局）、县最多跑一次办公室牌子］

主　任：王伟松（2017.2—）
副主任：戴宏梅（女，2019.1—2021.8）
　　　　范修飞（兼，2019.12—2021.8）
　　　　吴人豪（保留正科级待遇，2019.12—）
台湾工作办公室主任：王伟松（2017.2—）
台湾工作办公室副主任：王丽青（女，2016.5—）
机要局（密码管理局）局长：
　　　　吴松雄（2017.8—2021.2）
县委、县政府政策研究室主任：
　　　　王伟松（2017.2—）

组织部（挂直属机关工作委员会、老干部局、新经济与新社会组织工作委员会、县公务员局牌子）

部　长：金　业（2020.11—）
常务副部长：赖小文（2017.2—2021.12）
副部长：胡小灵（兼 2015.11—）
　　　　胡冬玲（女，保留正科级待遇 2019.1—）
　　　　吴进平（兼，2019.1—2021.8）
　　　　范修飞（兼，2021.8—）
　　　　季文善（兼，2019.6—）
　　　　姚敏荣（保留正科级待遇 2019.11—）
两新工委书记：胡冬玲（女，2020.7—）
两新工委副书记：陈　玲（女，2019.12—2021.11）
县直机关工委专职副书记：
　　　　张　莉（女，2021.2—）
县直机关纪工委书记：林显平（兼，2019.6—）
县委党代表联络办公室主任（高配副科级）：
　　　　陈　涛（2016.7—）

宣传部（挂县政府新闻办公室、县精神文明建设委员会办公室、县新闻出版局、县互联网信息办公室牌子）

部　长：吴灌红（女，2019.1—）
常务副部长：毛茂丰（2013.3—2021.8）
　　　　　　姚增辉（2021.8—）
副部长：练　文（2012.8—2019.1，
　　　　　　保留正科级待遇 2019.1—2021.8）
　　　　吴旺进（兼，2015.7—2021.8）
　　　　吕德红（2019.6—）
　　　　刘　伟（2021.8—）
　　　　吴旭峰（2021.8—）

统战部（挂县民族宗教事务局、县政府侨务办公室牌子）

部　长：阎昌远（2019.1—）
常务副部长：叶　银（2016.5—）
副部长：林晓丽（女，兼，2016.7—2021.8）
　　　　毛志平（2017.4—2019.1，
　　　　　　保留正科级待遇 2019.1—）
　　　　刘先红（女，2019.1—）
　　　　刘利明（兼，2021.8—）

归国华侨联合会

主　席：叶　银（2012.5—）

政法委员会

书　记：李见阳（2016.12—2021.6）
　　　　张　妍（女，2021.6—2021.12）
　　　　佘晓君（2021.12—）
常务副书记：余兆云（2019.11—）
副书记：姚德炉（2015.4—2021.8）
　　　　章作飞（2016.12—2021.12）
　　　　潜伟峰（2019.6—2021.12）
　　　　毛传宝（2019.12—）
　　　　姚望平（2020.8—）
政治处主任：吴　浩（2019.6—）
政法委员会委员：沈卫平（2019.6—）
　　　　　　　　陈定光（2017.2—2021.12）
　　　　　　　　吴孚郎（2021.12—）

编制委员会办公室（2019 年 1 月，机构改革，编制委员会办公室改为县委机构编制委员会办公室）

主　任：吴进平（2019.1—2021.8）

范修飞（2021.8—）
副主任：吴立新（2012.12—2021.8）
吴秋荷（女，2019.1—）
县委、县政府信访局
局　长：范修飞（2019.1—2021.8）
叶斌林（2021.8—）
副局长：叶林华（2016.9—）
范良标（2019.7—）
信访督查专员：王晓琼（女，2020.8—）

【县人民政府工作部门】
县政府办公室（挂县政府金融工作办公室牌子）
主　任：吴　勤（2017.4—2021.12）
副主任：卢振芳（2016.8—）
胡　雄（正科级 2016.12—2019.1，保留正科级待遇 2019.1—）
姚德飞（保留正科级待遇 2019.1—2021.2）
吴乾岳（保留正科级待遇 2019.12—）
柳林飞（保留正科级待遇 2021.2—）
范　彬（保留正科级待遇 2020.8—）
叶永飞（保留正科级待遇 2021.2—）
叶兆全（2021.2—）
李志远（保留正科级待遇 2021.8—）
沈国清（保留正科级待遇 2021.8—）
吴亨卿（保留正科级待遇 2021.8—）
党组书记：吴　勤（2017.2—2021.12）
法制办主任：吴　勤（2017.3—2021.12）
外事办主任：吴　勤（2017.3—2021.12）
金融办主任：黄志民（2014.7—2021.8）
发展和改革局（挂粮食和物资储备局牌子）
局　长：方　军（2019.7—）
副局长：胡金焕（2014.9—）
柳林飞（2019.1—2021.2）
范昌谊（2021.8—）
叶　伟（2019.1—）
黄志民（2021.8—）
陈新颜（挂职两年半，2020.11—）
党组书记：方　军（2019.6—）
经济商务局（挂中小企业局牌子）
局　长：刘利明（2019.1—2021.8）
陈文化（2021.8—）
副局长：吴松奇（2010.4—2021.8）
陈文化（2019.12—2021.8）
叶春林（2021.8—）
总经济师：阙国宪（保留正科级 2019.1—）
党组书记：刘利明（2019.1—2021.8）
陈文化（2021.8—）
党组副书记：陈文化（2019.12—2021.8）
教育局
局　长：黄丽芬（女，2019.1—）
副局长：叶其森（2010.8—2021.8）
王国飞（2019.12—）
王志亮（保留正科级待遇 2021.8—）
党组书记：黄丽芬（女，2019.1—）
县政府教育督导员：叶其森（2021.8—）
科学技术局（地震局）
局　长：吴永林（2019.1—2021.2）
陈肖波（2021.8—）
副局长：叶春林（2012.8—2021.8）
吴松奇（2021.8—）
李歆卉（女，2019.1—）
党组书记：吴永林（2019.1—2021.2）
陈肖波（2021.8—）
民族宗教事务局
局　长：毛志平（2020.7—）
公安局
局　长：潜伟峰（2019.7—2021.12）
赵世杰（2021.12—）
政　委：李小荣（2019.1—2021.2）
吴志明（2021.2—）
副局长：吴复亮（2009.12—2013.3，正科级 2013.4—2015.7，保留正科级 2015.7—）
张祖田（2012.8—）
吴志明（2014.1—2021.2）
林胜龙（2015.7—）
党委书记：潜伟峰（2019.7—2021.12）

党委副书记：李小荣（2012.8—2021.2）
吴志明（2021.2—）
纪检组组长：叶绍林（2016.5—2021.8）
政治处主任：赖志毅
（2011.4—2021.2，
确定正科级 2014.9—2015.7，
保留正科级 2015.7—）
督察长：潜伟峰（2019.7—2021.12）
赵世杰（2021.12—）

交通警察大队

大队长：林胜龙（2013.4—2021.2）
赖志毅（2021.12—）
教导员：吴晓锋（2014.1—2021.8）
周卫中（2021.12—）

民政局

局　长：陈定光（2017.4—2021.12）
吴孚郎（2021.12—）
副局长：吴丽萍（女，2015.4—2021.2）
何帮盛（2015.5—）
毛爱平（女，2021.2—）
胡荣淼（2021.8—）
党组书记：陈定光（2017.2—2021.12）
吴孚郎（2021.12—）

司法局（挂行政复议局牌子）

局　长：张用权（2012.4—2021.2）
赵思恒（2021.2—）
政治处主任：毛清付（2019.1—2021.8）
吴雪林（2021.8—）
副局长：郑韶平（2015.5—）
陈文仁（2019.7—）
党组书记：张用权（2012.4—2021.2）
赵思恒（2021.2—）

财政局（挂县政府国有资产监督管理办公室牌子）

局　长：项邦宝（2019.12—2021.8）
周　峰（2021.8—）
副局长：江旭奎（2016.2—）
杨进林（2019.1—）
吴松可（女，2021.8—）
总会计师：姚四荣（2019.12—）
党组书记：项邦宝（2019.11—2021.8）
周　峰（2021.8—）
党组副书记：江旭奎（正科级 2013.11—2019.1，
保留正科级待遇 2019.1—）

人力资源和社会保障局

局　长：胡小灵（2016.1—）
副局长：胡永生（2012.6—）
吴永德（2016.2—2019.1，
保留正科级待遇 2019.1—2021.8）
党组书记：胡小灵（2015.11—）
党组副书记：吴永德（2013.11—2019.1，
保留正科级待遇 2019.1—2021.8）

自然资源和规划局（挂林业局牌子）

局　长：周　峰（2020.4—2021.8）
全长荣（2021.9—）
副局长：胡先松（2019.1—）
严维松（2019.1—）
总规划师：甄双龙
（保留正科级待遇 2019.1—2020.10）
毛和明（2020.10—）
党委书记：周　峰（2020.4—2021.8）
全长荣（2021.9—）
纪委书记：李光明（2019.1—）
保留副科级待遇：王家兴（2019.1—）
黄业勇（2019.1—）

住房和城乡建设局［挂人民防空办公室（民防局）牌子］

局　长：周利民（2019.1—）
副局长：叶小平（2013.4—2021.2）
余国军（2014.7—）
陈观军（2016.8—）
吴月妫（女，2016.9—2021.12）
吴思青（保留正科级待遇 2019.1—2021.2）
总工程师：吴伟民（2016.9—）
党组书记：周利民（2019.1—）
党组副书记：吴月妫（女，2016.9—2021.12）

交通运输局

局　长：胡元胜（2019.1—）
副局长：麻尉启（2012.12—2021.8）

张志伟(保留正科级待遇 2016.7—2021.8)
张小宝(挂职,2019.4—)
总工程师:吴作铃(2019.12—2021.12)
党组书记:胡元胜(2019.1—)
交通战备办公室主任(高配副科级):
陈建华(2012.12—2021.2)
交通运输综合行政执法队队长:
胡元胜(2019.12—)
交通运输发展中心主任:
刘　伟(2019.12—2021.8)
柳从敏(2021.8—)

水利局

局　长:吴思文(2020.5—)
副局长:张小贵(保留正科级 2015.7—2019.12,
2019.12—2021.2)
吴　明(2016.1—)
吴孝安(2019.6—)
张　强(挂职,2020.8—2021.8)
总工程师:叶学斌(2021.2—)
党组书记:吴思文(2020.5—)
党组副书记:吴　明(2015.7—)

农业农村局

局　长:叶文标(2019.1—)
副局长:胡恒照
(保留正科级待遇 2019.1—2019.12,
2019.12—)
胡晓卫(2020.7—)
胡顺山(2020.8—)
陈加胜(挂职,2020.12—)
总农艺师:周　华(2020.7—)
党组书记:叶文标(2019.1—)
新农村建设中心主任(高配副科级):
柳必盛(2019.1—)
农业综合开发办公室(高配副科级):
林　军(2019.1—)
农业综合行政执法队队长:
叶文标(2019.12—)
农业综合行政执法队专职副队长:
余小平(2019.12—)

文化和广电旅游体育局

局　长:叶其娇(女,2019.1—)
副局长:阙文伟
(保留正科级待遇 2019.1—2019.12,
2019.12—)
吴其华(保留正科级待遇2019.1—2019.12)
杨　清(2019.1—)
吴复香(女,2019.1—)
黄祥福(挂职,2019.1—2020.11)
党组书记:叶其娇(女,2019.1—)
文化市场综合行政执法队队长:
叶其娇(女,2019.12—)
文化市场综合行政执法队专职副队长:
吴其华(2019.12—)

卫生健康局

局　长:黄嗣进(2019.12—)
副局长:胡荣淼(2019.1—2021.8)
黄先全(2021.2—)
徐　鼎(挂职,2021.3—)
党委书记:黄嗣进(2019.11—)
党委副书记:叶加锡(保留正科级待遇 2021.8—)

计生协会

会　长:吴建华(2012.11—)
专职副会长:叶加锡
(保留正科级待遇 2019.1—2021.8)
张　萌(2021.8—)

退役军人事务局(2019 年 1 月,机构改革新成立机构)

局　长:练全裕(2019.1—)
副局长:范奕斗(2019.1—)
周培平(2019.12—)
党组书记:练全裕(2019.1—)

应急管理局

局　长:全开林(2019.1—2021.12)
副局长:吴雪林(2019.1—2021.8)
吴元标(2019.1—)
胡　峰(2019.1—)
吴仅东(2021.8—)
总工程师:范明东(2019.1—)
党组书记:全开林(2019.1—2021.12)

审计局

局　长：祁康明（2015.4—2021.12）
　　　　吴绍华（2021.12—）
副局长：吴松可（女，2010.8—2021.8）
　　　　夏俊松（2014.7—）
　　　　陈　玲（女，2021.11—）
总审计师：刘永兴（2013.8—）
党组书记：祁康明（2015.4—2021.12）
　　　　　吴绍华（2021.12—）

市场监督管理局

局　长：刘祖成（2019.1—）
副局长：吴卫东（2014.1—）
　　　　吴贤付（2015.7—）
总工程师：范火发（2019.1—）
党组书记：刘祖成（2019.1—）
县食品安全委员会办公室主任：
　　　　刘祖成（2019.1—）
市场监管综合行政执法队队长：
　　　　刘祖成（2019.12—）
市场监管综合行政执法队专职副队长：
　　　　吴宏福（2019.12—）

统计局

局　长：吴维宏（女，2017.9—2021.12）
副局长：胡效灵（2019.1—）
总统计师：吴霞芬（女，2020.7—）
党组书记：吴世鸿（2019.3—2021.12）

医疗保障局

局　长：吴小隆（2020.7—）
副局长：叶　青（2019.1—）
　　　　叶绍椿（2019.12—）
党组书记：吴小隆（2020.7—）

综合行政执法局

局　长：叶利民（2019.1—）
副局长：吴志斌（2015.7—2021.8）
　　　　蓝海荣（2016.9—）
　　　　谢善东（2019.3—）
　　　　王长法（2021.8—）
党组书记：叶利民（2019.1—）

市生态环境局庆元分局

局　长：范修亮（2020.7—）
副局长：林德新（2020.7—）
　　　　周振法（2020.7—）
总工程师：吴永胜（2020.7—）
党组书记：范修亮（2020.7—）

【群众团体】

总工会

主　席：周大标（2017.8—2021.12）
　　　　吴家斌（2021.12—）
副主席：胡根妫（女，2017.8—）
　　　　巫其平（保留正科级待遇 2019.1—）
党组书记：周大标（2017.8—2021.12）
　　　　　吴家斌（2021.12—）

共青团县委

书　记：吴凌冰（女，2019.6—2021.2）
　　　　李　红（女，2021.2—）
副书记：沈国臻（2017.8—2021.2）
　　　　刘文俊（2020.7—）
　　　　刘　毅（2021.2—）

妇女联合会

主　席：吴远姿（女，2014.6—2021.12）
　　　　吴月妫（女，2021.12—）
副主席：柳昌美（女，2013.8—）
　　　　张　莉（女，2018.1—2021.12）
党组书记：吴远姿（女，2019.1—2021.12）
　　　　　吴月妫（女，2021.12—）

科学技术协会

主　席：吴周荣（2019.1—）
副主席：胡应岩（2019.1—）
党组书记：吴周荣（2019.1—）

工商业联合会

主　席：林昌富（2003.4—）
常务副主席：刘利明（2021.8—）
副主席：林晓丽（女，2016.7—2021.8）
　　　　季培军（2019.1—）
党组书记：林晓丽（女，2016.7—2021.8）
　　　　　刘利明（2021.8—）

文学艺术界联合会
主　席：范敏姿（女，2010.5—2021.2）
副主席：吴宗祥（2014.1—）
党组书记：范敏姿（女，2019.1—2021.2）

残疾人联合会
理事长：吴先武（2013.3—）
副理事长：吴善平（2016.5—2021.8）
王　飞
（保留正科级待遇 2019.1—）
吴理广（2021.8—）
党组书记：吴善平（2013.8—2021.8）
吴理广（2021.8—）

红十字会
常务副会长：周　青（2019.1—2021.12）

社会科学界联合会
副主席：吴传城（2016.9—2020.7）

关心下一代工作委员会
专职副主任：金朱贵（2019.11—）

供销合作社联合社
主　任：范良东（2019.1—）
副主任：沈绍波（2010.8—2021.8）
何信肖（2016.10—）
党组书记：范良东（2019.1—）

【事业企业单位】

凤阳山—百山祖国家级自然保护区管理局百山祖管理处
处　长：（缺）
副处长：王家金（2011.7—2021.8）
吴明鑫（2011.8—2021.11）
总工程师：（缺）
党组书记：（缺）
党组副书记：王家金（2011.7—2021.8）
办公室主任（高配副科级）：
陈小荣（2014.1—2021.8）

庆元保护中心（事业单位改革）
主　任：王伟松（2021.11—）
副主任：吴明鑫（2021.11—）
陈小荣（2021.11—）

工业园区管理委员会
主　任：全长荣（2018.12—）
副主任：范昌谊（2019.1—2021.8）
叶积地（2019.12—）
吴邦武（2021.2—）
总工程师：吴枝海（2019.1—）
党委书记：吴秋标（2019.9—）
党委副书记：全长荣（2018.12—）

党校（挂浙江广播电视大学庆元分校、县行政学校、县社会主义学校牌子）
校　长：金　业（2020.11—）
常务副校长：方　兴（2012.12—2021.12）
周　青（2021.12—）
副校长：叶根森（2015.7—）
赵剑芳（女，2016.9—）

党史和地方志研究室
主　任：项进全（2020.3—2021.8）
副主任：吴传彪（2020.7—）
叶　庆（女，2020.7—2021.6）
龚开坤（2021.8—）
党组书记：项进全（2020.3—2021.8）

机关事务保障中心
主　任：陈文金（2019.12—）
副主任：吴俊梅（女，2019.12—2021.8）
吴坤林（2019.12—）
党组书记：陈文金（2019.11—）

经济合作交流中心（挂县招商服务中心牌子）
主　任：叶文飞（2019.12—）
副主任：吴宗元（2019.1—）
吴庶坤（2019.7—）
李　军（挂职，2020.12—）
党组书记：叶文飞（2019.12—）

融媒体中心（挂县广播电视台牌子）
主　任：毛茂丰（2019.12—2021.2）
吴旭峰（2021.2—2021.8）
总编辑：吴旭峰（2019.12—）
副主任：蔡章元（2019.12—）
林昌根（2019.12—）
吴采芬（女，2019.12—）

总工程师：胡利松（2019.12—）
党组书记：毛茂丰（2019.12—2021.2）
吴旭峰（2021.2—2021.8）
戴红梅（女，2021.8—）

行政服务中心（挂县公共资源交易中心牌子）

主　任：姚增辉（2019.7—2021.12）
柳恒荣（2021.12—）
副主任：鲍可文（2016.8—）
季文夏（2016.10—）
党组书记：章作飞（兼 2017.10—2019.7，2019.7—2021.12）
柳恒荣（2021.12—）
党组副书记：姚增辉（2019.7—2021.12）

土地和房屋征收工作指导中心

主　任：（缺）
副主任：叶兆全（主持工作，2016.5—2021.2）
陶义平（2020.7—）
吴宗元（2021.8—）

老干部服务中心

主　任：季文善（2019.6—）
副主任：吴方水（2019.6—）
吴必伟（2019.6—）
党组书记：季文善（2019.7—）

金融发展中心

主　任：（缺）
副主任：叶　斌（2020.7—）
黄业霖（2021.2—）
书　记：（缺）

食用菌产业中心（挂食用菌科研中心牌子）

主　任：叶晓星（2019.12—）
副主任：陈俊良（2019.7—2021.8）
范寿鹏（2019.12—）
总农艺师：叶长文（2019.12—）
党组副书记：范寿鹏（2019.12—）

大数据发展中心

主　任：周宗敏（2021.2—）
副主任：赵小伟（2019.7—）
张耕铭（女，2021.2—）

全面深化改革委员会办公室

主　任：陈肖波（2019.12—2021.8）
副主任：陈传敏（2019.6—）
周　浩（2019.12—）
党组书记：陈肖波（2019.12—2021.8）
胡云燕（女，2021.8—）

生态林业中心

主　任：（缺）
副主任：吴伟华（2019.12—）
夏瑞满（2019.12—）

不动产服务中心

主　任：胡雅琼（女，2021.9—）

庆元林场（挂浙江庆元国家森林公园管理中心、国有生态公益林保护站牌子）

场　长：吴益庆（2019.12—）
浙江庆元国家森林公园管理处主任：
吴益庆（2019.12—）

社会保险事业服务中心

主　任：吴小明（2021.8—）

精神文明建设指导中心

主　任：吴旭峰（2021.8—）

交通运输发展中心

主　任：柳从敏（2021.8—）

庆元中学

校　长：吴继华（2017.9—）
副校长（高配副科级）：
王　华（2014.1—）
廖郁林（2015.7—）
姚望良（2016.9—2020.11）
姚渝芳（女，2020.11—）
党总支书记：吴继华（2017.8—）

职业高级中学

校　长（高配副科级）：
吴临水（2014.1—2020.11）
姚望良（2020.11—）
党总支书记：吴临水（2020.11—）

人民医院（2019 年 1 月，机构改革建立人民医院医共体党委、纪律检查委员会）

院　长：林　军（2019.4—）

执行院长：郑荣宗（2016.5—）
名誉院长：张继礼（2016.5—）
副院长：李启武（2010.1—）
　　　　王福美（女，2016.8—）
党委书记：管廷勇（2019.3—）
党委副书记：林　军（2019.3—）
纪委书记：刘　青（2019.3—）

中医院（2019 年 1 月，机构改革建立中医院医共体党委、纪律检查委员会）

院　长：兰汉森（2019.4—）
党委书记：廖瑞龙（2019.3—）
党委副书记：兰汉森（2019.3—）

国有资本投资运营集团有限公司

董事长兼总经理：王国政（2019.7—）
副总经理：蔡章平（2019.7—）
　　　　　姚伟强（2020.7—）
　　　　　刘开锋（兼，2019.7—2021.6）
党委书记：王国政（2019.7—）
党委副书记：
城市投资发展有限公司总经理（比照副科级）：
　　　　刘开锋（2019.7—2021.6）
　　　　吴炉飞（2021.8—）
水务投资发展有限公司总经理（比照副科级）：
　　　　蔡李振（2019.12—）
文旅投资发展有限公司总经理（比照副科级）：
　　　　钟淼飞（2019.12—）

【中央、省和庆元县双重管理单位】

国家税务总局庆元县税务局（2018 年 7 月因机构改革，国家税务局、地方税务局重新组建为国家税务总局庆元县税务局）

局　长：杨娟英（女，2018.7—2021.9）
　　　　董骁俊（2021.9—）
副局长：吴鹤尧（2018.7—）
　　　　吴忠远（2018.7—）
　　　　刘　森（2021.9—）
　　　　范丽雷（2021.5—）
党委书记：杨娟英（女，2018.10—）
　　　　　董骁俊（2021.9—）
纪检组长：沈新林（2018.7—2021.9）
　　　　　李再玉（2021.9—）
濛洲税务所所长（高配副科级）：
　　　　范丽雷（2018.10—2021.5）

供电局

局　长：胡秋生（2014.5—2021.1）
　　　　杨劭炜（2021.1—）
副局长：沈从和（2009.12—2015.6）
　　　　周海波（2019.11—2021.8）
　　　　葛梦亮（2020.5—）
　　　　彭捷波（2018.9—2020.5）
　　　　姚跃荣（2021.8—）
党委书记：沈从和（2015.6—2021.1）
　　　　　胡秋生（2021.1—）
党委副书记：胡秋生（2014.5—2021.1）
　　　　　　杨劭炜（2021.1—）
纪委书记：彭捷波（2020.5—）
工会主席：彭捷波（2020.5—）

电信分公司

总经理：阙龙伟（2014.11—）
副总经理：杨永兴（2014.11—）
党委书记：阙龙伟（2014.11—）
纪委书记：杨永兴（2015.2—）

邮政局

局　长：雷伟军（2019.12—）
副局长：叶兴平（2019.6—）
　　　　吴晓静（女，2020.12—）
党委书记：雷伟军（2021.6—）

邮政分公司

党委副书记、副总经理：
　　　　雷伟军（主持工作，2019.12—）
纪委书记、副总经理：叶兴平（2019.6—）
党委委员、副总经理：吴晓静（女，2020.12—）
党委书记、总经理：雷伟军（2021.6—）

烟草专卖局（公司）

局　长（经　理）：吕飞平（2019.2—）
副局长：范仁卫（2018.8—）
副经理：蓝　峰（2017.9—2021.10）
副协理员：李智杰（2019.10—）

党组书记：吕飞平（2019.2—）
纪检组长：范仁卫（2018.8—）

气象局

局　长：徐尚胜（2018.9—）
副局长：吴春富（2015.12—）
　　　　童永强（2018.9—）
党组书记：徐尚胜（2018.9—）

移动分公司

总经理：毛春良（2015.11—2021.6）
　　　　刘晓竞（2021.6—）
副总经理：吴青梅（女，2016.5—）

联通分公司

总经理：章凌鹏（2017.12—2021.3）
　　　　翁　筱（主持工作，2021.3—）

住房公积金管理中心庆元分中心

主　任：赵思恒（2019.1—2021.2）
　　　　朱美良（2021.9—）

人民银行庆元县支行

行　长：彭秋伟（2020.1—）
副行长：吴国锋（2009.3—）
　　　　徐吉宝（2020.3—）
党组书记：彭秋伟（2020.1—）
纪检组长：徐吉宝（2020.3—）

工商银行庆元县支行

行　长：王　庆（2020.8—）
副行长：吴雪玲（2019.8—）

农业银行庆元县支行

行　长：姚凌霄（2018.11—）
副行长：吴伟东（2021.10—）

中国银行庆元县支行

行　长：陶敏东（2018.7—）
副行长：俞金辰（2020.9—）
　　　　姚　龙（2018.1—）

建设银行庆元县支行

副行长：吴　勇（主持工作，2021.12—）

农业发展银行派驻庆元县信贷组

主　任：黄乐文（2021.1—）

农村商业银行

董事长：陈文炎（2013.3—）
行　长：吴步斌（2021.4—）
副行长：李　花（女，2020.7—）
党委书记：陈文炎（2013.3—）
纪委书记：周邦新（2020.10—）
监事长：周邦新（2021.4—）

邮政储蓄银行庆元支行

行　长：周丽红（2016.4—）
副行长：王　潇（2020.12—）

泰隆银行

董事长：吴宗良（2019.5—）
行　长：于　涛（2019.5—）
副行长：廖小林（2012.9—）
　　　　林　斌（2017.11—）

稠州银行庆元支行

行　长：吴宗良（2019.5—）
副行长：范仙英（女,2019.3—）

温州银行

行　长：夏　琪（2021.12—）
副行长：吴燕玲（女，2021.12—）

中国人民财产保险庆元支公司

总经理：赵　佳（2021.6—）

中国人寿保险庆元支公司

经　理：黄艳红（2021.2—）

中国太平洋财产保险庆元支公司

经　理：胡晓松（2018.10—）

中国人民人寿保险庆元支公司

经　理：陈祝香（2019.6—）

中国人寿财产保险庆元支公司

经　理：陈祝香（2019.6—）

中国银河证券庆元濛洲街营业部

总经理：张　勇（2009.12—）

【濛洲街道】

中国共产党濛洲街道工作委员会

书　记：叶永飞（2019.1—2021.2）
　　　　陈剑荣（2021.2—）
副书记：吴振祥（2017.8—2021.8）
　　　　陈剑荣（2019.6—2021.2）
　　　　刘　雄（2021.8—）

柳从聪（2021.8—）
吴建平（2021.8—）
党工委委员：陈剑荣（2019.6—）
刘　雄（2021.8—）
柳从聪（2021.8—）
吴建平（2017.8—）
张景俊（2021.8—）
吴华辉（2021.8—）
吴军辉（2016.9—）
吴树来（2012.3—）
叶永飞（2012.12—2021.2）
吴振祥（2015.5—2021.8）
叶绍松（2016.9—2021.8）
吴方美（2019.11—2021.8）
纪工委书记：吴方美（2019.11—2021.8）
吴华辉（2021.8—）
县监委派出濛洲街道监察办公室主任：
吴方美（2019.11—2021.8）
吴华辉（2021.8—）
组织委员：吴军辉（2016.9—）
宣传委员：吴树来（2019.11—）

濛洲街道人大工委

主　任：夏念青（2019.7—）
副主任：林桂峰（2016.10—）

濛洲街道办事处

主　任：陈剑荣（2019.7—2021.2）
刘　雄（2021.8—）
副主任：张景俊（2021.8—）
吴宏飞（2019.7—）
吴　亮（2015.5—）
范良敏（2019.7—）
吴鸿芬（女，2021.8—）
吴登聪（女，2016.9—2021.8）
吴建平（2016.9—2021.8）

【松源街道】

中国共产党松源街道工作委员会

书　记：瞿思胜（2019.6—）
副书记：张林军（2016.9—2021.8）
吴汝明（2016.9—2021.8）
刘　雄（2020.7—2021.8）
洪溪潞（挂职 2 年，2019.11—2021.11）
姚建东（挂职 2 年，2019.11—2021.11）
毛先华（2021.8—）
党工委委员：瞿思胜（2019.6—）
胡世君（2021.8—）
毛先华（2021.8—）
叶绍松（2021.8—）
周宜全（2021.8—）
吴立庆（2019.6—）
吴一飞（2016.9—）
刘　雄（2013.5—2021.8）
叶伙翠（女，2015.4—2021.8）
李　敏（2016.7—2021.8）
张景俊（2016.9—2021.8）
张林军（2016.9—2021.8）
吴汝明（2016.9—2021.8）
纪工委书记：叶伙翠（女，2015.4—2021.8）
周宜全（2021.8—）
县监委派出松源街道监察办公室主任：
叶伙翠（2018.7—）
周宜全（2021.8—）
组织委员：吴立庆（2019.6—）
宣传委员：吴一飞（2016.9—）

松源街道人大工委

主　任：练小松（2016.8—）
副主任：吴周华（2015.7—）

松源街道办事处

主　任：张林军（2019.7—2021.8）
胡世君（2021.8—）
副主任：叶绍松（2021.8—）
吴小新（2021.8—）
王春华（2016.9—）
吴明生（2016.9—）
周仙根（2021.8—）
刘章文（2012.3—2021.8）
吴应才（2014.1—2021.8）
刘　雄（2016.9—2021.8）

【屏都街道】

中国共产党屏都街道工作委员会

书　记：吴达校（2019.1—）

副书记：柳昌海（2020.7—）

　　兰际明（挂职 2 年，2019.12—2021.12）

　　钱　睿（2021.8—）

　　沈国臻（2021.2—）

党工委委员：吴达校（2019.1—）

　　柳昌海（2020.7—）

　　钱　睿（2016.9—）

　　沈国臻（2021.2—）

　　吴利荣（2016.9—）

　　施洁爽（2020.7—）

　　李　丽（女，2021.8—）

　　张炉均（2016.9—）

　　吴善惠（2016.9—）

　　杨平林（2016.7—）

　　兰际明（挂职 2 年，2019.11—2021.11）

纪工委书记：施洁爽（2020.7—）

县监委派出屏都街道监察办公室主任：

　　施洁爽（2020.7—）

组织委员：钱　睿（2016.9—2021.8）

　　李　丽（女，2021.8—）

宣传委员：张炉均（2016.9—）

屏都街道人大工委

主　任：柳昌海（2017.10—2020.8）

　　陈　峰（2020.8—）

副主任：叶大华（2016.10—2021.8）

　　刘文通（2021.8—）

屏都街道办事处

主　任：柳昌海（2020.7—）

副主任：吴利荣（2013.3—）

　　姚德洪（2015.5—）

　　沈从军（2021.8—）

　　李明章（2021.8—）

　　刘旭波（2021.8—）

　　吴小新（2016.9—2021.8）

　　胡守全（2019.7—2021.8）

　　杨金贵（2012.3—2021.8）

【黄田镇】

书　记：李志远（2018.6—2021.8）

　　吴应洪（2021.8—）

副书记：叶昌用（2019.6—）

　　李　瑛（2019.6—）

　　范联合（2021.8—）

　　张小宝（挂职，2019.3—）

党委委员：吴应洪（2021.8—）

　　叶昌用（2019.6—）

　　李　瑛（2019.6—）

　　范联合（2021.8—）

　　张小宝（挂职，2019.3—）

　　王卢松（候选人 2021.8，2021.8—）

　　许建泉（候选人 2021.8，2021.12—）

　　吴小青（2019.6—）

　　吴珍荣（2021.8—）

　　鲍群玉（女，2021.8—）

　　李志远（2016.7—2021.8）

　　董文金（2016.9—2021.8）

　　吴　勇（2015.5—2021.8）

　　程卫平（2020.7—）

纪委书记：王卢松（候选人 2016.9，2016.11—2021.8）

　　许建泉（候选人 2021.8，2021.10—）

县监委派出黄田镇监察办公室主任：

　　王卢松（2018.7—2021.8）

　　许建泉（候选人 2021.8，2021.12—）

组织委员：吴小青（2019.6—）

宣传委员：吴珍荣（2021.8—）

统战委员：鲍群玉（女，2021.8—）

黄田镇人大

主　席：王长法（候选人 2015.5，2015.6—2021.8）

　　吴立新（候选人 2021.8，2021.12—）

副主席：吴根旺（候选人 2019.6，2019.8—2021.8）

　　郑祖武（候选人 2021.8，2021.12—）

黄田镇人民政府

镇　长：叶昌用（候选人 2019.6，2019.8—）

副镇长：王卢松（候选人 2021.8，2021.12—）

　　吴　勇（候选人 2021.8，2021.12—）

　　吴根旺（候选人 2021.8，2021.12—）

吴琳芳(女,候选人 2021.8,2021.12—)
董文金(候选人 2015.5,2015.6—2021.8)
郑祖武(候选人 2016.9,2016.12—)
吴鸿芬(女,候选人 2016.9,2016.12—2021.8)
吴珍荣(候选人 2016.9,2016.12—2021.8)

【竹口镇】

中国共产党竹口镇委员会

书　记:范传龙(2019.11—)
副书记:徐和青(2018.6—2021.8)
张健飞(2021.8—)
吴传城(2020.7—)
杨　清(2021.8—)
邹最东(挂职 2 年,2019.11—2021.11)
党委委员:范传龙(2019.11—)
张健飞(2021.8—)
吴传城(2020.7—)
杨　清(2021.8—)
吴　锋(2019.6—)
吴长义(候选人 2021.8,2021.8—)
叶冰青(女,2021.8—)
吴守全(2016.9—)
范小春(2021.8—)
吴良轶(2012.12—)
吴乾俭(2016.10—)
陈　峰(2015.5—2020.7)
董田丰(候选人 2016.9,2016.10—)
张健飞(2016.9—))
徐和青(2018.6—2021.8)
邹最东(挂职 2 年,2019.11—2021.11)
纪委书记:吴　锋(2019.6—2021.8)
吴长义(候选人 2021.8,2021.8—)
县监委派出竹口镇监察办公室主任:
吴　锋(2019.6—2021.8)
吴长义(候选人 2021.8,2021.12—)
组织委员:董田丰(候选人 2016.9,2016.10—2021.8)
叶冰青(女,2021.8—)
宣传委员:吴守全(候选人 2016.9,2016.10—)
统战委员:范小春(2021.8—)

竹口镇人大

主　席:吴松蓉(候选人 2019.6,2019.8—2021.8)
吴美英(女,候选人 2021.8,2021.12—)
副主席:沈绍春(候选人 2010.1,2010.2—2021.8)
李　明(候选人 2021.8,2021.12—)

竹口镇人民政府

镇　长:徐和青(候选人 2018.6,2018.7—2021.8)
张健飞(候选人 2021.8,2021.12—)
副镇长:吴　锋(候选人 2021.8,2021.12—)
吴雪松(候选人 2021.8,2021.12—)
蔡　兴(候选人 2021.8,2021.12—)
刘峻峰(候选人 2021.8,2021.12—)
张健飞(2016.9—2021.8)
吴长义(候选人 2016.9,2016.12—2021.8)
沈吴艳(女,候选人 2016.9,2016.12—2021.8)
傅建平(候选人 2019.6,2019.8—2021.8)

【荷地镇】

中国共产党荷地镇委员会

书　记:吴应洪(2019.1—2021.8)
徐和青(2021.8—)
副书记:薛振华(2019.6—)
陈俊良(2021.8—)
毛先华(2016.10—2021.8)
党委委员:徐和青(2021.8—)
薛振华(2019.6—)
陈俊良(2021.8—)
吴政翰(2019.6—)
胡余天(候选人 2021.8,2021.8—)
张俊卿(2021.8—)
刘松娟(女,2021.8—)
毛开怀(2021.8—)
张祖满(2016.5—)
毛先华(2016.10—2021.8)
姚德叶(2016.10—2021.8)
姚小明(候选人 2016.9,
2016.10—2021.8)
杨　刚(候选人 2016.9,
2016.10—2021.8)

吴应洪(2016.12—2021.8)
纪委书记:姚德叶(候选人 2016.10,
2016.10—2021.8)
胡余天(候选人 2021.8,2021.8—)
县监委派出荷地镇监察办公室主任:
姚德叶(2018.7—2021.8)
胡余天(候选人 2021.8,2021.12—)
组织委员:杨　刚(候选人 2016.9,
2016.10—2021.8)
张俊卿(2021.8—)
宣传委员:刘松娟(女,2021.8—)

荷地镇人大

主　席:叶宪武(候选人 2015.5,2015.8—2021.8)
吴维本(候选人 2021.8,2021.12—)

荷地镇人民政府

镇　长:薛振华(候选人 2019.6,2019.8—)
副镇长:吴政翰(候选人 2019.6,2019.8—)
周丸渊(候选人 2021.8,2021.12—)
刘文铭(候选人 2021.8,2021.12—)
柳新楠(女,候选人 2021.8,2021.12—)
胡恒德(候选人 2014.1,2014.3—2021.8)
刘松娟(女,候选人 2016.9,
2016.12—2021.8)

【左溪镇】

中国共产党左溪镇委员会

书　记:沈国清(2018.6—2021.8)
项进全(2021.8—)
副书记:夏清平(2021.8—)
董田丰(2021.8—)
胡世君(2018.6—2021.8)
柳从聪(2019.6—2021.8)
王华奎(挂职,2019.3—2021.3)
党委委员:项进全(2021.8—)
夏清平(2021.8—)
董田丰(2021.8—)
胡会珍(女,候选人 2021.8,2021.8—)
柳荣文(候选人 2021.8,2021.8—)
潘增辉(2021.8—)
刘　潇(女,2021.8—)
胡志斌(2021.8—)
叶良荣(2012.12—2021.8)
沈国清(2014.1—2021.8)
张祖元(2015.5—2021.8)
沈从军(2016.9—2021.8)
林美云(女,候选人 2016.9,
2016.10—2021.8)
胡世君(2018.6—2021.8)
柳从聪(2019.6—2021.8)
吴兆伟(2020.7—2021.8)
王华奎(挂职,2019.3—2021.3)
纪委书记:沈从军(2016.9—2021.8)
柳荣文(候选人 2021.8,2021.8—)
县监委派出左溪镇监察办公室主任:
沈从军(2018.7—)
柳荣文(候选人 2021.8,2021.12—)
组织委员:林美云(女,候选人 2016.9,
2016.10—2021.8)
潘增辉(2021.8—)
宣传委员:刘　潇(女,2021.8—)

左溪镇人大

主　席:叶发柱(候选人 2015.4,2015.5—2021.8)
叶良荣(候选人 2021.8,2021.8—)
副主席:李兆根(候选人 2016.9,2016.12—2021.8)

左溪镇人民政府

镇　长:胡世君(候选人 2018.6,2018.7—2021.8)
夏清平(候选人 2021.8,2021.12—)
副镇长:胡会珍(女,候选人 2021.8,2021.12—)
蔡雨君(候选人 2019.6,2019.8—)
吴利涛(候选人 2021.8,2021.12—)
叶良荣(候选人 2016.9,2016.12—2021.8)
柳荣文(候选人 2016.9,2016.12—2021.8)

【百山祖镇】

中国共产党百山祖镇委员会

书　记:陈帅锋(2019.9—2021.8)
甘庆军(2021.8—)
副书记:毛琼飞(2021.8—)

胡东海(2021.8—)
范标强(2021.8—)
甘庆军(2019.6—2021.8)
李　红(女,2019.6—2021.2)
江海涛(挂职,2019.3—2021.3)
党委委员:甘庆军(2021.8—)
毛琼飞(2021.8—)
胡东海(2021.8—)
范标强(2021.8—)
张晓冲(候选人2021.8,2021.8—)
周　碧(候选人2021.8,2021.8—)
郑舒文(2021.8—)
范大为(2021.8—)
吴金土(2021.8—)
刘　琼(女,2021.8—)
瞿林春(2015.5—2021.8)
郑　伟(候选人2016.9,2016.10—2021.8)
李　红(女,2019.6—2021.8)
郑舒文(2019.6—2021.8)
陈帅锋(2019.9—2021.8)
江海涛(挂职,2019.3—2021.3)
纪委书记:郑　伟(候选人2016.9,2016.10—2021.3)
周　碧(候选人2021.8,2021.10—)
县监委派出百山祖镇监察办公室主任:
郑　伟(2018.7—2021.8)
周　碧(候选人2021.8,2021.12—)
组织委员:郑舒文(2019.6—)
宣传委员:范大为(2021.8—)

百山祖镇人大

主　席:吴松蓉(女,候选人2021.8,2021.12—)
副主席:叶余新(候选人2019.6,2019.8—)

百山祖镇人民政府

镇　长:甘庆军(候选人2019.6,2019.7—2021.8)
毛琼飞(候选人2021.8,2021.12—)
副镇长:张晓冲(候选人2021.8,2021.12—)
吴　明(候选人2016.9,2016.12—)
王加平(候选人2021.8,2021.12—)
李　明(候选人2013.5,2013.6—2021.8)
胡东海(候选人2016.9,2016.12—2021.8)

【岭头乡】

中国共产党岭头乡委员会

书　记:吴孔斌(2019.12—)
副书记:吴荣贵(2019.6—)
吴　明(2021.8—)
周林松(2016.9—2021.8)
党委委员:吴孔斌(2019.12—)
吴荣贵(2019.6—)
吴　明(2021.8—)
吴　青(女,候选人2021.8,2021.8—)
刘　城(候选人2021.8,2021.8—)
周晓飞(2019.6—)
叶佳琪(女,2021.8—)
邱焕平(2021.8—)
范标强(2013.8—2021.8)
周林松(2016.9—2021.8)
黄先全(2016.9—2021.2)
刘小平(候选人2016.9,2016.10—2021.8)
纪委书记:黄先全(2016.9—2021.2)
刘　城(候选人2021.8,2021.10—)
县监委派出岭头乡监察办公室主任:
黄先全(2018.7—2021.2)
刘　城(候选人2021.8,2021.12—)
组织委员:周晓飞(2019.6—)
宣传委员:叶佳琪(女,2021.8—)

岭头乡人大

主　席:吴方兴(候选人2016.7,2016.12—2021.8)
吴卫平(候选人2021.8,2021.12—)

岭头乡人民政府

乡　长:吴荣贵(候选人2019.6,2019.8—)
副乡长:吴　青(女,候选人2021.8,2021.12—)
黄庆森(候选人2021.8,2021.12—)
吴彬林(2020.8,2020.8—)
周仙根(候选人2015.4,2015.6—2021.8)
范标强(候选人2016.10,2016.12—2021.8)

【五大堡乡】

中国共产党五大堡乡委员会

书　记：吴家斌（2019.1—2021.8）
　　　吴东平（2021.8—）
副书记：吴丽萍（女，2021.2—）
　　　杨　刚（2021.8—）
　　　黎东兴（2021.8—）
　　　张一男（2019.6—2021.2）
　　　周必强（挂职2年，2019.11—2021.11）
　　　陶　炜（2020.7—2021.8）
党委委员：吴东平（2021.8—）
　　　吴丽萍（女，2021.2—）
　　　杨　刚（2021.8—）
　　　黎东兴（2015.5—）
　　　曾慧明（2016.9—）
　　　周顺慧（2021.2—）
　　　姚德龙（2021.8—）
　　　练春灵（女，2021.8—）
　　　姚小明（2021.8—）
　　　黄业斌（2021.12—）
　　　吴家斌（2016.7—2021.8）
　　　陶　炜（2016.9—2021.8）
　　　吴江锋（候选人2016.9，2016.10—2021.8）
　　　张一男（2019.6—2021.2）
　　　周必强（挂职2年，2019.11—2021.11）
纪委书记：周顺慧（2021.2—）
县监委派出五大堡乡监察办公室主任：
　　　周顺慧（2021.2—）
组织委员：吴江锋（候选人2016.9，2016.10—2021.8）
　　　姚德龙（2021.8—）
宣传委员：练春灵（女，2021.8—）

五大堡乡人大

主　席：夏清平（候选人2016.7，2016.12—2021.8）
　　　胡开炳（候选人2021.8，2021.12—）
副主席：范道勤（候选人2016.9，2016.12—）
　　　周应荣（候选人2021.8，2021.12—）

五大堡乡人民政府

乡　长：张一男（候选人2019.6，2019.8—2021.2）
　　　吴丽萍（女，候选人2021.2，2021.2—）
副乡长：曾慧明（候选人2016.9，2016.12—）
　　　傅建平（候选人2021.8，2021.12—）
　　　吴庆林（候选人2021.8，2021.12—）
　　　甘长文（候选人2015.5，2015.5—2021.8）
　　　吴雪松（候选人2016.9，2016.12—2021.8）
　　　周月英（女，候选人2016.9，2016.12—2021.8）

【淤上乡】

中国共产党淤上乡委员会

书　记：吴亨卿（2018.6—2021.8）
　　　叶昌平（2021.8—）
副书记：黄　忠（2019.12—）
　　　朱海青（女，2021.8—）
　　　吴美英（女，2016.5—2021.8）
党委委员：吴兆伟（候选人2021.8，2021.8—）
　　　阙岩根（2016.9—）
　　　李　慧（女，2021.8—）
　　　吴维东（2021.8—）
　　　吴美英（女，2016.5—2021.8）
　　　张晓冲（2016.9—2021.8）
　　　吴忠玲（2016.5—2021.8）
　　　吴亨卿（2018.6—2021.8）
　　　黄　忠（2019.12—2021.8）
　　　吴华辉（2019.12—2021.8）
纪委书记：阙岩根（2016.9—）

县监委派出淤上乡监察办公室主任：
阙岩根（2018.7—）
组织委员：吴华辉（2019.12—2021.8）
李　慧（女，2021.8—）

淤上乡人大

主　席：范世珍（候选人 2016.7，2016.12—2021.8）
吴小平（候选人 2021.8，2021.12—）
副主席：吴美英（女，候选人 2016.9，2016.12—2021.8）

淤上乡人民政府

乡　长：黄　忠（候选人 2019.12—）
副乡长：吴兆伟（候选人 2021.8，2021.12—）
沈旭伟（候选人 2019.12—）
胡朝晖（候选人 2021.8，2021.12—）
林叶青（候选人 2021.8，2021.12—）
张晓冲（候选人 2016.9，2016.12—2021.8）
龚开坤（候选人 2016.9，2016.12—2021.8）
吴维东（候选人 2016.12，2016.12—2021.8）
施杨文（挂职，候选人 2019.3，2019.6—2021.6）

【安南乡】

中国共产党安南乡委员会

书　记：吴　华（2019.1—）
副书记：叶先港（2021.8—）
王思武（2021.8—）
吴凌冰（女，2021.2—2021.8）
于德松（挂职，2019.3—2021.3）
陈芳流（挂职 2 年，2019.11—2021.11）
党委委员：吴　华（2019.1—）
叶先港（2021.8—）
王思武（2019.6—）
吴璟发（2021.8—）
叶海燕（女，2021.8—）
张用群（2021.8—）
吴志章（2021.8—）
吴金平（2020.7—）
许建泉（2016.9—）
胡小林（2016.9—2021.8）
吴志强（2016.10—2021.8）
于德松（挂职，2019.3—2021.3）
陈芳流（挂职 2 年，2019.11—2021.11）
纪委书记：胡小林（2016.9—2021.8）
叶海燕（女，候选人 2021.8，2021.10—）
县监委派出安南乡监察办公室主任：
胡小林（2018.7—2021.8）
叶海燕（女，候选人 2021.8，2021.12—）
组织委员：许建泉（2016.9—2021.8）
张用群（2021.8—）

安南乡人大

主　席：叶先港（候选人 2018.6，2018.7—2021.8）
吴汝明（候选人 2021.8，2021.12—）

安南乡人民政府

乡　长：吴凌冰（女，候选人 2021.2，2021.2—2021.8）
副乡长：吴璟发（候选人 2021.8，2021.12—）
胡小林（候选人 2021.8，2021.12—）
吴丽红（女，候选人 2019.6，2019.8—）
吴建敏（候选人 2021.8，2021.12—）
张东强（候选人 2011.8，2011.12—2021.8）

【张村乡】

中国共产党张村乡委员会

书　记：胡云燕（女，2019.12—2021.8）
吴凌冰（女，2021.8—）
副书记：吴继顺（2020.7—）
张祖元（2021.8—）
陈丕军（2019.12—2021.8）
党委委员：吴凌冰（女，2021.8—）

吴继顺（2020.7—）
张祖元（2021.8—）
兰　君（2021.8—）
陈孟文（2021.8—）
何　飞（2021.8—）
张　庆（2021.8—）
范联合（2011.8—2021.8）
胡云燕（女，2016.7—2021.8）
吴　明（2016.9—2021.8）
周宜全（候选人 2016.9，2016.10—2021.8）
毛开怀（候选人 2016.9，2016.10—2021.8）
陈丕军（2019.12—2021.8）

纪委书记：吴　明（2016.9—2021.8）
陈孟文（候选人 2021.8，2021.10—）

县监委派出张村乡监察办公室主任：
吴　明（2018.7—2021.8）
陈孟文（候选人 2021.8，2021.12—）

组织委员：周宜全（2016.9—2021.8）
何　飞（2021.8—）

张村乡人大

主　席：王志亮（候选人 2016.7，2016.12—2021.8）
陈丕军（候选人 2021.8，2021.8—）

副主席：陈丕军（候选人 2019.12—2021.8）

张村乡人民政府

乡　长：吴继顺（候选人 2020.7，2020.8—）

副乡长：兰　君（候选人 2021.8，2021.12—）
姚远良（候选人 2016.9，2016.12—）
陈凯丽（女，候选人 2021.8，2021.12—）
范联合（候选人 2016.9，2016.12—2021.8）
范祖飞（候选人 2016.10，2016.12—2021.8）

【隆宫乡】

中国共产党隆宫乡委员会

书　记：姚德飞（2021.2—）

副书记：徐海坚（2021.8—）
范良兴（2021.8—）
吴　斌（2019.6—2021.8）
陈　锋（挂职 2 年，2019.11—2021.11）
吴东平（2019.12—2021.8）

党委委员：姚德飞（2021.2—）
徐海坚（2021.8—）
范良兴（2019.12—）
叶丽丽（女，2021.8—）
林美云（女，2021.8—）
叶海寿（2021.8—）
刘小平（2021.8—）
吴金土（2013.8—2021.8）
吴璟发（2016.9—2021.8）
吴　青（女，候选人 2016.9，2016.10—2021.8）
吴　斌（2019.6—2021.8）
吴东平（2019.12—2021.8）
陈　锋（挂职 2 年，2019.11—2021.11）

纪委书记：吴　青（女，候选人 2016.9，2016.10—2021.8）
林美云（女，候选人 2021.8，2021.10—）

县监委派出隆宫乡监察办公室主任：
吴　青（女，2018.7—2021.8）
林美云（女，候选人 2021.8，2021.12—）

组织委员：吴璟发（2016.9—2021.8）
叶海寿（2021.8—）

隆宫乡人大

主　席：吴小平（候选人 2016.7，2016.12—2021.8）
吴方兴（候选人 2021.8，2021.12—）

副主席：吴　斌（候选人 2019.6，2019.9—2021.8）

隆宫乡人民政府

乡　长：徐海坚（2021.8—）
吴东平（候选人 2019.12—2021.8）

副乡长：叶丽丽（女，候选人 2021.8，
2021.12—）
何仕良（候选人 2016.10，2016.12—）
瞿林春（候选人 2021.8，2021.12—）
陈　惠（候选人 2021.8，2021.12—）
刘文通（候选人 2016.7，
2016.12—2021.8）
范良兴（候选人 2019.12，
2020.1—2021.8）

【举水乡】

中国共产党举水乡委员会

书　记：叶斌林（2018.6—2021.8）
陈小文（2021.8—）
副书记：陶冰华（2021.8—）
吴俊梅（女，2021.8—）
周应荣（2016.9—2021.8）
陈小文（2019.6—2021.8）
党委委员：陈小文（2021.8—）
陶冰华（2021.8—）
吴俊梅（女，2021.8—）
吴永飞（2016.10—）
吴琳伟（2021.8—）
叶日珍（2021.8—）
吴利军（2015.7—2021.8）
周应荣（2016.9—2021.8）
王加平（2016.9—2021.8）
叶斌林（2018.6—2021.8）
林育建（2019.12—2021.8）
纪委书记：吴永飞（2016.10—2021.8）
吴琳伟（候选人 2021.8，2021.10—）
县监委派出举水乡监察办公室主任：
吴永飞（2018.7—2021.8）
吴琳伟（候选人 2021.8，2021.12—）
组织委员：王加平（2016.9—2021.8）
张丹萍（女，2021.8—）

举水乡人大

主　席：吴卫平（候选人 2016.7，
2016.12—2021.8）
麻蔚启（候选人 2021.8，2021.12—）
副主席：周应荣（候选人 2016.10，
2016.12—2021.8）

举水乡人民政府

乡　长：陶冰华（候选人 2021.8，2021.8—）
陈小文（候选人 2019.6，
2019.8—2021.8）
副乡长：吴永飞（候选人 2021.8，2021.12—）
吴雄鹏（候选人 2019.12—）
吴良松（候选人 2019.12—）
李明章（候选人 2016.10，
2016.12—2021.8）
林育建（候选人 2019.12—2021.8）

【江根乡】

中国共产党江根乡委员会

书　记：叶昌平（2019.12—2021.8）
赵　赟（2021.8—）
副书记：吴至飞（2021.8—）
林育建（2021.8—）
赵　赟（2021.2—2021.8）
沈　毅（2019.6—2021.8）
党委委员：赵　赟（2021.8—）
吴至飞（2021.8—）
林育建（2021.8—）
胡　荣（2021.8—）
胡　林（候选人 2016.10，2016.11—）
吴应土（候选人 2016.9，2016.11—）
叶邦泽（候选人 2016.9，2016.11—）
王建伟（2011.8—2021.8）
叶昌平（2016.12—2021.8）
沈　毅（2019.6—2021.8）
纪委书记：胡　林（候选人 2016.10，2016.11—）
县监委派出江根乡监察办公室主任：
胡　林（2018.7—）
组织委员：吴应土（候选人 2016.9，2016.11—）

江根乡人大

主　席：周林松（候选人 2021.8，2021.12—）
陈朝军（候选人 2016.7，2016.12—2021.8）

副主席：沈　毅（候选人 2019.6，
2019.8—2021.8）

江根乡人民政府

乡　长：赵　赟（候选人 2021.2，
2021.2—2021.8）

副乡长：胡　荣（候选人 2021.8，
2021.12—）

吴遇华（候选人 2021.8，
2021.12—）

杨超楠（女，候选人 2021.8，
2021.12—）

王建伟（候选人 2016.9，
2016.12—2021.8）

兰　君（候选人 2016.10，
2016.12—2021.8）

周丸渊（候选人 2016.10，
2016.12—2021.8）

【贤良镇】

中国共产党贤良镇委员会

书　记：李一娇（女，2019.12—）

副书记：毛守亲（2020.7—）

吴江锋（2021.8—）

毛琼飞（2016.9—2021.8）

党委委员：李一娇（女，2019.12—）

毛守亲（2020.7—）

吴江锋（2021.8—）

沈吴艳（女，2021.8—）

吴　荣（候选人 2016.9，2016.10—）

练超凡（2021.8—）

吴善卿（2019.12—）

刘　剑（2020.7—）

胡朝晖（2013.3—2021.8）

毛琼飞（2015.7—2021.8）

朱海青（女，2016.9—2021.8）

纪委书记：吴　荣（候选人 2016.9，
2016.10—）

县监委派出贤良镇办公室主任：

吴　荣（2018.7—）

组织委员：朱海青（女，2016.9—2021.8）

练超凡（2021.8—）

贤良镇人大

主　席：吴维本（候选人 2016.7，
2016.12—2021.8）

陈朝军（候选人 2021.8，
2021.12—）

副主席：毛琼飞（候选人 2016.10，
2016.12—2021.8）

贤良镇人民政府

镇　长：毛守亲（候选人 2020.7，
2020.8—）

副镇长：沈吴艳（女，候选人 2021.8，
2021.12—）

范祖飞（候选人 2021.8，
2021.12—）

余　靖（候选人 2021.8，
2021.12—）

叶学斌（候选人 2015.4，
2015.5—2021.2）

胡朝晖（候选人 2016.9，
2016.12—2021.8）

吴应石（候选人 2016.9，
2016.12—2021.8）

【龙溪乡】

中国共产党龙溪乡委员会

书　记：朱美良（2019.1—2021.8）

吴　雄（2021.8—）

副书记：沈　毅（2021.8—）

吴方美（2021.8—）

吴至飞（2016.9—2021.8）

吴　雄（2019.6—2021.8）

党委委员：吴　雄（2021.8—）

沈　毅（2021.8—）

吴方美（2021.8—）

吴春生（2021.8—）

吴春明（候选人 2016.9，
2016.10—）

周贤友(候选人 2016.9,
2016.10—)
吴至飞(2013.8—2021.8)
朱美良(2015.4—2021.8)
姚德龙(2016.9—2021.8)
陶冰华(2019.6—2021.8)
朱美良(2019.1—2021.8)
纪委书记:吴春明(候选人 2016.9,
2016.10—)
县监委派出龙溪乡监察办公室主任:
吴春明(2018.7—)
组织委员:姚德龙(2016.9—2021.8)

龙溪乡人大

主　席:吴　斌(候选人 2021.8,2021.12—)
毛爱平(女,候选人 2016.7,
2016.12—2021.8)
副主席:吴至飞(候选人 2016.10,
2016.12—2021.8)

龙溪人民政府

乡　长:沈　毅(候选人 2021.8,2021.12—)
吴　雄(候选人 2019.6,
2019.8—2021.8)
副乡长:吴春生(候选人 2021.8,2021.12—)
陈　健(女,候选人 2021.8,
2021.12—)
黄庆森(候选人 2015.7,
2015.12—2021.8)
陶冰华(候选人 2019.6,
2019.8—2021.8)

【官塘乡】

中国共产党官塘乡委员会

书　记:吴邦武(2018.6—2021.2)
张一男(2021.2—)
副书记:冯宇驰(2021.8—)
叶兴良(2019.6—)
周宗敏(2016.9—2021.2)
党委委员:张一男(2021.2—)
冯宇驰(2021.8—)
叶兴良(2019.6—)
吴泉玉(女,候选人 2016.9,
2016.10—)
吴　强(2021.8—)
毛先伟(2021.8—)
周可荣(2013.8—2021.8)
吴春生(2015.5—2021.8)
周宗敏(2016.9—2021.2)
吴志章(候选人 2016.10,
2016.10—2021.8)
吴邦武(2018.6—2021.2)
纪委书记:周可荣(2016.10—2021.8)
吴　强(候选人 2021.8,
2021.10—)
县监委派出官塘乡监察办公室主任:
周可荣(2018.7—)
吴　强(候选人 2021.8,2021.10—)
组织委员:吴泉玉(女,候选人 2016.9,
2016.10—2021.8)

官塘乡人大

主　席:胡开炳(候选人 2016.7,
2016.12—2021.8)
吴振祥(候选人 2021.8,
2021.12—)
副主席:叶兴良(候选人 2019.6,2019.8—)

官塘乡人民政府

乡　长:冯宇驰(候选人 2021.8,
2021.12—)
周宗敏(候选人 2019.6,
2019.8—2021.2)
副乡长:吴泉玉(候选人 2021.8,
2021.12—)
吴　勇(候选人 2021.8,
2021.12—)
吴春生(候选人 2015.4,
2015.6—2021.8)
吴祥选(候选人 2016.10,
2016.12—2021.8)

(县委组织部)

2021年度庆元县获得高级专业技术任职资格人员一览表

表2

姓　名	性别	出生年月	最高学历	现任职资格	取得时间	所在部门	备注
夏　飞	男	1985.12	本科	高级教师	2021.09.04	教育	援疆
刘琪光	男	1979.08	本科	高级教师	2021.09.04	教育	援疆
吴卫君	男	1985.09	研究生	高级工程师	2021.10.08	农业	援疆
吴小兰	女	1969.11	本科	主任医师	2021.12.25	卫生	正高
郑世辉	男	1969.09	本科	主任医师	2021.12.24	卫生	正高
余小君	男	1971.10	本科	主任医师	2021.12.24	卫生	正高
胡伟	男	1985.09	本科	主任医师	2021.12.24	卫生	正高
吴红丽	女	1976.11	本科	主任护师	2021.12.24	卫生	正高
周卓平	男	1969.03	本科	主任中医师	2021.12.27	卫生	正高
胡培灿	男	1983.12	本科	副主任医师	2021.12.24	卫生	
吴炉忠	男	1986.12	本科	副主任医师	2021.12.24	卫生	
吴祥作	男	1983.06	本科	副主任医师	2021.12.24	卫生	
吴　伶	女	1987.06	本科	副主任护师	2021.12.24	卫生	
陈卢臻	男	1982.08	本科	副主任技师	2021.12.27	卫生	
黄　芳	女	1981.07	本科	副主任护师	2021.12.27	卫生	
吴新荷	女	1980.12	本科	副主任医师	2021.12.27	卫生	
杨旭霞	女	1980.08	本科	副主任护师	2021.12.27	卫生	
刘根香	女	1979.12	大专	高级教师	2021.12.11	教育	
吴松妙	男	1982.04	本科	高级教师	2021.12.11	教育	
邹文辉	男	1981.09	本科	高级教师	2021.12.11	教育	
曾华兰	女	1981.01	本科	高级教师	2021.12.11	教育	
甘小红	女	1970.01	大专	高级教师	2021.12.11	教育	
何礼梅	女	1981.04	本科	高级教师	2021.12.11	教育	
吴春红	女	1982.01	本科	高级教师	2021.12.11	教育	
吴希斌	男	1974.04	本科	高级教师	2021.12.11	教育	
方　奇	男	1975.11	大专	高级教师	2021.12.11	教育	
吴美莲	女	1980.09	本科	高级教师	2021.12.11	教育	
刘妙艳	女	1982.09	本科	高级教师	2021.12.11	教育	
吴东良	男	1977.07	本科	高级教师	2021.12.11	教育	
叶慧玲	女	1983.08	本科	高级教师	2021.12.11	教育	
柳小平	男	1974.01	本科	高级教师	2021.12.11	教育	
蔡健红	女	1986.02	本科	高级教师	2021.12.11	教育	
刘承松	男	1979.09	本科	高级教师	2021.12.11	教育	
吴燕芬	女	1983.06	本科	高级教师	2021.12.11	教育	
沈爱娟	女	1970.01	大专	高级教师	2021.12.11	教育	

续表 2

姓　名	性别	出生年月	最高学历	现任职资格	取得时间	所在部门	备注
吴连妫	女	1967.07	大专	高级教师	2021.12.11	教育	
沈宝平	男	1985.07	本科	高级教师	2021.11.30	教育	
叶园燕	女	1985.07	本科	高级教师	2021.11.30	教育	
胡明萍	女	1986.06	本科	高级讲师	2021.11.27	教育	
叶丹萍	女	1984.04	本科	高级讲师	2021.11.27	教育	
陈柳姣	女	1983.09	本科	高级讲师	2021.11.27	教育	
周小芬	女	1985.10	本科	高级讲师	2021.11.27	教育	
叶玉艳	女	1987.07	本科	高级讲师	2021.11.27	教育	
王声淼	男	1965.02	本科	农业技术推广研究员	2022.01.14	农业	正高
吴发利	男	1965.07	本科	高级工程师	2021.11.26	建设	
叶珍林	男	1975.09	本科	高级工程师	2021.12.06	林业	
梅建伟	男	1972.02	本科	高级工程师	2021.12.06	林业	
叶　玲	女	1987.02	本科	高级会计师	2021.11.05	财政	
陈桂成	男	1965.04	本科	高级工程师	2021.12.31	交通	

（县人事劳动局）

文　选

庆元加快跨越式高质量发展建设共同富裕示范区行动方案(2021—2025 年)

(庆委发〔2021〕80 号)

为全面贯彻《中共中央、国务院关于支持浙江高质量发展建设共同富裕示范区的意见》《浙江高质量发展建设共同富裕示范区实施方案(2021—2025 年)》《丽水加快跨越式高质量发展建设共同富裕示范区行动方案(2021—2025年)》,结合庆元实际,特制订本行动方案。

一、目标要求

以习近平新时代中国特色社会主义思想为指导,认真贯彻党的十九大和十九届二中、三中、四中、五中全会精神,按照省委十四届九次全会、市委四届十次全会和县委十四届十五次全会决策部署,紧扣推动共同富裕和促进人的全面发展,以满足人民日益增长的美好生活需要为根本目的,以改革创新为根本动力,以解决地区差距、城乡差距、收入差距问题为主攻方向,系统推进生态赋能、创新赋能、开放赋能、数字赋能、文化赋能,全面拓宽跨越式高质量发展新路径,扎实推动共同富裕。到 2025 年,"三大差距"明显缩小,解决发展不平衡不充分问题取得重大进展,具有鲜明山区特点的共同富裕体制机制基本成型,加快形成独具庆元特色的"7+3"共同富裕基本场景,争当浙江高质量发展建设共同富裕示范区的山区范例。

打造经济高质量发展的山区范例。全力争取省委、省政府支持山区县跨越式高质量发展的超常规扶持措施,加速各类先进要素向庆元聚集,促进经济发展质效明显提升,地区生产总值(GDP)和生态系统生产总值(GEP)实现"两个较快增长",GDP 增速和人均 GDP 增速处于 26 县前列;规上工业增加值年均增速达到 18%,一般公共预算收入年均增速达到 15%;固定资产投资相较 2020 年翻番;力争 26 县分类考核位居前列。以产业生态化和生态产业化为主体的生态经济体系基本建立,生物科技战略性新兴产业实现突破发展,全链产值达到 100 亿元,年税收突破 3 亿元;竹木、铅笔、食用菌三大传统优势产业数字化赋能转型取得明显突破;旅游业增加值年均增速达到 14%。县域东西协调发展格局进一步优化,县城集聚效应进一步显现,以人为核心的新型城镇化有序推进,常住人口城镇化率达到 68% 以上。

打造收入高水平提升的山区范例。居民人均可支配收入突破 5 万元,年均增速高于全省平均水平。居民劳动报酬占 GDP 比重超过 50%,居民人均收入与人均生产总值之比持续提高,中等收入群体规模稳步扩大、结构不断优化、生活品质明显提升,家庭年可支配收入 10 万—50 万元的群体比例达到 70%。城乡区域发展差距、城乡居民收入和生活水平差距显著缩小，城乡居民收入倍差缩小到1.95以内；年经营性收入15万元以下的集体经济相对薄弱村全部消除，年经营性收入50万元以上的行政村占比达到20%以上；新增就业岗位比“十三五”期间增加25%，年均增速力争达到全省平均水平。以开发式扶持为主解决相对贫困的机制有效建立，低收入农户人均可支配收入年均增长16%以上，增收能力、生活品质和社会福利水平明显提升。

打造环境高标准跨越的山区范例。全县生态环境状况指数继续保持全省第一、全国领先，县域主要河流水质达标率以及人均公共绿化面积达到全国领先水平，输出一系列规范标准及典型经验。高标准建设百山祖国家公园，创成省全域旅游示范县，新时代美丽乡村建成率实现100%，成为大花园最美核心区的最美“花骨朵”。生态产品价值实现机制改革从先行试点走向先行示范，生态产品价值实现率达到48%，形成可复制可推广的生态资源权益交易经验。积极争创低碳试点县，开展碳达峰碳中和路径研究，实施一批零碳（低碳）试点示范项目。

打造服务高品质保障的山区范例。更高水平推进幼有所育、学有所教、劳有所得、病有所医、老有所养、住有所居、弱有所扶，教育卫生投入总量翻番，基本实现人的全生命周期公共服务优质共享。落实三孩生育配套政策，打造生得起、养得好的育儿友好型社会，婴幼儿照护服务体系更加完善，实现普惠性幼儿园在园幼儿占比达到95%以上。深化教育提质行动，加快创建全国学前教育普及普惠县和义务教育优质均衡发展县，儿童平均预期受教育年限达到15.5年，建成覆盖城乡的学前教育公共服务体系，高等教育毛入学率达到70%。健康庆元建设深入推进，人群主要健康指标达到高收入国家水平，人均预期寿命达到80.5岁。社会保障和养老服务体系更加完善，基本养老触手可及，优质养老全面推进。力争城镇住房保障受益覆盖率达到23%。新时代社会救助体系全面建立，低保标准逐年提高。

打造文化高层次跃升的山区范例。弘扬践行浙西南革命精神不断走深走实，“红绿”深度融合全面发展，革命老区振兴发展走在前列，打造浙西南红色教育高地。新时代文明实践深入开展，市民素质和社会文明程度达到新高度，文化自信不断增强，社会诚信度达到97%。城乡一体的现代文化服务体系全面建成，每万人拥有公共文化设施面积、人均体育场地面积持续增长，文明好习惯养成实现率达到91%。文化及相关产业增加值年均增速达到16%以上，占GDP比重达到8%。社会主义核心价值观深入人心，基本建成具有鲜明精神气质、深厚人文内涵、蓬勃生机活力的文化强县。

打造治理高效能增强的山区范例。党建统领的整体智治体系基本建成，法治庆元、平安庆元建设迈向更高水平，清廉庆元建设纵深推进，全面从严治党成效进一步彰显，社会主义民主法治更加健全、公平正义充分彰显，政府现代化治理能力进一步提高，县域特色的社会治理模式更加完善。生产安全事故死亡率、万人犯罪率、万人成讼率逐年下降，律师万人比不断提升，网络空间更加清朗，防范化解重大风险能力、突发公共事件应急能力、防灾减灾救灾能力显著增强。群众获得感、幸福感、安全感、满意度稳步提升，努力在县域治理现代化的探索实践中走前列、站排头。

二、更加注重激发内生动力，提交经济发展的“高质量答卷”

1.形成独具山区特色和竞争力的产业体系。全力培育生物科技战略性新兴产业，用足用好“一县一策”、26个县专项政策及浙西南革命老区等政策，推动食用菌、中药材、竹木等传统优势产业向健康食品、生物制品、生物医药、生物基新材料等延伸，着力打造浙南闽北最大的生物科技产业发展集群和26个县生物科技产业示范县。锁定“产业大脑+未来工厂”主攻方向，推动竹木、铅笔、食用菌三大优势主导产业向“智能化、高端化、品牌化”转型，打造竹木、铅笔标志性产业链，壮大庆元香菇为主的食用菌历史经典产业，推动

"互联网+制造"深度融合，加快培育工业互联网、柔性化定制、共享生产平台等新业态新模式，打通电子商务平台、网络化生产和供应链各环节，持续打响"中国竹制品制造之都""全球铅笔制造之都""全球食用菌品牌之都"金名片。打造"国家公园康养庆元"旅游新地标，重点发展康养旅居、研学旅游、户外运动、职工疗休养等业态，优化康养基地布局，完善旅游配套设施建设，将生态康养产业打造为庆元新的经济增长极。做优"庆元 800""百山祖 1856"区域品牌，大力发展果蔬、林下珍稀中药材、甜橘柚、茶叶特色"沟谷"产业带，谋划建设"带货直播硅谷"，促进直播电商、共享经济、订单农业等新业态发展，推动农业种养殖、精深加工、互联网、文化创意、观光体验等一、二、三产深度融合。

2.打造高能级创新平台。深入推进平台"二次创业"，集中力量打造省级经济开发区主平台，深入实施"万亩百亿"倍增计划，设立 3 平方公里以上的生物科技产业园，打造现代化的特色生态产业平台，叠加运用各类政策措施提高亩均效益，实现规上工业亩均税收达到 24 万元。聚力打造浙南闽北生物科技创新走廊，持续深化与浙江大学、浙江中医药大学、西湖大学、清华长三角研究院等开展产学研合作，共建生物科技产业研究院，打造世界香菇发源地野生香菇种质资源库、百山祖国家公园大型真菌种质资源库、长三角香菇育种创制中心等区域性科创基地，加强食用菌种质资源技术创新中心、竹木产业创新服务综合体、电子商务创业园等创业创新平台建设，坚持"产学研用金、才政介美云"十要素联动，提高科技成果转移转化成效。主动融入长三角 G60 科创走廊生物医药产业联盟，大力推行"总部+基地""研发+生产"等飞地合作模式，在沪杭等长三角中心城市建立人才驿站、科创飞地，加快推进嘉善"科创飞地"共建，努力实现"研发在飞地、转化在庆元"。实施科技企业"双倍增"计划，建立高新技术企业和省科技型中小企业培育库，鼓励企业争创国家级、省级产业平台和创新平台，支持企业与行业协会、投资服务机构紧密合作，完善金融支持创新体系。

3.实施"双招双引"战略工程。深入实施"产业链长制"，锚定生物科技主导产业、三大传统产业转型提升和健康养生、总部经济培育发展为主攻方向，重点关注行业大企、产业链关键环节、高成长性领军型人才项目以及知名科研院校成果转化项目，绘制产业链全景图和产业招商地图，按照"一条产业链、一名县领导、一个牵头部门、一套工作方案"的要求深化链长工作机制，力争招引一批"链主"企业和央企项目。聚力开展招大引强行动，抓住央企国企、知名浙商助力庆元跨越式发展的有利契机，力争以大资本撬动产业园区、城市有机更新、大健康、智慧物流等领域项目建设。着力打造一流营商环境，为大企业、大项目量身订制优惠政策，推进投资项目审批减环节、减材料、减时限、减费用，迭代推进标准地改革。全力打好人才"引育留"组合拳，瞄准领军型紧缺型人才系统重塑招引政策，加强"菇乡精英"人才引进工作，构建"2211"本土人才体系，开展大学生创梦行动，用好"星期天工程师""人才编制池""人才储备金""银发人才工程"等一批管用做法，积极建设"人才飞地"、人才"养研"联姻平台、人才创新创业服务综合体等新平台，规划建设人才公寓，健全创新激励和保障机制，吸引更多高端人才在庆元创业就业。

4.推动市场主体培育。稳步推进国资国企改革，优化国有资本布局，完善国有资产监管体制，进一步健全国有企业市场化经营机制，充分激发国有企业发展的内在动力和活力。完成国投公司内部优化重组，推动城投、水投、文旅投、交投、农投公司发展壮大，资产总量达到 100 亿元以上，推动投融资主体由财政转为国企平台。培育"专精特新"中小企业，大力开展小微企业"上规行动"，实施"雏鹰计划""雄鹰计划""凤凰计划"等系列行动，培育一批"隐形冠军""单打冠军"。实施上市赋能行动，鼓励企业对接多层次资本市场，建立拟上市企业 1 家以上、后备企业 3 家以上的上市梯队，引导精准上市。多方合力培育高技术制造业企业，建立多元化科技投融资体系，健全财政科技投入稳定增长机制，全社会 R&D 经费支出占 GDP 比重达到 3%。

5.扩大消费和有效投资。聚焦消费升级和消费新热点，加大旅游、医疗、教育、文化、体育等领域优质产品和服务供给，推动消费结构优化和提档升级。深入实施放心消费行动，全方位优化消费环境。高品质打造庆元特色步行街，持续提升丰富“庆元香菇宴”等地方特色餐饮品质，发展夜间经济，打造“夜菇城”，激活乡村消费，提升社区商业消费，扩大节假日消费，实现居民人均消费支出年均增长 11%、社会消费品零售总额年均增长 7%。深入实施“714”标志性重大项目工程，立足推动产业基础高端化和产业链现代化，精准谋划推动一批引领性重大产业、基础设施和社会事业补短板项目，抓好智创小镇核心商务区、庆元香菇小镇香菇文化养生核等省市县长项目，高标准谋划建设国家公园入口社区、“风光水储抽”新能源项目和浙西南绿能基地，加快推进文体中心、实验小学濛洲校区、人民医院迁建项目，谋划建设浙西南中医药康养综合体。完善重大项目落地协调机制，充分发挥政府投资撬动作用，进一步激发民间投资活力，形成市场主导的投资内生增长机制，全力实现 50 亿级以上产业项目的“零突破”，固定资产投资年均增速达到 15%以上。

三、更加注重收入分配制度改革，加快形成富民惠民新机制

6.实施中等收入群体规模倍增计划。大力营造敬业乐业精业兴业的社会氛围，加大人力资本投入，激发技能人才、小微创业者、产业工人、新型职业农民等重点群体增收潜力，让更多普通劳动者通过自身努力进入中等收入群体。完善减税降费工作机制，促进小微企业和个体工商户等群体收入稳步增长。多措并举减轻中等收入家庭在教育、医疗、养老、育幼、住房等方面的支出压力，稳定中等收入家庭群体，优化中等收入社会结构。完善保障各类人才顺畅流动的制度体系，畅通社会流动渠道，保障不同群体发展机会公平。全面拓展城乡居民财产性收入渠道，鼓励依法创新支持实体经济发展、使民众分享增值收益的金融产品，支持企业实施灵活多样的股权激励制度。

7.实施居民收入倍增计划。坚持开发性与保障性举措并重，探索建立先富帮后富、推动共同富裕新机制。健全工资合理增长机制，鼓励企业通过提质增效拓展从业人员增收空间。特别是要关注“平均数以下”问题，实施低收入群体同步基本实现现代化行动，加强低收入人口常态化帮扶，增强增收能力，拓宽增收渠道，以搬迁、结对、产业等多种帮扶形式推动低收入农户收入持续快速增长，持续巩固脱贫攻坚成果。实施农民增收提速攻坚五年行动计划，加大惠农富农政策力度，深入开展千名技能型干部联系千家新型农业主体，带动万名留守农户、低收入农户增收万元行动。完善企业与农民利益联结机制，引导农户自愿以土地经营权、林权入股企业，带动农民就近就地创业就业。扎实做好“大搬快聚富民安居”工程“后半篇”文章，力争五年内再实现 1.5 万群众搬出大山、融入县城，推动城市扩容提升和公共服务集成，实现 10 平方公里范围内集聚 10 万以上常住人口，确保搬迁群众搬得出、稳得住、广就业、能致富。

8.推动更加充分更高质量就业。全力推进就业创业提质工程，健全就业公共服务和终身职业技能培训制度，建立健全促进创业带动就业、多渠道灵活就业机制以及就业援助制度。做好重点群体就业支持，实行就业困难人员托底帮扶，实施零就业家庭动态清零，稳住就业基本面。营造公平就业的制度环境，保障劳动者待遇与权益，加强就业服务和职业技能培训，全面构建和谐劳动环境。注重劳动力多渠道转移就业，深化国家支持大学生、农民工等人员返乡创业试点工作，加快完善大学生、农民工返乡创新创业环境。大力培育新时代工匠骨干队伍和高技能领军人才队伍，技能人才占从业人员比重达到 35%。

9.完善收入分配机制。深化收入分配制度改革，把智力要素、技术要素、信息要素纳入分配机制，增加一线劳动者劳动报酬，提高劳动报酬在

初次分配中的比重。进一步规范收入分配秩序，加强税收对收入分配的调节作用。多渠道增加城乡居民财产性收入，稳步提高工资性收入，推动居民收入增速持续快于经济增速，扩大中等收入群体，城乡居民收入倍差缩小到 1.95 以内。增加对城镇低收入群众和农村居民的补贴，着力提高低收入群体的收入水平。发挥工会组织在劳资双方平等协商中的重要作用，普遍建立工资集体协商制度，保障劳动者按劳动贡献参与分配的权益。推行企业工资集体协商制度，建立健全劳动者工资正常增长机制和支付保障机制。切实保护外来务工人员合法权益。

10.完善财政支持政策。突出以民为本，着力推进富民惠民安民，优化财政支出结构，加大民生投入力度，继续把保障和改善民生作为公共财政的优先方向，解决好民生“关键小事”，持续加大民生事业支出投入，强化可持续保障机制。更大力度争取绿色奖补、生态产品价值转换机制、中央和地方政府债券、国家公园等政策支持，让居民享受更多政策红利。深化财政数字化改革，实现预算管理一体化，全面提升财政管理数字化、智能化、智慧化水平，富民惠民政策兑现更加及时精准。

11.推广发展公益慈善事业。大力开展“善行庆元，公益惠民”行动，数字化赋能健全公益慈善机制，加快推进全省首批智慧慈善试点单位建设，积极推动互联网慈善，打造智慧慈善，畅通社会各方面参与慈善公益和社会救助的渠道。建立健全回报社会的激励机制，鼓励引导高收入群体和企业家向上向善、关爱社会，广泛开展扶贫济困、赈灾救孤、扶老助残、助学助医等慈善活动。发挥村集体爱心基金作用，积极开展尊老敬老、奖学金助学活动。完善有利于慈善组织持续健康发展的体制机制，大力发展枢纽型、资助型、行业性公益慈善组织，提升公益基地服务能力。发扬“人人慈善”的现代慈善理念，打造以“慈善公益一日捐”为代表的全民性慈善活动。加快完善慈善组织监管制度，借助区块链技术对慈善捐赠开展全流程智慧监管，打造为民慈善、阳光慈善。

四、更加注重公共服务优质共享，完善为民办实事长效机制

12.构建育儿友好型社会。落实三孩生育配套支持政策，建立生育成本共担机制，加强生育妇女就业、工资待遇等权利保障，多渠道降低生育、养育、教育成本。加快婴幼儿照护服务体系建设，发展普惠托育服务，每千人口拥有 3 岁以下婴幼儿托位数达到 4.5 个，支持有条件的幼儿园到社区开设托班服务点，积极推进母婴室建设。加快创建全国学前教育普及普惠县，大力发展公办园，推进普惠性幼儿园扩容和农村幼儿园补短提升工程，建成覆盖城乡的学前教育公共服务体系，不断提升省一、二级园在园幼儿覆盖率。鼓励优质公办幼儿园举办分园或合作办园，支持和规范社会力量举办幼儿园，严格规范落实小区配套园建设。深入推进省农村学前教育补短板改革试点，建立健全农村学前教育发展“兜底”机制，保障农村学前教育质量持续增强。

13.推进教育综合改革。加快创建“全国义务教育优质均衡发展县”，打造“学在庆元”品牌，着力解决义务教育“城镇挤、乡村弱”问题，加大教育资源统筹力度，积极推进现代化学校创建。深化“县管校聘”等管理体制改革，进一步激发教师队伍活力。推进“名师”“名校长”培养工程，提升师资队伍素质水平。深化集团化办学和城乡教育共同体建设，深入实施县域高中崛起战略和初中“壮腰”工程，支持和规范民办教育发展。统筹普通高中和中等职业教育协调发展，提高中等职业教育招生比例。建立普通高中和中等职业学校合作机制，探索课程互选、学分互认、资源互通。完善职业教育体系，实施职业教育产教融合工程，深化职普融通、产教融合、育训兼融，推动职业教育教学与庆元生态产业特色相结合，办好一批适应我县经济社会需要的特色优势专业。积极推进成人教育、社区教育，构建终身学习体系，建设学习型社会。

14.深入实施健康庆元行动。推动县级医院

医疗服务能力提档升级，实施乡镇卫生院基础设施补短板项目，借力“双下沉、两提升”，深化县域医共同体建设，推行“健康大脑+智慧医疗”，迭代升级“互联网+医疗健康”新服务，推进健康多跨场景应用，打造浙南闽北医疗高地。深入实施“健康庆元2030”行动，倡导全民健康理念，加快卫生健康事业从以治病为中心向以健康为中心转变。加快城乡公共体育设施提档升级，因地制宜建设便民基层体育设施，构建城镇社区和农村“15分钟健身圈”，实现人均体育场地面积达到2.8平方米，国民体质合格率达94.5%以上。全面推进体育创强工作，落实庆元全民健身实施计划，鼓励居民适量运动，引导群众广泛参与体育健身休闲运动项目。围绕生命全周期、健康全过程，建立健全健康教育体系，开展全民健康宣教活动，普及应急自救互救技能，倡导全民健康生活方式。提升重点人群健康服务水平，争创国家慢性病综合防控示范区，完善一体化慢性病综合防治模式。

15.健全社会保障体系。加快构建新型社会保障体系，推进全民参保计划，健全灵活就业人员社保制度。完善养老保险体系，基本养老保险参保率稳定在97%以上，大力发展企业年金、职业年金、个人储蓄型养老保险和商业养老保险。深化医疗保障制度改革，推进以基本医疗保险为主体，医疗救助为托底，补充医疗保险、商业健康保险共同发展的医疗保障制度体系。健全工伤保险“补偿、预防、康复”三位一体制度体系，完善失业保险费率调整机制。建立救助服务联合体，推进分层分类精准救助，确保老弱病残等特殊群体有基本保障、低保对象应保尽保。

16.构建幸福养老服务体系。构建居家社区机构相协调、医养康养相结合的养老服务体系，加强社区小型养老护理机构，全县养老机构护理型床位占比达到58%以上，每万老年人拥有持证护理员提高到25人以上。丰富老年人精神文化活动，建设一批孝文化教育基地和主题公园。打响“中国长寿之乡”品牌，开展国家积极应对人口老龄化综合创新试点。培育壮大“银发经济”，发展老年体育、智慧养老、康养联合体等新业态新模式，推动社会力量共同参与养老事业的发展，建成智慧养老院2家，打造养生养老福地。

17.深化住房制度改革。进一步夯实租购并举的住房制度，培育租赁市场主体，扩大租赁住房供给规模，加强租赁市场规范化管理，优化住房供应结构，促进房地产市场平稳健康发展。增加公租房、共有产权住房等保障性住房供给，满足居民基本住房需求。继续实施低收入保障对象租赁补贴制度，逐步将城镇稳定就业的农民工纳入住房公积金制度实施范围，支持利用集体建设用地按照规划建设租赁住房。进一步推广人才公寓、蓝领公寓等模式，完善人才住房保障供给。

18.建立新时代社会救助体系。健全分层分类、城乡统筹的社会救助体系，形成政府主导、社会参与、制度健全、政策完善、兜底有力的综合救助格局。推进社会救助的范围由收入型贫困扩大到支出型贫困，重点对因病致贫等支出型贫困的保障范围、援助标准进行探索和完善，减缓因病、因学致贫返贫等现象。加大对最低生活保障人员、特困供养人员等特殊人群保障力度，优化针对相对困难群众的日常帮扶机制。健全残疾人保障和服务体系，完善“普惠+特惠”残疾人基本保障制度，系统推进全链条无障碍环境建设。统筹社会救助资源，健全完善大救助长效机制，鼓励支持社会力量参与社会救助，构建“资源统筹、部门联动、社会参与、平台支撑、数据共享”的大救助体系，提升精准救助水平，确保共同富裕路上一个都不掉队。

19.推进公共服务社会化改革。完善社会力量办社会事业政策制度，鼓励国有企事业单位、民营企业、社会组织等投资兴办教育、医疗、养老、托育、文化、体育等事业，更好满足群众多层次多样化需求。引进优质社会资源，推进垃圾处置、污水处理、供水保障等市场化经营。创新政府购买公共服务方式，鼓励通过公建民营、民建公助、委托代理服务等模式，提高公共服务专业化水平。加强非营利性公共服务机构监管体制建设，健全准入、评价、激励、退出等机制，促进公办民办机构公平竞争、规范运营、协调发展。

五、更加注重城乡区域协调发展，建设现代化山水花园城

20.融入省域一体化发展格局。全域全方位融入长三角一体化发展，推进人才、科技、产业、项目、金融、服务等各领域深度接轨。把握好“高质量”“一体化”两大关键，深入推进生态共建共享、基础设施互联互通、生态产业集聚攀高、科技创新承接、开放对接市场一体、公共服务异地同城六大行动。多元化吸引长三角地区各类主体参与生态经济、国家公园、基础设施等建设，打造长三角高端农产品生产基地。深耕挖掘长三角庞大的旅游市场，谋划创建长三角地区生态休闲养生基地和运动休闲基地；以“山海协作”结对县为平台，加强文化走亲，大力拓展康养文旅市场。打造省际边界“双循环”重要节点，有效整合周边地区旅游资源，加强浙闽赣皖四省之间的旅游线路和景区的共建共享，客源互送互通，打造浙皖闽赣旅游协作区大品牌。

21.建设现代化基础设施体系。构建“4321 立体交通圈”，立足打造连接长三角和海西区的桥头堡，推进庆景青公路庆元段、奉化至庆元公路五大堡至龙溪段项目，开工建设义龙庆高速公路庆元段和通用机场，力争金遂松龙庆至南平高铁列入国家铁路网规划，打通一批城乡断头路、瓶颈路，持续提升“四好农村路”，接入宁德港口群，基本建成通达上海 4 小时、杭州 3 小时、福州温州 2 小时、丽水宁德 1 小时，以及县域内 1 小时畅联“交通圈”，形成陆海通达的浙南闽北交通网络。打造环国家公园最美风景线，以庆元大道至庆百公路为轴线，串联国家公园入口社区、松源溪绿道和香菇小镇等，建设山水城文交融的美丽风景大道。与全省同步布局新型基础设施建设，围绕主导产业建设数字化物流园，搭建物流配送体系。完善水利基础设施建设，加快推进兰溪桥水库扩建工程，力争杨楼溪水库开工建设，打造高质量防洪保安网、水资源配置网、幸福河湖网、智慧水利网，增强防洪安全、水资源保障和水环境承载力，提高中心城区流域防洪标准。完善城乡电网基础设施建设，打造与城乡发展相融合的生态智能配电网，夯实清洁用能基础。提档升级乡村基础设施，推进水电路的配套建设以及物流网、互联网建设，进一步提升城乡一体化水平。

22.打造美丽宜居的共同富裕现代化基本单元。完善城乡规划体系，实施“小县大城、产城融合、组团发展”战略，着力形成“一县双城多组团”发展格局。着力提升县城能级，建成高品位城市会客厅和高品质中心商务区，积极推动未来社区建设，在屏都新区打造高能级交通门户、产城融合新城；实施城市景观风貌提升工程，充分彰显自然山水资源特色，注重山区城市生态特色营造和功能完善，贯通水系生态廊道，建设人与自然和谐共生的滨水公园、休憩空间、流动景观，塑造城市形象新亮点；实施点亮城市记忆工程，将城市有机更新和文化老街改造工程相结合，按照未来社区理念推动老旧小区整治提升，完善老城基础配套、综合服务功能，挖掘历史文化、乡土特色和城市精神内涵，打造“城在山水中，山水在城中”的“庆元公园”。推动黄田—竹口—屏都特色农业组团创成省级美丽乡村共同富裕示范带，协同打造举水—龙溪乡村旅游、贤良—张村避暑养生、淤上—安南—隆宫浙闽边驿风情等特色区域组团；推动乡村“各美其美、美美与共”，以“景区村、精品线、全域美”为目标，按“聚焦提升类、城郊融合类、特色保护类、搬迁撤并类”分类推进村庄布局，一体化建设洁净乡村、花园乡村、未来乡村和历史文化村落，有重点地打造一批彰显未来元素、山区韵味、庆元特色的乡村新社区；持续深化“千村示范、万村整治”工程，开展美丽乡村“微改造、精提升”，加快农村危旧房治理，推进农村基础设施、公共服务核心功能配套标准化建设，持续开展土地综合整治，促进村容村貌整体跃升。

23.推进农业转移人口市民化集成改革。以农业转移人口为重点，深化户籍制度和新型居住证制度改革，有序推动异地搬迁人口全面融入城市。推动完善落户政策，畅通人才进城落户通道。

建立健全“人地钱”挂钩政策，健全财政转移支付同农业转移人口市民化挂钩机制，城镇建设用地增加规模、财政资金安排与吸纳农业转移人口落户数量挂钩政策，保障进城落户农民土地承包权、宅基地使用权、集体收益分配权，鼓励依法自愿有偿转让。完善与常住人口挂钩的公共服务体系，推动新增公共资源适当向农业转移人口集聚地倾斜，实现更高水平的基本公共服务均等化。完善农业转移人口社会保障制度，加速农业转移人口市民化。

24.推进以土地为重点的乡村集成改革。探索推进“三块地”改革和宅基地“三权分置”有效实现形式，以农业人口转移为重点，打造“三权到人(户)，权随人(户)走”的改革升级版，积极盘活农村存量宅基地，开展农房整治，促进区域土地资源的优化配置，有序引导常住人口向中心城区集聚。加快“房地一体”的农村宅基地和房屋确权登记颁证，完善“确权、赋权、活权”。探索农村土地承包经营权入股、抵押、担保模式，落实农村土地承包关系稳定和长久不变政策，抓好农村承包地确权登记颁证成果运用，加大承包地的流转力度。健全城乡统一的建设用地市场，积极探索实施农村集体经营性建设用地入市制度。

25.实施强村惠民行动。实施村级集体经济巩固提升行动计划，发展壮大村级集体经济，增加农民集体性分红收入。大力实施项目扶贫、市场扶贫、产业扶贫，增强村级集体经济的“造血”功能，实现年经营性收入15万元以下的集体经济相对薄弱村全部消除，年经营性收入50万元以上的行政村占比达20%以上。探索建立农民持股发展模式，推广“村集体+农户”“企业+村集体+农户”等联合持股方式，发展商贸物流、特色农业、康养基地等优选持股项目，增加群众的财产性收入。着力实施新型农业经营主体提升工程，突出家庭农场、农民专业合作社、农业龙头企业和农创客等新型农业经营主体的引领带动作用，健全农业专业化社会化服务体系，发展多种形式适度规模经营，实现小农户和现代农业有机衔接，争取农业企业上市1家，继续保持国家级、省级农业龙头企业数量全市领先。深化生产、供销、信用“三位一体”农合联示范创建，加快成为服务农民生产生活的综合平台，高质量服务全县乡村振兴大局。完善“两进两回”机制，畅通城乡要素双向流动通道，推动人才上山下乡、科技汇聚乡村，使乡村成为科技、资金与人才等要素“进得来、稳得住、干得好”的创业创新乐园。

26.实施先富带后富“三同步”行动。打造新型帮共体，拓宽帮促领域和工作载体，推进帮促对象集成、帮促政策集成、帮促资金集成、帮促体系集成，形成县带村、村带户的系统化帮促新格局。实施绿色发展重点县同步基本实现现代化行动，做大产业扩大税源，积极培育现代产业经济；提升收入推进富民，全面提升获得感和幸福感。实施乡村振兴重点帮促村同步基本实现现代化行动，健全“两不愁三保障”长效机制，启动实施新一轮村级集体经济巩固提升行动，不断提升壮大相对薄弱村集体经济。实施低收入群体同步基本实现现代化行动，强化低收入人口就业技能培训和就业扶持力度，创新低收入农户与新型经营主体的利益联结机制；加强异地搬迁后续帮扶力度，加快农村基础设施提档升级，健全低收入人群社会保障体系，推动乡村基本生产生活条件改善。

27.打造山海协作工程升级版。以长三角区域一体化发展为重要契机，加强与长三角一体化发展研究院等各类高校院所合作，推进人才、科技、项目等领域深度接轨。深化与长三角地区行政服务机构对接，拓宽政务服务联动领域。聚焦新能源汽车及关键零部件、高端装备制造、环保新材料等产业，主动对接行业龙头企业，加快推进南太湖新区—庆元“产业飞地”。加快建设山海协作善庆“科创飞地”，主动对接融入长三角，借力构建创新驱动发展的生态体系，招引高层次人才和项目。持续推进嘉善—庆元—九寨沟“消薄飞地”，加大招商力度，争取更多优质企业落户园区。扩大合作范围，争取与更多县市区结对，鼓励支持结对地区有拓展需求的企业投资庆元，承接产业落地。探索建立山海协作政府引导基金，争取在结对地区建立庆元产品展示销售中心和一定规模的特色街区。大力拓展产业合作领域，积极引进结对地区资本和技术，建设优良品种农业基地，合作开发“农业+”项目，建设农业旅游综合体。强化与嘉善县食用菌产业和木门产业、长兴县新能源产业、海曙区商贸产业的对接联系，积极承接产业转移，合理引进上下游配套产业。采用“研训一体化”培训模式，委托结对地区相关部门为庆元培养学科带头人、骨干教师以及名校长。建立高端人才共享平台，积极争取结对地区协助庆元培养引进高端医疗和科技人才。

六、更加注重绿色低碳循环发展，拓宽“两山”转化通道

28.全力打好生态环境巩固提升持久战。大力推进水环境质量提升，继续开展“五水共治”碧水行动，高水平实施河（湖）长制。加强源头治理，强化饮用水水源地保护，重点推进松源溪流域综合治理工程，提升全域交接断面水质。加快实现城乡污水处理设施全覆盖，做到污水全收集、全处理。进一步捍卫蓝天保卫战成果，高标准推进清新空气示范区建设，建立固定源、移动源、面源精细化排放清单管理制度。深化工业废气治理，推进重点行业、工业园区和工业企业废气治理。加快调整能源消费结构，推进光伏、水电、生物质能等清洁能源规模化开发。扎实推进“无废城市”建设，聚焦固体废物减量化、资源化、无害化和治理能力匹配化，积极推动餐厨垃圾减量化和园林垃圾就地资源化，全面推行生活垃圾强制分类，加快构建废旧物资循环利用体系，推动形成绿色低碳的生产生活方式。扎实开展净土行动，推进农业农村污染治理体系和治理能力现代化。建立土壤环境质量数据库和监测网络，开展土壤地力、重金属、有机污染物等指标监测，强化农业面源污染控制，积极防控高风险污染源。

29. 全面实施生态修复和生物多样性保护。统筹推进生态系统保护修复，加大对重要生态功能区、生态环境敏感区和脆弱区的保护力度。实施瓯江流域生态系统修复工程，确保闽江、瓯江、赛江等主要水系源头地区维持原生态。以“大搬快聚”为重点，加快高山远山、地质灾害点、水源保护地等山区群众生态搬迁和除险安居，减轻生态负载。聚力提升森林生态系统质量，加快宜林地造林和迹地更新，建设“多彩廊道”，实施“增花添彩”工程。全力建设以国家公园为主体的自然保护地体系，加强生物多样性保护力度，实施珍稀濒危野生动植物拯救保护工程，加强百山祖冷杉等珍稀濒危野生植物的就地保护、种群扩繁，开展百山祖生物多样性科研监测工作，积极创建全国生物多样性保护引领区。加强野生动植物栖息地原生境保护与生态修复，推进衢宁铁路等要道沿线交通生态廊道构建，建立沿瓯江联动保护机制。

30.积极争创低碳试点县。扎实开展碳达峰、碳中和行动，以建设低碳试点县、零碳试点镇村为目标，推进产业绿色转型、能源清洁发展、生活绿色低碳。积极创建绿色园区和绿色工厂，构建制造业绿色产业链。推行绿色包装、绿色运输，加强废弃产品回收处理，实现产品全周期绿色环保。提升园区循环利用水平，全面推行循环生产方式，构建循环经济产业链，实施节能、节水、节地、节材行动。推广应用先进低碳技术与设备，加强重点行业碳排放控制。深入挖掘“百万清洁能源储备”资源，重点建设地面光伏、风力发电、抽水蓄能及储能配套等项目。加快多元融合高弹性生态电网建设，构建适应清洁能源发展消纳的坚强可靠骨干网架。加大清洁能源替代力度，合理布局综合供能服务站，科学布局建设电动汽车充（换）电站、充电桩基础设施网，分步减少化石能源使用。发动全县上下参与绿色低碳革命，积极倡导绿色低碳生活，反对奢侈浪费，鼓励绿色出行，营造绿色低碳生活新时尚。

31.完善生态产品价值实现机制。抢抓碳达峰碳中和的政策机遇，深化“两山”转化改革，加快构建以生态系统生产总值（GEP）为核心的“两山”转化评估体系，试行 GEP 核算监测。积极开展“两山银行”试点，培育发展“两山基金”“两山公司”等市场主体，发展壮大生态利用型、生态赋

能型、生态影响型产业，全力推动生态资源产业化、市场化，生态产业高效化、品牌化。建立健全生态产品的核算体系、信用体系、转化平台、市场交易机制并取得实质性突破，探索建立碳汇交易、绿权交易、水权交易等市场机制，推动GEP和GDP双增长。积极探索绿色信贷、绿色债券、绿色基金、绿色信用、绿色保险等绿色金融体系，谋划设立具有地方法人性质的，专注于绿色发展、普惠金融的银行机构，创新推出“生态富民贷”等金融产品。以林业振兴为重点，推进国乡合作改革试点和浙南山地林下经济发展区建设，持续开展森林资源价值转化。

32.完善国家公园保护开发机制。坚决筑牢生态安全屏障，持续提升百山祖国家公园建设水平，坚持“共抓大保护，不搞大开发”理念，维护生态系统原真性、完整性，确保重要自然生态系统、自然遗迹、自然景观和生物多样性得到系统性保护。制定资源保护、游憩管理、特许经营、社会参与、志愿服务等相关制度，探索形成生态资源有效保护与合理适度开发利用相结合的体制机制，推动一般控制区内科学研究基地、游憩休闲场所、环境教育基地等平台建设。合作推进国家公园改革试点，加快创新国家公园特许经营的管理模式，构建“保护控制区+辐射带动区+联动发展区”三层级全域联动、部门协同的国家公园运行体制机制，推进“国家公园”+“美丽城市、美丽城镇、美丽乡村”+“美丽河湖、美丽林相、美丽田园等”创建行动，探索建设国家公园县。

七、更加注重新时代文化高地建设，弘扬社会主义先进文化

33.建设新时代文明实践高地。增强社会主义核心价值观引领作用，推动学习习近平新时代中国特色社会主义思想走深走实，打造一批有影响力的理论发声平台，建设学习传播实践重要阵地。建设“庆元精神”主题广场，积极弘扬践行“特别肯吃苦、特别能战斗、特别有韧劲、特别善创新”的“庆元精神”，精心创设传承载体，推动浙西南革命精神与庆元精神交相辉映。坚持理想信念教育常态化、制度化，广泛开展爱国主义教育、公民道德建设和群众精神文明创建，深化“最美庆元人”“劳动模范”“道德模范”“文明家庭”“好婆媳”“好邻里”等评选活动，让每位庆元人成为文明代言人，打造礼仪之乡、文明之城。全面施行《丽水市文明行为促进条例》，开展文明程度指数测评，继续推行九大文明行动，巩固“省示范文明县城”创建成果，加强家庭、家教、家风建设，深入推进移风易俗，完善志愿服务体系，提升公民文明素养，打造“花菇朵”优质志愿服务品牌，建设诚信庆元，探索新时代文明实践中心建设的庆元模式。

34.打造浙西南红色教育高地。实施“红色基因代代传”工程，推动浙西南革命精神弘扬践行活动与时俱进、不断深入。完善浙西南革命精神理论研究机制，深入挖掘庆元红色战斗史、妇女解放运动史、革命遗迹史、革命人物史等红色文化，对相关文献资料进行系统整理和研究，形成一批浙西南革命文化研究成果和普及读本，推出一批浙西南革命题材的文艺精品，持续举办“4•28”斋郎战斗纪念日、“5•17”庆元解放纪念日等活动。促进“红绿”融合发展，推动红色教育、红色旅游与生态旅游、生态产业多元创新融合，建设百山祖斋郎、官塘白柘洋、五大堡濛淤、竹口后坑桥、黄田崔上、安南半岭等一批党性教育、爱国主义教育、党史教育、国防教育、廉政教育基地，打造一批“红绿”组合旅游精品线路，加快推进庆元斋郎创建“全国红色旅游”示范基地，推动建立浙皖闽赣红色文化旅游合作区，争取加入长三角红色文化旅游区域联盟，打造主题鲜明的红色文化与绿色产业融合发展的典范区。

35.活化传承庆元特色文化。加大文化遗产保护力度，高标准举办庆元廊桥国际学术研讨会，加快“浙闽木拱廊桥”联合申报世界文化遗产和“浙江庆元林—菇共育系统”申报全球重要农业文化遗产的“双世遗”申报进度，加强木拱桥营造技艺、香菇剁花法、菇民戏、唱灯等非物质文化遗产的保护与传承。深挖民俗民居和名人文化，打造中国“乡村春晚”发源地“月山乡村春晚”文

化品牌，推动“菇神庙会”“香菇文化节”等民俗节庆与旅游有机结合，推广“拯救老屋模式”，实施“古村复兴”计划，全面推动历史文化村落保护，打响吴三公、胡紘、叶宗留、刘知新、孔繁豪、王应麟等名人品牌。建设世界经典文创高地，全面融入丽水市“一带三区”发展格局，携手龙泉打造环国家公园百亿级文创大走廊，整合庆元香菇、廊桥、竹木、进士、方言等文化资源，培育竹木制品、铅笔、刀剑、青瓷及根艺等创意设计体系，打造“文艺范”实足的经典文创全产业链，推出以农特产品、地方名点、传统手工艺品、文化创意商品为核心的“庆元伴手礼”，形成一批文化创意产业园区、街区和行业“隐形冠军”企业，打造文创振兴乡村新模式。

36.健全城乡公共文化服务体系。优化城乡文化资源配置，推进城乡公共文化一体化发展，推动基本公共文化服务标准化、均等化、优质化，创新公共文化服务模式，扩大基层文化惠民工程覆盖面，鼓励社会力量参与公共文化服务体系建设。实施文化设施补短工程，建成公共文化服务中心、体育中心、广播电视制作中心等重大文体设施，实现农村文化礼堂全覆盖。开展文化下乡活动，加大送戏、送电影、送书、送展范围和频率。积极运用数字技术与网络技术，推动公共文化资源联网上云，扩大公共文化服务半径和服务品质。广泛开展群众性文体活动，创新开展市民文化节、全民阅读节、艺术节等文化活动，进一步丰富和满足群众精神文化需求。坚持以文化人，持续弘扬践行浙西南革命精神、庆元精神，创建全国文明城市，着力打造新时代文明实践“庆元样本”，让社会主义核心价值观浸润人心、植根菇乡大地。

八、更加注重基层治理体系建设，打造社会治理“庆元样板”

37.健全城乡基层治理体系。坚持党建统领、多主体参与的基层治理，把传统治理智慧和现代治理理念有机结合，做实街道“大工委”、社区“大党委”制，完善领导下访接访走访、积案包案化解、“一肩挑”后村社治理等机制，落实村级小微权力清单制度。坚持和发展新时代“枫桥经验”，继续推进矛调中心标准化建设、基层治理四平台迭代升级、“全科网格”建设规范提升，推动审批服务和执法力量下沉，提升乡镇(街道)管理社会和服务群众能力。重塑乡贤文化，推进乡贤治理，发挥“乡村自治、乡贤共治、慈孝善治”的“三治”作用，推动乡村治理现代化。积极探索“互联网+社会治理”模式，推进“县乡一体、条抓块统”县域整体智治改革，打造技能型乡镇政府3.0版，持续推进“十台合一”社会治理综合指挥中心、“阳光村务”工程等一系列重要实践。

38.加快法治社会建设。全面贯彻实施宪法，落实宪法宣誓制度。深入推进司法体制改革，完善监察权、审判权、检察权运行和监督机制，提高司法质量、效率和公信力。加强法治政府建设，发挥统筹推进依法治县职能，严格规范重大行政决策制定和执行，深化推进规范性文件审查和乡镇(街道)合法性审查全覆盖工作。推进行政执法监督、行政复议和行政应诉等司法行政领域改革。构建覆盖城乡、便捷高效、均等普惠的现代公共法律服务体系。强化基层普法与依法治理，建设浙闽和谐边际法治走廊，用贴近实际和群众的方式加强宣传引导，实施全面普法，促进全面守法。加强法治人才和队伍建设，加强云计算大数据等与法治建设深度融合，打造“数字法治”平台，建设智慧法治社会。

39.高水平建设平安庆元。全面落实总体国家安全观，强化“大平安”理念，坚持底线思维，积极防范应对各类风险挑战，确保政治安全、社会安定、人民安宁。强化风险意识，坚持标本兼治，慎终如始抓好疫情防控，常态化开展扫黑除恶斗争，切实提高防范化解重大风险的能力与水平，坚决守住平安底线。坚决捍卫政治安全，把维护国家政治安全特别是政权安全、制度安全放在第一位，严密防范和严厉打击敌对势力渗透、破坏、颠覆、分裂活动。加强意识形态阵地建设和管理，强化宣传思想工作，不断巩固壮大主流思想舆论。加强经济运行安全，强化经济运行安全保障，完善金融安全治理。保障人民生命安全，加强重大灾害和安全事故防范，强化食品药品安全管理，加强应急管理能力建设。维护社会安全稳定，提升社会矛盾防范调处水平，加强社会治安防控能力建设。

九、构建高质量发展建设共同富裕示范区保障措施和推进机制

40.坚持和加强党的全面领导。按照“建设变革型组织”的要求，充分发挥党组织统揽全局、协调各方的作用，把党的领导贯穿于共同富裕的全过程多领域各环节，切实增强“四个意识”、坚定“四个自信”、做到“两个维护”。牢固树立“偏远但不边缘”的进取意识和“双争双创”的优良作风，深入实施“百乡晋位、千村过硬”工程，探索基层党建新机制，打造忠诚干净担当的高素质专业化干部队伍，提升领导推进现代化建设和共同富裕的新能力。统筹推进清廉庆元建设，全面营造干部清正、政府清廉、政治清明、社会清朗的政治生态和发展环境。

41.全面深化数字化改革。全面提升党政机关整体智治能力，形成全局一屏掌控、政令一键智达、执行一贯到底、服务一网通办、监督一览无余的数字化协同运工作场景。全景式数字化打造“一件事”集成改革，推出一批“申请零材料、填报零字段、审批零人工、领证零上门、存档零纸件”高频智能审批事项。以数字孪生空间重塑山区发展空间，构建“花园云”智慧体系，建立大数据中心平台、全域物联感知中心、多业务协同平台及公共信用平台，畅通各类政务信息数据资源，基本建成“掌上办事之县”“掌上办公之县”“掌上治理之县”。深化政务服务“一网通办”“全省通办”“跨省通办”，畅通各类政务信息数据资源，提升城乡政务服务均等化水平。按照“大场景、小切口”，深化完善“涉外婚姻”“十台合一”“驻村技能小管家”等富有庆元特色的多跨协同综合应用场景，聚焦共同富裕的重点任务和改革需求清单探索生态产品价值实现机制、乡村振兴、低收入群众增收等一批应用场景，争取更多试点和“揭榜挂帅”项目。

42.强化政策制度创新。加快构建以发展型政策为根本、兜底救助型政策为保障的共同富裕政策制度框架，推动各领域各方面政策制度系统性变革。聚焦重点领域，积极落实国家和省有关部门出台的政策文件，研究出台县级相关政策，集成化、精准化推进有利于共同富裕的产业发展、公共服务、社会保障、土地、财政、金融等各方面制度创新，努力在科技创新、数字化改革、分配制度改革、城乡区域协调发展、生态产品价值实现等方面率先形成创新性、突破性成果。

43.完善工作落实机制。建立加快跨越式高质量发展建设共同富裕示范区领导小组，由县委主要领导担任组长，设立领导小组办公室。建立清单化推进机制，制定重点任务、突破性抓手、重大改革等清单，实行闭环管理，不折不扣抓好落实，形成“说一件、干一件、成一件、带一片”的滚雪球效应。建立健全大成集智机制，搭建多层次智库平台，聘任智库专家，为推动建设跨越式高质量发展共同富裕示范区的山区范例提供智力支持。

44.创新评价考核体系。坚持定量和定性、客观评价和主观评价相结合的原则，建立科学有效的高质量发展建设共同富裕示范区目标指标体系和评价体系，探索建立群众获得感、幸福感、安全感评价指数。加强监测分析和动态调整，将共同富裕有关目标要求纳入党政领导班子和领导干部综合绩效考核，提升考核工作质量。建立定期督查机制，创新完善督查方法，完善问题反馈整改机制。强化赛马机制，各乡镇(街道)各部门全上跑道，形成比学赶超氛围。

45.凝聚全社会合力。坚持群众主体，旗帜鲜明鼓励勤劳致富、率先致富，鼓励先富带后富、先富帮后富，激发实现共同富裕的内生动力。切实发挥各级人大代表、政协委员、民主党派、工商联、无党派人士及工会、共青团、妇联等人民团体和社会组织的作用，激发全体人民促进共同富裕的积极性主动性创造性，让人人都成为共同富裕的直接参与者、积极贡献者、共同受益者，依靠全县上下共同奋斗，奋力迈向共同富裕美好社会。

附　　录

文件目录选编

2021年中共庆元县委文件一览表

表3

庆委发文号	发文日期	标　　题
3	2021-03-02	中共庆元县委关于制定庆元县国民经济和社会发展第十四个五年规划和二〇三五年远景目标的建议
4	2021-03-18	中共庆元县委 庆元县人民政府关于2020年度县目标管理责任制考核结果的通知
5	2021-04-06	中共庆元县委关于开展全县政法队伍教育整顿的实施方案
6	2021-04-20	中共庆元县委印发《关于开展党史学习教育的实施工作方案》的通知
7	2021-05-21	中共庆元县委关于庆祝中国共产党成立100周年系列活动的通知
8	2021-04-23	中共庆元县委关于纵深推进清廉庆元建设的意见
9	2021-04-27	中共庆元县委关于2020年生态工业高质量发展表彰结果的通报
10	2021-06-30	中共庆元县委关于表彰优秀共产党员、优秀党务工作者和先进基层党组织的决定
11	2021-07-30	中共庆元县委关于认真学习贯彻习近平总书记在庆祝中国共产党成立100周年大会上重要讲话精神的通知
12	2021-08-27	中共庆元县委　庆元县人民政府关于表彰2020年度先进集体的通报
29	2021-09-10	中共庆元县委　庆元县人民政府关于表彰2021年度“最生态窗口建设”先进个人的通报（第一批）
48	2021-10-14	中共庆元县委 庆元县人民政府关于印发《庆元县贯彻落实第二轮中央生态环境保护督察报告整改方案》的通知
49	2021-10-20	中共庆元县委转发《中共庆元县人大常委会党组关于做好全县县乡两级人民代表大会换届选举工作的意见》的通知
80	2021-11-04	中共庆元县委 庆元县人民政府关于印发《庆元加快跨越式高质量发展建设共同富裕示范区行动方案(2021—2025)》的通知
81	2021-11-04	中共庆元县委　庆元县人民政府关于印发《美丽庆元建设规划纲要(2020—2035年)》的通知
83	2021-11-15	中共庆元县委　庆元县人民政府关于印发《2021年度庆元县目标管理责任制考核办法》的通知
84	2021-11-19	中共庆元县委　庆元县人民政府关于印发《庆元县跨越式高质量发展五年行动计划(2021—2025年)》的通知
85	2021-11-19	中共庆元县委　庆元县人民政府关于印发《中共庆元县委全面依法治县委员会守法普法协调小组关于在全县公民中开展法治宣传教育的第八个五年规划(2021—2025)》的通知
101	2021-12-26	中共庆元县委关于建立中国共产党庆元县第十五次代表大会临时委员会的通知

（县委办）

2021 年中共庆元县委办公室文件一览表

表 4

庆委办发文号	发文日期	标　题
1	2021-01-14	中共庆元县委办公室关于进一步完善县委常委到党校讲课制度的通知
2	2021-01-28	中共庆元县委办公室庆元县人民政府办公室关于做好驻企指导员走访联系企业工作持续深化拓展“三服务”的通知
3	2021-01-29	中共庆元县委办公室庆元县人民政府办公室关于印发《庆元县坚决制止餐饮浪费行为行动方案》的通知
4	2021-04-02	中共庆元县委办公室关于召开县委十四届十四次全体(扩大)会议的通知
5	2021-02-18	中共庆元县委办公室庆元县人民政府办公室关于召开全县干部大会的通知
6	2021-03-11	中共庆元县委办公室庆元县人民政府办公室关于做好《庆元年鉴(2021)》编纂工作的通知
7	2021-03-15	中共庆元县委办公室关于成立庆元县数字化改革工作领导小组的通知
8	2021-03-23	中共庆元县委办公室庆元县人民政府办公室关于建立保障落实“七项机制”合力推进垦造耕地问题整改和生态修复工作的通知
9	2021-04-06	中共庆元县委办公室印发《中共庆元县委关于落实中央巡视反馈问题整改工作方案》的通知
10	2021-04-07	中共庆元县委办公室庆元县人民政府办公室关于印发《关于庆元县 2021 年“防范较大·杜绝重大”生产安全事故攻坚行动的实施方案》的通知
11	2021-04-14	中共庆元县委办公室庆元县人民政府办公室关于印发《中共庆元县委庆元县人民政府政协庆元县委员会 2021 年度协商工作计划》的通知
12	2021-04-27	中共庆元县委办公室庆元县人民政府办公室关于 2020 年全县生态工业和商贸经济高质量发展奖励结果的通报
13	2021-06-23	中共庆元县委办公室关于印发《中共庆元县委党建工作领导小组 2021 年工作要点》的通知
14	2021-07-28	中共庆元县委办公室庆元县人民政府办公室关于印发《2021 年县委常委会工作要点分工方案》《2021 年县四套班子领导重点调研课题分工方案》《2021 年县领导领办重大项目(重点建设项目)分工方案》《庆元县 2021 年督查检查考核年度计划》的通知
15	2021-07-29	中共庆元县委办公室庆元县人民政府办公室关于印发《中共浙江庆元工业园区工作委员会、浙江庆元工业园区管理委员会职能配置、内设机构和人员编制规定》的通知
16	2021-09-11	中共庆元县委办公室印发《关于加强新时代庆元民营经济统战工作的若干意见》的通知
17	2021-09-11	中共庆元县委办公室庆元县人民政府办公室关于印发《庆元县党政领导干部防范和惩治统计造假、弄虚作假责任制实施细则》的通知
18	2021-10-18	中共庆元县委办公室关于 2020 年度乡镇(街道)、县属单位落实意识形态工作责任制综合情况的通报
20	2021-10-18	中共庆元县委办公室关于印发《以全域党建联盟助推共同富裕示范区山区范例建设的实施方案》的通知
21	2021-10-26	中共庆元县委办公室关于召开县委十四届十六次全体会议的通知
22	2021-10-28	中共庆元县委办公室关于成立中国共产党庆元县第十五次代表大会筹备工作领导小组和工作机构的通知
23	2021-10-29	中共庆元县委办公室庆元县人民政府办公室印发《关于加强基层应急管理体系建设的实施意见》的通知
24	2021-11-23	中共庆元县委办公室庆元县人民政府办公室关于成立庆元县加快跨越式高质量发展建设共同富裕示范区领导小组的通知
25	2021-11-19	中共庆元县委办公室关于印发《庆元县 2021 年度乡镇(街道)和县属单位落实党风廉政建设主体责任检查考核细则》的通知

续表 4

庆委办发文号	发文日期	标　题
26	2021-12-13	中共庆元县委办公室庆元县人民政府办公室印发《庆元县迭代升级“基层治理四平台”完善基层治理体系的实施意见》的通知
27	2021-12-13	关于印发《2021 年度主要职能工作考核细则》《2021 年度党务信息工作考核细则》《2021 年度督查工作考核细则》《2021 年省市十方面民生实事进度管理标准管理等考核细则》的通知
28	2021-12-20	中共庆元县委办公室关于调整县级领导干部和县机关单位联系乡镇(街道)的通知
32	2021-12-30	中共庆元县委办公室庆元县人民政府办公室关于印发《庆元县推进清廉医院建设五年行动计划(2021—2025 年)实施方案》的通知

(县委办)

2021 年庆元县人民政府文件一览表

表 5

庆政发文号	发文日期	标　题
1	2021-01-06	庆元县人民政府关于确定仑山路地块老旧小区改造(大搬快聚富民安居)项目房屋征收范围的通知
3	2021-01-25	庆元县人民政府 庆元县人民武装部关于表扬 2020 年度征兵工作成绩突出单位和个人的通报
4	2021-01-28	庆元县人民政府关于下达《庆元县兰溪桥水库扩建工程 2021 年建设征地和移民安置计划》的通知
5	2021-03-16	庆元县人民政府关于 2020 年度金融机构支持地方经济发展考核评比情况的通报
6	2021-03-16	庆元县人民政府关于进一步加快发展服务业的实施意见
7	2021-04-12	庆元县人民政府关于印发庆元县国民经济和社会发展第十四个五年规划和二〇三五年远景目标纲要的通知
8	2021-04-13	庆元县人民政府 庆元县人民武装部关于做好 2021 年深化民兵调整改革工作的通知
9	2021-04-13	庆元县人民政府关于下达 2021 年庆元县国民经济和社会发展计划的通知
10	2021-04-16	庆元县人民政府关于同意庆元县应急管理局 2021 年度安全生产监督检查计划的批复
11	2021-04-27	庆元县人民政府关于表彰 2020 年度庆元县建筑业纳税十强企业的通报
12	2021-04-30	庆元县人民政府关于仑山路地块老旧小区改造(大搬快聚富民安居)项目国有土地上房屋征收的决定
13	2021-04-30	庆元县人民政府关于确定庆元县仑山路地块老旧小区改造(大搬快聚富民安居)项目征收集体所有土地房屋补偿安置方案的通知
15	2021-05-17	庆元县人民政府关于公布庆元县重要水域名录的通知
16	2021-07-16	庆元县人民政府关于给予庆元县公安局记集体三等功的奖励决定
18	2021-08-05	庆元县人民政府关于下达 2021 年度庆元县土地和房屋征收工作任务的通知

(县府办)

2021年庆元县人民政府办公室文件一览表

表6

庆政办发文号	发文日期	标题
1	2021-01-04	庆元县人民政府办公室关于印发《关于进一步落实农村饮用水长效管理机制的意见》的通知
2	2021-01-15	庆元县人民政府办公室关于下达2021年新增百万亩国土绿化行动任务的通知
3	2021-01-26	庆元县人民政府办公室关于印发《庆元县金融突发公共事件应急预案》的通知
4	2021-01-28	庆元县人民政府办公室关于印发《庆元县人民政府办公室归口管理县机关事务保障中心管理方式和工作机制的意见》的通知
5	2021-02-09	庆元县人民政府办公室关于印发《庆元县"帮扶纾困贷"管理办法》的通知
6	2021-02-09	庆元县人民政府办公室关于印发庆元县征收集体土地青苗及地上附着物补偿标准的通知
8	2021-02-24	庆元县人民政府办公室关于印发加快庆元县建筑业转型升级健康发展的若干意见的通知
9	2021-03-02	庆元县人民政府办公室关于印发《庆元县小额工程建设项目简易发包实施办法》的通知
10	2021-03-09	庆元县人民政府办公室关于印发2021年政府工作报告重点工作责任分解的通知
12	2021-03-24	庆元县人民政府办公室关于印发《庆元县扶助残疾人实施办法》的通知
13	2021-03-30	庆元县人民政府办公室关于印发《庆元县竹产业高质量发展实施方案》的通知
14	2021-03-30	庆元县人民政府办公室关于印发庆元县调整城镇土地使用税差别化优惠政策促进土地集约节约利用实施方案的通知
16	2021-04-02	庆元县人民政府办公室关于印发《庆元县河道砂石资源管理暨河湖"清四乱"专项整治工作方案》的通知
17	2021-04-09	庆元县人民政府办公室关于印发庆元县全面推行证明事项告知承诺制实施方案的通知
18	2021-04-09	庆元县人民政府办公室关于组建数字政府系统建设工作专班的通知
19	2021-04-12	庆元县人民政府办公室关于印发因私出国(境)管理制度的通知
20	2021-04-12	庆元县人大常委会办公室 庆元县人民政府办公室 庆元县政协办公室关于做好2021年人大代表建议和政协委员提案办理工作的通知
21	2021-04-12	庆元县人民政府办公室关于县十六届人大五次会议分代表团审议《政府工作报告》的意见和建议办理工作的通知
22	2021-04-28	庆元县人民政府办公室关于印发庆元县数字化改革推动政务服务均等化项目试点实施方案的通知
23	2021-04-29	庆元县人民政府办公室关于公布2021年度庆元县人民政府重大行政决策事项目录的通知
24	2021-05-17	庆元县人民政府办公室关于印发庆元县农村地区道路交通安全综合治理三年(2021—2023年)行动实施方案的通知
25	2021-05-19	庆元县人民政府办公室关于印发《庆元县毛竹特色园"双招双引"工作方案》的通知
26	2021-05-21	庆元县人民政府办公室关于组建庆元县数字化改革数字经济组的通知
27	2021-05-21	庆元县人民政府办公室关于印发省、市民生实事任务清单的通知
28	2021-05-21	庆元县人民政府办公室关于印发省、市政府工作报告重点工作庆元县跟进落实责任分解的通知
29	2021-05-25	庆元县人民政府办公室关于开展"学党史 抓调研 办实事"专题调研活动的通知
30	2021-05-28	庆元县人民政府办公室关于印发胡献如县长2021年1—4月经济指标分会讲话交办事项责任分解的通知
31	2021-05-28	庆元县人民政府办公室关于印发胡献如县长全县安全风险隐患大排查大整治专项行动部署会讲话交办事项责任分解的通知

续表 6

庆政办发文号	发文日期	标　题
39	2021-06-29	庆元县人民政府办公室关于印发《推进金融知识纳入国民教育体系工作的实施方案》的通知
40	2021-07-08	庆元县人民政府办公室关于印发《关于加快生物科技产业发展的实施意见》的通知
41	2021-07-08	庆元县人民政府办公室关于印发《庆元县生物科技产业发展规划(2021—2025 年)》的通知
42	2021-07-20	庆元县人民政府办公室关于印发庆元县“增花添彩”三年行动计划的通知
43	2021-07-22	庆元县人民政府办公室关于印发《庆元县坚决制止耕地“非农化”防止耕地“非粮化”工作方案》的通知
44	2021-07-27	庆元县人民政府办公室关于印发《庆元县发展学前教育第四轮三年(2021—2023 年)行动计划》的通知
45	2021-07-28	庆元县人民政府办公室关于印发进一步解决形式主义问题做好为基层减负工作责任清单的通知
46	2021-08-03	庆元县人民政府办公室关于印发 2021 年庆元县政务公开工作要点的通知
47	2021-08-03	庆元县人民政府办公室关于成立国乡合作经营改革创新试点工作领导小组的通知
48	2021-08-13	庆元县人民政府办公室关于建立设施农用地长效监管机制的通知
49	2021-08-17	庆元县人民政府办公室关于修改《庆元县工业用地项目实施“标准地”管理办法》的通知
50	2021-08-23	庆元县人民政府办公室关于修改《庆元县农村饮用水运行管理办法(试行)》《庆元县农村饮用水工程建设项目和资金管理办法(试行)》的通知
51	2021-08-24	庆元县人民政府办公室关于印发庆元县涉外突发事件应急预案的通知
52	2021-08-27	庆元县人民政府办公室关于印发庆元县市场价格异常上涨事件应急预案的通知
53	2021-08-30	庆元县人民政府办公室关于印发《庆元县辐射事故应急预案》的通知
54	2021-09-01	庆元县人民政府办公室关于印发《庆元县生态环境保护专项资金管理办法》的通知
55	2021-09-01	庆元县人民政府办公室关于印发《关于促进电子商务发展的若干意见》的通知
56	2021-09-15	庆元县人民政府办公室关于印发《会溪区块(周晓明土地厂房及资产搬迁)收储工作实施方案》的通知
57	2021-09-15	庆元县人民政府办公室关于印发《会溪区块(刘恒霖土地厂房资产搬迁)收储工作实施方案》的通知
58	2021-09-15	庆元县人民政府办公室关于印发《会溪区块(周晓荣土地厂房及资产搬迁)收储工作实施方案》的通知
59	2021-09-18	庆元县人民政府办公室关于成立瓯江源头区域山水林田湖草沙一体化保护修复工程项目工作领导小组的通知
60	2021-09-30	庆元县人民政府办公室关于修改 《庆元县林下中药材产业发展扶持政策五年计划(2019—2023 年)》的通知
61	2021-09-30	庆元县人民政府办公室关于印发《浙江省食用菌种质资源库及菌物资源“一区一馆五库”保育体系构建项目实施方案》的通知
62	2021-09-30	庆元县人民政府办公室关于印发 2021—2022 年庆元县绿色农业产业高质量发展扶持政策若干意见的通知
63	2021-10-14	庆元县人民政府办公室关于建立健全环境污染问题发现机制的实施意见
64	2021-10-25	庆元县人民政府办公室关于印发《庆元县开发区(园区)整合提升方案》的通知
65	2021-10-25	庆元县人民政府办公室关于印发《庆元县实施健康促进县建设项目(2021—2022 年)工作方案》的通知
66	2021-10-26	庆元县人民政府办公室关于印发《庆元县专家咨询委员会工作规则》的通知

续表 6

庆政办发文号	发文日期	标题
68	2021-11-16	庆元县人民政府办公室关于印发《庆元县工贸企业生产安全事故应急预案》《庆元县危险化学品事故应急预案》《庆元县矿山事故应急预案》《庆元县森林火灾应急预案》等四个应急预案的通知
70	2021-12-07	庆元县人民政府办公室关于建立结对帮扶常驻人员联席会议制度的通知
73	2021-12-15	庆元县人民政府办公室关于印发庆元县突发公共卫生事件应急预案、突发公共事件医疗卫生救援应急预案、突发急性呼吸道传染病事件应急预案的通知
74	2021-12-15	庆元县人民政府办公室关于印发支持庆元县跨越式高质量发展的若干举措责任分解的通知
75	2021-12-17	庆元县人民政府办公室关于印发《2021 年度政务信息工作考核细则》的通知
76	2021-12-17	庆元县人民政府办公室关于印发庆元县人民政府重大行政决策公众参与工作规则等五个重大行政决策程序规定配套制度的通知
77	2021-12-27	庆元县人民政府办公室关于印发《庆元县突发公共事件道路水路运输应急保障行动方案》的通知
78	2021-12-27	庆元县人民政府办公室关于印发《庆元县全面深化“大综合一体化”行政执法改革工作方案》的通知
79	2021-12-28	庆元县人民政府办公室关于印发《庆元县“对标欧盟·肥药双控”新三年行动计划(2021—2023年)》的通知
80	2021-12-28	庆元县人民政府办公室关于印发《庆元县农村公路养护与管理办法》的通知
81	2021-12-30	庆元县人民政府办公室关于实施社会救助审批权限下放至乡镇(街道)工作的通知
82	2021-12-30	庆元县人民政府办公室关于深化“证照分离”改革进一步激发市场主体发展活力的通知
83	2021-12-30	庆元县人民政府办公室关于印发《庆元县医疗救助实施办法》的通知
84	2021-12-31	庆元县人民政府办公室关于印发《庆元县人民政府办公室政务信息目标管理考核办法(修订)》的通知

(县府办)

统计资料

2021 年庆元县国民经济和社会发展统计公报 [1]

2021 年，庆元县坚持以习近平新时代中国特色社会主义思想为指导，全面贯彻党的十九大和十九届历次全会精神，深入贯彻习近平总书记重要指示批示精神，统筹疫情防控和经济社会发展，认真落实各级党委政府工作要求和目标任务，坚持稳中求进工作总基调，完整准确全面贯彻新发展理念，奋力争当浙江高质量发展建设共同富裕示范区的山区范例，经济社会发展取得新成绩，社会大局和谐稳定。

一、综合

2021 年末，全县户籍人口 20.11 万人，比 2020 年末减少 1804 人。其中，男性人口 10.39 万人，女性人口 9.72 万人，分别占总人口的 51.68%和 48.32%，性别比（以女性为 100）为 100:107；全年出生人口 1245 人，出生率为 6.16‰；死亡人口 1342 人，死亡率为 6.64‰；人口自然增长率为-0.48‰。根据 2021 年 5‰人口变动抽样调查推算，年末全县常住人口 14.27 万人，比 2020 年末增加 0.01 万人；城镇化率为 63.72%。

2021 年年末户籍人口数及其年龄构成

表 1

指标	人口数（人）	比重（%）
全县户籍人口	201101	100.00
其中：0—17 岁	36476	18.14
18—34 岁	37740	18.77
35—59 岁	89164	44.33
60 岁及以上	37721	18.76

初步核算，2021 年全县生产总值（GDP）[2] 85.16 亿元，按可比价格计算，比 2020 年增长 4.6%，两年平均增长[3]3.3%。其中，第一产业增加值 7.45 亿元，第二产业增加值 29.79 亿元，第三产业增加值 47.93 亿元，分别增长-1.4%、3.3%和 6.5%，两年平均增长 0.7%、1.7%和 5.0%。一季度、上半年、前三季度全县生产总值同比分别

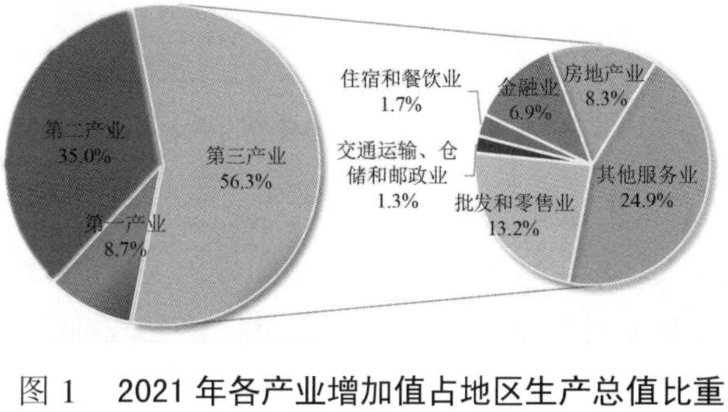

图 1　2021 年各产业增加值占地区生产总值比重

增长 15.7%、11.5%和 9.1%，两年平均分别增长 5.9%、5.8%和 4.9%。人均地区生产总值为 59555 元(按年平均汇率折算为 9228 美元)，比 2020 年增长 3.9%。

经最终核实，2020 年全县生产总值[四]现价总量为 78.47 亿元，按可比价格计算，比 2020 年增长 2.1%，三次产业增加值结构为 9.5:34.8:55.7。

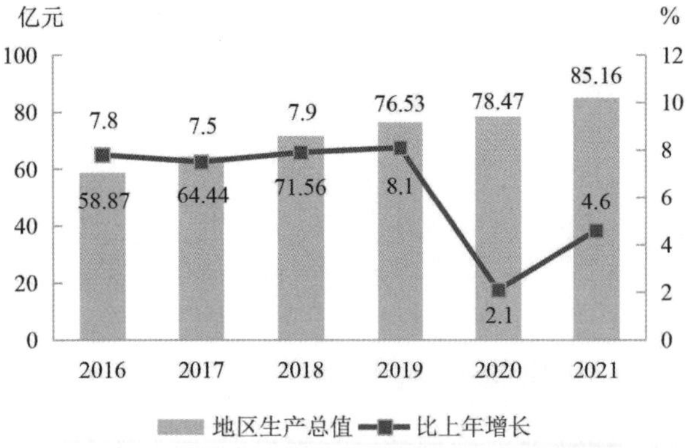

图 2　近 5 年地区生产总值及其增速

全年财政总收入 8.00 亿元，比 2020 年下降 1.8%；一般公共预算收入 5.36 亿元，增长 2.0%。其中，税收收入 3.77 亿元，下降 10.4%，占一般公共预算收入的 70.3%。一般公共预算支出 38.52 亿元，下降 1.4%。民生支出占财政支出的 70.8%。

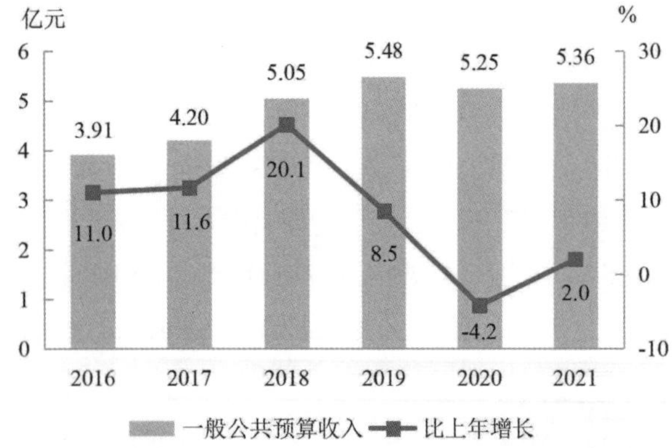

图 3　近 5 年一般公共预算收入及其增速

全年城镇新增就业 1812 人，比 2020 年新增 28 人。年末城镇登记失业率为 1.89%，3 月末、6 月末、9 月末分别为 2.10%、2.27%、1.89%，低于 3.0%的调控目标。

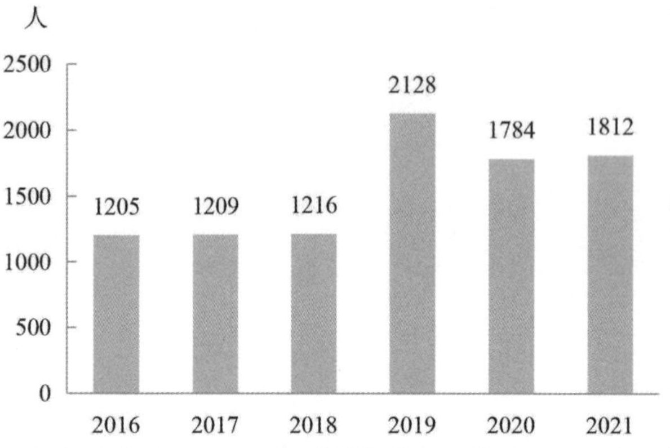

图 4　近 5 年城镇新增就业人数

数字经济赋能高质量发展。全年网络零售额 39.96 亿元，比 2020 年增长 8.8%，两年平均增长 5.9%。规模以上工业中，高新技术产业和战略性新兴产业增加值分别增长 8.8%和 12.4%，占规模以上工业的 49.4%和 16.6%。高技术产业服务业投资增长 38.9%。累计建成 5G 基站 160 个。

2021 年规模以上工业分产业增加值及其增速

表 2

产业	增加值(亿元)	比 2020 年增长(%)
规模以上工业	10.95	6.0
其中：高新技术产业	5.41	8.8
战略性新兴产业	1.82	12.4
时尚制造业	1.15	−6.1
节能环保制造业	2.22	7.4
文化制造业	1.93	−1.2

民营经济活力增强。全年规模以上工业民营企业增加值 10.06 亿元，占规模以上工业增加值的比重为 91.9%，比 2020 年提高 2.3 个百分点。私营企业创造税收 3.75 亿元，占税收收入的 55.82%。年末在册私营企业 2953 户，比 2020 年末增长 10.0%；个体工商户 15865 户，增长 5.8%。

二、农业和农村

全年粮食播种面积 6036 公顷，比 2020 年增长 0.6%，总产量 3.88 万吨，增长 17.7%；油料播种面积 47 公顷，下降 10.4%；蔬菜播种面积 2422

公顷，增长 2.9%；瓜果类播种面积 48 公顷，增长 4.3%；中药材播种面积 444 公顷，增长 21.1%。水稻生产综合机械化率达 52.44%。

全年猪牛羊禽肉总产量 2204 吨，比 2020 年下降 50.3%。年末生猪存栏 2.49 万头，下降 21.6%；生猪出栏 2.97 万头，下降 44.3%。

2021 年农业主要产品产量及其增速

表 3

产品名称	计量单位	产量	比 2020 年增长(%)
粮食	吨	38788	17.7
油料	吨	72	–16.3
其中：油菜籽	吨	37	–30.2
食用菌	吨	6184	4.7
蔬菜	吨	41323	3.2
茶叶	吨	635	10.4
水果	吨	14523	4.8
其中：柑橘	吨	11571	5.4
肉类	吨	2218	–50.2
其中：猪肉	吨	1972	–51.9
禽蛋	吨	122	–47.3
中草药材	吨	346	6.4
木材	立方米	42141	19.2
毛竹	万根	1370	4.7

农业现代化持续推进。开展“非粮化”整治和高标准农田建设，整治抛荒耕地 14005 亩，建设和改造高标准农田 5000 亩，累计建成高标准农田 18.91 万亩。深化“肥药两制”改革，强化“三品一标”建设，有效期内“三品一标”108 个，其中农产品地理标志 3 个、有机食品 23 个、绿色食品 35 个、无公害农产品 47 个，认定面积 5543.71 公顷，绿色优质农产品比率为 56.09%。积极培育新型农业经营主体，新增新型农业经营主体 166 家，其中农业龙头企业 4 家、农家乐民宿15 家。

全面推进新时代美丽乡村建设。深入践行“绿水青山就是金山银山”理念，持续深化“千万工程”，垃圾分类行政村覆盖率为 92.2%，农村垃圾回收利用率达 53.2%以上、资源化利用率达 99%以上、无害化处理率 100%，基本形成农村公厕服务网。具备条件 200 人以上自然村公路通达率为 100%，农村公路优良中等路比例为 92%。创建新时代美丽乡村达标村 49 个、花园乡村 16 个、红色示范乡镇 3 个、红色示范村 4 个、乡村振兴示范带 1 条。

促进农民富裕富足。全县村集体经济总收入 10261.78 万元，比 2020 年增长 14.19%。所有行政村总收入均达到 20 万元以上，且经营性收入达到 10 万元以上。持续开展“一户一册一档一干部”结对帮扶工作，全县低收入农户年人均可支配收入增长 17.1%，高出农民收入增速 6.3 个百分点，与农民收入倍差缩小到 1.65。乡镇强村公司盈利能力显著提升，平均利润达到 60.5 万元。组织培训农村实用人才 657 人、高素质农民 110 人。

三、工业和建筑业

全年规模以上工业增加值 10.95 亿元，比 2020 年增长 6.0%，两年平均增长 4.4%。分经济类型看，国有及国有控股企业增加值增长 7.8%，私营企业增加值增长 3.2%，两年平均分别增长 5.9%和 3.1%。分三大主要行业看，食用菌加工业增加值增长 9.4%，竹木制品业增加值增长 2.4%，铅笔制造业增加值增长 1.1%，两年平均分别增长 11.7%、3.3%和–5.3%。规模以上工业销售产值增长 16.0%，其中出口交货值增长 4.7%。规模以上工业新产品产值率为 39.6%，比 2020 年提高 2.0 个百分点。

全年建筑业增加值 7.59 亿元，比 2020 年下降 10.9%，占 GDP 的比重为 8.9%。

四、固定资产投资和房地产业

全年固定资产投资项目 144 个，其中新开工项目 62 个。固定资产投资完成额比 2020 年下降 1.7%，两年平均增长 1.6%。按三次产业分，第一产业投资下降 72.7%，第二产业投资下降5.8%，第三产业投资增长 0.4%，两年平均分别增长–34.2%、–9.8%和 4.9%。民间投资下降 10.0%，基础设施投资下降 17.7%，制造业投资增长 4.5%，两年平均分别增长 5.0%、-3.5%和-11.6%。

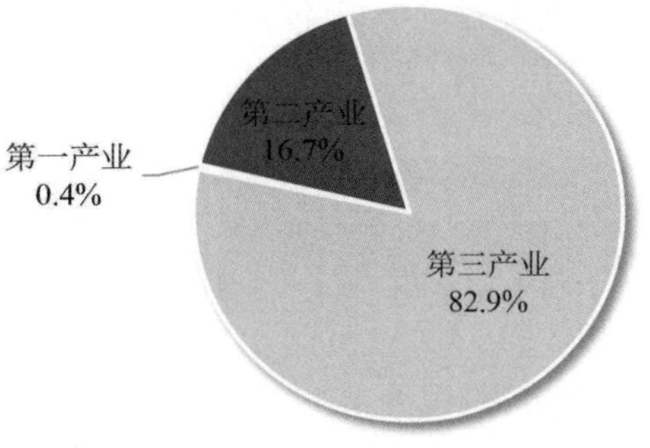

图 5　2021 年三次产业投资占固定资产投资比重

全年房地产开发投资 8.60 亿元,比 2020 年下降 18.7%。其中住宅投资 7.99 亿元，下降 6.2%。商品房销售面积 6.10 万平方米，下降 38.1%;商品房销售额5.72 亿元,下降 39.9%。

五、国内贸易

全年社会消费品零售总额 52.50 亿元,比 2020 年增长 14.8%,两年平均增长 11.4%。限额以上单位零售额中，粮油类零售额比 2020 年增长 7.3%,肉禽蛋类零售额下降 4.4%,水产品类零售额下降 0.5%,蔬菜类零售额下降 22.0%,饮料类零售额下降 24.5%，烟酒类零售额下降 25.4%,日用品类零售额增长 37.1%,石油及制品类零售额增长81.1%。

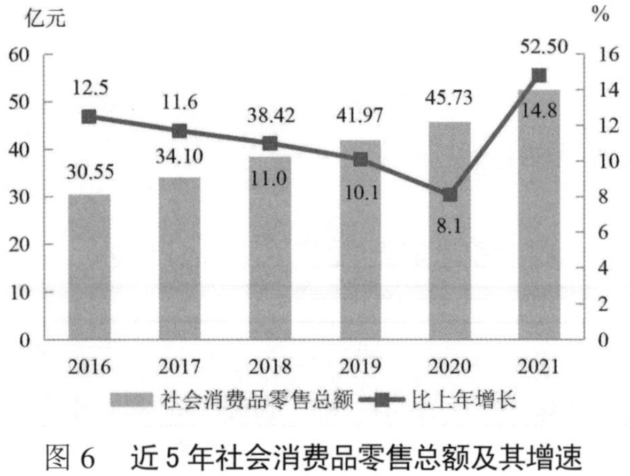

图 6　近 5 年社会消费品零售总额及其增速

六、对外经济

全年货物进出口总额 31.40 亿元，比 2020 年增长 35.3%。其中，出口 31.35 亿元，增长 35.2%;进口 0.05 亿元,增长 116.0%。

2021 年主要商品出口数量、金额及其增速

表 4

商品名称	计量单位	产量	比 2020 年增长（%）	金额（亿元）	比 2020 年增长（%）
纺织服装	—	—	—	4.01	-46.0
轻工工艺品	—	—	—	10.54	67.9
其中:竹木产品	—	—	—	0.57	14.7
其中:铅笔	吨/十万支	2230.15	4.0	0.73	-0.1
其中:彩色铅笔	吨	3378.61	15.7	1.19	15.6
机械产品	-	—	—	9.97	135.6
农产品	—	—	-	4.20	10.6
其中:香菇	—	—	—	2.24	5.2
其中:干木耳	吨	591.95	81.4	0.57	79.0

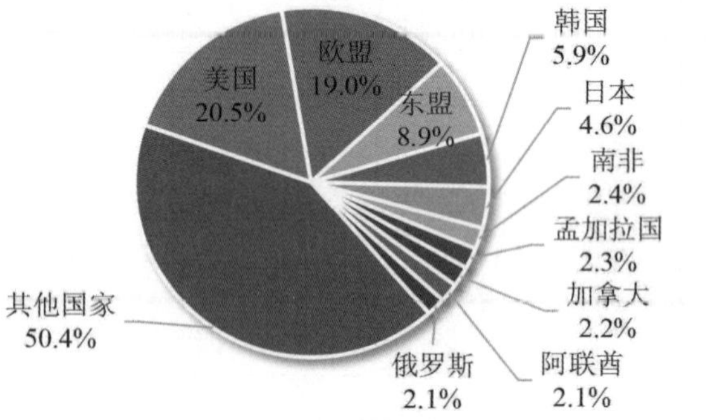

图 7　2021 年主要出口市场

全年合同利用外资 317 万美元,比 2020 年下降 20.8%;实际利用外资 1 万美元,下降 95.0%。

七、交通运输、邮电和旅游

全年交通运输、仓储和邮政业增加值 1.08 亿元,比 2020 年增长 8.4%。

年末全县公路总里程 1590.52 公里,其中高速公路 21.33 公里。按行政等级分,国道 66.76 公里,省道 112.41 公里,县道 415.42 公里,乡道 159.08 公里,村道 832.63 公里,专用公路 4.22 公里。

全年公路货运量 234 万吨，比 2020 年增长 37.6%;公路货物周转量 36286 万吨公里,增长 38.2%。公路客运量 38 万人,下降 17.4%;公路旅客周转量 5351 万人公里,增长 41.2%。铁路客运

量 24.07 万人次，其中发送量 12.31 万人次。

2021 年交通客货运输量及其增速

表 5

指标	单位	绝对数	比 2020 年增长（%）
公路客运量	万人	38	-17.4
公路旅客周转量	万人公里	5351	41.2
公路货运量	万吨	234	37.6
公路货物周转量	万吨公里	36286	38.2
铁路客运量	万人次	24	—

年末社会机动车保有量 3.60 万辆，增长 9.2%。民用汽车保有量 2.54 万辆，增长 3.5%，其中私人汽车 2.40 万辆，增长 3.6%。

全年邮电业务总量 1.52 亿元，比 2020 年增长 7.2%。全年累计订销报纸杂志 2799 千份，增长 33.4%。年末移动电话用户 16.46 万户，增长 3.8%，其中使用 3G 以上移动电话用户 14.62 万户，增长 8.2%。固定互联网宽带接入用户 6.24 万户，增长 5.6%。移动互联网用户 14.98 万户，增长 4.4%。快递业务量 793.31 万件，增长 31.9%。

全年旅游总收入 14.4 亿元，比 2020 年下降 2.0%。主城区创成 3A 级景区城，黄田镇、安南乡创成 AAAA 级景区镇。

八、金融

年末全部金融机构本外币存款余额 168.34 亿元，比 2020 年末增长 11.1%，其中人民币存款余额 167.96 亿元，增长 10.9%。住户本外币存款余额 111.83 亿元，增长 12.8%。全部金融机构本外币贷款余额 151.03 亿元，比 2020 年末增长 16.5%，其中人民币贷款余额 151.03 亿元，增长 16.5%。

2021 年末全部金融机构人民币存贷款余额及其增速

表 6

指标	年末数（亿元）	比 2020 年增长（%）
各项存款余额	167.96	10.9
其中：住户存款	111.71	12.7
非金融企业存款	20.58	12.4
各项贷款余额	151.03	16.5
其中：住户贷款	106.23	11.7
非金融企业及机关团体贷款	44.80	29.9

全年保险保费收入 2.28 亿元，比 2020 年增长 2.8%。其中，财产险保费收入 0.87 亿元，增长 3.3%；人身险保费收入 1.41 亿元，增长 2.4%。支付各类赔款及给付 0.74 亿元，下降 0.5%。其中，财产险赔付支出 0.51 亿元，增长 2.6%；人身险赔付支出 0.23 亿元，下降 6.9%。

全年证券交易额 141.99 亿元，比 2020 年增长 10.1%。

九、人民生活和社会保障

全年居民人均可支配收入 34618 元，按名义价格计算，比 2020 年增长 11.0%。按常住地分，城镇和农村居民人均可支配收入分别为 47034 元和 22563 元，增长 10.3%和 10.8%。城乡居民人均收入比值为 2.08。

2021 年居民人均收支主要指标

表 7

指标	全体居民		城镇居民		农村居民	
	绝对数（元）	比 2020 年增长（%）	绝对数（元）	比 2020 年增长（%）	绝对数（元）	比 2020 年增长（%）
人均可支配收入	34618	11.0	47034	10.3	22563	10.8
工资性收入	19776	10.7	29643	9.1	10196	12.2
经营净收入	9273	10.5	8550	11.8	9975	9.6
财产净收入	2158	13.0	4142	11.8	232	8.9
转移净收入	3411	13.1	4699	13.9	2160	9.8
人均生活消费支出	23190	16.8	30593	15.9	16003	17.1

图 8　近 5 年全体居民人均可支配收入及其增速

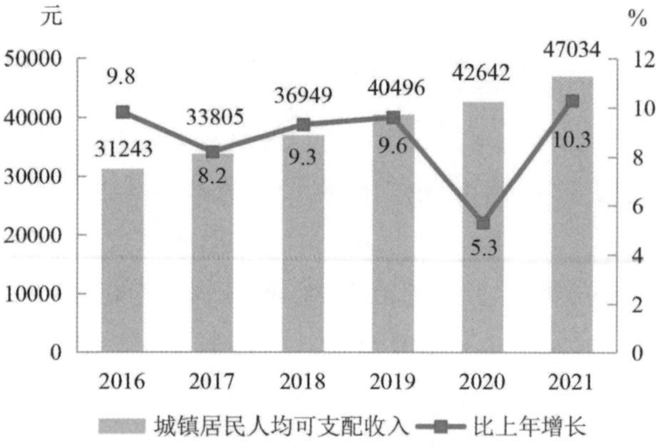

图 9　近 5 年城镇居民人均可支配收入及其增速

图 10　近 5 年农村居民人均可支配收入及其增速

全年城乡居民人均消费支出 23190 元，比 2020 年增长 16.8%。按常住地分，城镇和农村居民人均生活消费支出分别为 30593 元和 16003 元，分别增长 15.9%和 17.1%。

年末全县参加基本养老保险 12.11 万人，参加基本医疗保险 2.48 人，参加失业保险、工伤保险、生育保险人数分别为 1.42 万人、4.38 万人、

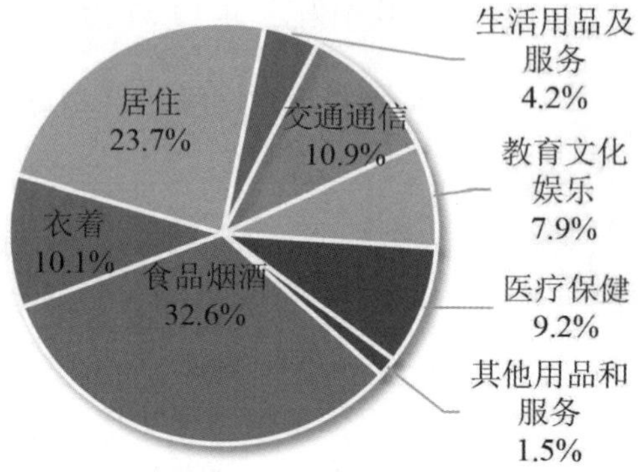

图 11　2021 年居民人均消费支出构成

1.73 万人。城乡居民养老保险基础养老金最低标准由 180 元/月提高到 225 元/月，公益性岗位补贴标准由 1660 元/月提高到 1840 元/月。

年末在册低保对象（不含特困）5986 人，其中城镇 215 人，农村 5771 人。低保资金支出 4291.24 万元，比 2020 年增长 12.9%；城乡低保同标，平均每人每月 910 元。年末累计保障孤困儿童 179 人，其中散居孤儿 9 人，困境儿童 170 人；发放孤困儿童生活补助 202.49 万元。

十、教育和科学技术

年末全县共有普通小学 12 所，招生 1261 人，在校生 8435 人，小学学龄儿童入学率为 100%。小学生均校舍建筑面积 17.31 平方米；生均图书35.90 册。共有普通初中 8 所，招生 1555 人，在校生 5061 人，初中入学率为 100%。初中生均校舍建筑面积 40.60 平方米；生均图书 55.24 册。义务教育标准化学校比例达 100%。全县共有职业高中 1 所，招生 599 人，在校生 1970 人，毕业生 532 人；普通高中 2 所，招生 884 人，在校生2421 人，毕业生 765 人。高等教育毛入学率为 62.15%。

义务教育中小学专任教师 1179 人，比 2020 年减少 22 人，生师比为 12:1。职业高中专任教师 161 人，生师比为 13:1。普通高中专任教师 200 人，生师比为 13:1。专任教师中，普通小学、普通初中、普通高中本科及以上学历教师比重分别为 77.2%、99.8%和 100%。

全县共有幼儿园28所，招生1072人，在园幼儿4331人。幼儿园专任教师352人，其中本科学历及以上教师比重为51.1%。

全年新认定高新技术企业5家，累计有效27家。新认定省级科技型中小企业21家，累计有效124家。培育省级企业研究院1家，省级高新技术企业研发中心2家。全年专利授权数576件，其中发明专利授权数18件。一般公共预算支出中，科学技术支出0.53亿元，比2020年增长15.1%。

十一、卫生和文化体育

年末全县卫生机构147个（含村卫生室），其中医院3个，卫生院17个，社区卫生服务中心（站）8个，诊所（卫生室、医务室）35个，村卫生室79个，疾病预防控制中心1个，卫生监督所（中心）1个，妇幼保健所1个。卫生技术人员1221人，比2020年末增加11人，其中执业（助理）医师571人，注册护士452人，分别增加21人和6人。医疗卫生机构床位数641张，其中医院561张，社区卫生服务中心（站）5张，卫生院75张。

年末全县公共图书馆1个，文化馆1个，文化站19个，博物馆2个。全年观影人数30.33万人次。

庆元籍运动员闯入东京奥运会决赛，勇夺全运会、全国锦标赛、全国春季、秋季冠军赛4金3银1铜。全县共有中心村全民健身广场1个、社区多功能运动场12个，体育馆1个。

全年销售体育彩票2085.27万元，比2020年增长69.5%。

十二、资源、环境保护和社会安全

全年平均降水量1575.3毫米，比2020年下降13.1%。全县年水资源总量25.33亿立方米。

全年平均气温19.0℃，历年平均气温18.0℃。城区PM2.5年平均浓度20微克/立方米，日空气质量（AQI）优良天数比例为100%。

全年完成造林更新面积940公顷，其中迹地更新242公顷。建设战略储备林和美丽生态廊1571亩，其中战略储备林1571亩。完成义务植树7.18万株。完成水土流失治理面积2.23平方公里。

发现近蓝紫丝膜菌等3种全球大型真菌新物种。

全县10个地表水控断面中，Ⅰ－Ⅲ类水质断面占100%，无劣Ⅵ类水质断面。饮用水源水质均符合地表水环境质量标准Ⅱ类水质及以上标准，达到饮用水源水质要求。跨行政区域河流交接断面中，满足水环境功能区目标水质要求断面占100%。

全年城市（县城）污水排放量918.72万吨，比2020年增长0.4%；污水处理量899.44万吨，增长0.5%；污水处理率为97.90%，比2020年提高0.14个百分点。生活垃圾清运量5.75万吨，下降4.9%；城市（县城）生活垃圾无害化处理率100%。人均日生活用水量115.19升，供水普及率100%。燃气普及率100%。

全县绿地面积411.89公顷，其中公园绿地面积109.08公顷。人均公园绿地面积14.41平方米。建成区绿化覆盖率43.42%。

全年发生交通运输事故4起，死亡2人。火灾事故直接财产损失182.74万元。

注释：

[1] 本公报中数据均为初步统计数。部分数据因四舍五入的原因，存在总计与分项合计不等的情况。

[2] 地区生产总值、三次产业及相关行业增加值、人均地区生产总值按现价计算，增长速度按不变价格计算。

[3] 两年平均增速是指以2019年同期数为基数，采用几何平均方法计算的增速。

[4] 按照我国地区生产总值统一核算和数据发布制度规定，地区生产总值核算包括初步核算和最终核实两个步骤。

资料来源：

本公报中财政数据来自县财政局；税务数据来自县税务局；城镇新增就业、登记失业率、社会保障等数据来自县人力资源和社会保障局；“非粮化”整治、高标准农田建设、“三品一标”、农业经营主体、农村垃圾分类和回收利用、农村公厕、美丽乡村建设、农村集体收入、乡镇强村公司利润、农民素质提升工程培训等数据来自县农业农村局；市场主体和专利数据来自县市场监管局（知识产权局）；货物进出口、利用外资、5G基站等数据来自县经济商务局；网络零售额数据来自省商务厅；公路里程、自然村公路通达率、客货运等数据来自县交通运输局；户籍人口、机动车保有量等数据来自县公安局；邮政业务量、订销报纸杂志数据来自市邮政管理局；电信业务量、电话用户、互联网用户等数据来自市电信、移动、联通、华数公司；文化场馆、旅游、体育等数据来自县文化和广电旅游体育局；观影数据来自县委宣传部；货币金融、证券交易数据来自中国人民银行庆元县支行；保险业数据来自县金融发展中心；教育数据来自县教育局；科技企业数据来自县科技局；卫生数据来自县卫生健康局；医疗保障数据来自县医疗保障局；低保、社会服务等数据来自县民政局；水资源、水土流失治理等数据来自县水利局；气象数据来自县气象局；森林资源数据来自县自然资源规划局；生态建设、环境监测等数据来自市生态环境局庆元分局；城市污水处理、城市生活垃圾处理、用水和燃气普及率、绿地面积等数据来自县住房和城乡建设局；各类事故发生起数、死亡人数数据来自县应急管理局；火灾事故财产损失数据来自县消防救援大队；其他数据来自于县统计局。

（统计局）